Air-B

UKQR 2015

British Isles Civil Aircraft Registers Quick Reference

Compiled by Don Hewins

Copyright © Air-Britain (Historians) Ltd 2015

Published by: Air-Britain (Historians) Ltd
www.air-britain.co.uk

Sales Department: Causeway House, Chiddingstone Causeway
Tonbridge, Kent TN11 8JP

Membership Enquiries: 1 Rose Cottages, 179 Penn Road
Hazlemere, Buckinghamshire HP15 7NE

ISBN: 978-0-85130-471-7

COVER PHOTOGRAPHS:

Front: Piper PA-17 Vagabond G-ALEH, owned for 32 years by the late Tony Pearce a highly-respected member of the vintage aircraft community and of Air-Britain, seen at Schaffen-Diest, Belgium on 14.8.05 during one of Tony's many visits to the rally.

Back: Titan T-51 Mustang G-TSIM was a visitor and performer at the French RSA Rally at Vichy on 19.7.14.
CA-05 Christavia Mk.1 G-MRED is the sole UK-registered example of this 1980s Canadian design, seen at Popham on 3.5.14.
Eurofighter Typhoon FGR4 ZK308 from 29(R) Squadron, Coningsby, displayed at Farnborough on 14.7.14 in invasion-style stripes. (all photographs courtesy of Dave Partington)

Printed by Bell & Bain Ltd, Glasgow

All rights reserved. Users are advised that the information contained in this publication cannot be reproduced, stored in a retrieval system or transmitted in the form in which it appears, by any means electronic, photocopying, recording or otherwise, or in any technology yet to be invented, without the express prior written permission of the Copyright owner. Individual items of information may be used in other publications with due acknowledgement to Air-Britain (Historians).

Air-Britain supports the fight against terrorism and the efforts of the Police
and other Authorities in protecting airports and airfields from criminal activity.
If you see anything suspicious do not hesitate to call the
Anti-Terrorist Hotline 0800 789321 or alert a Police Officer.

UKQR 2015

United Kingdom, Ireland, Isle of Man and Guernsey Civil Registers Quick Reference

Contents:	Page
United Kingdom Civil Register	5
United Kingdom Aircraft Bases Guide	96
United Kingdom Military Serials	122
United Kingdom Exemptions Register	128
United Kingdom & RoI Aviation Museums	132
Republic of Ireland Civil Register	139
Republic of Ireland Aircraft Bases Guide	145
Republic of Ireland Military Serials	147
Isle of Man Civil Register	148
Guernsey Civil Register	151
United States Military Serials, UK-based aircraft	152
Overseas registered aircraft based in UK & Ireland	153

Welcome to this, the fifteenth edition of the Quick Reference guide to civil & military aircraft registers of the British Isles. UK registration data in this edition is current to 24th February 2015.

The United Kingdom Civil Register data is maintained by Dave Reid and the Overseas registered aircraft data is maintained by Paul Hewins.

If you have any suggestions for changes or note any missing information, please contact me at the details below.

Don Hewins
42a Meadow Way
Caversham
Reading
RG4 5LY

email: don.hewins@air-britain.co.uk

United Kingdom Civil Register updated to 24th February 2015

Registration	Type
☐ G-EASD	Avro 504L
☐ G-EAVX	Sopwith Pup
☐ G-EBHB	Avro 504K
☐ G-EBHX	DH.53 Humming Bird
☐ G-EBIA	RAF SE.5A
☐ G-EBIR	DH.51 Moth
☐ G-EBJO	ANEC II
☐ G-EBKY	Sopwith Pup
☐ G-EBLV	DH.60 Moth
☐ G-EBNV	English Electric S.1 Wren
☐ G-EBQP	DH.53 Humming Bird
☐ G-EBWD	DH.60X Moth
☐ G-EBZN	DH.60X Moth
☐ G-AADR	American Moth DH.60GM Moth
☐ G-AAEG	DH.60G Gipsy Moth
☐ G-AAHI	DH.60G Gipsy Moth
☐ G-AAHY	DH.60M Moth
☐ G-AAIN	Parnall Elf II
☐ G-AAJT	DH.60G Gipsy Moth
☐ G-AALY	DH.60G Gipsy Moth
☐ G-AANG	Bleriot Type XI
☐ G-AANH	Deperdussin Monoplane
☐ G-AANI	Blackburn 1912 Monoplane
☐ G-AANL	DH.60M Moth
☐ G-AANO	Am. Moth DH.60GMW Moth
☐ G-AANV	DH.60M Moth
☐ G-AAOK	C-W Travel Air 12Q Travelair
☐ G-AAOR	DH.60G Gipsy Moth
☐ G-AAPZ	Desoutter I
☐ G-AATC	DH.80A Puss Moth
☐ G-AAUP	Klemm L25-1A
☐ G-AAWO	DH.60G Gipsy Moth
☐ G-AAXG	DH.60M Racing Moth
☐ G-AAYT	DH.60G Gipsy Moth
☐ G-AAYX	Southern Martlet
☐ G-AAZG	DH.60G Gipsy Moth
☐ G-AAZP	DH.80A Puss Moth
☐ G-ABAG	DH.60G Gipsy Moth
☐ G-ABDA	DH.60G Gipsy Moth
☐ G-ABDX	DH.60G Gipsy Moth
☐ G-ABEV	DH.60G Gipsy Moth
☐ G-ABHE	Aeronca C-2
☐ G-ABLS	DH.80A Puss Moth
☐ G-ABNT	Civilian CAC.1 Coupe II
☐ G-ABNX	Robinson Redwing 2
☐ G-ABOX	Sopwith Pup
☐ G-ABSD	DH.60G Gipsy Moth
☐ G-ABUS	Comper CLA7 Swift
☐ G-ABVE	Arrow Active 2
☐ G-ABWD	DH.83 Fox Moth
☐ G-ABWP	Spartan Arrow 1
☐ G-ABXL	Granger Archaeopteryx
☐ G-ABYA	DH.60G Gipsy Moth
☐ G-ABZB	DH.60G III Moth Major
☐ G-ACCB	DH.83 Fox Moth
☐ G-ACDA	DH.82A Tiger Moth
☐ G-ACDC	DH.82A Tiger Moth
☐ G-ACDI	DH.82A Tiger Moth
☐ G-ACDJ	DH.82A Tiger Moth
☐ G-ACEJ	DH.83 Fox Moth
☐ G-ACET	DH.84 Dragon
☐ G-ACGZ	DH.60G III Moth Major
☐ G-ACLL	DH.85 Leopard Moth
☐ G-ACMA	DH.85 Leopard Moth
☐ G-ACMD	DH.82A Tiger Moth
☐ G-ACMN	DH.85 Leopard Moth
☐ G-ACNS	DH.60G III Moth Major
☐ G-ACOJ	DH.85 Leopard Moth
☐ G-ACSP	DH.88 Comet
☐ G-ACSS	DH.88 Comet
☐ G-ACTF	Comper CLA7 Swift
☐ G-ACUS	DH.85 Leopard Moth
☐ G-ACXB	DH.60G III Moth Major
☐ G-ACXE	British Klemm L 25c1 Swallow
☐ G-ADEV	Avro 504K
☐ G-ADGP	Miles M.2L Hawk Speed Six
☐ G-ADGT	DH.82A Tiger Moth
☐ G-ADGV	DH.82A Tiger Moth
☐ G-ADHD	DH.60G III Moth Major
☐ G-ADIA	DH.82A Tiger Moth
☐ G-ADJJ	DH.82A Tiger Moth
☐ G-ADKC	DH.87B Hornet Moth
☐ G-ADKK	DH.87B Hornet Moth
☐ G-ADKL	DH.87B Hornet Moth
☐ G-ADKM	DH.87B Hornet Moth
☐ G-ADLY	DH.87B Hornet Moth
☐ G-ADMF	BA L.25c Swallow II
☐ G-ADMT	DH.87B Hornet Moth
☐ G-ADND	DH.87B Hornet Moth
☐ G-ADNE	DH.87B Hornet Moth
☐ G-ADNL	Miles M.5 Sparrowhawk
☐ G-ADNZ	DH.82A Tiger Moth
☐ G-ADPC	DH.82A Tiger Moth
☐ G-ADPJ	BAC Drone 2
☐ G-ADPS	BA L.25c Swallow II
☐ G-ADRA	Pietenpol Air Camper
☐ G-ADRR	Aeronca C.3
☐ G-ADWJ	DH.82A Tiger Moth
☐ G-ADWT	Miles M.2W Hawk Trainer
☐ G-ADXT	DH.82A Tiger Moth
☐ G-ADYS	Aeronca C.3
☐ G-AEBB	Mignet HM.14 Pou-Du-Ciel
☐ G-AEBJ	Blackburn B.2 Srs 1
☐ G-AEDB	BAC Drone 2
☐ G-AEDU	DH.90A Dragonfly
☐ G-AEEG	Miles M.3A Falcon Major
☐ G-AEFT	Aeronca C.3
☐ G-AELO	DH.87B Hornet Moth
☐ G-AEML	DH.89A Rapide
☐ G-AENP	Hawker Afghan Hind
☐ G-AEOA	DH.80A Puss Moth
☐ G-AEOF	Rearwin 8500 Sportster
☐ G-AEPH	Bristol F.2B Fighter
☐ G-AERV	Miles M.11A Whitney Straight
☐ G-AESB	Aeronca C.3
☐ G-AESE	DH.87B Hornet Moth
☐ G-AESZ	Chilton DW.1
☐ G-AETG	Aeronca 100
☐ G-AEUJ	Miles M.11A Whitney Straight
☐ G-AEVS	Aeronca 100
☐ G-AEXD	Aeronca 100
☐ G-AEXF	Percival Type E Mew Gull
☐ G-AEXT	Dart Kitten II
☐ G-AEXZ	Taylor J-2 Cub
☐ G-AEZJ	Percival Type K Vega Gull
☐ G-AFCL	BA L.25c Swallow II
☐ G-AFDO	Piper J-3C-65 Cub
☐ G-AFEL	Monocoupe 90A
☐ G-AFFD	Percival Type Q Six
☐ G-AFFH	Taylor J-2 Cub
☐ G-AFGD	BA L.25c Swallow II
☐ G-AFGE	BA L.25c Swallow II
☐ G-AFGH	Chilton DW.1
☐ G-AFGI	Chilton DW.1
☐ G-AFGM	Piper J-4A Cub Coupe
☐ G-AFGZ	DH.82A Tiger Moth
☐ G-AFHA	Moss MA.1
☐ G-AFIN	Chrislea LC1 Airguard
☐ G-AFIR	Phoenix Luton LA-4A Minor
☐ G-AFJB	Foster-Wikner GM.1 Wicko
☐ G-AFJU	Miles M.17 Monarch
☐ G-AFJV	Moss MA.2
☐ G-AFNI	DH.94 Moth Minor
☐ G-AFOB	DH.94 Moth Minor
☐ G-AFOJ	DH.94 Moth Minor
☐ G-AFPN	DH.94 Moth Minor
☐ G-AFRZ	Miles M.17 Monarch
☐ G-AFSC	Tipsy Trainer 1
☐ G-AFSV	Chilton DW.1A
☐ G-AFTA	Hawker Tomtit
☐ G-AFUP	Luscombe 8A Silvaire
☐ G-AFVE	DH.82A Tiger Moth
☐ G-AFWH	Piper J-4A Cub Coupe
☐ G-AFWI	DH.82A Tiger Moth
☐ G-AFWT	Tipsy Trainer 1
☐ G-AFYD	Luscombe 8F Silvaire
☐ G-AFYO	Stinson HW-75 Voyager
☐ G-AFZA	Piper J-4A Cub Coupe
☐ G-AFZK	Luscombe 8A Silvaire
☐ G-AFZL	Porterfield CP-50
☐ G-AGAT	Piper J-3F-50 Cub
☐ G-AGEG	DH.82A Tiger Moth
☐ G-AGHY	DH.82A Tiger Moth
☐ G-AGIV	Piper J-3C-65 Cub
☐ G-AGJG	DH.89A Rapide
☐ G-AGLK	Auster 5D
☐ G-AGMI	Luscombe 8E Silvaire Deluxe
☐ G-AGNJ	DH.82A (Aust) Tiger Moth
☐ G-AGPK	DH.82A Tiger Moth
☐ G-AGSH	DH.89A Rapide
☐ G-AGTM	DH.89A Rapide
☐ G-AGTO	Auster V J/1 Autocrat
☐ G-AGTT	Auster V J/1 Autocrat
☐ G-AGVG	Auster V J/1 Autocrat
☐ G-AGXN	Auster J/1N Alpha
☐ G-AGXU	Auster J/1N Alpha
☐ G-AGXV	Auster V J/1 Autocrat
☐ G-AGYD	Auster J/1N Alpha
☐ G-AGYH	Auster J/1N Alpha
☐ G-AGYT	Auster J/1N Alpha
☐ G-AGYU	DH.82A Tiger Moth
☐ G-AGYY	Ryan ST3KR
☐ G-AGZZ	DH.82A (Aust) Tiger Moth
☐ G-AHAG	DH.89A Rapide
☐ G-AHAL	Auster J/1N Alpha
☐ G-AHAM	Auster V J/1 Autocrat
☐ G-AHAN	DH.82A Tiger Moth
☐ G-AHAO	Auster V J/1 Autocrat
☐ G-AHAP	Auster V J/1 Autocrat
☐ G-AHAU	Auster V J/1 Autocrat
☐ G-AHBL	DH.87B Hornet Moth
☐ G-AHBM	DH.87B Hornet Moth
☐ G-AHCL	Auster J/1N Alpha
☐ G-AHCR	Gould-Taylorcraft Plus D
☐ G-AHEC	Luscombe 8A Silvaire
☐ G-AHGW	Taylorcraft Plus D
☐ G-AHGZ	Taylorcraft Plus D
☐ G-AHHH	Auster J/1N Alpha
☐ G-AHHT	Auster J/1N Alpha
☐ G-AHIP	Piper J-3C-65 Cub
☐ G-AHIZ	DH.82A Tiger Moth
☐ G-AHKX	Avro C19 Srs 2
☐ G-AHLK	Auster III
☐ G-AHLT	DH.82A Tiger Moth
☐ G-AHNR	Taylorcraft BC-12D
☐ G-AHOO	DH.82A Tiger Moth

Registration	Type	Registration	Type	Registration	Type
☐ G-AHPZ	DH.82A Tiger Moth	☐ G-AJKB	Luscombe 8E Silvaire Deluxe	☐ G-ALFA	Auster 5
☐ G-AHSA	Avro 621 Tutor	☐ G-AJOE	Miles M.38 Messenger 2A	☐ G-ALGA	Piper PA-15 Vagabond
☐ G-AHSD	Taylorcraft Plus D	☐ G-AJON	Aeronca 7AC Champion	☐ G-ALGT	VS.379 Spitfire FXIVc
☐ G-AHSP	Auster V J/1 Autocrat	☐ G-AJPI	Fairchild 24R-46A Argus III	☐ G-ALIJ	Piper PA-17 Vagabond
☐ G-AHSS	Auster J/1N Alpha	☐ G-AJRB	Auster V J/1 Autocrat	☐ G-ALIW	DH.82A Tiger Moth
☐ G-AHTE	Percival Proctor V	☐ G-AJRS	Miles M.14A Hawk Trainer 3	☐ G-ALJF	Percival P.34 Proctor III
☐ G-AHUF	DH.82A Tiger Moth	☐ G-AJTW	DH.82A Tiger Moth	☐ G-ALJL	DH.82A Tiger Moth
☐ G-AHUG	Taylorcraft Plus D	☐ G-AJUE	Auster V J/1 Autocrat	☐ G-ALJR	Abbott-Baynes Scud III
☐ G-AHUJ	Miles M.14A Hawk Trainer 3	☐ G-AJUL	Auster J/1N Alpha	☐ G-ALLF	Slingsby T.30A Kirby Prefect
☐ G-AHUN	Globe GC-1B Swift	☐ G-AJVE	DH.82A Tiger Moth	☐ G-ALMA	Piper J-3C-65 Cub
☐ G-AHUV	DH.82A Tiger Moth	☐ G-AJWB	Miles M.38 Messenger 2A	☐ G-ALNA	DH.82A Tiger Moth
☐ G-AHVV	DH.82A Tiger Moth	☐ G-AJXC	Auster 5	☐ G-ALND	DH.82A Tiger Moth
☐ G-AHXE	Taylorcraft Plus D	☐ G-AJXV	Auster 4	☐ G-ALOD	Cessna 140
☐ G-AIBH	Auster J/1N Alpha	☐ G-AJXY	Auster 4	☐ G-ALTO	Cessna 140
☐ G-AIBM	Auster V J/1 Autocrat	☐ G-AJYB	Auster J/1N Alpha	☐ G-ALUC	DH.82A Tiger Moth
☐ G-AIBR	Auster J/1N Alpha	☐ G-AKAT	Miles M.14A Hawk Trainer 3	☐ G-ALWB	DHC-1 Chipmunk 22A
☐ G-AIBW	Auster J/1N Alpha	☐ G-AKAZ	Piper J-3C-65 Cub	☐ G-ALWS	DH.82A Tiger Moth
☐ G-AIBX	Auster V J/1 Autocrat	☐ G-AKBO	Miles M.38 Messenger 2A	☐ G-ALWW	DH.82A Tiger Moth
☐ G-AIBY	Auster V J/1 Autocrat	☐ G-AKDF	Miles M.38 Messenger 2A	☐ G-ALXZ	Auster 5-150
☐ G-AICX	Luscombe 8A Silvaire	☐ G-AKDK	Miles M.65 Gemini 1A	☐ G-AMAW	Luton LA-4A Minor
☐ G-AIDL	DH.89A Rapide	☐ G-AKDN	DHC-1A Chipmunk	☐ G-AMBB	DH.82A Tiger Moth
☐ G-AIDN	VS.502 Spitfire Trainer VIII	☐ G-AKDW	DH.89A Rapide	☐ G-AMCK	DH.82A Tiger Moth
☐ G-AIDS	DH.82A Tiger Moth	☐ G-AKEN	Miles M.65 Gemini 1A	☐ G-AMCM	DH.82A Tiger Moth
☐ G-AIEK	Miles M.38 Messenger 2A	☐ G-AKEX	Percival P.34 Proctor III	☐ G-AMEN	Piper PA-18 Super Cub 95
☐ G-AIFZ	Auster J/1N Alpha	☐ G-AKHP	Miles M.65 Gemini 1A	☐ G-AMHF	DH.82A Tiger Moth
☐ G-AIGD	Auster V J/1 Autocrat	☐ G-AKHU	Miles M.65 Gemini 1A	☐ G-AMKU	Auster V J/1S Autocrat
☐ G-AIGF	Auster J/1N Alpha	☐ G-AKIB	Piper J-3C-90 Cub	☐ G-AMMS	Auster J/5K Aiglet Trainer
☐ G-AIGT	Auster J/1N Alpha	☐ G-AKIF	DH.89A Rapide	☐ G-AMNN	DH.82A Tiger Moth
☐ G-AIIH	Piper J-3C-65 Cub	☐ G-AKIN	Miles M.38 Messenger 2A	☐ G-AMPG	Piper PA-12 Super Cruiser
☐ G-AIJM	Auster V J/4 Archer	☐ G-AKIU	Percival Proctor V	☐ G-AMPI	SNCAN Stampe SV-4C
☐ G-AIJS	Auster V J/4 Archer	☐ G-AKKB	Miles M.65 Gemini 1A	☐ G-AMPY	Douglas C-47B Dakota
☐ G-AIJT	Auster V J/4 Srs 100 Archer	☐ G-AKKH	Miles M.65 Gemini 1A	☐ G-AMRA	Douglas C-47B Dakota
☐ G-AIKE	Auster 5	☐ G-AKPF	Miles M.14A Hawk Trainer 3	☐ G-AMRF	Auster J/5F Aiglet Trainer
☐ G-AIPR	Auster V J/4 Archer	☐ G-AKPI	Taylorcraft J Auster 5	☐ G-AMRK	Gloster Gladiator I
☐ G-AIPV	Auster V J/1 Autocrat	☐ G-AKRA	Piper J-3C-65 Cub	☐ G-AMSG	SIPA 903
☐ G-AIRC	Auster V J/1 Autocrat	☐ G-AKRP	DH.89A Dragon Rapide	☐ G-AMSV	Douglas C-47B Dakota
☐ G-AIRK	DH.82A Tiger Moth	☐ G-AKSY	Auster 5	☐ G-AMTA	Auster J/5F Aiglet Trainer
☐ G-AISA	Tipsy Trainer 1	☐ G-AKSZ	Auster 5D	☐ G-AMTF	DH.82A Tiger Moth
☐ G-AISC	Tipsy Trainer 1	☐ G-AKTH	Piper J-3C-65 Cub	☐ G-AMTK	DH.82A Tiger Moth
☐ G-AISS	Piper J-3C-65 Cub	☐ G-AKTI	Luscombe 8A Silvaire	☐ G-AMTM	Auster V J/1 Autocrat
☐ G-AIST	VS.300 Spitfire IA	☐ G-AKTO	Aeronca 7BCM Champion	☐ G-AMTV	DH.82A Tiger Moth
☐ G-AISX	Piper J-3C-85 Cub	☐ G-AKTP	Piper PA-17 Vagabond	☐ G-AMUF	DHC-1 Chipmunk 21
☐ G-AIUA	Miles M.14A Hawk Trainer 3	☐ G-AKTR	Aeronca 7AC Champion	☐ G-AMUI	Auster J/5F Aiglet Trainer
☐ G-AIXJ	DH.82A Tiger Moth	☐ G-AKTS	Cessna 120	☐ G-AMVD	Auster 5
☐ G-AIXN	Mraz M.1C Sokol	☐ G-AKTT	Luscombe 8A Silvaire	☐ G-AMVP	Tipsy Junior
☐ G-AIYG	SNCAN Stampe SV-4B	☐ G-AKUE	DH.82A Tiger Moth	☐ G-AMVS	DH.82A Tiger Moth
☐ G-AIYR	DH.89A Rapide	☐ G-AKUF	Luscombe 8F Silvaire	☐ G-AMYD	Auster J/5L Aiglet Trainer
☐ G-AIYS	DH.85 Leopard Moth	☐ G-AKUH	Luscombe 8E Silvaire Deluxe	☐ G-AMZI	Auster J/5F Aiglet Trainer
☐ G-AIZU	Auster V J/1 Autocrat	☐ G-AKUJ	Luscombe 8E Silvaire Deluxe	☐ G-AMZT	Auster J/5F Aiglet Trainer
☐ G-AIZY	Auster V J/1 Autocrat	☐ G-AKUK	Luscombe 8A Silvaire	☐ G-ANAF	Douglas C-47B Dakota
☐ G-AJAD	Piper J-3C-65 Cub	☐ G-AKUL	Luscombe 8A Silvaire	☐ G-ANCS	DH.82A Tiger Moth
☐ G-AJAE	Auster J/1N Alpha	☐ G-AKUM	Luscombe 8F Silvaire	☐ G-ANCX	DH.82A Tiger Moth
☐ G-AJAJ	Auster J/1N Alpha	☐ G-AKUN	Piper J-3C-65 Cub	☐ G-ANDE	DH.82A Tiger Moth
☐ G-AJAM	Auster V J/2 Arrow	☐ G-AKUO	Aeronca 11AC Chief	☐ G-ANDM	DH.82A Tiger Moth
☐ G-AJAP	Luscombe 8A Silvaire	☐ G-AKUP	Luscombe 8E Silvaire Deluxe	☐ G-ANDP	DH.82A Tiger Moth
☐ G-AJAS	Auster J/1N Alpha	☐ G-AKUR	Cessna 140	☐ G-ANEH	DH.82A Tiger Moth
☐ G-AJCP	Druine D.31 Turbulent	☐ G-AKUW	Chrislea CH.3 Srs 2 Super Ace	☐ G-ANEL	DH.82A Tiger Moth
☐ G-AJDY	Auster J/1N Alpha	☐ G-AKVF	Chrislea CH.3 Srs 2 Super Ace	☐ G-ANEM	DH.82A Tiger Moth
☐ G-AJEE	Auster J/1N Alpha	☐ G-AKVM	Cessna 120	☐ G-ANEN	DH.82A Tiger Moth
☐ G-AJEH	Auster J/1N Alpha	☐ G-AKVN	Aeronca 11AC Chief	☐ G-ANEW	DH.82A Tiger Moth
☐ G-AJEI	Auster J/1N Alpha	☐ G-AKVO	Taylorcraft BC-12D	☐ G-ANEZ	DH.82A Tiger Moth
☐ G-AJEM	Auster V J/1 Autocrat	☐ G-AKVP	Luscombe 8A Silvaire	☐ G-ANFI	DH.82A Tiger Moth
☐ G-AJES	Piper J-3C-65 Cub	☐ G-AKVR	Chrislea CH.3 Srs 4 Skyjeep	☐ G-ANFL	DH.82A Tiger Moth
☐ G-AJGJ	Auster 5	☐ G-AKVZ	Miles M.38 Messenger 4B	☐ G-ANFM	DH.82A Tiger Moth
☐ G-AJHS	DH.82A Tiger Moth	☐ G-AKWS	Auster 5A-160	☐ G-ANFP	DH.82A Tiger Moth
☐ G-AJIH	Auster V J/1 Autocrat	☐ G-AKXP	Auster 5	☐ G-ANHK	DH.82A Tiger Moth
☐ G-AJIS	Auster J/1N Alpha	☐ G-AKXS	DH.82A Tiger Moth	☐ G-ANHR	Auster 5
☐ G-AJIT	Auster V J/1 Kingsland	☐ G-ALAH	Miles M.38 Messenger 4A	☐ G-ANHS	Auster 4
☐ G-AJIU	Auster V J/1 Autocrat	☐ G-ALAR	Miles M.38 Messenger 4A	☐ G-ANHX	Auster 5D
☐ G-AJIW	Auster J/1N Alpha	☐ G-ALBD	DH.82A Tiger Moth	☐ G-ANIE	Auster 5
☐ G-AJJS	Cessna 120	☐ G-ALBJ	Auster 5	☐ G-ANIJ	Auster 5D
☐ G-AJJT	Cessna 120	☐ G-ALBK	Auster 5	☐ G-ANJA	DH.82A Tiger Moth
☐ G-AJJU	Luscombe 8E Silvaire Deluxe	☐ G-ALEH	Piper PA-17 Vagabond	☐ G-ANJD	DH.82A Tiger Moth

Reg	Type	Reg	Type	Reg	Type
☐ G-ANJK	DH.82A Tiger Moth	☐ G-AOUO	DHC-1 Chipmunk 22	☐ G-ARAS	Champion 7FC Tri-Traveler
☐ G-ANKK	DH.82A Tiger Moth	☐ G-AOUP	DHC-1 Chipmunk 22	☐ G-ARAW	Cessna 182C Skylane
☐ G-ANKT	DH.82A Tiger Moth	☐ G-AOVW	Auster 5	☐ G-ARAX	Piper PA-22-150 Tri-Pacer
☐ G-ANKV	DH.82A Tiger Moth	☐ G-AOXN	DH.82A Tiger Moth	☐ G-ARAZ	DH.82A Tiger Moth
☐ G-ANKZ	DH.82A Tiger Moth	☐ G-AOZH	DH.82A Tiger Moth	☐ G-ARBE	DH.104 Dove 8
☐ G-ANLD	DH.82A Tiger Moth	☐ G-AOZL	Auster J/5Q Alpine	☐ G-ARBG	Tipsy Nipper T.66 Series 2
☐ G-ANLS	DH.82A Tiger Moth	☐ G-AOZP	DHC-1 Chipmunk 22A	☐ G-ARBM	Auster V J/1B Aiglet
☐ G-ANMO	DH.82A Tiger Moth	☐ G-APAF	Auster 5	☐ G-ARBS	Piper PA-20 Pacer
☐ G-ANMY	DH.82A Tiger Moth	☐ G-APAH	Auster 5	☐ G-ARBV	Piper PA-22-160 Tri-Pacer
☐ G-ANNB	DH.82A Tiger Moth	☐ G-APAJ	Thruxton Jackaroo	☐ G-ARBZ	Druine D.31 Turbulent
☐ G-ANNG	DH.82A Tiger Moth	☐ G-APAL	DH.82A Tiger Moth	☐ G-ARCF	Piper PA-22-150 Tri-Pacer
☐ G-ANNI	DH.82A Tiger Moth	☐ G-APAM	DH.82A Tiger Moth	☐ G-ARCS	Auster D.6 Srs 180
☐ G-ANNK	DH.82A Tiger Moth	☐ G-APAO	DH.82A Tiger Moth	☐ G-ARCT	Piper PA-18 Super Cub 95
☐ G-ANOD	DH.82A Tiger Moth	☐ G-APAP	DH.82A Tiger Moth	☐ G-ARCV	Cessna 175A Skylark
☐ G-ANOH	DH.82A Tiger Moth	☐ G-APBE	Auster 5	☐ G-ARCW	Piper PA-23 Apache
☐ G-ANOM	DH.82A Tiger Moth	☐ G-APBI	DH.82A Tiger Moth	☐ G-ARDB	Piper PA-24-250 Comanche
☐ G-ANON	DH.82A Tiger Moth	☐ G-APBO	Druine D.53 Turbi	☐ G-ARDD	Scintex CP.301-C1 Emeraude
☐ G-ANOO	DH.82A Tiger Moth	☐ G-APBW	Auster Alpha 5A	☐ G-ARDJ	Auster D.6 Srs 180
☐ G-ANPE	DH.82A Tiger Moth	☐ G-APCB	Auster J/5Q Alpine	☐ G-ARDO	Jodel D.112J
☐ G-ANPK	DH.82A Tiger Moth	☐ G-APCC	DH.82A Tiger Moth	☐ G-ARDS	Piper PA-22-150 Caribbean
☐ G-ANRF	DH.82A Tiger Moth	☐ G-APFA	Druine D.52 Turbi	☐ G-ARDY	Tipsy Nipper T.66 Series 2
☐ G-ANRM	DH.82A Tiger Moth	☐ G-APFU	DH.82A Tiger Moth	☐ G-ARDZ	SAN Jodel D.140A Mousquetaire
☐ G-ANRN	DH.82A Tiger Moth	☐ G-APFV	Piper PA-23-160 Apache	☐ G-AREH	DH.82A Tiger Moth
☐ G-ANRP	Auster 5	☐ G-APIE	Tipsy Belfair	☐ G-AREI	Auster III
☐ G-ANSM	DH.82A Tiger Moth	☐ G-APIH	DH.82A Tiger Moth	☐ G-AREL	Piper PA-22-150 Caribbean
☐ G-ANTE	DH.82A Tiger Moth	☐ G-APIK	Auster J/1N Alpha	☐ G-AREO	Piper PA-18-150 Super Cub
☐ G-ANVY	Percival Proctor IV	☐ G-APIZ	Druine D.31 Turbulent	☐ G-ARET	Piper PA-22-160 Tri-Pacer
☐ G-ANWB	DHC-1 Chipmunk 21	☐ G-APJB	Percival P.40 Prentice T1	☐ G-AREV	Piper PA-22-160 Tri-Pacer
☐ G-ANXC	Auster J/5R Alpine	☐ G-APJZ	Auster J/1N Alpha	☐ G-AREX	Aeronca 15AC Sedan
☐ G-ANXR	Percival Proctor IV	☐ G-APKM	Auster J/1N Alpha	☐ G-AREZ	Druine D.31 Turbulent
☐ G-ANZT	Thruxton Jackaroo	☐ G-APLO	DHC-1 Chipmunk 22A	☐ G-ARFB	Piper PA-22-150 Caribbean
☐ G-ANZU	DH.82A Tiger Moth	☐ G-APLU	DH.82A Tiger Moth	☐ G-ARFD	Piper PA-22-160 Tri-Pacer
☐ G-ANZZ	DH.82A Tiger Moth	☐ G-APMH	Auster J/1U Workmaster	☐ G-ARFG	Cessna 175A Skylark
☐ G-AOAA	DH.82A Tiger Moth	☐ G-APMX	DH.82A Tiger Moth	☐ G-ARFI	Cessna 150A
☐ G-AOBG	Somers-Kendall SK-1	☐ G-APNT	Phoenix Currie Wot	☐ G-ARFO	Cessna 150A
☐ G-AOBH	DH.82A Tiger Moth	☐ G-APNZ	Druine D.31 Turbulent	☐ G-ARFT	Jodel DR.1050 Ambassadeur
☐ G-AOBJ	DH.82A Tiger Moth	☐ G-APPA	DHC-1 Chipmunk 22	☐ G-ARFV	Tipsy Nipper T.66 Series 2
☐ G-AOBU	Hunting P84 Jet Provost T1	☐ G-APPL	Percival P.40 Prentice T1	☐ G-ARGG	DHC-1 Chipmunk 22
☐ G-AOBX	DH.82A Tiger Moth	☐ G-APPM	DHC-1 Chipmunk 22	☐ G-ARGO	Piper PA-22-108 Colt
☐ G-AOCR	Auster 5D	☐ G-APRO	Auster 6A	☐ G-ARGV	Piper PA-18-150 Super Cub
☐ G-AOCU	Auster 5	☐ G-APRS	SAL Twin Pioneer 3	☐ G-ARGY	Piper PA-20 Pacer
☐ G-AODR	DH.82A Tiger Moth	☐ G-APSA	Douglas DC-6A	☐ G-ARGZ	Druine D.31 Turbulent
☐ G-AODT	DH.82A Tiger Moth	☐ G-APSR	Auster J/1U Workmaster	☐ G-ARHB	Forney F-1A Aircoupe
☐ G-AOEH	Aeronca 7AC Champion	☐ G-APTR	Auster J/1N Alpha	☐ G-ARHC	Forney F-1A Aircoupe
☐ G-AOEI	DH.82A Tiger Moth	☐ G-APTU	Auster 5	☐ G-ARHM	Auster 6A
☐ G-AOES	DH.82A Tiger Moth	☐ G-APTY	Beech G35 Bonanza	☐ G-ARHR	Piper PA-22-150 Caribbean
☐ G-AOET	DH.82A Tiger Moth	☐ G-APTZ	Druine D.31 Turbulent	☐ G-ARHW	DH.104 Dove 8
☐ G-AOEX	Thruxton Jackaroo	☐ G-APUE	Orlican L-40 Meta-Sokol	☐ G-ARHZ	Druine D.62A Condor
☐ G-AOFE	DHC-1 Chipmunk 22A	☐ G-APUR	Piper PA-22-160 Tri-Pacer	☐ G-ARID	Cessna 172B Skyhawk
☐ G-AOFS	Auster J/5L Aiglet Trainer	☐ G-APUW	Auster J/5V Srs 160 Autocar	☐ G-ARIF	Ord-Hume O-H 7 Minor Coupe
☐ G-AOGI	DH.82A Tiger Moth	☐ G-APUY	Druine D.31 Turbulent	☐ G-ARIH	Auster 6A
☐ G-AOGR	DH.82A Tiger Moth	☐ G-APVF	Pützer Elster B	☐ G-ARIK	Piper PA-22-150 Caribbean
☐ G-AOGV	Auster J/5R Alpine	☐ G-APVG	Auster J/5L Aiglet Trainer	☐ G-ARIL	Piper PA-22-150 Caribbean
☐ G-AOHY	DH.82A Tiger Moth	☐ G-APVN	Druine D.31 Turbulent	☐ G-ARIM	Druine D.31 Turbulent
☐ G-AOHZ	Auster J/5P Autocar	☐ G-APVS	Cessna 170B	☐ G-ARJB	DH.104 Dove 8
☐ G-AOIM	DH.82A Tiger Moth	☐ G-APVT	DH.82A Tiger Moth	☐ G-ARJH	Piper PA-22-108 Colt
☐ G-AOIR	Thruxton Jackaroo	☐ G-APVU	Orlican L-40 Meta-Sokol	☐ G-ARJS	Piper PA-23-160 Apache G
☐ G-AOIS	DH.82A Tiger Moth	☐ G-APVZ	Druine D.31 Turbulent	☐ G-ARJT	Piper PA-23-160 Apache G
☐ G-AOJH	DH.83C Fox Moth	☐ G-APWP	Druine D.31 Turbulent	☐ G-ARJU	Piper PA-23-160 Apache G
☐ G-AOJJ	DH.82A Tiger Moth	☐ G-APXJ	Piper PA-24-250 Comanche	☐ G-ARKD	CAC-18 Mustang 22
☐ G-AOJK	DH.82A Tiger Moth	☐ G-APXR	Piper PA-22-160 Tri-Pacer	☐ G-ARKG	Auster J/5G Autocar
☐ G-AOJR	DHC-1 Chipmunk 22	☐ G-APXT	Piper PA-20 Pacer	☐ G-ARKJ	Beech N35 Bonanza
☐ G-AOKL	Percival P.40 Prentice T1	☐ G-APXU	Piper PA-22-150 Tri-Pacer	☐ G-ARKK	Piper PA-22-108 Colt
☐ G-AOLU	Percival P.40 Prentice T1	☐ G-APYB	Tipsy Nipper T.66 Series 3	☐ G-ARKM	Piper PA-22-108 Colt
☐ G-AORG	DH.114 Sea Heron C1	☐ G-APYG	DHC-1 Chipmunk 22	☐ G-ARKP	Piper PA-22-108 Colt
☐ G-AORW	DHC-1 Chipmunk 22A	☐ G-APYI	Piper PA-20 Pacer	☐ G-ARKS	Piper PA-22-108 Colt
☐ G-AOSK	DHC-1 Chipmunk 22A	☐ G-APYT	Champion 7FC Tri-Traveler	☐ G-ARLB	Piper PA-24-250 Comanche
☐ G-AOSY	DHC-1 Chipmunk 22	☐ G-APZJ	Piper PA-18-150 Super Cub	☐ G-ARLG	Auster D.4/108
☐ G-AOTD	DHC-1 Chipmunk 22	☐ G-APZL	Piper PA-22-160 Tri-Pacer	☐ G-ARLK	Piper PA-24-250 Comanche
☐ G-AOTF	DHC-1 Chipmunk 22	☐ G-APZX	Piper PA-20 Pacer	☐ G-ARLP	Beagle A.61 Terrier 1
☐ G-AOTK	Druine D.53 Turbi	☐ G-ARAM	Piper PA-18-150 Super Cub	☐ G-ARLR	Beagle A.61 Terrier 2
☐ G-AOTR	DHC-1 Chipmunk 22	☐ G-ARAN	Piper PA-18-150 Super Cub	☐ G-ARLZ	Druine D.31A Turbulent
☐ G-AOTY	DHC-1 Chipmunk 22A	☐ G-ARAP	Champion 7FC Tri-Traveler	☐ G-ARMC	DHC-1 Chipmunk 22A

Registration	Type	Registration	Type	Registration	Type
G-ARMD	DHC-1 Chipmunk 22A	G-ASAJ	Beagle A.61 Terrier 2	G-ASST	Cessna 150D
G-ARMF	DHC-1 Chipmunk 22A	G-ASAL	SAL Bulldog Srs 100/101	G-ASSV	Kensinger KF
G-ARMG	DHC-1 Chipmunk 22A	G-ASAU	MS.880B Rallye Club	G-ASSW	Piper PA-28-140 Cherokee
G-ARMN	Cessna 175B Skylark	G-ASAX	Beagle A.61 Terrier 2	G-ASSY	Druine D.31 Turbulent
G-ARMO	Cessna 172B Skyhawk	G-ASAZ	Hiller UH-12E	G-ASTG	Nord 1002 Pingouin
G-ARMR	Cessna 172B Skyhawk	G-ASBA	Phoenix Currie Wot	G-ASTI	Auster 6A Tugmaster
G-ARMZ	Druine D.31 Turbulent	G-ASBH	Beagle A.109 Airedale	G-ASUB	Mooney M.20E Super 21
G-ARNB	Auster J/5G Autocar	G-ASCC	Beagle E.3 Mk.11	G-ASUD	Piper PA-28-180 Cherokee B
G-ARND	Piper PA-22-108 Colt	G-ASCH	Beagle A.61 Terrier 2	G-ASUE	Cessna 150D
G-ARNE	Piper PA-22-108 Colt	G-ASCM	Isaacs Fury II	G-ASUI	Beagle A.61 Terrier 2
G-ARNG	Piper PA-22-108 Colt	G-ASCZ	Piel CP.301A Emeraude	G-ASUP	Cessna F172E Skyhawk
G-ARNJ	Piper PA-22-108 Colt	G-ASDK	Beagle A.61 Terrier 2	G-ASUS	Jurca MJ.2E Tempete
G-ARNK	Piper PA-22-108 Colt	G-ASDY	Wallis WA-116/F	G-ASVG	Piel CP.301B
G-ARNL	Piper PA-22-108 Colt	G-ASEA	Phoenix Luton LA-4A Minor	G-ASVM	Cessna F172E Skyhawk
G-ARNO	Beagle A.61 Terrier 1	G-ASEB	Phoenix Luton LA-4A Minor	G-ASVZ	Piper PA-28-140 Cherokee
G-ARNP	Beagle A.109 Airedale	G-ASEO	Piper PA-24-250 Comanche	G-ASWN	Bensen B.8M
G-ARNY	Jodel D.117	G-ASEP	Piper PA-23-235 Apache	G-ASWX	Piper PA-28-180 Cherokee C
G-ARNZ	Druine D.31 Turbulent	G-ASEU	Druine D.62A Condor	G-ASXC	SIPA 903
G-AROA	Cessna 172B Skyhawk	G-ASFA	Cessna 172D Skyhawk	G-ASXD	Brantly B.2B
G-AROC	Cessna 175B Skylark	G-ASFD	SPP Morava L-200A	G-ASXS	Jodel DR.1050 Ambassadeur
G-ARON	Piper PA-22-108 Colt	G-ASFL	Piper PA-28-180 Cherokee B	G-ASXU	Jodel D.120A Paris-Nice
G-AROW	Jodel D.140B Mousquetaire II	G-ASFR	Bölkow Bö.208C Junior	G-ASXX	Avro 683 Lancaster B.VII
G-AROY	Boeing Stearman A75N1	G-ASFX	Druine D.31 Turbulent	G-ASYG	Beagle A.61 Terrier 2
G-ARRD	Jodel DR.1051 Ambassadeur	G-ASHS	SNCAN Stampe SV-4C(G)	G-ASYJ	Beech D95A TravelAir
G-ARRE	Jodel DR.1050 Ambassadeur	G-ASHT	Druine D.31 Turbulent	G-ASYP	Cessna 150E
G-ARRI	Cessna 175B Skylark	G-ASHU	Piper PA-15 Vagabond	G-ASZB	Cessna 150E
G-ARRL	Auster J/1N Alpha	G-ASHX	Piper PA-28-180 Cherokee B	G-ASZD	Bölkow Bö.208A2 Junior
G-ARRO	Beagle A.109 Airedale	G-ASII	Piper PA-28-180 Cherokee B	G-ASZE	Beagle A.61 Terrier 2
G-ARRS	Piel CP.301A Emeraude	G-ASIJ	Piper PA-28-180 Cherokee B	G-ASZR	Fairtravel Linnet 2
G-ARRT	Wallis WA-116/Mc	G-ASIL	Piper PA-28-180 Cherokee B	G-ASZS	Sud Gardan GY-80-160 Horizon
G-ARRU	Druine D.31 Turbulent	G-ASIS	Jodel D.112	G-ASZU	Cessna 150E
G-ARRX	Auster 6A	G-ASIT	Cessna 180	G-ASZV	Tipsy Nipper T.66 Series 2
G-ARRY	Jodel D.140B Mousquetaire II	G-ASIY	Piper PA-25-235 Pawnee	G-ASZX	Beagle A.61 Terrier 1
G-ARRZ	Druine D.31 Turbulent	G-ASJL	Beech H35 Bonanza	G-ATAG	Jodel DR.1050 Ambassadeur
G-ARSG	Avro Triplane Type IV replica	G-ASJV	VS.361 Spitfire LFIXb	G-ATAS	Piper PA-28-180 Cherokee C
G-ARSU	Piper PA-22-108 Colt	G-ASJZ	Jodel D.117A	G-ATAU	Druine D.62B Condor
G-ARTH	Piper PA-12 Super Cruiser	G-ASKL	Jodel D.150 Mascaret	G-ATAV	Druine D.62C Condor
G-ARTL	DH.82A Tiger Moth	G-ASKP	DH.82A Tiger Moth	G-ATBG	Nord 1002 Pingouin II
G-ARTZ	McCandless M.4 Gyroplane	G-ASKT	Piper PA-28-180 Cherokee B	G-ATBH	SPP Aero 145
G-ARUG	Auster J/5G Autocar	G-ASLV	Piper PA-28-235 Cherokee	G-ATBJ	Sikorsky S-61N
G-ARUH	Jodel DR.1050 Ambassadeur	G-ASLX	Piel CP.301A Emeraude	G-ATBL	DH.60G Gipsy Moth
G-ARUI	Beagle A.61 Terrier 1	G-ASMA	PA-39 Twin Comanche C/R	G-ATBP	Fournier RF3
G-ARUL	LeVier Cosmic Wind	G-ASMF	Beech D95A TravelAir	G-ATBS	Druine D.31 Turbulent
G-ARUV	Piel CP.301-1 Emeraude	G-ASMJ	Cessna F172E Skyhawk	G-ATBU	Beagle A.61 Terrier 2
G-ARUY	Auster J/1N Alpha	G-ASML	Phoenix Luton LA-4A Minor	G-ATBX	Piper PA-20-135 Pacer
G-ARVO	Piper PA-18 Super Cub 95	G-ASMM	Druine D.31 Turbulent	G-ATCC	Beagle A.109 Airedale
G-ARVT	Piper PA-28-160 Cherokee	G-ASMS	Cessna 150A	G-ATCD	Beagle D.5/180 Husky
G-ARVU	Piper PA-28-160 Cherokee	G-ASMT	Fairtravel Linnet 2	G-ATCE	Cessna U206 Super Skywagon
G-ARVV	Piper PA-28-160 Cherokee	G-ASMV	Scintex CP.1310-C3 Emeraude	G-ATCJ	Phoenix Luton LA-4A Minor
G-ARVZ	Druine D.62B Condor	G-ASMW	Cessna 150D	G-ATCL	Victa Airtourer 100
G-ARWB	DHC-1 Chipmunk 22A	G-ASMY	Piper PA-23-160 Apache H	G-ATCN	Phoenix Luton LA-4A Minor
G-ARWR	Cessna 172C Skyhawk	G-ASMZ	Beagle A.61 Terrier 2	G-ATCX	Cessna 182H Skylane
G-ARWS	Cessna 175C Skylark	G-ASNC	Beagle D.5/180 Husky	G-ATDA	Piper PA-28-160 Cherokee
G-ARXB	Beagle A.109 Airedale	G-ASNI	Scintex CP.1310-C3 Emeraude	G-ATDN	Beagle A.61 Terrier 2
G-ARXD	Beagle A.109 Airedale	G-ASNK	Cessna 210-5 (205)	G-ATDO	Bölkow Bö.208C Junior
G-ARXG	Piper PA-24-250 Comanche	G-ASNW	Cessna F172E Skyhawk	G-ATEF	Cessna 150E
G-ARXH	Bell 47G	G-ASOH	Beech 95-B55A Baron	G-ATEM	Piper PA-28-180 Cherokee C
G-ARXN	Tipsy Nipper T.66 Series 2	G-ASOI	Beagle A.61 Terrier 2	G-ATEV	Jodel DR.1050 Ambassadeur
G-ARXP	Phoenix Luton LA-4A Minor	G-ASOK	Cessna F172E Skyhawk	G-ATEW	Piper PA-30 Twin Comanche
G-ARXT	Jodel DR.1050 Ambassadeur	G-ASOM	Beagle A.61 Terrier 2	G-ATEZ	Piper PA-28-140 Cherokee
G-ARXU	Auster 6A	G-ASOX	Cessna 210-5A (205A)	G-ATFD	Jodel DR.1050 Ambassadeur
G-ARXW	MS.885 Super Rallye	G-ASPF	Jodel D.120 Paris-Nice	G-ATFM	Sikorsky S-61N
G-ARYH	Piper PA-22-160 Tri-Pacer	G-ASPP	Bristol Boxkite replica	G-ATFR	Piper PA-25 Pawnee
G-ARYK	Cessna 172C Skyhawk	G-ASPS	Piper J-3C-90 Cub	G-ATFY	Cessna F172E Skyhawk
G-ARYR	Piper PA-28-180 Cherokee B	G-ASPV	DH.82A Tiger Moth	G-ATGY	Sud Gardan GY-80-160 Horizon
G-ARYS	Cessna 172C Skyhawk	G-ASRB	Druine D.62B Condor	G-ATHD	DHC-1 Chipmunk 22
G-ARYV	Piper PA-24-250 Comanche	G-ASRC	Druine D.62C Condor	G-ATHK	Aeronca 7AC Champion
G-ARYZ	Beagle A.109 Airedale	G-ASRK	Beagle A.109 Airedale	G-ATHM	Wallis WA-116/F
G-ARZB	Wallis WA-116 Series 1 Agile	G-ASRO	Piper PA-30 Twin Comanche	G-ATHR	Piper PA-28-180 Cherokee C
G-ARZS	Beagle A.109 Airedale	G-ASRT	Jodel D.150 Mascaret	G-ATHT	Victa Airtourer 115
G-ARZW	Phoenix Currie Wot	G-ASRW	Piper PA-28-180 Cherokee B	G-ATHU	Beagle A.61 Terrier 1
G-ASAA	Phoenix Luton LA-4A Minor	G-ASSP	Piper PA-30 Twin Comanche	G-ATHV	Cessna 150F
G-ASAI	Beagle A.109 Airedale	G-ASSS	Cessna 172E Skyhawk	G-ATHZ	Cessna 150F

Registration	Type
G-ATIC	Jodel DR.1050 Ambassadeur
G-ATIN	Jodel D.117
G-ATIR	AIA Stampe SV-4C
G-ATIS	Piper PA-28-160 Cherokee C
G-ATIZ	Jodel D.117
G-ATJA	Jodel DR.1050 Ambassadeur
G-ATJC	Victa Airtourer 100
G-ATJG	Piper PA-28-140 Cherokee
G-ATJL	Piper PA-24-260 Comanche
G-ATJN	Jodel D.119
G-ATJV	Piper PA-32-260 Cherokee Six
G-ATKF	Cessna 150F
G-ATKH	Phoenix Luton LA-4A Minor
G-ATKI	Piper J-3C-65 Cub
G-ATKT	Cessna F172G Skyhawk
G-ATKX	Jodel D.140C Mousquetaire III
G-ATLA	Cessna 182J Skylane
G-ATLB	Jodel DR.1050M Excellence
G-ATLM	Cessna F172G Skyhawk
G-ATLP	Bensen B.8M
G-ATLT	Cessna U206A Super Skywagon
G-ATLV	Jodel D.120 Paris-Nice
G-ATMC	Cessna F150F
G-ATMH	Beagle D.5/180 Husky
G-ATMM	Cessna F150F
G-ATMT	Piper PA-30 Twin Comanche
G-ATNB	Piper PA-28-180 Cherokee C
G-ATNE	Cessna F150F
G-ATNL	Cessna F150F
G-ATNV	Piper PA-24-260 Comanche
G-ATOH	Druine D.62B Condor
G-ATOI	Piper PA-28-140 Cherokee
G-ATOJ	Piper PA-28-140 Cherokee
G-ATOK	Piper PA-28-140 Cherokee
G-ATOM	Piper PA-28-140 Cherokee
G-ATON	Piper PA-28-140 Cherokee
G-ATOO	Piper PA-28-140 Cherokee
G-ATOP	Piper PA-28-140 Cherokee
G-ATOR	Piper PA-28-140 Cherokee
G-ATOT	Piper PA-28-180 Cherokee C
G-ATOU	Mooney M.20E Super 21
G-ATPN	Piper PA-28-140 Cherokee
G-ATPT	Cessna 182J Skylane
G-ATPV	Gardan GY-20 Minicab
G-ATRG	Piper PA-18-150 Super Cub
G-ATRK	Cessna F150F
G-ATRM	Cessna F150F
G-ATRW	Piper PA-32-260 Cherokee Six
G-ATRX	Piper PA-32-260 Cherokee Six
G-ATSI	Bölkow Bö.208C Junior
G-ATSL	Cessna F172G Skyhawk
G-ATSR	Beech M35 Bonanza
G-ATSY	Wassmer WA.41 Super Baladou
G-ATSZ	Piper PA-30 Twin Comanche B
G-ATTB	Beagle Wallis WA-116/F
G-ATTI	Piper PA-28-140 Cherokee
G-ATTK	Piper PA-28-140 Cherokee
G-ATTM	Jodel DR.250/160 Capitaine
G-ATTR	Bölkow Bö.208C Junior
G-ATTV	Piper PA-28-140 Cherokee
G-ATTX	Piper PA-28-180 Cherokee C
G-ATUB	Piper PA-28-140 Cherokee
G-ATUF	Cessna F150F
G-ATUG	Druine D.62B Condor
G-ATUH	Tipsy Nipper T.66 Series 1
G-ATUI	Bölkow Bö.208C Junior
G-ATUL	Piper PA-28-180 Cherokee C
G-ATVF	DHC-1 Chipmunk 22 (Lycoming)
G-ATVK	Piper PA-28-140 Cherokee
G-ATVO	Piper PA-28-140 Cherokee
G-ATVS	Piper PA-28-180 Cherokee C
G-ATVW	Druine D.62B Condor
G-ATVX	Bölkow Bö.208C Junior
G-ATWA	Jodel DR.1050 Ambassadeur
G-ATWB	Jodel D.117
G-ATWJ	Cessna F172F Skyhawk
G-ATXA	Piper PA-20 Super Pacer
G-ATXD	Piper PA-30 Twin Comanche B
G-ATXN	Mitchell-Procter Kittiwake I
G-ATXO	SIPA 903
G-ATXZ	Bölkow Bö.208C Junior
G-ATYM	Cessna F150G
G-ATYS	Piper PA-28-180 Cherokee C
G-ATZM	Piper J-3C Cub
G-ATZS	Wassmer WA.41 Super Baladou
G-ATZZ	Reims/Cessna F150G
G-AVAW	Druine D.62C Condor
G-AVBG	Piper PA-28-180 Cherokee C
G-AVBH	Piper PA-28-180 Cherokee C
G-AVBS	Piper PA-28-180 Cherokee C
G-AVBT	Piper PA-28-180 Cherokee C
G-AVCM	Piper PA-24-260 Comanche B
G-AVCN	B-N BN-2A-8 Islander
G-AVCV	Cessna 182J Skylane
G-AVDA	Cessna 182K Skylane
G-AVDG	Wallis WA-116 Series 1 Agile
G-AVDT	Aeronca 7AC Champion
G-AVDV	Piper PA-20 Super Pacer
G-AVDY	Phoenix Luton LA-4A Minor
G-AVEF	Jodel D.150 Mascaret
G-AVEH	SIAI Marchetti S.205 20/R
G-AVEM	Cessna F150G
G-AVEN	Cessna F150G
G-AVEO	Cessna F150G
G-AVER	Cessna F150G
G-AVEU	Wassmer WA.41 Super Baladou
G-AVEX	Druine D.62 Condor
G-AVEY	Phoenix Currie Super Wot
G-AVFR	Piper PA-28-140 Cherokee
G-AVFU	Piper PA-32-300 Cherokee Six
G-AVFX	Piper PA-28-140 Cherokee
G-AVFZ	Piper PA-28-140 Cherokee
G-AVGA	Piper PA-24-260 Comanche B
G-AVGC	Piper PA-28-140 Cherokee
G-AVGE	Piper PA-28-140 Cherokee
G-AVGZ	CEA Jodel DR.1050 Sicile
G-AVHH	Cessna F172H Skyhawk
G-AVHL	Jodel DR.105A Ambassadeur
G-AVHM	Cessna F150G
G-AVHT	Beagle E.3
G-AVHY	Sportavia-Putzer Fournier RF4D
G-AVIA	Cessna F150G
G-AVIB	Cessna F150G
G-AVIC	Cessna F172H Skyhawk
G-AVIL	Alon A-2 Aircoupe
G-AVIN	MS.880B Rallye Club
G-AVIP	Brantly B.2B
G-AVIS	Cessna F172H Skyhawk
G-AVIT	Cessna F150G
G-AVJF	Cessna F172H Skyhawk
G-AVJJ	Piper PA-30 Twin Comanche B
G-AVJK	Jodel DR.1050M Excellence
G-AVJO	Fokker E.III replica
G-AVJV	Wallis WA-117 Series 1
G-AVJW	Wallis WA-118/M Meteorite
G-AVKD	Sportavia-Putzer Fournier RF4D
G-AVKG	Cessna F172H Skyhawk
G-AVKI	Tipsy Nipper T.66 Srs 3
G-AVKK	Tipsy Nipper T.66 Srs 3
G-AVKP	Beagle A.109 Airedale
G-AVKR	Bölkow Bö.208C Junior
G-AVLB	Piper PA-28-140 Cherokee
G-AVLC	Piper PA-28-140 Cherokee
G-AVLE	Piper PA-28-140 Cherokee
G-AVLF	Piper PA-28-140 Cherokee
G-AVLG	Piper PA-28-140 Cherokee
G-AVLI	Piper PA-28-140 Cherokee
G-AVLJ	Piper PA-28-140 Cherokee
G-AVLM	Beagle B.121 Pup Srs 3
G-AVLN	Beagle B.121 Pup Srs 2
G-AVLO	Bölkow Bö.208C Junior
G-AVLT	Piper PA-28-140 Cherokee
G-AVLY	Jodel D.120A Paris-Nice
G-AVMA	Sud Gardan GY-80-180 Horizon
G-AVMB	Druine D.62B Condor
G-AVMD	Cessna 150G
G-AVMF	Cessna F150G
G-AVNC	Cessna F150G
G-AVNN	Piper PA-28-180 Cherokee C
G-AVNO	Piper PA-28-180 Cherokee C
G-AVNS	Piper PA-28-180 Cherokee C
G-AVNU	Piper PA-28-180 Cherokee C
G-AVNW	Piper PA-28-180 Cherokee C
G-AVNY	Sportavia-Putzer Fournier RF4D
G-AVNZ	Sportavia-Putzer Fournier RF4
G-AVOA	Jodel DR.1050 Ambassadeur
G-AVOH	Druine D.62B Condor
G-AVOM	Jodel DR.221 Dauphin
G-AVOO	Piper PA-18-150 Super Cub
G-AVOZ	Piper PA-28-180 Cherokee C
G-AVPD	Jodel D.9 Bébé
G-AVPI	Cessna F172H Skyhawk
G-AVPJ	DH.82A Tiger Moth
G-AVPM	Jodel D.117
G-AVPO	Hindustan HAL-26 Pushpak
G-AVPV	Piper PA-28-180 Cherokee C
G-AVPY	Piper PA-25-235 Pawnee C
G-AVRK	Piper PA-28-180 Cherokee C
G-AVRS	Sud Gardan GY-80-180 Horizon
G-AVRU	Piper PA-28-180 Cherokee C
G-AVRW	Gardan GY-20 Minicab
G-AVRZ	Piper PA-28-180 Cherokee C
G-AVSA	Piper PA-28-180 Cherokee C
G-AVSB	Piper PA-28-180 Cherokee C
G-AVSC	Piper PA-28-180 Cherokee C
G-AVSD	Piper PA-28-180 Cherokee C
G-AVSE	Piper PA-28-180 Cherokee C
G-AVSF	Piper PA-28-180 Cherokee C
G-AVSI	Piper PA-28-140 Cherokee
G-AVSP	Piper PA-28-180 Cherokee C
G-AVSR	Beagle D.5/180 Husky
G-AVTC	Tipsy Nipper T.66 Srs 3
G-AVTP	Reims/Cessna F172H Skyhawk
G-AVUG	Cessna F150H
G-AVUH	Cessna F150H
G-AVUO	Phoenix Luton LA-4A Minor
G-AVUS	Piper PA-28-140 Cherokee
G-AVUT	Piper PA-28-140 Cherokee
G-AVUZ	Piper PA-32-300 Cherokee Six
G-AVVC	Cessna F172H Skyhawk
G-AVWA	Piper PA-28-140 Cherokee
G-AVWD	Piper PA-28-140 Cherokee
G-AVWG	Piper PA-28-140 Cherokee
G-AVWI	Piper PA-28-140 Cherokee
G-AVWL	Piper PA-28-140 Cherokee
G-AVWM	Piper PA-28-140 Cherokee
G-AVWO	Piper PA-28R-180 Arrow
G-AVWR	Piper PA-28R-180 Arrow
G-AVWT	Piper PA-28R-180 Arrow
G-AVWU	Piper PA-28R-180 Arrow
G-AVWV	Piper PA-28R-180 Arrow
G-AVWY	Sportavia-Putzer Fournier RF4D
G-AVXA	Piper PA-25-235 Pawnee
G-AVXD	Tipsy Nipper T.66 Srs 3
G-AVXF	Piper PA-28R-180 Arrow
G-AVXW	Druine D.62B Condor
G-AVXY	Auster AOP9
G-AVYK	Beagle A.61 Terrier 3
G-AVYL	Piper PA-28-180 Cherokee D

Registration	Type	Registration	Type	Registration	Type
G-AVYM	Piper PA-28-180 Cherokee D	G-AWLG	SIPA 903	G-AXAS	Wallis WA-116-T/Mc
G-AVYS	Piper PA-28R-180 Arrow	G-AWLI	Piper PA-22-150 Tri-Pacer	G-AXAT	Jodel D.117A
G-AVYT	Piper PA-28R-180 Arrow	G-AWLO	Boeing Stearman E75	G-AXBF	Beagle D.5/180 Husky
G-AVYV	Jodel D.120A Paris-Nice	G-AWLP	Mooney M.20F Executive	G-AXBG	Bensen B.8M
G-AVZI	Bölkow Bö.208C Junior	G-AWLR	Nipper T.66 RA.45 Series 3	G-AXBJ	Cessna F172H Skyhawk
G-AVZP	Beagle B.121 Pup Srs 1	G-AWLS	Tipsy Nipper T.66 Srs 3	G-AXBW	DH.82A Tiger Moth
G-AVZR	Piper PA-28-180 Cherokee C	G-AWLX	Auster V J/2 Arrow	G-AXBZ	DH.82A Tiger Moth
G-AVZU	Cessna F150H	G-AWLZ	Sportavia-Putzer Fournier RF4D	G-AXCA	Piper PA-28R-200 Arrow
G-AVZV	Cessna F172H Skyhawk	G-AWMD	Jodel D.11	G-AXCG	Jodel D.117
G-AVZW	EAA Biplane Model B	G-AWMF	Piper PA-18-150 Super Cub	G-AXCM	MS.880B Rallye Club
G-AWAC	Sud Gardan GY-80-180 Horizon	G-AWMN	Phoenix Luton LA-4A Minor	G-AXCY	Jodel D.117A
G-AWAJ	Beech D55 Baron	G-AWMR	Druine D.31 Turbulent	G-AXDI	Cessna F172H Skyhawk
G-AWAT	Druine D.62B Condor	G-AWMT	Cessna F150H	G-AXDK	CEA Jodel DR.315 Petit Prince
G-AWAX	Cessna 150D	G-AWNT	B-N BN-2A Islander	G-AXDV	Beagle B.121 Pup Srs 1
G-AWAZ	Piper PA-28R-180 Arrow	G-AWOE	Aero Commander 680E	G-AXED	Piper PA-25-235 Pawnee B
G-AWBB	Piper PA-28R-180 Arrow	G-AWOF	Piper PA-15 Vagabond	G-AXEO	Scheibe SF25B Falke
G-AWBC	Piper PA-28R-180 Arrow	G-AWOH	Piper PA-17 Vagabond	G-AXEV	Beagle B.121 Pup Srs 2
G-AWBE	Piper PA-28-140 Cherokee	G-AWOT	Cessna F150H	G-AXFN	Jodel D.119
G-AWBG	Piper PA-28-140 Cherokee	G-AWOU	Cessna 170B	G-AXGE	MS.880B Rallye Club
G-AWBJ	Sportavia-Putzer Fournier RF4D	G-AWPH	Percival P.56 Provost T1	G-AXGG	Cessna F150J
G-AWBM	Druine D.31A Turbulent	G-AWPJ	Cessna F150H	G-AXGP	Piper J-3C-90 Cub
G-AWBN	Piper PA-30 Twin Comanche B	G-AWPN	Shield Xyla	G-AXGR	Phoenix Luton LA-4A Minor
G-AWBS	Piper PA-28-140 Cherokee	G-AWPU	Cessna F150J	G-AXGS	Druine D.62B Condor
G-AWBU	Morane Saulnier Type N replica	G-AWPW	Piper PA-12 Super Cruiser	G-AXGV	Druine D.62B Condor
G-AWBX	Cessna F150H	G-AWPZ	Andreasson BA-4B	G-AXGZ	Druine D.62B Condor
G-AWCN	Reims FR172E Rocket	G-AWRY	Percival P.56 Provost T1	G-AXHC	SNCAN Stampe SV-4C
G-AWCP	Cessna F150H	G-AWSH	Zlin Z-526 Trener Master	G-AXHO	Beagle B.121 Pup Srs 2
G-AWDA	Tipsy Nipper T.66 Srs 3	G-AWSL	Piper PA-28-180 Cherokee D	G-AXHP	Piper J-3C-65 Cub
G-AWDO	Druine D.31 Turbulent	G-AWSM	Piper PA-28-235 Cherokee C	G-AXHR	Piper J-3C-65 Cub
G-AWDR	Reims FR172E Rocket	G-AWSN	Druine D.62B Condor	G-AXHT	MS.880B Rallye Club
G-AWDU	Brantly B.2B	G-AWSP	Druine D.62B Condor	G-AXHV	Jodel D.117A
G-AWDW	Campbell-Bensen CB.8MS	G-AWSS	Druine D.62A Condor	G-AXIA	Beagle B.121 Pup Srs 1
G-AWEA	Beagle B.121 Pup Srs 1	G-AWST	Druine D.62B Condor	G-AXIE	Beagle B.121 Pup Srs 2
G-AWEF	SNCAN Stampe SV-4C(G)	G-AWSW	Beagle D.5/180 Husky	G-AXIO	Piper PA-28-140 Cherokee B
G-AWEI	Druine D.62B Condor	G-AWTL	Piper PA-28-180 Cherokee D	G-AXIR	Piper PA-28-140 Cherokee B
G-AWEK	Sportavia-Putzer Fournier RF4D	G-AWTP	Schleicher Ka 6E	G-AXIX	AESL Airtourer T4 (150)
G-AWEL	Sportavia-Putzer Fournier RF4D	G-AWTS	Beech 19A Musketeer Sport	G-AXJB	Omega 84
G-AWEM	Sportavia-Putzer Fournier RF4D	G-AWTV	Beech 19A Musketeer Sport	G-AXJH	Beagle B.121 Pup Srs 2
G-AWEP	Gardan GY-20 Minicab	G-AWTX	Cessna F150J	G-AXJI	Beagle B.121 Pup Srs 2
G-AWES	Cessna 150H	G-AWUB	Gardan GY-201 Minicab	G-AXJJ	Beagle B.121 Pup Srs 2
G-AWEV	Piper PA-28-140 Cherokee	G-AWUE	Jodel DR.1050 Ambassadeur	G-AXJO	Beagle B.121 Pup Srs 2
G-AWEX	Piper PA-28-140 Cherokee	G-AWUJ	Cessna F150H	G-AXJR	Scheibe SF25B Falke
G-AWEZ	Piper PA-28R-180 Arrow	G-AWUL	Cessna F150H	G-AXJV	Piper PA-28-140 Cherokee B
G-AWFB	Piper PA-28R-180 Arrow	G-AWUN	Cessna F150H	G-AXJX	Piper PA-28-140 Cherokee B
G-AWFC	Piper PA-28R-180 Arrow	G-AWUT	Cessna F150J	G-AXKH	Phoenix Luton LA-4A Minor
G-AWFD	Piper PA-28R-180 Arrow	G-AWUU	Cessna F150J	G-AXKJ	Jodel D.9 Bébé
G-AWFF	Cessna F150H	G-AWUX	Cessna F172H Skyhawk	G-AXKO	Westland Bell 47G-4A
G-AWFJ	Piper PA-28R-180 Arrow	G-AWUZ	Cessna F172H Skyhawk	G-AXKX	Westland Bell 47G-4A
G-AWFN	Druine D.62B Condor	G-AWVA	Cessna F172H Skyhawk	G-AXLI	Tipsy Nipper T.66 Srs 3
G-AWFO	Druine D.62B Condor	G-AWVC	Beagle B.121 Pup Srs 1	G-AXLJ	Tipsy Nipper T.66 Srs 3
G-AWFS	Druine D.62B Condor	G-AWVE	Jodel DR.1050/M1 Sicile Record	G-AXLS	Jodel DR.105A Ambassadeur
G-AWFT	Jodel D.9 Bébé	G-AWVN	AESL Airtourer T2 (115)	G-AXLZ	Piper PA-18 Super Cub 95
G-AWFW	Jodel D.117	G-AWVN	Aeronca 7AC Champion	G-AXMA	Piper PA-24 Comanche
G-AWFZ	Beech 19A Musketeer Sport	G-AWVY	B-N BN-2A-26 Islander	G-AXMT	Bücker Bü.133C Jungmeister
G-AWGD	Cessna F172H Skyhawk	G-AWVZ	Jodel D.112	G-AXMW	Beagle B.121 Pup Srs 1
G-AWGK	Cessna F150H	G-AWWE	Beagle B.121 Pup Srs 2	G-AXMX	Beagle B.121 Pup Srs 2
G-AWGN	Sportavia-Putzer Fournier RF4D	G-AWWI	Jodel D.117	G-AXNJ	Jodel D.120 Paris-Nice
G-AWGZ	Taylor JT.1 Monoplane	G-AWWM	Gardan GY-201 Minicab	G-AXNN	Beagle B.121 Pup Srs 2
G-AWHE	Hispano HA.1112-MIL Buchon	G-AWWN	Jodel DR.1050 Sicile	G-AXNP	Beagle B.121 Pup Srs 2
G-AWHK	Hispano HA.1112-MIL Buchon	G-AWWO	CEA Jodel DR.1050 Sicile	G-AXNR	Beagle B.121 Pup Srs 2
G-AWHX	Rollason Beta B.2	G-AWWP	Aerosport Woody Pusher Mk.3	G-AXNS	Beagle B.121 Pup Srs 2
G-AWHY	Falconar F-11-3	G-AWWU	Reims FR172F Rocket	G-AXNW	SNCAN Stampe SV-4C
G-AWIF	Brookland Mosquito	G-AWXR	Piper PA-28-180 Cherokee D	G-AXNX	Cessna 182M Skylane
G-AWII	VS.349 Spitfire LFVc	G-AWXS	Piper PA-28-180 Cherokee D	G-AXNZ	Pitts S-1C
G-AWIR	Bushby-Long Midget Mustang	G-AWXX	Westland Wessex 60 Series 1	G-AXOH	MS.894A Rallye Minerva 220
G-AWIT	Piper PA-28-180 Cherokee D	G-AWXZ	SNCAN Stampe SV-4C	G-AXOJ	Beagle B.121 Pup Srs 2
G-AWIV	Storey TSR.3	G-AWYB	Reims FR172F Rocket	G-AXOS	MS.894A Rallye Minerva 220
G-AWIW	SNCAN Stampe SV-4B	G-AWYI	RAF BE.2c replica	G-AXOT	MS.893A Rallye Commodore 180
G-AWJE	Tipsy Nipper T.66 Srs 3	G-AWYJ	Beagle B.121 Pup Srs 2	G-AXOZ	Beagle B.121 Pup Srs 1
G-AWJX	Zlin Z-526 Trener Master	G-AWYL	Jodel DR.253B Regent	G-AXPA	Beagle B.121 Pup Srs 1
G-AWKB	Piper PA-17 Vagabond	G-AWYO	Beagle B.121 Pup Srs 1	G-AXPC	Beagle B.121 Pup Srs 1
G-AWKO	Beagle B.121 Pup Srs 1	G-AXAB	Piper PA-28-140 Cherokee	G-AXPF	Reims/Cessna F150K
G-AWLF	Cessna F172H Skyhawk	G-AXAN	DH.82A Tiger Moth	G-AXPG	Mignet HM.293

☐ G-AXPZ	Campbell Cricket	☐ G-AYFC	Druine D.62B Condor	☐ G-AYUH	Piper PA-28-180 Cherokee F
☐ G-AXRC	Campbell Cricket	☐ G-AYFD	Druine D.62B Condor	☐ G-AYUJ	Evans VP-1 Series 2
☐ G-AXRP	SNCAN Stampe SV-4C	☐ G-AYFE	Druine D.62C Condor	☐ G-AYUM	Slingsby T.61A Falke
☐ G-AXRR	Auster AOP9	☐ G-AYFF	Druine D.62B Condor	☐ G-AYUN	Slingsby T.61A Falke
☐ G-AXRT	Reims/Cessna FA150K Aerobat	☐ G-AYFV	Andreasson BA-4B	☐ G-AYUP	Slingsby T.61A Falke
☐ G-AXSF	Nash Petrel	☐ G-AYGA	Jodel D.117	☐ G-AYUR	Slingsby T.61A Falke
☐ G-AXSG	Piper PA-28-180 Cherokee E	☐ G-AYGC	Reims/Cessna F150K	☐ G-AYUS	Taylor JT.1 Monoplane
☐ G-AXSI	Reims/Cessna F172H Skyhawk	☐ G-AYGD	CEA Jodel DR.1051 Sicile	☐ G-AYUT	Jodel DR.1050 Ambassadeur
☐ G-AXSM	CEA Jodel DR.1051 Sicile	☐ G-AYGE	SNCAN Stampe SV-4C	☐ G-AYUV	Reims/Cessna F172H Skyhawk
☐ G-AXSW	Reims/Cessna FA150K Aerobat	☐ G-AYGG	Jodel D.120 Paris-Nice	☐ G-AYVO	Wallis WA-120 Srs 1
☐ G-AXSZ	Piper PA-28-140 Cherokee B	☐ G-AYGX	Reims FR172G Rocket	☐ G-AYVP	Aerosport Woody Pusher
☐ G-AXTA	Piper PA-28-140 Cherokee B	☐ G-AYHA	American AA-1 Yankee	☐ G-AYWD	Cessna 182N Skylane
☐ G-AXTC	Piper PA-28-140 Cherokee B	☐ G-AYHX	Jodel D.117A	☐ G-AYWH	Jodel D.117A
☐ G-AXTJ	Piper PA-28-140 Cherokee B	☐ G-AYIA	Hughes 369HS	☐ G-AYWM	AESL Airtourer T5 (Super 150)
☐ G-AXTL	Piper PA-28-140 Cherokee B	☐ G-AYIG	Piper PA-28-140 Cherokee C	☐ G-AYWT	AIA Stampe SV-4C(G)
☐ G-AXTO	Piper PA-24-260 Comanche C	☐ G-AYII	Piper PA-28R-200 Arrow	☐ G-AYXP	Jodel D.117A
☐ G-AXUA	Beagle B.121 Pup Srs 1	☐ G-AYIJ	SNCAN Stampe SV-4B	☐ G-AYXS	SIAI Marchetti S.205 18/R
☐ G-AXUB	B-N BN-2A Islander	☐ G-AYJA	Jodel DR.1050 Ambassadeur	☐ G-AYXU	Champion 7KCAB Citabria
☐ G-AXUC	Piper PA-12 Super Cruiser	☐ G-AYJB	SNCAN Stampe SV-4C(G)	☐ G-AYYL	Slingsby T.61A Falke
☐ G-AXUF	Reims/Cessna FA150K Aerobat	☐ G-AYJD	Fournier RF3	☐ G-AYYO	Jodel DR.1050/M1 Sicile Record
☐ G-AXUJ	Auster V J/1 Autocrat	☐ G-AYJP	Piper PA-28-140 Cherokee C	☐ G-AYYT	Jodel DR.1050/M1 Sicile Record
☐ G-AXUK	Jodel DR.1050 Ambassadeur	☐ G-AYJR	Piper PA-28-140 Cherokee C	☐ G-AYYU	Beech C23 Sundowner 180
☐ G-AXVB	Reims/Cessna F172H Skyhawk	☐ G-AYJY	Isaacs Fury II	☐ G-AYZH	Taylor JT.2 Titch
☐ G-AXVK	Campbell Cricket	☐ G-AYKD	Jodel DR.1050 Ambassadeur	☐ G-AYZI	SNCAN Stampe SV-4C
☐ G-AXVM	Campbell Cricket	☐ G-AYKJ	Jodel D.117A	☐ G-AYZK	Jodel DR.1050/M1 Sicile Record
☐ G-AXVN	McCandless M.4 Gyroplane	☐ G-AYKK	Jodel D.117	☐ G-AYZS	Druine D.62B Condor
☐ G-AXWA	Auster AOP9	☐ G-AYKS	Leopoldoff L.7 Colibri	☐ G-AYZU	Slingsby T.61A Falke
☐ G-AXWT	Jodel D.11	☐ G-AYKT	Jodel D.117	☐ G-AYZW	Slingsby T.61A Falke
☐ G-AXWV	Jodel DR.253 Regent	☐ G-AYKW	Piper PA-28-140 Cherokee C	☐ G-AZAB	Piper PA-30 Twin Comanche B
☐ G-AXWZ	Piper PA-28R-200 Arrow	☐ G-AYKZ	SAI Kramme KZ-VIII	☐ G-AZAJ	Piper PA-28R-200 Arrow B
☐ G-AXXC	Piel CP.301B Emeraude	☐ G-AYLA	AESL Airtourer T2 (115)	☐ G-AZAW	Sud Gardan GY-80-160 Horizon
☐ G-AXXV	DH.82A Tiger Moth	☐ G-AYLC	CEA Jodel DR.1051 Sicile	☐ G-AZBB	MBB Bö.209 Monsun
☐ G-AXXW	Jodel D.117	☐ G-AYLF	Jodel DR.1051 Sicile	☐ G-AZBE	AESL Airtourer T5 (Super 150)
☐ G-AXYK	Taylor JT.1 Monoplane	☐ G-AYLL	Jodel DR.1050 Ambassadeur	☐ G-AZBI	Jodel D.150 Mascaret
☐ G-AXYU	Jodel D.9 Bébé	☐ G-AYLP	American AA-1 Yankee	☐ G-AZBL	Jodel D.9 Bébé
☐ G-AXZD	Piper PA-28-180 Cherokee E	☐ G-AYME	Sportavia-Putzer Fournier RF5	☐ G-AZBN	Noorduyn AT-16-ND Harvard IIB
☐ G-AXZF	Piper PA-28-180 Cherokee E	☐ G-AYMK	Piper PA-28-140 Cherokee C	☐ G-AZBU	Auster AOP9
☐ G-AXZH	Glasflügel 201B Standard Libelle	☐ G-AYMP	Phoenix Currie Wot Special	☐ G-AZCB	SNCAN Stampe SV-4C
☐ G-AXZM	Tipsy Nipper T.66 Srs 3A	☐ G-AYMR	Lederlin 380L Ladybug	☐ G-AZCE	Pitts S-1C
☐ G-AXZP	Piper PA-E23-250 Aztec D	☐ G-AYMU	Jodel D.112	☐ G-AZCK	Beagle B.121 Pup Srs 2
☐ G-AXZT	Jodel D.117A	☐ G-AYMV	Western 20	☐ G-AZCL	Beagle B.121 Pup Srs 2
☐ G-AXZU	Cessna 182N Skylane	☐ G-AYNA	Phoenix Currie Wot	☐ G-AZCN	Beagle B.121 Pup Srs 2
☐ G-AYAB	Piper PA-28-180 Cherokee E	☐ G-AYNF	Piper PA-28-140 Cherokee C	☐ G-AZCP	Beagle B.121 Pup Srs 1
☐ G-AYAC	Piper PA-28R-200 Arrow	☐ G-AYNJ	Piper PA-28-140 Cherokee C	☐ G-AZCT	Beagle B.121 Pup Srs 1
☐ G-AYAN	Cadet III Motor Glider	☐ G-AYNN	Cessna 185B Skywagon	☐ G-AZCU	Beagle B.121 Pup Srs 1
☐ G-AYAR	Piper PA-28-180 Cherokee E	☐ G-AYOW	Cessna 182N Skylane	☐ G-AZCV	Beagle B.121 Pup Srs 2
☐ G-AYAT	Piper PA-28-180 Cherokee E	☐ G-AYOZ	Reims/Cessna FA150L Aerobat	☐ G-AZCZ	Beagle B.121 Pup Srs 2
☐ G-AYAW	Piper PA-28-180 Cherokee E	☐ G-AYPE	MBB Bö.209 Monsun	☐ G-AZDD	MBB Bö.209 Monsun
☐ G-AYBG	Scheibe SF25B Falke	☐ G-AYPG	Reims/Cessna F177RG Cardinal	☐ G-AZDE	Piper PA-28R-200 Arrow B
☐ G-AYBP	Jodel D.112	☐ G-AYPH	Reims/Cessna F177RG Cardinal	☐ G-AZDG	Beagle B.121 Pup Srs 2
☐ G-AYBR	Jodel D.112	☐ G-AYPJ	Piper PA-28-180 Cherokee E	☐ G-AZDJ	Piper PA-32-300 Cherokee Six
☐ G-AYCC	Campbell Cricket	☐ G-AYPM	Piper PA-18 Super Cub 95	☐ G-AZDX	Piper PA-28-180 Cherokee F
☐ G-AYCE	Scintex CP.301-C Emeraude	☐ G-AYPO	Piper PA-18 Super Cub	☐ G-AZDY	DH.82A Tiger Moth
☐ G-AYCF	Reims/Cessna FA150K Aerobat	☐ G-AYPS	Piper PA-18 Super Cub	☐ G-AZEE	MS.880B Rallye Club
☐ G-AYCG	SNCAN Stampe SV-4C	☐ G-AYPU	Piper PA-28R-200 Arrow B	☐ G-AZEF	Jodel D.120 Paris-Nice
☐ G-AYCK	AIA Stampe SV-4C(G)	☐ G-AYPV	Piper PA-28-140 Cherokee D	☐ G-AZEG	Piper PA-28-140 Cherokee D
☐ G-AYCO	CEA Jodel DR.360 Chevalier	☐ G-AYPZ	Campbell Cricket	☐ G-AZEV	Beagle B.121 Pup Srs 2
☐ G-AYCP	Jodel D.112	☐ G-AYRG	Reims/Cessna F172K Skyhawk	☐ G-AZEW	Beagle B.121 Pup Srs 2
☐ G-AYCT	Reims/Cessna F172H Skyhawk	☐ G-AYRI	Piper PA-28R-200 Arrow B	☐ G-AZEY	Beagle B.121 Pup Srs 2
☐ G-AYDI	DH.82A Tiger Moth	☐ G-AYRM	Piper PA-28-140 Cherokee D	☐ G-AZFA	Beagle B.121 Pup Srs 2
☐ G-AYDR	SNCAN Stampe SV-4C	☐ G-AYRO	Reims/Cessna FA150L Aerobat	☐ G-AZFC	Piper PA-28-140 Cherokee D
☐ G-AYDV	Coates Swalesong SA.II Srs 1	☐ G-AYRS	Jodel D.120 Paris-Nice	☐ G-AZFF	Jodel D.112
☐ G-AYDX	Beagle A.61 Terrier 2	☐ G-AYRT	Reims/Cessna F172K Skyhawk	☐ G-AZFI	Piper PA-28R-200 Arrow B
☐ G-AYDY	Phoenix Luton LA-4A Minor	☐ G-AYRU	B-N BN-2A-6 Islander	☐ G-AZFM	Piper PA-28R-200 Arrow B
☐ G-AYDZ	Jodel DR.200	☐ G-AYSB	Piper PA-30 Twin Comanche C	☐ G-AZGA	Jodel D.120 Paris-Nice
☐ G-AYEB	Jodel D.112	☐ G-AYSH	Taylor JT.1 Monoplane	☐ G-AZGC	SNCAN Stampe SV-4C
☐ G-AYEE	Piper PA-28-180 Cherokee E	☐ G-AYSK	Phoenix Luton LA-4A Minor	☐ G-AZGE	SNCAN Stampe SV-4C
☐ G-AYEF	Piper PA-28-180 Cherokee E	☐ G-AYSX	Reims/Cessna F177RG Cardinal	☐ G-AZGF	Beagle B.121 Pup Srs 2
☐ G-AYEG	Falconar F-9	☐ G-AYSY	Reims/Cessna F177RG Cardinal	☐ G-AZGL	MS.894A Rallye Minerva 220
☐ G-AYEH	Jodel DR.1050 Ambassadeur	☐ G-AYTR	Piel CP.301A Emeraude	☐ G-AZGY	Piel CP.301B
☐ G-AYEJ	Jodel DR.1050 Ambassadeur	☐ G-AYTT	Phoenix PM-3 Duet	☐ G-AZGZ	DH.82A Tiger Moth
☐ G-AYEN	Piper J-3C-65 Cub	☐ G-AYTV	Jurca MJ.2D Tempete	☐ G-AZHB	Robin HR.100/200B Royal
☐ G-AYEW	Jodel DR.1050 Sicile	☐ G-AYUB	CEA Jodel DR.253B Regent	☐ G-AZHC	Jodel D.112

11

Registration	Type
G-AZHD	Slingsby T.61A Falke
G-AZHH	K & S SA.102.5 Cavalier
G-AZHI	AESL Airtourer T5 (Super 150)
G-AZHK	Robin HR.100/200B Royal
G-AZHT	AESL Airtourer 115
G-AZHU	Phoenix Luton LA-4A Minor
G-AZIB	SOCATA ST-10 Diplomate
G-AZII	Jodel D.117A
G-AZIJ	Robin DR.360 Chevalier
G-AZIL	Slingsby T.61A Falke
G-AZIP	Cameron O-65
G-AZJC	Sportavia-Putzer Fournier RF5
G-AZJE	Gardan GY-20 Minicab
G-AZJN	Robin DR.300-140 Major
G-AZJV	Reims/Cessna F172L Skyhawk
G-AZKE	MS.880B Rallye Club
G-AZKO	Reims/Cessna F337F Super Skymaster
G-AZKP	Jodel D.117
G-AZKR	Piper PA-24 Comanche
G-AZKS	American AA-1 Yankee
G-AZKW	Reims/Cessna F172L Skyhawk
G-AZKZ	Reims/Cessna F172L Skyhawk
G-AZLE	Boeing Stearman A75N1
G-AZLF	Jodel D.120 Paris-Nice
G-AZLH	Reims/Cessna F150L
G-AZLN	Piper PA-28-180 Cherokee F
G-AZLV	Cessna 172K Skyhawk
G-AZLY	Reims/Cessna F150L
G-AZMC	Slingsby T.61A Falke
G-AZMD	Slingsby T.61C Falke
G-AZMJ	American AA-5 Traveler
G-AZMZ	MS.893A Rallye Commodore 180
G-AZNK	SNCAN Stampe SV-4A
G-AZNL	Piper PA-28R-200 Arrow II
G-AZNO	Cessna 182P Skylane
G-AZNT	Cameron O-84
G-AZOA	MBB Bö.209 Monsun
G-AZOB	MBB Bö.209 Monsun
G-AZOE	AESL Airtourer T2 (115)
G-AZOF	AESL Airtourer T5 (Super 150)
G-AZOG	Piper PA-28R-200 Arrow II
G-AZOL	Piper PA-34-200 Seneca
G-AZOU	Jodel DR.1050 Sicile
G-AZOZ	Reims/Cessna FRA150L Aerobat
G-AZPA	Piper PA-25-235 Pawnee C
G-AZPC	Slingsby T.61C Falke
G-AZPF	Sportavia-Putzer Fournier RF5
G-AZPX	Western O-31
G-AZRA	MBB Bö.209 Monsun
G-AZRH	Piper PA-28-140 Cherokee D
G-AZRI	Payne Free Balloon
G-AZRK	Sportavia-Putzer Fournier RF5
G-AZRL	Piper PA-18 Super Cub 95
G-AZRM	Sportavia-Putzer Fournier RF5
G-AZRN	Cameron O-84
G-AZRP	AESL Airtourer T2 (115)
G-AZRS	Piper PA-22-150 Tri-Pacer
G-AZRZ	Cessna U206F Stationair
G-AZSA	S&R Stampe SV-4B
G-AZSC	Noorduyn AT-16-ND Harvard IIB
G-AZSF	Piper PA-28R-200 Arrow II
G-AZTA	MBB Bö.209 Monsun
G-AZTF	Reims/Cessna F177RG Cardinal
G-AZTM	AESL Airtourer T2 (115)
G-AZTS	Reims/Cessna F172L Skyhawk
G-AZTV	Stolp SA.500 Starlet
G-AZTW	Reims/Cessna F177RG Cardinal
G-AZUM	Reims/Cessna F172L Skyhawk
G-AZUY	Cessna 310L
G-AZUZ	Reims/Cessna FRA150L Aerobat
G-AZVA	MBB Bö.209 Monsun
G-AZVB	MBB Bö.209 Monsun
G-AZVF	MS.894A Rallye Minerva 220
G-AZVG	American AA-5 Traveler
G-AZVH	MS.894A Rallye Minerva 220
G-AZVI	MS.892A Rallye Commodore 150
G-AZVL	Jodel D.119
G-AZVP	Reims/Cessna F177RG Cardinal
G-AZWB	Piper PA-28-140 Cherokee E
G-AZWF	Jodel DR.1050 Ambassadeur
G-AZWS	Piper PA-28R-180 Arrow
G-AZWT	Westland Lysander IIIA
G-AZWY	Piper PA-24-260 Comanche C
G-AZXB	Cameron O-65
G-AZXD	Reims/Cessna F172L Skyhawk
G-AZYA	Sud Gardan GY-80-160 Horizon
G-AZYD	MS.893A Rallye Commodore 180
G-AZYF	Piper PA-28-180 Cherokee D
G-AZYS	Scintex CP.301-C1 Emeraude
G-AZYU	Piper PA-23-250 Aztec E
G-AZYY	Slingsby T.61A Falke
G-AZYZ	Wassmer WA.51A Pacific
G-AZZR	Reims/Cessna F150L
G-AZZV	Reims/Cessna F172L Skyhawk
G-AZZZ	DH.82A Tiger Moth
G-BAAD	Evans VP-1
G-BAAF	Manning-Flanders MF.1 replica
G-BAAI	MS.893A Rallye Commodore 180
G-BAAT	Cessna 182P Skylane
G-BAAW	Jodel D.119
G-BABC	Reims/Cessna F150L
G-BABD	Reims/Cessna FRA150L Aerobat
G-BABG	Piper PA-28-180 Cherokee C
G-BABK	Piper PA-34-200 Seneca
G-BACB	Piper PA-34-200 Seneca
G-BACE	Sportavia-Putzer Fournier RF5
G-BACJ	Jodel D.120 Paris-Nice
G-BACL	Jodel D.150 Mascaret
G-BACN	Reims/Cessna FRA150L Aerobat
G-BACO	Reims/Cessna FRA150L Aerobat
G-BADC	Rollason Beta B.2A
G-BADH	Slingsby T.61A Falke
G-BADJ	Piper PA-E23-250 Aztec E
G-BADM	Druine D.62B Condor
G-BADV	Brochet MB.50 Pipistrelle
G-BADW	Pitts S-2A
G-BADZ	Pitts S-2A
G-BAEB	Robin DR.400-160 Knight
G-BAEE	Jodel DR.1050/M1 Sicile Record
G-BAEM	Robin DR.400-120
G-BAEN	Robin DR.400-180 Régent
G-BAEO	Reims/Cessna F172L Skyhawk
G-BAEP	Reims/Cessna FRA150L Aerobat
G-BAER	LeVier Cosmic Wind
G-BAET	Piper J-3C-65 Cub
G-BAEU	Reims/Cessna F150L
G-BAEV	Reims/Cessna FRA150L Aerobat
G-BAEY	Reims/Cessna F172M Skyhawk
G-BAEZ	Reims/Cessna FRA150L Aerobat
G-BAFA	American AA-5 Traveler
G-BAFG	DH.82A Tiger Moth
G-BAFL	Cessna 182P Skylane
G-BAFT	Piper PA-18-150 Super Cub
G-BAFU	Piper PA-28-140 Cherokee
G-BAFV	Piper PA-18 Super Cub 95
G-BAFW	Piper PA-28-140 Cherokee
G-BAFX	Robin DR.400-140 Earl
G-BAGB	SIAI Marchetti F.260
G-BAGC	Robin DR.400-140 Earl
G-BAGF	Jodel D.92 Bébé
G-BAGG	Piper PA-32-300 Cherokee Six
G-BAGN	Reims/Cessna F177RG Cardinal
G-BAGR	Robin DR.400-140 Earl
G-BAGS	Robin DR.400-2+2
G-BAGT	Helio H-295
G-BAGX	Piper PA-28-140 Cherokee
G-BAGY	Cameron O-84
G-BAHD	Cessna 182P Skylane
G-BAHF	Piper PA-28-140 Fliteliner
G-BAHH	Wallis WA-121/Mc
G-BAHI	Cessna F150H
G-BAHJ	Piper PA-24-250 Comanche
G-BAHL	Robin DR.400-160 Knight
G-BAHP	Volmer VJ.22 Sportsman
G-BAHS	Piper PA-28R-200 Arrow II
G-BAHX	Cessna 182P Skylane
G-BAIG	Piper PA-34-200 Seneca
G-BAIH	Piper PA-28R-200 Arrow II
G-BAIK	Reims/Cessna F150L
G-BAIS	Reims/Cessna F177RG Cardinal
G-BAIW	Reims/Cessna F172M Skyhawk
G-BAIZ	Slingsby T.61C Falke
G-BAJA	Reims/Cessna F177RG Cardinal
G-BAJB	Reims/Cessna F177RG Cardinal
G-BAJC	Evans VP-1 Series 2
G-BAJE	Cessna 177 Cardinal
G-BAJN	American AA-5 Traveler
G-BAJO	American AA-5 Traveler
G-BAJR	Piper PA-28-180 Challenger
G-BAJZ	Robin DR.400-2+2
G-BAKH	Piper PA-28-140 Cherokee F
G-BAKJ	Piper PA-30 Twin Comanche B
G-BAKM	Robin DR.400-140 Earl
G-BAKN	SNCAN Stampe SV-4C
G-BAKR	Jodel D.117
G-BAKV	Piper PA-18-150 Super Cub
G-BAKW	Beagle B.121 Pup Srs 2
G-BALD	Cameron O-84
G-BALF	Robin DR.400-140 Earl
G-BALG	Robin DR.400-180 Régent
G-BALH	Robin DR.400-140B Major
G-BALJ	Robin DR.400-180 Régent
G-BALN	Cessna T310Q
G-BALS	Tipsy Nipper T.66 Series 3
G-BALY	Practavia Pilot Sprite 150
G-BAMB	Slingsby T.61C Falke
G-BAMC	Reims/Cessna F150L
G-BAMR	Piper PA-16 Clipper
G-BAMU	Robin DR.400-160 Knight
G-BAMV	Robin DR.400-180 Régent
G-BAMY	Piper PA-28R-200 Arrow II
G-BANA	Jodel DR.221 Dauphin
G-BANB	Robin DR.400-180 Régent
G-BANC	Gardan GY-201 Minicab
G-BANF	Phoenix Luton LA-4A Minor
G-BANU	Jodel D.120 Paris-Nice
G-BANV	Phoenix Currie Wot
G-BANW	CAARP CP.1330 Emeraude
G-BANX	Reims/Cessna F172M Skyhawk
G-BAOJ	MS.880B Rallye Club
G-BAOS	Reims/Cessna F172M Skyhawk
G-BAOU	Grumman AA-5 Traveler
G-BAPB	DHC-1 Chipmunk 22A
G-BAPI	Reims/Cessna FRA150L Aerobat
G-BAPJ	Reims/Cessna FRA150L Aerobat
G-BAPL	Piper PA-23-250 Aztec E
G-BAPP	Evans VP-1 Series 2
G-BAPR	Jodel D.11
G-BAPW	Piper PA-28R-180 Arrow
G-BAPX	Robin DR.400-160 Knight
G-BAPY	Robin HR.100/210 Safari
G-BARC	Reims FR172J Rocket
G-BARF	Jodel D.112
G-BARH	Beech C23 Sundowner 180
G-BARN	Taylor JT.2 Titch
G-BARS	DHC-1 Chipmunk 22
G-BARZ	Scheibe SF28A Tandem Falke

13

Reg	Type
G-BASH	Grumman AA-5 Traveler
G-BASJ	Piper PA-28-180 Challenger
G-BASL	Piper PA-28-140 Cherokee F
G-BASN	Beech C23 Sundowner 180
G-BASO	Lake LA-4-180 Amphibian
G-BASP	Beagle B.121 Pup Srs 1
G-BATC	MBB Bö.105DB
G-BATV	Piper PA-28-180 Cherokee F
G-BATW	Piper PA-28-140 Fliteliner
G-BAUC	Piper PA-25-235 Pawnee C
G-BAUH	Dormois Jodel D.112
G-BAVB	Reims/Cessna F172M Skyhawk
G-BAVH	DHC-1 Chipmunk 22
G-BAVL	Piper PA-23-250 Aztec E
G-BAVO	Boeing Stearman A75N1
G-BAVR	Grumman AA-5 Traveler
G-BAWG	Piper PA-28R-200 Arrow II
G-BAWK	Piper PA-28-140 Cruiser
G-BAXD	B-N BN-2A Mk.III-2 Trislander
G-BAXE	Hughes 269A-1
G-BAXS	Bell 47G-5
G-BAXU	Reims/Cessna F150L
G-BAXV	Reims/Cessna F150L
G-BAXY	Reims/Cessna F172M Skyhawk
G-BAXZ	Piper PA-28-140 Cherokee C
G-BAYO	Cessna 150L
G-BAYP	Cessna 150L
G-BAYR	Robin HR.100/210 Safari
G-BAZC	Robin DR.400-160 Knight
G-BAZM	Jodel D.11
G-BAZS	Reims/Cessna F150L
G-BAZT	Reims/Cessna F172M Skyhawk
G-BBAW	Robin HR.100/210 Safari
G-BBAX	Robin DR.400-140 Earl
G-BBAY	Robin DR.400-140 Earl
G-BBBB	Taylor JT.1 Monoplane
G-BBBC	Reims/Cessna F150L
G-BBBI	Grumman AA-5 Traveler
G-BBBN	Piper PA-28-180 Challenger
G-BBBW	Clutton FRED Series II
G-BBBY	Piper PA-28-140 Cruiser
G-BBCB	Western O-65
G-BBCH	Robin DR.400-2+2
G-BBCN	Robin HR.100/210 Safari
G-BBCS	Robin DR.400-140B Major
G-BBCY	Phoenix Luton LA-4A Minor
G-BBCZ	Grumman AA-5 Traveler
G-BBDC	Piper PA-28-140 Cruiser
G-BBDE	Piper PA-28R-200 Arrow II
G-BBDH	Reims/Cessna F172M Skyhawk
G-BBDL	Grumman AA-5 Traveler
G-BBDM	Grumman AA-5 Traveler
G-BBDO	Piper PA-23-250 Aztec E
G-BBDP	Robin DR.400-160 Knight
G-BBDT	Cessna 150H
G-BBDV	SIPA 903
G-BBEA	Phoenix Luton LA-4A Minor
G-BBEB	Piper PA-28R-200 Arrow II
G-BBEC	Piper PA-28-180 Challenger
G-BBEN	Bellanca 7GCBC Citabria
G-BBFD	Piper PA-28R-200 Arrow II
G-BBFL	Gardan GY-201 Minicab
G-BBFV	Piper PA-32-260 Cherokee Six
G-BBGC	MS.893E Rallye 180GT
G-BBGI	Fuji FA.200-160 Aero Subaru
G-BBHF	Piper PA-23-250 Aztec E
G-BBHJ	Piper J-3C-65 Cub
G-BBHK	Noorduyn AT-16-ND Harvard IIB
G-BBHY	Piper PA-28-180 Challenger
G-BBIF	Piper PA-23-250 Aztec E
G-BBIH	Enstrom F-28A-UK
G-BBII	Fiat G.46-3B
G-BBIL	Piper PA-28-140 Cherokee
G-BBIO	Robin HR.100/210 Safari
G-BBIX	Piper PA-28-140 Cherokee E
G-BBJI	Isaacs Spitfire
G-BBJU	Robin DR.400-140 Earl
G-BBJV	Reims/Cessna F177RG Cardinal
G-BBJX	Reims/Cessna F150L
G-BBJY	Reims/Cessna F172M Skyhawk
G-BBJZ	Reims/Cessna F172M Skyhawk
G-BBKA	Reims/Cessna F150L
G-BBKB	Reims/Cessna F150L
G-BBKG	Reims FR172J Rocket
G-BBKI	Reims/Cessna F172M Skyhawk
G-BBKL	Piel CP.301A Emeraude
G-BBKX	Piper PA-28-180 Challenger
G-BBKY	Reims/Cessna F150L
G-BBKZ	Cessna 172M Skyhawk
G-BBLH	Piper J-3C-65 Cub
G-BBLS	Grumman AA-5 Traveler
G-BBLU	Piper PA-34-200 Seneca
G-BBMB	Robin DR.400-180 Régent
G-BBMH	EAA Biplane Sport Model P1
G-BBMJ	Piper PA-23-250 Aztec E
G-BBMN	DHC-1 Chipmunk 22
G-BBMO	DHC-1 Chipmunk 22
G-BBMR	DHC-1 Chipmunk 22
G-BBMT	DHC-1 Chipmunk 22
G-BBMV	DHC-1 Chipmunk 22
G-BBMW	DHC-1 Chipmunk 22
G-BBMZ	DHC-1 Chipmunk 22
G-BBNA	DHC-1 Chipmunk 22
G-BBND	DHC-1 Chipmunk 22
G-BBNI	Piper PA-34-200 Seneca
G-BBNJ	Reims/Cessna F150L
G-BBNT	Piper PA-31-350 Chieftain
G-BBNZ	Reims/Cessna F172M Skyhawk
G-BBOA	Reims/Cessna F172M Skyhawk
G-BBOH	Craft-Pitts S-1S
G-BBOL	Piper PA-18-150 Super Cub
G-BBOO	Thunder Ax6-56
G-BBOR	Bell 206B-2 JetRanger II
G-BBPP	Piper PA-28-180 Archer
G-BBPS	Jodel D.117
G-BBRA	Piper PA-23-250 Aztec E
G-BBRB	DH.82A Tiger Moth
G-BBRC	Fuji FA.200-180 Aero Subaru
G-BBRI	Bell 47G-5A
G-BBRN	Mitchell-Procter Kittiwake I
G-BBRZ	Grumman AA-5 Traveler
G-BBSA	Grumman AA-5 Traveler
G-BBSS	DHC-1 Chipmunk 22
G-BBSW	Pietenpol Air Camper
G-BBTB	Reims/Cessna FRA150L Aerobat
G-BBTG	Reims/Cessna F172M Skyhawk
G-BBTH	Reims/Cessna F172M Skyhawk
G-BBTJ	Piper PA-23-250 Aztec E
G-BBTY	Beech C23 Sundowner 180
G-BBUJ	Cessna 421B Golden Eagle
G-BBUT	Western O-65
G-BBUU	Piper J-3C-65 Cub
G-BBVO	Isaacs Fury II
G-BBXB	Reims/Cessna FRA150L Aerobat
G-BBXW	Piper PA-28-151 Warrior
G-BBXY	Bellanca 7GCBC Citabria
G-BBYB	Piper PA-18 Super Cub 95
G-BBYH	Cessna 182P Skylane
G-BBYP	Piper PA-28-140 Cherokee F
G-BBYS	Cessna 182P Skylane
G-BBZF	Piper PA-28-140 Cherokee F
G-BBZH	Piper PA-28R-200 Arrow II
G-BBZN	Fuji FA.200-180 Aero Subaru
G-BBZV	Piper PA-28R-200 Arrow II
G-BCAH	DHC-1 Chipmunk 22
G-BCAZ	Piper PA-12 Super Cruiser
G-BCBG	Piper PA-23-250 Aztec E
G-BCBH	Fairchild 24R-46A Argus III
G-BCBJ	Piper PA-25-235 Pawnee C
G-BCBL	Fairchild 24R-46A Argus III
G-BCBR	Wittman W.8 Tailwind
G-BCBX	Reims/Cessna F150L
G-BCCE	Piper PA-23-250 Aztec E
G-BCCF	Piper PA-28-180 Archer
G-BCCK	Grumman AA-5 Traveler
G-BCCR	Piel CP.301A Emeraude
G-BCCX	DHC-1 Chipmunk 22
G-BCCY	Robin HR.200-100 Club
G-BCDK	Partenavia P68B
G-BCDL	Cameron O-42
G-BCDY	Reims/Cessna FRA150L Aerobat
G-BCEE	Grumman AA-5 Traveler
G-BCEN	B-N BN-2A-26 Islander
G-BCEP	Grumman AA-5 Traveler
G-BCER	Gardan GY-201 Minicab
G-BCEU	Cameron O-42
G-BCEY	DHC-1 Chipmunk 22
G-BCFN	Cameron O-65
G-BCFO	Piper PA-18-150 Super Cub
G-BCFR	Reims/Cessna FRA150L Aerobat
G-BCFW	SAAB 91D Safir
G-BCGB	Bensen B.8
G-BCGC	DHC-1 Chipmunk 22
G-BCGH	SNCAN NC.854S
G-BCGI	Piper PA-28-140 Cruiser
G-BCGJ	Piper PA-28-140 Cruiser
G-BCGM	Jodel D.120 Paris-Nice
G-BCGN	Piper PA-28-140 Cherokee F
G-BCGS	Piper PA-28R-200 Arrow II
G-BCGW	Jodel D.11
G-BCHL	DHC-1 Chipmunk 22
G-BCHP	Scintex CP.1310-C3 Emeraude
G-BCHT	Schleicher ASK 16
G-BCIH	DHC-1 Chipmunk 22
G-BCIJ	Grumman AA-5 Traveler
G-BCIR	Piper PA-28-151 Warrior
G-BCJM	Piper PA-28-140 Cherokee F
G-BCJN	Piper PA-28-140 Cruiser
G-BCJO	Piper PA-28R-200 Arrow II
G-BCJP	Piper PA-28-140 Cherokee
G-BCKN	DHC-1 Chipmunk 22
G-BCKS	Fuji FA.200-180AO Aero Subaru
G-BCKT	Fuji FA.200-180 Aero Subaru
G-BCKU	Reims/Cessna FRA150L Aerobat
G-BCKV	Reims/Cessna FRA150L Aerobat
G-BCLI	Grumman AA-5 Traveler
G-BCLL	Piper PA-28-180 Cherokee C
G-BCLS	Cessna 170B
G-BCLT	MS.894A Rallye Minerva 220
G-BCLU	Jodel D.117
G-BCLW	Grumman AA-1B Trainer
G-BCMD	Piper PA-18 Super Cub 95
G-BCMJ	K & S SA.102.5 Cavalier
G-BCMT	Isaacs Fury II
G-BCNC	Gardan GY-201 Minicab
G-BCNP	Cameron O-77
G-BCNX	Piper J-3C-65 Cub
G-BCNZ	Fuji FA.200-160 Aero Subaru
G-BCOB	Piper J-3C-65 Cub
G-BCOI	DHC-1 Chipmunk 22
G-BCOM	Piper J-3C-65 Cub
G-BCOO	DHC-1 Chipmunk 22
G-BCOR	SOCATA Rallye 100ST
G-BCOU	DHC-1 Chipmunk 22
G-BCOY	DHC-1 Chipmunk 22
G-BCPD	Gardan GY-201 Minicab
G-BCPG	Piper PA-28R-200 Arrow
G-BCPH	Piper J-3C-65 Cub
G-BCPJ	Piper J-3C-65 Cub

Registration	Type	Registration	Type	Registration	Type
G-BCPN	Grumman AA-5 Traveler	G-BDIG	Cessna 182P Skylane	G-BECA	SOCATA Rallye 100ST
G-BCPU	DHC-1 Chipmunk 22	G-BDIH	Jodel D.117	G-BECB	SOCATA Rallye 100ST
G-BCRB	Reims/Cessna F172M Skyhawk	G-BDJD	Jodel D.112	G-BECK	Cameron V-56
G-BCRL	Piper PA-28-151 Warrior	G-BDJG	Phoenix Luton LA-4A Minor	G-BECN	Piper J-3C-65 Cub
G-BCRR	Grumman AA-5B Tiger	G-BDJP	Piper J-3C-65 Cub	G-BECT	CASA 1-131E Srs 2000
G-BCRX	DHC-1 Chipmunk 22	G-BDJR	SNCAC NC.858	G-BECW	CASA 1-131E Srs 2000
G-BCSA	DHC-1 Chipmunk 22	G-BDKC	Cessna A185F Skywagon	G-BECZ	Mudry CAP 10B
G-BCSL	DHC-1 Chipmunk 22	G-BDKD	Enstrom F-28A	G-BEDA	CASA 1-131E Srs 2000
G-BCTF	Piper PA-28-151 Warrior	G-BDKH	Piel CP.301A Emeraude	G-BEDD	Jodel D.117A
G-BCTI	Schleicher ASK 16	G-BDKM	SIPA 903	G-BEDF	Boeing B-17G Fortress
G-BCTK	Reims FR172J Rocket	G-BDKW	Rockwell Commander 112A	G-BEDG	Rockwell Commander 112A
G-BCUB	Piper J-3C-65 Cub	G-BDLO	Grumman AA-5A Cheetah	G-BEDJ	Piper J-3C-65 Cub
G-BCUF	Reims/Cessna F172M Skyhawk	G-BDLT	Rockwell Commander 112A	G-BEEH	Cameron V-56
G-BCUH	Reims/Cessna F150M	G-BDLY	K & S SA.102.5 Cavalier	G-BEEI	Cameron N-77
G-BCUJ	Reims/Cessna F150M	G-BDMS	Piper J-3C-65 Cub	G-BEER	Isaacs Fury II
G-BCUO	SAL Bulldog Srs 120/122	G-BDMW	Jodel DR.100A Ambassadeur	G-BEFA	Piper PA-28-151 Warrior
G-BCUS	SAL Bulldog Srs 120/122	G-BDNC	Taylor JT.1 Monoplane	G-BEFF	Piper PA-28-140 Cherokee F
G-BCUV	SAL Bulldog Srs 120/122	G-BDNG	Taylor JT.1 Monoplane	G-BEGG	Scheibe SF25E Super Falke
G-BCUY	Reims/Cessna FRA150M Aerobat	G-BDNT	Jodel D.92 Bébé	G-BEHH	PA-32R-300 Cherokee Lance
G-BCVB	Piper PA-17 Vagabond	G-BDNU	Reims/Cessna F172M Skyhawk	G-BEHU	Piper PA-34-200T Seneca II
G-BCVC	SOCATA Rallye 100ST	G-BDNW	Grumman AA-1B Trainer	G-BEHV	Reims/Cessna F172N Skyhawk
G-BCVF	Practavia Pilot Sprite 115	G-BDNX	Grumman AA-1B Trainer	G-BEIF	Cameron O-65
G-BCVG	Reims/Cessna FRA150L Aerobat	G-BDOD	Reims/Cessna F150M	G-BEIG	Reims/Cessna F150M
G-BCVH	Reims/Cessna FRA150L Aerobat	G-BDOG	SAL Bulldog Srs 200	G-BEII	Piper PA-25-235 Pawnee D
G-BCVJ	Reims/Cessna F172M Skyhawk	G-BDOL	Piper J-3C-65 Cub	G-BEIP	Piper PA-28-181 Archer II
G-BCVY	Piper PA-34-200T Seneca II	G-BDPA	Piper PA-28-151 Warrior	G-BEIS	Evans VP-1
G-BCWB	Cessna 182P Skylane	G-BDPJ	Piper PA-25-235 Pawnee B	G-BEJK	Cameron S-31
G-BCWH	Practavia Pilot Sprite 115	G-BDRD	Reims/Cessna FRA150M Aerobat	G-BEJV	Piper PA-34-200T Seneca II
G-BCWK	Fournier RF3	G-BDRG	Taylor JT.2 Titch	G-BEKL	Bede BD-4E-150
G-BCXB	SOCATA Rallye 100ST	G-BDRJ	DHC-1 Chipmunk 22	G-BEKM	Evans VP-1
G-BCXE	Robin DR.400-2+2	G-BDRK	Cameron O-65	G-BEKN	Reims/Cessna FRA150M Aerobat
G-BCXJ	Piper J-3C-65 Cub	G-BDSB	Piper PA-28-181 Archer II	G-BEKO	Reims/Cessna F182Q Skylane
G-BCXN	DHC-1 Chipmunk 22	G-BDSF	Cameron O-56	G-BELT	Cessna F150J
G-BCYH	Cadet III Motor Glider	G-BDSH	Piper PA-28-140 Cruiser	G-BEMB	Reims/Cessna F172M Skyhawk
G-BCYM	DHC-1 Chipmunk 22	G-BDSK	Cameron O-65	G-BEMW	Piper PA-28-181 Archer II
G-BCYR	Reims/Cessna F172M Skyhawk	G-BDSM	Slingsby T.31 Motor Cadet III	G-BEMY	Reims/Cessna FRA150M Aerobat
G-BCZM	Reims/Cessna F172M Skyhawk	G-BDTB	Evans VP-1 Series 2	G-BEND	Cameron V-56
G-BDAD	Taylor JT.1 Monoplane	G-BDTL	Evans VP-1 Series 2	G-BENJ	Rockwell Commander 112B
G-BDAG	Taylor JT.1 Monoplane	G-BDTO	B-N BN-2A Mk.III-2 Trislander	G-BEOE	Reims/Cessna FRA150M Aerobat
G-BDAI	Reims/Cessna FRA150M Aerobat	G-BDTU	Van den Bemden Omega III	G-BEOH	PA-28R-201T Turbo Arrow III
G-BDAK	Rockwell Commander 112A	G-BDTV	Mooney M.20F Executive	G-BEOI	Piper PA-18-150 Super Cub
G-BDAO	SIPA S91	G-BDTX	Reims/Cessna F150M	G-BEOK	Reims/Cessna F150M
G-BDAP	Wittman W.8 Tailwind	G-BDUI	Cameron V-56	G-BEOL	Short SC.7 Skyvan 3 Variant 100
G-BDAR	Evans VP-1 Series 2	G-BDUL	Evans VP-1 Series 2	G-BEOY	Reims/Cessna FRA150L Aerobat
G-BDAY	Thunder Ax5-42 S1	G-BDUM	Reims/Cessna F150M	G-BEPF	SNCAN Stampe SV-4C
G-BDBD	Wittman W.8 Tailwind	G-BDUN	Piper PA-34-200T Seneca II	G-BEPV	Fokker S11-1 Instructor
G-BDBF	Clutton FRED Series II	G-BDUO	Reims/Cessna F150M	G-BEPY	Rockwell Commander 112B
G-BDBH	Bellanca 7GCBC Citabria	G-BDUY	Robin DR.400-140B Major	G-BERA	SOCATA Rallye 150ST
G-BDBI	Cameron O-77	G-BDUZ	Cameron V-56	G-BERC	SOCATA Rallye 150ST
G-BDBU	Reims/Cessna F150M	G-BDVA	Piper PA-17 Vagabond	G-BERI	Rockwell Commander 114
G-BDBV	Aero Jodel D.11A	G-BDVB	Piper PA-15 Vagabond	G-BERN	Saffrey S.330 MLB
G-BDCD	Piper J-3C-65 Cub	G-BDVC	Piper PA-17 Vagabond	G-BERT	Cameron V-56
G-BDCI	Piel CP.301A Emeraude	G-BDWE	Flaglor Sky Scooter	G-BERY	Grumman AA-1B Trainer
G-BDDF	Jodel D.120 Paris-Nice	G-BDWH	SOCATA Rallye 150ST	G-BETD	Robin HR.200-100 Club
G-BDDG	Dormois Jodel D.112	G-BDWJ	Replica Plans SE.5A	G-BETE	Rollason Beta B.2A
G-BDDS	Piper PA-25-260 Pawnee C	G-BDWM	Bonsall DB-1 Mustang II	G-BETM	Piper PA-25-235 Pawnee D
G-BDDZ	Piel CP.301A Emeraude	G-BDWP	PA-32R-300 Cherokee Lance	G-BEUA	Piper PA-18-150 Super Cub
G-BDEC	SOCATA Rallye 100ST	G-BDWX	Jodel D.120A Paris-Nice	G-BEUD	Robin HR.100/285 Tiara
G-BDEH	Jodel D.120A Paris-Nice	G-BDWY	Piper PA-28-140 Cherokee E	G-BEUI	Piper J-3C-65 Cub
G-BDEI	Jodel D.9 Bébé	G-BDXX	SNCAN NC.858S	G-BEUP	Robin DR.400-180 Régent
G-BDEX	Reims/Cessna FRA150M Aerobat	G-BDZA	Scheibe SF25E Super Falke	G-BEUU	Piper PA-18 Super Cub 95
G-BDEY	Piper J-3C-65 Cub	G-BDZC	Reims/Cessna F150M	G-BEUX	Reims/Cessna F172N Skyhawk
G-BDFB	Phoenix Currie Wot	G-BDZD	Reims/Cessna F172M Skyhawk	G-BEUY	Cameron N-31
G-BDFH	Auster AOP.9	G-BDZG	Slingsby T.59H Kestrel 22	G-BEVB	SOCATA Rallye 150ST
G-BDFR	Fuji FA.200-160 Aero Subaru	G-BEAB	CEA Jodel DR.1051 Sicile	G-BEVC	SOCATA Rallye 150ST
G-BDFX	Auster 5	G-BEAC	Piper PA-28-140 Cherokee	G-BEVG	Piper PA-34-200T Seneca II
G-BDFY	Grumman AA-5 Traveler	G-BEAG	Piper PA-34-200T Seneca II	G-BEVO	Sportavia-Putzer Fournier RF5
G-BDGB	Gardan GY-20 Minicab	G-BEAH	Auster V J/2 Arrow	G-BEVS	Taylor JT.1 Monoplane
G-BDGH	Thunder Ax7-77	G-BEBN	Cessna 177B Cardinal	G-BEVT	B-N BN-2A Mk.III-2 Trislander
G-BDGM	Piper PA-28-151 Warrior	G-BEBR	Gardan GY-201 Minicab	G-BEVW	SOCATA Rallye 150ST
G-BDGY	Piper PA-28-140 Cherokee	G-BEBS	Andreasson BA-4B	G-BEWN	DH.82A (Aust) Tiger Moth
G-BDHK	Piper J-3C-65 Cub	G-BEBU	Rockwell Commander 112A	G-BEWO	Zlin Z-326 Trener Master
G-BDIE	Rockwell Commander 112A	G-BEBZ	Piper PA-28-151 Warrior	G-BEWR	Reims/Cessna F172N Skyhawk

☐ G-BEWX	Piper PA-28R-201 Arrow III	☐ G-BFIU	Reims/Cessna FR172K Hawk XP	☐ G-BFZB	Piper J-3C-65 Cub
☐ G-BEWY	Bell 206B JetRanger	☐ G-BFIV	Reims/Cessna F177RG Cardinal	☐ G-BFZD	Reims/Cessna FR182 Skylane RG
☐ G-BEXJ	B-N BN-2A-26 Islander	☐ G-BFIY	Reims/Cessna F150M	☐ G-BFZH	Piper PA-28R-200 Arrow
☐ G-BEXN	Grumman AA-1C Lynx	☐ G-BFJR	Reims/Cessna F337G Super	☐ G-BFZM	Rockwell Commander 112TC-A
☐ G-BEXW	Piper PA-28-181 Archer II		Skymaster	☐ G-BFZO	Grumman AA-5A Cheetah
☐ G-BEXX	Cameron V-56	☐ G-BFJZ	Robin DR.400-140B Major	☐ G-BGAA	Cessna 152 II
☐ G-BEYA	Enstrom 280C Shark	☐ G-BFKB	Reims/Cessna F172N Skyhawk	☐ G-BGAB	Reims/Cessna F152 II
☐ G-BEYL	Piper PA-28-180 Archer	☐ G-BFKF	Reims/Cessna FA152 Aerobat	☐ G-BGAE	Reims/Cessna F152 II
☐ G-BEYT	Piper PA-28-140 Cherokee	☐ G-BFKL	Cameron N-56	☐ G-BGAF	Reims/Cessna FA152 Aerobat
☐ G-BEYV	Cessna T210M Centurion II	☐ G-BFLU	Reims/Cessna F152 II	☐ G-BGAG	Reims/Cessna F172N Skyhawk
☐ G-BEYW	Taylor JT.1 Monoplane	☐ G-BFLX	Grumman AA-5A Cheetah	☐ G-BGAJ	Reims/Cessna F182Q Skylane II
☐ G-BEYZ	Jodel DR.1050/M1 Sicile Record	☐ G-BFLZ	Beech 95-A55 Baron	☐ G-BGAX	Piper PA-28-140 Cherokee F
☐ G-BEZC	Grumman AA-5 Traveler	☐ G-BFMF	Cassutt Racer IIIM	☐ G-BGAZ	Cameron V-77
☐ G-BEZE	Rutan VariEze	☐ G-BFMG	Piper PA-28-161 Warrior II	☐ G-BGBE	Jodel DR.1050 Ambassadeur
☐ G-BEZF	Grumman AA-5 Traveler	☐ G-BFMH	Cessna 177B Cardinal	☐ G-BGBF	Druine D.31A Turbulent
☐ G-BEZG	Grumman AA-5 Traveler	☐ G-BFMK	Reims/Cessna FA152 Aerobat	☐ G-BGBG	Piper PA-28-181 Archer II
☐ G-BEZH	Grumman AA-5 Traveler	☐ G-BFMR	Piper PA-20 Pacer	☐ G-BGBI	Reims/Cessna F150L
☐ G-BEZI	Grumman AA-5 Traveler	☐ G-BFMX	Reims/Cessna F172N Skyhawk	☐ G-BGBK	Piper PA-38-112 Tomahawk
☐ G-BEZK	Cessna F172H Skyhawk	☐ G-BFNG	Jodel D.112	☐ G-BGBV	Slingsby T.65A Vega
☐ G-BEZL	Piper PA-31 Navajo C	☐ G-BFNI	Piper PA-28-161 Warrior II	☐ G-BGBW	Piper PA-38-112 Vega
☐ G-BEZO	Reims/Cessna F172M Skyhawk	☐ G-BFNK	Piper PA-28-161 Warrior II	☐ G-BGCB	Slingsby T.65A Vega
☐ G-BEZP	Piper PA-32-300 Cherokee Six	☐ G-BFNM	Globe GC-1B Swift	☐ G-BGCM	Gulfstream AA-5A Cheetah
☐ G-BEZR	Reims/Cessna F172M Skyhawk	☐ G-BFOE	Reims/Cessna F152 II	☐ G-BGCO	Piper PA-44-180 Seminole
☐ G-BEZV	Reims/Cessna F172M Skyhawk	☐ G-BFOF	Reims/Cessna F152 II	☐ G-BGCU	Slingsby T.65A Vega
☐ G-BEZY	Rutan VariEze	☐ G-BFOG	Cessna 150M	☐ G-BGCY	Taylor JT.1 Monoplane
☐ G-BEZZ	Jodel D.112	☐ G-BFOJ	American AA-1 Yankee	☐ G-BGEF	Wassmer D.112
☐ G-BFAF	Aeronca 7BCM Champion	☐ G-BFOP	Jodel D.120 Paris-Nice	☐ G-BGEH	Monnett Sonerai II
☐ G-BFAI	Rockwell Commander 114	☐ G-BFOU	Taylor JT.1 Monoplane	☐ G-BGEI	Oldfield Baby Lakes
☐ G-BFAK	MS.892A Rallye Commodore 150	☐ G-BFOV	Reims/Cessna F172N Skyhawk	☐ G-BGES	Phoenix Currie Super Wot
☐ G-BFAP	SIAI Marchetti S.205 20/R	☐ G-BFPA	Scheibe SF25B Falke	☐ G-BGFC	Evans VP-2
☐ G-BFAS	Evans VP-1 Series 2	☐ G-BFPH	Reims/Cessna F172K Skyhawk	☐ G-BGFF	Clutton FRED Series II
☐ G-BFAW	DHC-1 Chipmunk 22	☐ G-BFPO	Rockwell Commander 112B	☐ G-BGFG	Grumman AA-5A Cheetah
☐ G-BFAX	DHC-1 Chipmunk 22	☐ G-BFPR	Piper PA-25-235 Pawnee D	☐ G-BGFJ	Jodel D.9 Bébé
☐ G-BFBA	Jodel DR.100A Ambassadeur	☐ G-BFPS	Piper PA-25-235 Pawnee D	☐ G-BGFT	Piper PA-34-200T Seneca II
☐ G-BFBB	Piper PA-23-250 Aztec E	☐ G-BFPZ	Reims/Cessna F177RG Cardinal	☐ G-BGFX	Reims/Cessna F152 II
☐ G-BFBE	Robin HR.200-100 Club	☐ G-BFRI	Sikorsky S-61N	☐ G-BGGA	Bellanca 7GCBC Citabria 150S
☐ G-BFBM	Saffrey S.330 MLB	☐ G-BFRR	Reims/Cessna FRA150M Aerobat	☐ G-BGGB	Bellanca 7GCBC Citabria 150S
☐ G-BFBR	Piper PA-28-161 Warrior II	☐ G-BFRS	Reims/Cessna F172N Skyhawk	☐ G-BGGC	Bellanca 7GCBC Citabria 150S
☐ G-BFBY	Piper J-3C-65 Cub	☐ G-BFRV	Reims/Cessna FA152 Aerobat	☐ G-BGGD	Bellanca 8GCBC Scout
☐ G-BFCT	Cessna TU206F Stationair II	☐ G-BFRY	Piper PA-25-260 Pawnee D	☐ G-BGGE	Piper PA-38-112 Tomahawk
☐ G-BFDC	DHC-1 Chipmunk 22	☐ G-BFSA	Reims/Cessna F182Q Skylane	☐ G-BGGI	Piper PA-38-112 Tomahawk
☐ G-BFDF	SOCATA Rallye 235E	☐ G-BFSC	Piper PA-25-235 Pawnee D	☐ G-BGGM	Piper PA-38-112 Tomahawk
☐ G-BFDI	Piper PA-28-181 Archer II	☐ G-BFSD	Piper PA-25-235 Pawnee D	☐ G-BGGO	Reims/Cessna F152 II
☐ G-BFDK	Piper PA-28-161 Warrior II	☐ G-BFSR	Cessna F150J	☐ G-BGGP	Reims/Cessna F152 II
☐ G-BFDL	Piper J-3C Cub	☐ G-BFSS	Reims FR172G Rocket	☐ G-BGGU	Wallis WA-116/S
☐ G-BFDO	PA-28R-201T Turbo Arrow III	☐ G-BFSY	Piper PA-28-181 Archer II	☐ G-BGGW	Wallis WA-122/R-R
☐ G-BFEB	Jodel D.150 Mascaret	☐ G-BFSZ	Piper PA-28-161 Warrior II	☐ G-BGHJ	Reims/Cessna F172N Skyhawk
☐ G-BFEF	Agusta-Bell 47G-3B1 Sioux AH.1	☐ G-BFTC	PA-28R-201T Turbo Arrow III	☐ G-BGHM	Robin R1180T Aiglon
☐ G-BFEH	Jodel D.117A	☐ G-BFTF	Grumman AA-5B Tiger	☐ G-BGHS	Cameron N-31
☐ G-BFEK	Reims/Cessna F152 II	☐ G-BFTG	Grumman AA-5B Tiger	☐ G-BGHT	Falconar F-12
☐ G-BFEV	Piper PA-25-235 Pawnee D	☐ G-BFTH	Reims/Cessna F172N Skyhawk	☐ G-BGHU	N Am T-6G Texan
☐ G-BFFE	Reims/Cessna F152 II	☐ G-BFTX	Reims/Cessna F172N Skyhawk	☐ G-BGHY	Taylor JT.1 Monoplane
☐ G-BFFP	Piper PA-18-150 Super Cub	☐ G-BFUB	Piper PA-32RT-300 Lance II	☐ G-BGHZ	Clutton FRED Series II
☐ G-BFFW	Reims/Cessna F152 II	☐ G-BFUD	Scheibe SF25E Super Falke	☐ G-BGIB	Cessna 152 II
☐ G-BFGD	Reims/Cessna F172N Skyhawk	☐ G-BFVG	Piper PA-28-181 Archer II	☐ G-BGIG	Piper PA-38-112 Tomahawk
☐ G-BFGG	Reims/Cessna FRA150M Aerobat	☐ G-BFVH	AirCo DH.2 replica	☐ G-BGIU	Cessna F172H Skyhawk
☐ G-BFGH	Reims/Cessna F337G Super	☐ G-BFVS	Grumman AA-5B Tiger	☐ G-BGIY	Reims/Cessna F172N Skyhawk
	Skymaster	☐ G-BFVU	Cessna 150L	☐ G-BGKO	Gardan GY-20 Minicab
☐ G-BFGK	Jodel D.117	☐ G-BFWB	Piper PA-28-161 Warrior II	☐ G-BGKS	Piper PA-28-161 Warrior II
☐ G-BFGL	Reims/Cessna FA152 Aerobat	☐ G-BFWD	Phoenix Currie Wot	☐ G-BGKT	Auster AOP9
☐ G-BFGZ	Reims/Cessna FRA150M Aerobat	☐ G-BFXF	Andreasson BA-4B	☐ G-BGKU	Piper PA-28R-201 Arrow II
☐ G-BFHH	DH.82A Tiger Moth	☐ G-BFXG	Druine D.31 Turbulent	☐ G-BGKV	Piper PA-28R-201 Arrow III
☐ G-BFHI	Piper J-3C-65 Cub	☐ G-BFXK	Piper PA-28-140 Cherokee F	☐ G-BGKY	Piper PA-38-112 Tomahawk
☐ G-BFHP	Champion 7GCAA Citabria	☐ G-BFXR	Jodel D.112	☐ G-BGKZ	Auster J/5F Aiglet Trainer
☐ G-BFHR	Jodel DR.220 2+2	☐ G-BFXS	Rockwell Commander 114	☐ G-BGLA	Piper PA-38-112 Tomahawk
☐ G-BFHU	Reims/Cessna F152 II	☐ G-BFXW	Grumman AA-5B Tiger	☐ G-BGLF	Evans VP-1 Series 2
☐ G-BFHX	Evans VP-1	☐ G-BFXX	Gulfstream AA-5B Tiger	☐ G-BGLG	Cessna 152 II
☐ G-BFIB	Piper PA-31 Turbo Navajo	☐ G-BFYA	MBB Bö.105DB	☐ G-BGLO	Reims/Cessna F172N Skyhawk
☐ G-BFID	Taylor JT.2 Titch	☐ G-BFYI	Westland Bell 47G-3B-1	☐ G-BGLZ	Stits SA-3A Playboy
☐ G-BFIE	Reims/Cessna FRA150M Aerobat	☐ G-BFYK	Cameron V-77	☐ G-BGME	SIPA 903
☐ G-BFIG	Reims/Cessna FR172K Hawk XP	☐ G-BFYL	Evans VP-2	☐ G-BGMJ	Gardan GY-201 Minicab
☐ G-BFIN	Grumman AA-5A Cheetah	☐ G-BFYW	Slingsby T.65A Vega 17L	☐ G-BGMP	Cessna F172G Skyhawk
☐ G-BFIT	Thunder Ax6-56Z	☐ G-BFZA	Fournier RF3	☐ G-BGMR	Gardan GY-20 Minicab

15

Registration	Type
G-BGMS	Taylor JT.2 Titch
G-BGMT	SOCATA Rallye 235E
G-BGMV	Scheibe SF25B Falke
G-BGND	Reims/Cessna F172N Skyhawk
G-BGNT	Reims/Cessna F152 II
G-BGNV	Gulfstream GA-7 Cougar
G-BGOD	Colt 77A
G-BGOG	Piper PA-28-161 Warrior II
G-BGOL	PA-28R-201T Turbo Arrow III
G-BGON	Gulfstream GA-7 Cougar
G-BGOR	N Am AT-6D Harvard III
G-BGPB	CCF Harvard 4
G-BGPD	Piper J-3C-65 Cub
G-BGPH	Gulfstream AA-5B Tiger
G-BGPI	Plumb BGP-1
G-BGPJ	Piper PA-28-161 Warrior II
G-BGPL	Piper PA-28-161 Warrior II
G-BGPM	Evans VP-2
G-BGPN	Piper PA-18-150 Super Cub
G-BGRE	Beech 200 Super King Air
G-BGRI	CEA Jodel DR.1050 Sicile
G-BGRM	Piper PA-38-112 Tomahawk
G-BGRO	Reims/Cessna F172M Skyhawk
G-BGRR	Piper PA-38-112 Tomahawk
G-BGRT	Steen Skybolt
G-BGRX	Piper PA-38-112 Tomahawk
G-BGSA	MS.892E Rallye 150GT
G-BGSH	Piper PA-38-112 Tomahawk
G-BGSJ	Piper J-3C-65 Cub
G-BGSV	Reims/Cessna F172N Skyhawk
G-BGSW	Beech F33 Bonanza
G-BGSY	Gulfstream GA-7 Cougar
G-BGTC	Auster AOP9
G-BGTF	Piper PA-44-180 Seminole
G-BGTI	Piper J-3C-65 Cub
G-BGUB	Piper PA-32-300 Cherokee Six
G-BGVB	Jodel DR.315 Petit Prince
G-BGVE	Scintex CP.1310-C3 Emeraude
G-BGVH	Beech 76 Duchess
G-BGVK	Piper PA-28-161 Warrior II
G-BGVN	Piper PA-28RT-201 Arrow IV
G-BGVS	Reims/Cessna F172M Skyhawk
G-BGVY	Gulfstream AA-5B Tiger
G-BGVZ	Piper PA-28-181 Archer II
G-BGWC	Robin DR.400-180 Régent
G-BGWM	Piper PA-28-181 Archer II
G-BGWN	Piper PA-38-112 Tomahawk
G-BGWO	Jodel D.112
G-BGXA	Piper J-3C-65 Cub
G-BGXC	SOCATA TB-10 Tobago
G-BGXD	SOCATA TB-10 Tobago
G-BGXR	Robin HR.200-100 Club
G-BGXS	Piper PA-28-236 Dakota
G-BGXT	SOCATA TB-10 Tobago
G-BGYH	Piper PA-28-161 Warrior II
G-BGYN	Piper PA-18-150 Super Cub
G-BGZF	Piper PA-38-112 Tomahawk
G-BHAA	Cessna 152 II
G-BHAD	Cessna A152 Aerobat
G-BHAI	Reims/Cessna F152 II
G-BHAJ	Robin DR.400-160 Knight
G-BHAV	Reims/Cessna F152 II
G-BHAX	Enstrom F-28C-2-UK
G-BHAY	Piper PA-28RT-201 Arrow IV
G-BHBA	Campbell Cricket
G-BHBE	Westland Bell Soloy 47G-3
G-BHBG	Piper PA-32R-300 Lance
G-BHBT	Marquart MA.5 Charger
G-BHCC	Cessna 172M Skyhawk
G-BHCE	Jodel D.117A
G-BHCM	Cessna F172H Skyhawk
G-BHCP	Reims/Cessna F152 II
G-BHCZ	Piper PA-38-112 Tomahawk
G-BHDE	SOCATA TB-10 Tobago
G-BHDM	Reims/Cessna F152 II
G-BHDP	Reims/Cessna F182Q Skylane II
G-BHDS	Reims/Cessna F152 II
G-BHDV	Cameron V-77
G-BHDX	Reims/Cessna F172N Skyhawk
G-BHDZ	Reims/Cessna F172N Skyhawk
G-BHED	Reims/Cessna FA152 Aerobat
G-BHEG	Jodel D.150 Mascaret
G-BHEK	Scintex CP.1315-C3 Emeraude
G-BHEL	Jodel D.117
G-BHEM	Bensen B.8MV
G-BHEN	Reims/Cessna FA152 Aerobat
G-BHEU	Thunder Ax7-65
G-BHEV	Piper PA-28R-200 Arrow II
G-BHEX	Colt 56A
G-BHFC	Reims/Cessna F152 II
G-BHFE	Piper PA-44-180 Seminole
G-BHFG	SNCAN Stampe SV-4C
G-BHFH	Piper PA-34-200T Seneca II
G-BHFI	Reims/Cessna F152 II
G-BHFJ	Piper PA-28RT-201T Arrow IV
G-BHFK	Piper PA-28-151 Warrior
G-BHGC	Piper PA-18-150 Super Cub
G-BHGF	Cameron V-56
G-BHGJ	Jodel D.120 Paris-Nice
G-BHGO	Piper PA-32-260 Cherokee Six
G-BHGY	Piper PA-28R-200 Arrow II
G-BHHE	Jodel DR.1051/M1 Sicile
G-BHHG	Reims/Cessna F152 II
G-BHHH	Thunder Ax7-65 Bolt
G-BHHN	Cameron V-77
G-BHIB	Reims/Cessna F182Q Skylane II
G-BHII	Cameron V-77
G-BHIJ	Eiriavion PIK-20E
G-BHIN	Reims/Cessna F152 II
G-BHIS	Thunder Ax7-65 Bolt
G-BHIY	Reims/Cessna F150K
G-BHJF	SOCATA TB-10 Tobago
G-BHJI	Mooney M.20J Mooney 201
G-BHJK	Maule M-5-235C Lunar Rocket
G-BHJN	Sportavia-Putzer Fournier RF4D
G-BHJO	Piper PA-28-161 Warrior II
G-BHJS	Partenavia P68B
G-BHJU	Robin DR.400-2+2
G-BHKT	Jodel D.112
G-BHLE	Robin DR.400-180 Régent
G-BHLH	Robin DR.400-180 Régent
G-BHLJ	Saffery-Rigg S.200 Skyliner
G-BHLT	DH.82A Tiger Moth
G-BHLU	Fournier RF3
G-BHLW	Cessna 120
G-BHLX	Grumman AA-5B Tiger
G-BHMA	SIPA 903
G-BHMG	Reims/Cessna FA152 Aerobat
G-BHMJ	Avenger T200-2112
G-BHMK	Avenger T200-2112 MLB
G-BHMT	Evans VP-1
G-BHNA	Reims/Cessna F152 II
G-BHNC	Cameron O-65
G-BHNK	Jodel D.120A Paris-Nice
G-BHNO	Piper PA-28-181 Archer II
G-BHNP	Eiriavion PIK-20E
G-BHNV	Westland Bell 47G-3B-1
G-BHNX	Jodel D.117
G-BHOA	Robin DR.400-160 Knight
G-BHOL	Jodel DR.1050 Ambassadeur
G-BHOM	Piper PA-18 Super Cub 95
G-BHOR	Piper PA-28-161 Warrior II
G-BHOT	Cameron V-65
G-BHOZ	SOCATA TB-9 Tampico
G-BHPK	Piper J-3C-65 Cub
G-BHPL	CASA 1-131E Srs 1000
G-BHPS	Jodel D.120A Paris-Nice
G-BHPZ	Cessna 172N Skyhawk II
G-BHRC	Piper PA-28-161 Warrior II
G-BHRH	Reims/Cessna FA150K Aerobat
G-BHRO	Rockwell Commander 112A
G-BHRR	Piel CP.301A Emeraude
G-BHRW	Jodel DR.221 Dauphin
G-BHSB	Cessna 172N Skyhawk II
G-BHSD	Scheibe SF25E Super Falke
G-BHSE	Rockwell Commander 114
G-BHSL	CASA 1-131-E3B
G-BHSN	Cameron N-56
G-BHSS	Pitts S-1S
G-BHSY	CEA Jodel DR.1050 Sicile
G-BHTA	Piper PA-28-236 Dakota
G-BHTC	Jodel DR.1051/M1 Sicile
G-BHTG	Thunder Ax6-56 Bolt
G-BHUE	Jodel DR.1050 Ambassadeur
G-BHUG	Cessna 172N Skyhawk II
G-BHUI	Cessna 152 II
G-BHUJ	Cessna 172N Skyhawk II
G-BHUM	DH.82A Tiger Moth
G-BHUU	Piper PA-25-235 Pawnee D
G-BHVF	Jodel D.150 Mascaret
G-BHVP	Cessna 182Q Skylane
G-BHVR	Cessna 172N Skyhawk II
G-BHVV	Piper J-3C-65 Cub
G-BHWA	Reims/Cessna F152 II
G-BHWB	Reims/Cessna F152 II
G-BHWH	Weedhopper JC-24A
G-BHWY	Piper PA-28R-200 Arrow II
G-BHWZ	Piper PA-28-181 Archer II
G-BHXA	SAL Bulldog Srs 120/1210
G-BHXD	Jodel D.120 Paris-Nice
G-BHXK	Piper PA-28-140 Cherokee
G-BHXS	Jodel D.120 Paris-Nice
G-BHXY	Piper J-3C-65 Cub
G-BHYA	Cessna R182 Skylane RG II
G-BHYC	Cessna 172RG Cutlass II
G-BHYD	Cessna R172K Hawk XP
G-BHYI	SNCAN Stampe SV-4A
G-BHYP	Reims/Cessna F172M Skyhawk
G-BHYR	Reims/Cessna F172M Skyhawk
G-BHYV	Evans VP-1
G-BHZE	Piper PA-28-181 Archer II
G-BHZH	Reims/Cessna F152 II
G-BHZK	Gulfstream AA-5B Tiger
G-BHZO	Gulfstream AA-5A Cheetah
G-BHZR	SAL Bulldog Srs 120/1210
G-BHZT	SAL Bulldog Srs 120/1210
G-BHZU	Piper J-3C-65 Cub
G-BHZV	Jodel D.120A Paris-Nice
G-BIAC	SOCATA Rallye 235E
G-BIAH	Jodel D.112
G-BIAI	Wallingford WMB.2 Windtracker
G-BIAP	Piper PA-16 Clipper
G-BIAR	Rigg Skyliner II
G-BIAX	Taylor JT.2 Titch
G-BIAY	Grumman AA-5 Traveler
G-BIBA	SOCATA TB-9 Tampico
G-BIBO	Cameron V-65
G-BIBS	Cameron P-20
G-BIBT	Gulfstream AA-5B Tiger
G-BIBX	Wallingford WMB.2 Windtracker
G-BICD	Auster 5
G-BICE	N Am AT-6C Harvard IIA
G-BICG	Reims/Cessna F152 II
G-BICM	Colt 56A
G-BICP	Robin DR.360 Chevalier
G-BICR	Jodel D.120A Paris-Nice
G-BICS	Robin R2100A Club
G-BICU	Cameron V-56
G-BICW	Piper PA-28-161 Warrior II

☐ G-BIDD	Evans VP-1	☐ G-BIMX	Rutan VariEze	☐ G-BIYR	Piper PA-18-150 Super Cub
☐ G-BIDG	Jodel D.150 Mascaret	☐ G-BIMZ	Beech 76 Duchess	☐ G-BIYU	Fokker S11-1 Instructor
☐ G-BIDH	Cessna 152 II	☐ G-BINL	Morris Scruggs BL-2B	☐ G-BIYW	Jodel D.112
☐ G-BIDI	Piper PA-28R-201 Arrow III	☐ G-BINM	Morris Scruggs BL-2B	☐ G-BIYX	Piper PA-28-140 Cruiser
☐ G-BIDJ	Piper PA-18A-150 Super Cub	☐ G-BINR	Unicorn UE-1A	☐ G-BIYY	Piper PA-18 Super Cub 95
☐ G-BIDK	Piper PA-18-150 Super Cub	☐ G-BINS	Unicorn UE-2A	☐ G-BIZE	SOCATA TB-9 Tampico
☐ G-BIDO	Piel CP.301A Emeraude	☐ G-BINT	Unicorn UE-1A	☐ G-BIZF	Reims/Cessna F172P Skyhawk
☐ G-BIDX	Jodel D.112	☐ G-BINX	Morris Scruggs BL-2B	☐ G-BIZG	Reims/Cessna F152 II
☐ G-BIEN	Jodel D.120A Paris-Nice	☐ G-BINY	Morton Oriental Air-Bag	☐ G-BIZK	Nord 3202-B1
☐ G-BIEO	Jodel D.112	☐ G-BIOA	Hughes 369D	☐ G-BIZM	Nord 3202B
☐ G-BIES	Maule M-5-235C Lunar Rocket	☐ G-BIOB	Reims/Cessna F172P Skyhawk	☐ G-BIZO	Piper PA-28R-200 Arrow II
☐ G-BIET	Cameron O-77	☐ G-BIOC	Reims/Cessna F150L	☐ G-BIZR	SOCATA TB-9 Tampico
☐ G-BIEY	Piper PA-28-151 Warrior	☐ G-BIOI	Jodel DR.1050M Excellence	☐ G-BIZV	Piper PA-18 Super Cub 95
☐ G-BIFB	Piper PA-28-150 Cherokee C	☐ G-BIOK	Reims/Cessna F152 II	☐ G-BIZW	Champion 7GCBC Citabria
☐ G-BIFO	Evans VP-1	☐ G-BIOU	Jodel D.117A	☐ G-BIZY	Jodel D.112
☐ G-BIFP	Colt 56C	☐ G-BIPA	Grumman AA-5B Tiger	☐ G-BJAE	Starck AS.80 Holiday
☐ G-BIFY	Reims/Cessna F150L	☐ G-BIPH	Morris Scruggs BL-2B	☐ G-BJAF	Piper J-3C-65 Cub
☐ G-BIGJ	Reims/Cessna F172M Skyhawk	☐ G-BIPI	Everett Gyroplane	☐ G-BJAG	Piper PA-28-181 Archer II
☐ G-BIGK	Taylorcraft BC-12D	☐ G-BIPN	Fournier RF3	☐ G-BJAJ	Gulfstream AA-5B Tiger
☐ G-BIGL	Cameron O-65	☐ G-BIPT	Jodel D.112	☐ G-BJAL	CASA 1-131E Srs 1000
☐ G-BIGR	Avenger T200-2112	☐ G-BIPV	Gulfstream AA-5B Tiger	☐ G-BJAO	Montgomerie-Bensen B.8MR
☐ G-BIGX	Bensen B.8M	☐ G-BIPW	Avenger T200-2112	☐ G-BJAP	DH.82A Tiger Moth replica
☐ G-BIHD	Robin DR.400-160 Knight	☐ G-BIRD	Pitts S-1D Special	☐ G-BJAS	Rango NA-9
☐ G-BIHF	Replica Plans SE.5A	☐ G-BIRE	Colt Bottle 56 SS	☐ G-BJAV	Sud Gardan GY-80-160 Horizon
☐ G-BIHI	Cessna 172M Skyhawk	☐ G-BIRH	Piper PA-18-150 Super Cub	☐ G-BJAY	Piper J-3C-65 Cub
☐ G-BIHO	DHC-6 Twin Otter Series 3	☐ G-BIRI	CASA 1-131E Srs 1000	☐ G-BJBK	Piper PA-18 Super Cub 95
☐ G-BIHT	Piper PA-17 Vagabond	☐ G-BIRL	Avenger T200-2112	☐ G-BJBM	Monnett Sonerai I
☐ G-BIHU	Saffrey S.200 MLB	☐ G-BIRP	Ridout Arena Mk.17 Skyship	☐ G-BJBO	Jodel DR.250/160 Capitaine
☐ G-BIHX	Bensen B.8MR	☐ G-BIRT	Robin R1180TD Aiglon	☐ G-BJBW	Piper PA-28-161 Warrior II
☐ G-BIIA	Fournier RF3	☐ G-BISG	Clutton FRED Series III	☐ G-BJCA	Piper PA-28-161 Warrior II
☐ G-BIIB	Reims/Cessna F172M Skyhawk	☐ G-BISH	Cameron V-65	☐ G-BJCF	Scintex CP.1310-C3 Emeraude
☐ G-BIID	Piper PA-18 Super Cub 95	☐ G-BISL	Morris Scruggs BL-2B	☐ G-BJCI	Piper PA-18-150 Super Cub
☐ G-BIIF	Fournier RF4D	☐ G-BISM	Morris Scruggs BL-2B	☐ G-BJCW	Piper PA-32R-301 Saratoga SP
☐ G-BIIK	MS.883 Rallye 115	☐ G-BISS	Morris Scruggs BL-2C	☐ G-BJDE	Reims/Cessna F172M Skyhawk
☐ G-BIIT	Piper PA-28-161 Warrior II	☐ G-BIST	Morris Scruggs BL-2C	☐ G-BJDF	MS.880B Rallye 100T
☐ G-BIIV	Piper PA-28-181 Archer II	☐ G-BISX	Colt 56A	☐ G-BJDK	Ridout European E.157 MLB
☐ G-BIIZ	Great Lakes 2T-1A Sport Trainer	☐ G-BITA	Piper PA-18-150 Super Cub	☐ G-BJDW	Reims/Cessna F172M Skyhawk
☐ G-BIJB	Piper PA-18-150 Super Cub	☐ G-BITE	SOCATA TB-10 Tobago	☐ G-BJEF	B-N BN-2B-26 Islander
☐ G-BIJD	Bölkow Bö.208C Junior	☐ G-BITF	Reims/Cessna F152 II	☐ G-BJEI	Piper PA-18 Super Cub 95
☐ G-BIJE	Piper J-3C-65 Cub	☐ G-BITH	Reims/Cessna F152 II	☐ G-BJEJ	B-N BN-2T Turbine Islander
☐ G-BIJS	Phoenix Luton LA-4A Minor	☐ G-BITK	Clutton FRED Series II	☐ G-BJEL	SNCAN NC.854S
☐ G-BIJU	Piel CP.301A Emeraude	☐ G-BITM	Reims/Cessna F172P Skyhawk	☐ G-BJEV	Aeronca 11AC Chief
☐ G-BIJV	Reims/Cessna F152 II	☐ G-BITO	Jodel D.112D	☐ G-BJEX	Bölkow Bö.208C Junior
☐ G-BIJW	Reims/Cessna F152 II	☐ G-BITY	Bell FD.31T Flying Dodo MLB	☐ G-BJFC	Ridout European E.8 MLB
☐ G-BIKC	Boeing 757-236	☐ G-BIUM	Reims/Cessna F152 II	☐ G-BJFE	Piper PA-18 Super Cub 95
☐ G-BIKE	Piper PA-28R-200 Arrow II	☐ G-BIUP	SNCAN NC.854S	☐ G-BJFM	Jodel D.120 Paris-Nice
☐ G-BIKF	Boeing 757-236	☐ G-BIUY	Piper PA-28-181 Archer II	☐ G-BJGM	Unicorn UE-1A
☐ G-BIKG	Boeing 757-236	☐ G-BIVA	Robin R2112 Alpha	☐ G-BJGY	Reims/Cessna F172P Skyhawk
☐ G-BIKI	Boeing 757-236	☐ G-BIVB	Jodel D.112	☐ G-BJHB	Mooney M.20J Mooney 201
☐ G-BIKJ	Boeing 757-236	☐ G-BIVC	Jodel D.112	☐ G-BJHK	EAA Acrosport
☐ G-BIKK	Boeing 757-236	☐ G-BIVF	Scintex CP.301-C3 Emeraude	☐ G-BJIA	Allport Hot Air Free
☐ G-BIKM	Boeing 757-236	☐ G-BIVK	Bensen B.8MV	☐ G-BJIC	Eaves Dodo 1A
☐ G-BIKN	Boeing 757-236	☐ G-BIWA	Ridout Stevendon Skyreacher	☐ G-BJID	Chown Osprey Lizzieliner 1B
☐ G-BIKO	Boeing 757-236	☐ G-BIWB	Morris Scruggs RS.5000	☐ G-BJIG	Slingsby T.67A
☐ G-BIKP	Boeing 757-236	☐ G-BIWC	Morris Scruggs RS.5000	☐ G-BJIV	Piper PA-18-150 Super Cub
☐ G-BIKS	Boeing 757-236	☐ G-BIWF	Ridout Warren Windcatcher	☐ G-BJKF	SOCATA TB-9 Tampico
☐ G-BIKU	Boeing 757-236	☐ G-BIWG	Ridout Zelenski Mk.2	☐ G-BJLC	Monnett Sonerai IIL
☐ G-BIKV	Boeing 757-236	☐ G-BIWJ	Unicorn UE-1A	☐ G-BJLF	Unicorn UE-1C
☐ G-BIKZ	Boeing 757-236	☐ G-BIWN	Jodel D.112	☐ G-BJLG	Unicorn UE-1B
☐ G-BILB	Wallingford WMB.2 Windtracker	☐ G-BIWR	Mooney M.20F Executive	☐ G-BJLX	Cremer Cracker
☐ G-BILE	Morris Scruggs BL-2B	☐ G-BIWU	Cameron V-65	☐ G-BJLY	Cremer Cracker
☐ G-BILG	Morris Scruggs BL-2B	☐ G-BIWW	American AA-5 Traveler	☐ G-BJML	Cessna 120
☐ G-BILH	Slingsby T.65C Sport Vega	☐ G-BIXA	SOCATA TB-9 Tampico	☐ G-BJMR	Cessna 310R
☐ G-BILI	Piper J-3C-65 Cub	☐ G-BIXB	SOCATA TB-9 Tampico	☐ G-BJMW	Thunder Ax8-105 Srs 2
☐ G-BILR	Cessna 152 II	☐ G-BIXH	Reims/Cessna F152 II	☐ G-BJMX	Ridout Jarre JR-3
☐ G-BILS	Cessna 152 II	☐ G-BIXL	NA P-51D Mustang	☐ G-BJMZ	Ridout European EA-8A
☐ G-BILU	Cessna 172RG Cutlass II	☐ G-BIXN	Boeing Stearman A75N1	☐ G-BJNA	Ridout Arena Mk.117P MLB
☐ G-BILZ	Taylor JT.1 Monoplane	☐ G-BIXW	Colt 56B	☐ G-BJND	Chown Osprey Mk.1E
☐ G-BIMK	Baron Tiger T.200 Srs 1	☐ G-BIXX	Pearson Series 2	☐ G-BJNG	Slingsby T.67A
☐ G-BIMM	Piper PA-18-150 Super Cub	☐ G-BIXZ	Grob G109	☐ G-BJNH	Chown Osprey Mk.1E
☐ G-BIMN	Steen Skybolt	☐ G-BIYI	Cameron V-65	☐ G-BJNN	Piper PA-38-112 Tomahawk
☐ G-BIMT	Reims/Cessna FA152 Aerobat	☐ G-BIYJ	Piper PA-18 Super Cub 95	☐ G-BJNY	Aeronca 11CC Super Chief
☐ G-BIMU	Sikorsky S-61N	☐ G-BIYK	Isaacs Fury II	☐ G-BJNZ	Piper PA-23-250 Aztec F

Reg	Type	Reg	Type	Reg	Type
G-BJOB	Jodel D.140C Mousquetaire III	G-BKCV	EAA Acrosport II	G-BKRK	SNCAN Stampe SV-4C
G-BJOE	Jodel D.120A Paris-Nice	G-BKCW	Jodel D.120A Paris-Nice	G-BKRN	Beech D18S (Expediter 3N)
G-BJOT	Jodel D.117	G-BKCX	Mudry CAP 10B	G-BKRU	Crossley Racer
G-BJOV	Reims/Cessna F150K	G-BKCZ	Jodel D.120A Paris-Nice	G-BKRZ	Dragon 77
G-BJPI	Bede BD-5G	G-BKDC	Monnett Sonerai IIL	G-BKSE	QAC Quickie 1
G-BJPL	Chown Osprey Mk.4A	G-BKDH	Robin DR.400-120 Dauphin 80	G-BKST	Rutan VariEze
G-BJRA	Chown Osprey Mk.4B	G-BKDJ	Robin DR.400-120 Dauphin 80	G-BKSX	SNCAN Stampe SV-4C
G-BJRG	Chown Osprey Mk.4B	G-BKDK	Thunder Ax7-77Z	G-BKTA	Piper PA-18 Super Cub 95
G-BJRH	Rango NA-36/Ax3	G-BKDP	Clutton FRED Series III	G-BKTH	Hawker Sea Hurricane IB
G-BJRP	Cremer Cracker	G-BKDR	Pitts S-1S	G-BKTM	PZL-Bielsko SZD-45A Ogar
G-BJRR	Cremer Cracker	G-BKDX	Jodel DR.1050 Ambassadeur	G-BKTV	Reims/Cessna F152 II
G-BJRV	Cremer Cracker	G-BKER	Replica Plans SE.5A	G-BKTZ	Slingsby T.67M Firefly
G-BJSS	Allport HAB	G-BKET	Piper PA-18 Super Cub 95	G-BKUE	SOCATA TB-9 Tampico
G-BJST	CCF Harvard 4	G-BKEV	Reims/Cessna F172M Skyhawk	G-BKUI	Druine D.31 Turbulent
G-BJSV	Piper PA-28-161 Warrior II	G-BKEW	Bell 206B-3 JetRanger III	G-BKUR	Piel CP.301A Emeraude
G-BJSW	Thunder Ax7-65Z	G-BKEY	Clutton FRED Series III	G-BKVC	SOCATA TB-9 Tampico
G-BJSZ	Piper J-3C-65 Cub	G-BKFC	Reims/Cessna F152 II	G-BKVF	Clutton FRED Series III
G-BJTB	Cessna A150L Aerobat	G-BKFG	Thunder Ax3 Maxi Sky Chariot	G-BKVG	Scheibe SF25E Super Falke
G-BJTF	Kirk Skyrider Mk.1	G-BKFI	Evans VP-1 Series 2	G-BKVK	Auster AOP9
G-BJTN	Solent Osprey Mk.4B	G-BKFK	Isaacs Fury II	G-BKVL	Robin DR.400-160 Knight
G-BJTP	Piper PA-18 Super Cub 95	G-BKFM	QAC Quickie 1	G-BKVM	Piper PA-18-150 Super Cub
G-BJTY	Solent Osprey Mk.4B	G-BKFR	Piel CP.301C Emeraude	G-BKVP	Pitts S-1D
G-BJUB	Wild BVS Special 01	G-BKFW	Percival P.56 Provost T1	G-BKVW	Airtour AH-56
G-BJUD	Robin DR.400-180R Remorqueur	G-BKGA	MS.892E Rallye 150GT	G-BKVY	Airtour B-31
G-BJUE	Solent Osprey Mk.4B	G-BKGB	Jodel D.120 Paris-Nice	G-BKWD	Taylor JT.2 Titch
G-BJUR	Piper PA-38-112 Tomahawk	G-BKGC	Maule M-6-235C Super Rocket	G-BKWR	Cameron V-65
G-BJUS	Piper PA-38-112 Tomahawk	G-BKGL	Beech D18S (Expediter 3TM)	G-BKWY	Reims/Cessna F152 II
G-BJUU	Solent Osprey Mk.4B	G-BKGM	Beech D18S (Expediter 3NM)	G-BKXA	Robin R2100A Club
G-BJUV	Cameron V-20	G-BKGW	Reims/Cessna F152 II	G-BKXF	Piper PA-28R-200 Arrow II
G-BJVH	Reims/Cessna F182Q Skylane II	G-BKHD	Oldfield Baby Lakes	G-BKXJ	Rutan VariEze
G-BJVJ	Reims/Cessna F152 II	G-BKHG	Piper J-3C-65 Cub	G-BKXM	Colt 17A Cloudhopper
G-BJVK	Grob G109	G-BKHW	Stoddard-Hamilton Glasair RG	G-BKXN	ICA IS-28M2A
G-BJVM	Cessna 172N Skyhawk II	G-BKHY	Taylor JT.1 Monoplane	G-BKXO	Rutan Long-EZ
G-BJVS	Scintex CP.1310-C3 Emeraude	G-BKIB	SOCATA TB-9 Tampico	G-BKXP	Auster AOP6
G-BJVT	Reims/Cessna F152 II	G-BKIF	Fournier RF6B-100	G-BKXR	Druine D.31A Turbulent
G-BJVU	Thunder Ax6-56 Bolt	G-BKII	Reims/Cessna F172M Skyhawk	G-BKZE	AS.332L Super Puma
G-BJWH	Reims/Cessna F152 II	G-BKIJ	Reims/Cessna F172M Skyhawk	G-BKZI	Bell 206B JetRanger
G-BJWI	Reims/Cessna F172P Skyhawk	G-BKIR	Jodel D.117	G-BKZT	Clutton FRED Series II
G-BJWT	Wittman W.10 Tailwind	G-BKIS	SOCATA TB-10 Tobago	G-BKZV	Bede BD-4
G-BJWV	Colt 17A Cloudhopper	G-BKIT	SOCATA TB-9 Tampico	G-BLAC	Reims/Cessna FA152 Aerobat
G-BJWW	Reims/Cessna F172P Skyhawk	G-BKIU	Colt 17A Cloudhopper	G-BLAF	Stolp SA.900 V-Star
G-BJWX	Piper PA-18 Super Cub 95	G-BKIX	Cameron V-31 Air Chair	G-BLAH	Thunder Ax7-77
G-BJWZ	Piper PA-18 Super Cub 95	G-BKIZ	Cameron V-31 Air Chair	G-BLAI	Monnett Sonerai 2L
G-BJXB	Slingsby T.67A	G-BKJB	Piper PA-18-135 Super Cub	G-BLAM	CEA Jodel DR.360 Chevalier
G-BJXK	Sportavia-Putzer Fournier RF5	G-BKJF	MS.880B Rallye 100T	G-BLAT	Jodel D.150 Mascaret
G-BJXR	Auster AOP9	G-BKJS	Jodel D.120A Paris-Nice	G-BLCH	Colt 65D
G-BJXX	Piper PA-23-250 Aztec E	G-BKJW	Piper PA-23-250 Aztec E	G-BLCI	EAA Acrosport P
G-BJXZ	Cessna 172N Skyhawk II	G-BKKN	Cessna 182R Skylane	G-BLCT	Jodel DR.220 2+2
G-BJYD	Reims/Cessna F152 II	G-BKKO	Cessna 182R Skylane	G-BLCU	Scheibe SF25B Falke
G-BJYF	Colt 56A	G-BKKP	Cessna 182R Skylane	G-BLCV	Hoffmann H 36 Dimona
G-BJYK	Jodel D.120A Paris-Nice	G-BKKZ	Pitts S-1S	G-BLCW	Evans VP-1
G-BJZB	Evans VP-2	G-BKLO	Reims/Cessna F172M Skyhawk	G-BLDB	Taylor JT.1 Monoplane
G-BJZF	DH.82A Tiger Moth	G-BKMA	Mooney M.20J Mooney 201	G-BLDD	Wag-Aero CUBy AcroTrainer
G-BJZN	Slingsby T.67A	G-BKMB	Mooney M.20J Mooney 201	G-BLDG	Piper PA-25-260 Pawnee D
G-BJZR	Colt 42A	G-BKMG	Handley Page O/400 replica	G-BLDK	Robinson R22
G-BKAE	Jodel D.120 Paris-Nice	G-BKMT	Piper PA-32R-301 Saratoga SP	G-BLDN	Rand Robinson KR-2
G-BKAF	Clutton FRED Series II	G-BKNO	Monnett Sonerai IIL	G-BLDV	B-N BN-2B-26 Islander
G-BKAM	Slingsby T.67M-160 Firefly	G-BKNZ	Piel CP.301A Emeraude	G-BLES	Stolp SA.750 Acroduster Too
G-BKAO	Jodel D.112	G-BKOA	MS.893E Rallye 180GT	G-BLFI	Piper PA-28-181 Archer II
G-BKAS	Piper PA-38-112 Tomahawk	G-BKOB	Zlin Z-326 Trener Master	G-BLFZ	Piper PA-31 Navajo C
G-BKAY	Rockwell Commander 114	G-BKOK	B-N BN-2B-26 Islander	G-BLGH	Robin DR.300-180R
G-BKAZ	Cessna 152 II	G-BKOT	Wassmer WA.81 Piranha	G-BLGS	SOCATA Rallye 180T Galerien
G-BKBD	Thunder Ax3 Maxi Sky Chariot	G-BKOU	Hunting P84 Jet Provost T3	G-BLGV	Bell 206B-2 JetRanger II
G-BKBF	MS.894A Rallye Minerva 220	G-BKPA	Hoffmann H 36 Dimona	G-BLHH	Jodel DR.315 Petit Prince
G-BKBN	SOCATA TB-10 Tobago	G-BKPB	Aerosport Scamp	G-BLHJ	Reims/Cessna F172P Skyhawk
G-BKBP	Bellanca 7GCBC Citabria	G-BKPC	Cessna A185F Skywagon	G-BLHM	Piper PA-18 Super Cub 95
G-BKBS	Bensen B.8MV	G-BKPD	Viking Dragonfly	G-BLHN	Robin HR.100/285 Tiara
G-BKBV	SOCATA TB-10 Tobago	G-BKPS	Grumman AA-5B Tiger	G-BLHR	Gulfstream GA-7 Cougar
G-BKBW	SOCATA TB-10 Tobago	G-BKPX	Jodel D.120A Paris-Nice	G-BLHS	Bellanca 7ECA Citabria 115
G-BKCC	Piper PA-28-180 Archer	G-BKPZ	Pitts S-1T	G-BLHW	Varga 2150A Kachina
G-BKCE	Reims/Cessna F172P Skyhawk	G-BKRA	N Am T-6G Texan	G-BLIK	Wallis WA-116/F
G-BKCI	Brügger MB.2 Colibri	G-BKRF	Piper PA-18 Super Cub 95	G-BLIT	Thorp T-18CW
G-BKCN	Phoenix Currie Wot	G-BKRH	Brügger MB.2 Colibri	G-BLIW	Percival P.56 Provost T51

Registration	Type	Registration	Type	Registration	Type
G-BLIX	Saro Skeeter AOP12	G-BLZA	Scheibe SF25B Falke	G-BMKP	Cameron V-77
G-BLJM	Beech 95-B55 Baron	G-BLZH	Reims/Cessna F152 II	G-BMKR	Piper PA-28-161 Warrior II
G-BLJO	Reims/Cessna F152 II	G-BLZJ	AS.332L Super Puma	G-BMKY	Cameron O-65
G-BLKM	Jodel DR.1051 Sicile	G-BLZP	Reims/Cessna F152 II	G-BMLJ	Cameron N-77
G-BLLA	Bensen B.8M	G-BMAD	Cameron V-77	G-BMLK	Grob G109B
G-BLLB	Bensen B.8MR	G-BMAO	Taylor JT.1 Monoplane	G-BMLL	Grob G109B
G-BLLD	Cameron O-77	G-BMAX	Clutton FRED Series II	G-BMLM	Beech 58 Baron
G-BLLH	Jodel DR.200A-B 2+2	G-BMAY	Piper PA-18-135 Super Cub	G-BMLS	Piper PA-28R-201 Arrow III
G-BLLN	Piper PA-18 Super Cub 95	G-BMBB	Reims/Cessna F150L	G-BMLT	Pietenpol Air Camper
G-BLLO	Piper PA-18 Super Cub 95	G-BMBJ	Schempp-Hirth Janus CM	G-BMLX	Reims/Cessna F150L
G-BLLP	Slingsby T.67B Firefly	G-BMBZ	Scheibe SF25E Super Falke	G-BMMF	Clutton FRED Series II
G-BLLR	Slingsby T.67C Firefly	G-BMCC	Thunder Ax7-77	G-BMMI	Pazmany PL-4A
G-BLLS	Slingsby T.67B Firefly	G-BMCD	Cameron V-65	G-BMMK	Cessna 182P Skylane
G-BLLW	Colt 56B	G-BMCG	Grob G109B	G-BMMM	Cessna 152 II
G-BLLZ	Rutan Long-EZ	G-BMCI	Reims/Cessna F172H Skyhawk	G-BMMP	Grob G109B
G-BLMA	Zlin Z-526 Trener Master	G-BMCN	Reims/Cessna F152 II	G-BMMV	ICA IS-28M2A
G-BLME	Robinson R22HP	G-BMCS	Piper PA-22-135 Tri-Pacer	G-BMMW	Thunder Ax7-77
G-BLMG	Grob G109B	G-BMCV	Reims/Cessna F152 II	G-BMNL	Piper PA-28R-200 Arrow II
G-BLMI	Piper PA-18 Super Cub 95	G-BMCX	AS.332L Super Puma	G-BMOE	Piper PA-28R-200 Arrow II
G-BLMN	Rutan Long-EZ	G-BMDB	Replica Plans SE.5A	G-BMOF	Cessna U206G Stationair II
G-BLMP	Piper PA-17 Vagabond	G-BMDD	Cadet Motor Glider	G-BMOG	Thunder Ax7-77
G-BLMR	Piper PA-18 Super Cub	G-BMDE	Pietenpol Air Camper	G-BMOH	Cameron N-77
G-BLMT	Piper PA-18-135 Super Cub	G-BMDJ	Price Ax7-77S HAB	G-BMOK	ARV1 Super 2
G-BLMW	Nipper T.66 RA.45 Series 3	G-BMDP	Partenavia P64B Oscar 200	G-BMPC	Piper PA-28-181 Archer II
G-BLMZ	Colt 105A	G-BMDS	Jodel D.120 Paris-Nice	G-BMPD	Cameron V-65
G-BLNO	Clutton FRED Series III	G-BMEA	Piper PA-18 Super Cub 95	G-BMPL	Optica OA.7 Optica
G-BLOR	Piper PA-30 Twin Comanche	G-BMEH	Jodel D.150 Super Mascaret	G-BMPP	Cameron N-77
G-BLOS	Cessna 185A Skywagon	G-BMET	Taylor JT.1 Monoplane	G-BMPR	Piper PA-28R-201 Arrow III
G-BLOT	Colt 56B	G-BMEU	Isaacs Fury II	G-BMPS	Strojnik S-2A
G-BLPB	Turner TSW-2 Hot Two Wot	G-BMEX	Cessna A150K Aerobat	G-BMPY	DH.82A Tiger Moth
G-BLPE	Piper PA-18 Super Cub	G-BMFD	Piper PA-23-250 Aztec F	G-BMRA	Boeing 757-236
G-BLPF	Reims FR172G Rocket	G-BMFG	Dornier Do.27A-1	G-BMRB	Boeing 757-236
G-BLPG	Auster J/1N Alpha	G-BMFI	PZL-Bielsko SZD-45A Ogar	G-BMRC	Boeing 757-236
G-BLPH	Reims/Cessna FRA150L Aerobat	G-BMFP	Piper PA-28-161 Warrior II	G-BMRD	Boeing 757-236
G-BLPI	Slingsby T.67B Firefly	G-BMFU	Cameron N-90	G-BMRE	Boeing 757-236
G-BLPP	Cameron V-77	G-BMFY	Grob G109B	G-BMRF	Boeing 757-236
G-BLRC	Piper PA-18-135 Super Cub	G-BMGB	Piper PA-28R-200 Arrow II	G-BMRH	Boeing 757-236
G-BLRF	Slingsby T.67C Firefly	G-BMGG	Cessna 152 II	G-BMRI	Boeing 757-236
G-BLRL	Scintex CP.301-C1 Emeraude	G-BMGR	Grob G109B	G-BMRJ	Boeing 757-236
G-BLTA	Thunder Ax7-77A	G-BMHA	Rutan Long-EZ	G-BMSB	VS.509 Spitfire Tr9
G-BLTC	Druine D.31A Turbulent	G-BMHC	Cessna U206F Stationair II	G-BMSC	Evans VP-2
G-BLTK	Rockwell Commander 112TC-A	G-BMHL	Wittman W.8 Tailwind	G-BMSD	Piper PA-28-181 Archer II
G-BLTM	Robin HR.200-100 Club	G-BMHS	Reims/Cessna F172M Skyhawk	G-BMSE	Valentin Taifun 17E
G-BLTN	Thunder Ax7-65	G-BMHT	Piper PA-28RT-201T Arrow IV	G-BMSF	Piper PA-38-112 Tomahawk
G-BLTR	Scheibe SF25B Falke	G-BMID	Jodel D.120 Paris-Nice	G-BMSL	Clutton FRED Series III
G-BLTS	Rutan Long-EZ	G-BMIG	Cessna 172N Skyhawk II	G-BMTA	Cessna 152 II
G-BLTW	Slingsby T.67B Firefly	G-BMIM	Rutan Long-EZ	G-BMTB	Cessna 152 II
G-BLUE	Colt 77A	G-BMIO	Stoddard-Hamilton Glasair RG	G-BMTC	AS.355F2 Ecureuil 2
G-BLUJ	Cameron V-56	G-BMIP	Jodel D.112	G-BMTJ	Cessna 152 II
G-BLUV	Grob G109B	G-BMIS	Monnett Sonerai II	G-BMTO	Piper PA-38-112 Tomahawk
G-BLUX	Slingsby T.67M-200 Firefly	G-BMIV	PA-28R-201T Turbo Arrow III	G-BMTU	Pitts S-1E
G-BLUZ	DH.82 Queen Bee	G-BMIW	Piper PA-28-181 Archer II	G-BMTX	Cameron V-77
G-BLVA	Airtour AH-31	G-BMIX	SOCATA TB-20 Trinidad	G-BMUD	Cessna 182P Skylane
G-BLVB	Airtour AH-56	G-BMIY	Oldfield Baby Great Lakes	G-BMUG	Rutan Long-EZ
G-BLVI	Slingsby T.67M Firefly II	G-BMIZ	Robinson R22 Beta	G-BMUO	Cessna A152 Aerobat
G-BLVK	Mudry CAP 10B	G-BMJA	Piper PA-32R-301 Saratoga SP	G-BMUT	Piper PA-34-200T Seneca II
G-BLVL	Piper PA-28-161 Warrior II	G-BMJB	Cessna 152 II	G-BMUU	Thunder Ax7-77
G-BLVS	Cessna 150M	G-BMJC	Cessna 152 II	G-BMUZ	Piper PA-28-161 Warrior II
G-BLVW	Cessna F172H Skyhawk	G-BMJD	Cessna 152 II	G-BMVB	Reims/Cessna F152 II
G-BLWD	Piper PA-34-200T Seneca II	G-BMJJ	Cameron Watch 75 SS	G-BMVG	QAC Quickie Q.1
G-BLWF	Robin HR.100/210 Safari	G-BMJL	Rockwell Commander 114	G-BMVL	Piper PA-38-112 Tomahawk
G-BLWH	Fournier RF6B-100	G-BMJM	Evans VP-1	G-BMVM	Piper PA-38-112 Tomahawk
G-BLWP	Piper PA-38-112 Tomahawk	G-BMJN	Cameron O-65	G-BMVU	Monnett Moni
G-BLWT	Evans VP-1 Series 2	G-BMJO	Piper PA-34-220T Seneca III	G-BMWF	ARV1 Super 2
G-BLWY	Robin R2160 Alpha Sport	G-BMJX	Wallis WA-116/X Series 1	G-BMWR	Rockwell Commander 112A
G-BLXA	SOCATA TB-20 Trinidad	G-BMJY	SPP Yakovlev Yak C-18A	G-BMWU	Cameron N-42
G-BLXG	Colt 21A Cloudhopper	G-BMKB	Piper PA-18-135 Super Cub	G-BMWW	Putzer Elster B
G-BLXH	Fournier RF3	G-BMKC	Piper J-3C Cub	G-BMXA	Cessna 152 II
G-BLXI	Scintex CP.1310-C3 Emeraude	G-BMKD	Beech C90A King Air	G-BMXB	Cessna 152 II
G-BLXO	Jodel D.150 Mascaret	G-BMKF	Jodel DR.221 Dauphin	G-BMXC	Cessna 152 II
G-BLXS	AS.332L Super Puma	G-BMKG	Piper PA-38-112 Tomahawk	G-BMYC	SOCATA TB-10 Tobago
G-BLXT	Eberhardt SE.5E	G-BMKJ	Cameron V-77	G-BMYG	Reims/Cessna FA152 Aerobat
G-BLYD	SOCATA TB-20 Trinidad	G-BMKK	Piper PA-28R-200 Arrow II	G-BMYI	Grumman AA-5 Traveler

Registration	Type
G-BMYU	Jodel D.120 Paris-Nice
G-BMZN	Everett Gyroplane Srs 1
G-BMZS	Everett Gyroplane Srs 1
G-BMZW	Bensen B.8MR
G-BMZX	Wolf W-11 Boredom Fighter
G-BNAI	Wolf W-11 Boredom Fighter
G-BNAJ	Cessna 152 II
G-BNAN	Cameron V-65
G-BNAW	Cameron V-65
G-BNBW	Thunder Ax7-77
G-BNCB	Cameron V-77
G-BNCO	Piper PA-38-112 Tomahawk
G-BNCR	Piper PA-28-161 Warrior II
G-BNCS	Cessna 180
G-BNCZ	Rutan Long-EZ
G-BNDE	Piper PA-38-112 Tomahawk
G-BNDG	Wallis WA-201 Series 1
G-BNDN	Cameron V-77
G-BNDP	Brügger MB.2 Colibri
G-BNDR	SOCATA TB-10 Tobago
G-BNDT	Brügger MB.2 Colibri
G-BNEE	Piper PA-28R-201 Arrow III
G-BNEL	Piper PA-28-161 Warrior II
G-BNEN	Piper PA-34-200T Seneca II
G-BNEO	Cameron V-77
G-BNEV	Viking Dragonfly
G-BNFG	Cameron O-77
G-BNFP	Cameron O-84
G-BNFR	Cessna 152 II
G-BNFV	Robin DR.400-120
G-BNGE	Auster AOP6
G-BNGJ	Cameron V-77
G-BNGN	Cameron V-77
G-BNGO	Thunder Ax7-77
G-BNGT	Piper PA-28-181 Archer II
G-BNGV	ARV1 Super 2
G-BNGW	ARV1 Super 2
G-BNGY	ARV1 Super 2
G-BNHB	ARV1 Super 2
G-BNHG	Piper PA-38-112 Tomahawk
G-BNHJ	Cessna 152 II
G-BNHK	Cessna 152 II
G-BNHL	Colt Beer Glass SS
G-BNHT	Fournier RF3
G-BNID	Cessna 152 II
G-BNII	Cameron N-90
G-BNIK	Robin HR.200-120 Club
G-BNIM	Piper PA-38-112 Tomahawk
G-BNIN	Cameron V-77
G-BNIO	Luscombe 8A Silvaire
G-BNIP	Luscombe 8A Silvaire
G-BNIU	Cameron O-77
G-BNIV	Cessna 152
G-BNIW	Boeing Stearman A75N1
G-BNJB	Cessna 152 II
G-BNJC	Cessna 152 II
G-BNJH	Cessna 152 II
G-BNJL	Bensen B.8MR
G-BNJT	Piper PA-28-161 Warrior II
G-BNKC	Cessna 152 II
G-BNKD	Cessna 172N Skyhawk II
G-BNKE	Cessna 172N Skyhawk II
G-BNKH	Piper PA-38-112 Tomahawk
G-BNKI	Cessna 152 II
G-BNKP	Cessna 152 II
G-BNKR	Cessna 152 II
G-BNKS	Cessna 152 II
G-BNKT	Cameron O-77
G-BNKV	Cessna 152 II
G-BNLA	Boeing 747-436
G-BNLD	Boeing 747-436
G-BNLE	Boeing 747-436
G-BNLF	Boeing 747-436
G-BNLG	Boeing 747-436
G-BNLH	Boeing 747-436
G-BNLI	Boeing 747-436
G-BNLJ	Boeing 747-436
G-BNLK	Boeing 747-436
G-BNLL	Boeing 747-436
G-BNLM	Boeing 747-436
G-BNLN	Boeing 747-436
G-BNLO	Boeing 747-436
G-BNLP	Boeing 747-436
G-BNLR	Boeing 747-436
G-BNLS	Boeing 747-436
G-BNLT	Boeing 747-436
G-BNLU	Boeing 747-436
G-BNLV	Boeing 747-436
G-BNLW	Boeing 747-436
G-BNLX	Boeing 747-436
G-BNLY	Boeing 747-436
G-BNLZ	Boeing 747-436
G-BNMB	Piper PA-28-151 Warrior
G-BNMD	Cessna 152 II
G-BNME	Cessna 152 II
G-BNMF	Cessna 152T
G-BNMH	Pietenpol Air Camper
G-BNML	Rand Robinson KR-2
G-BNMO	Cessna R182 Skylane RG II
G-BNMX	Thunder Ax7-77
G-BNNA	Stolp SA.300 Starduster Too
G-BNNE	Cameron N-77
G-BNNO	Piper PA-28-161 Warrior II
G-BNNT	Piper PA-28-151 Warrior
G-BNNU	Piper PA-38-112 Tomahawk
G-BNNX	PA-28R-201T Turbo Arrow III
G-BNNY	Piper PA-28-161 Warrior II
G-BNNZ	Piper PA-28-161 Warrior II
G-BNOB	Wittman W.8 Tailwind
G-BNOF	Piper PA-28-161 Warrior II
G-BNOH	Piper PA-28-161 Warrior II
G-BNOJ	Piper PA-28-161 Warrior II
G-BNOM	Piper PA-28-161 Warrior II
G-BNON	Piper PA-28-161 Warrior II
G-BNOP	Piper PA-28-161 Warrior II
G-BNPE	Cameron N-77
G-BNPF	Cadet III Motor Glider
G-BNPH	Percival P.66 Pembroke C1
G-BNPM	Piper PA-38-112 Tomahawk
G-BNPO	Piper PA-28-181 Archer II
G-BNPV	Bowers Fly Baby 1B
G-BNPY	Cessna 152 II
G-BNRA	SOCATA TB-10 Tobago
G-BNRG	Piper PA-28-161 Warrior II
G-BNRL	Cessna 152 II
G-BNRP	Piper PA-28-181 Archer II
G-BNRR	Cessna 172P Skyhawk
G-BNRX	Piper PA-34-200T Seneca II
G-BNRY	Cessna 182Q Skylane
G-BNSG	Piper PA-28R-201 Arrow III
G-BNSI	Cessna 152 II
G-BNSL	Piper PA-38-112 Tomahawk
G-BNSM	Cessna 152 II
G-BNSN	Cessna 152 II
G-BNSO	Slingsby T.67M Firefly II
G-BNSP	Slingsby T.67M Firefly II
G-BNSR	Slingsby T.67M Firefly II
G-BNST	Cessna 172N Skyhawk II
G-BNSU	Cessna 152 II
G-BNSV	Cessna 152 II
G-BNSY	Piper PA-28-161 Warrior II
G-BNSZ	Piper PA-28-161 Warrior II
G-BNTD	Piper PA-28-161 Warrior II
G-BNTP	Cessna 172N Skyhawk II
G-BNTZ	Cameron N-77
G-BNUL	Cessna 152 II
G-BNUN	Beech 58PA Baron
G-BNUO	Beech 76 Duchess
G-BNUT	Cessna 152 II
G-BNUX	Hoffmann H 36 Dimona
G-BNUY	Piper PA-38-112 Tomahawk
G-BNVB	Grumman AA-5A Cheetah
G-BNVE	Piper PA-28-181 Archer II
G-BNVT	PA-28R-201T Turbo Arrow III
G-BNWA	Boeing 767-336ER
G-BNWB	Boeing 767-336ER
G-BNWC	Boeing 767-336ER
G-BNWD	Boeing 767-336ER
G-BNWH	Boeing 767-336ER
G-BNWI	Boeing 767-336ER
G-BNWM	Boeing 767-336ER
G-BNWN	Boeing 767-336ER
G-BNWO	Boeing 767-336ER
G-BNWR	Boeing 767-336ER
G-BNWS	Boeing 767-336ER
G-BNWT	Boeing 767-336ER
G-BNWU	Boeing 767-336ER
G-BNWV	Boeing 767-336ER
G-BNWW	Boeing 767-336ER
G-BNWX	Boeing 767-336ER
G-BNWY	Boeing 767-336ER
G-BNWZ	Boeing 767-336ER
G-BNXE	Piper PA-28-161 Warrior II
G-BNXK	Nott-Cameron NCA ULD/3
G-BNXL	Glaser-Dirks DG-400
G-BNXM	Piper PA-18 Super Cub 95
G-BNXU	Piper PA-28-161 Warrior II
G-BNXV	Piper PA-38-112 Tomahawk
G-BNXX	SOCATA TB-20 Trinidad
G-BNXZ	Thunder Ax7-77
G-BNYD	Bell 206B-2 JetRanger II
G-BNYK	Piper PA-38-112 Tomahawk
G-BNYL	Cessna 152 II
G-BNYM	Cessna 172N Skyhawk II
G-BNYO	Beech 76 Duchess
G-BNYP	Piper PA-28-181 Archer II
G-BNYZ	SNCAN Stampe SV-4E
G-BNZB	Piper PA-28-161 Warrior II
G-BNZC	DHC-1 Chipmunk 22
G-BNZK	Thunder Ax7-77
G-BNZL	RotorWay Scorpion 133
G-BNZM	Cessna T210N Centurion II
G-BNZN	Cameron N-56
G-BNZO	RotorWay Executive
G-BNZV	Piper PA-25-235 Pawnee D
G-BNZZ	Piper PA-28-161 Warrior II
G-BOAH	Piper PA-28-161 Warrior II
G-BOAI	Cessna 152 II
G-BOAL	Cameron V-65
G-BOAU	Cameron V-77
G-BOBA	Piper PA-28R-201 Arrow III
G-BOBR	Cameron N-77
G-BOBT	Stolp SA.300 Starduster Too
G-BOBV	Reims/Cessna F150M
G-BOBY	Monnett Sonerai II
G-BOCG	Piper PA-34-200T Seneca II
G-BOCI	Cessna 140A
G-BOCK	Sopwith Triplane replica
G-BOCL	Slingsby T.67C Firefly
G-BOCM	Slingsby T.67C Firefly
G-BOCN	Robinson R22 Beta
G-BODB	Piper PA-28-161 Warrior II
G-BODD	Piper PA-28-161 Warrior II
G-BODE	Piper PA-28-161 Warrior II
G-BODI	Stoddard-Hamilton Glasair III SH
G-BODO	Cessna 152 II
G-BODR	Piper PA-28-161 Warrior II
G-BODS	Piper PA-38-112 Tomahawk
G-BODT	Jodel D.18

Reg	Type	Reg	Type	Reg	Type
G-BODU	Scheibe SF25C Falke 2000	G-BOLY	Cessna 172N Skyhawk II	G-BOUV	Montgomerie-Bensen B.8MR
G-BODY	Cessna 310R	G-BOMB	Cassutt Racer IIIM	G-BOUZ	Cessna 150G
G-BODZ	Robinson R22 Beta	G-BOMN	Cessna 150F	G-BOVB	Piper PA-15 Vagabond
G-BOEE	Piper PA-28-181 Archer II	G-BOMO	Piper PA-38-112 Tomahawk	G-BOVK	Piper PA-28-161 Warrior II
G-BOEH	Robin DR.340 Major	G-BOMP	Piper PA-28-181 Archer II	G-BOVU	Stoddard-Hamilton Glasair III
G-BOEK	Cameron V-77	G-BOMS	Cessna 172N Skyhawk II	G-BOVX	Hughes 269C
G-BOEM	Pitts S-2A	G-BOMU	Piper PA-28-181 Archer II	G-BOWB	Cameron V-77
G-BOEN	Cessna 172M Skyhawk	G-BOMY	Piper PA-28-161 Warrior II	G-BOWE	Piper PA-34-200T Seneca II
G-BOER	Piper PA-28-161 Warrior II	G-BOMZ	Piper PA-38-112 Tomahawk	G-BOWM	Cameron V-56
G-BOET	Piper PA-28RT-201 Arrow IV	G-BONC	Piper PA-28RT-201 Arrow IV	G-BOWN	Piper PA-12 Super Cruiser
G-BOFC	Beech 76 Duchess	G-BONG	Enstrom F-28A-UK	G-BOWO	Cessna R182 Skylane RG II
G-BOFF	Cameron N-77	G-BONP	CFM Streak Shadow	G-BOWP	Jodel D.120A Paris-Nice
G-BOFL	Cessna 152 II	G-BONR	Cessna 172N Skyhawk II	G-BOWV	Cameron V-65
G-BOFW	Cessna A150L Aerobat	G-BONS	Cessna 172N Skyhawk II	G-BOWY	Piper PA-28RT-201T Arrow IV
G-BOFY	Piper PA-28-140 Cruiser	G-BONT	Slingsby T.67M Firefly II	G-BOXA	Piper PA-28-161 Warrior II
G-BOFZ	Piper PA-28-161 Warrior II	G-BONU	Slingsby T.67B Firefly	G-BOXC	Piper PA-28-161 Warrior II
G-BOGI	Robin DR.400-180 Régent	G-BONW	Cessna 152 II	G-BOXG	Cameron O-77
G-BOGK	ARV-1	G-BONY	Denney Kitfox Model 1	G-BOXH	Pitts S-1S
G-BOGM	Piper PA-28RT-201T Arrow IV	G-BONZ	Beech V35B Bonanza	G-BOXJ	Piper J-3C-90 Cub
G-BOGO	Piper PA-32R-301T Saratoga	G-BOOB	Cameron N-65	G-BOXR	Grumman GA-7 Cougar
G-BOGY	Cameron V-77	G-BOOC	Piper PA-18-150 Super Cub	G-BOXT	Hughes 269C
G-BOHA	Piper PA-28-161 Warrior II	G-BOOD	Slingsby T.31 Motor Cadet III	G-BOXU	Grumman AA-5B Tiger
G-BOHD	Colt 77A	G-BOOE	Gulfstream GA-7 Cougar	G-BOXV	Pitts S-1S
G-BOHH	Cessna 172N Skyhawk II	G-BOOF	Piper PA-28-181 Archer II	G-BOXW	Cassutt Racer IIIM
G-BOHI	Cessna 152 II	G-BOOG	Piper PA-28RT-201T Arrow IV	G-BOYB	Cessna A152 Aerobat
G-BOHJ	Cessna 152 II	G-BOOH	Jodel D.112	G-BOYC	Robinson R22 Beta
G-BOHM	Piper PA-28-180 Challenger	G-BOOI	Cessna 152 II	G-BOYF	Sikorsky S-76B
G-BOHO	Piper PA-28-161 Warrior II	G-BOOL	Cessna 172N Skyhawk II	G-BOYH	Piper PA-28-161 Warrior
G-BOHR	Piper PA-28-151 Warrior	G-BOOW	Aerosport Scamp	G-BOYI	Piper PA-28-161 Warrior II
G-BOHT	Piper PA-38-112 Tomahawk	G-BOOX	Rutan Long-EZ	G-BOYL	Cessna 152 II
G-BOHV	Wittman W.8 Tailwind	G-BOOZ	Cameron N-77	G-BOYM	Cameron O-84
G-BOHW	Van's RV-4	G-BOPA	Piper PA-28-181 Archer II	G-BOYO	Cameron V-20
G-BOIB	Wittman W.10 Tailwind	G-BOPC	Piper PA-28-161 Warrior II	G-BOYP	Cessna 172N Skyhawk II
G-BOIC	PA-28R-201T Turbo Arrow III	G-BOPD	Bede BD-4	G-BOYV	PA-28R-201T Turbo Arrow III
G-BOID	Bellanca 7ECA Citabria	G-BOPH	Cessna TR182 Skylane RG II	G-BOYX	Robinson R22 Beta
G-BOIG	Piper PA-28-161 Warrior II	G-BOPO	FLS OA.7 Optica Srs 301	G-BOZI	Piper PA-28-161 Warrior II
G-BOIK	Air Command 503 Commander	G-BOPR	FLS OA.7 Optica Srs 301	G-BOZO	Gulfstream AA-5B Tiger
G-BOIL	Cessna 172N Skyhawk II	G-BOPT	Grob G115	G-BOZR	Cessna 152 II
G-BOIO	Cessna 152 II	G-BOPU	Grob G115	G-BOZS	Pitts S-1C
G-BOIR	Cessna 152 II	G-BORB	Cameron V-77	G-BOZV	Robin DR.340 Major
G-BOIT	SOCATA TB-10 Tobago	G-BORD	Thunder Ax7-77	G-BOZW	Bensen B.8MR
G-BOIV	Cessna 150M	G-BORE	Colt 77A	G-BOZY	Cameron RTW-120
G-BOIX	Cessna 172N Skyhawk II	G-BORG	Campbell Cricket replica	G-BOZZ	Gulfstream AA-5B Tiger
G-BOIY	Cessna 172N Skyhawk II	G-BORK	Piper PA-28-161 Warrior II	G-BPAA	Smith Acro Advanced
G-BOIZ	Piper PA-34-200T Seneca II	G-BORL	Piper PA-28-161 Warrior II	G-BPAB	Cessna 150M
G-BOJB	Cameron V-77	G-BORN	Cameron N-77	G-BPAF	Piper PA-28-161 Warrior II
G-BOJI	Piper PA-28RT-201 Arrow IV	G-BORW	Cessna 172P Skyhawk	G-BPAJ	DH.82A Tiger Moth
G-BOJM	Piper PA-28-181 Archer II	G-BORY	Cessna 150L	G-BPAL	DHC-1 Chipmunk 22
G-BOJS	Cessna 172P Skyhawk	G-BOSB	Thunder Ax7-77	G-BPAW	Cessna 150M
G-BOJW	Piper PA-28-161 Warrior II	G-BOSE	Piper PA-28-181 Archer II	G-BPAY	Piper PA-28-181 Archer II
G-BOJZ	Piper PA-28-161 Warrior II	G-BOSJ	Nord 3400	G-BPBJ	Cessna 152 II
G-BOKA	Piper PA-28-201T Dakota	G-BOSM	Jodel DR.253B Regent	G-BPBK	Cessna 152 II
G-BOKB	Piper PA-28-161 Warrior II	G-BOSN	AS.355F1 Ecureuil 2	G-BPBM	Piper PA-28-161 Warrior II
G-BOKF	Air Command 532 Elite II	G-BOSO	Cessna A152 Aerobat	G-BPBO	Piper PA-28RT-201T Arrow IV
G-BOKH	Whittaker MW7	G-BOTD	Cameron O-105	G-BPBP	Brügger MB.2 Colibri
G-BOKW	Bölkow Bö.208C Junior	G-BOTF	Piper PA-28-151 Warrior	G-BPCA	B-N BN-2B-26 Islander
G-BOKX	Piper PA-28-161 Warrior II	G-BOTG	Cessna 152 II	G-BPCF	Piper J-3C-65 Cub
G-BOKY	Cessna 152 II	G-BOTH	Cessna 182Q Skylane	G-BPCI	Cessna R172K Hawk XP
G-BOLB	Taylorcraft BC-12-65	G-BOTI	Piper PA-28-161 Warrior	G-BPCK	Piper PA-28-161 Warrior II
G-BOLC	Fournier RF6B-100	G-BOTK	Cameron O-105	G-BPCL	SAL Bulldog Srs 120/128
G-BOLD	Piper PA-38-112 Tomahawk	G-BOTN	Piper PA-28-161 Warrior II	G-BPCR	Mooney M.20K Mooney 231
G-BOLE	Piper PA-38-112 Tomahawk	G-BOTO	Bellanca 7ECA Citabria	G-BPDJ	Chris Tena Mini Coupe
G-BOLG	Bellanca 7KCAB Citabria	G-BOTP	Cessna 150J	G-BPDM	CASA 1-131E Srs 2000
G-BOLI	Cessna 172P Skyhawk	G-BOTU	Piper J-3C-65 Cub	G-BPDT	Piper PA-28-161 Warrior II
G-BOLL	Lake LA-4-200 Skimmer	G-BOTV	Piper PA-32RT-300 Lance II	G-BPDV	Pitts S-1S
G-BOLN	Colt 21A Cloudhopper	G-BOTW	Cameron V-77	G-BPEM	Cessna 150K
G-BOLO	Bell 206B-2 JetRanger II	G-BOUE	Cessna 172N Skyhawk II	G-BPEO	Cessna 152 II
G-BOLR	Colt 21A Cloudhopper	G-BOUF	Cessna 172N Skyhawk II	G-BPES	Piper PA-38-112 Tomahawk
G-BOLS	Clutton FRED Series II	G-BOUJ	Cessna 150M	G-BPEZ	Colt 77A
G-BOLT	Rockwell Commander 114	G-BOUK	Piper PA-34-200T Seneca II	G-BPFC	Mooney M.20C Mark 21
G-BOLU	Robin R3000/120	G-BOUL	Piper PA-34-200T Seneca II	G-BPFD	Jodel D.112
G-BOLV	Cessna 152 II	G-BOUM	Piper PA-34-200T Seneca II	G-BPFH	Piper PA-28-161 Warrior II
G-BOLW	Cessna 152 II	G-BOUT	Colomban MC-12 Cri-Cri	G-BPFI	Piper PA-28-181 Archer II

Reg	Type	Reg	Type	Reg	Type
G-BPFL	Davis DA-2A	G-BPTA	Stinson 108-2 Voyager	G-BRBP	Cessna 152 II
G-BPFM	Aeronca 7AC Champion	G-BPTD	Cameron V-77	G-BRBV	Piper J-4A Cub Coupe
G-BPFZ	Cessna 152 II	G-BPTE	Piper PA-28-181 Archer II	G-BRBW	Piper PA-28-140 Cruiser
G-BPGD	Cameron V-65	G-BPTG	Rockwell Commander 112TC	G-BRBX	Piper PA-28-181 Archer II
G-BPGE	Cessna U206C Super Skywagon	G-BPTI	SOCATA TB-20 Trinidad	G-BRCA	Jodel D.112
G-BPGH	EAA Acrosport II	G-BPTL	Cessna 172N Skyhawk II	G-BRCE	Pitts S-1C
G-BPGK	Aeronca 7AC Champion	G-BPTS	CASA 1-131E Srs 2000	G-BRCJ	Cameron H-20
G-BPGT	Colt AS-80 Mk.II	G-BPTV	Bensen B.8	G-BRCM	Cessna 172L Skyhawk
G-BPGU	Piper PA-28-181 Archer II	G-BPTZ	Robinson R22 Beta	G-BRCT	Denney Kitfox Model 2
G-BPGZ	Cessna 150G	G-BPUA	EAA Biplane	G-BRCV	Aeronca 7AC Champion
G-BPHG	Robin DR.400-180 Régent	G-BPUB	Cameron V-31 Air Chair	G-BRCW	Aeronca 11BC Chief
G-BPHH	Cameron V-77	G-BPUF	Thunder Ax6-56Z	G-BRDD	Mudry CAP 10B
G-BPHI	Piper PA-38-112 Tomahawk	G-BPUL	Piper PA-18A-150 Super Cub	G-BRDF	Piper PA-28-161 Warrior II
G-BPHO	Taylorcraft BC-12D	G-BPUM	Cessna R182 Skylane RG II	G-BRDG	Piper PA-28-161 Warrior II
G-BPHP	Taylorcraft BC-12-65	G-BPUP	Whittaker MW7	G-BRDJ	Luscombe 8A Silvaire
G-BPHR	DH.82A (Aust) Tiger Moth	G-BPUR	Piper J-3L-65 Cub	G-BRDM	Piper PA-28-161 Warrior II
G-BPHU	Thunder Ax7-77	G-BPUU	Cessna 140	G-BRDO	Cessna 177B Cardinal
G-BPHX	Cessna 140	G-BPVA	Cessna 172F Skyhawk	G-BRDW	Piper PA-24 Comanche
G-BPHZ	Morane Saulnier MS.505 Criquet	G-BPVE	Bleriot Type XI 1909 replica	G-BREA	Bensen B.8MR
G-BPIF	Bensen-Parsons 2-Place Gyroplane	G-BPVI	Cub Aircraft J-3 Prospector	G-BREB	Piper J-3C-65 Cub
G-BPII	Denney Kitfox Model 1	G-BPVK	Piper PA-32R-301 Saratoga SP	G-BREH	Cameron V-65
G-BPIK	Piper PA-38-112 Tomahawk	G-BPVM	Varga 2150A Kachina	G-BRER	Aeronca 7AC Champion
G-BPIP	Slingsby T31 Motor Cadet III	G-BPVN	Cameron V-77	G-BREU	Montgomerie-Bensen B.8MR
G-BPIR	Scheibe SF25E Super Falke	G-BPVO	PA-32R-301T Turbo Saratoga SP	G-BREX	Cameron O-84
G-BPIT	Robinson R22 Beta	G-BPVW	Cassutt Racer IIIM	G-BREY	Taylorcraft BC-12D
G-BPIU	Piper PA-28-161 Warrior II	G-BPVZ	CASA 1-131E Srs 2000	G-BREZ	Cessna 172M Skyhawk
G-BPIV	Bristol 149 Blenheim IV	G-BPWB	Luscombe 8E Silvaire Deluxe	G-BRFB	Rutan Long-EZ
G-BPIZ	Gulfstream AA-5B Tiger	G-BPWC	Sikorsky S-61N	G-BRFC	Percival P.57 Sea Prince T1
G-BPJG	Piper PA-18-150 Super Cub	G-BPWE	Cameron V-77	G-BRFI	Aeronca 7DC Champion
G-BPJK	Colt 77A	G-BPWG	Piper PA-28-161 Warrior II	G-BRFJ	Aeronca 11AC Chief
G-BPJS	Piper PA-28-161 Cadet	G-BPWG	Cessna 150M	G-BRFL	Piper PA-38-112 Tomahawk
G-BPJW	Cessna A150K Aerobat	G-BPWK	Sportavia-Putzer RF5B Sperber	G-BRFM	Piper PA-28-161 Warrior II
G-BPKF	Grob G115	G-BPWL	Piper PA-25-235 Pawnee	G-BRFO	Cameron V-77
G-BPKK	Denney Kitfox Model 1	G-BPWM	Cessna 150L	G-BRFW	Montgomerie-Bensen B.8 2-Seat
G-BPKM	Piper PA-28-161 Warrior II	G-BPWN	Cessna 150L	G-BRFX	Pazmany PL-4A
G-BPKT	Piper J-5A Cub Cruiser	G-BPWP	Rutan Long-EZ	G-BRGD	Cameron O-84
G-BPLH	CEA Jodel DR.1051 Sicile	G-BPWR	Cessna R172K Hawk XP	G-BRGF	Luscombe 8E Silvaire Deluxe
G-BPLM	AIA Stampe SV-4C	G-BPWS	Cessna 172P Skyhawk	G-BRGI	Piper PA-28-180 Cherokee E
G-BPLV	Cameron V-77	G-BPXA	Piper PA-28-181 Archer II	G-BRGT	Piper PA-32-260 Cherokee Six
G-BPLZ	Hughes 369HS	G-BPXE	Enstrom 280C Shark	G-BRGW	Gardan GY-20 Minicab
G-BPME	Cessna 152 II	G-BPXJ	Piper PA-28RT-201T Arrow IV	G-BRHA	Piper PA-32RT-300 Lance II
G-BPMF	Piper PA-28-151 Warrior	G-BPXX	Piper PA-34-200T Seneca II	G-BRHO	Piper PA-34-200 Seneca
G-BPML	Cessna 172M Skyhawk	G-BPYJ	Wittman W.8 Tailwind	G-BRHP	Aeronca O-58B Grasshopper
G-BPMM	Champion 7ECA Citabria	G-BPYK	Thunder Ax7-77	G-BRHR	Piper PA-38-112 Tomahawk
G-BPMU	Nord 3202B	G-BPYL	Hughes 369D	G-BRHX	Luscombe 8E Silvaire Deluxe
G-BPMW	QAC Quickie Q.2	G-BPYN	Piper J-3C-65 Cub	G-BRHY	Luscombe 8E Silvaire Deluxe
G-BPMX	ARV1 Super 2	G-BPYR	Piper PA-31 Navajo C	G-BRIE	Cameron N-77
G-BPNI	Robinson R22 Beta	G-BPYS	Cameron O-77	G-BRIH	Taylorcraft BC-12D
G-BPNO	Zlin Z-526 Trener Master	G-BPYT	Cameron V-77	G-BRIJ	Taylorcraft F-19
G-BPOB	Sopwith F.1 Camel replica	G-BPZA	Luscombe 8A Silvaire	G-BRIK	Tipsy Nipper T.66 Series 3
G-BPOM	Piper PA-28-161 Warrior II	G-BPZB	Cessna 120	G-BRIL	Piper J-5A Cub Cruiser
G-BPOS	Cessna 150M	G-BPZC	Luscombe 8A Silvaire	G-BRIO	Turner Super T-40A
G-BPOT	Piper PA-28-181 Archer II	G-BPZD	SNCAN NC.858S	G-BRIV	SOCATA TB-9 Tampico Club
G-BPOU	Luscombe 8A Silvaire	G-BPZE	Luscombe 8E Silvaire Deluxe	G-BRIY	Taylorcraft DF-65
G-BPPE	Piper PA-38-112 Tomahawk	G-BPZM	Piper PA-28RT-201 Arrow IV	G-BRJA	Luscombe 8A Silvaire
G-BPPF	Piper PA-38-112 Tomahawk	G-BPZY	Pitts S-1C	G-BRJC	Cessna 120
G-BPPK	Piper PA-28-151 Warrior	G-BPZZ	Thunder Ax8-105	G-BRJK	Luscombe 8A Silvaire
G-BPPO	Luscombe 8A Silvaire	G-BRAA	Pitts S-1C	G-BRJL	Piper PA-15 Vagabond
G-BPPP	Cameron V-77	G-BRAK	Cessna 172N Skyhawk II	G-BRJN	Pitts S-1C
G-BPPZ	Taylorcraft BC-12D	G-BRAR	Aeronca 7AC Champion	G-BRJV	Piper PA-28-161 Cadet
G-BPRC	Cameron Elephant 77 SS	G-BRBA	Piper PA-28-161 Warrior II	G-BRJX	Rand Robinson KR-2
G-BPRD	Pitts S-1C	G-BRBC	N Am T-6G Texan	G-BRJY	Rand Robinson KR-2
G-BPRI	AS.355F1 Ecureuil 2	G-BRBD	Piper PA-28-151 Warrior	G-BRKC	Auster V J/1 Autocrat
G-BPRJ	AS.355F1 Ecureuil 2	G-BRBE	Piper PA-28-161 Warrior II	G-BRKH	Piper PA-28-236 Dakota
G-BPRL	AS.355F1 Ecureuil 2	G-BRBG	Piper PA-28-180 Archer	G-BRKR	Cessna 182R Skylane
G-BPRM	Reims/Cessna F172L Skyhawk	G-BRBH	Cessna 150H	G-BRKW	Cameron V-77
G-BPRX	Aeronca 11AC Chief	G-BRBI	Cessna 172N Skyhawk II	G-BRKY	Viking Dragonfly Mk II
G-BPRY	Piper PA-28-161 Warrior II	G-BRBJ	Cessna 172M Skyhawk	G-BRLB	Air Command 532 Elite
G-BPSH	Cameron V-77	G-BRBK	Robin DR.400-180 Régent	G-BRLF	Campbell Cricket replica
G-BPSJ	Thunder Ax6-56	G-BRBL	Robin DR.400-180 Régent	G-BRLG	Piper PA-28RT-201T Arrow IV
G-BPSL	Cessna 177 Cardinal	G-BRBM	Robin DR.400-180 Régent	G-BRLI	Piper J-5A Cub Cruiser
G-BPSO	Cameron N-90	G-BRBN	Pitts S-1S	G-BRLL	Cameron A-105
G-BPSR	Cameron V-77	G-BRBO	Cameron V-77	G-BRLO	Piper PA-38-112 Tomahawk

Reg	Type
G-BRLP	Piper PA-38-112 Tomahawk
G-BRLR	Cessna 150G
G-BRLS	Thunder Ax7-77
G-BRME	Piper PA-28-181 Archer II
G-BRML	Piper PA-38-112 Tomahawk
G-BRMT	Cameron V-31 Air Chair
G-BRMU	Cameron V-77
G-BRMV	Cameron O-77
G-BRNC	Cessna 150M
G-BRND	Cessna 152 II
G-BRNE	Cessna 152 II
G-BRNK	Cessna 152 II
G-BRNN	Cessna 152 II
G-BRNT	Robin DR.400-180 Régent
G-BRNU	Robin DR.400-180 Régent
G-BRNV	Piper PA-28-181 Archer II
G-BRNW	Cameron V-77
G-BRNX	Piper PA-22-150 Tri-Pacer
G-BROE	Cameron N-65
G-BROG	Cameron V-65
G-BROJ	Colt 31A
G-BROO	Luscombe 8E Silvaire Deluxe
G-BROR	Piper J-3C-65 Cub
G-BROX	Robinson R22 Beta
G-BROY	Cameron O-90
G-BROZ	Piper PA-18-150 Super Cub
G-BRPE	Cessna 120
G-BRPF	Cessna 120
G-BRPG	Cessna 120
G-BRPH	Cessna 120
G-BRPK	Piper PA-28-140 Cruiser
G-BRPL	Piper PA-28-140 Cruiser
G-BRPM	Tipsy Nipper T.66 Series 3B
G-BRPP	Brookland Hornet
G-BRPR	Aeronca O-58B Grasshopper
G-BRPS	Cessna 177B Cardinal
G-BRPT	Rans S-10 Sakota
G-BRPV	Cessna 152 II
G-BRPX	Taylorcraft BC-12D
G-BRPY	Piper PA-15 Vagabond
G-BRPZ	Luscombe 8A Silvaire
G-BRRA	VS.361 Spitfire IX
G-BRRB	Luscombe 8E Silvaire Deluxe
G-BRRF	Cameron O-77
G-BRRK	Cessna 182Q Skylane
G-BRRP	Pitts S-1S
G-BRRR	Cameron V-77
G-BRRU	Colt 90A
G-BRSA	Cameron N-56
G-BRSD	Cameron V-77
G-BRSF	VS.361 Spitfire HFIXc
G-BRSO	CFM Streak Shadow
G-BRSP	MODAC (Air Command) 503
G-BRSW	Luscombe 8A Silvaire
G-BRSX	Piper PA-15 Vagabond
G-BRSY	Hatz CB-1
G-BRTD	Cessna 152 II
G-BRTJ	Cessna 150F
G-BRTL	Hughes 369E
G-BRTP	Cessna 152 II
G-BRTT	Schweizer 269C
G-BRTW	Glaser-Dirks DG-200
G-BRTX	Piper PA-28-151 Warrior
G-BRUB	Piper PA-28-161 Warrior II
G-BRUD	Piper PA-28-181 Archer II
G-BRUG	Luscombe 8E Silvaire Deluxe
G-BRUJ	Boeing Stearman A75N1
G-BRUM	Cessna A152 Aerobat
G-BRUN	Cessna 120
G-BRUO	Taylor JT.1 Monoplane
G-BRUV	Cameron V-77
G-BRUX	Piper PA-44-180 Seminole
G-BRVB	Stolp SA.300 Starduster Too
G-BRVE	Beech D17S Traveller
G-BRVF	Colt 77A
G-BRVG	N Am SNJ-7C Texan
G-BRVH	Smyth Sidewinder
G-BRVI	Robinson R22 Beta
G-BRVJ	Cadet III Motor Glider
G-BRVL	Pitts S-1C
G-BRVN	Thunder Ax7-77
G-BRVO	AS.350B Ecureuil
G-BRVZ	Jodel D.117
G-BRWA	Aeronca 7AC Champion
G-BRWD	Robinson R22 Beta
G-BRWP	CFM Streak Shadow
G-BRWR	Aeronca 11AC Chief
G-BRWT	Scheibe SF25C Falke 2000
G-BRWU	Phoenix Luton LA-4A Minor
G-BRWV	Brügger MB.2 Colibri
G-BRWX	Cessna 172P Skyhawk
G-BRXA	Cameron O-120
G-BRXD	Piper PA-28-181 Archer II
G-BRXE	Taylorcraft BC-12D
G-BRXF	Aeronca 11AC Chief
G-BRXG	Aeronca 7AC Champion
G-BRXH	Cessna 120
G-BRXL	Aeronca 11AC Chief
G-BRXP	SNCAN Stampe SV-4C
G-BRXS	Howard Special T-Minus
G-BRXU	AS.332L Super Puma
G-BRXW	Piper PA-24-260 Comanche
G-BRXY	Pietenpol Air Camper
G-BRZA	Cameron O-77
G-BRZD	HAPI Cygnet SF-2A
G-BRZG	Enstrom F-28A
G-BRZK	Stinson 108-2 Voyager
G-BRZL	Pitts S-1D
G-BRZS	Cessna 172P Skyhawk
G-BRZW	Rans S-10 Sakota
G-BRZX	Pitts S-1S
G-BRZZ	CFM Streak Shadow
G-BSAI	Stoddard-Hamilton Glasair III
G-BSAJ	CASA 1-131E Srs 2000
G-BSAK	Colt 21A Sky Chariot
G-BSAS	Cameron V-65
G-BSAV	Thunder Ax7-77
G-BSAW	Piper PA-28-161 Warrior II
G-BSAZ	Denney Kitfox Model 2
G-BSBA	Piper PA-28-161 Warrior II
G-BSBG	CCF Harvard 4
G-BSBI	Cameron O-77
G-BSBM	Cameron N-77
G-BSBR	Cameron V-77
G-BSBT	Piper J-3C-65 Cub
G-BSBV	Rans S-10 Sakota
G-BSBW	Bell 206B-3 JetRanger III
G-BSCC	Colt 105A
G-BSCE	Robinson R22 Beta
G-BSCG	Denney Kitfox Model 2
G-BSCH	Denney Kitfox Model 2
G-BSCI	Colt 77A
G-BSCK	Cameron H-24
G-BSCM	Denney Kitfox Mk2
G-BSCN	SOCATA TB-20 Trinidad
G-BSCO	Thunder Ax7-77
G-BSCP	Cessna 152 II
G-BSCS	Piper PA-28-181 Archer II
G-BSCV	Piper PA-28-161 Warrior II
G-BSCW	Taylorcraft BC-65
G-BSCY	Piper PA-28-161 Warrior
G-BSCZ	Cessna 152 II
G-BSDA	Taylorcraft BC-12D
G-BSDD	Denney Kitfox Model 2
G-BSDH	Robin DR.400-180 Régent
G-BSDK	Piper J-5A Cub Cruiser
G-BSDL	SOCATA TB-10 Tobago
G-BSDN	Piper PA-34-200T Seneca II
G-BSDO	Cessna 152 II
G-BSDP	Cessna 152 II
G-BSDS	Boeing Stearman E75
G-BSDW	Cessna 182P Skylane
G-BSDX	Cameron V-77
G-BSDZ	Enstrom 280FX Shark
G-BSEA	Thunder Ax7-77
G-BSED	Piper PA-20 Pacer
G-BSEE	Rans S-9 Chaos
G-BSEF	Piper PA-28-180 Cherokee C
G-BSEJ	Cessna 150M
G-BSEL	Slingsby T.61G Super Falke
G-BSER	Piper PA-28-160 Cherokee B
G-BSEU	Piper PA-28-181 Archer II
G-BSEV	Cameron O-77
G-BSEY	Beech A36 Bonanza
G-BSFA	Aero Designs Pulsar
G-BSFD	Piper J-3C-65 Cub
G-BSFE	Piper PA-38-112 Tomahawk
G-BSFF	Robin DR.400-180R Remorqueur
G-BSFP	Cessna 152
G-BSFR	Cessna 152 II
G-BSFW	Piper PA-15 Vagabond
G-BSFX	Denney Kitfox Model 2
G-BSGD	Piper PA-28-180 Cherokee E
G-BSGF	Robinson R22 Beta
G-BSGG	Denney Kitfox Model 2
G-BSGH	Airtour AH-56B
G-BSGJ	Monnett Sonerai II
G-BSGL	Piper PA-28-161 Warrior II
G-BSGP	Cameron N-65
G-BSGS	Rans S-10 Sakota
G-BSGT	Cessna T210N Centurion II
G-BSHA	Piper PA-34-200T Seneca II
G-BSHC	Colt 69A
G-BSHD	Colt 69A
G-BSHH	Luscombe 8E Silvaire Deluxe
G-BSHO	Cameron V-77
G-BSHP	Piper PA-28-161 Warrior II
G-BSHS	Colt 105A
G-BSHY	EAA Acrosport
G-BSIC	Cameron V-77
G-BSIF	Denney Kitfox Model 2
G-BSIG	Colt 21A Cloudhopper
G-BSII	Piper PA-34-200T Seneca II
G-BSIJ	Cameron V-77
G-BSIM	Piper PA-28-181 Archer II
G-BSIO	Cameron Furness House 56 SS
G-BSIU	Colt 90A
G-BSIY	Schleicher ASK 14
G-BSIZ	Piper PA-28-181 Archer II
G-BSJU	Cessna 150M
G-BSJX	Piper PA-28-161 Warrior II
G-BSJZ	Cessna 150J
G-BSKA	Cessna 150M
G-BSKG	Maule MX-7-180 Super Rocket
G-BSKW	Piper PA-28-181 Archer II
G-BSLA	Robin DR.400-180 Régent
G-BSLH	CASA 1-131E Srs 2000
G-BSLK	Piper PA-28-161 Warrior II
G-BSLM	Piper PA-28-160 Cherokee
G-BSLT	Piper PA-28-161 Warrior II
G-BSLU	Piper PA-28-140 Cherokee
G-BSLV	Enstrom 280FX Shark
G-BSLW	Bellanca 7ECA Citabria
G-BSLX	Replica WAR FW190
G-BSME	Bölkow Bö.208C Junior
G-BSMG	Montgomerie-Bensen B.8M
G-BSMK	Cameron O-84
G-BSMM	Colt 31A Sky Chariot
G-BSMN	CFM Streak Shadow

Reg	Type
G-BSMT	Rans S-10 Sakota
G-BSMU	Rans S-6-116N Coyote II
G-BSMV	Piper PA-17 Vagabond
G-BSNE	Luscombe 8E Silvaire Deluxe
G-BSNF	Piper J-3C-65 Cub
G-BSNG	Cessna 172N Skyhawk II
G-BSNJ	Cameron N-90
G-BSNT	Luscombe 8A Silvaire
G-BSNU	Colt 105A
G-BSNX	Piper PA-28-181 Archer II
G-BSOE	Luscombe 8A Silvaire
G-BSOF	Colt 25A Sky Chariot MkII
G-BSOG	Cessna 172M Skyhawk
G-BSOJ	Thunder Ax7-77
G-BSOK	Piper PA-28-161 Warrior II
G-BSOM	Glaser-Dirks DG-400
G-BSON	Green S-25
G-BSOO	Cessna 172F Skyhawk
G-BSOR	CFM Streak Shadow
G-BSOU	Piper PA-38-112 Tomahawk
G-BSOX	Luscombe 8E Silvaire Deluxe
G-BSOZ	Piper PA-28-161 Warrior II
G-BSPA	QAC Quickie Q.2
G-BSPC	Jodel D.140C Mousquetaire III
G-BSPE	Reims/Cessna F172P Skyhawk
G-BSPG	Piper PA-34-200T Seneca II
G-BSPK	Cessna 195A
G-BSPL	CFM Streak Shadow
G-BSPN	PA-28R-201T Turbo Arrow III
G-BSRD	Cameron N-105
G-BSRH	Pitts S-1C
G-BSRI	Neico Lancair 235
G-BSRK	ARV1 Super 2
G-BSRL	Campbell Cricket replica
G-BSRP	RotorWay Executive
G-BSRR	Cessna 182Q Skylane
G-BSRT	Denney Kitfox Model 2
G-BSRX	CFM Streak Shadow
G-BSSA	Luscombe 8E Silvaire Deluxe
G-BSSB	Cessna 150L
G-BSSC	Piper PA-28-161 Warrior II
G-BSSF	Denney Kitfox Model 2
G-BSSI	Rans S-6-116N Coyote II
G-BSSK	QAC Quickie Q.200
G-BSSP	Robin DR.400-180R Remorqueur
G-BSSV	CFM Streak Shadow
G-BSSW	Piper PA-28-161 Warrior II
G-BSSY	Polikarpov Po-2
G-BSTC	Aeronca 11AC Chief
G-BSTE	AS.355F2 Ecureuil 2
G-BSTH	Piper PA-25-235 Pawnee C
G-BSTI	Piper J-3C-65 Cub
G-BSTK	Thunder Ax8-90
G-BSTL	Rand Robinson KR-2
G-BSTM	Cessna 172L Skyhawk
G-BSTO	Cessna 152 II
G-BSTP	Cessna 152 II
G-BSTR	Grumman AA-5 Traveler
G-BSTT	Rans S-6 Coyote II
G-BSTX	Luscombe 8A Silvaire
G-BSTZ	Piper PA-28-140 Cruiser
G-BSUA	Rans S-6 Coyote II
G-BSUB	Colt 77A
G-BSUD	Luscombe 8A Silvaire
G-BSUF	Piper PA-32RT-300 Lance II
G-BSUK	Colt 77A
G-BSUO	Scheibe SF25C Falke 2000
G-BSUV	Cameron O-77
G-BSUW	Piper PA-34-200T Seneca II
G-BSUX	Carlson Sparrow II
G-BSUZ	Denney Kitfox Model 2
G-BSVB	Piper PA-28-181 Archer II
G-BSVE	Binder CP.301S Smaragd
G-BSVG	Piper PA-28-161 Warrior II
G-BSVH	Piper J-3C-65 Cub
G-BSVK	Denney Kitfox Model 2
G-BSVM	Piper PA-28-161 Warrior II
G-BSVN	Thorp T-18
G-BSVP	Piper PA-23-250 Aztec F
G-BSVR	Schweizer 269C
G-BSVS	Robin DR.400-100 Cadet
G-BSWB	Rans S-10 Sakota
G-BSWC	Boeing Stearman E75
G-BSWF	Piper PA-16 Clipper
G-BSWG	Piper PA-17 Vagabond
G-BSWH	Cessna 152 II
G-BSWL	Slingsby T.61F Venture T2
G-BSWM	Slingsby T.61F Venture T2
G-BSWR	B-N BN-2T Turbine Islander
G-BSWW	Cameron N-77
G-BSWX	Cameron V-90
G-BSXA	Piper PA-28-161 Warrior II
G-BSXB	Piper PA-28-161 Warrior II
G-BSXC	Piper PA-28-161 Warrior II
G-BSXD	Soko P-2 Kraguj
G-BSXI	Mooney M.20E Super 21
G-BSXM	Cameron V-77
G-BSYA	Jodel D.18
G-BSYF	Luscombe 8E Silvaire Deluxe
G-BSYG	Piper PA-12 Super Cruiser
G-BSYH	Luscombe 8A Silvaire
G-BSYO	Piper J-3C Cub
G-BSYU	Robin DR.400-180 Régent
G-BSYV	Cessna 150M
G-BSYY	Piper PA-28-161 Warrior II
G-BSYZ	Piper PA-28-161 Warrior II
G-BSZB	Stolp SA.300 Starduster Too
G-BSZC	Beech C-45H-BH Expeditor
G-BSZF	Jodel DR.250/160 Capitaine
G-BSZH	Thunder Ax7-77
G-BSZJ	Piper PA-28-181 Archer II
G-BSZM	Montgomerie-Bensen B.8MR
G-BSZO	Cessna 152 II
G-BSZT	Piper PA-28-161 Warrior II
G-BSZV	Cessna 150F
G-BSZW	Cessna 152 II
G-BTAK	EAA Acrosport II
G-BTAL	Reims/Cessna F152 II
G-BTAM	Piper PA-28-181 Archer II
G-BTAW	Piper PA-28-161 Warrior II
G-BTBA	Robinson R22 Beta
G-BTBB	Thunder Ax8-105 Srs 2
G-BTBG	Denney Kitfox Model 2
G-BTBH	Ryan ST3KR
G-BTBJ	Cessna 190
G-BTBL	Montgomerie-Bensen B.8MR
G-BTBU	Piper PA-18-150 Super Cub
G-BTBV	Cessna 140
G-BTBW	Cessna 120
G-BTBY	Piper PA-17 Vagabond
G-BTCB	Air Command 582 Sport
G-BTCC	Grumman F6F-5K Hellcat
G-BTCD	N Am P-51D Mustang
G-BTCE	Cessna 152 II
G-BTCH	Luscombe 8E Silvaire Deluxe
G-BTCI	Piper PA-17 Vagabond
G-BTCJ	Luscombe 8E Silvaire Deluxe
G-BTCS	Colt 90A
G-BTCZ	Cameron Chateau 84 SS
G-BTDA	Slingsby T.61F Venture T2
G-BTDC	Denney Kitfox Model 2
G-BTDD	CFM Streak Shadow
G-BTDE	Cessna C-165 Airmaster
G-BTDF	Luscombe 8A Silvaire
G-BTDI	Robinson R22 Beta
G-BTDN	Denney Kitfox Model 2
G-BTDR	Aero Designs Pulsar
G-BTDT	CASA 1-131E Srs 2000
G-BTDV	Piper PA-28-161 Warrior II
G-BTDW	Cessna 152 II
G-BTDZ	CASA 1-131E Srs 2000
G-BTEL	CFM Streak Shadow
G-BTES	Cessna 150H
G-BTET	Piper J-3C-65 Cub
G-BTEU	AS.365N2 Dauphin 2
G-BTEW	Cessna 120
G-BTFC	Reims/Cessna F152 II
G-BTFE	Parsons Gyroplane Model 1
G-BTFG	Boeing Stearman A75N1
G-BTFJ	Piper PA-15 Vagabond
G-BTFK	Taylorcraft BC-12D
G-BTFL	Aeronca 11AC Chief
G-BTFO	Piper PA-28-161 Warrior II
G-BTFP	Piper PA-38-112 Tomahawk
G-BTFT	Beech 58 Baron
G-BTFU	Cameron N-90
G-BTFV	Whittaker MW7
G-BTFX	Bell 206B-2 JetRanger II
G-BTGD	Rand Robinson KR-2
G-BTGI	Rearwin 175 Skyranger
G-BTGJ	Smith DSA-1 Miniplane
G-BTGL	Avid Speed Wing
G-BTGM	Aeronca 7AC Champion
G-BTGO	Piper PA-28-140 Cherokee D
G-BTGR	Cessna 152 II
G-BTGS	Stolp SA.300 Starduster Too
G-BTGT	CFM Streak Shadow
G-BTGW	Cessna 152 II
G-BTGX	Cessna 152 II
G-BTGY	Piper PA-28-161 Warrior II
G-BTGZ	Piper PA-28-181 Archer II
G-BTHE	Cessna 150L
G-BTHF	Cameron V-90
G-BTHK	Thunder Ax7-77
G-BTHM	Thunder Ax8-105
G-BTHP	Thorp T.211
G-BTHX	Colt 105A
G-BTHY	Bell 206B-3 JetRanger III
G-BTID	Piper PA-28-161 Warrior II
G-BTIE	SOCATA TB-10 Tobago
G-BTIF	Denney Kitfox Model 3
G-BTIG	Montgomerie-Bensen B.8MR
G-BTII	Gulfstream AA-5B Tiger
G-BTIJ	Luscombe 8E Silvaire Deluxe
G-BTIL	Piper PA-38-112 Tomahawk
G-BTIM	Piper PA-28-161 Cadet
G-BTIR	Denney Kitfox Model 2
G-BTIV	Piper PA-28-161 Warrior II
G-BTJA	Luscombe 8E Silvaire Deluxe
G-BTJB	Luscombe 8E Silvaire Deluxe
G-BTJC	Luscombe 8F Silvaire
G-BTJD	Thunder Ax8-90 Srs 2
G-BTJH	Cameron O-77
G-BTJL	Piper PA-38-112 Tomahawk
G-BTJO	Thunder Ax9-140
G-BTJS	Montgomerie-Bensen B.8MR
G-BTJU	Cameron V-90
G-BTJX	Rans S-10 Sakota
G-BTKA	Piper J-5A Cub Cruiser
G-BTKB	Murphy Renegade 912
G-BTKD	Denney Kitfox Model 4
G-BTKL	MBB Bö.105DB-4
G-BTKP	CFM Streak Shadow
G-BTKT	Piper PA-28-161 Warrior II
G-BTKV	Piper PA-22-160 Tri-Pacer
G-BTKX	Piper PA-28-181 Archer II
G-BTLB	Wassmer WA.52 Europa
G-BTLG	Piper PA-28R-200 Arrow
G-BTLL	Pilatus P.3-03

☐ G-BTLP	Grumman AA-1C Lynx	☐ G-BTUR	Piper PA-18 Super Cub 95	☐ G-BUDR	Denney Kitfox Model 3
☐ G-BTMA	Cessna 172N Skyhawk II	☐ G-BTUS	Whittaker MW7	☐ G-BUDS	Rand Robinson KR-2
☐ G-BTMK	Cessna R172K Hawk XP	☐ G-BTUW	Piper PA-28-151 Warrior	☐ G-BUDT	Slingsby T.61F Venture T2
☐ G-BTMO	Colt 69A	☐ G-BTUZ	American AG-5B Tiger	☐ G-BUDU	Cameron V-77
☐ G-BTMP	Campbell Cricket replica	☐ G-BTVA	Thunder Ax7-77	☐ G-BUDW	Brügger MB.2 Colibri
☐ G-BTMR	Cessna 172M Skyhawk	☐ G-BTVC	Denney Kitfox Model 2	☐ G-BUEC	Van's RV-6
☐ G-BTMT	Denney Kitfox Model 1	☐ G-BTVE	Hawker Demon I	☐ G-BUED	Slingsby T.61F Venture T2
☐ G-BTMV	Everett Gyroplane Srs 2	☐ G-BTVW	Cessna 152 II	☐ G-BUEF	Cessna 152 II
☐ G-BTNA	Robinson R22 Beta	☐ G-BTVX	Cessna 152 II	☐ G-BUEG	Cessna 152 II
☐ G-BTNC	AS.365N2 Dauphin 2	☐ G-BTWB	Denney Kitfox Model 3	☐ G-BUEI	Thunder Ax8-105
☐ G-BTNH	Piper PA-28-161 Warrior II	☐ G-BTWC	Slingsby T.61F Venture T2	☐ G-BUEK	Slingsby T.61F Venture T2
☐ G-BTNO	Aeronca 7AC Champion	☐ G-BTWD	Slingsby T.61F Venture T2	☐ G-BUEN	VPM M14 Scout
☐ G-BTNR	Denney Kitfox Model 3	☐ G-BTWE	Slingsby T.61F Venture T2	☐ G-BUEP	Maule MXT-7-180 Super Rocket
☐ G-BTNT	Piper PA-28-151 Warrior	☐ G-BTWF	DHC-1 Chipmunk 22	☐ G-BUEW	Rans S-6 Coyote II
☐ G-BTNV	Piper PA-28-161 Warrior II	☐ G-BTWI	EAA Acrosport	☐ G-BUFG	Slingsby T.61F Venture T2
☐ G-BTNW	Rans S-6-ESA Coyote II	☐ G-BTWJ	Cameron V-77	☐ G-BUFH	Piper PA-28-161 Warrior II
☐ G-BTOC	Robinson R22 Beta	☐ G-BTWL	Wag-Aero CUBy Sport Trainer	☐ G-BUFR	Slingsby T.61F Venture T2
☐ G-BTOG	DH.82A Tiger Moth	☐ G-BTWX	SOCATA TB-9 Tampico Club	☐ G-BUFY	Piper PA-28-161 Warrior II
☐ G-BTOL	Denney Kitfox Model 3	☐ G-BTWY	Aero Designs Pulsar	☐ G-BUGE	Champion 7GCAA Citabria
☐ G-BTON	Piper PA-28-140 Cruiser	☐ G-BTWZ	Rans S-10 Sakota	☐ G-BUGI	Evans VP-2
☐ G-BTOO	Pitts S-1C	☐ G-BTXD	Rans S-6-ESA Coyote II	☐ G-BUGJ	Robin DR.400-180 Régent
☐ G-BTOP	Cameron V-77	☐ G-BTXF	Cameron V-90	☐ G-BUGL	Slingsby T.61F Venture T2
☐ G-BTOT	Piper PA-15 Vagabond	☐ G-BTXI	Noorduyn AT-16-ND Harvard IIB	☐ G-BUGM	CFM Streak Shadow
☐ G-BTOU	Cameron O-120	☐ G-BTXK	Thunder Ax7-65	☐ G-BUGP	Cameron V-77
☐ G-BTOW	SOCATA Rallye 180T Galerien	☐ G-BTXM	Colt 21A Cloudhopper	☐ G-BUGS	Cameron V-77
☐ G-BTOZ	Thunder Ax9-120 Srs 2	☐ G-BTXT	Maule MXT-7-180 Super Rocket	☐ G-BUGT	Slingsby T.61F Venture T2
☐ G-BTPA	British Aerospace ATP	☐ G-BTXX	Bellanca 8KCAB Decathlon	☐ G-BUGV	Slingsby T.61F Venture T2
☐ G-BTPC	British Aerospace ATP	☐ G-BTXZ	Zenair CH.250 Zenith	☐ G-BUGW	Slingsby T.61F Venture T2
☐ G-BTPE	British Aerospace ATP	☐ G-BTYC	Cessna 150L	☐ G-BUGY	Cameron V-90
☐ G-BTPF	British Aerospace ATP	☐ G-BTYH	Pottier P.80S	☐ G-BUGZ	Slingsby T.61F Venture T2
☐ G-BTPG	British Aerospace ATP	☐ G-BTYI	Piper PA-28-181 Archer II	☐ G-BUHA	Slingsby T.61F Venture T2
☐ G-BTPH	British Aerospace ATP	☐ G-BTYT	Cessna 152 II	☐ G-BUHM	Cameron V-77
☐ G-BTPJ	British Aerospace ATP	☐ G-BTZA	Beech F33A Bonanza	☐ G-BUHO	Cessna 140
☐ G-BTPL	British Aerospace ATP	☐ G-BTZB	Yakovlev Yak-50	☐ G-BUHR	Slingsby T.61F Venture T2
☐ G-BTPT	Cameron N-77	☐ G-BTZD	Yakovlev Yak-1 Srs 1	☐ G-BUHS	Stoddard-Hamilton Glasair SH
☐ G-BTPV	Colt 90A	☐ G-BTZE	LET Yakovlev C-11	☐ G-BUHU	Cameron N-105
☐ G-BTPX	Thunder Ax8-90	☐ G-BTZO	SOCATA TB-20 Trinidad	☐ G-BUHZ	Cessna 120
☐ G-BTRC	Avid Speed Wing	☐ G-BTZP	SOCATA TB-9 Tampico Club	☐ G-BUIF	Piper PA-28-161 Warrior II
☐ G-BTRF	Aero Designs Pulsar	☐ G-BTZS	Colt 77B	☐ G-BUIG	Campbell Cricket replica
☐ G-BTRG	Aeronca 65C	☐ G-BTZU	Cameron C-60	☐ G-BUIH	Slingsby T.61F Venture T2
☐ G-BTRI	Aeronca 11CC Super Chief	☐ G-BTZV	Cameron V-77	☐ G-BUIJ	Piper PA-28-161 Warrior II
☐ G-BTRK	Piper PA-28-161 Warrior II	☐ G-BTZX	Piper J-3C-65 Cub	☐ G-BUIK	Piper PA-28-161 Warrior II
☐ G-BTRL	Cameron N-105	☐ G-BTZY	Colt 56A	☐ G-BUIL	CFM Streak Shadow
☐ G-BTRO	Thunder Ax8-90	☐ G-BTZZ	CFM Streak Shadow	☐ G-BUIN	Thunder Ax7-77
☐ G-BTRR	Thunder Ax7-77	☐ G-BUAB	Aeronca 11AC Chief	☐ G-BUIP	Denney Kitfox Model 2
☐ G-BTRS	Piper PA-28-161 Warrior II	☐ G-BUAF	Cameron N-77	☐ G-BUIR	Avid Speed Wing Mk.4
☐ G-BTRT	Piper PA-28R-200 Arrow II	☐ G-BUAG	Jodel D.18	☐ G-BUIZ	Cameron N-90
☐ G-BTRU	Robin DR.400-180 Régent	☐ G-BUAI	Everett Gyroplane Srs 3	☐ G-BUJA	Slingsby T.61F Venture T2
☐ G-BTRW	Slingsby T.61F Venture T2	☐ G-BUAM	Cameron V-77	☐ G-BUJB	Slingsby T.61F Venture T2
☐ G-BTRY	Piper PA-28-161 Warrior II	☐ G-BUAR	VS.358 Seafire III	☐ G-BUJE	Cessna 177B Cardinal
☐ G-BTRZ	Jodel D.18	☐ G-BUAT	Thunder Ax9-120	☐ G-BUJH	Colt 77B
☐ G-BTSJ	Piper PA-28-161 Warrior II	☐ G-BUAV	Cameron O-105	☐ G-BUJI	Slingsby T.61F Venture T2
☐ G-BTSN	Cessna 150G	☐ G-BUBN	B-N BN-2B-26 Islander	☐ G-BUJJ	Avid Speed Wing
☐ G-BTSP	Piper J-3C-65 Cub	☐ G-BUBP	B-N BN-2B-20 Islander	☐ G-BUJK	Montgomerie-Bensen B.8MR
☐ G-BTSR	Aeronca 11AC Chief	☐ G-BUBS	Lindstrand LBL 77B	☐ G-BUJM	Cessna 120
☐ G-BTSV	Denney Kitfox Model 3	☐ G-BUBW	Robinson R22 Beta	☐ G-BUJN	Cessna 172N Skyhawk II
☐ G-BTSW	Colt AS-105 GD	☐ G-BUBY	Thunder Ax8-105 Srs 2	☐ G-BUJO	Piper PA-28-161 Warrior II
☐ G-BTSX	Thunder Ax7-77	☐ G-BUCA	Cessna A150K Aerobat	☐ G-BUJP	Piper PA-28-161 Warrior II
☐ G-BTSZ	Cessna 177A Cardinal	☐ G-BUCC	CASA 1-131E Srs 1000	☐ G-BUJV	Avid Speed Wing Mk.4
☐ G-BTTD	Montgomerie-Bensen B.8MR	☐ G-BUCG	Schleicher ASW 20L TOP	☐ G-BUJX	Slingsby T.61F Venture T2
☐ G-BTTL	Cameron V-90	☐ G-BUCH	Stinson V-77 Reliant	☐ G-BUJZ	Rotorway Executive 90
☐ G-BTTO	British Aerospace ATP	☐ G-BUCK	CASA 1-131E Srs 1000	☐ G-BUKB	Rans S-10 Sakota
☐ G-BTTR	Pitts S-2A	☐ G-BUCM	Hawker Sea Fury FB11	☐ G-BUKF	Denney Kitfox Model 4
☐ G-BTTW	Thunder Ax7-77	☐ G-BUCO	Pietenpol Air Camper	☐ G-BUKH	Druine D.31 Turbulent
☐ G-BTTY	Denney Kitfox Model 2	☐ G-BUCT	Cessna 150L	☐ G-BUKI	Thunder Ax7-77
☐ G-BTTZ	Slingsby T.61F Venture T2	☐ G-BUDA	Slingsby T.61F Venture T2	☐ G-BUKK	Bücker Bü.133C Jungmeister
☐ G-BTUA	Slingsby T.61F Venture T2	☐ G-BUDC	Slingsby T.61F Venture T2	☐ G-BUKO	Cessna 120
☐ G-BTUB	LET Yakovlev C-11	☐ G-BUDE	Piper PA-20 Pacer	☐ G-BUKP	Denney Kitfox Model 2
☐ G-BTUG	SOCATA Rallye 180T Galerien	☐ G-BUDI	Aero Designs Pulsar	☐ G-BUKR	MS.880B Rallye 100T
☐ G-BTUH	Cameron N-65	☐ G-BUDK	Thunder Ax7-77	☐ G-BUKU	Luscombe 8E Silvaire Deluxe
☐ G-BTUK	Pitts S-2A	☐ G-BUDL	Auster III	☐ G-BUKY	CCF Harvard 4M
☐ G-BTUL	Pitts S-2A	☐ G-BUDN	Cameron Shoe 90 SS	☐ G-BUKZ	Evans VP-2
☐ G-BTUM	Piper J-3C-65 Cub	☐ G-BUDO	PZL-110 Koliber 150	☐ G-BULB	Thunder Ax7-77

Reg	Type	Reg	Type	Reg	Type
☐ G-BULC	Avid Speed Wing Mk.4	☐ G-BUUJ	Slingsby T.67M Firefly II	☐ G-BVCS	Aeronca 7AC Champion
☐ G-BULG	Van's RV-4	☐ G-BUUK	Slingsby T.67M Firefly II	☐ G-BVCT	Denney Kitfox Model 4-1200
☐ G-BULH	Cessna 172N Skyhawk II	☐ G-BUUP	British Aerospace ATP	☐ G-BVCY	Cameron H-24
☐ G-BULJ	CFM Streak Shadow	☐ G-BUUR	British Aerospace ATP	☐ G-BVDB	Thunder Ax7-77
☐ G-BULL	SAL Bulldog Srs 120/128	☐ G-BUUX	Piper PA-28-180 Cherokee D	☐ G-BVDC	Van's RV-3
☐ G-BULN	Colt 210A	☐ G-BUVA	Piper PA-22-135 Tri-Pacer	☐ G-BVDF	Cameron Doll 105 SS
☐ G-BULO	Luscombe 8F Silvaire	☐ G-BUVB	Colt 77A	☐ G-BVDH	Piper PA-28RT-201 Arrow IV
☐ G-BULT	Everett Gyroplane Srs 1	☐ G-BUVL	Fisher Super Koala	☐ G-BVDI	Van's RV-4
☐ G-BULY	Avid Flyer	☐ G-BUVM	Jodel DR.250/160 Capitaine	☐ G-BVDJ	Campbell Cricket replica
☐ G-BULZ	Denney Kitfox Model 2	☐ G-BUVN	CASA 1-131E Srs 2000	☐ G-BVDM	Cameron C-60
☐ G-BUMP	Piper PA-28-181 Archer II	☐ G-BUVO	Reims/Cessna F182P Skylane II	☐ G-BVDO	Lindstrand LBL 105A
☐ G-BUNB	Slingsby T.61F Venture T2	☐ G-BUVR	Christen A-1 Husky	☐ G-BVDP	Sequoia F.8L Falco
☐ G-BUNC	PZL-104 Wilga 35A	☐ G-BUVT	Colt 77A	☐ G-BVDR	Cameron O-77
☐ G-BUND	Piper PA-28RT-201T Arrow IV	☐ G-BUVW	Cameron N-90	☐ G-BVDS	Lindstrand LBL 69A
☐ G-BUNG	Cameron N-77	☐ G-BUVX	CFM Streak Shadow SA	☐ G-BVDT	CFM Streak Shadow SA-I
☐ G-BUNO	Neico Lancair 320	☐ G-BUWE	Replica Plans SE.5A	☐ G-BVDW	Thunder Ax8-90
☐ G-BUOA	Whittaker MW6-S Fatboy Flyer	☐ G-BUWF	Cameron N-105	☐ G-BVDX	Cameron V-90
☐ G-BUOB	CFM Streak Shadow	☐ G-BUWH	Parsons Two Place Gyroplane	☐ G-BVDY	Cameron C-60
☐ G-BUOD	Replica Plans SE.5A	☐ G-BUWI	Lindstrand LBL 77A	☐ G-BVDZ	Taylorcraft BC-12D
☐ G-BUOE	Cameron V-90	☐ G-BUWJ	Pitts S-1C	☐ G-BVEA	Mosler Motors N-3 Pup
☐ G-BUOF	Druine D.62B Condor	☐ G-BUWK	Rans S-6-116N Coyote II	☐ G-BVEH	Jodel D.112
☐ G-BUOI	Piper PA-20-135 Pacer	☐ G-BUWL	Piper J-4A Cub Coupe	☐ G-BVEL	Evans VP-1 Series 2
☐ G-BUOK	Rans S-6-116 Coyote II	☐ G-BUWR	CFM Streak Shadow	☐ G-BVEN	Cameron C-80
☐ G-BUOL	Denney Kitfox Model 3	☐ G-BUWS	Denney Kitfox Model 2	☐ G-BVEP	Luscombe 8A Silvaire
☐ G-BUON	Avid Aerobat	☐ G-BUWT	Rand Robinson KR-2	☐ G-BVER	DHC-2 Beaver 1
☐ G-BUOR	CASA 1-131E Srs 2000	☐ G-BUWU	Cameron V-77	☐ G-BVEV	Piper PA-34-200 Seneca
☐ G-BUOS	VS.394 Spitfire FR.XVIIIe	☐ G-BUXC	CFM Streak Shadow SA-M	☐ G-BVEW	Lindstrand LBL 150A
☐ G-BUOW	Aero Designs Pulsar XP	☐ G-BUXD	Maule MXT-7-160 Super Rocket	☐ G-BVEY	Denney Kitfox Model 4-1200
☐ G-BUPA	Rutan Long-EZ	☐ G-BUXI	Steen Skybolt	☐ G-BVEZ	Hunting P84 Jet Provost T3A
☐ G-BUPB	Stolp SA.300 Starduster Too	☐ G-BUXK	Pietenpol Air Camper	☐ G-BVFA	Rans S-10 Sakota
☐ G-BUPC	Rollason Beta B.2	☐ G-BUXL	Taylor JT.1 Monoplane	☐ G-BVFB	Cameron N-31
☐ G-BUPF	Bensen B.8MR	☐ G-BUXN	Beech C23 Sundowner 180	☐ G-BVFF	Cameron V-77
☐ G-BUPH	Colt 25A	☐ G-BUXS	MBB Bö.105DBS-4	☐ G-BVFM	Rans S-6-116 Coyote II
☐ G-BUPI	Cameron V-77	☐ G-BUXX	Piper PA-17 Vagabond	☐ G-BVFO	Avid Speed Wing
☐ G-BUPM	VPM M16 Tandem Trainer	☐ G-BUXY	Piper PA-25-235 Pawnee	☐ G-BVFR	CFM Streak Shadow
☐ G-BUPP	Cameron V-42	☐ G-BUYB	Aero Designs Pulsar	☐ G-BVFS	Slingsby T.31M Motor Cadet III
☐ G-BUPR	Jodel D.18	☐ G-BUYC	Cameron C-80	☐ G-BVFU	Cameron Sphere 105 SS
☐ G-BUPU	Thunder Ax7-77	☐ G-BUYD	Thunder Ax8-90	☐ G-BVFZ	Maule M-5-180C Lunar Rocket
☐ G-BUPV	Great Lakes 2T-1A Sport Trainer	☐ G-BUYF	American Aircraft Falcon XP	☐ G-BVGA	Bell 206B-3 JetRanger III
☐ G-BUPW	Denney Kitfox Model 3	☐ G-BUYK	Denney Kitfox Model 4	☐ G-BVGB	Thunder Ax8-105 Srs 2
☐ G-BURE	Jodel D.9 Bébé	☐ G-BUYL	Rotary Air Force RAF 2000	☐ G-BVGE	Westland Whirlwind HAR10
☐ G-BURH	Cessna 150E	☐ G-BUYO	Colt 77A	☐ G-BVGF	Europa Aviation Europa
☐ G-BURI	Enstrom F-28C	☐ G-BUYS	Robin DR.400-180 Régent	☐ G-BVGH	Hawker Hunter T7
☐ G-BURJ	Hawker Siddeley HS.748 Srs 2A	☐ G-BUYU	Bowers Fly Baby 1A	☐ G-BVGI	Pereira Osprey 2
☐ G-BURL	Colt 105A	☐ G-BUYY	Piper PA-28-180 Cherokee B	☐ G-BVGJ	Cameron C-80
☐ G-BURN	Cameron O-120	☐ G-BUZA	Denney Kitfox Model 3	☐ G-BVGK	Lindstrand LBL Newspaper SS
☐ G-BURP	RotorWay Executive 90	☐ G-BUZB	Aero Designs Pulsar XP	☐ G-BVGO	Denney Kitfox Model 4-1200
☐ G-BURR	Auster AOP9	☐ G-BUZC	Everett Gyroplane Srs 3A	☐ G-BVGP	Bücker Bü.133C Jungmeister
☐ G-BURZ	Hawker Nimrod II	☐ G-BUZG	Zenair CH.601HD Zodiac	☐ G-BVGT	Crofton Auster V J/1A
☐ G-BUSH	Airbus A320-211	☐ G-BUZH	Star-Lite SL-1	☐ G-BVGW	Luscombe 8A Silvaire
☐ G-BUSI	Airbus A320-211	☐ G-BUZK	Cameron V-77	☐ G-BVGY	Luscombe 8E Silvaire Deluxe
☐ G-BUSN	RotorWay Executive 90	☐ G-BUZM	Avid Speed Wing	☐ G-BVGZ	Fokker Dr.1 Triplane replica
☐ G-BUSR	Aero Designs Pulsar	☐ G-BUZO	Pietenpol Air Camper	☐ G-BVHC	Grob G115D-2 Heron
☐ G-BUSS	Cameron Bus 90 SS	☐ G-BUZR	Lindstrand LBL 77A	☐ G-BVHD	Grob G115D-2 Heron
☐ G-BUSV	Colt 105A	☐ G-BUZT	Kolb Twinstar Mk3A	☐ G-BVHE	Grob G115D-2 Heron
☐ G-BUSW	Rockwell Commander 114	☐ G-BUZZ	Agusta-Bell 206B-2 JetRanger 2	☐ G-BVHF	Grob G115D-2 Heron
☐ G-BUTB	CFM Streak Shadow	☐ G-BVAB	Zenair CH.601HDS Zodiac	☐ G-BVHG	Grob G115D-2 Heron
☐ G-BUTD	Van's RV-6	☐ G-BVAC	Zenair CH.601HD Zodiac	☐ G-BVHI	Rans S-10 Sakota
☐ G-BUTF	Aeronca 11AC Chief	☐ G-BVAF	Piper J-3C-65 Cub	☐ G-BVHK	Cameron V-77
☐ G-BUTG	Zenair CH.601HD Zodiac	☐ G-BVAH	Denney Kitfox Model 3	☐ G-BVHL	Nicollier HN.700 Menestrel II
☐ G-BUTH	Jodel DR.220 2+2	☐ G-BVAI	PZL-110 Koliber 150	☐ G-BVHM	Piper PA-38-112 Tomahawk
☐ G-BUTJ	Cameron O-77	☐ G-BVAM	Evans VP-1	☐ G-BVHO	Cameron V-90
☐ G-BUTK	Murphy Rebel	☐ G-BVAW	Staaken Z-1 Flitzer	☐ G-BVHR	Cameron V-90
☐ G-BUTM	Rans S-6-116 Coyote II	☐ G-BVAY	Rutan VariEze	☐ G-BVHS	Murphy Rebel
☐ G-BUTT	Reims/Cessna FA150K Aerobat	☐ G-BVBJ	Colt Flying Coffee Jar SS	☐ G-BVHV	Cameron N-105
☐ G-BUTX	Bücker Bü.133C Jungmeister	☐ G-BVBK	Colt Flying Coffee Jar SS	☐ G-BVIE	Piper PA-18 Super Cub
☐ G-BUTY	Brügger MB.2 Colibri	☐ G-BVBS	Cameron N-77	☐ G-BVIK	Maule MXT-7-180 Super Rocket
☐ G-BUTZ	Piper PA-28-180 Cherokee C	☐ G-BVCA	Cameron N-105	☐ G-BVIL	Maule MXT-7-180 Super Rocket
☐ G-BUUA	Slingsby T.67M Firefly II	☐ G-BVCG	Van's RV-6	☐ G-BVIN	Rans S-6-ESA Coyote II
☐ G-BUUC	Slingsby T.67M Firefly II	☐ G-BVCL	Rans S-6-116 Coyote II	☐ G-BVIS	Brügger MB.2 Colibri
☐ G-BUUE	Slingsby T.67M Firefly II	☐ G-BVCN	Colt 56A	☐ G-BVIV	Avid Speed Wing
☐ G-BUUF	Slingsby T.67M Firefly II	☐ G-BVCO	Clutton FRED Series II	☐ G-BVIW	Piper PA-18-150 Super Cub
☐ G-BUUI	Slingsby T.67M Firefly II	☐ G-BVCP	Piper CP.1 Metisse	☐ G-BVIZ	Europa Aviation Europa

Reg	Type	Reg	Type	Reg	Type
G-BVJF	Montgomerie-Bensen B.8MR	G-BVTM	Reims/Cessna F152 II	G-BWAV	Schweizer 269C
G-BVJG	Cyclone AX3K/582	G-BVTV	RotorWay Executive 90	G-BWAW	Lindstrand LBL 77A
G-BVJK	Glaser-Dirks DG-800A	G-BVTW	Aero Designs Pulsar	G-BWBI	Taylorcraft F-22A
G-BVJN	Europa Aviation Europa	G-BVTX	DHC-1 Chipmunk 22A	G-BWBO	Lindstrand LBL 77A
G-BVJT	Reims/Cessna F406 Caravan II	G-BVUA	Cameron O-105	G-BWBT	Lindstrand LBL 90A
G-BVJU	Evans VP-1	G-BVUC	Colt 56A	G-BWBZ	ARV K1 Super 2
G-BVJX	Marquart MA.5 Charger	G-BVUG	Betts TB.1	G-BWCA	CFM Streak Shadow
G-BVKF	Europa Aviation Europa	G-BVUH	Thunder Ax7-65B	G-BWCK	Everett Gyroplane Series 3
G-BVKK	Slingsby T.61F Venture T2	G-BVUI	Lindstrand LBL 25A Cloudhopper	G-BWCS	BAC 145 Jet Provost T5
G-BVKL	Cameron A-180	G-BVUK	Cameron V-77	G-BWCT	Tipsy Nipper T.66 Series 1
G-BVKM	Rutan VariEze	G-BVUM	Rans S-6-116 Coyote II	G-BWCV	Europa Aviation Europa
G-BVKU	Slingsby T.61F Venture T2	G-BVUN	Van's RV-4	G-BWCY	Murphy Rebel
G-BVLA	Neico Lancair 320	G-BVUT	Evans VP-1 Series 2	G-BWDB	ATR 72-202
G-BVLD	Campbell Cricket replica	G-BVUU	Cameron C-80	G-BWDH	Cameron N-105
G-BVLF	CFM Starstreak Shadow SS-D	G-BVUV	Europa Aviation Europa	G-BWDP	Europa Aviation Europa
G-BVLG	AS.355F1 Ecureuil 2	G-BVUZ	Cessna 120	G-BWDS	Hunting P84 Jet Provost T3A
G-BVLL	Lindstrand LBL 210A	G-BVVB	Carlson Sparrow II	G-BWDT	Piper PA-34-220T Seneca III
G-BVLN	Aero Designs Pulsar XP	G-BVVE	Jodel D.112	G-BWDX	Europa Aviation Europa
G-BVLP	Piper PA-38-112 Tomahawk	G-BVVG	Nanchang CJ-6A (Yak 18)	G-BWDZ	Sky 105-24
G-BVLR	Van's RV-4	G-BVVH	Europa Aviation Europa	G-BWEA	Lindstrand LBL 120A
G-BVLT	Bellanca 7GCBC Citabria 150S	G-BVVI	Hawker Audax	G-BWEB	BAC 145 Jet Provost T5A
G-BVLU	Druine D.31 Turbulent	G-BVVK	DHC-6 Twin Otter Series 3	G-BWEE	Cameron V-42
G-BVLV	Europa Aviation Europa	G-BVVL	EAA Acrosport II	G-BWEF	SNCAN Stampe SV-4C(G)
G-BVLX	Slingsby T.61F Venture T2	G-BVVM	Zenair CH.601HD Zodiac	G-BWEG	Europa Aviation Europa
G-BVMA	Beech 200 Super King Air	G-BVVN	Brügger MB.2 Colibri	G-BWEM	VS.358 Seafire L.III
G-BVMJ	Cameron Eagle 95 SS	G-BVVP	Europa Aviation Europa	G-BWEN	Macair Merlin GT
G-BVMM	Robin HR.200-100 Club	G-BVVR	Stits SA-3A Playboy	G-BWEU	Reims/Cessna F152 II
G-BVMN	Ken Brock KB-2	G-BVVS	Van's RV-4	G-BWEW	Cameron N-105
G-BVMR	Cameron V-90	G-BVVW	Lindstrand LBL Four SS	G-BWEY	Bensen B.8
G-BVMU	Aerostar Yakovlev Yak-52	G-BVVW	IAV Bacau Yakovlev Yak-52	G-BWEZ	Piper J-3C-85 Cub
G-BVNG	DH.60G III Moth Major	G-BVVZ	Corby CJ-1 Starlet	G-BWFG	Robin HR.200-120B Club
G-BVNI	Taylor JT.2 Titch	G-BVWB	Thunder Ax8-90 Srs 2	G-BWFH	Europa Aviation Europa
G-BVNS	Piper PA-28-181 Archer II	G-BVWC	English Electric Canberra B2	G-BWFJ	Evans VP-1
G-BVNU	FLS Aerospace Sprint Club	G-BVWD	BAe Avro 146-RJ85	G-BWFK	Lindstrand LBL 77A
G-BVNY	Rans S-7 Courier	G-BVWI	Cameron Light Bulb 65 SS	G-BWFL	Cessna 500 Citation I
G-BVOC	Cameron V-90	G-BVWM	Europa Aviation Europa	G-BWFM	Yakovlev Yak-50
G-BVOH	Campbell Cricket replica	G-BVWW	Lindstrand LBL 90A	G-BWFN	HAPI Cygnet SF-2A
G-BVOI	Rans S-6-116 Coyote II	G-BVWZ	Piper PA-32-301 Saratoga	G-BWFO	Colomban MC-15 Cri-Cri
G-BVOP	Cameron N-90	G-BVXA	Cameron N-105	G-BWFT	Hawker Hunter T8M
G-BVOR	CFM Streak Shadow	G-BVXD	Cameron O-84	G-BWFX	Europa Aviation Europa
G-BVOS	Europa Aviation Europa	G-BVXE	Steen Skybolt	G-BWFZ	Murphy Rebel
G-BVOW	Europa Aviation Europa	G-BVXJ	Bücker Bü.133 Jungmeister	G-BWGA	Lindstrand LBL 105A
G-BVOY	RotorWay Executive 90	G-BVXK	Aerostar Yakovlev Yak-52	G-BWGF	BAC 145 Jet Provost T5A
G-BVOZ	Colt 56A	G-BVXM	AS.350B Ecureuil	G-BWGJ	Chilton DW.1A
G-BVPA	Thunder Ax8-105 Srs 2	G-BVYF	Piper PA-31-350 Chieftain	G-BWGL	Hawker Hunter T8C
G-BVPD	CASA 1-131E Srs 2000	G-BVYG	Robin DR.300-180R	G-BWGO	Slingsby T.67M-200 Firefly
G-BVPM	Evans VP-2	G-BVYM	Robin DR.300-180R	G-BWGS	BAC 145 Jet Provost T5A
G-BVPN	Piper J-3C-65 Cub	G-BVYO	Robin R2160 Alpha Sport	G-BWGY	HOAC DV.20 Katana
G-BVPS	Jodel D.11	G-BVYP	Piper PA-25-235 Pawnee B	G-BWHD	Lindstrand LBL 31A
G-BVPV	Lindstrand LBL 77B	G-BVYU	Cameron A-140	G-BWHI	DHC-1 Chipmunk 22
G-BVPW	Rans S-6-116 Coyote II	G-BVYX	Avid Speed Wing Mk.4	G-BWHK	Rans S-6-116 Coyote II
G-BVPX	Bensen B.8 Tyro Gyro Mk.II	G-BVYY	Pietenpol Air Camper	G-BWHP	CASA 1-131E Srs 2000
G-BVPY	CFM Streak Shadow	G-BVYZ	Stemme S 10-V	G-BWHR	Tipsy Nipper T.66 Series 1
G-BVRA	Europa Aviation Europa	G-BVZJ	Rand Robinson KR-2	G-BWHS	Rotary Air Force RAF 2000
G-BVRH	Taylorcraft BL-65	G-BVZN	Cameron C-80	G-BWHU	Westland Scout AH1
G-BVRJ	BAe Avro 146-RJ70	G-BVZO	Rans S-6-116 Coyote II	G-BWID	Druine D.31 Turbulent
G-BVRL	Lindstrand LBL 21A	G-BVZR	Zenair CH.601HD Zodiac	G-BWII	Cessna 150G
G-BVRU	Lindstrand LBL 105A	G-BVZT	Lindstrand LBL 90A	G-BWIJ	Europa Aviation Europa
G-BVRV	Van's RV-4	G-BVZX	Cameron H-34	G-BWIK	DH.82A Tiger Moth
G-BVRZ	Piper PA-18 Super Cub 95	G-BVZZ	DHC-1 Chipmunk 22	G-BWIL	Rans S-10 Sakota
G-BVSB	TEAM miniMax 91A	G-BWAB	Jodel D.14	G-BWIP	Cameron N-90
G-BVSD	Sud SE.3130 Alouette II	G-BWAC	Waco YKS-7	G-BWIV	Europa Aviation Europa
G-BVSF	Aero Designs Pulsar	G-BWAD	Rotary Air Force RAF 2000	G-BWIW	Sky 180-24
G-BVSG	B-N BN-2B-20 Islander	G-BWAG	Cameron O-120	G-BWIX	Sky 120-24
G-BVSM	Rotary Air Force RAF 2000	G-BWAH	Montgomerie-Bensen B.8MR	G-BWIZ	QAC Quickie Tri-Q 200
G-BVSN	Avid Speed Wing	G-BWAI	CFM Streak Shadow SA	G-BWJG	Mooney M.20J Mooney 201
G-BVSS	SAB Jodel D.150 Mascaret	G-BWAJ	Cameron V-77	G-BWJH	Europa Aviation Europa
G-BVST	SAB Jodel D.150 Mascaret	G-BWAN	Cameron N-77	G-BWJM	Bristol 20 M1C replica
G-BVSX	TEAM miniMax 91A	G-BWAO	Cameron C-80	G-BWJY	DHC-1 Chipmunk 22
G-BVSZ	Pitts S-1E	G-BWAP	Clutton FRED Series III	G-BWKE	Cameron AS-105GD
G-BVTA	Tri-R KIS	G-BWAR	Denney Kitfox Model 3	G-BWKT	Laser Lazer Z200
G-BVTC	BAC 145 Jet Provost T5A	G-BWAT	Pietenpol Air Camper	G-BWKV	Cameron V-77
G-BVTL	Colt 31A	G-BWAU	Cameron V-90	G-BWKW	Thunder Ax8-90

Registration	Type	Registration	Type	Registration	Type
G-BWKZ	Lindstrand LBL 77A	G-BWTJ	Cameron V-77	G-BXAF	Pitts S-1D
G-BWLD	Cameron O-120	G-BWTK	RAF 2000 GTX-SE	G-BXAJ	Lindstrand LBL 14A
G-BWLF	Cessna 404 Titan	G-BWTO	DHC-1 Chipmunk 22	G-BXAK	IAV Bacau Yakovlev Yak-52
G-BWLJ	Taylorcraft DCO-65	G-BWTW	Mooney M.20C Mark 21	G-BXAN	Scheibe SF25C Falke
G-BWLL	Murphy Rebel	G-BWUA	Campbell Cricket replica	G-BXAO	Avtech Jabiru SK
G-BWLY	RotorWay Executive 90	G-BWUH	Piper PA-28-181 Archer III	G-BXAU	Pitts S-1
G-BWMB	Jodel D.119	G-BWUJ	RotorWay Executive 162F	G-BXAY	Bell 206B-3 JetRanger III
G-BWMC	Cessna 182P Skylane	G-BWUL	Noorduyn AT-16-ND Harvard IIB	G-BXBK	Mudry CAP 10B
G-BWMF	Gloster Meteor T7	G-BWUN	DHC-1 Chipmunk 22	G-BXBL	Lindstrand LBL 240A
G-BWMG	AS.332L Super Puma	G-BWUP	Europa Aviation Europa	G-BXBU	Mudry CAP 10B
G-BWMH	Lindstrand LBL 77B	G-BWUS	Sky 65-24	G-BXBZ	PZL-104 Wilga 80
G-BWMI	Piper PA-28RT-201T Arrow IV	G-BWUT	DHC-1 Chipmunk 22	G-BXCA	HAPI Cygnet SF-2A
G-BWMJ	Nieuport Scout 17/23 replica	G-BWUU	Cameron N-90	G-BXCC	Piper PA-28-201T Dakota
G-BWMK	DH.82A Tiger Moth	G-BWUV	DHC-1 Chipmunk 22A	G-BXCD	TEAM miniMax 91A
G-BWMN	Rans S-7 Courier	G-BWVB	Pietenpol Air Camper	G-BXCG	Jodel 250 replica
G-BWMO	Oldfield Baby Lakes	G-BWVC	Jodel D.18	G-BXCJ	Campbell Cricket replica
G-BWMS	DH.82A Tiger Moth	G-BWVF	Pietenpol Air Camper	G-BXCN	Sky 105-24
G-BWMU	Cameron Monster Truck 105 SS	G-BWVI	Stern ST.80 Balade	G-BXCO	Colt 120A
G-BWMV	Colt AS-105 GD	G-BWVN	Whittaker MW7	G-BXCP	DHC-1 Chipmunk 22
G-BWMX	DHC-1 Chipmunk 22	G-BWVR	IAV Bacau Yakovlev Yak-52	G-BXCT	DHC-1 Chipmunk 22
G-BWMY	Cameron B&B 90 SS	G-BWVS	Europa Aviation Europa	G-BXCU	Rans S-6-116 Coyote II
G-BWNB	Cessna 152 II	G-BWVT	DH.82A (Aust) Tiger Moth	G-BXCV	DHC-1 Chipmunk 22
G-BWNC	Cessna 152 II	G-BWVU	Cameron O-90	G-BXCW	Denney Kitfox Model 3
G-BWND	Cessna 152 II	G-BWVY	DHC-1 Chipmunk 22	G-BXDA	DHC-1 Chipmunk 22
G-BWNI	Piper PA-24 Comanche	G-BWVZ	DHC-1 Chipmunk 22	G-BXDB	Cessna U206F Stationair
G-BWNJ	Hughes 269C	G-BWWA	Ultravia Pelican Club GS	G-BXDE	RAF 2000 GTX-SE
G-BWNK	DHC-1 Chipmunk 22	G-BWWB	Europa Aviation Europa	G-BXDG	DHC-1 Chipmunk 22
G-BWNM	Piper PA-28R-180 Arrow	G-BWWC	DH.104 Dove 7	G-BXDH	DHC-1 Chipmunk 22
G-BWNO	Cameron O-90	G-BWWE	Lindstrand LBL 90A	G-BXDI	DHC-1 Chipmunk 22
G-BWNP	Cameron Club 90 SS	G-BWWF	Cessna 185A Skywagon	G-BXDN	DHC-1 Chipmunk 22
G-BWNS	Cameron O-90	G-BWWJ	Hughes 269C	G-BXDO	Rutan Cozy
G-BWNT	DHC-1 Chipmunk 22	G-BWWK	Hawker Nimrod I	G-BXDP	DHC-1 Chipmunk 22
G-BWNU	Piper PA-38-112 Tomahawk	G-BWWL	Colt Flying Egg SS	G-BXDR	Lindstrand LBL 77A
G-BWNY	AMT-200 Super Ximango	G-BWWN	Isaacs Fury II	G-BXDS	Bell 206B-3 JetRanger III
G-BWNZ	Agusta A109C	G-BWWT	Dornier 328-100	G-BXDU	Aero Designs Pulsar
G-BWOB	Luscombe 8F Silvaire	G-BWWU	Piper PA-20 Pacer	G-BXDV	Sky 105-24
G-BWOF	BAC 145 Jet Provost T5	G-BWWW	BAe Jetstream 3102	G-BXDY	Europa Aviation Europa
G-BWOH	Piper PA-28-161 Cadet	G-BWWY	Lindstrand LBL 105A	G-BXDZ	Lindstrand LBL 105A
G-BWOI	Piper PA-28-161 Cadet	G-BWXA	Slingsby T.67M-260 Firefly	G-BXEC	DHC-1 Chipmunk 22
G-BWOK	Lindstrand LBL 105G	G-BWXB	Slingsby T.67M-260 Firefly	G-BXEJ	VPM M16 Tandem Trainer
G-BWOR	Piper PA-18-135 Super Cub	G-BWXD	Slingsby T.67M-260 Firefly	G-BXEN	Cameron N-105
G-BWOT	Hunting P84 Jet Provost T3A	G-BWXF	Slingsby T.67M-260 Firefly	G-BXES	Percival P.66 Pembroke C1
G-BWOV	Enstrom F-28A	G-BWXG	Slingsby T.67M-260 Firefly	G-BXEX	Piper PA-28-181 Archer II
G-BWOW	Cameron N-105	G-BWXH	Slingsby T.67M-260 Firefly	G-BXEZ	Cessna 182P Skylane
G-BWOY	Sky 31-24	G-BWXI	Slingsby T.67M-260 Firefly	G-BXFB	Pitts S-1
G-BWPC	Cameron V-77	G-BWXJ	Slingsby T.67M-260 Firefly	G-BXFC	Jodel D.18
G-BWPE	Murphy Renegade 912	G-BWXK	Slingsby T.67M-260 Firefly	G-BXFE	Mudry CAP 10B
G-BWPH	Piper PA-28-181 Archer II	G-BWXL	Slingsby T.67M-260 Firefly	G-BXFG	Europa Aviation Europa
G-BWPJ	Steen Skybolt	G-BWXN	Slingsby T.67M-260 Firefly	G-BXFI	Hawker Hunter T7
G-BWPP	Sky 105-24	G-BWXP	Slingsby T.67M-260 Firefly	G-BXFK	CFM Streak Shadow
G-BWPS	CFM Streak Shadow SA	G-BWXR	Slingsby T.67M-260 Firefly	G-BXFN	Colt 77A
G-BWPT	Cameron N-90	G-BWXS	Slingsby T.67M-260 Firefly	G-BXGA	AS.350B2 Ecureuil
G-BWPZ	Cameron N-105	G-BWXT	Slingsby T.67M-260 Firefly	G-BXGD	Sky 90-24
G-BWRA	Sopwith Triplane replica	G-BWXU	Slingsby T.67M-260 Firefly	G-BXGG	Europa Aviation Europa
G-BWRC	Avid Hauler Mk.4	G-BWXV	Slingsby T.67M-260 Firefly	G-BXGL	DHC-1 Chipmunk 22
G-BWRO	Europa Aviation Europa	G-BWXX	Slingsby T.67M-260 Firefly	G-BXGM	DHC-1 Chipmunk 22
G-BWRR	Cessna 182Q Skylane	G-BWXY	Slingsby T.67M-260 Firefly	G-BXGO	DHC-1 Chipmunk 22
G-BWRS	SNCAN Stampe SV-4C	G-BWXZ	Slingsby T.67M-260 Firefly	G-BXGP	DHC-1 Chipmunk 22
G-BWRT	Cameron C-60	G-BWYB	Piper PA-28-160 Cherokee	G-BXGS	Rotary Air Force RAF 2000
G-BWSB	Lindstrand LBL 105A	G-BWYD	Europa Aviation Europa	G-BXGT	III Sky Arrow 650 T
G-BWSD	Campbell Cricket	G-BWYI	Denney Kitfox Model 3	G-BXGV	Cessna 172R Skyhawk
G-BWSG	BAC 145 Jet Provost T5	G-BWYK	Yakovlev Yak-50	G-BXGX	DHC-1 Chipmunk 22
G-BWSH	Hunting P84 Jet Provost T3A	G-BWYN	Cameron O-77	G-BXGY	Cameron V-65
G-BWSI	K & S SA.102.5 Cavalier	G-BWYO	Sequoia F.8L Falco	G-BXGZ	Stemme S 10-V
G-BWSJ	Denney Kitfox Model 3	G-BWYR	Rans S-6-116 Coyote II	G-BXHA	DHC-1 Chipmunk 22
G-BWSL	Sky 77-24	G-BWYU	Sky 120-24	G-BXHE	Lindstrand LBL 105A
G-BWSN	Denney Kitfox Model 3	G-BWZA	Europa Aviation Europa	G-BXHF	DHC-1 Chipmunk 22
G-BWSU	Cameron N-105	G-BWZG	Robin R2160 Alpha Sport	G-BXHH	Grumman AA-5A Cheetah
G-BWSV	IAV Bacau Yakovlev Yak-52	G-BWZJ	Cameron A-250	G-BXHJ	HAPI Cygnet SF-2A
G-BWTC	Zlin Z-242L	G-BWZU	Lindstrand LBL 90B	G-BXHL	Sky 77-24
G-BWTE	Cameron O-140	G-BWZY	Hughes 269A	G-BXHO	Lindstrand Telewest Sphere SS
G-BWTG	DHC-1 Chipmunk 22	G-BXAB	Piper PA-28-161 Warrior II	G-BXHR	Stemme S 10-V
G-BWTH	Robinson R22 Beta	G-BXAC	RAF 2000 GTX-SE	G-BXHT	Bushby-Long Midget Mustang

Reg	Type	Reg	Type	Reg	Type
G-BXHU	Campbell Cricket Mk.6	G-BXRF	Scintex CP.1310-C3 Emeraude	G-BXWV	FLS Aerospace Sprint 160
G-BXHY	Europa Aviation Europa	G-BXRO	Cessna U206G Stationair II	G-BXWX	Sky 25-16
G-BXIA	DHC-1 Chipmunk 22	G-BXRP	Schweizer 269C	G-BXXG	Cameron N-105
G-BXIE	Colt 77B	G-BXRS	Westland Scout AH1	G-BXXH	Hatz CB-1
G-BXIF	Piper PA-28-181 Archer II	G-BXRT	Robin DR.400-180 Régent	G-BXXI	Grob G109B
G-BXIG	Zenair CH.701 STOL	G-BXRV	Van's RV-4	G-BXXJ	Colt Flying Yacht SS
G-BXIH	Sky 200-24	G-BXRY	Bell 206B JetRanger	G-BXXK	Reims/Cessna F172N Skyhawk
G-BXII	Europa Aviation Europa	G-BXRZ	Rans S-6-116 Coyote II	G-BXXL	Cameron N-105
G-BXIJ	Europa Aviation Europa	G-BXSC	Cameron C-80	G-BXXN	Robinson R22 Beta
G-BXIM	DHC-1 Chipmunk 22	G-BXSD	Cessna 172R Skyhawk	G-BXXO	Lindstrand LBL 90B
G-BXIO	Jodel DR.1050M Excellence	G-BXSE	Cessna 172R Skyhawk	G-BXXP	Sky 77-24
G-BXIT	Zebedee V-31	G-BXSG	Robinson R22 Beta II	G-BXXS	Sky 105-24
G-BXIX	VPM M16 Tandem Trainer	G-BXSH	DG Flugzeugbau DG-800B	G-BXXT	Beech 76 Duchess
G-BXIY	Blake Bluetit	G-BXSI	Avtech Jabiru SK	G-BXXU	Colt 31A
G-BXIZ	Lindstrand LBL 31A	G-BXSP	Grob G109B	G-BXXW	Enstrom F-28F Falcon
G-BXJB	IAV Bacau Yakovlev Yak-52	G-BXSR	Reims/Cessna F172N Skyhawk	G-BXYE	Scintex CP.301-C1 Emeraude
G-BXJC	Cameron A-210	G-BXST	Piper PA-25-235 Pawnee C	G-BXYF	Colt AS-105 GD
G-BXJD	Piper PA-28-180 Cherokee C	G-BXSU	TEAM miniMax 91A	G-BXYI	Cameron H-34
G-BXJG	Lindstrand LBL 105B	G-BXSX	SNCAN Stampe SV-4C	G-BXYJ	Jodel DR.1050 Ambassadeur
G-BXJH	Cameron N-42	G-BXSX	Cameron V-77	G-BXYM	Piper PA-28-235 Cherokee
G-BXJM	Cessna 152 II	G-BXSY	Robinson R22 Beta II	G-BXYO	Piper PA-28RT-201 Arrow IV
G-BXJO	Cameron O-90	G-BXTB	Cessna 152 II	G-BXYP	Piper PA-28RT-201 Arrow IV
G-BXJP	Cameron C-80	G-BXTD	Europa Aviation Europa	G-BXYT	Piper PA-28RT-201 Arrow IV
G-BXJS	Schempp-Hirth Janus CM	G-BXTE	Cameron A-275	G-BXZA	Piper PA-38-112 Tomahawk
G-BXJT	Sky 90-24	G-BXTF	Cameron N-105	G-BXZB	Nanchang CJ-6A (Yak 18)
G-BXJY	Van's RV-6	G-BXTG	Cameron N-42	G-BXZF	Lindstrand LBL 90A
G-BXJZ	Cameron C-60	G-BXTH	Westland SA.341D Gazelle HT3	G-BXZI	Lindstrand LBL 90A
G-BXKL	Bell 206B-3 JetRanger III	G-BXTI	Pitts S-1S	G-BXZK	MD Helicopters MD Explorer
G-BXKM	RAF 2000 GTX-SE	G-BXTJ	Cameron N-77	G-BXZO	Pietenpol Air Camper
G-BXKU	Colt AS-120 Mk.II	G-BXTO	Hindustan HAL-26 Pushpak	G-BXZU	Micro Aviation B.22S Bantam
G-BXKW	Slingsby T.67M-200 Firefly	G-BXTS	Diamond DA.20-A1 Katana	G-BXZV	CFM Streak Shadow
G-BXKX	Auster 5	G-BXTT	Grumman AA-5B Tiger	G-BXZY	CFM Shadow Srs DD
G-BXLF	Lindstrand LBL 90A	G-BXTW	Piper PA-28-181 Archer III	G-BYAT	Boeing 757-204
G-BXLG	Cameron C-80	G-BXTY	Piper PA-28-161 Cadet	G-BYAV	Taylor JT.1 Monoplane
G-BXLK	Europa Aviation Europa	G-BXTZ	Piper PA-28-161 Cadet	G-BYAW	Boeing 757-204
G-BXLN	Sportavia-Putzer Fournier RF4D	G-BXUA	Campbell Cricket Mk.5	G-BYAY	Boeing 757-204
G-BXLO	Hunting P84 Jet Provost T4	G-BXUC	Robinson R22 Beta	G-BYAZ	CFM Streak Shadow SA
G-BXLP	Sky 90-24	G-BXUF	Agusta-Bell 206B-2 JetRanger 2	G-BYBD	Cessna F172H Skyhawk
G-BXLS	PZL-110 Koliber 160A	G-BXUG	Lindstrand LBL Baby Bel SS	G-BYBE	Jodel D.120A Paris-Nice
G-BXLT	SOCATA TB-200 Tobago XL	G-BXUH	Lindstrand LBL 31A	G-BYBF	Robin R2160 Alpha Sport
G-BXLW	Enstrom F-28F Falcon	G-BXUI	DG Flugzeugbau DG-800B	G-BYBH	Piper PA-34-200T Seneca II
G-BXLY	Piper PA-28-151 Warrior	G-BXUM	Europa Aviation Europa	G-BYBI	Bell 206B-3 JetRanger III
G-BXMM	Cameron A-180	G-BXUO	Lindstrand LBL 105A	G-BYBJ	Medway Hybred 44XLR
G-BXMV	Scheibe SF25C Falke	G-BXUS	Sky 65-24	G-BYBK	Murphy Rebel
G-BXMX	Phoenix Currie Wot	G-BXUU	Cameron V-65	G-BYBL	Sud Gardan GY-80-160D Horizon
G-BXMY	Hughes 269C	G-BXUW	Cameron Colt 90A HAB	G-BYBM	Avtech Jabiru SK
G-BXNC	Europa Aviation Europa	G-BXUX	Brandli BX-2 Cherry	G-BYBN	Cameron N-77
G-BXNN	DHC-1 Chipmunk 22	G-BXVA	SOCATA TB-200 Tobago XL	G-BYBO	Medway EclipseR
G-BXNS	Bell 206B-3 JetRanger III	G-BXVB	Cessna 152 II	G-BYBP	Cessna A185F Skywagon
G-BXNT	Bell 206B-3 JetRanger III	G-BXVD	CFM Streak Shadow	G-BYBS	Sky 80-16
G-BXOA	Robinson R22 Beta	G-BXVG	Sky 77-24	G-BYBU	Murphy Renegade Spirit UK
G-BXOC	Evans VP-2	G-BXVK	Robin HR.200-120B Club	G-BYBV	Mainair Rapier
G-BXOF	Diamond DA.20-A1 Katana	G-BXVM	Van's RV-6A	G-BYBY	Thorp T-18C Tiger
G-BXOI	Cessna 172R Skyhawk	G-BXVO	Van's RV-6A	G-BYBZ	Avtech Jabiru SK
G-BXOJ	Piper PA-28-161 Warrior III	G-BXVP	Sky 31-24	G-BYCA	Piper PA-28-140 Cherokee D
G-BXOM	Isaacs Spitfire	G-BXVR	Sky 90-24	G-BYCJ	CFM Shadow Srs DD
G-BXON	Auster AOP9	G-BXVS	Brügger MB.2 Colibri	G-BYCM	Rans S-6-ES Coyote II
G-BXOT	Cameron C-70	G-BXVT	Cameron O-77	G-BYCN	Rans S-6-ES Coyote II
G-BXOU	Robin DR.360 Chevalier	G-BXVU	Piper PA-28-161 Warrior II	G-BYCP	Beech B200 Super King Air
G-BXOX	Grumman AA-5A Cheetah	G-BXVV	Cameron V-90	G-BYCS	CEA DR.1051 Sicile
G-BXOY	QAC Quickie Q.235	G-BXVX	Rutan Cozy Classic	G-BYCT	Aero L-29 Delfin
G-BXOZ	Piper PA-28-181 Archer II	G-BXVY	Cessna 152	G-BYCV	Murphy Maverick
G-BXPC	Diamond DA.20-A1 Katana	G-BXWA	Beech 76 Duchess	G-BYCW	Mainair Blade 912
G-BXPD	Diamond DA.20-A1 Katana	G-BXWB	Robin HR.100/200B Royal	G-BYCX	Westland Wasp HAS1
G-BXPI	Van's RV-4	G-BXWG	Sky 120-24	G-BYCY	III Sky Arrow 650 T
G-BXPK	Cameron A-250	G-BXWH	Denney Kitfox Model 4 Speedster	G-BYCZ	Avtech Jabiru SK
G-BXPM	Beech 58 Baron	G-BXWK	Rans S-6-ESA Coyote II	G-BYDB	Grob G115B
G-BXPP	Sky 90-24	G-BXWL	Sky 90-24	G-BYDE	VS.361 Spitfire IX
G-BXPR	Cameron Colt Can 110 SS	G-BXWO	Piper PA-28-181 Archer II	G-BYDG	Beech C24R Sierra
G-BXPT	Ultramagic H-77	G-BXWP	Piper PA-32-300 Cherokee Six	G-BYDJ	Colt 120A
G-BXRA	Mudry CAP 10B	G-BXWR	CFM Streak Shadow SA	G-BYDK	SNCAN Stampe SV-4C
G-BXRB	Mudry CAP 10B	G-BXWT	Van's RV-6	G-BYDL	Hawker Hurricane IIB
G-BXRC	Mudry CAP 10B	G-BXWU	FLS Aerospace Sprint 160	G-BYDT	Cameron N-90

Reg	Type	Reg	Type	Reg	Type
G-BYDV	Van's RV-6	G-BYJF	Thorp T.211	G-BYOH	Raj Hamsa X'Air 582
G-BYDY	Beech 58 Baron	G-BYJH	Grob G109B	G-BYOI	Sky 80-16
G-BYDZ	Pegasus Quantum 912	G-BYJI	Europa Aviation Europa	G-BYOJ	Raj Hamsa X'Air 582
G-BYEA	Cessna 172P Skyhawk	G-BYJK	Pegasus Quantum 15	G-BYOK	Cameron V-90
G-BYEC	DG Flugzeugbau DG-800B	G-BYJL	Aero Designs Pulsar 3	G-BYON	Mainair Blade
G-BYEE	Mooney M.20K Mooney 231	G-BYJM	Cyclone AX2000	G-BYOO	CFM Streak Shadow SA
G-BYEH	Jodel DR.250/160 Capitaine	G-BYJN	Lindstrand LBL 105A	G-BYOR	Raj Hamsa X'Air 582
G-BYEJ	Scheibe SF28A Tandem Falke	G-BYJO	Rans S-6-ES Coyote II	G-BYOS	Mainair Blade 912
G-BYEK	Stoddard-Hamilton GlaStar	G-BYJP	Pitts S-1S	G-BYOT	Rans S-6-ES Coyote II
G-BYEL	Van's RV-6	G-BYJR	Lindstrand LBL 77B	G-BYOU	Rans S-6-ES Coyote II
G-BYEM	Cessna R182 Skylane RG II	G-BYJS	SOCATA TB-20 Trinidad	G-BYOV	Pegasus Quantum 15
G-BYEO	Zenair CH.601HDS Zodiac	G-BYJT	Zenair CH.601HDS Zodiac	G-BYOW	Mainair Blade
G-BYER	Cameron C-80	G-BYJW	Cameron Sphere 105 SS	G-BYOX	Cameron Z-90
G-BYEW	Pegasus Quantum 15	G-BYJX	Cameron C-70	G-BYOZ	Mainair Rapier
G-BYEY	Lindstrand LBL 21 Silver Dream	G-BYKA	Lindstrand LBL 69A	G-BYPB	Pegasus Quantum 15
G-BYFA	Reims/Cessna F152 II	G-BYKB	Rockwell Commander 114	G-BYPD	Cameron A-105
G-BYFC	Avtech Jabiru SK	G-BYKC	Mainair Blade 912	G-BYPF	Thruster T.600T Sprint
G-BYFF	Pegasus Quantum 15	G-BYKD	Mainair Blade 912	G-BYPG	Thruster T.600N
G-BYFI	CFM Starstreak Shadow SA	G-BYKF	Enstrom F-28F Falcon	G-BYPH	Thruster T.600N
G-BYFJ	Cameron N-105	G-BYKG	Pietenpol Air Camper	G-BYPJ	Pegasus Quantum 15
G-BYFK	Cameron Printer 105 SS	G-BYKJ	Westland Scout AH1	G-BYPL	Pegasus Quantum 15
G-BYFL	Diamond HK 36 TTS	G-BYKK	Robinson R44 Astro	G-BYPM	Europa Aviation Europa XS
G-BYFM	Jodel DR.1050-M1	G-BYKL	Piper PA-28-181 Archer II	G-BYPN	MS.880B Rallye Club
G-BYFR	Piper PA-32R-301 Saratoga HP	G-BYKP	Piper PA-28RT-201T Arrow IV	G-BYPO	Raj Hamsa X'Air 582
G-BYFT	Pietenpol Air Camper	G-BYKT	Pegasus Quantum 15	G-BYPR	Zenair CH.601HD Zodiac
G-BYFV	TEAM miniMax 91A	G-BYKU	Quad City Challenger II	G-BYPT	Rans S-6-ESN Coyote II
G-BYFX	Colt 77A	G-BYKW	Lindstrand LBL 77B	G-BYPU	Piper PA-32R-301 Saratoga II HP
G-BYFY	Mudry CAP 10B	G-BYKX	Cameron N-90	G-BYPW	Raj Hamsa X'Air 582
G-BYGA	Boeing 747-436	G-BYLB	DH.82A Tiger Moth	G-BYPY	Ryan ST3KR
G-BYGB	Boeing 747-436	G-BYLC	Pegasus Quantum 15	G-BYPZ	Rans S-6-S-116 Super Six
G-BYGC	Boeing 747-436	G-BYLD	Pietenpol Air Camper	G-BYRC	Westland Wessex HC2
G-BYGD	Boeing 747-436	G-BYLF	Zenair CH.601HDS Zodiac	G-BYRG	Rans S-6-ES Coyote II
G-BYGE	Boeing 747-436	G-BYLI	Nova Vertex 22	G-BYRJ	Pegasus Quantum 15
G-BYGF	Boeing 747-436	G-BYLJ	Letov LK-2M Sluka	G-BYRK	Cameron V-42
G-BYGG	Boeing 747-436	G-BYLO	Tipsy Nipper T.66 Series 1	G-BYRO	Mainair Blade
G-BYHC	Cameron Z-90	G-BYLP	Rand Robinson KR-2	G-BYRR	Mainair Blade 912
G-BYHE	Robinson R22 Beta	G-BYLS	Bede BD-4	G-BYRU	Pegasus Quantum 15
G-BYHG	Dornier 328-100	G-BYLT	Raj Hamsa X'Air 582	G-BYRV	Raj Hamsa X'Air 582
G-BYHH	Piper PA-28-161 Warrior III	G-BYLV	Thunder Ax8-105 Srs 2	G-BYRX	Westland Scout AH1
G-BYHI	Piper PA-28-161 Warrior II	G-BYLW	Lindstrand LBL 77A	G-BYRY	Slingsby T.67M-200 Firefly
G-BYHJ	Piper PA-28R-201 Arrow II	G-BYLX	Lindstrand LBL 105A	G-BYSA	Europa Aviation Europa XS
G-BYHK	Piper PA-28-181 Archer II	G-BYLY	Cameron V-77	G-BYSE	Agusta-Bell 206B-2 JetRanger 2
G-BYHL	DHC-1 Chipmunk 22	G-BYLZ	Rutan Cozy Mk.4	G-BYSF	Avtech Jabiru UL
G-BYHO	Mainair Blade 912	G-BYMB	Diamond DA.20-C1 Katana	G-BYSG	Robin HR.200-120B
G-BYHP	Jodel DR.253B Regent	G-BYMD	Piper PA-38-112 Tomahawk	G-BYSI	PZL-110 Koliber 160A
G-BYHR	Pegasus Quantum 15	G-BYMF	Pegasus Quantum 15	G-BYSJ	DHC-1 Chipmunk 22
G-BYHS	Mainair Blade 912	G-BYMG	Cameron A-210	G-BYSM	Cameron A-210
G-BYHT	Robin DR.400-180R Remorqueur	G-BYMI	Pegasus Quantum 15	G-BYSN	Rans S-6-ES Coyote II
G-BYHU	Cameron N-105	G-BYMJ	Cessna 152	G-BYSP	Piper PA-28-181 Archer II
G-BYHV	Raj Hamsa X'Air 582	G-BYMK	Dornier 328-100	G-BYSV	Cameron N-120
G-BYHY	Cameron V-77	G-BYMN	Rans S-6-ESA Coyote II	G-BYSX	Pegasus Quantum 15
G-BYIA	Avtech Jabiru SK	G-BYMP	Campbell Cricket Mk.1	G-BYSY	Raj Hamsa X'Air 582
G-BYIB	Rans S-6-ESA Coyote II	G-BYMR	Raj Hamsa X'Air R100	G-BYTB	SOCATA TB-20 Trinidad
G-BYID	Rans S-6-ES Coyote II	G-BYMU	Rans S-6-ESN Coyote II	G-BYTC	Pegasus Quantum 912
G-BYIE	Robinson R22 Beta II	G-BYMW	Boland 52-12	G-BYTI	Piper PA-24-250 Comanche
G-BYII	TEAM miniMax 91	G-BYMX	Cameron A-105	G-BYTJ	Cameron C-80
G-BYIJ	CASA 1-131E Srs 2000	G-BYMY	Cameron N-90	G-BYTK	Avtech Jabiru SPL-450
G-BYIK	Europa Aviation Europa	G-BYNA	Cessna F172H Skyhawk	G-BYTL	Mainair Blade 912
G-BYIL	Cameron N-105	G-BYND	Pegasus Quantum 15	G-BYTM	Dyn'Aéro MCR-01 Club
G-BYIM	Avtech Jabiru UL	G-BYNE	Pilatus PC-6/B2-H4	G-BYTN	DH.82A Tiger Moth
G-BYIN	RAF 2000 GTX-SE	G-BYNF	N Am NA-64 Yale	G-BYTR	Raj Hamsa X'Air 582
G-BYIO	Colt 105A	G-BYNK	Robin HR.200-160	G-BYTS	Montgomerie-Bensen B.8MR
G-BYIP	Pitts S-2A	G-BYNM	Mainair Blade 912	G-BYTU	Mainair Blade 912
G-BYIR	Pitts S-1S	G-BYNN	Cameron V-90	G-BYTV	Avtech Jabiru UL-450
G-BYIS	Pegasus Quantum 15	G-BYNP	Rans S-6-ES Coyote II	G-BYTW	Cameron O-90
G-BYIU	Cameron V-90	G-BYNS	Avtech Jabiru SK	G-BYTX	Whittaker MW6-S Fatboy Flyer
G-BYIV	Cameron PM-80	G-BYNU	Thunder Ax7-77	G-BYTZ	Raj Hamsa X'Air 582
G-BYIX	Cameron PM-80	G-BYNW	Cameron H-34	G-BYUA	Grob G115E Tutor
G-BYJA	RAF 2000 GTX-SE	G-BYNX	Cameron RX-105	G-BYUB	Grob G115E Tutor
G-BYJB	Mainair Blade 912	G-BYNY	Beech 76 Duchess	G-BYUC	Grob G115E Tutor
G-BYJC	Cameron N-90	G-BYOB	Slingsby T.67M-260 Firefly	G-BYUD	Grob G115E Tutor
G-BYJD	Avtech Jabiru UL	G-BYOD	Slingsby T.67M-200 Firefly	G-BYUE	Grob G115E Tutor
G-BYJE	TEAM miniMax 91	G-BYOG	Pegasus Quantum 15	G-BYUF	Grob G115E Tutor

☐	G-BYUG	Grob G115E Tutor	☐	G-BYXG	Grob G115E Tutor	☐	G-BZDE	Lindstrand LBL 210A
☐	G-BYUH	Grob G115E Tutor	☐	G-BYXH	Grob G115E Tutor	☐	G-BZDF	CFM Streak Shadow SA
☐	G-BYUI	Grob G115E Tutor	☐	G-BYXI	Grob G115E Tutor	☐	G-BZDH	Piper PA-28R-200 Arrow II
☐	G-BYUJ	Grob G115E Tutor	☐	G-BYXJ	Grob G115E Tutor	☐	G-BZDJ	Cameron Z-105
☐	G-BYUK	Grob G115E Tutor	☐	G-BYXK	Grob G115E Tutor	☐	G-BZDK	Raj Hamsa X'Air 582
☐	G-BYUL	Grob G115E Tutor	☐	G-BYXL	Grob G115E Tutor	☐	G-BZDM	Stoddard-Hamilton GlaStar
☐	G-BYUM	Grob G115E Tutor	☐	G-BYXM	Grob G115E Tutor	☐	G-BZDN	Cameron N-105
☐	G-BYUN	Grob G115E Tutor	☐	G-BYXN	Grob G115E Tutor	☐	G-BZDP	SAL Bulldog Srs 120/121
☐	G-BYUO	Grob G115E Tutor	☐	G-BYXO	Grob G115E Tutor	☐	G-BZDR	Tri-R KIS
☐	G-BYUP	Grob G115E Tutor	☐	G-BYXP	Grob G115E Tutor	☐	G-BZDS	Pegasus Quantum 15
☐	G-BYUR	Grob G115E Tutor	☐	G-BYXS	Grob G115E Tutor	☐	G-BZDV	Westland SA.341C Gazelle HT2
☐	G-BYUS	Grob G115E Tutor	☐	G-BYXT	Grob G115E Tutor	☐	G-BZEA	Cessna A152 Aerobat
☐	G-BYUU	Grob G115E Tutor	☐	G-BYXW	Medway EclipseR	☐	G-BZEB	Cessna 152
☐	G-BYUV	Grob G115E Tutor	☐	G-BYXX	Grob G115E Tutor	☐	G-BZEC	Cessna 152
☐	G-BYUW	Grob G115E Tutor	☐	G-BYXY	Grob G115E Tutor	☐	G-BZED	Pegasus Quantum 15
☐	G-BYUX	Grob G115E Tutor	☐	G-BYXZ	Grob G115E Tutor	☐	G-BZEG	Mainair Blade 912
☐	G-BYUY	Grob G115E Tutor	☐	G-BYYA	Grob G115E Tutor	☐	G-BZEJ	Raj Hamsa X'Air 582
☐	G-BYUZ	Grob G115E Tutor	☐	G-BYYB	Grob G115E Tutor	☐	G-BZEL	Mainair Blade
☐	G-BYVA	Grob G115E Tutor	☐	G-BYYC	HAPI Cygnet SF-2A	☐	G-BZEN	Avtech Jabiru UL-450
☐	G-BYVB	Grob G115E Tutor	☐	G-BYYE	Lindstrand LBL 77A	☐	G-BZEP	SAL Bulldog Srs 120/121
☐	G-BYVC	Grob G115E Tutor	☐	G-BYYG	Slingsby T.67C Firefly	☐	G-BZER	Raj Hamsa X'Air R100
☐	G-BYVD	Grob G115E Tutor	☐	G-BYYJ	Lindstrand LBL 25A Cloudhopper	☐	G-BZES	RotorWay Executive 90
☐	G-BYVE	Grob G115E Tutor	☐	G-BYYL	Avtech Jabiru SPL-450	☐	G-BZEU	Raj Hamsa X'Air 582
☐	G-BYVF	Grob G115E Tutor	☐	G-BYYM	Raj Hamsa X'Air 582	☐	G-BZEW	Rans S-6-ES Coyote II
☐	G-BYVG	Grob G115E Tutor	☐	G-BYYN	Pegasus Quantum 15	☐	G-BZEY	Cameron N-90
☐	G-BYVH	Grob G115E Tutor	☐	G-BYYO	Piper PA-28R-201 Arrow III	☐	G-BZEZ	CFM Streak Shadow SA
☐	G-BYVI	Grob G115E Tutor	☐	G-BYYP	Pegasus Quantum 15	☐	G-BZFB	Robin R2112 Alpha
☐	G-BYVJ	Grob G115E Tutor	☐	G-BYYR	Raj Hamsa X'Air 582	☐	G-BZFC	Pegasus Quantum 15
☐	G-BYVK	Grob G115E Tutor	☐	G-BYYT	Avtech Jabiru UL-450	☐	G-BZFD	Cameron N-90
☐	G-BYVL	Grob G115E Tutor	☐	G-BYYU	DHC-1 Chipmunk Mk.22	☐	G-BZFH	Pegasus Quantum 15
☐	G-BYVM	Grob G115E Tutor	☐	G-BYYX	TEAM miniMax 91	☐	G-BZFI	Avtech Jabiru UL-450
☐	G-BYVO	Grob G115E Tutor	☐	G-BYYY	Pegasus Quantum 15	☐	G-BZFK	Team Mini-Max 88
☐	G-BYVP	Grob G115E Tutor	☐	G-BYZA	AS.355F2 Ecureuil 2	☐	G-BZFN	SAL Bulldog Srs 120/121
☐	G-BYVR	Grob G115E Tutor	☐	G-BYZB	Mainair Blade	☐	G-BZFP	DHC-6 Twin Otter Series 3
☐	G-BYVS	Grob G115E Tutor	☐	G-BYZF	Raj Hamsa X'Air 582	☐	G-BZFR	Extra EA.300/L
☐	G-BYVT	Grob G115E Tutor	☐	G-BYZL	Cameron GP-65	☐	G-BZFS	Mainair Blade 912
☐	G-BYVU	Grob G115E Tutor	☐	G-BYZO	Rans S-6-ES Coyote II	☐	G-BZFT	Murphy Rebel
☐	G-BYVV	Grob G115E Tutor	☐	G-BYZP	Robinson R22 Beta II	☐	G-BZFU	Lindstrand LBL HS-110
☐	G-BYVW	Grob G115E Tutor	☐	G-BYZR	III Sky Arrow 650 TC	☐	G-BZGA	DHC-1 Chipmunk 22
☐	G-BYVX	Grob G115E Tutor	☐	G-BYZS	Avtech Jabiru UL-450	☐	G-BZGB	DHC-1 Chipmunk 22
☐	G-BYVY	Grob G115E Tutor	☐	G-BYZT	Nova Vertex 26	☐	G-BZGF	Rans S-6-ES Coyote II
☐	G-BYVZ	Grob G115E Tutor	☐	G-BYZU	Pegasus Quantum 15	☐	G-BZGH	Reims/Cessna F172N Skyhawk
☐	G-BYWA	Grob G115E Tutor	☐	G-BYZV	Sky 90-24	☐	G-BZGJ	Thunder Ax10-180 Srs 2
☐	G-BYWB	Grob G115E Tutor	☐	G-BYZW	Raj Hamsa X'Air 582	☐	G-BZGL	N Am OV-10B Bronco
☐	G-BYWC	Grob G115E Tutor	☐	G-BYZX	Cameron R-90	☐	G-BZGM	Mainair Blade 912
☐	G-BYWD	Grob G115E Tutor	☐	G-BYZY	Pietenpol Air Camper	☐	G-BZGO	Robinson R44 Astro
☐	G-BYWE	Grob G115E Tutor	☐	G-BZAE	Cessna 152	☐	G-BZGR	Rans S-6-ES Coyote II
☐	G-BYWF	Grob G115E Tutor	☐	G-BZAH	Cessna 208B Grand Caravan	☐	G-BZGS	Mainair Blade 912S
☐	G-3YWG	Grob G115E Tutor	☐	G-BZAI	Pegasus Quantum 15	☐	G-BZGT	Avtech Jabiru SPL-450
☐	G-BYWH	Grob G115E Tutor	☐	G-BZAK	Raj Hamsa X'Air 582	☐	G-BZGV	Lindstrand LBL 77A
☐	G-BYWI	Grob G115E Tutor	☐	G-BZAL	Mainair Blade 912	☐	G-BZGW	Mainair Blade
☐	G-BYWJ	Grob G115E Tutor	☐	G-BZAM	Europa Aviation Europa	☐	G-BZGY	Dyn'Aéro CR100C
☐	G-BYWK	Grob G115E Tutor	☐	G-BZAP	Avtech Jabiru UL-450	☐	G-BZGZ	Pegasus Quantum 15
☐	G-BYWL	Grob G115E Tutor	☐	G-BZAR	Denney Kitfox Model 4 Speedster	☐	G-BZHA	Boeing 767-336ER
☐	G-BYWM	Grob G115E Tutor	☐	G-BZAS	Isaacs Fury II	☐	G-BZHB	Boeing 767-336ER
☐	G-BYWN	Grob G115E Tutor	☐	G-BZBC	Rans S-6-ES Coyote II	☐	G-BZHC	Boeing 767-336ER
☐	G-BYWO	Grob G115E Tutor	☐	G-BZBE	Cameron A-210	☐	G-BZHE	Cessna 152
☐	G-BYWP	Grob G115E Tutor	☐	G-BZBF	Cessna 172M Skyhawk	☐	G-BZHF	Cessna 152
☐	G-BYWR	Grob G115E Tutor	☐	G-BZBH	Thunder Ax7-65 Bolt	☐	G-BZHG	Tecnam P92-EM Echo
☐	G-BYWS	Grob G115E Tutor	☐	G-BZBJ	Lindstrand LBL 77A	☐	G-BZHJ	Raj Hamsa X'Air 582
☐	G-BYWT	Grob G115E Tutor	☐	G-BZBL	Lindstrand LBL 120A	☐	G-BZHL	N Am AT-16 Harvard IIB
☐	G-BYWU	Grob G115E Tutor	☐	G-BZBO	Stoddard-Hamilton Glasair III	☐	G-BZHN	Pegasus Quantum 15
☐	G-BYWV	Grob G115E Tutor	☐	G-BZBP	Raj Hamsa X'Air 582	☐	G-BZHO	Pegasus Quantum 15
☐	G-BYWW	Grob G115E Tutor	☐	G-BZBR	Pegasus Quantum 15	☐	G-BZHR	Avtech Jabiru UL-450
☐	G-BYWX	Grob G115E Tutor	☐	G-BZBS	Piper PA-28-161 Warrior II	☐	G-BZHT	Piper PA-18A-150 Super Cub
☐	G-BYWY	Grob G115E Tutor	☐	G-BZBT	Cameron H-34	☐	G-BZHU	Wag-Aero CUBy Sport Trainer
☐	G-BYWZ	Grob G115E Tutor	☐	G-BZBU	Robinson R22	☐	G-BZHV	Piper PA-28-181 Archer III
☐	G-BYXA	Grob G115E Tutor	☐	G-BZBW	RotorWay Executive 162F	☐	G-BZHX	Thunder Ax10-250 Srs 2
☐	G-BYXB	Grob G115E Tutor	☐	G-BZBX	Rans S-6-ES Coyote II	☐	G-BZHY	Mainair Blade 912
☐	G-BYXC	Grob G115E Tutor	☐	G-BZBZ	Jodel D.9 Bébé	☐	G-BZIA	Raj Hamsa X'Air 700
☐	G-BYXD	Grob G115E Tutor	☐	G-BZDA	Piper PA-28-161 Warrior II	☐	G-BZIC	Lindstrand LBL Sun SS
☐	G-BYXE	Grob G115E Tutor	☐	G-BZDC	Mainair Blade	☐	G-BZID	Montgomerie-Bensen B.8MR
☐	G-BYXF	Grob G115E Tutor	☐	G-BZDD	Mainair Blade 912	☐	G-BZIG	Thruster T.600N

Registration	Type	Registration	Type	Registration	Type
☐ G-BZIH	Lindstrand LBL 31A	☐ G-BZNK	Morane Saulnier MS.315E	☐ G-BZTS	Cameron Bertie Bassett 90 SS
☐ G-BZII	Extra EA.300/L	☐ G-BZNM	Pegasus Quantum 15	☐ G-BZTU	Mainair Blade 912
☐ G-BZIJ	Robin DR.500-200i Président	☐ G-BZNN	Beech 76 Duchess	☐ G-BZTV	Mainair Blade 912S
☐ G-BZIK	Cameron A-250	☐ G-BZNP	Thruster T.600N 450	☐ G-BZTW	Hunt Wing Avon 582
☐ G-BZIL	Colt 120A	☐ G-BZNS	Mainair Blade	☐ G-BZTX	Mainair Blade 912
☐ G-BZIM	Pegasus Quantum 15	☐ G-BZNT	Aero L-29 Delfin	☐ G-BZTY	Avtech Jabiru UL-450
☐ G-BZIO	Piper PA-28-161 Warrior III	☐ G-BZNU	Cameron A-300	☐ G-BZUB	Mainair Blade
☐ G-BZIP	Montgomerie-Bensen B.8MR	☐ G-BZNV	Lindstrand LBL 31A	☐ G-BZUC	Pegasus Quantum 15
☐ G-BZIS	Raj Hamsa X'Air 582	☐ G-BZNW	Isaacs Fury II	☐ G-BZUD	Lindstrand LBL 105A
☐ G-BZIT	Beech 95-B55 Baron	☐ G-BZNX	MS.880B Rallye Club	☐ G-BZUE	Pegasus Quantum 15
☐ G-BZIV	Avtech Jabiru UL-450	☐ G-BZNY	Europa Aviation Europa XS	☐ G-BZUF	Mainair Rapier
☐ G-BZIW	Pegasus Quantum 15	☐ G-BZOB	Slepcev Storch	☐ G-BZUG	TCD Sherwood Ranger XP
☐ G-BZIX	Cameron N-90	☐ G-BZOE	Pegasus Quantum 15	☐ G-BZUH	Rans S-6-ES Coyote II
☐ G-BZIY	Raj Hamsa X'Air 582	☐ G-BZOF	Montgomerie-Bensen B.8MR	☐ G-BZUI	Pegasus Quantum 15
☐ G-BZIZ	Ultramagic H-31	☐ G-BZOG	Dornier 328-100	☐ G-BZUL	Avtech Jabiru UL-450
☐ G-BZJB	IAV Bacau Yakovlev Yak-52	☐ G-BZOI	Nicollier HN.700 Menestrel II	☐ G-BZUP	Raj Hamsa X'Air Jabiru
☐ G-BZJC	Thruster T.600N	☐ G-BZOL	Robin R3000/140	☐ G-BZUU	Cameron O-90
☐ G-BZJD	Thruster T.600T 450	☐ G-BZON	SAL Bulldog Srs 120/121	☐ G-BZUV	Cameron H-24
☐ G-BZJH	Cameron Z-90	☐ G-BZOO	Pegasus Quantum 15	☐ G-BZUX	Pegasus Quantum 15
☐ G-BZJI	Nova X-Large 37	☐ G-BZOR	TEAM miniMax 91	☐ G-BZUY	Van's RV-6
☐ G-BZJM	VPM M16 Tandem Trainer	☐ G-BZOU	Pegasus Quantum 15	☐ G-BZUZ	Hunt Avon-Blade R100
☐ G-BZJN	Mainair Blade 912	☐ G-BZOV	Pegasus Quantum 15	☐ G-BZVA	Zenair CH.701UL
☐ G-BZJO	Pegasus Quantum 15	☐ G-BZOW	Whittaker MW7	☐ G-BZVB	Reims FR172H Rocket
☐ G-BZJP	Zenair CH.701UL	☐ G-BZOX	Colt 90B	☐ G-BZVI	Nova Vertex 24
☐ G-BZJR	Montgomerie-Bensen B.8MR	☐ G-BZOZ	Van's RV-6	☐ G-BZVJ	Pegasus Quantum 15
☐ G-BZJV	CASA 1-131E Srs 1000	☐ G-BZPA	Mainair Blade 912S	☐ G-BZVK	Raj Hamsa X'Air 582
☐ G-BZJW	Cessna 150F	☐ G-BZPD	Cameron V-65	☐ G-BZVM	Rans S-6-ES Coyote II
☐ G-BZJZ	Pegasus Quantum 15	☐ G-BZPF	Scheibe SF24B Motorspatz I	☐ G-BZVN	Van's RV-6
☐ G-BZKC	Raj Hamsa X'Air 582	☐ G-BZPG	Beech C24R Sierra	☐ G-BZVR	Raj Hamsa X'Air 582
☐ G-BZKD	Stolp SA.300 Starduster Too	☐ G-BZPH	Van's RV-4	☐ G-BZVT	III Sky Arrow 650 T
☐ G-BZKE	Lindstrand LBL 77B	☐ G-BZPI	SOCATA TB-20 Trinidad	☐ G-BZVU	Cameron Z-105
☐ G-BZKF	Rans S-6-ES Coyote II	☐ G-BZPK	Cameron C-80	☐ G-BZVV	Pegasus Quantum 15
☐ G-BZKL	Piper PA-28R-201 Arrow III	☐ G-BZPN	Mainair Blade 912S	☐ G-BZVW	Ilyushin Il-2 Stormovik
☐ G-BZKO	Rans S-6-ES Coyote II	☐ G-BZPR	Ultramagic N-210	☐ G-BZVX	Ilyushin Il-2 Stormovik
☐ G-BZKU	Cameron Z-105	☐ G-BZPS	SAL Bulldog Srs 120/121	☐ G-BZWB	Mainair Blade 912
☐ G-BZKV	Sky 90-24	☐ G-BZPT	Ultramagic N-210	☐ G-BZWC	Raj Hamsa X'Air Falcon 912
☐ G-BZKW	Ultramagic M-77	☐ G-BZPW	Cameron V-77	☐ G-BZWG	Piper PA-28-140 Cruiser
☐ G-BZLC	PZL-110 Koliber 160A	☐ G-BZPX	Ultramagic S-105	☐ G-BZWJ	CFM Streak Shadow SA
☐ G-BZLE	Rans S-6-ES Coyote II	☐ G-BZPY	Ultramagic H-31	☐ G-BZWK	Avtech Jabiru SK
☐ G-BZLF	CFM Shadow Srs CD	☐ G-BZPZ	Mainair Blade	☐ G-BZWM	Pegasus XL-Q
☐ G-BZLG	Robin HR.200-120B	☐ G-BZRJ	Pegasus Quantum 15	☐ G-BZWN	Van's RV-8
☐ G-BZLH	Piper PA-28-161 Warrior II	☐ G-BZRO	Piper PA-30 Twin Comanche C	☐ G-BZWR	Mainair Rapier
☐ G-BZLK	Cadet III Motor Glider	☐ G-BZRP	Pegasus Quantum 15	☐ G-BZWS	Pegasus Quantum 15
☐ G-BZLL	Pegasus Quantum 15	☐ G-BZRR	Pegasus Quantum 15	☐ G-BZWT	Tecnam P92-EA Echo
☐ G-BZLP	Robinson R44 Raven	☐ G-BZRS	Eurocopter EC135 T2+	☐ G-BZWU	Pegasus Quantum 15
☐ G-BZLS	Sky 77-24	☐ G-BZRV	Van's RV-6	☐ G-BZWV	Steen Skybolt
☐ G-BZLU	Lindstrand LBL 90A	☐ G-BZRW	Mainair Blade 912S	☐ G-BZWX	Whittaker MW5-D Sorcerer
☐ G-BZLV	Avtech Jabiru UL-450	☐ G-BZRY	Rans S-6-ES Coyote II	☐ G-BZWZ	Van's RV-6
☐ G-BZLX	Pegasus Quantum 15	☐ G-BZRZ	Thunder Ax10-250 Srs 2	☐ G-BZXA	Raj Hamsa X'Air V2
☐ G-BZLY	Grob G109B	☐ G-BZSB	Pitts S-1S	☐ G-BZXB	Van's RV-6
☐ G-BZLZ	Pegasus Quantum 15	☐ G-BZSC	Sopwith F.1 Camel replica	☐ G-BZXI	Nova Philou 26
☐ G-BZMB	Piper PA-28R-201 Arrow III	☐ G-BZSE	Hawker Hunter T8B	☐ G-BZXK	Robin HR.200-120B Club
☐ G-BZMC	Avtech Jabiru UL-450	☐ G-BZSG	Pegasus Quantum 15	☐ G-BZXM	Mainair Blade 912
☐ G-BZMD	SAL Bulldog Srs 120/121	☐ G-BZSH	Ultramagic H-77	☐ G-BZXN	Avtech Jabiru UL-450
☐ G-BZME	SAL Bulldog Srs 120/121	☐ G-BZSI	Pegasus Quantum 15	☐ G-BZXO	Cameron Z-105
☐ G-BZMF	Rutan Long-EZ	☐ G-BZSM	Pegasus Quantum 15	☐ G-BZXP	Air Création 582/Kiss 400
☐ G-BZMG	Robinson R44 Raven	☐ G-BZSO	Ultramagic M-77C	☐ G-BZXR	Cameron N-90
☐ G-BZMH	SAL Bulldog Srs 120/121	☐ G-BZSP	Stemme S 10-V	☐ G-BZXS	SAL Bulldog Srs 120/121
☐ G-BZMJ	Rans S-6-ES Coyote II	☐ G-BZSS	Pegasus Quantum 15	☐ G-BZXT	Mainair Blade 912
☐ G-BZML	SAL Bulldog Srs 120/121	☐ G-BZST	Avtech Jabiru SPL-450	☐ G-BZXV	Pegasus Quantum 15
☐ G-BZMM	Robin DR.400-180R Remorqueur	☐ G-BZSX	Pegasus Quantum 15	☐ G-BZXW	VPM M16 Tandem Trainer
☐ G-BZMO	Robinson R22 Beta	☐ G-BZSY	SNCAN Stampe SV-4A	☐ G-BZXX	Pegasus Quantum 15
☐ G-BZMS	Mainair Blade	☐ G-BZSZ	Avtech Jabiru UL-450	☐ G-BZXY	Robinson R44 Raven
☐ G-BZMT	Piper PA-28-161 Warrior III	☐ G-BZTA	Robinson R44 Raven	☐ G-BZXZ	SAL Bulldog Srs 120/121
☐ G-BZMW	Pegasus Quantum 15	☐ G-BZTC	TEAM miniMax 91	☐ G-BZYA	Rans S-6-ES Coyote II
☐ G-BZMY	LET Yakovlev C-11	☐ G-BZTD	Thruster T.600T 450	☐ G-BZYD	Westland SA.341B Gazelle AH1
☐ G-BZMZ	CFM Streak Shadow	☐ G-BZTF	IAV Bacau Yakovlev Yak-52	☐ G-BZYG	DG Flugzeugbau DG-500MB
☐ G-BZNC	Pegasus Quantum 15	☐ G-BZTH	Europa Aviation Europa	☐ G-BZYI	Nova Phocus 123
☐ G-BZND	Sopwith Pup replica	☐ G-BZTJ	Bücker Bü.133C Jungmeister	☐ G-BZYK	Avtech Jabiru UL-450
☐ G-BZNE	Beech B300 King Air	☐ G-BZTK	Cameron V-90	☐ G-BZYN	Pegasus Quantum 15
☐ G-BZNF	Colt 120A	☐ G-BZTM	Mainair Blade	☐ G-BZYR	Cameron N-31
☐ G-BZNH	Rans S-6-ES Coyote II	☐ G-BZTN	Europa Aviation Europa XS	☐ G-BZYS	Micro Aviation B.22S Bantam
☐ G-BZNJ	Rans S-6-ES Coyote II	☐ G-BZTR	Mainair Blade	☐ G-BZYU	Whittaker MW6 Merlin

☐ G-BZYV	Noble Hardman Snowbird Mk.V	☐ G-CBEI	Piper PA-22-108 Colt	☐ G-CBIV	Best Off Skyranger 912
☐ G-BZYX	Raj Hamsa X'Air 700	☐ G-CBEJ	Colt 120A	☐ G-CBIX	Zenair CH.601UL Zodiac
☐ G-BZYY	Cameron N-90	☐ G-CBEK	SAL Bulldog Srs 120/121	☐ G-CBIY	Evektor EV-97 Eurostar
☐ G-BZZD	Reims/Cessna F172M Skyhawk	☐ G-CBEM	Mainair Blade	☐ G-CBIZ	Pegasus Quantum 15
		☐ G-CBEN	Pegasus Quantum 15	☐ G-CBJD	Stoddard-Hamilton GlaStar
☐ G-CAHA	Piper PA-34-200T Seneca II	☐ G-CBES	Europa Aviation Europa	☐ G-CBJE	RAF 2000 GTX-SE
☐ G-CALL	Piper PA-23-250 Aztec F	☐ G-CBEU	Pegasus Quantum 15	☐ G-CBJG	DHC-1 Chipmunk 22
☐ G-CAMM	Hawker Cygnet replica	☐ G-CBEV	Pegasus Quantum 15	☐ G-CBJH	Aeroprakt A-22 Foxbat
☐ G-CAMR	Quad City Challenger II	☐ G-CBEW	Flight Design CT2K	☐ G-CBJL	Air Création 582/Kiss 400
☐ G-CAPI	Mudry CAP 10B	☐ G-CBEX	Flight Design CT2K	☐ G-CBJM	Avtech Jabiru SP-470
☐ G-CAPX	Akrotech Europe CAP.10B	☐ G-CBEY	Cameron C-80	☐ G-CBJN	RAF 2000 GTX-SE
☐ G-CBAB	SAL Bulldog Srs 120/121	☐ G-CBEZ	CAB Robin DR.400-180 Régent	☐ G-CBJO	Pegasus Quantum 15
☐ G-CBAD	Mainair Blade 912	☐ G-CBFA	Diamond DA.40 Star	☐ G-CBJP	Zenair CH.601UL Zodiac
☐ G-CBAF	Neico Lancair 320	☐ G-CBFE	Raj Hamsa X'Air 582	☐ G-CBJR	Evektor EV-97A Eurostar
☐ G-CBAK	Robinson R44 Clipper	☐ G-CBFJ	Robinson R44 Raven	☐ G-CBJS	Cameron C-60
☐ G-CBAL	Piper PA-28-161 Warrior II	☐ G-CBFK	Murphy Rebel	☐ G-CBJT	Mainair Blade
☐ G-CBAN	SAL Bulldog Srs 120/121	☐ G-CBFM	SOCATA TB-21 Trinidad GT	☐ G-CBJV	RotorWay Executive 162F
☐ G-CBAP	Zenair CH.601ULA Zodiac	☐ G-CBFN	Robin HR.100/200B Royal	☐ G-CBJW	Comco Ikarus C42 FB UK
☐ G-CBAR	Stoddard-Hamilton GlaStar	☐ G-CBFO	Cessna 172S Skyhawk SP	☐ G-CBJX	Raj Hamsa X'Air Falcon Jabiru
☐ G-CBAS	Rans S-6-ES Coyote II	☐ G-CBFP	SAL Bulldog Srs 120/121	☐ G-CBJY	Avtech Jabiru UL-450
☐ G-CBAT	Cameron Z-90	☐ G-CBFU	SAL Bulldog Srs 120/121	☐ G-CBJZ	Westland SA.341D Gazelle HT3
☐ G-CBAU	Rand Robinson KR-2	☐ G-CBFW	Montgomerie-Bensen B.8MR	☐ G-CBKA	Westland SA.341D Gazelle HT3
☐ G-CBAV	Raj Hamsa X'Air V2	☐ G-CBFX	Rans S-6-ESN Coyote II	☐ G-CBKB	Bücker Bü.181C-3 Bestmann
☐ G-CBAW	Cameron A-300	☐ G-CBGB	Zenair CH.601UL Zodiac	☐ G-CBKD	Westland SA.341C Gazelle HT2
☐ G-CBAX	Tecnam P92-EA Echo	☐ G-CBGC	SOCATA TB-10 Tobago	☐ G-CBKF	Reality Easy Raider J2.2
☐ G-CBAZ	Rans S-6-ES Coyote II	☐ G-CBGD	Zenair CH.701UL	☐ G-CBKG	Thruster T.600N 450
☐ G-CBBB	Pegasus Quantum 15	☐ G-CBGE	Tecnam P92-EA Echo	☐ G-CBKK	Ultramagic S-130
☐ G-CBBC	SAL Bulldog Srs 120/121	☐ G-CBGG	Pegasus Quantum 15	☐ G-CBKL	Raj Hamsa X'Air 582
☐ G-CBBF	Beech 76 Duchess	☐ G-CBGH	Teverson Bisport	☐ G-CBKM	Mainair Blade 912
☐ G-CBBG	Mainair Blade	☐ G-CBGJ	Aeroprakt A-22 Foxbat	☐ G-CBKN	Mainair Blade 912
☐ G-CBBH	Raj Hamsa X'Air V2	☐ G-CBGL	Holste MH.1521M Broussard	☐ G-CBKO	Mainair Blade 912S
☐ G-CBBK	Robinson R22 Beta II	☐ G-CBGO	Murphy Maverick 430	☐ G-CBKR	Piper PA-28-161 Warrior III
☐ G-CBBL	SAL Bulldog Srs 120/121	☐ G-CBGP	Comco Ikarus C42 FB UK	☐ G-CBKU	Comco Ikarus C42 FB UK
☐ G-CBBM	ICP MXP-740 Savannah VG	☐ G-CBGR	Avtech Jabiru UL-450	☐ G-CBKW	Pegasus Quantum 15
☐ G-CBBN	Pegasus Quantum 15	☐ G-CBGS	Cyclone AX2000	☐ G-CBKY	Avtech Jabiru SP-470
☐ G-CBBO	Whittaker MW5-D Sorcerer	☐ G-CBGU	Thruster T.600N 450	☐ G-CBLA	Aero Designs Pulsar XP
☐ G-CBBP	Pegasus Quantum 15	☐ G-CBGV	Thruster T.600N 450	☐ G-CBLB	Tecnam P92-EM Echo
☐ G-CBBS	SAL Bulldog Srs 120/121	☐ G-CBGW	Thruster T.600N 450	☐ G-CBLD	Mainair Blade 912
☐ G-CBBT	SAL Bulldog Srs 120/121	☐ G-CBGX	SAL Bulldog Srs 120/121	☐ G-CBLE	CAB Robin R2120U
☐ G-CBBW	SAL Bulldog Srs 120/121	☐ G-CBGZ	Westland SA.341C Gazelle HT2	☐ G-CBLF	Raj Hamsa X'Air 582
☐ G-CBCB	SAL Bulldog Srs 120/121	☐ G-CBHA	SOCATA TB-10 Tobago	☐ G-CBLK	Hawker Hind
☐ G-CBCD	Pegasus Quantum 15	☐ G-CBHB	Raj Hamsa X'Air 582	☐ G-CBLL	Pegasus Quantum 15
☐ G-CBCF	Pegasus Quantum 15	☐ G-CBHC	RAF 2000 GTX-SE	☐ G-CBLM	Mainair Blade 912
☐ G-CBCH	Zenair CH.701UL	☐ G-CBHG	Mainair Blade 912S	☐ G-CBLN	Cameron Z-31
☐ G-CBCI	Raj Hamsa X'Air 582	☐ G-CBHI	Europa Aviation Europa XS	☐ G-CBLO	Lindstrand LBL 42A
☐ G-CBCK	Tipsy Nipper T.66 Series 3	☐ G-CBHJ	Mainair Blade 912S	☐ G-CBLP	Raj Hamsa X'Air Falcon Jabiru
☐ G-CBCL	Stoddard-Hamilton GlaStar	☐ G-CBHK	Pegasus Quantum 15	☐ G-CBLS	Fiat CR.42 Falco
☐ G-CBCM	Raj Hamsa X'Air 700	☐ G-CBHM	Mainair Blade 912	☐ G-CBLT	Mainair Blade 912
☐ G-CBCP	Van's RV-6A	☐ G-CBHN	Pegasus Quantum 15	☐ G-CBLU	Cameron C-90
☐ G-CBCR	SAL Bulldog Srs 120/121	☐ G-CBHO	Gloster Gladiator II	☐ G-CBLW	Raj Hamsa X'Air Falcon 582
☐ G-CBCX	Pegasus Quantum 15	☐ G-CBHP	Corby CJ-1 Starlet	☐ G-CBLX	Air Création 582/Kiss 400
☐ G-CBCY	Beech C24R Sierra	☐ G-CBHR	Laser Lazer Z200	☐ G-CBLY	Grob G109B
☐ G-CBCZ	CFM Streak Shadow SLA	☐ G-CBHU	TCD Sherwood Ranger LWS	☐ G-CBLZ	Rutan Long-EZ
☐ G-CBDC	Thruster T.600N 450	☐ G-CBHW	Cameron Z-105	☐ G-CBMA	Raj Hamsa X'Air 582
☐ G-CBDD	Mainair Blade 912	☐ G-CBHX	Cameron V-77	☐ G-CBMB	Cyclone AX2000
☐ G-CBDG	Zenair CH.601HD Zodiac	☐ G-CBHY	Pegasus Quantum 15	☐ G-CBMC	Cameron Z-105
☐ G-CBDH	Flight Design CT2K	☐ G-CBHZ	RAF 2000 GTX-SE	☐ G-CBMD	IAV Bacau Yakovlev Yak-52
☐ G-CBDI	Denney Kitfox Model 2	☐ G-CBIB	Flight Design CT2K	☐ G-CBME	Reims/Cessna F172M Skyhawk
☐ G-CBDJ	Flight Design CT2K	☐ G-CBIC	Raj Hamsa X'Air V2	☐ G-CBMI	IAV Bacau Yakovlev Yak-52
☐ G-CBDK	SAL Bulldog Srs 120/121	☐ G-CBID	SAL Bulldog Srs 120/121	☐ G-CBMK	Cameron Z-120
☐ G-CBDL	Mainair Blade	☐ G-CBIE	Flight Design CT2K	☐ G-CBML	DHC-6 Twin Otter Series 3
☐ G-CBDM	Tecnam P92-EM Echo	☐ G-CBIF	Avtech Jabiru UL-450	☐ G-CBMM	Mainair Blade 912
☐ G-CBDN	Mainair Blade	☐ G-CBIH	Cameron Z-31	☐ G-CBMO	Piper PA-28-180 Cherokee D
☐ G-CBDP	Mainair Blade 912	☐ G-CBII	Raj Hamsa X'Air 582	☐ G-CBMP	Cessna R182 Skylane RG II
☐ G-CBDU	Quad City Challenger II	☐ G-CBIJ	Comco Ikarus C42 FB UK	☐ G-CBMR	Medway EclipseR
☐ G-CBDV	Raj Hamsa X'Air 582	☐ G-CBIL	Cessna 182K Skylane	☐ G-CBMT	CAB Robin DR.400-180 Régent
☐ G-CBDX	Pegasus Quantum 15	☐ G-CBIM	Lindstrand LBL 90A	☐ G-CBMU	Whittaker MW6-S Fatboy Flyer
☐ G-CBDZ	Pegasus Quantum 15	☐ G-CBIN	TEAM miniMax 91	☐ G-CBMV	Pegasus Quantum 15
☐ G-CBEB	Air Création 582/Kiss 400	☐ G-CBIP	Thruster T.600N 450	☐ G-CBMW	Zenair CH.701UL
☐ G-CBED	Cameron Z-90	☐ G-CBIR	Thruster T.600N 450	☐ G-CBMZ	Evektor EV-97 Eurostar
☐ G-CBEE	Piper PA-28R-200 Arrow II	☐ G-CBIS	Raj Hamsa X'Air 582	☐ G-CBNB	Eurocopter EC120B Colibri
☐ G-CBEF	SAL Bulldog Srs 120/121	☐ G-CBIT	RAF 2000 GTX-SE	☐ G-CBNC	Mainair Blade 912
☐ G-CBEH	SAL Bulldog Srs 120/121	☐ G-CBIU	Cameron Flame 95 SS	☐ G-CBNF	Rans S-7 Courier

Registration	Type	Registration	Type	Registration	Type
G-CBNG	Robin R2112 Alpha	G-CBUA	Extra EA.230	G-CBYM	Mainair Blade
G-CBNI	Lindstrand LBL 90A	G-CBUC	Raj Hamsa X'Air 582	G-CBYN	Europa Aviation Europa XS
G-CBNJ	Raj Hamsa X'Air 912	G-CBUD	Pegasus Quantum 15	G-CBYO	Pegasus Quik
G-CBNL	Dyn'Aéro MCR-01 Club	G-CBUF	Flight Design CTSW	G-CBYP	Whittaker MW6-S Fatboy Flyer
G-CBNO	CFM Streak Shadow	G-CBUG	Tecnam P92-EM Echo	G-CBYS	Lindstrand LBL 21A
G-CBNT	Pegasus Quantum 15	G-CBUI	Westland Wasp HAS1	G-CBYT	Thruster T.600N 450
G-CBNV	Rans S-6-ES Coyote II	G-CBUJ	Raj Hamsa X'Air 582	G-CBYU	Piper PA-28-161 Warrior III
G-CBNW	Cameron N-105	G-CBUK	Van's RV-6A	G-CBYV	Pegasus Quantum 15
G-CBNX	Montgomerie-Bensen B.8MR	G-CBUN	Barker Charade	G-CBYW	Hatz CB-1
G-CBNZ	TEAM hiMax 1700R	G-CBUO	Cameron O-90	G-CBYZ	Tecnam P92-EA Echo-Super
G-CBOA	Auster B.8 Agricola Srs 1	G-CBUP	VPM M16 Tandem Trainer	G-CBZA	Mainair Blade
G-CBOC	Raj Hamsa X'Air 582	G-CBUR	Zenair CH.601UL Zodiac	G-CBZD	Mainair Blade
G-CBOE	Hawker Hurricane IIB	G-CBUS	Pegasus Quantum 15	G-CBZE	Robinson R44 Raven
G-CBOF	Europa Aviation Europa XS	G-CBUU	Pegasus Quantum 15	G-CBZG	Rans S-6-ES Coyote II
G-CBOG	Mainair Blade 912S	G-CBUW	Cameron Z-133	G-CBZH	Pegasus Quik
G-CBOM	Mainair Blade 912	G-CBUX	Cyclone AX2000	G-CBZJ	Lindstrand LBL 25A Cloudhopper
G-CBOO	Mainair Blade 912S	G-CBUY	Rans S-6-ES Coyote II	G-CBZK	CAB Robin DR.400-180 Régent
G-CBOP	Avtech Jabiru UL-450	G-CBUZ	Pegasus Quantum 15	G-CBZL	Westland SA.341D Gazelle HT3
G-CBOR	Reims/Cessna F172N Skyhawk II	G-CBVA	Thruster T.600N 450	G-CBZM	Avtech Jabiru SPL-450
G-CBOS	Rans S-6-ES Coyote II	G-CBVB	CAB Robin R2120U	G-CBZN	Rans S-6-ES Coyote II
G-CBOW	Cameron Z-120	G-CBVC	Raj Hamsa X'Air 582	G-CBZP	Hawker Fury I
G-CBOY	Pegasus Quantum 15	G-CBVD	Cameron C-60	G-CBZR	Piper PA-28R-201 Arrow III
G-CBOZ	IAV Bacau Yakovlev Yak-52	G-CBVE	Raj Hamsa X'Air Falcon 912	G-CBZS	Lynden Aurora
G-CBPC	Sportavia-Putzer RF5B Sperber	G-CBVF	Murphy Maverick	G-CBZT	Pegasus Quik
G-CBPD	Comco Ikarus C42 FB UK	G-CBVG	Mainair Blade 912S	G-CBZU	Lindstrand LBL 180A
G-CBPE	SOCATA TB-10 Tobago	G-CBVH	Lindstrand LBL 120A	G-CBZW	Zenair CH.701UL
G-CBPI	Piper PA-28R-201 Arrow III	G-CBVM	Evektor EV-97 Eurostar	G-CBZX	Dyn'Aéro MCR-01 ULC
G-CBPM	Yakovlev Yak-50	G-CBVN	Pegasus Quik	G-CBZZ	Cameron Z-275
G-CBPP	Avtech Jabiru UL-450	G-CBVR	Best Off Skyranger 912	G-CCAB	Mainair Blade
G-CBPR	Avtech Jabiru UL-450	G-CBVS	Best Off Skyranger 912	G-CCAC	Evektor EV-97 Eurostar
G-CBPU	Raj Hamsa X'Air R100	G-CBVT	IAV Bacau Yakovlev Yak-52	G-CCAD	Pegasus Quik
G-CBPV	Zenair CH.601UL Zodiac	G-CBVU	Piper PA-28R-200 Arrow B	G-CCAE	Avtech Jabiru UL-450
G-CBPW	Lindstrand LBL 105A	G-CBVV	Cameron N-120	G-CCAF	Best Off Skyranger 912
G-CBRB	Ultramagic S-105	G-CBVX	Cessna 182P Skylane	G-CCAG	Mainair Blade 912
G-CBRC	Jodel D.18	G-CBVY	Comco Ikarus C42 FB UK	G-CCAK	Zenair CH.601HD Zodiac
G-CBRD	Jodel D.18	G-CBVZ	Flight Design CT2K	G-CCAL	Tecnam P92-EA Echo
G-CBRE	Mainair Blade 912	G-CBWA	Flight Design CT2K	G-CCAP	Robinson R22 Beta II
G-CBRJ	Mainair Blade 912	G-CBWD	Piper PA-28-161 Warrior III	G-CCAR	Cameron N-77
G-CBRK	Ultramagic M-77	G-CBWE	Evektor EV-97 Eurostar	G-CCAS	Pegasus Quik
G-CBRM	Mainair Blade	G-CBWG	Evektor EV-97 Eurostar	G-CCAT	Gulfstream AA-5A Cheetah
G-CBRO	Robinson R44 Raven	G-CBWI	Thruster T.600N 450	G-CCAV	Piper PA-28-181 Archer II
G-CBRR	Evektor EV-97A Eurostar	G-CBWJ	Thruster T.600N 450	G-CCAW	Mainair Blade 912
G-CBRT	Murphy Elite	G-CBWK	Ultramagic H-77	G-CCAY	Cameron Z-42
G-CBRV	Cameron C-90	G-CBWN	Campbell Cricket Mk.6	G-CCAZ	Pegasus Quik
G-CBRW	Aerostar Yakovlev Yak-52	G-CBWO	RotorWay Executive 162F	G-CCBA	Best Off Skyranger R100
G-CBRX	Zenair CH.601UL Zodiac	G-CBWP	Europa Aviation Europa	G-CCBB	Cameron N-90
G-CBRZ	Air Création 582/Kiss 400	G-CBWS	Whittaker MW6 Merlin	G-CCBC	Thruster T.600N 450
G-CBSF	Westland SA.341C Gazelle HT2	G-CBWU	RotorWay Executive 162F	G-CCBF	Maule M-5-235C Lunar Rocket
G-CBSH	Westland SA.341D Gazelle HT3	G-CBWV	Falconar F-12A Cruiser	G-CCBG	Best Off Skyranger V2+
G-CBSI	Westland SA.341D Gazelle HT3	G-CBWW	Best Off Skyranger 912	G-CCBH	Piper PA-28-235 Cherokee
G-CBSK	Westland SA.341D Gazelle HT3	G-CBWY	Raj Hamsa X'Air 582	G-CCBI	Raj Hamsa X'Air 582
G-CBSL	IAV Bacau Yakovlev Yak-52	G-CBWZ	Robinson R22 Beta II	G-CCBJ	Best Off Skyranger 912
G-CBSO	Piper PA-28-181 Archer II	G-CBXC	Comco Ikarus C42 FB UK	G-CCBK	Evektor EV-97 Eurostar
G-CBSP	Pegasus Quantum 15	G-CBXE	Reality Easy Raider J2.2	G-CBBL	Agusta-Bell 206B-2 JetRanger 2
G-CBSR	IAV Bacau Yakovlev Yak-52	G-CBXF	Reality Easy Raider J2.2	G-CCBM	Evektor EV-97 Eurostar
G-CBSS	IAV Bacau Yakovlev Yak-52	G-CBXG	Thruster T.600N 450	G-CCBN	Replica Plans SE.5A
G-CBSU	Avtech Jabiru UL-450	G-CBXJ	Cessna 172S Skyhawk SP	G-CCBR	Jodel D.120 Paris-Nice
G-CBSV	Montgomerie-Bensen B.8MR	G-CBXK	Robinson R22 Mariner	G-CCBT	Cameron Z-90
G-CBSZ	Mainair Blade 912S	G-CBXM	Mainair Blade	G-CCBW	TCD Sherwood Ranger LW
G-CBTB	III Sky Arrow 650 T	G-CBXN	Robinson R22 Beta II	G-CCBX	Raj Hamsa X'Air 582
G-CBTD	Pegasus Quantum 15	G-CBXR	Raj Hamsa X'Air Falcon 582	G-CCBY	Avtech Jabiru UL-450
G-CBTE	Mainair Blade 912S	G-CBXS	Best Off Skyranger J2.2	G-CCBZ	Aero Designs Pulsar
G-CBTG	Comco Ikarus C42 FB UK	G-CBXU	TEAM miniMax 91A	G-CCCA	VS.509 Spitfire Tr9
G-CBTK	Raj Hamsa X'Air 582	G-CBXW	Europa Aviation Europa XS	G-CCCB	Thruster T.600N 450
G-CBTL	Monnett Moni	G-CBXZ	Rans S-6-ESN Coyote II	G-CCCD	Pegasus Quantum 15
G-CBTM	Mainair Blade	G-CBYB	RotorWay Executive 162F	G-CCCE	Aeroprakt A-22 Foxbat
G-CBTN	Piper PA-31 Navajo C	G-CBYC	Cameron Z-275	G-CCCF	Thruster T.600N 450
G-CBTO	Rans S-6-ES Coyote II	G-CBYD	Rans S-6-ESA Coyote II	G-CCCG	Pegasus Quik
G-CBTR	Lindstrand LBL 120A	G-CBYE	Pegasus Quik	G-CCCH	Thruster T.600N 450
G-CBTS	Gloster Gamecock replica	G-CBYF	Mainair Blade	G-CCCI	Medway EclipseR
G-CBTT	Piper PA-28-181 Archer II	G-CBYH	Aeroprakt A-22 Foxbat	G-CCCJ	Nicollier HN.700 Menestrel II
G-CBTW	Mainair Blade 912	G-CBYI	Pegasus Quantum 15	G-CCCK	Best Off Skyranger 912
G-CBTX	Denney Kitfox Model 2	G-CBYJ	Steen Skybolt	G-CCCM	Best Off Skyranger 912

☐ G-CCCN	Robin R3000/160	☐ G-CCGU	Van's RV-9A	☐ G-CCMD	Pegasus Quik
☐ G-CCCO	Evektor EV-97A Eurostar	☐ G-CCGW	Europa Aviation Europa	☐ G-CCME	Pegasus Quik
☐ G-CCCR	Best Off Skyranger 912	☐ G-CCGY	Cameron Z-105	☐ G-CCMH	Miles M.2H Hawk Major
☐ G-CCCU	Thruster T.600N 450	☐ G-CCHD	Diamond DA.40D Star	☐ G-CCMJ	Reality Easy Raider J2.2
☐ G-CCCV	Raj Hamsa X'Air Falcon 133	☐ G-CCHH	Pegasus Quik	☐ G-CCMK	Raj Hamsa X'Air Falcon Jabiru
☐ G-CCCW	Pereira Osprey 2	☐ G-CCHI	Pegasus Quik	☐ G-CCML	Pegasus Quik
☐ G-CCCY	Best Off Skyranger 912	☐ G-CCHL	Piper PA-28-181 Archer III	☐ G-CCMM	Dyn'Aéro MCR-01 ULC
☐ G-CCDB	Pegasus Quik	☐ G-CCHM	Air Création 582/Kiss 450	☐ G-CCMN	Cameron C-90
☐ G-CCDD	Pegasus Quik	☐ G-CCHN	Corby CJ-1 Starlet	☐ G-CCMO	Evektor EV-97 Eurostar
☐ G-CCDF	Pegasus Quik	☐ G-CCHO	Pegasus Quik	☐ G-CCMP	Evektor EV-97A Eurostar
☐ G-CCDG	Best Off Skyranger 912	☐ G-CCHP	Cameron Z-31	☐ G-CCMR	Robinson R22 Beta II
☐ G-CCDH	Best Off Skyranger 912	☐ G-CCHR	Reality Easy Raider 503	☐ G-CCMS	Pegasus Quik
☐ G-CCDJ	Raj Hamsa X'Air Falcon 582	☐ G-CCHS	Raj Hamsa X'Air 582	☐ G-CCMT	Thruster T.600N 450
☐ G-CCDK	Pegasus Quantum 912	☐ G-CCHT	Cessna 152	☐ G-CCMU	RotorWay Executive 162F
☐ G-CCDL	Raj Hamsa X'Air Falcon 582	☐ G-CCHV	Mainair Rapier	☐ G-CCMW	CFM Shadow Srs DD
☐ G-CCDM	Mainair Blade	☐ G-CCHX	Scheibe SF25C Rotax-Falke	☐ G-CCMX	Best Off Skyranger 912
☐ G-CCDO	Pegasus Quik	☐ G-CCID	Avtech Jabiru J400	☐ G-CCMZ	Best Off Skyranger 912
☐ G-CCDP	Raj Hamsa X'Air 582	☐ G-CCIF	Mainair Blade	☐ G-CCNA	Jodel DR100A replica
☐ G-CCDR	Raj Hamsa X'Air Falcon Jabiru	☐ G-CCIH	Pegasus Quantum 15	☐ G-CCNC	Cameron Z-275
☐ G-CCDS	Nicollier HN.700 Menestrel II	☐ G-CCII	ICP MXP-740 Savannah Jabiru	☐ G-CCND	Van's RV-9A
☐ G-CCDU	Tecnam P92-EM Echo	☐ G-CCIJ	Piper PA-28R-180 Arrow	☐ G-CCNE	Pegasus Quantum 15
☐ G-CCDV	Thruster T.600N 450	☐ G-CCIK	Best Off Skyranger 912	☐ G-CCNF	Raj Hamsa X'Air Falcon 133
☐ G-CCDW	Best Off Skyranger 582	☐ G-CCIR	Van's RV-8	☐ G-CCNG	Flight Design CT2K
☐ G-CCDX	Evektor EV-97 Eurostar	☐ G-CCIS	Scheibe SF28A Tandem Falke	☐ G-CCNH	Rans S-6-ES Coyote II
☐ G-CCDY	Best Off Skyranger 912	☐ G-CCIT	Zenair CH.701UL	☐ G-CCNJ	Best Off Skyranger 912
☐ G-CCDZ	Pegasus Quantum 912	☐ G-CCIU	Cameron N-105	☐ G-CCNL	Raj Hamsa X'Air Falcon 133
☐ G-CCEA	Pegasus Quik	☐ G-CCIV	Pegasus Quik	☐ G-CCNM	Pegasus Quik
☐ G-CCEB	Thruster T.600N 450	☐ G-CCIW	Raj Hamsa X'Air 582	☐ G-CCNP	Flight Design CT2K
☐ G-CCED	Zenair CH.601UL Zodiac	☐ G-CCIY	Best Off Skyranger 912	☐ G-CCNR	Best Off Skyranger 912
☐ G-CCEE	Piper PA-15 Vagabond	☐ G-CCIZ	PZL-110 Koliber 160A	☐ G-CCNS	Best Off Skyranger 912
☐ G-CCEF	Europa Aviation Europa	☐ G-CCJA	Best Off Skyranger 912	☐ G-CCNT	Comco Ikarus C42 FB80
☐ G-CCEH	Best Off Skyranger 912	☐ G-CCJB	Zenair CH.701 STOL	☐ G-CCNU	Reality Easy Raider J2.2
☐ G-CCEJ	Evektor EV-97 Eurostar	☐ G-CCJD	Pegasus Quantum 15	☐ G-CCNW	Pegasus Quantum 15
☐ G-CCEK	Air Création 582/Kiss 400	☐ G-CCJH	Lindstrand LBL 90A	☐ G-CCNX	Mudry CAP 10C
☐ G-CCEL	Avtech Jabiru UL-450	☐ G-CCJI	Van's RV-6	☐ G-CCNY	Robinson R44 Raven I
☐ G-CCEM	Evektor EV-97A Eurostar	☐ G-CCJJ	Medway SLA 80 Executive	☐ G-CCNZ	Raj Hamsa X'Air 133
☐ G-CCEN	Cameron Z-120	☐ G-CCJK	Aerostar Yakovlev Yak-52	☐ G-CCOB	Aero C.104
☐ G-CCEO	Thunder Ax10-180 Srs 2	☐ G-CCJL	Super Marine Spitfire Mk.26	☐ G-CCOC	Pegasus Quantum 15
☐ G-CCES	Raj Hamsa X'Air 3203	☐ G-CCJM	Pegasus Quik	☐ G-CCOF	Rans S-6-ESA Coyote II
☐ G-CCET	Nova Vertex 28	☐ G-CCJN	Rans S-6-ES Coyote II	☐ G-CCOG	Pegasus Quik
☐ G-CCEU	RAF 2000 GTX-SE	☐ G-CCJO	ICP MXP-740 Savannah Jabiru	☐ G-CCOK	Pegasus Quik
☐ G-CCEW	Pegasus Quik	☐ G-CCJT	Best Off Skyranger 912	☐ G-CCOM	Westland Lysander IIIA
☐ G-CCEY	Raj Hamsa X'Air 582	☐ G-CCJU	ICP MXP-740 Savannah Jabiru	☐ G-CCOP	Ultramagic M-105
☐ G-CCEZ	Reality Easy Raider J2.2	☐ G-CCJV	Aeroprakt A-22 Foxbat	☐ G-CCOR	Sequoia F.8L Falco
☐ G-CCFC	Robinson R44 Raven I	☐ G-CCJW	Best Off Skyranger 912	☐ G-CCOS	Cameron Z-350
☐ G-CCFD	Quad City Challenger II	☐ G-CCJX	Europa Aviation Europa XS	☐ G-CCOT	Cameron Z-105
☐ G-CCFE	Tipsy Nipper T.66 Series 2	☐ G-CCJY	Cameron Z-42	☐ G-CCOU	Pegasus Quik
☐ G-CCFG	Dyn'Aéro MCR-01 Club	☐ G-CCKF	Best Off Skyranger 912	☐ G-CCOV	Europa Aviation Europa XS
☐ G-CCFI	Piper PA-32-260 Cherokee Six	☐ G-CCKG	Best Off Skyranger 912	☐ G-CCOW	Pegasus Quik
☐ G-CCFJ	Kolb Twinstar Mk3 Xtra	☐ G-CCKH	Diamond DA.40D Star	☐ G-CCOY	N Am AT-6D Harvard II
☐ G-CCFK	Europa Aviation Europa XS	☐ G-CCKJ	Raj Hamsa X'Air 133	☐ G-CCOZ	Monnett Sonerai II
☐ G-CCFL	Pegasus Quik	☐ G-CCKL	Evektor EV-97A Eurostar	☐ G-CCPC	Pegasus Quik
☐ G-CCFO	Pitts S-1S	☐ G-CCKM	Pegasus Quik	☐ G-CCPD	Campbell Cricket Mk.4
☐ G-CCFS	Diamond DA.40D Star	☐ G-CCKN	Nicollier HN.700 Menestrel II	☐ G-CCPE	Steen Skybolt
☐ G-CCFT	Pegasus Quantum 912	☐ G-CCKO	Pegasus Quik	☐ G-CCPF	Best Off Skyranger 912
☐ G-CCFU	Diamond DA.40D Star	☐ G-CCKP	Robin DR.400-120 Dauphin 2+2	☐ G-CCPG	Pegasus Quik
☐ G-CCFV	Lindstrand LBL 77A	☐ G-CCKR	Pietenpol Air Camper	☐ G-CCPH	Evektor EV-97 teamEurostar UK
☐ G-CCFW	WAR F-W 190 Replica	☐ G-CCKT	HAPI Cygnet SF-2A	☐ G-CCPJ	Evektor EV-97 teamEurostar UK
☐ G-CCFX	EAA Acrosport II	☐ G-CCKV	Isaacs Fury II	☐ G-CCPL	Best Off Skyranger 912
☐ G-CCFY	RotorWay Executive 162F	☐ G-CCKW	Piper L-21B-PI	☐ G-CCPM	Mainair Blade 912
☐ G-CCFZ	Comco Ikarus C42 FB UK	☐ G-CCKX	Lindstrand LBL 210A	☐ G-CCPN	Dyn'Aéro MCR-01 Club
☐ G-CCGB	TEAM miniMax 91A	☐ G-CCKZ	Customcraft A25	☐ G-CCPO	Cameron N-77
☐ G-CCGC	Pegasus Quik	☐ G-CCLF	Best Off Skyranger 912	☐ G-CCPP	Cameron C-70
☐ G-CCGE	Robinson R22 Beta II	☐ G-CCLH	Rans S-6-ES Coyote II	☐ G-CCPS	Comco Ikarus C42 FB100 VLA
☐ G-CCGF	Robinson R22 Beta II	☐ G-CCLM	Pegasus Quik	☐ G-CCPT	Cameron Z-90
☐ G-CCGG	Avtech Jabiru J400	☐ G-CCLO	Ultramagic H-77	☐ G-CCPV	Avtech Jabiru J400
☐ G-CCGH	Super Marine Spitfire Mk.26	☐ G-CCLP	ICP MXP-740 Savannah Jabiru	☐ G-CCRA	DG Flugzeugbau DG-800B
☐ G-CCGI	Pegasus Quik	☐ G-CCLR	Schleicher ASH 26E	☐ G-CCRB	Kolb Twinstar Mk3
☐ G-CCGK	Mainair Blade	☐ G-CCLS	Comco Ikarus C42 FB UK	☐ G-CCRC	Cessna TU206G Stationair
☐ G-CCGM	Air Création 582/Kiss 450	☐ G-CCLU	Best Off Skyranger 912	☐ G-CCRF	Pegasus Quantum 15
☐ G-CCGO	Gemini F2A/Raven	☐ G-CCLW	Diamond DA.40D Star	☐ G-CCRG	Ultramagic M-77
☐ G-CCGR	Raj Hamsa X'Air 133	☐ G-CCLX	Pegasus Quik	☐ G-CCRI	Raj Hamsa X'Air 582
☐ G-CCGS	Dornier 328-100	☐ G-CCMC	Avtech Jabiru UL-450	☐ G-CCRJ	Europa Aviation Europa

Reg	Type	Reg	Type	Reg	Type
☐ G-CCRK	Luscombe 8A Silvaire	☐ G-CCVX	Mainair Tri Flyer/Flexiform	☐ G-CDAE	Van's RV-6A
☐ G-CCRN	Thruster T.600N 450	☐ G-CCVZ	Cameron O-120	☐ G-CDAI	CAB Robin DR.400-140B
☐ G-CCRP	Thruster T.600N 450	☐ G-CCWC	Best Off Skyranger 912	☐ G-CDAL	Zenair CH.601UL Zodiac
☐ G-CCRR	Best Off Skyranger 912	☐ G-CCWE	Lindstrand LBL 330A	☐ G-CDAO	Pegasus Quantum 912
☐ G-CCRS	Lindstrand LBL 210A	☐ G-CCWF	Raj Hamsa X'Air 133	☐ G-CDAP	Evektor EV-97 teamEurostar UK
☐ G-CCRT	Pegasus Quantum 15	☐ G-CCWH	Dyn'Aéro MCR-01 Club	☐ G-CDAR	Pegasus Quik
☐ G-CCRV	Best Off Skyranger Swift	☐ G-CCWL	Mainair Blade	☐ G-CDAT	ICP MXP-740 Savannah Jabiru
☐ G-CCRW	Pegasus Quik	☐ G-CCWM	Robin DR.400-180 Régent	☐ G-CDAX	Pegasus Quik
☐ G-CCRX	Avtech Jabiru UL-450	☐ G-CCWO	Pegasus Quantum 912	☐ G-CDAY	Best Off Skyranger 912
☐ G-CCSD	Pegasus Quik	☐ G-CCWP	Evektor EV-97 teamEurostar UK	☐ G-CDAZ	Evektor EV-97 Eurostar
☐ G-CCSF	Pegasus Quik	☐ G-CCWR	Pegasus Quik	☐ G-CDBA	Best Off Skyranger 912
☐ G-CCSG	Cameron Z-275	☐ G-CCWU	Best Off Skyranger 912	☐ G-CDBB	Pegasus Quik
☐ G-CCSH	Pegasus Quik	☐ G-CCWV	Pegasus Quik	☐ G-CDBD	Avtech Jabiru J400
☐ G-CCSI	Cameron Z-42	☐ G-CCWW	Pegasus Quantum 912	☐ G-CDBE	Montgomerie-Bensen B.8M
☐ G-CCSJ	Cameron A-275	☐ G-CCWZ	Raj Hamsa X'Air Falcon 133	☐ G-CDBG	Robinson R22 Beta II
☐ G-CCSL	Pegasus Quik	☐ G-CCXA	Boeing Stearman A75N1	☐ G-CDBJ	Yakovlev Yak-3
☐ G-CCSN	Cessna U206G Stationair II	☐ G-CCXB	Boeing Stearman B75N1	☐ G-CDBK	RotorWay Executive 162F
☐ G-CCSO	Raj Hamsa X'Air Falcon VM321	☐ G-CCXC	Mudry CAP 10B	☐ G-CDBM	CAB Robin DR.400-180 Régent
☐ G-CCSP	Cameron N-77	☐ G-CCXD	Lindstrand LBL 105B	☐ G-CDBO	Best Off Skyranger 912
☐ G-CCSR	Evektor EV-97A Eurostar	☐ G-CCXF	Cameron Z-90	☐ G-CDBR	Stolp SA.300 Starduster Too
☐ G-CCSS	Lindstrand LBL 90A	☐ G-CCXG	Replica Plans SE.5A	☐ G-CDBS	MBB Bö.105DBS-4
☐ G-CCST	Piper PA-32R-301 Saratoga HP	☐ G-CCXH	Best Off Skyranger J2.2	☐ G-CDBU	Comco Ikarus C42 FB100
☐ G-CCSU	IAV Bacau Yakovlev Yak-52	☐ G-CCXK	Pitts S-1S	☐ G-CDBV	Best Off Skyranger 912S
☐ G-CCSV	ICP MXP-740 Savannah VG Jab	☐ G-CCXM	Best Off Skyranger 912	☐ G-CDBX	Europa Aviation Europa XS
☐ G-CCSW	Nott PA	☐ G-CCXN	Best Off Skyranger 912	☐ G-CDBY	Dyn'Aéro MCR-01 ULC
☐ G-CCSX	Best Off Skyranger 912	☐ G-CCXO	Corby CJ-1 Starlet	☐ G-CDBZ	Thruster T.600N 450
☐ G-CCSY	Pegasus Quik	☐ G-CCXP	ICP MXP-740 Savannah Jabiru	☐ G-CDCB	Robinson R44 Raven II
☐ G-CCTA	Zenair CH.601UL Zodiac	☐ G-CCXR	Mainair Blade	☐ G-CDCC	Evektor EV-97 Eurostar
☐ G-CCTC	Pegasus Quik	☐ G-CCXS	Montgomerie-Bensen B.8MR	☐ G-CDCD	Van's RV-9A
☐ G-CCTD	Pegasus Quik	☐ G-CCXT	Pegasus Quik	☐ G-CDCE	Mudry CAP 10B
☐ G-CCTE	Dyn'Aéro MCR-01 Club	☐ G-CCXU	Diamond DA.40D Star	☐ G-CDCF	Pegasus Quik
☐ G-CCTF	Pitts S-2A	☐ G-CCXV	Thruster T.600N 450	☐ G-CDCG	Comco Ikarus C42 FB UK
☐ G-CCTG	Van's RV-3B	☐ G-CCXW	Thruster T.600N 450	☐ G-CDCH	Best Off Skyranger 912
☐ G-CCTH	Evektor EV-97 teamEurostar UK	☐ G-CCXX	American AG-5B Tiger	☐ G-CDCI	Pegasus Quik
☐ G-CCTI	Evektor EV-97 teamEurostar UK	☐ G-CCXZ	Pegasus Quik	☐ G-CDCK	Pegasus Quik
☐ G-CCTL	Robinson R44 Raven II	☐ G-CCYB	Reality Escapade 912	☐ G-CDCM	Comco Ikarus C42 FB UK
☐ G-CCTM	Mainair Blade	☐ G-CCYC	Robinson R44 Raven II	☐ G-CDCO	Comco Ikarus C42 FB UK
☐ G-CCTO	Evektor EV-97 Eurostar	☐ G-CCYE	Pegasus Quik	☐ G-CDCP	Avtech Jabiru J400
☐ G-CCTP	Evektor EV-97 Eurostar	☐ G-CCYG	Robinson R44 Raven II	☐ G-CDCR	ICP MXP-740 Savannah Jabiru
☐ G-CCTR	Best Off Skyranger 912	☐ G-CCYI	Cameron O-105	☐ G-CDCS	Piper PA-12 Super Cruiser
☐ G-CCTS	Cameron Z-120	☐ G-CCYJ	Pegasus Quik	☐ G-CDCT	Evektor EV-97 teamEurostar UK
☐ G-CCTT	Cessna 172S Skyhawk SP	☐ G-CCYL	Pegasus Quantum 15	☐ G-CDCU	Mainair Blade
☐ G-CCTU	Pegasus Quik	☐ G-CCYM	Best Off Skyranger 912	☐ G-CDCV	Robinson R44 Clipper II
☐ G-CCTV	Rans S-6-ES Coyote II	☐ G-CCYO	Christen Eagle II	☐ G-CDCW	Reality Escapade 912
☐ G-CCTW	Cessna 152	☐ G-CCYP	Colt 56A	☐ G-CDDA	SOCATA TB-20 Trinidad
☐ G-CCTZ	Pegasus Quik	☐ G-CCYR	Comco Ikarus C42 FB80	☐ G-CDDB	Schempp-Hirth Standard Cirrus
☐ G-CCUA	Pegasus Quik	☐ G-CCYS	Reims/Cessna F182Q Skylane II	☐ G-CDDF	Pegasus Quantum 912
☐ G-CCUB	Piper J-3C-65 Cub	☐ G-CCYU	Ultramagic S-90	☐ G-CDDG	Piper PA-28-161 Warrior II
☐ G-CCUC	Best Off Skyranger J2.2	☐ G-CCYX	Bell 412	☐ G-CDDH	Raj Hamsa X'Air Falcon Jabiru
☐ G-CCUE	Ultramagic T-180	☐ G-CCYY	Piper PA-28-161 Warrior II	☐ G-CDDI	Thruster T.600N 450
☐ G-CCUF	Best Off Skyranger 912	☐ G-CCYZ	Dornier EKW C-3605	☐ G-CDDK	Cessna 172M Skyhawk
☐ G-CCUH	RAF 2000 GTX-SE	☐ G-CCZA	MS.894A Rallye Minerva 220	☐ G-CDDL	Cameron Z-350
☐ G-CCUI	Dyn'Aéro MCR-01 Club	☐ G-CCZB	Pegasus Quantum 15	☐ G-CDDM	Lindstrand LBL 90A
☐ G-CCUK	Agusta A109A II	☐ G-CCZD	Van's RV-7	☐ G-CDDN	Lindstrand LBL 90A
☐ G-CCUL	Europa Aviation Europa XS	☐ G-CCZI	Cameron A-275	☐ G-CDDO	Raj Hamsa X'Air 133
☐ G-CCUR	Pegasus Quantum 912	☐ G-CCZJ	Raj Hamsa X'Air Falcon 582	☐ G-CDDP	Laser Lazer Z230
☐ G-CCUT	Evektor EV-97 Eurostar	☐ G-CCZK	Zenair CH.601UL Zodiac	☐ G-CDDR	Best Off Skyranger 582
☐ G-CCUY	Europa Aviation Europa	☐ G-CCZL	Comco Ikarus C42 FB80	☐ G-CDDS	Zenair CH.601HD Zodiac
☐ G-CCUZ	Thruster T.600N 450	☐ G-CCZM	Best Off Skyranger 912S	☐ G-CDDU	Best Off Skyranger 912
☐ G-CCVA	Evektor EV-97 Eurostar	☐ G-CCZN	Rans S-6-ES Coyote II	☐ G-CDDV	Cameron Z-250
☐ G-CCVF	Lindstrand LBL 105A	☐ G-CCZO	Pegasus Quik	☐ G-CDDW	Aeroprakt A-22 Foxbat
☐ G-CCVH	Curtiss H75A-1	☐ G-CCZR	Medway EclipseR	☐ G-CDDX	Thruster T.600N 450
☐ G-CCVI	Zenair CH.701SP	☐ G-CCZS	Raj Hamsa X'Air Falcon 582	☐ G-CDDY	Van's RV-8
☐ G-CCVJ	Raj Hamsa X'Air Falcon Jabiru	☐ G-CCZT	Van's RV-9A	☐ G-CDEA	SAAB-Scania 2000
☐ G-CCVK	Evektor EV-97 teamEurostar UK	☐ G-CCZV	Piper PA-28-151 Warrior	☐ G-CDEB	SAAB-Scania 2000
☐ G-CCVL	Zenair CH.601XL Zodiac	☐ G-CCZW	Mainair Blade	☐ G-CDEF	Piper PA-28-161 Cadet
☐ G-CCVM	Van's RV-7A	☐ G-CCZX	Robin DR.400-180 Régent	☐ G-CDEH	ICP MXP-740 Savannah LS
☐ G-CCVN	Avtech Jabiru SP-470	☐ G-CCZY	Van's RV-9A	☐ G-CDEM	Raj Hamsa X'Air 133
☐ G-CCVP	Beech 58 Baron	☐ G-CCZZ	Evektor EV-97 Eurostar	☐ G-CDEN	Pegasus Quantum 912
☐ G-CCVR	Best Off Skyranger Swift	☐ G-CDAA	Pegasus Quantum 912	☐ G-CDEO	Piper PA-28-180 Archer
☐ G-CCVS	Van's RV-6A	☐ G-CDAB	Stoddard-Hamilton Glasair II-SRG	☐ G-CDEP	Evektor EV-97 teamEurostar UK
☐ G-CCVU	Robinson R22 Beta II	☐ G-CDAC	Evektor EV-97 teamEurostar UK	☐ G-CDER	Piper PA-28-161 Warrior II
☐ G-CCVW	Nicollier HN.700 Menestrel II	☐ G-CDAD	Lindstrand LBL 25A Cloudhopper	☐ G-CDET	Culver LCA Cadet

☐ G-CDEU	Lindstrand LBL 90B	☐ G-CDJO	DH.82A (Aust) Tiger Moth	☐ G-CDNZ	Ultramagic M-120
☐ G-CDEV	Reality Escapade 912	☐ G-CDJP	Best Off Skyranger 912	☐ G-CDOA	Evektor EV-97 teamEurostar UK
☐ G-CDEW	Pegasus Quik	☐ G-CDJR	Evektor EV-97 teamEurostar UK	☐ G-CDOB	Cameron C-90
☐ G-CDEX	Europa Aviation Europa	☐ G-CDJU	CASA 1-131E Srs 1000	☐ G-CDOC	P&M Quik GT450
☐ G-CDFA	Kolb Twinstar Mk3 Xtra	☐ G-CDJV	Beech A36 Bonanza	☐ G-CDOG	Lindstrand LBL Dog SS
☐ G-CDFD	Scheibe SF25C Rotax-Falke	☐ G-CDJX	Cameron N-56	☐ G-CDOK	Comco Ikarus C42 FB100
☐ G-CDFG	Pegasus Quik	☐ G-CDJY	Cameron C-80	☐ G-CDOM	Pegasus Quik
☐ G-CDFJ	Best Off Skyranger 912	☐ G-CDKA	SAAB-Scania 2000	☐ G-CDON	Piper PA-28-161 Warrior II
☐ G-CDFK	Avtech Jabiru UL-450	☐ G-CDKB	SAAB-Scania 2000	☐ G-CDOO	Pegasus Quantum 912
☐ G-CDFL	Zenair CH.601UL Zodiac	☐ G-CDKE	Rans S-6-ES Coyote II	☐ G-CDOP	Pegasus Quik
☐ G-CDFM	Raj Hamsa X'Air 582	☐ G-CDKF	Reality Escapade 912	☐ G-CDOR	Mainair Blade
☐ G-CDFN	Thunder Ax7-77	☐ G-CDKH	Best Off Skyranger 912S	☐ G-CDOT	Comco Ikarus C42 FB100
☐ G-CDFO	Pegasus Quik	☐ G-CDKI	Best Off Skyranger 912S	☐ G-CDOV	Best Off Skyranger 912
☐ G-CDFP	Best Off Skyranger Swift	☐ G-CDKJ	Silence SA.180 Twister	☐ G-CDOY	Robin DR.400-180R Remo
☐ G-CDFR	Pegasus Quantum 15	☐ G-CDKK	Pegasus Quik	☐ G-CDOZ	Evektor EV-97 Eurostar
☐ G-CDFU	Rans S-6-ES Coyote II	☐ G-CDKL	Reality Escapade 912	☐ G-CDPA	Alpi Pioneer 300
☐ G-CDGA	Taylor JT.1 Monoplane	☐ G-CDKM	Pegasus Quik	☐ G-CDPB	Best Off Skyranger 582
☐ G-CDGB	Rans S-6-116 Coyote II	☐ G-CDKN	ICP MXP-740 Savannah Jabiru	☐ G-CDPD	Pegasus Quik
☐ G-CDGC	Pegasus Quik	☐ G-CDKO	ICP MXP-740 Savannah Jabiru	☐ G-CDPE	Best Off Skyranger 912
☐ G-CDGD	Pegasus Quik	☐ G-CDKP	Avtech Jabiru UL-D Calypso	☐ G-CDPG	Crofton Auster J1/A
☐ G-CDGE	AirBorne XT912-B/Streak III-B	☐ G-CDKX	Best Off Skyranger J2.2	☐ G-CDPH	TCD Sherwood Ranger ST
☐ G-CDGF	Ultramagic S-105	☐ G-CDKY	Robinson R44 Raven I	☐ G-CDPL	Evektor EV-97 teamEurostar UK
☐ G-CDGG	Dyn'Aéro MCR-01 Club	☐ G-CDLA	Pegasus Quik	☐ G-CDPN	Ultramagic S-105
☐ G-CDGH	Rans S-6-ES Coyote II	☐ G-CDLB	Cameron Z-120	☐ G-CDPP	Comco Ikarus C42 FB100 VLA
☐ G-CDGI	Thruster T.600N 450	☐ G-CDLC	CASA 1-131E Srs 2000	☐ G-CDPS	Raj Hamsa X'Air Falcon 133
☐ G-CDGN	Cameron C-90	☐ G-CDLD	Pegasus Quik	☐ G-CDPV	Piper PA-34-200T Seneca II
☐ G-CDGO	Pegasus Quik	☐ G-CDLG	Best Off Skyranger 912	☐ G-CDPW	Pegasus Quantum 912
☐ G-CDGP	Zenair CH.601XL Zodiac	☐ G-CDLI	AirCo DH.9	☐ G-CDPY	Europa Aviation Europa
☐ G-CDGR	Zenair CH.701UL	☐ G-CDLJ	Pegasus Quik	☐ G-CDPZ	Flight Design CT2K
☐ G-CDGS	American AG-5B Tiger	☐ G-CDLK	Best Off Skyranger 912S	☐ G-CDRC	Cessna 182Q Skylane
☐ G-CDGT	Montgomerie-Parsons Gyro	☐ G-CDLL	Dyn'Aéro MCR-01 ULC	☐ G-CDRD	AirBorne XT912-B/Streak III-B
☐ G-CDGU	VS.300 Spitfire I	☐ G-CDLR	ICP MXP-740 Savannah Jabiru	☐ G-CDRF	Cameron Z-90
☐ G-CDGW	Piper PA-28-181 Archer II	☐ G-CDLS	Avtech Jabiru J400	☐ G-CDRG	Pegasus Quik
☐ G-CDGX	Pegasus Quantum 912	☐ G-CDLT	Raytheon Hawker 800XP	☐ G-CDRH	Thruster T.600N
☐ G-CDGY	VS.349 Spitfire Vc	☐ G-CDLV	Lindstrand LBL 105A	☐ G-CDRI	Cameron O-105
☐ G-CDHA	Best Off Skyranger 912S	☐ G-CDLW	Zenair CH.601UL	☐ G-CDRJ	Air Création Tanarg 912S/iXess
☐ G-CDHC	Slingsby T.67C Firefly	☐ G-CDLY	Cirrus SR20	☐ G-CDRN	Cameron Z-225
☐ G-CDHE	Best Off Skyranger 912	☐ G-CDLZ	Pegasus Quantum 912	☐ G-CDRO	Comco Ikarus C42 FB80
☐ G-CDHF	Piper PA-30 Twin Comanche B	☐ G-CDMA	Piper PA-28-151 Warrior	☐ G-CDRP	Comco Ikarus C42 FB80
☐ G-CDHG	Pegasus Quik	☐ G-CDMC	Cameron Z-105	☐ G-CDRR	Pegasus Quantum 912
☐ G-CDHH	Robinson R44 Raven I	☐ G-CDMD	Robin DR.500-200i Président	☐ G-CDRS	RotorWay Executive 162F
☐ G-CDHM	Pegasus Quantum 15	☐ G-CDME	Van's RV-7	☐ G-CDRT	Pegasus Quik
☐ G-CDHN	Lindstrand LBL 317A	☐ G-CDMF	Van's RV-9A	☐ G-CDRU	CASA 1-131E Srs 2000
☐ G-CDHO	Raj Hamsa X'Air 582	☐ G-CDMG	Robinson R22 Beta	☐ G-CDRV	Van's RV-9A
☐ G-CDHR	Comco Ikarus C42 FB80	☐ G-CDMH	Cessna P210N Centurion	☐ G-CDRW	Pegasus Quik
☐ G-CDHU	Best Off Skyranger 912	☐ G-CDMJ	Pegasus Quik	☐ G-CDRX	Cameron Z-275
☐ G-CDHX	Aeroprakt A-22 Foxbat	☐ G-CDMK	Montgomerie-Bensen B.8MR	☐ G-CDRY	Comco Ikarus C42 FB100 VLA
☐ G-CDHY	Cameron Z-90	☐ G-CDML	Pegasus Quik	☐ G-CDSA	Pegasus Quik
☐ G-CDHZ	Nicollier HN.700 Menestrel II	☐ G-CDMN	Van's RV-9	☐ G-CDSB	Alpi Pioneer 200
☐ G-CDIA	Thruster T.600N 450	☐ G-CDMO	Cameron S Can 100 SS	☐ G-CDSC	Scheibe SF25C Rotax-Falke
☐ G-CDIB	Cameron Z-350	☐ G-CDMP	Best Off Skyranger 912S	☐ G-CDSD	Alpi Pioneer 300
☐ G-CDIF	Mudry CAP 10B	☐ G-CDMS	Comco Ikarus C42 FB80	☐ G-CDSF	Diamond DA.40D Star
☐ G-CDIG	Evektor EV-97 Eurostar	☐ G-CDMT	Zenair CH.601XL Zodiac	☐ G-CDSH	ICP MXP-740 Savannah Jabiru
☐ G-CDIH	Cameron Z-275	☐ G-CDMU	Pegasus Quik	☐ G-CDSK	Reality Escapade Jabiru
☐ G-CDIJ	Best Off Skyranger 912	☐ G-CDMV	Best Off Skyranger Swift	☐ G-CDSM	P&M Quik GT450
☐ G-CDIL	Pegasus Quantum 912	☐ G-CDMX	Piper PA-28-161 Warrior II	☐ G-CDSN	Raj Hamsa X'Air Jabiru
☐ G-CDIO	Cameron Z-90	☐ G-CDMY	Piper PA-28-161 Warrior II	☐ G-CDSS	Pegasus Quik
☐ G-CDIR	Pegasus Quantum 912	☐ G-CDNA	Grob G109B	☐ G-CDST	Ultramagic N-250
☐ G-CDIT	Cameron Z-105	☐ G-CDND	Gulfstream GA-7 Cougar	☐ G-CDSW	Comco Ikarus C42 FB80
☐ G-CDIU	Best Off Skyranger 912S	☐ G-CDNE	Best Off Skyranger 912S	☐ G-CDSY	Robinson R44 Raven
☐ G-CDIX	Comco Ikarus C42 FB100	☐ G-CDNF	Aero Designs Pulsar 3	☐ G-CDTA	Evektor EV-97 teamEurostar UK
☐ G-CDIY	Evektor EV-97 Eurostar	☐ G-CDNG	Evektor EV-97 teamEurostar UK	☐ G-CDTB	Pegasus Quantum 912
☐ G-CDIZ	Reality Escapade 912	☐ G-CDNH	Pegasus Quik	☐ G-CDTH	Schempp-Hirth Nimbus-4DM
☐ G-CDJB	Van's RV-4	☐ G-CDNI	Evektor EV-97 teamEurostar UK	☐ G-CDTI	Messerschmitt Bf 109E-1
☐ G-CDJD	ICP MXP-740 Savannah Jabiru	☐ G-CDNJ	Colomban MC-15 Cri-Cri	☐ G-CDTJ	Reality Escapade 912
☐ G-CDJE	Thruster T.600N 450	☐ G-CDNM	Evektor EV-97 teamEurostar UK	☐ G-CDTL	Avtech Jabiru J400
☐ G-CDJF	Flight Design CT2K	☐ G-CDNO	Westland SA.341B Gazelle AH1	☐ G-CDTO	P&M Quik GT450
☐ G-CDJG	Zenair CH.601UL Zodiac	☐ G-CDNP	Evektor EV-97 teamEurostar UK	☐ G-CDTP	Best Off Skyranger 912S
☐ G-CDJI	Ultramagic M-120	☐ G-CDNR	Comco Ikarus C42 FB100	☐ G-CDTR	P&M Quik GT450
☐ G-CDJJ	IAV Bacau Yakovlev Yak-52	☐ G-CDNS	Westland SA.341B Gazelle AH1	☐ G-CDTT	ICP MXP-740 Savannah Jabiru
☐ G-CDJK	Comco Ikarus C42 FB80	☐ G-CDNT	Zenair CH.601XL Zodiac	☐ G-CDTU	Evektor EV-97 teamEurostar UK
☐ G-CDJL	Avtech Jabiru J400	☐ G-CDNW	Comco Ikarus C42 FB UK	☐ G-CDTV	Tecnam P2002-EA Sierra
☐ G-CDJN	RAF 2000 GTX-SE	☐ G-CDNY	Avtech Jabiru SP-470	☐ G-CDTX	Reims/Cessna F152 II

Reg	Type
G-CDTY	ICP MXP-740 Savannah Jabiru
G-CDTZ	Aeroprakt A-22 Foxbat
G-CDUE	Robinson R44 Raven
G-CDUH	P&M Quik GT450
G-CDUJ	Lindstrand LBL 31A
G-CDUK	Comco Ikarus C42 FB80
G-CDUL	Best Off Skyranger 912
G-CDUS	Best Off Skyranger 912S
G-CDUT	Avtech Jabiru J400
G-CDUU	P&M Quik GT450
G-CDUV	ICP MXP-740 Savannah Jabiru
G-CDUW	Aeronca C.3
G-CDUY	Colt 77A
G-CDVA	Best Off Skyranger 912
G-CDVB	Agusta A109E Power
G-CDVD	Evektor EV-97A Eurostar
G-CDVE	Agusta A109E Power
G-CDVF	Rans S-6-ES Coyote II
G-CDVG	Pegasus Quik
G-CDVH	Pegasus Quantum 15
G-CDVI	Comco Ikarus C42 FB80
G-CDVJ	Montgomerie-Bensen B.8MR
G-CDVK	ICP MXP-740 Savannah Jabiru
G-CDVL	Alpi Pioneer 300
G-CDVN	P&M Quik GT450
G-CDVO	Pegasus Quik
G-CDVR	P&M Quik GT450
G-CDVS	Europa Aviation Europa XS
G-CDVT	Van's RV-6
G-CDVU	Evektor EV-97 teamEurostar UK
G-CDVV	SAL Bulldog Srs 120/121
G-CDVZ	P&M Quik GT450
G-CDWB	Best Off Skyranger 912
G-CDWD	Cameron Z-105
G-CDWE	Nord NC.856 Norvigie
G-CDWG	Dyn'Aéro MCR-01 Club
G-CDWI	Comco Ikarus C42 FB80
G-CDWJ	Flight Design CTSW
G-CDWK	Robinson R44 Raven II
G-CDWL	Raj Hamsa X'Air 582
G-CDWM	Best Off Skyranger 912S
G-CDWN	Ultramagic N-210
G-CDWO	P&M Quik GT450
G-CDWP	P&M Quik GT450
G-CDWR	P&M Quik GT450
G-CDWT	Flight Design CTSW
G-CDWU	Zenair CH.601UL Zodiac
G-CDWW	P&M Quik GT450
G-CDWX	Lindstrand LBL 77A
G-CDWZ	P&M Quik GT450
G-CDXA	Robinson R44 Raven I
G-CDXD	Medway SLA 100 Executive
G-CDXF	Lindstrand LBL 31A
G-CDXG	Pegasus Quantum 912
G-CDXH	BAe Avro 146-RJ100
G-CDXI	Cessna 182P Skylane
G-CDXJ	Avtech Jabiru J400
G-CDXK	Diamond DA.42 Twin Star
G-CDXL	Flight Design CTSW
G-CDXN	P&M Quik GT450
G-CDXP	Evektor EV-97 Eurostar
G-CDXR	Fokker Dr.1 Triplane replica
G-CDXS	Evektor EV-97 teamEurostar UK
G-CDXT	Van's RV-9
G-CDXU	Chilton DW.1A
G-CDXW	Cameron Orange 120 SS
G-CDXX	Robinson R44 Raven II
G-CDXY	Skystar Kitfox Model 7
G-CDYB	Rans S-6-ES Coyote II
G-CDYD	Comco Ikarus C42 FB80
G-CDYG	Cameron Z-105
G-CDYI	BAe Jetstream 4100
G-CDYL	Lindstrand LBL 77A
G-CDYM	Murphy Maverick 430
G-CDYO	Comco Ikarus C42 FB80
G-CDYP	Evektor EV-97 teamEurostar UK
G-CDYR	Bell 206L-3 LongRanger III
G-CDYT	Comco Ikarus C42 FB80
G-CDYU	Zenair CH.701UL
G-CDYX	Lindstrand LBL 77B
G-CDYY	Alpi Pioneer 300
G-CDYZ	Van's RV-7
G-CDZA	Alpi Pioneer 300
G-CDZB	Zenair CH.601UL Zodiac
G-CDZD	Van's RV-9A
G-CDZG	Comco Ikarus C42 FB80
G-CDZO	Lindstrand LBL 60X
G-CDZR	Nicollier HN.700 Menestrel II
G-CDZS	Kolb Twinstar Mk.3 Xtra
G-CDZU	ICP MXP-740 Savannah Jabiru
G-CDZW	Cameron N-105
G-CDZY	Medway SLA 80 Executive
G-CDZZ	AutoGyro MT-03
G-CEAK	Comco Ikarus C42 FB80
G-CEAM	Evektor EV-97 teamEurostar UK
G-CEAN	Comco Ikarus C42 FB80
G-CEAO	Jurca MJ.5 Sirocco
G-CEAR	Alpi Pioneer 300
G-CEAT	Zenair CH.601HDS Zodiac
G-CEAU	Robinson R44 Clipper II
G-CEAX	Ultramagic S-130
G-CEAY	Ultramagic H-42
G-CEBA	Zenair CH.601XL Zodiac
G-CEBC	ICP MXP-740 Savannah Jabiru
G-CEBE	Schweizer 269C-1
G-CEBF	Evektor EV-97A Eurostar
G-CEBG	Balóny Kubíček BB26
G-CEBH	Air Création Tanarg 912S/BioniX
G-CEBI	Kolb Twinstar Mk3 Extra
G-CEBL	Balóny Kubíček BB20GP
G-CEBM	P&M Quik GT450
G-CEBO	Ultramagic M-65C
G-CEBP	Evektor EV-97 teamEurostar UK
G-CEBS	BAe Avro 146-RJ85
G-CEBT	P&M Quik GT450
G-CEBW	N Am P-51D Mustang
G-CEBZ	Zenair CH.601UL Zodiac
G-CECA	P&M Quik GT450
G-CECC	Comco Ikarus C42 FB80
G-CECD	Cameron C-90
G-CECE	Avtech Jabiru UL-D
G-CECF	Reality Escapade Jabiru
G-CECG	Avtech Jabiru UL-D
G-CECH	SAN Jodel D.150 Mascaret
G-CECI	Pilatus PC-6/B2-H4
G-CECJ	AMT-200S Super Ximango
G-CECK	ICP MXP-740 Savannah Jabiru
G-CECL	Comco Ikarus C42 FB80
G-CECO	Hughes 269C
G-CECP	Best Off Skyranger 912
G-CECS	Lindstrand LBL 105A
G-CECV	Van's RV-7
G-CECX	Robinson R44 Raven II
G-CECY	Evektor EV-97 Eurostar
G-CECZ	Zenair CH.601XL Zodiac
G-CEDB	Reality Escapade Jabiru
G-CEDC	Comco Ikarus C42 FB100
G-CEDE	Flight Design CTSW
G-CEDF	Cameron N-105
G-CEDG	Robinson R44 Raven I
G-CEDI	Best Off Skyranger 912
G-CEDJ	Aero Designs Pulsar XP
G-CEDK	Cessna 750 Citation X
G-CEDL	TEAM miniMax 91
G-CEDN	Pegasus Quik
G-CEDO	Raj Hamsa X'Air Falcon 133
G-CEDR	Comco Ikarus C42 FB80
G-CEDT	Air Création Tanarg 912S/iXess
G-CEDV	Evektor EV-97 teamEurostar UK
G-CEDX	Evektor EV-97 teamEurostar UK
G-CEDZ	Best Off Skyranger 912
G-CEEB	Cameron C-80
G-CEEC	Raj Hamsa X'Air Hawk
G-CEED	ICP MXP-740 Savannah Jabiru
G-CEEE	Robinson R44 Raven II
G-CEEG	Alpi Pioneer 300
G-CEEI	P&M Quik GT450
G-CEEJ	Rans S-7S Courier
G-CEEK	Cameron Z-105
G-CEEL	Ultramagic S-90
G-CEEN	Piper PA-28-161 Cadet
G-CEEO	Flight Design CTSW
G-CEEP	Van's RV-9A
G-CEER	ELA Aviacion ELA 07R
G-CEES	Cameron C-90
G-CEEU	Piper PA-28-161 Cadet
G-CEEV	Piper PA-28-161 Warrior III
G-CEEW	Comco Ikarus C42 FB100
G-CEEX	ICP MXP-740 Savannah Jabiru
G-CEEZ	Piper PA-28-161 Warrior III
G-CEFA	Comco Ikarus C42 FB100 VLA
G-CEFB	Ultramagic H-31
G-CEFC	Super Marine Spitfire Mk.26
G-CEFJ	Sonex Sonex
G-CEFK	Evektor EV-97 teamEurostar UK
G-CEFM	Cessna 152
G-CEFP	Avtech Jabiru J430
G-CEFS	Cameron C-100
G-CEFT	Whittaker MW5-D Sorcerer
G-CEFV	Cessna 182T Skylane
G-CEFY	ICP MXP-740 Savannah Jabiru
G-CEFZ	Evektor EV-97 teamEurostar UK
G-CEGE	Fairchild SA.226-TC Metro II
G-CEGG	Lindstrand LBL 25A Cloudhopper
G-CEGH	Van's RV-9A
G-CEGI	Van's RV-8
G-CEGJ	P&M Quik GT450
G-CEGK	ICP MXP-740 Savannah VG Jab
G-CEGL	Comco Ikarus C42 FB80
G-CEGO	Evektor EV-97A Eurostar
G-CEGP	Beech 200 Super King Air
G-CEGR	Beech 200 Super King Air
G-CEGS	Piper PA-28-161 Warrior II
G-CEGT	P&M Quik GT450
G-CEGU	Piper PA-28-151 Warrior
G-CEGV	P&M Quik GT450
G-CEGW	P&M Quik GT450
G-CEGZ	Comco Ikarus C42 FB80
G-CEHC	P&M Quik GT450
G-CEHD	Best Off Skyranger 912
G-CEHE	Medway SLA 100 Executive
G-CEHG	Comco Ikarus C42 FB100
G-CEHI	P&M Quik GT450
G-CEHL	Evektor EV-97 teamEurostar UK
G-CEHM	AutoGyro MT-03
G-CEHN	AutoGyro MT-03
G-CEHR	Auster AOP9
G-CEHS	Mudry CAP 10B
G-CEHT	Rand Robinson KR-2
G-CEHV	Comco Ikarus C42 FB80
G-CEHW	P&M Quik GT450
G-CEHX	Lindstrand LBL 9A
G-CEHZ	AirBorne XT912-B/Streak III-B
G-CEIA	AutoGyro MT-03
G-CEIB	Yakovlev Yak-18A
G-CEID	Van's RV-7
G-CEIE	Flight Design CTSW
G-CEIF	BAe Avro 146-RJ85
G-CEIG	Van's RV-7

☐ G-CEII	Medway SLA 80 Executive	☐ G-CEMY	Alpi Pioneer 300	☐ G-CESJ	Raj Hamsa X'Air Hawk
☐ G-CEIK	Ultramagic M-90	☐ G-CEMZ	Pegasus Quik	☐ G-CESM	TL 2000UK Sting Carbon
☐ G-CEIL	Reality Escapade 912	☐ G-CENA	Dyn'Aéro MCR-01 ULC	☐ G-CESR	P&M Quik GT450
☐ G-CEIS	Jodel DR.1050 Ambassadeur	☐ G-CENB	Evektor EV-97 teamEurostar UK	☐ G-CESU	Robinson R22 Beta II
☐ G-CEIT	Van's RV-7A	☐ G-CEND	Evektor EV-97 teamEurostar UK	☐ G-CESV	Evektor EV-97 teamEurostar UK
☐ G-CEIV	Air Création Tanarg 912S/iXess	☐ G-CENE	Flight Design CTSW	☐ G-CESW	Flight Design CTSW
☐ G-CEIW	Europa Aviation Europa	☐ G-CENG	Best Off Skyranger 912	☐ G-CESZ	CZAW Sportcruiser
☐ G-CEIX	Alpi Pioneer 300	☐ G-CENH	Tecnam P2002-EA Sierra	☐ G-CETB	Robin DR.400-180 Régent
☐ G-CEIY	Ultramagic M-120	☐ G-CENI	Super Marine Spitfire Mk.26	☐ G-CETD	Piper PA-28-161 Warrior III
☐ G-CEIZ	Piper PA-28-161 Warrior II	☐ G-CENJ	Medway SLA 100 Executive	☐ G-CETE	Piper PA-28-161 Warrior III
☐ G-CEJA	Cameron V-77	☐ G-CENK	Schempp-Hirth Nimbus-4DT	☐ G-CETF	Flight Design CTSW
☐ G-CEJC	Cameron N-77	☐ G-CENL	P&M Quik GT450	☐ G-CETK	Cameron Z-145
☐ G-CEJD	Piper PA-28-161 Warrior III	☐ G-CENM	Evektor EV-97 Eurostar	☐ G-CETL	P&M Quik GT450
☐ G-CEJE	Wittman W.10 Tailwind	☐ G-CENN	Cameron C-60	☐ G-CETM	P&M Quik GT450
☐ G-CEJG	Ultramagic M-56	☐ G-CENO	Aerospool Dynamic WT9 UK	☐ G-CETN	Hummel Aviation Hummel Bird
☐ G-CEJI	Lindstrand LBL 105A	☐ G-CENP	Ace Magic Laser	☐ G-CETO	Best Off Skyranger Swift
☐ G-CEJJ	P&M Quik GT450	☐ G-CENS	Best Off Skyranger Swift	☐ G-CETP	Van's RV-9A
☐ G-CEJL	Ultramagic H-31	☐ G-CENV	P&M Quik GT450	☐ G-CETR	Comco Ikarus C42 FB100
☐ G-CEJN	Mooney M.20F Executive	☐ G-CENW	Evektor EV-97A Eurostar	☐ G-CETS	Van's RV-7
☐ G-CEJW	Comco Ikarus C42 FB80	☐ G-CENX	Lindstrand LBL 360A	☐ G-CETT	Evektor EV-97 teamEurostar UK
☐ G-CEJX	P&M Quik GT450	☐ G-CENZ	Aeros Discus/Alize	☐ G-CETU	Best Off Skyranger Swift
☐ G-CEJY	Aerospool Dynamic WT9 UK	☐ G-CEOB	Pitts S-1	☐ G-CETV	Best Off Skyranger Swift
☐ G-CEJZ	Cameron C-90	☐ G-CEOC	Tecnam P2002-EA Sierra	☐ G-CETX	Alpi Pioneer 300
☐ G-CEKA	Robinson R44 Raven II	☐ G-CEOF	Piper PA-28R-201 Arrow III	☐ G-CETY	Rans S-6-ES Coyote II
☐ G-CEKC	Medway SLA 100 Executive	☐ G-CEOG	Piper PA-28R-201 Arrow III	☐ G-CETZ	Comco Ikarus C42 FB100
☐ G-CEKD	Flight Design CTSW	☐ G-CEOH	Raj Hamsa X'Air Falcon ULP	☐ G-CEUF	P&M Quik GT450
☐ G-CEKE	Robin DR.400-180 Régent	☐ G-CEOI	Cameron C-60	☐ G-CEUH	P&M Quik GT450
☐ G-CEKG	P&M Quik GT450	☐ G-CEOJ	Eurocopter EC155 B	☐ G-CEUJ	Best Off Skyranger Swift
☐ G-CEKI	Cessna 172P Skyhawk	☐ G-CEOL	Flylight Dragonfly/Discus 15T	☐ G-CEUL	Ultramagic M-105
☐ G-CEKJ	Evektor EV-97A Eurostar	☐ G-CEOM	Avtech Jabiru UL-450	☐ G-CEUM	Ultramagic M-120
☐ G-CEKK	Best Off Skyranger Swift	☐ G-CEON	Raj Hamsa X'Air Hawk	☐ G-CEUN	Schempp-Hirth Discus CS
☐ G-CEKO	Robin DR.400-100 Cadet	☐ G-CEOO	P&M Quik GT450	☐ G-CEUU	Robinson R44 Raven II
☐ G-CEKS	Cameron Z-105	☐ G-CEOP	Aeroprakt A-22L Foxbat	☐ G-CEUV	Cameron C-90
☐ G-CEKT	Flight Design CTSW	☐ G-CEOS	Cameron C-90	☐ G-CEUW	Zenair CH.601XL Zodiac
☐ G-CEKV	Europa Aviation Europa	☐ G-CEOT	Dudek 27/Bailey Quattro 175	☐ G-CEUZ	P&M Quik GT450
☐ G-CEKW	Avtech Jabiru J430	☐ G-CEOU	Lindstrand LBL 31A	☐ G-CEVA	Comco Ikarus C42 FB80
☐ G-CELA	Boeing 737-377	☐ G-CEOV	Lindstrand LBL 120A	☐ G-CEVB	P&M Quik GT450
☐ G-CELB	Boeing 737-377	☐ G-CEOW	Europa Aviation Europa XS	☐ G-CEVC	Van's RV-4
☐ G-CELC	Boeing 737-33A	☐ G-CEOX	AutoGyro MT-03	☐ G-CEVD	Rolladen-Schneider LS3
☐ G-CELD	Boeing 737-33A	☐ G-CEOY	Schweizer 269C-1	☐ G-CEVE	Centrair 101A Pégase
☐ G-CELE	Boeing 737-33A	☐ G-CEOZ	Paramania GT26/PAP Chariot Z	☐ G-CEVH	Cameron V-65
☐ G-CELF	Boeing 737-377	☐ G-CEPL	Super Marine Spitfire Mk.26	☐ G-CEVJ	Alpi Pioneer 200-M
☐ G-CELG	Boeing 737-377	☐ G-CEPM	Avtech Jabiru J430	☐ G-CEVK	Schleicher Ka 6CR
☐ G-CELH	Boeing 737-330	☐ G-CEPN	Kolb Firefly	☐ G-CEVL	Fairchild M62A-4 Cornell I
☐ G-CELI	Boeing 737-330	☐ G-CEPP	P&M Quik GT450	☐ G-CEVM	Tecnam P2002-EA Sierra
☐ G-CELJ	Boeing 737-330	☐ G-CEPR	Cameron Z-90	☐ G-CEVN	Rolladen-Schneider LS7
☐ G-CELK	Boeing 737-330	☐ G-CEPU	Cameron Z-77	☐ G-CEVO	Grob G109B
☐ G-CELM	Cameron C-80	☐ G-CEPV	Cameron Z-77	☐ G-CEVP	P&M Quik GT450
☐ G-CELO	Boeing 737-33A	☐ G-CEPW	Alpi Pioneer 300	☐ G-CEVS	Evektor EV-97 teamEurostar UK
☐ G-CELP	Boeing 737-330	☐ G-CEPX	Cessna 152	☐ G-CEVT	Dudek 27/Bailey Quattro 175
☐ G-CELR	Boeing 737-330	☐ G-CEPY	Comco Ikarus C42 FB80	☐ G-CEVU	ICP MXP-740 Savannah VG Jab
☐ G-CELS	Boeing 737-377	☐ G-CEPZ	Dan Rihn DR.107 One Design	☐ G-CEVV	Rolladen-Schneider LS3
☐ G-CELU	Boeing 737-377	☐ G-CERB	Best Off Skyranger Swift	☐ G-CEVW	P&M Quik GT450
☐ G-CELV	Boeing 737-377	☐ G-CERC	Cameron Z-350	☐ G-CEVX	Aeriane Swift Light PAS
☐ G-CELW	Boeing 737-377SF	☐ G-CERD	DHC-1 Chipmunk 22	☐ G-CEVY	AutoGyro MT-03
☐ G-CELX	Boeing 737-377	☐ G-CERE	Evektor EV-97 teamEurostar UK	☐ G-CEVZ	Centrair ASW 20FL
☐ G-CELY	Boeing 737-377	☐ G-CERF	AutoGyro MT-03	☐ G-CEWC	Schleicher ASK 21
☐ G-CELZ	Boeing 737-377	☐ G-CERH	Cameron C-90	☐ G-CEWD	P&M Quik GT450
☐ G-CEMA	Alpi Pioneer 200	☐ G-CERI	Europa Aviation Europa XS	☐ G-CEWE	Schempp-Hirth Nimbus-2
☐ G-CEMB	P&M Quik GT450	☐ G-CERK	Van's RV-9A	☐ G-CEWF	Jacobs V35 Airchair
☐ G-CEMC	Robinson R44 Raven II	☐ G-CERL	Ultramagic M-77	☐ G-CEWG	Aerola Alatus-M
☐ G-CEME	Evektor EV-97 Eurostar	☐ G-CERN	P&M Quik GT450	☐ G-CEWH	P&M Quik GT450
☐ G-CEMF	Cameron C-80	☐ G-CERP	P&M Quik GT450	☐ G-CEWI	Schleicher ASW 19B
☐ G-CEMG	Ultramagic M-105	☐ G-CERT	Mooney M.20K Mooney 231	☐ G-CEWK	Cessna 172S Skyhawk SP
☐ G-CEMI	Europa Aviation Europa XS	☐ G-CERV	P&M Quik GT450	☐ G-CEWL	Alpi Pioneer 200
☐ G-CEMM	P&M Quik GT450	☐ G-CERW	Pegasus Quik	☐ G-CEWM	DHC-6 Twin Otter Series 3
☐ G-CEMO	P&M Quik GT450	☐ G-CERX	Raytheon Hawker 850XP	☐ G-CEWN	Diamond DA.42 Twin Star
☐ G-CEMR	Mainair Blade 912	☐ G-CERY	SAAB-Scania 2000	☐ G-CEWO	Schleicher Ka 6CR
☐ G-CEMS	MD Helicopters MD.900 Explorer	☐ G-CERZ	SAAB-Scania 2000	☐ G-CEWP	Grob G102 Astir CS
☐ G-CEMT	P&M Quik GT450	☐ G-CESA	SAB Jodel DR.1050	☐ G-CEWR	Aeroprakt A-22L Foxbat
☐ G-CEMU	Cameron C-80	☐ G-CESD	Best Off Skyranger Swift	☐ G-CEWS	Zenair CH.701SP
☐ G-CEMV	Lindstrand LBL 105A	☐ G-CESH	Cameron Z-90	☐ G-CEWT	Flight Design CTSW
☐ G-CEMX	Pegasus Quik	☐ G-CESI	Aeroprakt A-22L Foxbat	☐ G-CEWU	Ultramagic H-77

Registration	Type	Registration	Type	Registration	Type
G-CEWW	Grob G102 Astir CS77	G-CFBY	Best Off Skyranger Swift	G-CFFN	P&M Quik GT450
G-CEWX	Cameron Z-350	G-CFBZ	Schleicher Ka 6CR	G-CFFO	P&M Quik GT450
G-CEWY	Quicksilver GT500	G-CFCA	Schempp-Hirth Discus b	G-CFFS	Centrair 101A Pégase
G-CEWZ	Schempp-Hirth Discus bT	G-CFCB	Centrair 101 Pégase	G-CFFT	Schempp-Hirth Discus b
G-CEXL	Comco Ikarus C42 FB80	G-CFCC	Cameron Z-275	G-CFFU	Glaser-Dirks DG-100G Elan
G-CEXM	Best Off Skyranger Swift	G-CFCD	Best Off Skyranger Swift	G-CFFV	PZL-Bielsko SZD-51-1 Junior
G-CEXN	Cameron A-120	G-CFCE	Raj Hamsa X'Air Hawk	G-CFFX	Schempp-Hirth Discus b
G-CEXO	Piper PA-28-161 Warrior III	G-CFCF	Aerochute Dual	G-CFFY	PZL-Bielsko SZD-51-1 Junior
G-CEXX	AutoGyro MT-03	G-CFCH	Campbell Cricket Mk.4	G-CFGA	VS.502 Spitfire Trainer VIII
G-CEYC	Glaser-Dirks DG-505 Elan Orion	G-CFCI	Reims/Cessna F172N Skyhawk II	G-CFGB	Cessna 680 Citation Sovereign
G-CEYD	Cameron N-31	G-CFCJ	Grob G102 Astir CS	G-CFGC	Flylight Dragonlite/Discus
G-CEYE	Piper PA-32R-300 Lance	G-CFCK	Best Off Skyranger Swift	G-CFGD	P&M Quik GT450
G-CEYG	Cessna 152	G-CFCL	AutoGyro MT-03	G-CFGE	Stinson 108-1 Voyager
G-CEYH	Cessna 152	G-CFCM	Robinson R44 Raven I	G-CFGF	Schempp-Hirth Nimbus-3T
G-CEYK	Europa Aviation Europa XS	G-CFCN	Schempp-Hirth Standard Cirrus	G-CFGG	AutoGyro MT-03
G-CEYL	BD-700-1A10 Global Express	G-CFCP	Rolladen-Schneider LS6-a	G-CFGH	Avtech Jabiru J160
G-CEYM	Van's RV-6	G-CFCR	Schleicher Ka 6E	G-CFGI	VS.358 Seafire II
G-CEYN	Grob G109B	G-CFCS	Schempp-Hirth Nimbus-2C	G-CFGJ	VS.300 Spitfire I
G-CEYO	AS.350B2 Ecureuil	G-CFCT	Evektor EV-97 teamEurostar UK	G-CFGK	Grob G102 Astir CS
G-CEYP	North Wing Design Stratus/ATF	G-CFCV	Schleicher ASW 20	G-CFGM	Comco Ikarus C42
G-CEYR	AutoGyro MT-03	G-CFCW	AutoGyro MT-03	G-CFGN	VS.300 Spitfire I
G-CEYU	SA.365N1 Dauphin 2	G-CFCX	Rans S-6-ES Coyote II	G-CFGO	Best Off Skyranger Swift
G-CEYY	Evektor EV-97 teamEurostar UK	G-CFCY	Best Off Skyranger Swift	G-CFGP	Schleicher ASW 19B
G-CEZA	Comco Ikarus C42 FB80	G-CFCZ	P&M Quik GT450	G-CFGR	Schleicher ASK 13
G-CEZB	ICP MXP-740 Savannah	G-CFDA	Schleicher ASW 15	G-CFGT	P&M Quik GT450
G-CEZD	Evektor EV-97 teamEurostar UK	G-CFDC	P&M Quik GT450	G-CFGU	Schempp-Hirth Standard Cirrus
G-CEZE	Best Off Skyranger Swift	G-CFDE	Schempp-Hirth Ventus bT	G-CFGV	P&M Quik GT450
G-CEZF	Evektor EV-97 teamEurostar UK	G-CFDF	Ultramagic S-90	G-CFGW	Centrair 101A Pégase
G-CEZH	Aerochute Dual	G-CFDG	Schleicher Ka 6CR	G-CFGX	Evektor EV-97 teamEurostar UK
G-CEZI	Piper PA-28-161 Cadet	G-CFDI	Van's RV-6	G-CFGY	AutoGyro MT-03
G-CEZK	Stolp SA.750 Acroduster Too	G-CFDJ	Evektor EV-97 teamEurostar UK	G-CFGZ	Flight Design CTSW
G-CEZL	Piper PA-28-161 Cadet	G-CFDK	Rans S-6-ES Coyote II	G-CFHB	Micro Aviation B.22J Bantam
G-CEZM	Cessna 152	G-CFDL	P&M Quik R	G-CFHC	Micro Aviation B.22J Bantam
G-CEZO	Piper PA-28-161 Cadet	G-CFDM	Schempp-Hirth Discus b	G-CFHD	Schleicher ASW 20BL
G-CEZR	Diamond DA.40D Star	G-CFDN	Best Off Skyranger Swift	G-CFHF	PZL-Bielsko SZD-51-1 Junior
G-CEZS	Zenair CH.601HDS Zodiac	G-CFDO	Flight Design CTSW	G-CFHG	Schempp-Hirth Mini-Nimbus C
G-CEZT	P&M Quik GT450	G-CFDP	Flight Design CTSW	G-CFHI	Van's RV-9
G-CEZU	CFM Streak Shadow SA	G-CFDS	TL 2000UK Sting Carbon	G-CFHJ	Centrair 101A Pégase
G-CEZV	Zenair CH.601HDS Zodiac	G-CFDT	Aerola Alatus-M	G-CFHK	Aeroprakt A-22L Foxbat
G-CEZW	SAN Jodel D.150 Mascaret	G-CFDV	Sikorsky S-76C++	G-CFHL	Rolladen-Schneider LS4
G-CEZX	P&M Quik GT450	G-CFDX	PZL-Bielsko SZD-48-1 Jantar Std 2	G-CFHM	Schleicher ASK 13
G-CEZZ	Flight Design CTSW	G-CFDY	P&M Quik GT450	G-CFHN	Schleicher K 8B
G-CFAG	AutoGyro MT-03	G-CFDZ	Flight Design Exxtacy/DTA Alize	G-CFHO	Grob G103 Twin II
G-CFAJ	Glaser-Dirks DG-300 Elan	G-CFEA	Cameron C-90	G-CFHP	Comco Ikarus C42 FB80
G-CFAK	AutoGyro MT-03	G-CFEB	Cameron C-80	G-CFHR	Schempp-Hirth Discus b
G-CFAM	Schempp-Hirth Nimbus-3/24.5	G-CFED	Van's RV-9	G-CFHS	Tchemma T01/77
G-CFAO	Rolladen-Schneider LS4	G-CFEE	Evektor EV-97 Eurostar	G-CFHU	Robinson R22 Beta II
G-CFAP	Ivanov ZJ-Viera	G-CFEF	Grob G102 Astir CS	G-CFHW	Grob G102 Astir CS
G-CFAR	AutoGyro MT-03	G-CFEG	Schempp-Hirth Ventus c	G-CFHX	Schroeder Fire Balloons G22/24
G-CFAS	Reality Escapade Jabiru	G-CFEH	Centrair 101 Pégase	G-CFHY	Fokker Dr.1 Triplane replica
G-CFAT	P&M Quik GT450	G-CFEI	RAF 2000 GTX-SE	G-CFHZ	Schleicher Ka 6CR
G-CFAU	Cameron Z-105	G-CFEJ	Schempp-Hirth Discus b	G-CFIA	Best Off Skyranger Swift
G-CFAV	Comco Ikarus C42 FB80	G-CFEK	Cameron Z-105	G-CFIC	Jodel DR.1051/M1 Sicile Record
G-CFAW	Lindstrand LBL 35A Cloudhopper	G-CFEL	Evektor EV-97 Eurostar	G-CFID	Air Création Tanarg 912S/iXess
G-CFAX	Comco Ikarus C42 FB80	G-CFEM	P&M Quik GT450	G-CFIE	AutoGyro MT-03
G-CFAY	Sky 120-24	G-CFEN	PZL-Bielsko SZD-50-3 Puchacz	G-CFIF	Christen Eagle II
G-CFBA	Schleicher ASW 20BL	G-CFEO	Evektor EV-97 Eurostar	G-CFIG	P&M Quik GT450
G-CFBB	Schempp-Hirth Standard Cirrus	G-CFER	Schempp-Hirth Discus b	G-CFIH	Piel CP.1320
G-CFBC	Schleicher ASW 15B	G-CFES	Schempp-Hirth Discus b	G-CFII	DH.82A Tiger Moth
G-CFBE	Comco Ikarus C42 FB80	G-CFET	Van's RV-7	G-CFIJ	Christen Eagle II
G-CFBF	Lindstrand LTL 203T	G-CFEV	Pegasus Quik	G-CFIK	Lindstrand LBL 60X
G-CFBH	Glaser-Dirks DG-100G Elan	G-CFEX	P&M Quik GT450	G-CFIL	P&M Quik GT450
G-CFBJ	AutoGyro MT-03	G-CFEY	Aerola Alatus-M	G-CFIM	P&M Quik GT450
G-CFBK	BAC 167 Strikemaster Mk.80A	G-CFEZ	CZAW Sportcruiser	G-CFIO	Cessna 172S Skyhawk SP
G-CFBL	Best Off Skyranger Swift	G-CFFA	Ultramagic M-90	G-CFIT	Comco Ikarus C42 FB100
G-CFBM	Pegasus Quantum 912	G-CFFB	Grob G102 Astir CS	G-CFIU	CZAW Sportcruiser
G-CFBN	Glasflugel 303 Mosquito B	G-CFFC	Centrair 101A Pégase	G-CFIW	Balóny Kubíček BB20XR
G-CFBO	Reality Escapade	G-CFFE	Evektor EV-97 teamEurostar UK	G-CFIZ	Best Off Skyranger 912
G-CFBS	Best Off Skyranger Swift	G-CFFF	Pitts S-1S	G-CFJB	AutoGyro MT-03
G-CFBT	Schempp-Hirth Ventus bT	G-CFFG	Aerochute Dual	G-CFJF	Schempp-Hirth SHK-1
G-CFBV	Schleicher ASK 21	G-CFFH	Flylight Dragonfly/Discus 15T	G-CFJG	Best Off Skyranger Swift
G-CFBW	Glaser-Dirks DG-100G Elan	G-CFFJ	Flight Design CTSW	G-CFJH	Grob G102 Astir CS77
G-CFBX	Beech C90GTi King Air	G-CFFL	Lindstrand LBL 317A	G-CFJI	Ultramagic M-105

Reg	Type	Reg	Type	Reg	Type
G-CFJJ	Best Off Skyranger Swift	G-CFNB	Cameron TR-70	G-CFRW	Schleicher ASW 20L
G-CFJK	Centrair 101A Pégase	G-CFNC	Flylight Dragonfly/Discus 15T	G-CFRX	Centrair 101A Pégase
G-CFJL	Raj Hamsa X'Air Hawk	G-CFND	Schleicher Ka 6E	G-CFRY	Zenair CH.601UL Zodiac
G-CFJM	Rolladen-Schneider LS4-a	G-CFNE	PZL-Bielsko SZD-38A Jantar 1	G-CFRZ	Schempp-Hirth Standard Cirrus
G-CFJN	Diamond DA.40D Star	G-CFNF	Robinson R44 Raven II	G-CFSB	Tecnam P2002-RG Sierra
G-CFJO	Diamond DA.40D Star	G-CFNG	Schleicher ASW 24	G-CFSD	Schleicher ASK 13
G-CFJR	Glaser-Dirks DG-300 Club Elan	G-CFNH	Schleicher ASW 19B	G-CFSE	Cameron A-340HL
G-CFJS	Glaser-Dirks DG-300 Club Elan	G-CFNI	AirBorne XT912-B-Streak III-B	G-CFSF	P&M Quik R
G-CFJU	Raj Hamsa X'Air Hawk	G-CFNK	Slingsby T.65A Vega	G-CFSG	Van's RV-9
G-CFJV	Schleicher ASW 15	G-CFNL	Schempp-Hirth Discus b	G-CFSH	Grob G102 Astir CS Jeans
G-CFJW	Schleicher K7 Rhönadler	G-CFNM	Centrair 101B Pégase	G-CFSI	Aerola Alatus-M
G-CFJX	Glaser-Dirks DG-300 Elan	G-CFNO	Best Off Skyranger Swift	G-CFSJ	Avtech Jabiru J160
G-CFJZ	Schempp-Hirth SHK-1	G-CFNP	Schleicher Ka 6CR	G-CFSK	Dyn'Aéro MCR-01 VLA Sportster
G-CFKA	AutoGyro MT-03	G-CFNR	Schempp-Hirth Discus b	G-CFSL	Balóny Kubíček BB26Z
G-CFKB	CZAW Sportcruiser	G-CFNS	Glaser-Dirks DG-300 Club Elan	G-CFSM	Cessna 172Q Cutlass II
G-CFKD	Raj Hamsa X'Air Falcon Jabiru	G-CFNT	Glaser-Dirks DG-600	G-CFSO	Flylight Dragonfly/Discus 15T
G-CFKE	Raj Hamsa X'Air Hawk	G-CFNU	Rolladen-Schneider LS4-a	G-CFSR	Glaser-Dirks DG-300 Elan
G-CFKG	Rolladen-Schneider LS4-a	G-CFNV	CZAW Sportcruiser	G-CFSS	Schleicher Ka 6E
G-CFKH	Zenair CH.601XL Zodiac	G-CFNW	Evektor EV-97 teamEurostar UK	G-CFST	Schleicher ASH 25E
G-CFKJ	P&M Quik GT450	G-CFNX	AC Buggy 582/Flylight iXess 13	G-CFSW	Best Off Skyranger Swift
G-CFKK	Flylight Dragonfly/Discus 15T	G-CFNY	Flylight Dragonfly/Discus 15T	G-CFSX	ICP MXP-740 Savannah VG Jab
G-CFKL	Schleicher ASW 20BL	G-CFNZ	AirBorne XT912-B/Streak III-B	G-CFTA	Ace Magic Laser
G-CFKM	Schempp-Hirth Discus b	G-CFOB	Schleicher ASW 15B	G-CFTB	Schleicher Ka 6CR
G-CFKN	Lindstrand GA22 MkII Gas	G-CFOC	Glaser-Dirks DG-200/17C	G-CFTC	PZL-Bielsko SZD-51-1 Junior
G-CFKO	P&M Quik GT450	G-CFOF	Scheibe SF27A	G-CFTD	Schleicher ASW 15B
G-CFKP	Performance Barnstormer/Voyager	G-CFOG	Comco Ikarus C42 FB UK	G-CFTF	Roe Triplane replica
G-CFKR	Pegasus Quik	G-CFOI	Cessna 172N Skyhawk II	G-CFTG	P&M Quik R
G-CFKS	Flight Design CTSW	G-CFOJ	Eurocopter EC155 B1	G-CFTH	PZL-Bielsko SZD-50-3 Puchacz
G-CFKT	Schleicher K 8B	G-CFOM	Scheibe SF27A	G-CFTI	Evektor EV-97 Eurostar
G-CFKU	P&M Quik GT450	G-CFON	Wittman W.8 Tailwind	G-CFTJ	Evektor EV-97A Eurostar
G-CFKW	Alpi Pioneer 200-M	G-CFOO	P&M Quik R	G-CFTK	Grob G102 Astir CS Jeans
G-CFKX	Cameron Z-160	G-CFOP	Cameron Shopping Bag 120 SS	G-CFTL	Schleicher ASW 20CL
G-CFKY	Schleicher Ka 6CR	G-CFOR	Schleicher K 8B	G-CFTM	Cameron C-80
G-CFKZ	Europa Aviation Europa XS	G-CFOS	Flylight Dragonfly/Discus 14T	G-CFTN	Schleicher K 8B
G-CFLA	P&M Quik GT450	G-CFOT	PZL-Bielsko SZD-48-3	G-CFTO	Comco Ikarus C42 FB80
G-CFLC	Glaser-Dirks DG-300 Elan	G-CFOU	Schleicher K7 Rhönadler	G-CFTP	Schleicher ASW 20CL
G-CFLD	Comco Ikarus C42 FB80	G-CFOV	CZAW Sportcruiser	G-CFTR	Grob G102 Astir CS77
G-CFLE	Schempp-Hirth Discus b	G-CFOW	Best Off Skyranger Swift	G-CFTS	Glaser-Dirks DG-300 Club Elan
G-CFLF	Rolladen-Schneider LS4-a	G-CFOX	Marganski MDM-1 Fox	G-CFTT	Van's RV-7
G-CFLG	CZAW Sportcruiser	G-CFOY	Schempp-Hirth Discus b	G-CFTU	Flylight Dragonfly/Discus 15T
G-CFLH	Schleicher K 8B	G-CFOZ	Rolladen-Schneider LS1-f	G-CFTV	Rolladen-Schneider LS7-WL
G-CFLI	Europa Aviation Europa	G-CFPA	CZAW Sportcruiser	G-CFTW	Schempp-Hirth Discus b
G-CFLK	Cameron C-90	G-CFPB	Schleicher ASW 15B	G-CFTX	Avtech Jabiru J160
G-CFLL	Evektor EV-97 Eurostar	G-CFPD	Rolladen-Schneider LS7	G-CFTY	Rolladen-Schneider LS7-WL
G-CFLM	Pegasus Quik	G-CFPE	Schempp-Hirth Ventus cT	G-CFTZ	Evektor EV-97 Eurostar
G-CFLN	Best Off Skyranger Swift	G-CFPF	Scheibe L-Spatz 55	G-CFUA	Van's RV-9A
G-CFLO	AutoGyro MT-03	G-CFPG	AMS-Flight Carat A	G-CFUB	Schleicher Ka 6CR
G-CFLP	Druine D.31 Turbulent	G-CFPH	Centrair ASW 20F	G-CFUD	Best Off Skyranger Swift
G-CFLR	P&M Quik GT450	G-CFPI	P&M Quik GT450	G-CFUE	Alpi Pioneer 300 Hawk
G-CFLS	Schleicher Ka 6CR	G-CFPJ	CZAW Sportcruiser	G-CFUF	Ultramagic N-300
G-CFLU	SAAB-Scania 2000	G-CFPL	Schempp-Hirth Ventus c	G-CFUG	Grob G109B
G-CFLV	SAAB-Scania 2000	G-CFPM	PZL-Bielsko SZD-51-1 Junior	G-CFUH	Schempp-Hirth Ventus c
G-CFLW	Schempp-Hirth Std Cirrus 75	G-CFPN	Schleicher ASW 20	G-CFUI	Hunt Wing Avon 503
G-CFLX	Glaser-Dirks DG-300 Club Elan	G-CFPP	Schempp-Hirth Nimbus-2B	G-CFUJ	Glaser-Dirks DG-300 Elan
G-CFLZ	Scheibe SF27A	G-CFPR	P&M Quik R	G-CFUL	Schempp-Hirth Discus b
G-CFMA	BB Microlights BB03 Trya/BB103	G-CFPS	Sky 25-16	G-CFUN	Schleicher ASW 20CL
G-CFMB	P&M Quik GT450	G-CFPT	Schleicher ASW 20	G-CFUP	Schempp-Hirth Discus b
G-CFMC	Van's RV-9A	G-CFPW	Glaser-Dirks DG-600	G-CFUR	Schempp-Hirth Ventus cT
G-CFMD	P&M Quik GT450	G-CFRC	Schempp-Hirth Nimbus-2B	G-CFUS	PZL-Bielsko SZD-51-1 Junior
G-CFMH	Schleicher ASK 13	G-CFRE	Schleicher Ka 6E	G-CFUT	Glaser-Dirks DG-300 Club Elan
G-CFMI	Best Off Skyranger 912	G-CFRF	Lindstrand LBL 31A	G-CFUU	Glaser-Dirks DG-300 Club Elan
G-CFMM	Cessna 172S Skyhawk SP	G-CFRH	Schleicher ASW 20CL	G-CFUV	Rolladen-Schneider LS7-WL
G-CFMN	Schempp-Hirth Ventus cT	G-CFRI	Ultramagic N-355	G-CFUW	AutoGyro MTOSport
G-CFMO	Schempp-Hirth Discus b	G-CFRJ	Schempp-Hirth Standard Cirrus	G-CFUX	Cameron C-80
G-CFMP	Europa Aviation Europa XS	G-CFRK	Schleicher ASW 15B	G-CFUY	PZL-Bielsko SZD-50-3 Puchacz
G-CFMR	Ultramagic V-14	G-CFRL	Grob G102 Astir CS	G-CFUZ	CZAW Sportcruiser
G-CFMS	Schleicher ASW 15	G-CFRM	Best Off Skyranger Swift	G-CFVA	P&M Quik GT450
G-CFMT	Schempp-Hirth Standard Cirrus	G-CFRN	AutoGyro MTOSport	G-CFVC	Schleicher ASK 13
G-CFMU	Schempp-Hirth Standard Cirrus	G-CFRP	Centrair 101A Pégase	G-CFVE	Schempp-Hirth Nimbus-2C
G-CFMV	Aerola Alatus-M	G-CFRR	Centrair 101A Pégase	G-CFVF	Air Création 582/Kiss 400
G-CFMW	Scheibe SF25C Falke	G-CFRS	Scheibe Zugvogel IIIB	G-CFVG	AutoGyro MTOSport
G-CFMX	Piper PA-28-161 Warrior II	G-CFRT	Evektor EV-97 teamEurostar UK	G-CFVH	Rolladen-Schneider LS7
G-CFMY	Rolladen-Schneider LS7	G-CFRV	Centrair 101A Pégase	G-CFVJ	Cvjetkovic CA-65 Skyfly

41

Reg	Type
G-CFVK	Best Off Skyranger HKS
G-CFVL	Scheibe Zugvogel IIIB
G-CFVM	Centrair 101A Pégase
G-CFVN	Centrair 101A Pégase
G-CFVP	Centrair 101A Pégase
G-CFVR	Europa Aviation Europa XS
G-CFVT	Schempp-Hirth Nimbus-2
G-CFVU	Schleicher ASK 13
G-CFVV	Centrair 101A Pégase
G-CFVW	Schempp-Hirth Ventus bT
G-CFVX	Cameron C-80
G-CFVY	Cameron A-210
G-CFVZ	Schleicher Ka 6E
G-CFWA	Schleicher Ka 6CR
G-CFWB	Schleicher ASK 13
G-CFWC	Grob G103C Twin III Acro
G-CFWD	AutoGyro MTOSport
G-CFWF	Rolladen-Schneider LS7
G-CFWH	Scheibe SF27A
G-CFWI	Balóny Kubíček BB22Z
G-CFWJ	P&M Quik GT450
G-CFWK	Schempp-Hirth Nimbus-3DT
G-CFWL	Schleicher K 8B
G-CFWM	Glaser-Dirks DG-300 Club Elan
G-CFWN	P&M Quik GT450
G-CFWO	Murphy Maverick 430
G-CFWP	Schleicher ASW 19B
G-CFWR	Best Off Skyranger 912
G-CFWS	Schleicher ASW 20C
G-CFWT	PZL-Bielsko SZD-50-3 Puchacz
G-CFWU	Rolladen-Schneider LS7-WL
G-CFWV	Van's RV-7
G-CFWW	Schleicher ASH 25E
G-CFWY	Centrair 101A Pégase
G-CFWZ	Schleicher ASW 19B
G-CFXA	Grob G104 Speed Astir IIB
G-CFXB	Schleicher K 8B
G-CFXC	Schleicher Ka 6E
G-CFXD	Centrair 101A Pégase
G-CFXF	Magni M16 C Tandem Trainer
G-CFXG	Flylight Dragonfly/Discus 15T
G-CFXK	Flylight Dragonfly/Discus 15T
G-CFXL	Lindstrand LBL 90A
G-CFXM	Schempp-Hirth Discus bT
G-CFXN	CZAW Sportcruiser
G-CFXO	PZL-Bielsko SZD-50-3 Puchacz
G-CFXP	Lindstrand LBL 105A
G-CFXR	Lindstrand LBL 105A
G-CFXS	Schleicher Ka 6E
G-CFXT	Naval Aircraft Factory N3N-3
G-CFXU	Schleicher Ka 6E
G-CFXW	Schleicher K 8B
G-CFXX	P&M Quik R
G-CFXY	Schleicher ASW 15B
G-CFXZ	P&M Quik R
G-CFYA	PZL-Bielsko SZD-50-3 Puchacz
G-CFYB	Rolladen-Schneider LS3
G-CFYC	Schempp-Hirth Ventus b
G-CFYD	Aeroprakt A-22L Foxbat
G-CFYE	Scheibe Zugvogel IIIB
G-CFYF	Schleicher ASK 21
G-CFYG	Glasflügel 205 Club Libelle
G-CFYH	Rolladen-Schneider LS4-a
G-CFYI	Grob G102 Astir CS
G-CFYJ	Schempp-Hirth Standard Cirrus
G-CFYK	Rolladen-Schneider LS7-WL
G-CFYL	PZL-Bielsko SZD-50-3 Puchacz
G-CFYM	Schempp-Hirth Discus bT
G-CFYO	Schempp-Hirth Discus b
G-CFYO	P&M Quik R
G-CFYP	Silex M/Flyke/Monster
G-CFYR	LET L-23 Super Blanik
G-CFYS	Aerospool Dynamic WT9 UK
G-CFYU	Glaser-Dirks DG-100 Elan
G-CFYV	Schleicher ASK 21
G-CFYW	Rolladen-Schneider LS7-WL
G-CFYX	Schempp-Hirth Discus bT
G-CFYY	Schleicher ASK 13
G-CFYZ	Schleicher ASH 25
G-CFZA	PZL-Bielsko SZD-51-1 Junior
G-CFZB	Glasflügel 201B Standard Libelle
G-CFZD	Avtech Jabiru J430
G-CFZF	PZL-Bielsko SZD-51-1 Junior
G-CFZH	Schempp-Hirth Ventus cT
G-CFZI	ICP MXP-740 Savannah Jabiru
G-CFZJ	VS.388 Seafire F46
G-CFZK	Schempp-Hirth Standard Cirrus
G-CFZL	Schleicher ASW 20CL
G-CFZM	BAe Avro 146-RJ85A
G-CFZN	Schleicher ASK 13
G-CFZO	Schempp-Hirth Nimbus-3DT
G-CFZR	Schleicher Ka 6CR
G-CFZT	Ace Magic Laser
G-CFZV	Rolladen-Schneider LS7
G-CFZW	Glaser-Dirks DG-300 Club Elan
G-CFZX	AutoGyro MTOSport
G-CFZZ	LET L-33 Solo
G-CGAA	Flylight Dragonfly/Discus 15T
G-CGAB	AB Sportine LAK-12
G-CGAC	P&M Quik GT450
G-CGAD	Rolladen-Schneider LS3
G-CGAF	Schleicher ASK 21
G-CGAG	Schleicher ASK 21
G-CGAH	Schempp-Hirth Standard Cirrus
G-CGAI	Raj Hamsa X'Air Hawk
G-CGAJ	Alpi Pioneer 400
G-CGAK	EAA Acrosport II
G-CGAL	P&M Quik R
G-CGAM	Schleicher ASK 21
G-CGAN	Glasflügel 301 Libelle
G-CGAO	DHC-1 Chipmunk 22
G-CGAP	Schempp-Hirth Ventus bT
G-CGAR	Rolladen-Schneider LS6-c
G-CGAS	Schempp-Hirth Ventus cT
G-CGAT	Grob G102 Astir CS
G-CGAU	Glasflügel 201B Standard Libelle
G-CGAV	Scheibe SF27A
G-CGAW	Beech 200 Super King Air
G-CGAX	PZL-Bielsko SZD-55-1
G-CGAZ	P&M Quik R
G-CGBA	Schleicher ASK 13
G-CGBB	Schleicher ASK 21
G-CGBD	PZL-Bielsko SZD-50-3 Puchacz
G-CGBF	Schleicher ASK 21
G-CGBG	Rolladen-Schneider LS6-18W
G-CGBH	Raj Hamsa X'Air Hawk
G-CGBI	VS.349 Spitfire LFV
G-CGBJ	Grob G102 Astir CS
G-CGBK	Grob G102 Astir CS
G-CGBL	Rolladen-Schneider LS7-WL
G-CGBM	Flight Design CTSW
G-CGBN	Schleicher ASK 21
G-CGBO	Rolladen-Schneider LS6
G-CGBR	Rolladen-Schneider LS6-c
G-CGBS	Glaser-Dirks DG-300 Club Elan
G-CGBU	Centrair 101A Pégase
G-CGBV	Schleicher ASK 21
G-CGBY	Schleicher ASW 22
G-CGBY	Rolladen-Schneider LS7-WL
G-CGBZ	Glaser-Dirks DG-500 Elan Trainer
G-CGCA	Schleicher ASW 19B
G-CGCC	PZL-Bielsko SZD-51-1 Junior
G-CGCD	Schempp-Hirth Standard Cirrus
G-CGCE	Magni M16 C Tandem Trainer
G-CGCF	Schleicher ASK 23
G-CGCH	CZAW Sportcruiser
G-CGCK	PZL-Bielsko SZD-50-3 Puchacz
G-CGCL	Grob G102 Astir CS
G-CGCM	Rolladen-Schneider LS6-c
G-CGCN	Dyn'Aéro MCR-01 Club
G-CGCO	Schempp-Hirth Cirrus VTC
G-CGCP	Schleicher Ka 6CR
G-CGCR	Schleicher ASW 15B
G-CGCS	Glasflügel 205 Club Libelle
G-CGCT	Schempp-Hirth Discus b
G-CGCU	PZL-Bielsko SZD-50-3 Puchacz
G-CGCV	Raj Hamsa X'Air Hawk
G-CGCW	Best Off Skyranger Swift
G-CGCX	Schleicher ASW 15
G-CGCY	Centrair 101A Pégase
G-CGDA	Rolladen-Schneider LS3-17
G-CGDB	Schleicher K 8B
G-CGDC	AutoGyro MTOSport
G-CGDD	Bölkow Phoebus C
G-CGDE	Schleicher Ka 6CR
G-CGDF	Schleicher Ka 6BR
G-CGDG	Cameron C-80
G-CGDH	Europa Aviation Europa XS
G-CGDI	Evektor EV-97A Eurostar
G-CGDJ	Piper PA-28-161 Warrior II
G-CGDK	Schleicher K 8B
G-CGDL	P&M Quik R
G-CGDM	Sonex Sonex
G-CGDN	Rolladen-Schneider LS3-17
G-CGDO	Grob G102 Astir CS
G-CGDR	Schempp-Hirth Discus CS
G-CGDS	Schleicher ASW 15B
G-CGDT	Schleicher ASW 24
G-CGDV	Czech Sport Sportcruiser
G-CGDW	Czech Sport PS-28 Cruiser
G-CGDX	Schempp-Hirth Discus CS
G-CGDY	Schleicher ASW 15B
G-CGDZ	Schleicher ASW 24
G-CGEA	Schleicher Ka 6CR
G-CGEB	Grob G102 Astir CS77
G-CGEC	Flight Design CTLS
G-CGEE	Glasflügel 201B Standard Libelle
G-CGEG	Schleicher K 8B
G-CGEH	Schleicher ASW 15B
G-CGEI	Cessna 550 Citation Bravo
G-CGEJ	Alpi Pioneer 200-M
G-CGEL	PZL-Bielsko SZD-50-3 Puchacz
G-CGEM	Schleicher Ka 6CR
G-CGEN	RAF 2000 GTX-SE
G-CGEO	Czech Sport Sportcruiser
G-CGEP	Schempp-Hirth Standard Cirrus
G-CGER	Cameron Z-105
G-CGEU	Flylight Dragonfly/Discus 15T
G-CGEV	Heliopolis Gomhouria Mk6
G-CGEW	AutoGyro MTOSport
G-CGEX	P&M Quik GT450
G-CGEY	Julian Dingbat
G-CGEZ	Raj Hamsa X'Air Hawk
G-CGFB	BB Microlights BB03 Trya/BB103
G-CGFG	Cessna 152
G-CGFH	Cessna T182T Skylane
G-CGFJ	Cessna 172M Skyhawk
G-CGFK	Ace Magic Laser
G-CGFN	Cameron C-60
G-CGFO	Ultramagic H-42
G-CGFP	Pietenpol Air Camper
G-CGFR	Lindstrand LBL HS-120
G-CGFS	Nanchang CJ-6A (Yak 18)
G-CGFU	Schempp-Hirth Mini-Nimbus C
G-CGFY	Lindstrand LBL 105A
G-CGFZ	Thruster T.600N 450
G-CGGD	AS.365N2 Dauphin 2
G-CGGE	Cameron Z-275
G-CGGF	Robinson R44 Clipper II

☐	G-CGGG	Robinson R44 Astro	☐	G-CGKA	Grob G115E Tutor	☐ G-CGNS	Sky 65-24
☐	G-CGGH	Sky 220-24	☐	G-CGKB	Grob G115E Tutor	☐ G-CGNV	Reality Escapade
☐	G-CGGJ	Schweizer 269C-1	☐	G-CGKC	Grob G115E Tutor	☐ G-CGNW	Scheibe SF25C Rotax-Falke
☐	G-CGGK	Westland Wasp HAS1	☐	G-CGKD	Grob G115E Tutor	☐ G-CGNX	AutoGyro MTOSport
☐	G-CGGL	AutoGyro MTOSport	☐	G-CGKE	Grob G115E Tutor	☐ G-CGNY	Cessna 340A
☐	G-CGGM	Evektor EV-97 teamEurostar UK	☐	G-CGKF	Grob G115E Tutor	☐ G-CGNZ	Europa Aviation Europa XS
☐	G-CGGO	Robin DR.400-180 Régent	☐	G-CGKG	Grob G115E Tutor	☐ G-CGOA	Cessna 550 Citation II
☐	G-CGGP	AutoGyro MTOSport	☐	G-CGKH	Grob G115E Tutor	☐ G-CGOB	P&M Quik R
☐	G-CGGS	Robinson R44 Raven II	☐	G-CGKI	Grob G115E Tutor	☐ G-CGOD	Cameron N-77
☐	G-CGGT	P&M Quik GT450	☐	G-CGKJ	Grob G115E Tutor	☐ G-CGOG	Evektor EV-97A Eurostar
☐	G-CGGV	AutoGyro MTOSport	☐	G-CGKK	Grob G115E Tutor	☐ G-CGOH	Cameron C-80
☐	G-CGGW	AutoGyro MTOSport	☐	G-CGKL	Grob G115E Tutor	☐ G-CGOI	Stewart S-51D
☐	G-CGGX	JDT Mini-Max 91	☐	G-CGKM	Grob G115E Tutor	☐ G-CGOJ	Jodel D.11
☐	G-CGGY	Ultramagic N-425	☐	G-CGKN	Grob G115E Tutor	☐ G-CGOK	Ace Magic Cyclone
☐	G-CGGZ	Ultramagic S-90	☐	G-CGKO	Grob G115E Tutor	☐ G-CGOL	Avtech Jabiru J430
☐	G-CGHA	P&M Quik R	☐	G-CGKP	Grob G115E Tutor	☐ G-CGOM	Flight Design MC
☐	G-CGHB	Nanchang CJ-6A (Yak 18)	☐	G-CGKR	Grob G115E Tutor	☐ G-CGOO	Sorrell SNS-8 Hyperlight
☐	G-CGHD	Cessna 172S Skyhawk SP	☐	G-CGKS	Grob G115E Tutor	☐ G-CGOR	Jodel D.18
☐	G-CGHG	P&M Quik GT450	☐	G-CGKT	Grob G115E Tutor	☐ G-CGOS	Piper PA-28-161 Warrior III
☐	G-CGHH	P&M Quik R	☐	G-CGKU	Grob G115E Tutor	☐ G-CGOT	AutoGyro Calidus
☐	G-CGHJ	Staaken Z-21A Flitzer	☐	G-CGKV	Grob G115E Tutor	☐ G-CGOU	Sikorsky S-76C++
☐	G-CGHK	Alpi Pioneer 300 Hawk	☐	G-CGKW	Grob G115E Tutor	☐ G-CGOV	Raj Hamsa X'Air Falcon 582
☐	G-CGHL	AutoGyro MTOSport	☐	G-CGKX	Grob G115E Tutor	☐ G-CGOW	Cameron Z-77
☐	G-CGHM	Piper PA-28-140 Cherokee Cruiser	☐	G-CGKY	Cessna 182T Skylane	☐ G-CGOX	Raj Hamsa X'Air Hawk
☐	G-CGHN	Aeros Discus/Alize	☐	G-CGKZ	Best Off Skyranger Swift	☐ G-CGOZ	Cameron GB-1000
☐	G-CGHR	Ace Magic Laser	☐	G-CGLB	Airdrome Dream Classic	☐ G-CGPA	Ace Magic Cyclone
☐	G-CGHS	DG Flugzeugbau DG-808C	☐	G-CGLC	Czech Sport Sportcruiser	☐ G-CGPB	Magni M24C Orion
☐	G-CGHT	Dyn'Aéro MCR-01 VLA Sportster	☐	G-CGLE	Flylight Dragonfly	☐ G-CGPC	Pegasus Quik
☐	G-CGHU	Hawker Hunter T8C	☐	G-CGLF	Magni M16 C Tandem Trainer	☐ G-CGPD	Ultramagic S-90
☐	G-CGHV	Raj Hamsa X'Air Hawk SW	☐	G-CGLG	P&M Quik GT450	☐ G-CGPE	P&M Quik GT450
☐	G-CGHW	Czech Sport Sportcruiser	☐	G-CGLI	Alpi Pioneer 200-M	☐ G-CGPF	Flylight Dragonfly
☐	G-CGHZ	P&M Quik R	☐	G-CGLJ	TL 2000UK Sting Carbon	☐ G-CGPG	AutoGyro MTOSport
☐	G-CGIA	Paramania Action/Adventure	☐	G-CGLK	Magni M16 C Tandem Trainer	☐ G-CGPH	Ultramagic S-50
☐	G-CGIB	Ace Magic Cyclone	☐	G-CGLM	AutoGyro MTOSport	☐ G-CGPI	Eurocopter EC135 T2+
☐	G-CGIC	AutoGyro MTOSport	☐	G-CGLN	Avtech Jabiru J430	☐ G-CGPJ	Robin DR.400-140 Earl
☐	G-CGID	Piper PA-31-350 Chieftain	☐	G-CGLO	P&M Quik R	☐ G-CGPK	AutoGyro MT-03
☐	G-CGIE	Flylight Dragonfly/Combat 12T	☐	G-CGLP	CZAW Sportcruiser	☐ G-CGPL	Sonex Sonex
☐	G-CGIF	Flylight Dragonfly	☐	G-CGLR	Czech Sport Sportcruiser	☐ G-CGPN	MS.880B Rallye Club
☐	G-CGIG	Lindstrand LBL 90A	☐	G-CGLT	Czech Sport Sportcruiser	☐ G-CGPO	TL 2000UK Sting Carbon
☐	G-CGIH	Cameron C-90	☐	G-CGLW	Pegasus Quik	☐ G-CGPR	Czech Sport PiperSport
☐	G-CGIJ	AgustaWestland AW139	☐	G-CGLY	AutoGyro Calidus	☐ G-CGPS	Evektor EV-97 Eurostar SL
☐	G-CGIK	Isaacs Spitfire	☐	G-CGLZ	TL 2000UK Sting Carbon	☐ G-CGPV	Cameron C-80
☐	G-CGIL	CZAW Sportcruiser	☐	G-CGMA	Ace Magic Laser	☐ G-CGPW	Raj Hamsa X'Air Hawk
☐	G-CGIM	Ace Magic Laser	☐	G-CGMB	Embraer EMB-135ER	☐ G-CGPX	Zenair CH.601XL Zodiac
☐	G-CGIN	Paramania Action GT/Advenure	☐	G-CGMC	Embraer EMB-135ER	☐ G-CGPY	Boeing Stearman A75L300
☐	G-CGIO	Medway SLA 100 Executive	☐	G-CGMD	AutoGyro Calidus	☐ G-CGPZ	Rans S-4 Coyote
☐	G-CGIP	CZAW Sportcruiser	☐	G-CGME	Ellipse Fuji/Pulma 2000	☐ G-CGRB	Flight Design CTLS
☐	G-CGIR	Remos GX	☐	G-CGMF	Cessna 560XL Citation Excel	☐ G-CGRC	P&M Quik R
☐	G-CGIS	Cameron Parachutist 110 SS	☐	G-CGMG	Van's RV-9	☐ G-CGRD	Cirrus SR22
☐	G-CGIU	Shemilt AX1	☐	G-CGMH	Jodel D.150A Mascaret	☐ G-CGRJ	Carnet Paramotor
☐	G-CGIV	Kolb Firefly	☐	G-CGMI	P&M Quik GT450	☐ G-CGRL	Robinson R44 Raven
☐	G-CGIW	Sikorsky S-76C++	☐	G-CGMK	Best Off Skyranger 582	☐ G-CGRM	VS.329 Spitfire IIA
☐	G-CGIX	AutoGyro MTOSport	☐	G-CGML	TL 2000UK Sting Carbon	☐ G-CGRN	Pazmany PL-4A
☐	G-CGIY	Piper J-3C-65 Cub	☐	G-CGMM	CZAW Sportcruiser	☐ G-CGRO	Robin DR.400-140B Major
☐	G-CGIZ	Flight Design CTSW	☐	G-CGMN	Best Off Skyranger Swift 912S	☐ G-CGRR	Pegasus Quik
☐	G-CGJB	Schempp-Hirth Duo Discus T	☐	G-CGMO	Ace Magic Laser	☐ G-CGRS	Pegasus Quik
☐	G-CGJC	AutoGyro MTOSport	☐	G-CGMP	CZAW Sportcruiser	☐ G-CGRV	DG Flugzeugbau DG-1000M
☐	G-CGJD	AutoGyro Calidus	☐	G-CGMR	Colt Bibendum 110 SS	☐ G-CGRW	Pegasus Quik
☐	G-CGJE	VS.361 Spitfire LFIXE	☐	G-CGMV	Roko Aero NG4-HD	☐ G-CGRX	Reims/Cessna F172N Skyhawk II
☐	G-CGJF	Fokker E.III replica	☐	G-CGMW	Alpi Pioneer 200-M	☐ G-CGRY	Magni M24C Orion
☐	G-CGJH	P&M Quik GT450	☐	G-CGMZ	P&M Quik R	☐ G-CGRZ	Magni M24C Orion
☐	G-CGJI	Best Off Skyranger Nynja 912S	☐	G-CGNC	AutoGyro MTOSport	☐ G-CGSA	Flylight Dragonfly
☐	G-CGJJ	P&M Quik R	☐	G-CGND	Robinson R44 Clipper II	☐ G-CGSC	Quad City Challenger II
☐	G-CGJL	CZAW Sportcruiser	☐	G-CGNE	Robinson R44 Raven II	☐ G-CGSD	Magni M16 C Tandem Trainer
☐	G-CGJM	Best Off Skyranger Swift	☐	G-CGNG	CZAW Sportcruiser	☐ G-CGSG	Cessna 421C Golden Eagle
☐	G-CGJN	Van's RV-7	☐	G-CGNH	Reality Escapade Jabiru	☐ G-CGSH	Evektor EV-97 teamEurostar UK
☐	G-CGJP	Van's RV-10	☐	G-CGNI	Comco Ikarus C42 FB80	☐ G-CGSI	Zenair CH.601HDS Zodiac
☐	G-CGJS	CZAW Sportcruiser	☐	G-CGNJ	Cameron Z-105	☐ G-CGSJ	BD-700-1A10 Global Express XRS
☐	G-CGJT	CZAW Sportcruiser	☐	G-CGNK	P&M Quik GT450	☐ G-CGSO	P&M Quik GT450
☐	G-CGJW	Lindstrand LBL Motorbike SS	☐	G-CGNL	Cameron Z-90	☐ G-CGSP	Cessna 152
☐	G-CGJW	RAF 2000 GTX-SE	☐	G-CGNM	Magni M16C Tandem Trainer	☐ G-CGSU	Cassutt Racer IIIM
☐	G-CGJX	Westland SA.341G Gazelle AH1	☐	G-CGNN	Montgomerie-Bensen B.8MR	☐ G-CGSW	Flylight MotorFloater
☐	G-CGJZ	Westland SA.341D Gazelle HT3	☐	G-CGNO	P&M Quik GT450	☐ G-CGSX	Aeroprakt A-22L Foxbat

Registration	Type
☐ G-CGSY	Stemme S 6-RT
☐ G-CGSZ	Schempp-Hirth Ventus-2cM
☐ G-CGTC	B-N BN-2T-4S Islander
☐ G-CGTD	Evektor EV-97 teamEurostar UK
☐ G-CGTE	Brandli BX-2 Cherry
☐ G-CGTF	AutoGyro MT-03
☐ G-CGTG	Best Off Skyranger 912S
☐ G-CGTJ	AS.332L2 Super Puma
☐ G-CGTK	Magni M24C Orion
☐ G-CGTL	Alpi Pioneer 300
☐ G-CGTM	Cessna 172S Skyhawk SP
☐ G-CGTR	Best Off Skyranger Nynja 912S
☐ G-CGTS	Cameron A-140
☐ G-CGTT	Evektor EV-97 Eurostar SL
☐ G-CGTU	P&M Quik GT450
☐ G-CGTV	ICP MXP-740 Savannah VG Jab
☐ G-CGTW	Flylight MotorFloater
☐ G-CGTX	CASA 1-131E Srs 2000
☐ G-CGTY	Cameron Z-250
☐ G-CGTZ	Reality Escapade Kid
☐ G-CGUB	EC225 LP Super Puma
☐ G-CGUD	Lindstrand LBL 77A
☐ G-CGUE	Aeroprakt A-22L Foxbat
☐ G-CGUG	P&M Quik R
☐ G-CGUI	Clutton FRED Series II
☐ G-CGUK	VS.300 Spitfire I
☐ G-CGUL	Gulfstream V SP
☐ G-CGUN	Alpha R2160
☐ G-CGUO	DH.83C Fox Moth
☐ G-CGUP	P&M Quik GT450
☐ G-CGUR	P&M Quik R
☐ G-CGUS	Embraer EMB-145EU
☐ G-CGUT	The Balloon Works Firefly 9B-15
☐ G-CGUU	Best Off Skyranger Nynja 912S
☐ G-CGUV	The Balloon Works Firefly 9B-15
☐ G-CGUW	Tecnam P2002-EA Sierra
☐ G-CGUY	AutoGyro Calidus
☐ G-CGUZ	Cessna 525A CitationJet CJ2
☐ G-CGVA	Aeroprakt A-22L Foxbat
☐ G-CGVC	Piper PA-28-181 Archer III
☐ G-CGVD	Van's RV-12
☐ G-CGVE	Raj Hamsa X'Air Hawk
☐ G-CGVG	Flight Design CTSW
☐ G-CGVH	Flylight MotorFloater
☐ G-CGVJ	Europa Aviation Europa XS
☐ G-CGVK	AutoGyro Calidus
☐ G-CGVM	Lindstrand LBL 35A Cloudhopper
☐ G-CGVO	Alpi Pioneer 400
☐ G-CGVP	Evektor EV-97 Eurostar
☐ G-CGVS	Raj Hamsa X'Air Hawk
☐ G-CGVT	Evektor EV-97 teamEurostar UK
☐ G-CGVU	BAe Avro 146-RJ85
☐ G-CGVV	Cameron Z-90
☐ G-CGVX	Europa Aviation Europa
☐ G-CGVY	Cameron Z-77
☐ G-CGVZ	Zenair CH.601XL Zodiac
☐ G-CGWA	Comco Ikarus C42 FB80 Bravo
☐ G-CGWB	AgustaWestland AW139
☐ G-CGWC	Ultramagic H-31
☐ G-CGWD	Robinson R44 Raven I
☐ G-CGWE	Evektor EV-97A Eurostar
☐ G-CGWF	Van's RV-7
☐ G-CGWG	Van's RV-7
☐ G-CGWH	CZAW Sportcruiser
☐ G-CGWI	Super Marine Spitfire Mk.26
☐ G-CGWK	Comco Ikarus C42 FB80
☐ G-CGWL	Best Off Skyranger Nynja 912S
☐ G-CGWM	Flylight MotorFloater
☐ G-CGWN	Flylight MotorFloater
☐ G-CGWO	Tecnam P2002-JF Sierra
☐ G-CGWP	Aeroprakt A-22L Foxbat
☐ G-CGWR	Nord NC.856A Norvigie
☐ G-CGWS	Raj Hamsa X'Air Hawk
☐ G-CGWT	Best Off Skyranger Swift
☐ G-CGWU	Ultramagic S-90
☐ G-CGWV	Embraer EMB-145MP
☐ G-CGWX	Cameron C-90
☐ G-CGWZ	P&M Quik R
☐ G-CGXB	Stoddard-Hamilton Glasair II-SRG
☐ G-CGXC	Flylight Dragonfly
☐ G-CGXE	P&M Quik GT450
☐ G-CGXF	North Wing Stratus/Skycycle
☐ G-CGXG	Yakovlev Yak-3M
☐ G-CGXI	Comco Ikarus C42 FB80 Bravo
☐ G-CGXL	Robin DR.400-180 Régent
☐ G-CGXN	American Legend Cub
☐ G-CGXO	Lindstrand LBL 105A
☐ G-CGXP	Grob G109B
☐ G-CGXR	Van's RV-9A
☐ G-CGXT	Kovacs Midgie
☐ G-CGXV	P&M Quik R
☐ G-CGXW	Grob G109B
☐ G-CGXX	ICP MXP-740 Savannah HKS
☐ G-CGXY	Flylight Dragonfly
☐ G-CGXZ	AutoGyro MTOSport
☐ G-CGYA	Stoddard-Hamilton Glasair III
☐ G-CGYB	Evektor EV-97 teamEurostar UK
☐ G-CGYC	Aeropro Eurofox 912(S)
☐ G-CGYD	Fairey Firefly TT.1
☐ G-CGYE	Schroeder Fire Balloons G
☐ G-CGYF	Gloster Gamecock II
☐ G-CGYG	Aeropro Eurofox 912(S)
☐ G-CGYH	Magni M24C Orion
☐ G-CGYI	Van's RV-12
☐ G-CGYJ	VS.361 Spitfire HFIX
☐ G-CGYO	Van's RV-6A
☐ G-CGYP	Best Off Skyranger 912
☐ G-CGYT	Flylight Dragonfly
☐ G-CGYU	BAe Avro 146-RJ85
☐ G-CGYV	BAe Avro 146-RJ85
☐ G-CGYW	Sikorsky S-92A
☐ G-CGYX	AutoGyro Cavalon
☐ G-CGYY	ICP MXP-740 Savannah VG Jab
☐ G-CGYZ	P&M Quik GT450
☐ G-CGZA	Kolb Twinstar Mk.3 Xtra
☐ G-CGZD	Eurocopter EC135 P2
☐ G-CGZE	AutoGyro MTOSport
☐ G-CGZG	AutoGyro MTOSport
☐ G-CGZI	SOCATA TB-21 Trinidad TC
☐ G-CGZJ	ITV Dakota XL
☐ G-CGZL	Flylight MotorFloater Fox 16T
☐ G-CGZM	AutoGyro MTOSport
☐ G-CGZN	Synthesis 31/Nirvana Carbon
☐ G-CGZP	Curtiss P-40F Kittyhawk
☐ G-CGZR	Cameron Z-350
☐ G-CGZT	Aeroprakt A-22L Foxbat
☐ G-CGZU	VS.361 Spitfire IX
☐ G-CGZV	Europa Aviation Europa XS
☐ G-CGZW	Scheibe SF25C Falke 2000
☐ G-CGZY	Evektor EV-97 teamEurostar UK
☐ G-CGZZ	Balóny Kubíček BB22E
☐ G-CHAB	Schleicher Ka 6CR
☐ G-CHAC	PZL-Bielsko SZD-50-3 Puchacz
☐ G-CHAD	Aeroprakt A-22 Foxbat
☐ G-CHAE	Glasflügel 205 Club Libelle
☐ G-CHAF	PZL-Bielsko SZD-50-3 Puchacz
☐ G-CHAG	Guimbal Cabri G2
☐ G-CHAH	Europa Aviation Europa XS
☐ G-CHAJ	Cirrus SR22
☐ G-CHAM	Cameron Pot 90 SS
☐ G-CHAN	Robinson R22 Beta
☐ G-CHAO	Rolladen-Schneider LS6-b
☐ G-CHAP	Robinson R44 Astro
☐ G-CHAR	Grob G109B
☐ G-CHAS	Piper PA-28-181 Archer II
☐ G-CHAU	Cameron C-80
☐ G-CHAW	Fokker E.III replica
☐ G-CHAX	Schempp-Hirth Standard Cirrus
☐ G-CHAY	Rolladen-Schneider LS7
☐ G-CHBA	Rolladen-Schneider LS7
☐ G-CHBB	Schleicher ASW 24
☐ G-CHBC	Rolladen-Schneider LS6-c
☐ G-CHBD	Glaser-Dirks DG-200
☐ G-CHBE	Glaser-Dirks DG-300 Elan
☐ G-CHBF	Schempp-Hirth Nimbus-2C
☐ G-CHBG	Schleicher ASW 24
☐ G-CHBH	Grob G103C Twin III
☐ G-CHBK	Grob G103 Twin Astir Trainer
☐ G-CHBL	Grob G102 Astir CS77
☐ G-CHBM	Grob G102 Astir CS77
☐ G-CHBO	Schleicher Ka 6CR
☐ G-CHBP	Glaser-Dirks DG-500/22 Elan
☐ G-CHBS	PZL-Bielsko SZD-41A Jantar-Std
☐ G-CHBT	Grob G102 Astir CS Jeans
☐ G-CHBU	Centrair ASW 20F
☐ G-CHBV	Schempp-Hirth Nimbus-2B
☐ G-CHBW	Jurca MJ.10 Spitfire
☐ G-CHBX	Lindstrand LBL 77A
☐ G-CHBY	Agusta AW139
☐ G-CHBZ	TL 2000UK Sting Carbon
☐ G-CHCF	AS.332L2 Super Puma II
☐ G-CHCG	AS.332L2 Super Puma II
☐ G-CHCH	AS.332L2 Super Puma II
☐ G-CHCI	AS.332L2 Super Puma II
☐ G-CHCJ	EC225 LP Super Puma
☐ G-CHCK	Sikorsky S-92A
☐ G-CHCL	EC225 LP Super Puma
☐ G-CHCM	EC225 LP Super Puma
☐ G-CHCP	Agusta-Bell AB139
☐ G-CHCS	Sikorsky S-92A
☐ G-CHCT	Agusta-Bell AB139
☐ G-CHCU	AS.332L2 Super Puma II
☐ G-CHCV	Agusta AW139
☐ G-CHDA	Pilatus B4-PC11AF
☐ G-CHDB	PZL-Bielsko SZD-51-1 Junior
☐ G-CHDD	Centrair 101B Pégase 90
☐ G-CHDE	Pilatus B4-PC11AF
☐ G-CHDH	Lindstrand LBL 77A
☐ G-CHDJ	Schleicher ASW 20CL
☐ G-CHDK	Magni M16 C Tandem Trainer
☐ G-CHDL	Schleicher ASW 20
☐ G-CHDM	P&M Quik R
☐ G-CHDN	Schleicher K 8B
☐ G-CHDP	PZL-Bielsko SZD-50-3 Puchacz
☐ G-CHDR	Glaser-Dirks DG-300 Elan
☐ G-CHDT	BAe Avro 146-RJ85
☐ G-CHDU	PZL-Bielsko SZD-51-1 Junior
☐ G-CHDV	Schleicher ASW 19B
☐ G-CHDX	Rolladen-Schneider LS7-WL
☐ G-CHDY	Schleicher K 8B
☐ G-CHDZ	Cameron O-120
☐ G-CHEB	Europa Aviation Europa
☐ G-CHEC	PZL-Bielsko SZD-55-1
☐ G-CHED	Flylight Dragonfly
☐ G-CHEE	Schempp-Hirth Discus b
☐ G-CHEF	Glaser-Dirks DG-500 Elan Trainer
☐ G-CHEG	AB Sportine LAK-12
☐ G-CHEH	Rolladen-Schneider LS7-WL
☐ G-CHEI	Cameron Z-275
☐ G-CHEJ	Schleicher ASW 15B
☐ G-CHEK	PZL-Bielsko SZD-51-1 Junior
☐ G-CHEL	Colt 77B
☐ G-CHEM	Piper PA-34-200T Seneca II
☐ G-CHEN	Schempp-Hirth Discus b
☐ G-CHEO	Schleicher ASW 20
☐ G-CHEP	PZL-Bielsko SZD-50-3 Puchacz
☐ G-CHER	Piper PA-38-112 Tomahawk
☐ G-CHEW	Rolladen-Schneider LS6-c18
☐ G-CHEX	Aero Designs Pulsar

44

	Registration	Type		Registration	Type		Registration	Type
☐	G-CHFA	Schempp-Hirth Ventus b/16.6	☐	G-CHIH	Aeropro Eurofox 912(S)	☐	G-CHLY	Schempp-Hirth Discus CS
☐	G-CHFB	Schleicher Ka 6CR	☐	G-CHII	CASA 1-131-E3B Srs 1000	☐	G-CHLZ	Best Off Skyranger 912
☐	G-CHFC	P&M Quik GTR	☐	G-CHIJ	Comco Ikarus C42 FB80	☐	G-CHMA	PZL-Bielsko SZD-51-1 Junior
☐	G-CHFD	Agusta AW109SP Grand New	☐	G-CHIK	Reims/Cessna F152 II	☐	G-CHMB	Glaser-Dirks DG-300 Elan
☐	G-CHFE	BAe Avro 146-RJ85	☐	G-CHIM	Ultramagic H-31	☐	G-CHMD	DG Flugzeugbau LS8-t
☐	G-CHFF	Schempp-Hirth Standard Cirrus	☐	G-CHIO	Cameron Z-120	☐	G-CHME	Glaser-Dirks DG-300 Elan
☐	G-CHFG	Van's RV-6	☐	G-CHIP	Piper PA-28-181 Archer II	☐	G-CHMG	ICA IS-28B2
☐	G-CHFH	PZL-Bielsko SZD-50-3 Puchacz	☐	G-CHIR	Van's RV-7	☐	G-CHMH	Schleicher K 8B
☐	G-CHFI	Ibis Magic GS-700 LSA	☐	G-CHIS	Robinson R22 Beta	☐	G-CHMI	Lindstrand LBL 105A
☐	G-CHFK	Piper PA-32-260 Cherokee Six	☐	G-CHIT	AutoGyro MTOSport	☐	G-CHMJ	Sikorsky S-92A
☐	G-CHFL	Scheibe SF25C Falke	☐	G-CHIV	P&M Quik R	☐	G-CHMK	Rolladen-Schneider LS6-18W
☐	G-CHFM	Cameron Z-120	☐	G-CHIW	Raj Hamsa X'Air Hawk	☐	G-CHML	Schempp-Hirth Discus CS
☐	G-CHFN	Aerodyne Jumbe L/Trike Buggy	☐	G-CHIX	Robin DR.500-200i Président	☐	G-CHMM	Glasflügel 304B
☐	G-CHFO	P&M Quik GTR	☐	G-CHIY	Flylight MotorFloater	☐	G-CHMN	Raj Hamsa X'Air Falcon Jabiru
☐	G-CHFP	Hawker Sea Fury T20	☐	G-CHIZ	Flylight Dragonfly	☐	G-CHMO	Schempp-Hirth Discus CS
☐	G-CHFR	BAe Avro 146-RJ85	☐	G-CHJB	Flylight Dragonfly	☐	G-CHMR	Embraer EMB-145EU
☐	G-CHFT	Air Création Tanarg 912S/BioniX	☐	G-CHJC	Rolladen-Schneider LS6-c	☐	G-CHMS	Glaser-Dirks DG-100 Elan
☐	G-CHFU	P&M Quik GTR	☐	G-CHJD	Schleicher Ka 6E	☐	G-CHMT	Glasflügel 303 Mosquito B
☐	G-CHFV	Schempp-Hirth Ventus b	☐	G-CHJE	Schleicher K 8B	☐	G-CHMU	CARMAM JP 15-36AR
☐	G-CHFW	Schleicher K 8B	☐	G-CHJF	Rolladen-Schneider LS6-c	☐	G-CHMV	Schleicher ASK 13
☐	G-CHFX	Schempp-Hirth Nimbus-4T	☐	G-CHJG	Evektor EV-97 teamEurostar UK	☐	G-CHMW	Evektor EV-97 Eurostar SL
☐	G-CHFZ	Best Off Skyranger Nynja 912S	☐	G-CHJH	Schempp-Hirth Discus bT	☐	G-CHMX	Rolladen-Schneider LS4-a
☐	G-CHGA	P&M Quik GTR	☐	G-CHJJ	Medway Clipper-80	☐	G-CHMY	Schempp-Hirth Standard Cirrus
☐	G-CHGB	Grob G102 Astir CS	☐	G-CHJK	Cessna T206H Stationair	☐	G-CHMZ	Fedorov Me7 Mechta
☐	G-CHGE	Evektor EV-97 teamEurostar UK	☐	G-CHJL	Schempp-Hirth Discus bT	☐	G-CHNA	Glaser-Dirks DG-500/20 Elan
☐	G-CHGF	Schleicher ASW 15B	☐	G-CHJM	Cameron C-80	☐	G-CHNB	Scheibe SF28A Tandem Falke
☐	G-CHGG	Schempp-Hirth Standard Cirrus	☐	G-CHJN	Schempp-Hirth Standard Cirrus	☐	G-CHNC	Schleicher ASW 19B
☐	G-CHGI	Beech A36 Bonanza	☐	G-CHJO	Bushby-Long Midget Mustang	☐	G-CHND	UltraMagic H-65
☐	G-CHGJ	Flylight MotorFloater Fox 16T	☐	G-CHJP	Schleicher Ka 6CR	☐	G-CHNF	Schempp-Hirth Duo Discus
☐	G-CHGK	Schempp-Hirth Discus bT	☐	G-CHJR	Glasflügel 201B Standard Libelle	☐	G-CHNH	Schempp-Hirth Nimbus-2C
☐	G-CHGM	Groppo Trail	☐	G-CHJS	Schleicher ASW 27-18E	☐	G-CHNI	Magni M24C Orion
☐	G-CHGN	Ace Aviation Easy Riser Spirit	☐	G-CHJT	Centrair ASW 20F	☐	G-CHNK	PZL-Bielsko SZD-51-1 Junior
☐	G-CHGO	AB Sportine LAK-12	☐	G-CHJV	Grob G102 Astir CS	☐	G-CHNM	Schempp-Hirth Std Cirrus
☐	G-CHGP	Rolladen-Schneider LS6-c	☐	G-CHJW	P&M Quik GTR	☐	G-CHNO	Cameron C-60
☐	G-CHGR	AB Sportine LAK-12	☐	G-CHJX	Rolladen-Schneider LS6-c	☐	G-CHNP	Flylight Dragon Chaser
☐	G-CHGS	Schempp-Hirth Discus b	☐	G-CHJY	Schempp-Hirth Standard Cirrus	☐	G-CHNR	P&M Quik GTR
☐	G-CHGT	FFA Diamant 16.5	☐	G-CHJZ	Luscombe 8E Silvaire Deluxe	☐	G-CHNS	AgustaWestland AW139
☐	G-CHGU	Ace Aviation Easy Riser Touch	☐	G-CHKA	Schempp-Hirth Discus CS	☐	G-CHNT	Schleicher ASW 15
☐	G-CHGV	Glaser-Dirks DG-500/22 Elan	☐	G-CHKB	Grob G102 Astir CS77	☐	G-CHNU	Schempp-Hirth Nimbus-4DT
☐	G-CHGW	Centrair ASW 20F	☐	G-CHKC	Schempp-Hirth Standard Cirrus	☐	G-CHNV	Rolladen-Schneider LS4-b
☐	G-CHGX	AB Sportine LAK-12	☐	G-CHKD	Schempp-Hirth Standard Cirrus	☐	G-CHNW	Schempp-Hirth Duo Discus
☐	G-CHGY	Schleicher ASW 27-18	☐	G-CHKF	Grob G109B	☐	G-CHNY	Centrair 101A Pégase
☐	G-CHGZ	Schempp-Hirth Discus bT	☐	G-CHKG	Best Off Skyranger Nynja 912S	☐	G-CHNZ	Centrair 101A Pégase
☐	G-CHHA	BAe Avro 146-RJ85	☐	G-CHKH	Schleicher ASW 28	☐	G-CHOA	Bell 206B-3 JetRanger III
☐	G-CHHB	Aeroprakt A-22LS Foxbat	☐	G-CHKI	Sikorsky S-92A	☐	G-CHOD	Schleicher ASW 20
☐	G-CHHC	Cameron A-300	☐	G-CHKK	Schleicher K 8B	☐	G-CHOE	Robin DR.400-140B Major
☐	G-CHHD	TLAC Sherwood Ranger XP	☐	G-CHKM	Grob G102 Astir CS Jeans	☐	G-CHOF	CARMAM M-100S
☐	G-CHHF	Sikorsky S-92A	☐	G-CHKN	Air Création 582/Kiss 400	☐	G-CHOG	AB Sportine LAK-12
☐	G-CHHG	Dudek Synthesis	☐	G-CHKO	Best Off Skyranger Swift	☐	G-CHOI	White Monoplane 1912 Replica
☐	G-CHHH	Rolladen-Schneider LS6-c	☐	G-CHKR	Schempp-Hirth Std Cirrus	☐	G-CHOJ	Cameron A-375
☐	G-CHHI	Van's RV-7	☐	G-CHKS	Schempp-Hirth Std Cirrus	☐	G-CHOO	Comco Ikarus C42 FB80
☐	G-CHHJ	Aeropro Eurofox 912	☐	G-CHKT	Balóny Kubíček BB22E	☐	G-CHOP	Westland Bell 47G-3B-1
☐	G-CHHK	Schleicher ASW 19B	☐	G-CHKU	Schempp-Hirth Standard Cirrus	☐	G-CHOR	Schempp-Hirth Discus b
☐	G-CHHL	Cameron C-80	☐	G-CHKV	Scheibe Zugvogel IIIA	☐	G-CHOT	Grob G102 Astir CS77
☐	G-CHHM	AB Sportine LAK-12	☐	G-CHKW	Robinson R44 Raven I	☐	G-CHOU	Evektor EV-97 teamEurostar UK
☐	G-CHHN	Schempp-Hirth Ventus b/16.6	☐	G-CHKX	Rolladen-Schneider LS4-b	☐	G-CHOX	Europa Aviation Europa XS
☐	G-CHHO	Schempp-Hirth Discus bT	☐	G-CHKY	Schempp-Hirth Discus b	☐	G-CHOY	Schempp-Hirth Mini-Nimbus C
☐	G-CHHP	Schempp-Hirth Discus b	☐	G-CHKZ	CARMAM JP 15-36AR	☐	G-CHOZ	Rolladen-Schneider LS6-18W
☐	G-CHHR	PZL-Bielsko SZD-55-1	☐	G-CHLB	Rolladen-Schneider LS4-b	☐	G-CHPA	Robinson R22 Beta
☐	G-CHHS	Schleicher ASW 20	☐	G-CHLC	Pilatus B4-PC11AF	☐	G-CHPD	Rolladen-Schneider LS6-c18
☐	G-CHHT	Rolladen-Schneider LS6-c	☐	G-CHLD	AutoGyro MTOSport	☐	G-CHPE	Schleicher ASK 13
☐	G-CHHU	Rolladen-Schneider LS6-c	☐	G-CHLE	Cameron A-160	☐	G-CHPG	Cirrus SR20
☐	G-CHHV	Junqua RJ.03 Ibis	☐	G-CHLH	Schleicher K 8B	☐	G-CHPH	Schempp-Hirth Discus CS
☐	G-CHHW	AB Sportine LAK-12	☐	G-CHLI	Cosmik Aviation Supercharser	☐	G-CHPI	DHC-1 Chipmunk 22
☐	G-CHHX	Wassmer WA.26P Squale	☐	G-CHLK	Glasflügel 301 Libelle	☐	G-CHPK	Van's RV-8
☐	G-CHHY	Ace Magic Laser	☐	G-CHLM	Schleicher ASW 19B	☐	G-CHPL	Rolladen-Schneider LS4-b
☐	G-CHHZ	Schempp-Hirth Cirrus	☐	G-CHLN	Schempp-Hirth Discus CS	☐	G-CHPN	Grumman FM-2 Wildcat
☐	G-CHIA	N Am SNJ-5 Texan	☐	G-CHLP	Schleicher ASK 21	☐	G-CHPO	Schleicher Ka 6CR
☐	G-CHIB	Lindstrand LBL 77A	☐	G-CHLS	Schempp-Hirth Discus b	☐	G-CHPP	Dudek Nucleon 42/Paratrike
☐	G-CHID	Aeropro Eurofox 912	☐	G-CHLU	Westland SA.341B Gazelle AH1	☐	G-CHPR	Robinson R22 Beta
☐	G-CHIE	Nucleon 34/Flymecc Mini Trike	☐	G-CHLV	Schleicher ASW 19B	☐	G-CHPS	Best Off Skyranger 912
☐	G-CHIF	Power Speedster/Bailey Quattro	☐	G-CHLW	Westland SA.341B Gazelle AH1	☐	G-CHPT	Fedorov Me7 Mechta
☐	G-CHIG	Grob G109B	☐	G-CHLX	Schleicher ASH 25	☐	G-CHPU	Powerplay Sting 250/Albatros

45

Registration	Type	Registration	Type	Registration	Type
G-CHPV	Schleicher ASK 21	G-CHUP	Aeropro Eurofox 912(S)	G-CHYD	Schleicher ASW 24
G-CHPW	Schleicher ASK 21	G-CHUR	Schempp-Hirth Cirrus	G-CHYE	Glaser-Dirks DG-505 Elan Orion
G-CHPX	Schempp-Hirth Discus CS	G-CHUS	Scheibe SF27A	G-CHYF	Rolladen-Schneider LS8-18
G-CHPY	DHC-1 Chipmunk 22	G-CHUT	Centrair ASW 20F	G-CHYG	Sikorsky S-92A
G-CHPZ	P&M Quik GT450	G-CHUU	Schleicher ASK 13	G-CHYH	Rolladen-Schneider LS3-17
G-CHRC	Glaser-Dirks DG-500/20 Elan	G-CHUX	P&M Quik R	G-CHYI	Sikorsky S-92A
G-CHRD	Flylight Dragonlite	G-CHUY	Schempp-Hirth Ventus cT	G-CHYJ	Schleicher ASK 21
G-CHRE	Nicollier HN.700 Menestrel II	G-CHUZ	Schempp-Hirth Discus bT	G-CHYK	Centrair ASW 20FL
G-CHRF	British Aerospace Avro 146-RJ85	G-CHVB	P&M Quik R	G-CHYN	CCF Harvard 4
G-CHRG	PZL-Bielsko SZD-51-1 Junior	G-CHVC	Cameron C-60	G-CHYO	Ace Magic Laser
G-CHRH	Schempp-Hirth Discus-2cT	G-CHVG	Schleicher ASK 21	G-CHYP	PZL-Bielsko SZD-50-3 Puchacz
G-CHRJ	Schleicher K 8B	G-CHVH	Pilatus B4-PC11AF	G-CHYR	Schleicher ASW 27
G-CHRK	Centrair 101A Pégase	G-CHVI	Cameron Z-210	G-CHYS	Schleicher ASK 21
G-CHRL	Schempp-Hirth Standard Cirrus	G-CHVJ	VS.349 Spitfire Vb	G-CHYT	Schleicher ASK 21
G-CHRM	Comco Ikarus C42 FB80 Bravo	G-CHVK	Grob G102 Astir CS	G-CHYU	Schempp-Hirth Discus CS
G-CHRN	Schleicher ASK 18	G-CHVL	Rolladen-Schneider LS8-18	G-CHYX	Schleicher K 8B
G-CHRS	Schempp-Hirth Discus CS	G-CHVM	Glaser-Dirks DG-300 Elan	G-CHYY	Schempp-Hirth Nimbus-3DT
G-CHRT	Evektor EV-97 teamEurostar UK	G-CHVO	Schleicher ASK 13	G-CHYZ	Skystar Vixen
G-CHRU	Flylight Dragonlite Fox	G-CHVP	Schleicher ASW 20	G-CHZB	PZL-Swidnik PW-5 Smyk
G-CHRV	Van's RV-7	G-CHVR	Schempp-Hirth Discus b	G-CHZD	Schleicher ASW 15B
G-CHRW	Schempp-Hirth Duo Discus	G-CHVS	ICP MXP-740 Savannah XLS Jab	G-CHZE	Schempp-Hirth Discus CS
G-CHRX	Schempp-Hirth Discus a	G-CHVT	Schempp-Hirth Ventus-2b	G-CHZG	Rolladen-Schneider LS8-18
G-CHRY	Medway EclipseR	G-CHVU	Rolladen-Schneider LS8-a	G-CHZH	Schleicher Ka 6CR
G-CHSB	Glaser-Dirks DG-300 Elan	G-CHVV	Rolladen-Schneider LS4-b	G-CHZI	Cessna 172RG Cutlass II
G-CHSD	Schempp-Hirth Discus b	G-CHVX	Schleicher ASK 13	G-CHZJ	Schempp-Hirth Standard Cirrus
G-CHSE	Grob G102 Astir CS77	G-CHVX	Centrair ASW 20F	G-CHZK	Europa Aviation Europa XS
G-CHSG	Scheibe SF27A	G-CHVY	Comco Ikarus C42 FB80 Bravo	G-CHZL	Zenair CH.601XL Zodiac
G-CHSH	Scheibe Zugvogel IIIB	G-CHVZ	Schempp-Hirth Standard Cirrus	G-CHZM	Rolladen-Schneider LS4-a
G-CHSI	Ellipse Fuji/Pulma 2000	G-CHWA	Schempp-Hirth Ventus-2c	G-CHZO	Schleicher ASW 27
G-CHSK	Schleicher ASW 20CL	G-CHWB	Schempp-Hirth Duo Discus	G-CHZP	Cessna 152
G-CHSM	Schleicher ASK 13	G-CHWC	Glasflügel 201B Standard Libelle	G-CHZR	Schleicher ASK 21
G-CHSN	Schleicher Ka 6CR	G-CHWD	Schempp-Hirth Standard Cirrus	G-CHZS	Zenair CH.601HDS Zodiac
G-CHSO	Schempp-Hirth Discus b	G-CHWE	Lindstrand LBL 77A	G-CHZT	Groppo Trail
G-CHSP	Ultramagic M-65C	G-CHWF	Schempp-Hirth Std Cirrus	G-CHZU	Schempp-Hirth Standard Cirrus
G-CHSS	Comco Ikarus C42 FB80 Bravo	G-CHWG	Glasflügel 201B Standard Libelle	G-CHZV	Schempp-Hirth Standard Cirrus
G-CHST	Van's RV-9A	G-CHWH	Schempp-Hirth Ventus cT	G-CHZW	P&M Quik GTR
G-CHSU	Eurocopter EC135 T1	G-CHWI	APEV Demoichelle	G-CHZX	Schleicher K 8B
G-CHSX	Scheibe SF27A	G-CHWJ	Guimbal Cabri G2	G-CHZY	Rolladen-Schneider LS4
G-CHSY	Aeroprakt A-22LS Foxbat	G-CHWK	Aerochute Dual	G-CHZZ	Schleicher ASW 20L
G-CHSZ	Rolladen-Schneider LS8-a	G-CHWL	Rolladen-Schneider LS8-a	G-CIAA	Mitchinson Safari
G-CHTA	Grumman AA-5A Cheetah	G-CHWM	AutoGyro Cavalon	G-CIAB	Avian Riot/Samba
G-CHTB	Schempp-Hirth Janus	G-CHWN	Comco Ikarus C42 FB100 Bravo	G-CIAC	HOAC DV.20 Katana
G-CHTC	Schleicher ASW 15B	G-CHWO	P&M Quik GTR	G-CIAE	Cameron TR-70
G-CHTD	Grob G102 Astir CS	G-CHWP	Glaser-Dirks DG-100G Elan	G-CIAF	TL 3000 Sirius
G-CHTE	Grob G102 Astir CS77	G-CHWS	Rolladen-Schneider LS8-18	G-CIAG	Diamond DA.20-A1 Katana
G-CHTF	AB Sportine LAK-12	G-CHWT	Schleicher K 8B	G-CIAH	Ultramagic S-70
G-CHTH	Zenair CH.701SP	G-CHWV	Baldwin Quad	G-CIAI	Schempp-Hirth Arcus T
G-CHTI	Van's RV-12	G-CHWW	Grob G103A Twin II Acro	G-CIAK	Groppo Trail
G-CHTJ	Schleicher ASK 13	G-CHXA	Scheibe Zugvogel IIIB	G-CIAL	Cameron Z-77
G-CHTK	Hawker Sea Hurricane IB	G-CHXD	Grob G102 Astir CS77	G-CIAM	Piper PA-28-181 Archer III
G-CHTL	Schempp-Hirth Arcus T	G-CHXD	Schleicher ASW 27	G-CIAN	Unicorn Ax6
G-CHTM	Rolladen-Schneider LS8-18	G-CHXE	Schleicher ASW 19B	G-CIAO	III Sky Arrow 650 T
G-CHTO	Rans S-7S Courier	G-CHXF	Cameron A-140	G-CIAP	Cameron Z-77
G-CHTR	Grob G102 Astir CS	G-CHXG	CZAW Sportcruiser	G-CIAR	P&M Quik GTR
G-CHTS	Rolladen-Schneider LS8-18	G-CHXH	Schempp-Hirth Discus b	G-CIAU	CL-600-1A11 Challenger 600S
G-CHTU	Schempp-Hirth Cirrus	G-CHXJ	Schleicher ASK 13	G-CIAV	Ace Magic Cyclone
G-CHTV	Schleicher ASK 21	G-CHXK	Scheibe SF25C Falke	G-CIAW	Comco Ikarus C42 FB80
G-CHTW	Grob G109	G-CHXL	Van's RV-6	G-CIAX	CZAW Sportcruiser
G-CHTX	Voltair 86	G-CHXM	Grob G102 Astir CS	G-CIAY	Cameron C-70
G-CHTZ	Airbus A330-243	G-CHXN	Balóny Kubíček BB20GP	G-CIAZ	Aeropro Eurofox 912
G-CHUA	Schleicher ASW 19B	G-CHXO	Schleicher ASH 25	G-CIBA	Cameron N-145
G-CHUC	Denney Kitfox Model 2	G-CHXP	Schleicher ASK 13	G-CIBB	Cessna F172H Skyhawk
G-CHUD	Schleicher ASK 13	G-CHXR	Schempp-Hirth Ventus cT	G-CIBC	Aeropro Eurofox 912(S)
G-CHUE	Schleicher ASW 27	G-CHXS	Cameron C-90	G-CIBF	Aeropro Eurofox 912(S)
G-CHUF	Schleicher ASK 13	G-CHXT	Rolladen-Schneider LS4-a	G-CIBG	Rolladen-Schneider LS4
G-CHUG	Europa Aviation Europa	G-CHXU	Schleicher ASW 19B	G-CIBH	Van's RV-8A
G-CHUH	Schempp-Hirth Janus	G-CHXV	Schleicher ASK 13	G-CIBI	Lindstrand LBL 90A
G-CHUI	Cessna 560XL Citation XLS+	G-CHXW	Rolladen-Schneider LS8-18	G-CIBJ	Colomban MC-30 Luciole
G-CHUJ	Centrair ASW 20F	G-CHXX	Schempp-Hirth Standard Cirrus	G-CIBL	AutoGyro Cavalon
G-CHUK	Cameron O-77	G-CHXZ	Rolladen-Schneider LS4	G-CIBM	Van's RV-8
G-CHUL	Schempp-Hirth Cirrus	G-CHYA	Rolladen-Schneider LS6-c18	G-CIBN	Cameron Z-90
G-CHUN	Grob G102 Astir CS Jeans	G-CHYB	Grob G109B	G-CIBO	Cessna 180K Skywagon
G-CHUO	Federov Me7 Mechta	G-CHYC	Westlake Altair AX4-31/12	G-CIBP	Cameron Z-77

☐ G-CIBR	P&M Quik GT450	☐ G-CIFE	Beech B200 Super King Air	☐ G-CIIM	Reims/Cessna F172N Skyhawk II
☐ G-CIBT	P&M Quik R	☐ G-CIFF	P&M Quik GT450	☐ G-CIIN	Comco Ikarus C42 FB100
☐ G-CIBU	Avtech Jabiru J160	☐ G-CIFG	BAe Avro 146-RJ85	☐ G-CIIO	Curtiss P-40C
☐ G-CIBV	Best Off Skyranger Swift	☐ G-CIFH	Cameron Z-275	☐ G-CIIP	Aviad Zigolo MG12
☐ G-CIBW	Westland Scout AH1	☐ G-CIFI	Cameron Z-77	☐ G-CIIR	Reims/Cessna FRA150L Aerobat
☐ G-CIBX	Cameron Z-31	☐ G-CIFK	Raj Hamsa X'Air Hawk	☐ G-CIIS	Cessna 172S Skyhawk SP
☐ G-CIBY	Schleicher ASW 27-18E	☐ G-CIFL	Van's RV-6	☐ G-CIIT	Best Off Skyranger Swift
☐ G-CIBZ	Aeropro Eurofox 912S	☐ G-CIFM	Flylight Dragon Chaser	☐ G-CIIU	TCD Sherwood Ranger ST
☐ G-CICA	Europa Aviation Europa XS	☐ G-CIFN	Comco Ikarus C42 FB80	☐ G-CIIV	AMS-Flight Apis M
☐ G-CICC	Cessna 152	☐ G-CIFO	Aeropro Eurofox 912(S)	☐ G-CIIW	Piper J-3L-65 Cub
☐ G-CICD	Colt 105A	☐ G-CIFP	Cameron Frog-90 SS	☐ G-CIIX	Ultramagic M-105
☐ G-CICE	Paramania Revo 2/Bailey Quattro Plus	☐ G-CIFS	Lindstrand LBL 150A	☐ G-CIIY	Robinson R22 Beta II
		☐ G-CIFT	AutoGyro MTO Sport	☐ G-CIIZ	Flylight Dragonlite Fox
☐ G-CICF	Comco Ikarus C42 FB80 Bravo	☐ G-CIFU	Rolladen-Schneider LS4	☐ G-CIJA	P&M Quik GT450
☐ G-CICG	Comco Ikarus C42 FB80	☐ G-CIFV	P&M Quik GTR	☐ G-CIJB	Cameron Z-90
☐ G-CICH	Sikorsky S-92A	☐ G-CIFW	Beech B200 Super King Air	☐ G-CIJC	Sikorsky S-92A
☐ G-CICK	VS.361 Spitfire LFIXE	☐ G-CIFX	Ultramagic M-105	☐ G-CIJE	Alisport Silent 2 Electro
☐ G-CICM	AutoGyro Calidus	☐ G-CIFY	Piper PA-28-181 Archer III	☐ G-CIJF	Schempp-Hirth Duo Discus T
☐ G-CICN	Agusta-Bell 47G-3B1 Sioux AH.1	☐ G-CIFZ	Comco Ikarus C42 FB80	☐ G-CIJG	La Mouette Samson/Atos-VR
☐ G-CICO	Ultramagic H-42	☐ G-CIGA	Ultramagic H-42	☐ G-CIJH	Alisport Silent Club
☐ G-CICP	DHC-2 Beaver AL1	☐ G-CIGC	P&M Quik R	☐ G-CIJI	Gefa-Flug AS105GD
☐ G-CICR	Auster AOP9	☐ G-CIGD	Reims/Cessna F172M Skyhawk	☐ G-CIJJ	Cameron O-31
☐ G-CICS	Sud SE.3130 Alouette II	☐ G-CIGE	DHC-1 Chipmunk 22	☐ G-CIJK	Zenair CH.750
☐ G-CICT	Schempp-Hirth Ventus-2cxT	☐ G-CIGF	Slingsby T.61F Venture T2	☐ G-CIJL	Cameron Z-105
☐ G-CICU	Raj Hamsa X'Air Hawk	☐ G-CIGG	P&M Quik GTR	☐ G-CIJM	Cameron N-133
☐ G-CICV	AutoGyro MTO Sport	☐ G-CIGH	Holste MH.1521M Broussard	☐ G-CIJN	Boeing Stearman E75
☐ G-CICW	Flylight Dragonlite Fox	☐ G-CIGI	Lindstrand LBL 77A	☐ G-CIJO	P&M Quik GTR
☐ G-CICY	PZL-Bielsko SZD-50-3 Puchacz	☐ G-CIGJ	Cameron Z-90	☐ G-CIJP	Beech B36TC Bonanza
☐ G-CIDB	Flylight Dragon Chaser	☐ G-CIGK	Cameron N-133 Special	☐ G-CIJR	P&M Pegasus Quantum 15-912
☐ G-CIDC	Yakovlev Yak-18T	☐ G-CIGL	Cameron N-133 Special	☐ G-CIJS	Reims/Cessna F152 II
☐ G-CIDD	Bellanca 7ECA Citabria	☐ G-CIGM	B-N BN-2B-20 Islander	☐ G-CIJT	Best Off Skyranger Nynja 912S
☐ G-CIDE	Paramania Revolution 26M	☐ G-CIGN	Cameron Z-90	☐ G-CIJU	Cessna 177RG Cardinal RG
☐ G-CIDF	AutoGyro MTO Sport	☐ G-CIGO	Cameron C-90	☐ G-CIJV	CASA 1-133 Jungmeister
☐ G-CIDG	P&M Quik GTR	☐ G-CIGP	Reims/Cessna F172N Skyhawk II	☐ G-CIJW	AgustaWestland AW139
☐ G-CIDH	Cameron C-80	☐ G-CIGR	Groppo Trial	☐ G-CIJX	AgustaWestland AW139
☐ G-CIDJ	Eurocopter EC135 T2+	☐ G-CIGS	AutoGyro MTO Sport	☐ G-CIJY	Wittman W.10 Tailwind
☐ G-CIDL	Cameron A-300	☐ G-CIGT	Best Off Skyranger Swift	☐ G-CIJZ	Zenair CH.750
☐ G-CIDO	Glaser-Dirks DG-600/18M	☐ G-CIGU	Aerochute Dual	☐ G-CIKA	P&M Aviation Quik Lite
☐ G-CIDP	Sonex Sonex	☐ G-CIGV	Hewing Demoiselle/Fox	☐ G-CIKB	Schempp-Hirth Duo Discus T
☐ G-CIDS	Comco Ikarus C42 FB100 Bravo	☐ G-CIGW	BRM Aero Bristell NG5	☐ G-CIKC	Cameron D-77
☐ G-CIDT	Schleicher ASH 25E	☐ G-CIGY	Westland Bell 47G-3B-1	☐ G-CIKD	Alisport Silent 2 Targa
☐ G-CIDU	Balóny Kubíček BB22E	☐ G-CIGZ	Sikorsky S-92A	☐ G-CIKE	Aeroprakt A-22LS Foxbat
☐ G-CIDV	Ace Magic Laser	☐ G-CIHA	P&M Quik R	☐ G-CIKF	BAe Avro 146-RJ85
☐ G-CIDW	Evektor EV-97 Eurostar	☐ G-CIHB	Colomban MC-30 Luciole	☐ G-CIKG	AutoGyro Calidus
☐ G-CIDX	Sonex Sonex	☐ G-CIHC	Cameron Z-105	☐ G-CIKH	Aeropro Eurofox 914
☐ G-CIDY	P&M Quik GTR	☐ G-CIHD	BAe Jetstream 4100	☐ G-CIKI	P&M Pegasus Quik
☐ G-CIDZ	Evektor EV-97 Eurostar SL	☐ G-CIHE	BAe Jetstream 4100	☐ G-CIKJ	Ace Aviation Easy Riser Spirit
☐ G-CIEA	Rolladen-Schneider LS4-b	☐ G-CIHF	Schempp-Hirth Discus-2a	☐ G-CIKK	Ace Magic Laser
☐ G-CIEB	AutoGyro MTO Sport	☐ G-CIHG	Cameron Z-90	☐ G-CIKL	Ultramagic S-70
☐ G-CIEC	SAAB-Scania 2000	☐ G-CIHH	AutoGyro MTO Sport	☐ G-CIKM	Diamond DA.42 Twin Star
☐ G-CIED	Aeros Fox 16T/RIP1	☐ G-CIHI	Cameron V-77	☐ G-CIKN	Lindstrand LBL 150A
☐ G-CIEE	Comco Ikarus C42 FB100	☐ G-CIHK	Boeing 737-430	☐ G-CIKO	AgustaWestland AW139
☐ G-CIEF	Aeropro Eurofox 912(S)	☐ G-CIHL	P&M Quik GTR	☐ G-CIKP	Van's RV-8
☐ G-CIEG	P&M Quik R	☐ G-CIHM	Schleicher ASW 28-18E	☐ G-CIKR	Best Off Skyranger Nynja 912S
☐ G-CIEH	Aeropro Eurofox 912(S)	☐ G-CIHN	Cameron Z-120	☐ G-CIKS	Slingsby T.67M Firefly II
☐ G-CIEI	Lindstrand LBL HS-110	☐ G-CIHO	Cameron Z-77	☐ G-CIKT	Evektor EV-97 teamEurostar UK
☐ G-CIEJ	AutoGyro MTO Sport	☐ G-CIHP	Sikorsky S-92A	☐ G-CIKU	Flylight Dragonfly
☐ G-CIEK	Flylight Dragonlite Fox	☐ G-CIHT	Flylight Dragonlite Fox	☐ G-CIKV	Flylight Foxcub
☐ G-CIEL	Cessna 560XL Citation Excel	☐ G-CIHV	Best Off Skyranger Nynja 912S	☐ G-CIKW	Flylight Aeros Ant/Discus
☐ G-CIEM	P&M Quik R	☐ G-CIHW	AutoGyro Cavalon	☐ G-CIKX	Robinson R66
☐ G-CIEN	Super Marine Spitfire Mk.26	☐ G-CIHX	Ultramagic M-105	☐ G-CIKY	Denney Kitfox Model 4
☐ G-CIEP	Flylight Dragon Chaser	☐ G-CIHY	P&M Pegasus Quik	☐ G-CILA	Aeropro Eurofox 912
☐ G-CIER	Cameron Z-160	☐ G-CIHZ	P&M Quik GTR	☐ G-CILB	Alisport Silent 2 Electro
☐ G-CIES	Rand Robinson KR-2	☐ G-CIIA	P&M Quik R	☐ G-CILC	Boeing 737-405
☐ G-CIET	Lindstrand LBL 31A	☐ G-CIIB	Aerochute Dual	☐ G-CILD	Pruett Pusher JP-1
☐ G-CIEW	AutoGyro Cavalon	☐ G-CIIC	Piper PA-18-150 Super Cub	☐ G-CILE	Schempp-Hirth Ventus-2a
☐ G-CIEX	Westland SA.341B Gazelle AH1	☐ G-CIID	Quad City Challenger II	☐ G-CILF	Europa Aviation Europa
☐ G-CIEY	Westland SA.341B Gazelle AH1	☐ G-CIIE	Cameron Z-56	☐ G-CILG	Van's RV-7A
☐ G-CIEZ	Bücker Bü.181B-1 Bestmann	☐ G-CIIF	Axel Gliders Axel	☐ G-CILH	Cessna TR182 Skylane RG II
☐ G-CIFA	Aeropro Eurofox 912	☐ G-CIIG	SOCATA TB-10 Tobago	☐ G-CILI	Nieuport 11 replica
☐ G-CIFB	Aerochute Dual	☐ G-CIIH	P&M Quik GTR	☐ G-CILJ	Bell 206B-3 JetRanger III
☐ G-CIFC	SOCATA TB-200 Tobago XL	☐ G-CIIK	Yakovlev Yak-55	☐ G-CILL	BRM Aero Bristell NG5
☐ G-CIFD	Titan T-51 Mustang	☐ G-CIIL	BRM Aero Bristell NG5	☐ G-CILO	Cameron TR-70

Reg	Type	Reg	Type	Reg	Type
G-CILR	Guimbal Cabri G2	G-CJAS	Glasflügel 201B Standard Libelle	G-CJFZ	Fedorov Me7 Mechta
G-CILS	Rolladen-Schneider LS10-st	G-CJAT	Schleicher K 8B	G-CJGB	Schleicher K 8B
G-CILT	Comco Ikarus C42 FB100 Bravo	G-CJAV	Schleicher ASK 21	G-CJGD	Schleicher K 8B
G-CILV	Flylight Dragon Chaser	G-CJAW	Glaser-Dirks DG-200/17	G-CJGE	Schleicher ASK 21
G-CILW	Ace Aviation Easy Riser Touch	G-CJAX	Schleicher ASK 21	G-CJGF	Schempp-Hirth Ventus c
G-CILX	Stolp SA.900 V-Star	G-CJAY	Pegasus Quik GT450	G-CJGG	P&M Quik GT450
G-CILY	Comco Ikarus C42 FB80	G-CJAZ	Grob G102 Astir CS Jeans	G-CJGH	Schempp-Hirth Nimbus-2C
G-CIMA	Spacek SD-1 Minisport	G-CJBC	Piper PA-28-180 Cherokee D	G-CJGJ	Schleicher ASK 21
G-CIMB	Cessna 177RG Cardinal RG	G-CJBH	Eiriavion PIK-20D	G-CJGK	Eiriavion PIK-20D
G-CIMD	Alpi Pioneer 400	G-CJBJ	Schempp-Hirth Std Cirrus	G-CJGL	Schempp-Hirth Discus CS
G-CIME	Balóny Kubíček BB30Z	G-CJBK	Schleicher ASW 19B	G-CJGM	Schempp-Hirth Discus CS
G-CIMG	Aerochute Dual	G-CJBM	Schleicher ASK 21	G-CJGN	Schempp-Hirth Standard Cirrus
G-CIMH	P&M Aviation Quik Lite	G-CJBO	Rolladen-Schneider LS8-18	G-CJGR	Schempp-Hirth Discus bT
G-CIMI	Grob G115A	G-CJBR	Schempp-Hirth Discus b	G-CJGS	Rolladen-Schneider LS8-18
G-CIMJ	Hughes 369E	G-CJBT	Schleicher ASW 19B	G-CJGU	Schempp-Hirth Mini-Nimbus B
G-CIMK	P&M Aviation Quik Lite	G-CJBW	Schempp-Hirth Discus bT	G-CJGW	Schleicher ASK 13
G-CIML	Aeropro Eurofox 912(S)	G-CJBX	Rolladen-Schneider LS4-a	G-CJGX	Schleicher K 8B
G-CIMM	Cessna T182 Skylane II	G-CJBY	AB Sportine LAK-12	G-CJGY	Schempp-Hirth Standard Cirrus
G-CIMN	Zenair CH.750	G-CJBZ	Grob G102 Astir CS	G-CJGZ	Glasflügel 201B Standard Libelle
G-CIMO	Sportavia-Putzer RF5B Sperber	G-CJCA	Schleicher ASW 15B	G-CJHB	Czech Sport PS-28 Cruiser
G-CIMS	Aeropro Eurofox 912	G-CJCD	Schleicher ASW 24	G-CJHD	Schleicher Ka 6E
G-CIMV	Groppo Trial	G-CJCF	Grob G102 Astir CS77	G-CJHE	Grob G102 Astir CS77
G-CIMX	Westland Scout AH1	G-CJCG	PZL-Swidnik PW-5 Smyk	G-CJHG	Grob G102 Astir CS
G-CIMZ	Robinson R44 Raven II	G-CJCH	AB Sportine LAK-19T	G-CJHJ	Glasflügel 201B Standard Libelle
G-CINA	Cessna 152	G-CJCJ	Schempp-Hirth Standard Cirrus	G-CJHK	Schleicher K 8B
G-CINF	Cessna 182M Skylane	G-CJCK	Schempp-Hirth Discus bT	G-CJHL	Schleicher Ka 6E
G-CING	Tiger Cub Sherwood Ranger ST	G-CJCM	Schleicher ASW 27	G-CJHM	Schempp-Hirth Discus b
G-CINI	Rans S-7S Courier	G-CJCN	Schempp-Hirth Std Cirrus 75	G-CJHN	Grob G102 Astir CS Jeans
G-CINJ	Milholland Legal Eagle	G-CJCR	Grob G102 Astir CS	G-CJHO	Schleicher ASK 18
G-CINM	Grob G109B	G-CJCT	Schempp-Hirth Nimbus-4T	G-CJHP	Flight Design CTSW
G-CINN	Cameron Z-31	G-CJCU	Schempp-Hirth Standard Cirrus B	G-CJHR	Centrair SNC34C Alliance
G-CINO	Grob G109B	G-CJCW	Grob G102 Astir CS77	G-CJHS	Schleicher ASW 15B
G-CINT	AutoGyro MTO Sport	G-CJCX	Schempp-Hirth Discus bT	G-CJHW	Glaser-Dirks DG-200
G-CINX	Van's RV-7	G-CJCZ	Schleicher Ka 6CR	G-CJHX	Bölkow Phoebus C
G-CINZ	Ace Magic Cyclone	G-CJDB	Cessna 525 CitationJet	G-CJHY	Rolladen-Schneider LS8-18
G-CIPA	P&M Pegasus Quik	G-CJDC	Schleicher ASW 27	G-CJHZ	Schleicher ASW 20
G-CIPL	Van's RV-9	G-CJDD	Glaser-Dirks DG-200/17C	G-CJJB	Rolladen-Schneider LS4
G-CIRI	Cirrus SR20	G-CJDE	Rolladen-Schneider LS8-18	G-CJJD	Schempp-Hirth Discus bT
G-CIRU	Cirrus SR20	G-CJDG	Rolladen-Schneider LS6-b	G-CJJE	Schempp-Hirth Discus a
G-CIRV	Van's RV-7	G-CJDJ	Rolladen-Schneider LS3	G-CJJH	DG Flugzeugbau DG-800S
G-CITR	Cameron Z-105	G-CJDM	Schleicher ASW 15B	G-CJJJ	Schempp-Hirth Standard Cirrus
G-CITY	Piper PA-31-350 Chieftain	G-CJDN	Cameron C-90	G-CJJK	Rolladen-Schneider LS8-18
G-CIVA	Boeing 747-436	G-CJDP	Glaser-Dirks DG-200/17	G-CJJL	Schleicher ASW 19B
G-CIVB	Boeing 747-436	G-CJDR	Schleicher ASW 15	G-CJJP	Schempp-Hirth Duo Discus
G-CIVC	Boeing 747-436	G-CJDS	Schempp-Hirth Std Cirrus 75	G-CJJT	Schleicher ASW 27
G-CIVD	Boeing 747-436	G-CJDT	Rolladen-Schneider LS8-a	G-CJJU	Rolladen-Schneider LS8-a
G-CIVE	Boeing 747-436	G-CJDV	Glaser-Dirks DG-300 Elan Acro	G-CJJX	Schleicher ASW 15B
G-CIVF	Boeing 747-436	G-CJDX	Wassmer WA.28 Espadon	G-CJJZ	Schempp-Hirth Discus bT
G-CIVG	Boeing 747-436	G-CJEA	Rolladen-Schneider LS8-18	G-CJKA	Schleicher ASK 21
G-CIVH	Boeing 747-436	G-CJEB	Schleicher ASW 24	G-CJKB	PZL-Swidnik PW-5 Smyk
G-CIVI	Boeing 747-436	G-CJEC	PZL-Bielsko SZD-50-3 Puchacz	G-CJKD	Rolladen-Schneider LS8-18
G-CIVJ	Boeing 747-436	G-CJED	Schempp-Hirth Nimbus-3/24.5	G-CJKE	PZL-Swidnik PW-5 Smyk
G-CIVK	Boeing 747-436	G-CJEE	Schleicher ASW 20L	G-CJKF	Glaser-Dirks DG-200
G-CIVL	Boeing 747-436	G-CJEH	Glasflügel 303 Mosquito B	G-CJKG	Schleicher ASK 18
G-CIVM	Boeing 747-436	G-CJEL	Schleicher ASW 24	G-CJKJ	Schleicher ASK 21
G-CIVN	Boeing 747-436	G-CJEM	Schempp-Hirth Duo Discus	G-CJKK	Schleicher ASK 21
G-CIVO	Boeing 747-436	G-CJEP	Rolladen-Schneider LS8	G-CJKM	Glaser-Dirks DG-200/17
G-CIVP	Boeing 747-436	G-CJER	Schempp-Hirth Std Cirrus 75	G-CJKN	Rolladen-Schneider LS8-18
G-CIVR	Boeing 747-436	G-CJEU	Glasflügel 201B Standard Libelle	G-CJKO	Schleicher ASK 21
G-CIVS	Boeing 747-436	G-CJEV	Schempp-Hirth Std Cirrus B	G-CJKP	Rolladen-Schneider LS4-b
G-CIVT	Boeing 747-436	G-CJEW	Schleicher Ka 6CR	G-CJKS	Schleicher ASW 19B
G-CIVU	Boeing 747-436	G-CJEX	Schempp-Hirth Ventus-2a	G-CJKT	Schleicher ASK 13
G-CIVV	Boeing 747-436	G-CJEZ	Glaser-Dirks DG-100 Elan	G-CJKU	Schleicher ASK 21
G-CIVW	Boeing 747-436	G-CJFA	Schempp-Hirth Standard Cirrus	G-CJKV	Grob G103A Twin II Acro
G-CIVX	Boeing 747-436	G-CJFC	Schempp-Hirth Discus CS	G-CJKW	Grob G102 Astir CS77
G-CIVY	Boeing 747-436	G-CJFE	Schempp-Hirth Janus CT	G-CJKY	Schempp-Hirth Ventus cT
G-CIVZ	Boeing 747-436	G-CJFH	Schempp-Hirth Duo Discus	G-CJKZ	Schleicher ASK 13
G-CIXB	Grob G109B	G-CJFJ	Schleicher ASW 20CL	G-CJLA	Schempp-Hirth Ventus-2cT
G-CJAI	P&M Quik GT450	G-CJFM	Schleicher ASK 13	G-CJLC	Schempp-Hirth Discus CS
G-CJAL	Schleicher Ka 6E	G-CJFR	Schempp-Hirth Ventus cT	G-CJLF	Schleicher ASK 13
G-CJAO	Schempp-Hirth Discus b	G-CJFT	Schleicher K 8B	G-CJLH	Rolladen-Schneider LS4
G-CJAP	Comco Ikarus C42 FB80	G-CJFU	Schleicher ASW 19B	G-CJLJ	Rolladen-Schneider LS4-b
G-CJAR	Schempp-Hirth Discus bT	G-CJFX	Rolladen-Schneider LS8-a	G-CJLK	Rolladen-Schneider LS7

Reg	Type
G-CJLL	Robinson R44 Raven II
G-CJLN	Rolladen-Schneider LS8-18
G-CJLO	Schleicher ASK 13
G-CJLP	Schempp-Hirth Discus CS
G-CJLS	Schleicher K 8B
G-CJLV	Schleicher Ka 6E
G-CJLW	Schempp-Hirth Discus CS
G-CJLX	Schempp-Hirth Standard Cirrus
G-CJLY	Schleicher ASW 27
G-CJLZ	Grob G103A Twin II Acro
G-CJMA	Schleicher ASK 18
G-CJMD	Embraer EMB-135BJ Legacy
G-CJMG	PZL-Bielsko SZD-51-1 Junior
G-CJMJ	Schleicher ASK 13
G-CJMK	Schleicher ASK 18
G-CJML	Grob G102 Astir CS77
G-CJMN	Schempp-Hirth Nimbus-2
G-CJMO	Rolladen-Schneider LS8-18
G-CJMP	Schleicher ASK 13
G-CJMS	Schleicher ASK 21
G-CJMT	Rolladen-Schneider LS8-18
G-CJMU	Rolladen-Schneider LS8-18
G-CJMV	Schempp-Hirth Nimbus-2C
G-CJMW	Schleicher ASK 13
G-CJMX	Schleicher ASK 13
G-CJMY	PZL-Bielsko SZD-51-1 Junior
G-CJMZ	Schleicher ASK 13
G-CJNA	Grob G102 Astir CS Jeans
G-CJNB	Rolladen-Schneider LS8-18
G-CJNE	Schempp-Hirth Discus-2a
G-CJNG	Glasflügel 201B Standard Libelle
G-CJNJ	Rolladen-Schneider LS8-18
G-CJNK	Rolladen-Schneider LS8-18
G-CJNN	Schleicher K 8B
G-CJNO	Glaser-Dirks DG-300 Elan
G-CJNP	Rolladen-Schneider LS6-b
G-CJNR	Glasflügel 303 Mosquito B
G-CJNT	Schleicher ASW 19B
G-CJNZ	Glaser-Dirks DG-100 Elan
G-CJOA	Schempp-Hirth Discus b
G-CJOB	Schleicher K 8B
G-CJOC	Schempp-Hirth Discus bT
G-CJOD	Rolladen-Schneider LS8-18
G-CJOE	Schempp-Hirth Standard Cirrus
G-CJOJ	Schleicher K 8B
G-CJON	Grob G102 Astir CS77
G-CJOO	Schempp-Hirth Duo Discus
G-CJOP	Centrair 101A Pégase
G-CJOR	Schempp-Hirth Ventus-2cT
G-CJOS	Schempp-Hirth Standard Cirrus
G-CJOV	Schleicher ASW 27
G-CJOW	Schempp-Hirth Cirrus
G-CJOX	Schleicher ASK 21
G-CJOZ	Schleicher K 8B
G-CJPA	Schempp-Hirth Duo Discus
G-CJPC	Schleicher ASK 13
G-CJPJ	Grob G104 Speed Astir IIB
G-CJPL	Rolladen-Schneider LS8-18
G-CJPM	Grob G102 Astir CS Jeans
G-CJPO	Schleicher ASK 18
G-CJPP	Schempp-Hirth Discus b
G-CJPR	Rolladen-Schneider LS8-18
G-CJPT	Schleicher ASW 27
G-CJPV	Schleicher ASK 13
G-CJPW	Glaser-Dirks DG-200
G-CJPX	Schleicher ASW 15
G-CJPY	Schleicher ASK 13
G-CJPZ	Schleicher ASK 18
G-CJRA	Rolladen-Schneider LS8-18
G-CJRB	Schleicher ASW 19B
G-CJRC	Glaser-Dirks DG-300 Elan
G-CJRD	Grob G102 Astir CS
G-CJRE	Schleicher ASW 15
G-CJRF	PZL-Bielsko SZD-50-3 Puchacz
G-CJRG	Schempp-Hirth Standard Cirrus
G-CJRH	Schleicher ASW 27
G-CJRJ	PZL-Bielsko SZD-50-3 Puchacz
G-CJRL	Glaser-Dirks DG-100G Elan
G-CJRM	Grob G102 Astir CS
G-CJRN	Glaser-Dirks DG-200/17
G-CJRR	Schempp-Hirth Discus bT
G-CJRT	Schempp-Hirth Standard Cirrus
G-CJRU	Schleicher ASW 24
G-CJRV	Schleicher ASW 19B
G-CJRX	Schleicher ASK 13
G-CJSA	Nanchang CJ-6A (Yak 18)
G-CJSC	Schempp-Hirth Nimbus-3DT
G-CJSD	Grob G102 Astir CS
G-CJSE	Schempp-Hirth Discus b
G-CJSG	Schleicher Ka 6E
G-CJSH	Grob G102 Club Astir IIIB
G-CJSJ	Rolladen-Schneider LS7-WL
G-CJSK	Grob G102 Astir CS
G-CJSL	Schempp-Hirth Ventus cT
G-CJSN	Schleicher K 8B
G-CJSS	Schleicher ASW 27
G-CJST	Rolladen-Schneider LS1-c
G-CJSU	Rolladen-Schneider LS8-18
G-CJSV	Schleicher ASK 13
G-CJSW	Rolladen-Schneider LS4-a
G-CJSX	AMS-Flight DG-500 Elan Orion
G-CJSZ	Schleicher ASK 18
G-CJTB	Schleicher ASW 24
G-CJTH	Schleicher ASW 24
G-CJTJ	Schempp-Hirth Mini-Nimbus B
G-CJTK	AMS-Flight DG-303 Elan Acro
G-CJTL	Rolladen-Schneider LS8-18
G-CJTM	Rolladen-Schneider LS8-18
G-CJTN	Glaser-Dirks DG-300 Elan
G-CJTO	Glasflügel 303 Mosquito
G-CJTP	Schleicher ASW 20L
G-CJTR	Rolladen-Schneider LS7-WL
G-CJTS	Schempp-Hirth Cirrus VTC
G-CJTU	Schempp-Hirth Duo Discus T
G-CJTW	Glasflügel 303 Mosquito B
G-CJTY	Rolladen-Schneider LS8-a
G-CJUB	Schempp-Hirth Discus CS
G-CJUD	Denney Kitfox Model 3
G-CJUF	Schempp-Hirth Ventus-2cT
G-CJUJ	Schempp-Hirth Duo Discus
G-CJUK	Grob G102 Astir CS
G-CJUM	Schempp-Hirth Duo Discus T
G-CJUN	Schleicher ASW 19B
G-CJUP	Schempp-Hirth Discus-2b
G-CJUR	Valentin Mistral C
G-CJUS	Grob G102 Astir CS
G-CJUU	Schempp-Hirth Standard Cirrus
G-CJUV	Schempp-Hirth Discus b
G-CJUX	Aviastroitel AC-4C
G-CJUZ	Schleicher ASW 19B
G-CJVA	Schempp-Hirth Ventus-2cT
G-CJVB	Schempp-Hirth Discus bT
G-CJVC	PZL-Bielsko SZD-51-1 Junior
G-CJVE	Eiriavion PIK-20D
G-CJVF	Schempp-Hirth Discus CS
G-CJVG	Schempp-Hirth Discus bT
G-CJVJ	AB Sportine LAK-17A
G-CJVL	Glaser-Dirks DG-300 Elan
G-CJVM	Schleicher ASW 27
G-CJVP	Glaser-Dirks DG-200
G-CJVS	Schleicher ASW 28
G-CJVU	Schempp-Hirth Std Cirrus CS 11
G-CJVV	Schempp-Hirth Janus C
G-CJVW	Schleicher ASW 15
G-CJVX	Schempp-Hirth Discus CS
G-CJVZ	Schleicher ASK 21
G-CJWA	Schleicher ASW 28
G-CJWB	Schleicher ASK 13
G-CJWD	Schleicher ASK 21
G-CJWF	Schleicher ASW 27
G-CJWG	Schempp-Hirth Nimbus-3DT
G-CJWJ	Schleicher ASK 13
G-CJWK	Schempp-Hirth Discus bT
G-CJWM	Grob G103 Twin II
G-CJWP	Bölkow Phoebus B1
G-CJWR	Grob G102 Astir CS
G-CJWT	Glaser-Dirks DG-200
G-CJWU	Schempp-Hirth Ventus bT
G-CJWX	Schempp-Hirth Ventus-2cT
G-CJXA	Schempp-Hirth Nimbus-3DT
G-CJXB	Centrair 201B Marianne
G-CJXC	Wassmer WA.28 Espadon
G-CJXD	Ultramagic H-77
G-CJXG	Eiriavion PIK-20D
G-CJXL	Schempp-Hirth Discus CS
G-CJXM	Schleicher ASK 13
G-CJXN	Centrair 201B Marianne
G-CJXP	Glaser-Dirks DG-100
G-CJXR	Schempp-Hirth Discus b
G-CJXT	Schleicher ASW 24B
G-CJXW	Schempp-Hirth Duo Discus T
G-CJXX	Pilatus B4-PC11AF
G-CJXY	Neukom S-4A Elfe
G-CJYC	Grob G102 Astir CS
G-CJYD	Schleicher ASW 27
G-CJYE	Schleicher ASK 13
G-CJYF	Schempp-Hirth Discus CS
G-CJYL	AB Sportine LAK-12
G-CJYO	Glaser-Dirks DG-100G Elan
G-CJYP	Grob G102 Astir CS
G-CJYR	Schempp-Hirth Duo Discus T
G-CJYS	Schempp-Hirth Mini-Nimbus C
G-CJYU	Schempp-Hirth Ventus-2cT
G-CJYV	Schleicher K 8B
G-CJYW	Schleicher K 8B
G-CJYX	Rolladen-Schneider LS3-17
G-CJZB	AMS-Flight DG-500 Elan Orion
G-CJZE	Schleicher ASK 13
G-CJZG	Schempp-Hirth Discus bT
G-CJZH	Schleicher ASW 20CL
G-CJZK	AMS-Flight DG-500 Elan Orion
G-CJZL	Schempp-Hirth Mini-Nimbus B
G-CJZM	Schempp-Hirth Ventus-2a
G-CJZN	Schleicher ASW 28
G-CJZY	Grob G102 Standard Astir III
G-CJZZ	Rolladen-Schneider LS7-WL
G-CKAC	Glaser-Dirks DG-200
G-CKAE	Centrair 101A Pégase
G-CKAK	Schleicher ASW 28
G-CKAL	Schleicher ASW 28
G-CKAM	Glasflügel 205 Club Libelle
G-CKAN	PZL-Bielsko SZD-50-3 Puchacz
G-CKAP	Schempp-Hirth Discus CS
G-CKAR	Schempp-Hirth Duo Discus T
G-CKAS	Schempp-Hirth Ventus-2cT
G-CKAU	AMS-Flight DG-303 Elan Acro
G-CKAX	AMS-Flight DG-500 Elan Orion
G-CKAY	Grob G102 Astir CS
G-CKBA	Centrair 101A Pégase
G-CKBC	Rolladen-Schneider LS6-c18
G-CKBD	Grob G102 Astir CS
G-CKBF	AMS-Flight DG-303 Elan
G-CKBG	Schempp-Hirth Ventus-2cT
G-CKBH	Rolladen-Schneider LS6
G-CKBK	Schempp-Hirth Ventus-2cT
G-CKBL	Grob G102 Astir CS
G-CKBM	Schleicher ASW 28
G-CKBN	PZL-Bielsko SZD-55-1
G-CKBT	Schempp-Hirth Standard Cirrus

☐ G-CKBU	Schleicher ASW 28	☐ G-CKGX	Schleicher ASK 21	☐ G-CKNE	Schempp-Hirth Std Cirrus 75-VTC
☐ G-CKBV	Schleicher ASW 28	☐ G-CKGY	Scheibe Bergfalke IV	☐ G-CKNF	DG Flugzeugbau DG-1000T
☐ G-CKBX	Schleicher ASW 27	☐ G-CKHA	PZL-Bielsko SZD-51-1 Junior	☐ G-CKNG	Schleicher ASW 28-18E
☐ G-CKCB	Rolladen-Schneider LS4-a	☐ G-CKHB	Rolladen-Schneider LS3	☐ G-CKNK	Glaser-Dirks DG-500 Elan Trainer
☐ G-CKCD	Schempp-Hirth Ventus-2cT	☐ G-CKHC	DG Flugzeugbau DG-505/20 Elan	☐ G-CKNL	Schleicher ASK 21
☐ G-CKCE	Schempp-Hirth Ventus-2cT	☐ G-CKHD	Schleicher ASW 27B	☐ G-CKNM	Schleicher ASK 18
☐ G-CKCH	Schempp-Hirth Ventus-2cT	☐ G-CKHE	AB Sportine LAK-17AT	☐ G-CKNO	Schempp-Hirth Ventus-2cxT
☐ G-CKCJ	Schleicher ASW 28	☐ G-CKHG	Schleicher ASW 27B	☐ G-CKNR	Schempp-Hirth Ventus-2cxT
☐ G-CKCK	Enstrom 280FX Shark	☐ G-CKHH	Schleicher ASK 13	☐ G-CKNS	Rolladen-Schneider LS4-a
☐ G-CKCM	Glasflügel 201B Standard Libelle	☐ G-CKHK	Schempp-Hirth Duo Discus T	☐ G-CKNV	Schleicher ASW 28-18E
☐ G-CKCN	Schleicher ASW 27	☐ G-CKHM	Centrair 101A Pégase 90	☐ G-CKOD	Schempp-Hirth Discus bT
☐ G-CKCP	Grob G102 Astir CS	☐ G-CKHN	PZL-Bielsko SZD-51-1 Junior	☐ G-CKOE	Schleicher ASW 27-18 (ASG 29)
☐ G-CKCR	AB Sportine LAK-17A	☐ G-CKHR	PZL-Bielsko SZD-51-1 Junior	☐ G-CKOH	DG Flugzeugbau DG-1000T
☐ G-CKCT	Schleicher ASK 21	☐ G-CKHS	Rolladen-Schneider LS7-WL	☐ G-CKOI	AB Sportine LAK-17AT
☐ G-CKCV	Schempp-Hirth Duo Discus T	☐ G-CKHV	Glaser-Dirks DG-100	☐ G-CKOK	Schempp-Hirth Discus-2cT
☐ G-CKCY	Schleicher ASW 20	☐ G-CKHW	PZL-Bielsko SZD-50-3 Puchacz	☐ G-CKOL	Schempp-Hirth Duo Discus T
☐ G-CKCZ	Schleicher ASK 21	☐ G-CKJB	Schempp-Hirth Ventus bT	☐ G-CKOM	Schleicher ASW 27-18 (ASG 29)
☐ G-CKDA	Schempp-Hirth Ventus-2b	☐ G-CKJC	Schempp-Hirth Nimbus-3T	☐ G-CKON	Schleicher ASW 27-18E
☐ G-CKDB	Schleicher Ka 6CR	☐ G-CKJD	Schempp-Hirth Std Cirrus 75-VTC	☐ G-CKOO	Schleicher ASW 27-18E
☐ G-CKDC	Centrair ASW 20F	☐ G-CKJE	DG Flugzeugbau LS8-18	☐ G-CKOR	Glaser-Dirks DG-300 Elan
☐ G-CKDF	Schleicher ASK 21	☐ G-CKJF	Schempp-Hirth Standard Cirrus	☐ G-CKOT	Schleicher ASK 21
☐ G-CKDK	Rolladen-Schneider LS4-a	☐ G-CKJG	Schempp-Hirth Cirrus VTC	☐ G-CKOU	AB Sportine LAK-19T
☐ G-CKDN	Schleicher ASW 27B	☐ G-CKJH	AMS-Flight DG-303 Elan	☐ G-CKOW	AMS-Flight DG-505 Elan Orion
☐ G-CKDO	Schempp-Hirth Ventus-2cT	☐ G-CKJJ	DG Flug. DG-500 Elan Orion	☐ G-CKOX	AMS-Flight DG-500 Elan Orion
☐ G-CKDP	Schleicher ASK 21	☐ G-CKJL	Schleicher ASK 13	☐ G-CKOY	Schleicher ASW 27-18E
☐ G-CKDR	PZL-Bielsko SZD-48 Jantar Std 3	☐ G-CKJM	Schempp-Hirth Ventus cT	☐ G-CKOZ	Schleicher ASW 27-18E
☐ G-CKDS	Schleicher ASW 27	☐ G-CKJN	Schleicher ASW 20	☐ G-CKPA	AB Sportine LAK-19T
☐ G-CKDU	Glaser-Dirks DG-200/17	☐ G-CKJP	Schleicher ASK 21	☐ G-CKPE	Schempp-Hirth Duo Discus
☐ G-CKDV	Schempp-Hirth Ventus b	☐ G-CKJS	Schleicher ASW 28-18E	☐ G-CKPG	Schempp-Hirth Discus-2cT
☐ G-CKDW	Schleicher ASW 27	☐ G-CKJV	Schleicher ASW 28-18E	☐ G-CKPJ	Neukom S-4D Elfe
☐ G-CKDX	Glaser-Dirks DG-200	☐ G-CKJZ	Schempp-Hirth Discus bT	☐ G-CKPK	Schempp-Hirth Ventus-2cxT
☐ G-CKDY	Glaser-Dirks DG-100 Elan	☐ G-CKKB	Centrair 101A Pégase	☐ G-CKPM	DG Flugzeugbau LS8-t
☐ G-CKEA	Schempp-Hirth Cirrus	☐ G-CKKC	AMS-Flight DG-303 Elan Acro	☐ G-CKPN	PZL-Bielsko SZD-51-1 Junior
☐ G-CKEB	Schempp-Hirth Standard Cirrus	☐ G-CKKE	Schempp-Hirth Duo Discus T	☐ G-CKPO	Schempp-Hirth Duo Discus T
☐ G-CKED	Schleicher ASW 27	☐ G-CKKF	Schempp-Hirth Ventus-2cxT	☐ G-CKPP	Schleicher ASK 21
☐ G-CKEE	Grob G102 Astir CS	☐ G-CKKH	Schleicher ASW 27B	☐ G-CKPU	Schleicher ASW 27-18E
☐ G-CKEJ	Schleicher ASK 21	☐ G-CKKK	AB Sportine LAK-17A	☐ G-CKPV	Schempp-Hirth Mini-Nimbus B
☐ G-CKEK	Schleicher ASK 21	☐ G-CKKP	Schleicher ASK 21	☐ G-CKPX	ZS Jezow PW-6U
☐ G-CKEP	Rolladen-Schneider LS6-b	☐ G-CKKR	Schleicher ASK 13	☐ G-CKPY	Schempp-Hirth Duo Discus T
☐ G-CKER	Schleicher ASW 19B	☐ G-CKKV	DG Flugzeugbau DG-1000S	☐ G-CKPZ	Schleicher ASW 20
☐ G-CKES	Schempp-Hirth Cirrus	☐ G-CKKX	Rolladen-Schneider LS4-a	☐ G-CKRB	Schleicher ASK 13
☐ G-CKET	Rolladen-Schneider LS8-b	☐ G-CKKY	Schempp-Hirth Duo Discus T	☐ G-CKRC	Schleicher ASW 28-18E
☐ G-CKEV	Schempp-Hirth Duo Discus	☐ G-CKLA	Schleicher ASK 13	☐ G-CKRD	Schleicher ASW 27-18E
☐ G-CKEY	Piper PA-28-161 Warrior II	☐ G-CKLC	Glasflügel Hornet	☐ G-CKRF	Glaser-Dirks DG-300 Elan
☐ G-CKEZ	Rolladen-Schneider LS8-t	☐ G-CKLD	Schempp-Hirth Discus-2cT	☐ G-CKRH	Grob G103 Twin II
☐ G-CKFA	Schempp-Hirth Std Cirrus 75	☐ G-CKLG	Rolladen-Schneider LS4	☐ G-CKRI	Schleicher ASK 21
☐ G-CKFB	Schempp-Hirth Discus-2T	☐ G-CKLN	Rolladen-Schneider LS4-a	☐ G-CKRJ	Schleicher ASW 27-18E
☐ G-CKFC	Schempp-Hirth Ventus-2cT	☐ G-CKLP	Schleicher ASW 28-18E	☐ G-CKRN	Grob G102 Astir CS
☐ G-CKFD	Schleicher ASW 27	☐ G-CKLR	PZL-Bielsko SZD-55-1	☐ G-CKRO	Schempp-Hirth Duo Discus T
☐ G-CKFE	Eiriavion PIK-20D	☐ G-CKLS	Rolladen-Schneider LS4	☐ G-CKRR	Schleicher ASW 15B
☐ G-CKFG	Grob G103A Twin Acro	☐ G-CKLT	Schempp-Hirth Nimbus-3/24.5	☐ G-CKRS	FFA Diamant 16.5
☐ G-CKFH	Schempp-Hirth Mini-Nimbus HS 7	☐ G-CKLV	Schempp-Hirth Discus-2cT	☐ G-CKRU	ZS Jezow PW-6U
☐ G-CKFJ	Schleicher ASK 13	☐ G-CKLW	Schleicher ASK 21	☐ G-CKRV	Schleicher ASW 27-18E
☐ G-CKFK	Schempp-Hirth Std Cirrus 75-VTC	☐ G-CKLY	DG Flugzeugbau DG-1000T	☐ G-CKRW	Schleicher ASK 21
☐ G-CKFL	Rolladen-Schneider LS4	☐ G-CKMA	DG Flugzeugbau LS8-st	☐ G-CKRX	ZS Jezow PW-6U
☐ G-CKFN	DG Flugzeugbau DG-1000S	☐ G-CKMB	AB Sportine LAK-19T	☐ G-CKSC	Czech Sport Sportcruiser
☐ G-CKFP	Schempp-Hirth Ventus-2cxT	☐ G-CKMD	Schempp-Hirth Standard Cirrus	☐ G-CKSD	Rolladen-Schneider LS8-a
☐ G-CKFR	Schleicher ASK 13	☐ G-CKME	DG Flugzeugbau LS8-st	☐ G-CKSK	Pilatus B4-PC11AF
☐ G-CKFT	Schempp-Hirth Duo Discus T	☐ G-CKMF	Centrair 101A Pégase	☐ G-CKSL	Schleicher ASW 15B
☐ G-CKFV	Rolladen-Schneider LS8-t	☐ G-CKMG	Glaser-Dirks DG-100G Elan	☐ G-CKSM	Schempp-Hirth Duo Discus T
☐ G-CKFX	Centrair 101AP Pégase	☐ G-CKMI	Schleicher K 8C	☐ G-CKSX	Schleicher ASW 27-18E
☐ G-CKFY	Schleicher ASK 21	☐ G-CKMJ	Schleicher Ka 6CR	☐ G-CKSY	Rolladen-Schneider LS7-WL
☐ G-CKGA	Schempp-Hirth Ventus-2cxT	☐ G-CKML	Schempp-Hirth Duo Discus T	☐ G-CKTB	Schempp-Hirth Ventus-2cxT
☐ G-CKGB	Schempp-Hirth Ventus-2cxT	☐ G-CKMM	Schleicher ASW 28-18	☐ G-CKTC	Schleicher Ka 6CR
☐ G-CKGC	Schempp-Hirth Ventus-2cxT	☐ G-CKMO	Rolladen-Schneider LS7-WL	☐ G-CKZT	Piper PA-28-235 Cherokee
☐ G-CKGD	Schempp-Hirth Ventus-2cxT	☐ G-CKMP	AB Sportine LAK-17A	☐ G-CLAC	Piper PA-28-161 Warrior II
☐ G-CKGF	Schempp-Hirth Duo Discus T	☐ G-CKMT	Grob G103C Twin III Acro	☐ G-CLAD	Cameron V-90
☐ G-CKGH	Grob G102 Club Astir II	☐ G-CKMV	Rolladen-Schneider LS3-17	☐ G-CLAV	Europa Aviation Europa
☐ G-CKGK	Schleicher ASK 21	☐ G-CKMW	Schleicher ASK 21	☐ G-CLAY	Bell 206B-3 JetRanger III
☐ G-CKGL	Schempp-Hirth Ventus-2cT	☐ G-CKMZ	Schleicher ASW 28-18	☐ G-CLDS	AutoGyro Calidus
☐ G-CKGM	Centrair 101A Pégase	☐ G-CKNB	Schempp-Hirth Standard Cirrus	☐ G-CLEA	Piper PA-28-161 Warrior II
☐ G-CKGU	Schleicher ASW 19B	☐ G-CKNC	Caproni Calif A-21S	☐ G-CLEE	Rans S-6-ES Coyote II
☐ G-CKGV	Schleicher ASW 28-18	☐ G-CKND	DG Flugzeugbau DG-1000T	☐ G-CLEM	Bölkow Bö.208A2 Junior

Reg	Type	Reg	Type	Reg	Type
G-CLEO	Zenair CH.601HD Zodiac	G-COCO	Reims/Cessna F172M Skyhawk	G-CROW	Robinson R44 Raven
G-CLES	Schleicher ASW 27-18E	G-CODY	Kolb Twinstar Mk3 Xtra	G-CROY	Europa Aviation Europa
G-CLEU	Glaser-Dirks DG-200	G-COIN	Bell 206B-2 JetRanger II	G-CRSR	Czech Sport Sportcruiser
G-CLFB	Rolladen-Schneider LS4-a	G-COLA	Beech F33C Bonanza	G-CRUI	CZAW Sportcruiser
G-CLFC	Mainair Blade	G-COLH	Piper PA-28-140 Cherokee	G-CRUM	Westland Scout AH1
G-CLFH	Schleicher ASW 20C	G-COLI	AutoGyro MT-03	G-CRUZ	Cessna T303 Crusader
G-CLFX	Schempp-Hirth Duo Discus XLT	G-COLS	Van's RV-7A	G-CRWZ	CZAW Sportcruiser
G-CLFZ	Schleicher ASW 28-18E	G-COLY	Aeropro Eurofox 912(S)	G-CRZA	CZAW Sportcruiser
G-CLGC	Schempp-Hirth Duo Discus	G-COMB	Piper PA-30 Twin Comanche B	G-CRZE	Ultramagic M-105
G-CLGL	Schempp-Hirth Ventus-2c	G-CONA	Flight Design CTLS	G-CSAM	Van's RV-9A
G-CLGR	Glasflügel 205 Club Libelle	G-CONB	Robin DR.400-180 Régent	G-CSAV	Thruster T.600N 450
G-CLGT	Rolladen-Schneider LS4	G-CONC	Cameron N-90	G-CSAW	CZAW Sportcruiser
G-CLGU	Schleicher ASW 27-18 (ASG 29)	G-CONL	SOCATA TB-10 Tobago	G-CSBD	Piper PA-28-236 Dakota
G-CLGW	Centrair 101A Pégase 90	G-CONN	Eurocopter EC120B Colibri	G-CSBM	Reims/Cessna F150M
G-CLGZ	Schempp-Hirth Duo Discus T	G-CONR	Champion 7GCBC Citabria	G-CSCS	Reims/Cessna F172N Skyhawk II
G-CLHF	Scheibe Bergfalke IV	G-CONY	BAe Jetstream 3101	G-CSDJ	Avtech Jabiru UL-450
G-CLHG	Schempp-Hirth Discus b	G-COOT	Aerocar Taylor Coot A	G-CSDR	Corvus Aircraft CA-22 Crusader
G-CLIC	Cameron A-105	G-COPP	Schleicher ASW 27-18E	G-CSFC	Cessna 150L
G-CLIF	Comco Ikarus C42 FB UK	G-COPS	Piper J-3C-65 Cub	G-CSGT	Piper PA-28-161 Warrior II
G-CLIN	Comco Ikarus C42 FB100	G-CORA	Europa Aviation Europa XS	G-CSHB	Czech Sport PS-28 Cruiser
G-CLJE	Schleicher ASH 25M	G-CORB	SOCATA TB-20 Trinidad	G-CSIX	Piper PA-32-300 Cherokee Six
G-CLJK	PZL-Bielsko SZD-51-1 Junior	G-CORD	Tipsy Nipper T.66 Srs 3	G-CSKW	Van's RV-7
G-CLJZ	Schleicher ASH 31Mi	G-CORL	AS.350B3 Ecureuil	G-CSMK	Evektor EV-97 Eurostar
G-CLKF	Schempp-Hirth Cirrus VTC	G-CORW	Piper PA-28-180 Cherokee C	G-CSPR	Van's RV-6A
G-CLKG	Schempp-Hirth Janus CM	G-COSF	Piper PA-28-161 Warrior II	G-CSUE	ICP MXP-740 Savannah Jabiru
G-CLKK	Schleicher ASH 31 Mi	G-COSY	Lindstrand LBL 56A	G-CSUT	Cassutt Racer IIIM
G-CLKU	Schleicher Ka 6E	G-COTH	MD Helicopters MD.900 Explorer	G-CSZM	Zenair CH.601XL Zodiac
G-CLLB	Schempp-Hirth Discus-2cT	G-COTT	Cameron House 60 SS	G-CTAG	Rolladen-Schneider LS8-18
G-CLLC	Glasflügel 304S Shark	G-COUZ	Raj Hamsa X'Air 582	G-CTAM	Cirrus SR22
G-CLLH	Glasflügel 304 S	G-COVA	Piper PA-28-161 Warrior III	G-CTAV	Evektor EV-97 teamEurostar UK
G-CLLI	Schleicher ASW 27-18E	G-COVB	Piper PA-28-161 Warrior III	G-CTCB	Diamond DA.42 Twin Star
G-CLLT	Grob G102 Standard Astir II	G-COVE	Avtech Jabiru UL	G-CTCC	Diamond DA.42 Twin Star
G-CLLX	Schempp-Hirth Duo Discus T	G-COVZ	Reims/Cessna F150M	G-CTCD	Diamond DA.42 Twin Star
G-CLLY	Rolladen-Schneider LS6-c18	G-COWN	P&M Quik GTR	G-CTCE	Diamond DA.42 Twin Star
G-CLMD	AB Sportine Aviacija LAK-17B	G-COXI	Xtremeair XA-42 Sbach 342	G-CTCF	Diamond DA.42 Twin Star
G-CLME	Schempp-Hirth Ventus-2cT	G-COXS	Aeroprakt A-22 Foxbat	G-CTCG	Diamond DA.42 Twin Star
G-CLMF	Glaser-Dirks DG-200	G-COZI	Rutan Cozy	G-CTCH	Diamond DA.42 Twin Star
G-CLMO	Schleicher ASW 28-18E	G-CPAO	Eurocopter EC135 P2+	G-CTCL	SOCATA TB-10 Tobago
G-CLMV	Glasflügel 304 SJ Shark	G-CPAS	Eurocopter EC135 P2+	G-CTDH	Flight Design CT2K
G-CLMY	Glaser-Dirks DG-300 Elan	G-CPCD	Jodel DR.221 Dauphin	G-CTDW	Flight Design CTSW
G-CLNE	Schleicher ASH 31 Mi	G-CPDW	Mudry CAP 10B	G-CTED	Van's RV-7A
G-CLNG	Schleicher ASW 27-18 (ASG 29)	G-CPEU	Boeing 757-236	G-CTEE	Flight Design CTSW
G-CLOC	Schleicher ASK 13	G-CPEV	Boeing 757-236	G-CTEL	Cameron N-90
G-CLOE	Sky 90-24	G-CPFC	Reims/Cessna F152 II	G-CTFL	Robinson R44 Raven
G-CLOO	Grob G103 Twin Astir	G-CPFM	Piper PA-28-161 Warrior II	G-CTIO	SOCATA TB-20 Trinidad GT
G-CLOS	Piper PA-34-200T Seneca II	G-CPII	Mudry CAP 231	G-CTIX	VS.509 Spitfire Tr9
G-CLOW	Beech 200 Super King Air	G-CPLH	Guimbal Cabri G2	G-CTKL	Noorduyn AT-16-ND Harvard IIB
G-CLRK	Sky 77-24	G-CPMK	DHC-1 Chipmunk 22	G-CTLS	Flight Design CTLS
G-CLUE	Piper PA-34-200T Seneca II	G-CPMS	SOCATA TB-20 Trinidad	G-CTNG	Cirrus SR20
G-CLUX	Reims/Cessna F172N Skyhawk II	G-CPOL	AS.355F1 Ecureuil 2	G-CTOY	Denney Kitfox Model 3
G-CLWN	Cameron Clown SS	G-CPPG	Alpi Pioneer 400	G-CTRL	Robinson R22 Beta II
G-CMAS	Embraer EMB-135BJ Legacy 600	G-CPPM	N Am AT-6 Harvard II	G-CTSL	Flight Design CT-Supralight
G-CMBR	Cessna 172S Skyhawk SP	G-CPRR	Cessna 680 Citation Sovereign	G-CTUG	Piper PA-25-235 Pawnee
G-CMBS	MD Helicopters MD.900 Explorer	G-CPSH	Eurocopter EC135 T2	G-CTWO	Schempp-Hirth Standard Cirrus
G-CMED	SOCATA TB-9 Tampico Club	G-CPSS	Cessna 208B Grand Caravan	G-CTZO	SOCATA TB-20 Trinidad GT
G-CMEW	Aerospool Dynamic WT9 UK	G-CPTM	Piper PA-28-151 Warrior	G-CUBA	PA-32R-301T Turbo Saratoga SP
G-CMGC	Piper PA-25-235 Pawnee D	G-CPTR	AutoGyro Calidus	G-CUBB	Piper PA-18 Super Cub
G-CMOR	Best Off Skyranger 912	G-CPXC	Mudry CAP 10C	G-CUBE	Best Off Skyranger 912
G-CMOS	Cessna T303 Crusader	G-CRAB	Best Off Skyranger 912	G-CUBI	Piper PA-18-125 Super Cub
G-CMPC	Titan T-51 Mustang	G-CRAR	CZAW Sportcruiser	G-CUBJ	Piper PA-18-150 Super Cub
G-CMSN	Robinson R22 Beta	G-CRBN	Embraer EMB-505 Phenom 300	G-CUBN	Piper PA-18-150 Super Cub
G-CMTO	Cessna 525 Citation M2	G-CRBV	Balóny Kubíček BB26	G-CUBS	Piper J-3C-65 Cub
G-CMWK	Grob G102 Astir CS	G-CRES	Denney Kitfox Model 2	G-CUBW	Wag-Aero AcroTrainer
G-CMXX	Robinson R44 Raven II	G-CREY	Progressive SeaRey Amphibian	G-CUBY	Piper J-3C-65 Cub
G-CNAB	Avtech Jabiru UL-450	G-CRIC	Colomban MC-15 Cri-Cri	G-CUCU	Colt 180A
G-CNCN	Rockwell Commander 112TC-A	G-CRIK	Colomban MC-15 Cri-Cri	G-CUDY	Enstrom 480B
G-CNHB	Van's RV-7	G-CRIL	Rockwell Commander 112B	G-CUGC	Schleicher ASW 19B
G-CNWL	MD Helicopters MD.900 Explorer	G-CRIS	Taylor JT.1 Monoplane	G-CUIK	QAC Quickie Q.200
G-COAI	Cranfield A 1-400 Eagle	G-CRJW	Schleicher ASW 27-18 (ASG 29)	G-CUMU	Schempp-Hirth Discus b
G-COBI	Beech B300 King Air	G-CRLA	Cirrus SR20	G-CUPP	Pitts S-2A
G-COBM	Beech B300 King Air	G-CROB	Europa Aviation Europa XS	G-CURV	Avid Speed Wing
G-COBO	ATR 72-212A	G-CROL	Maule MXT-7-180 Super Rocket	G-CUTE	Dyn'Aéro MCR-01 Club
G-COBS	Diamond DA.42M-NG Twin Star	G-CROP	Cameron Z-105	G-CUTH	P&M Quik R

Reg	Type	Reg	Type	Reg	Type
G-CVAL	Comco Ikarus C42 FB100	G-DANB	TLAC Sherwood Ranger ST	G-DCAE	Schleicher Ka 6E
G-CVBA	Rolladen-Schneider LS6-18W	G-DAND	SOCATA TB-10 Tobago	G-DCAG	Schleicher Ka 6E
G-CVBF	Cameron A-210	G-DANY	Avtech Jabiru UL	G-DCAM	AS.355NP Ecureuil 2
G-CVET	Flight Design CTLS	G-DASG	Schleicher ASW 27-18E	G-DCAO	Schempp-Hirth SHK-1
G-CVII	Dan Rihn DR.107 One Design	G-DASH	Rockwell Commander 112A	G-DCAS	Schleicher Ka 6E
G-CVIX	DH.110 Sea Vixen FAW2	G-DASS	Comco Ikarus C42 FB100	G-DCAZ	Slingsby T.51 Dart 17WR
G-CVLN	AutoGyro Cavalon	G-DATG	Reims/Cessna F182P Skylane II	G-DCBA	Slingsby T.51 Dart 17WR
G-CVMI	Piper PA-18-150 Super Cub	G-DATR	Agusta-Bell 206B-3 JetRanger III	G-DCBI	Schweizer 269C-1
G-CVST	Jodel D.140E Mousquetaire	G-DAVB	Aerosport Scamp	G-DCBM	Schleicher Ka 6CR
G-CVXN	Reims/Cessna F406 Caravan II	G-DAVD	Reims/Cessna FR172K Hawk XP	G-DCBP	SZD-24C Foka
G-CVZT	Schempp-Hirth Ventus-2cT	G-DAVE	Jodel D.112	G-DCBW	Schleicher ASK 13
G-CWAG	Sequoia F.8L Falco	G-DAVG	Robinson R44 Raven II	G-DCBY	Schleicher Ka 6CR
G-CWAL	Raj Hamsa X'Air 133	G-DAVM	Akrotech Europe CAP.10B	G-DCCA	Schleicher Ka 6E
G-CWAY	Comco Ikarus C42 FB100	G-DAVS	AB Sportine LAK-17AT	G-DCCB	Schempp-Hirth SHK-1
G-CWBM	Phoenix Currie Wot	G-DAVZ	Cessna 182T Skylane	G-DCCD	Schleicher Ka 6E
G-CWCD	Beech B200GT King Air	G-DAWG	SAL Bulldog Srs 120/121	G-DCCE	Schleicher ASK 13
G-CWEB	P&M Quik GT450	G-DAWZ	Glasflügel 304 CZ-17	G-DCCF	Schleicher ASK 13
G-CWFS	Tecnam P2002-JF Sierra	G-DAYI	Europa Aviation Europa	G-DCCG	Schleicher Ka 6E
G-CWIC	Pegasus Quik	G-DAYS	Europa Aviation Europa	G-DCCJ	Schleicher Ka 6CR
G-CWIS	Diamond DA.40 Star	G-DAYZ	Pietenpol Air Camper	G-DCCL	Schleicher Ka 6E
G-CWLC	Schleicher ASH 25	G-DAZZ	Van's RV-8	G-DCCM	Schleicher ASK 13
G-CWMC	P&M Quik GT450	G-DBCA	Airbus A319-131	G-DCCP	Schleicher Ka 6E
G-CWMT	Dyn'Aéro MCR-01 Club	G-DBCB	Airbus A319-131	G-DCCR	Schleicher Ka 6E
G-CWOW	Balóny Kubíček BB45Z	G-DBCC	Airbus A319-131	G-DCCT	Schleicher ASK 13
G-CWTD	Aeroprakt A-22 Foxbat	G-DBCD	Airbus A319-131	G-DCCU	Schleicher Ka 6E
G-CWVY	Pegasus Quik	G-DBCE	Airbus A319-131	G-DCCV	Schleicher Ka 6E
G-CXCX	Cameron N-90	G-DBCF	Airbus A319-131	G-DCCW	Schleicher ASK 13
G-CXDZ	Cassutt Speed Two	G-DBCG	Airbus A319-131	G-DCCX	Schleicher ASK 13
G-CXIP	Thruster T.600N	G-DBCH	Airbus A319-131	G-DCCY	Schleicher ASK 13
G-CXIV	Thatcher CX4	G-DBCI	Airbus A319-131	G-DCCZ	Schleicher ASK 13
G-CXLS	Cessna 560XL Citation XLS	G-DBCJ	Airbus A319-131	G-DCDA	Schleicher Ka 6E
G-CXSM	Cessna 172R Skyhawk	G-DBCK	Airbus A319-131	G-DCDC	Lange E1 Antares
G-CXTE	BRM Aero Bristell NG5	G-DBDB	VPM M16 C Tandem Trainer	G-DCDF	Schleicher Ka 6E
G-CYGI	HAPI Cygnet SF-2A	G-DBIN	Medway SLA 80 Executive	G-DCDG	FFA Diamant 18
G-CYLL	Sequoia F.8L Falco	G-DBJD	SZD-9bis Bocian 1D	G-DCDO	Comco Ikarus C42 FB80
G-CYLS	Cessna T303 Crusader	G-DBKL	VS.379 Spitfire FXIVc	G-DCDW	FFA Diamant 18
G-CYMA	Gulfstream GA-7 Cougar	G-DBND	Schleicher Ka 6CR	G-DCDZ	Schleicher Ka 6E
G-CYPM	Cirrus SR22	G-DBNH	Schleicher Ka 6CR	G-DCEB	SZD-9bis Bocian 1E
G-CYRA	Kolb Twinstar Mk3	G-DBOD	Cessna 172S Skyhawk	G-DCEC	Schempp-Hirth Cirrus
G-CYRL	Cessna 182T Skylane	G-DBOL	Schleicher Ka 6CR	G-DCEM	Schleicher Ka 6E
G-CYRS	Bell 206L LongRanger	G-DBRT	Slingsby T.51 Dart	G-DCEN	SZD-30 Pirat
G-CZAC	Zenair CH.601XL Zodiac	G-DBRU	Slingsby T.51 Dart	G-DCEO	Schleicher Ka 6E
G-CZAG	Sky 90-24	G-DBRY	Slingsby T.51 Dart	G-DCEW	Schleicher Ka 6E
G-CZAW	CZAW Sportcruiser	G-DBSA	Slingsby T.51 Dart	G-DCEX	Schleicher ASK 13
G-CZCZ	Mudry CAP 10B	G-DBSL	Slingsby T.51 Dart 17	G-DCFA	Schleicher ASK 13
G-CZMI	Best Off Skyranger 912	G-DBTF	Schleicher Ka 6CR	G-DCFE	Schleicher ASK 13
G-CZNE	B-N BN-2B-20 Islander	G-DBTJ	Schleicher Ka 6CR	G-DCFF	Schleicher K 8B
G-CZOS	Cirrus SR20	G-DBTM	Schleicher Ka 6CR	G-DCFG	Schleicher ASK 13
G-CZSC	CZAW Sportcruiser	G-DBUZ	Schleicher Ka 6CR	G-DCFK	Schempp-Hirth Cirrus
		G-DBVB	Schleicher K7 Rhönadler	G-DCFL	Schleicher Ka 6E
G-DAAN	Eurocopter EC135 P2+	G-DBVH	Slingsby T.51 Dart 17R	G-DCFS	Glasflügel 201B Standard Libelle
G-DAAZ	Piper PA-28RT-201T Arrow IV	G-DBVR	Schleicher Ka 6CR	G-DCFW	Glasflügel 201 Standard Libelle
G-DABS	Robinson R22 Beta II	G-DBVX	Schleicher Ka 6CR	G-DCFX	Glasflügel 201B Standard Libelle
G-DACE	Corben Baby Ace D	G-DBVY	LET L-13 Blanik	G-DCFY	Glasflügel Standard Libelle
G-DACF	Cessna 152 II	G-DBVZ	Schleicher Ka 6CR	G-DCGB	Schleicher Ka 6E
G-DADA	AutoGyro MT-03	G-DBWC	Schleicher Ka 6CR	G-DCGD	Schleicher Ka 6E
G-DADD	Reality Escapade	G-DBWJ	Slingsby T.51 Dart 17R	G-DCGE	Schleicher Ka 6E
G-DADG	Piper PA-18-150 Super Cub	G-DBWM	Slingsby T.51 Dart 17R	G-DCGH	Schleicher K 8B
G-DADJ	Glaser-Dirks DG-200	G-DBWO	Slingsby T.51 Dart 15	G-DCGM	FFA Diamant 18
G-DADZ	CZAW Sportcruiser	G-DBWP	Slingsby T.51 Dart 17R	G-DCGO	Schleicher ASK 13
G-DAGF	EAA Acrosport II	G-DBWS	Slingsby T.51 Dart 17R	G-DCGY	Schempp-Hirth Cirrus
G-DAGJ	Zenair CH.601XL Zodiac	G-DBXE	Slingsby T.51 Dart 15R	G-DCHB	Schleicher Ka 6E
G-DAIR	Luscombe 8A Silvaire	G-DBXG	Slingsby T.51 Dart 17R	G-DCHC	Bölkow Phoebus C
G-DAJB	Boeing 757-2T7	G-DBXT	Schleicher Ka 6CR	G-DCHJ	Bölkow Phoebus C
G-DAJC	Boeing 767-31K	G-DBYC	Slingsby T.51 Dart 17R	G-DCHL	SZD-30 Pirat
G-DAKA	Piper PA-28-236 Dakota	G-DBYG	Slingsby T.51 Dart 17R	G-DCHT	Schleicher ASW 15
G-DAKK	Douglas C-47A Dakota	G-DBYL	Schleicher Ka 6CR	G-DCHU	Schleicher K 8B
G-DAKM	Diamond DA.40D Star	G-DBYM	Schleicher Ka 6CR	G-DCHW	Schleicher ASK 13
G-DAKO	Piper PA-28-236 Dakota	G-DBYU	Schleicher Ka 6CR	G-DCHZ	Schleicher Ka 6E
G-DAME	Van's RV-7	G-DBYX	Schleicher Ka 6E	G-DCJB	Bölkow Phoebus C
G-DAMS	Best Off Skyranger Nynja 912S	G-DBZF	Slingsby T.51 Dart 17R	G-DCJF	Schleicher K 8B
G-DAMY	Europa Aviation Europa	G-DBZJ	Slingsby T.51 Dart 17R	G-DCJJ	Bölkow Phoebus C
G-DANA	Jodel DR200 replica	G-DBZX	Schleicher Ka 6CR	G-DCJK	Schempp-Hirth SHK-1

☐	G-DCJM	Schleicher K 8B	☐	G-DCTM	Slingsby T.59D Kestrel 19	☐	G-DDBG	ICA IS-29D
☐	G-DCJN	Schempp-Hirth SHK-1	☐	G-DCTO	Slingsby T.59D Kestrel 20	☐	G-DDBK	Slingsby T.59D Kestrel 19
☐	G-DCJR	Schempp-Hirth Cirrus	☐	G-DCTP	Slingsby T.59D Kestrel 19	☐	G-DDBN	Slingsby T.59D Kestrel 19
☐	G-DCJY	Schleicher Ka 6CR	☐	G-DCTR	Slingsby T.59D Kestrel 19	☐	G-DDBP	Glasflügel 205 Club Libelle
☐	G-DCKD	SZD-30 Pirat	☐	G-DCTT	Schempp-Hirth Standard Cirrus	☐	G-DDBS	Slingsby T.59D Kestrel 19
☐	G-DCKK	Reims/Cessna F172N Skyhawk II	☐	G-DCTU	Glasflügel 201B Standard Libelle	☐	G-DDBV	SZD-30 Pirat
☐	G-DCKL	Schleicher Ka 6E	☐	G-DCTV	SZD-30 Pirat	☐	G-DDCA	SZD-36A Cobra 15
☐	G-DCKP	Schleicher ASW 15	☐	G-DCTX	SZD-30 Pirat	☐	G-DDCC	Glasflügel 201B Standard Libelle
☐	G-DCKR	Schleicher ASK 13	☐	G-DCUB	Pilatus B4-PC11	☐	G-DDCW	Schleicher Ka 6CR
☐	G-DCKV	Schleicher ASK 13	☐	G-DCUC	Pilatus B4-PC11	☐	G-DDDA	Schempp-Hirth Standard Cirrus
☐	G-DCKY	Glasflügel 201B Standard Libelle	☐	G-DCUD	Yorkshire Sailplanes YS53	☐	G-DDDB	Schleicher ASK 13
☐	G-DCKZ	Schempp-Hirth Standard Cirrus	☐	G-DCUJ	Glasflügel 201B Standard Libelle	☐	G-DDDE	PZL-Bielsko SZD-38A Jantar 1
☐	G-DCLA	Schempp-Hirth Standard Cirrus	☐	G-DCUS	Schempp-Hirth Cirrus VTC	☐	G-DDDK	PZL-Bielsko SZD-30 Pirat
☐	G-DCLM	Glasflügel 201B Standard Libelle	☐	G-DCUT	Pilatus B4-PC11AF	☐	G-DDDL	Schleicher K 8B
☐	G-DCLO	Schempp-Hirth Cirrus	☐	G-DCVE	Schempp-Hirth Cirrus VTC	☐	G-DDDM	Schempp-Hirth Cirrus VTC
☐	G-DCLP	Glasflügel 201B Standard Libelle	☐	G-DCVG	Pilatus B4-PC11AF	☐	G-DDDR	Schempp-Hirth Standard Cirrus
☐	G-DCLT	Schleicher K7 Rhönadler	☐	G-DCVK	Pilatus B4-PC11AF	☐	G-DDDY	P&M Quik GT450
☐	G-DCLV	Glasflügel 201B Standard Libelle	☐	G-DCVL	Glasflügel 201B Standard Libelle	☐	G-DDEA	Slingsby T.59D Kestrel 19
☐	G-DCLZ	Schleicher Ka 6E	☐	G-DCVP	SZD-9bis Bocian 1E	☐	G-DDEB	Slingsby T.59D Kestrel 19
☐	G-DCMG	Schleicher K7 Rhönadler	☐	G-DCVR	SZD-30 Pirat	☐	G-DDEG	ICA IS-28B2
☐	G-DCMI	Pegasus Quik	☐	G-DCVS	SZD-36A Cobra 15	☐	G-DDEO	Glasflügel 205 Club Libelle
☐	G-DCMK	Schleicher ASK 13	☐	G-DCVV	Pilatus B4-PC11AF	☐	G-DDEP	Schleicher Ka 6CR
☐	G-DCMN	Schleicher K 8B	☐	G-DCVW	Slingsby T.59D Kestrel 19	☐	G-DDEV	Schleicher Ka 6CR
☐	G-DCMO	Glasflügel 201B Standard Libelle	☐	G-DCVY	Slingsby T.59D Kestrel 19	☐	G-DDEW	ICA IS-29D
☐	G-DCMR	Glasflügel 201B Standard Libelle	☐	G-DCWA	Slingsby T.59D Kestrel 19	☐	G-DDEX	LET L-13 Blanik
☐	G-DCMS	Glasflügel 201B Standard Libelle	☐	G-DCWB	Slingsby T.59D Kestrel 19	☐	G-DDFC	Schempp-Hirth Standard Cirrus
☐	G-DCMV	Glasflügel 201B Standard Libelle	☐	G-DCWD	Slingsby T.59D Kestrel 19	☐	G-DDFE	Molino PIK-20B
☐	G-DCMW	Glasflügel 201B Standard Libelle	☐	G-DCWE	Glasflügel 201B Standard Libelle	☐	G-DDFK	Molino PIK-20B
☐	G-DCNC	Schempp-Hirth Standard Cirrus	☐	G-DCWF	Slingsby T.59D Kestrel 19	☐	G-DDFL	PZL-Bielsko SZD-38A Jantar 1
☐	G-DCND	SZD-9bis Bocian 1E	☐	G-DCWG	Glasflügel 201B Standard Libelle	☐	G-DDFR	Grob G102 Astir CS
☐	G-DCNE	Glasflügel 201 Standard Libelle	☐	G-DCWH	Schleicher ASK 13	☐	G-DDFU	PZL-Bielsko SZD-38A Jantar 1
☐	G-DCNG	Glasflügel 201B Standard Libelle	☐	G-DCWJ	Schleicher K7 Rhönadler	☐	G-DDGA	Schleicher K 8B
☐	G-DCNJ	Glasflügel 201B Standard Libelle	☐	G-DCWP	SZD-36A Cobra 15	☐	G-DDGE	Schempp-Hirth Standard Cirrus 75
☐	G-DCNM	SZD-9bis Bocian 1E	☐	G-DCWR	Schempp-Hirth Cirrus VTC	☐	G-DDGG	Schleicher Ka 6E
☐	G-DCNP	Glasflügel 201B Standard Libelle	☐	G-DCWS	Schempp-Hirth Cirrus VTC	☐	G-DDGJ	Champion 8KCAB Decathlon
☐	G-DCNS	Slingsby T.59A Kestrel	☐	G-DCWT	Glasflügel 201B Standard Libelle	☐	G-DDGK	Schleicher Ka 6CR
☐	G-DCNW	Slingsby T.59F Kestrel 19	☐	G-DCWX	Glasflügel 201 Standard Libelle	☐	G-DDGV	Breguet 905S Fauvette
☐	G-DCNX	Slingsby T.59F Kestrel 20	☐	G-DCWY	Glasflügel 201B Standard Libelle	☐	G-DDGX	Schempp-Hirth Std Cirrus 75
☐	G-DCOE	Van's RV-6	☐	G-DCWZ	Glasflügel 201B Standard Libelle	☐	G-DDGY	Schempp-Hirth Nimbus-2
☐	G-DCOI	AgustaWestland AW139	☐	G-DCXH	SZD-36A Cobra 15	☐	G-DDHA	Schleicher K 8B
☐	G-DCOJ	Slingsby T.59A Kestrel 17	☐	G-DCXI	Slingsby T.61F Venture T2	☐	G-DDHC	PZL-Bielsko SZD-41A Jantar-Std
☐	G-DCOR	Schempp-Hirth Standard Cirrus	☐	G-DCXK	Glasflügel 201B Standard Libelle	☐	G-DDHE	Slingsby T.53B Phoenix
☐	G-DCOY	Schempp-Hirth Standard Cirrus	☐	G-DCXM	Slingsby T.59D Kestrel 19	☐	G-DDHG	Schleicher Ka 6CR
☐	G-DCPA	Eurocopter MBB BK-117C-1C	☐	G-DCXV	Yorkshire Sailplanes YS53	☐	G-DDHH	Eiriavion PIK-20B
☐	G-DCPB	Eurocopter MBB BK-117C-2	☐	G-DCYA	Pilatus B4-PC11	☐	G-DDHJ	Glaser-Dirks DG-100
☐	G-DCPD	Schleicher ASW 17	☐	G-DCYD	SZD-30 Pirat	☐	G-DDHL	Glaser-Dirks DG-100
☐	G-DCPF	Glasflügel 201B Standard Libelle	☐	G-DCYG	Glasflügel 201B Standard Libelle	☐	G-DDHT	Schleicher Ka 6E
☐	G-DCPG	Schleicher K7 Rhonadler	☐	G-DCYM	Schempp-Hirth Standard Cirrus	☐	G-DDHW	Schempp-Hirth Nimbus-2
☐	G-DCPJ	Schleicher Ka 6E	☐	G-DCYO	Schempp-Hirth Standard Cirrus	☐	G-DDHX	Schempp-Hirth Std Cirrus
☐	G-DCPM	Glasflügel 201B Standard Libelle	☐	G-DCYP	Schempp-Hirth Standard Cirrus	☐	G-DDHZ	SZD-30 Pirat
☐	G-DCPU	Schempp-Hirth Standard Cirrus	☐	G-DCYT	Schempp-Hirth Standard Cirrus	☐	G-DDIG	Rockwell Commander 114
☐	G-DCPV	SZD-30 Pirat	☐	G-DCYZ	Schleicher K 8B	☐	G-DDJB	Schleicher K 8B
☐	G-DCRB	Glasflügel Standard Libelle	☐	G-DCZD	Pilatus B4-PC11AF	☐	G-DDJD	Grob G102 Astir CS
☐	G-DCRH	Schempp-Hirth Standard Cirrus	☐	G-DCZE	SZD-30 Pirat	☐	G-DDJF	Schempp-Hirth Duo Discus T
☐	G-DCRN	Schempp-Hirth Standard Cirrus	☐	G-DCZG	SZD-30 Pirat	☐	G-DDJK	Schleicher ASK 18
☐	G-DCRO	Glasflügel 201B Standard Libelle	☐	G-DCZJ	SZD-30 Pirat	☐	G-DDJN	Eiriavion PIK-20B
☐	G-DCRS	Glasflügel 201B Standard Libelle	☐	G-DCZN	Schleicher ASW 15B	☐	G-DDJR	Schleicher Ka 6CR
☐	G-DCRT	Schleicher ASK 13	☐	G-DCZR	Slingsby T.59D Kestrel 19	☐	G-DDJX	Grob G102 Astir CS
☐	G-DCRV	Glasflügel 201B Standard Libelle	☐	G-DCZU	Slingsby T.59D Kestrel 19	☐	G-DDKC	Schleicher K 8B
☐	G-DCRW	Glasflügel 201B Standard Libelle	☐	G-DDAA	Robinson R44 Raven II	☐	G-DDKD	Glasflügel 206 Hornet
☐	G-DCSB	Slingsby T.59F Kestrel 19	☐	G-DDAC	SZD-36A Cobra 15	☐	G-DDKE	Schleicher ASK 13
☐	G-DCSD	Slingsby T.59D Kestrel 19	☐	G-DDAJ	Schempp-Hirth Nimbus-2	☐	G-DDKG	Schleicher Ka 6CR
☐	G-DCSE	Robinson R44 Astro	☐	G-DDAK	Schleicher K7 Rhönadler	☐	G-DDKL	Schempp-Hirth Nimbus-2
☐	G-DCSF	Slingsby T.59F Kestrel 19	☐	G-DDAN	SZD-30 Pirat	☐	G-DDKM	Glasflügel Hornet
☐	G-DCSI	Robinson R44 Raven II	☐	G-DDAP	SZD-30 Pirat	☐	G-DDKR	Grob G102 Astir CS
☐	G-DCSJ	Glasflügel 201B Standard Libelle	☐	G-DDAS	Schempp-Hirth Standard Cirrus	☐	G-DDKS	Grob G102 Astir CS
☐	G-DCSK	Slingsby T.59D Kestrel 20	☐	G-DDAU	SZD-30 Pirat	☐	G-DDKT	Eiriavion PIK-20B
☐	G-DCSN	Pilatus B4-PC11AF	☐	G-DDAV	Robinson R44 Raven II	☐	G-DDKU	Grob G102 Astir CS
☐	G-DCSP	Pilatus B4-PC11	☐	G-DDAW	Schleicher Ka 6CR	☐	G-DDKV	Grob G102 Astir CS
☐	G-DCSR	Glasflügel 201B Standard Libelle	☐	G-DDAY	PA-28R-201T Turbo Arrow III	☐	G-DDKW	Grob G102 Astir CS
☐	G-DCTB	Schempp-Hirth Standard Cirrus	☐	G-DDBB	Slingsby T.51 Dart 17R	☐	G-DDKX	Grob G102 Astir CS
☐	G-DCTJ	Slingsby T.59D Kestrel 19	☐	G-DDBC	Pilatus B4-PC11	☐	G-DDKY	Grob G102 Astir CS
☐	G-DCTL	Slingsby T.59D Kestrel 19	☐	G-DDBD	Europa Aviation Europa XS	☐	G-DDLA	Pilatus B4-PC11

53

Registration	Type
G-DDLB	Schleicher ASK 18
G-DDLC	Schleicher ASK 13
G-DDLE	Schleicher Ka 6E
G-DDLG	Schempp-Hirth Std Cirrus 75
G-DDLH	Grob G102 Astir CS77
G-DDLJ	Eiriavion PIK-20B
G-DDLM	Grob G102 Astir CS
G-DDLP	Schleicher Ka 6CR
G-DDLS	Schleicher K 8B
G-DDLT	ICA IS-28B2
G-DDLY	Eiriavion PIK-20D
G-DDMB	Schleicher K 8B
G-DDMG	Schleicher K 8B
G-DDMH	Grob G102 Astir CS
G-DDMK	Schempp-Hirth SHK-1
G-DDML	Schleicher K7 Rhönadler
G-DDMM	Schempp-Hirth Nimbus-2
G-DDMN	Glasflügel Mosquito
G-DDMO	Schleicher Ka 6E
G-DDMP	Grob G102 Astir CS
G-DDMR	Grob G102 Astir CS
G-DDMS	Glasflügel 201B Standard Libelle
G-DDMU	Eiriavion PIK-20D
G-DDMV	NA T-6G Texan
G-DDMX	Schleicher ASK 13
G-DDNC	Grob G102 Astir CS
G-DDND	Pilatus B4-PC11AF
G-DDNE	Grob G102 Astir CS77
G-DDNG	Schempp-Hirth Nimbus-2
G-DDNK	Grob G102 Astir CS
G-DDNT	SZD-30 Pirat
G-DDNU	PZL-Bielsko SZD-42-1 Jantar 2
G-DDNV	Schleicher ASK 13
G-DDNW	Schleicher Ka 6CR
G-DDNX	Schleicher Ka 6CR
G-DDNZ	Schleicher K 8B
G-DDOA	Schleicher ASK 13
G-DDOB	Grob G102 Astir CS77
G-DDOC	Schleicher Ka 6CR
G-DDOE	Grob G102 Astir CS77
G-DDOF	Schleicher Ka 6CR
G-DDOG	SAL Bulldog Srs 120/121
G-DDOK	Schleicher Ka 6E
G-DDOU	Eiriavion PIK-20D
G-DDOX	Schleicher K7 Rhönadler
G-DDPA	Schleicher ASK 18
G-DDPH	Schempp-Hirth Mini-Nimbus HS 7
G-DDPK	Glasflügel 303 Mosquito
G-DDPL	Eiriavion PIK-20D
G-DDPO	Grob G102 Astir CS77
G-DDPY	Grob G102 Astir CS77
G-DDRA	Schleicher Ka 6CR
G-DDRB	Glaser-Dirks DG-100
G-DDRD	Schleicher Ka 6CR
G-DDRE	Schleicher Ka 6CR
G-DDRJ	Schleicher ASK 13
G-DDRL	Scheibe SF26A
G-DDRM	Schleicher K7 Rhönadler
G-DDRN	Glasflügel 303 Mosquito
G-DDRO	Grob G103 Twin Astir
G-DDRP	Pilatus B4-PC11AF
G-DDRT	Eiriavion PIK-20D
G-DDRV	Schleicher K 8B
G-DDRW	Grob G102 Astir CS
G-DDRY	Schleicher Ka 6BR
G-DDRZ	Schleicher K 8B
G-DDSB	Schleicher Ka 6E
G-DDSF	Schleicher K 8B
G-DDSG	Schleicher Ka 6CR
G-DDSH	Grob G102 Astir CS77
G-DDSJ	Grob G103 Twin Astir
G-DDSL	Grob G103 Twin Astir
G-DDSP	Schempp-Hirth Mini-Nimbus HS 7
G-DDST	Schleicher ASW 20L
G-DDSU	Grob G102 Astir CS77
G-DDSV	Pilatus B4-PC11AF
G-DDSX	Schleicher ASW 19B
G-DDSY	Schleicher Ka 6CR
G-DDTA	Glaser-Dirks DG-200
G-DDTC	Schempp-Hirth Janus B
G-DDTE	Schleicher ASW 19B
G-DDTG	Schempp-Hirth SHK-1
G-DDTK	Glasflügel 303 Mosquito B
G-DDTM	Glaser-Dirks DG-200
G-DDTN	Schleicher K 8B
G-DDTP	Schleicher ASW 20
G-DDTS	CARMAM M-100S
G-DDTU	Schempp-Hirth Nimbus-2B
G-DDTV	Glasflügel 303 Mosquito B
G-DDTW	SZD-30 Pirat
G-DDTX	Glasflügel 303 Mosquito B
G-DDTY	Glasflügel 303 Mosquito B
G-DDUB	Glasflügel 303 Mosquito B
G-DDUE	Schleicher ASK 13
G-DDUF	Schleicher K 8B
G-DDUH	Scheibe L-Spatz 55
G-DDUK	Schleicher K 8B
G-DDUL	Grob G102 Astir CS77
G-DDUR	Schleicher Ka 6CR
G-DDUS	Schleicher Ka 6E
G-DDUT	Schleicher ASW 20
G-DDUY	Glaser-Dirks DG-100
G-DDVB	Schleicher ASK 13
G-DDVC	Schleicher ASK 13
G-DDVG	Schleicher Ka 6CR
G-DDVH	Schleicher Ka 6E
G-DDVK	PZL-Bielsko SZD-48 Jantar Std 2
G-DDVL	Schleicher ASW 19B
G-DDVM	Glasflügel 205 Club Libelle
G-DDVN	Eiriavion PIK-20D
G-DDVP	Schleicher ASW 19
G-DDVS	Schempp-Hirth Standard Cirrus
G-DDVV	Schleicher ASW 20L
G-DDVX	Schleicher ASK 13
G-DDVY	Schempp-Hirth Cirrus
G-DDVZ	Glasflügel 303 Mosquito B
G-DDWB	Glasflügel 303 Mosquito B
G-DDWC	Schleicher Ka 6E
G-DDWJ	Glaser-Dirks DG-200
G-DDWL	Glasflügel 303 Mosquito B
G-DDWN	Schleicher K7 Rhönadler
G-DDWP	Glasflügel 303 Mosquito B
G-DDWR	Glasflügel 303 Mosquito B
G-DDWS	Eiriavion PIK-20D
G-DDWT	Slingsby T.65A Vega
G-DDWU	Grob G102 Astir CS
G-DDWW	Slingsby T.65A Vega
G-DDWZ	Schleicher ASW 19B
G-DDXA	Glasflügel 303 Mosquito B
G-DDXB	Schleicher ASW 20
G-DDXD	Slingsby T.65A Vega
G-DDXE	Slingsby T.65A Vega
G-DDXF	Slingsby T.65A Vega
G-DDXG	Slingsby T.65A Vega
G-DDXH	Schleicher Ka 6E
G-DDXJ	Grob G102 Astir CS77
G-DDXK	Centrair ASW 20F
G-DDXL	Schempp-Hirth Standard Cirrus
G-DDXN	Glaser-Dirks DG-200
G-DDXT	Schempp-Hirth Mini-Nimbus C
G-DDXW	Glasflügel 303 Mosquito B
G-DDXX	Schleicher ASW 19B
G-DDYC	Schleicher Ka 6CR
G-DDYE	Schleicher ASW 20L
G-DDYF	Grob G102 Astir CS77
G-DDYH	Glaser-Dirks DG-200
G-DDYJ	Schleicher Ka 6CR
G-DDYL	CARMAM JP 15-36AR
G-DDYR	Schleicher K7 Rhonadler
G-DDYU	Schempp-Hirth Nimbus-2C
G-DDZA	Slingsby T.65A Vega
G-DDZB	Slingsby T.65A Vega
G-DDZF	Schempp-Hirth Standard Cirrus
G-DDZJ	Grob G102 Astir CS Jeans
G-DDZM	Slingsby T.65A Vega
G-DDZN	Slingsby T.65A Vega
G-DDZP	Slingsby T.65A Vega
G-DDZR	ICA IS-28B2
G-DDZT	Eiriavion PIK-20D
G-DDZU	Grob G102 Astir CS
G-DDZV	Scheibe SF27A
G-DDZW	Schleicher Ka 6CR
G-DDZY	Schleicher ASW 19B
G-DEAE	Schleicher ASW 20L
G-DEAF	Grob G102 Astir CS77
G-DEAG	Slingsby T.65A Vega
G-DEAH	Schleicher Ka 6E
G-DEAI	Diamond DA.42 Twin Star
G-DEAJ	Schempp-Hirth Nimbus-2
G-DEAK	Glasflügel 303 Mosquito B
G-DEAM	Schempp-Hirth Nimbus-2B
G-DEAN	Pegasus XL-Q
G-DEAR	Eiriavion PIK-20D
G-DEAT	Eiriavion PIK-20D
G-DEAU	Schleicher K7 Rhönadler
G-DEAV	Schempp-Hirth Mini-Nimbus C
G-DEAW	Grob G102 Astir CS77
G-DEBR	Europa Aviation Europa
G-DEBT	Alpi Pioneer 300
G-DEBX	Schleicher ASW 20
G-DECC	Schleicher Ka 6CR
G-DECF	Schleicher Ka 6CR
G-DECJ	Slingsby T.65A Vega
G-DECL	Slingsby T.65A Vega
G-DECM	Slingsby T.65A Vega 17L
G-DECO	Dyn'Aéro MCR-01 Club
G-DECP	Rolladen-Schneider LS3-17
G-DECR	P&M Quik R
G-DECS	Glasflügel 303 Mosquito B
G-DECW	Schleicher ASK 21
G-DECZ	Schleicher ASK 21
G-DEDG	Schleicher Ka 6CR
G-DEDH	Glasflügel 303 Mosquito B
G-DEDJ	Glasflügel 303 Mosquito B
G-DEDK	Schleicher K7 Rhönadler
G-DEDM	Glaser-Dirks DG-200
G-DEDN	Glaser-Dirks DG-100G Elan
G-DEDU	Schleicher ASK 13
G-DEDX	Slingsby T.65D Vega
G-DEDY	Slingsby T.65D Vega
G-DEDZ	Slingsby T.65C Sport Vega
G-DEEA	Slingsby T.65C Sport Vega
G-DEEC	Schleicher ASW 20L
G-DEED	Schleicher K 8B
G-DEEF	Rolladen-Schneider LS3-17
G-DEEG	Slingsby T.65C Sport Vega
G-DEEH	Schleicher ASW 19
G-DEEJ	Schleicher ASW 20L
G-DEEK	Schempp-Hirth Nimbus-2C
G-DEEM	Schleicher K 8B
G-DEEN	Schempp-Hirth Standard Cirrus
G-DEEO	Grob G102 Standard Astir II
G-DEEP	Wassmer WA.26P Squale
G-DEES	Rolladen-Schneider LS3-17
G-DEEW	Schleicher Ka 6CR
G-DEEX	Rolladen-Schneider LS3-17
G-DEEZ	Denney Kitfox Model 3
G-DEFA	Schleicher ASW 20L
G-DEFB	Schempp-Hirth Nimbus-2C

☐ G-DEFE	Centrair ASW 20F	☐ G-DEND	Reims/Cessna F150M	☐ G-DEVS	Piper PA-28-180 Cherokee B
☐ G-DEFF	Schempp-Hirth Nimbus-2C	☐ G-DENE	Piper PA-28-140 Cherokee	☐ G-DEVV	Schleicher ASK 23
☐ G-DEFS	Rolladen-Schneider LS3	☐ G-DENI	Piper PA-32-300 Cherokee Six	☐ G-DEVW	Schleicher ASK 23
☐ G-DEFT	Flight Design CTSW	☐ G-DENJ	Schempp-Hirth Ventus b/16.6	☐ G-DEVX	Schleicher ASK 23
☐ G-DEFV	Schleicher ASW 20	☐ G-DENO	Glasflügel 201B Standard Libelle	☐ G-DEVY	Schleicher ASK 23
☐ G-DEFW	Slingsby T.65C Sport Vega	☐ G-DENS	Binder CP.301S Smaragd	☐ G-DEWD	Pitts Model 12
☐ G-DEFY	Robinson R22 Beta II	☐ G-DENU	Glaser-Dirks DG-100G Elan	☐ G-DEWE	Flight Design CTSW
☐ G-DEFZ	Rolladen-Schneider LS3-a	☐ G-DENV	Schleicher ASW 20L	☐ G-DEWG	Grob G103A Twin Acro
☐ G-DEGE	Rolladen-Schneider LS3-a	☐ G-DENX	PZL-Bielsko SZD-48 Jantar Std 2	☐ G-DEWI	AutoGyro MTOSport
☐ G-DEGF	Slingsby T.65C Sport Vega	☐ G-DEOA	Rolladen-Schneider LS4	☐ G-DEWP	Grob G103A Twin Acro
☐ G-DEGH	Slingsby T.65C Sport Vega	☐ G-DEOB	SZD-30 Pirat	☐ G-DEWR	Grob G103A Twin Acro
☐ G-DEGJ	Slingsby T.65C Sport Vega	☐ G-DEOD	Grob G102 Astir CS77	☐ G-DEWZ	Grob G103A Twin Acro
☐ G-DEGK	Schempp-Hirth Standard Cirrus	☐ G-DEOE	Schleicher ASK 13	☐ G-DEXA	Grob G103A Twin Acro
☐ G-DEGN	Grob G103 Twin II	☐ G-DEOF	Schleicher ASK 13	☐ G-DEXP	ARV-1 Super 2
☐ G-DEGP	Schleicher ASW 20L	☐ G-DEOJ	Centrair ASW 20FL	☐ G-DFAF	Schleicher ASW 20L
☐ G-DEGS	Schempp-Hirth Nimbus-2CS	☐ G-DEOK	Centrair 101A Pégase	☐ G-DFAR	Glasflügel 205 Club Libelle
☐ G-DEGT	Slingsby T.65D Vega	☐ G-DEOM	CARMAM M-100S	☐ G-DFAT	Schleicher ASK 13
☐ G-DEGW	Schempp-Hirth Mini-Nimbus C	☐ G-DEON	Schempp-Hirth Nimbus 3/25.5	☐ G-DFAW	Schempp-Hirth Ventus b/16.6
☐ G-DEGX	Slingsby T.65C Sport Vega	☐ G-DEOT	Grob G103A Twin Acro	☐ G-DFBD	Schleicher ASW 15B
☐ G-DEGZ	Schleicher ASK 21	☐ G-DEOU	Pilatus B4-PC11	☐ G-DFBE	Rolladen-Schneider LS6
☐ G-DEHC	Akaflieg Braunschweig SB5B	☐ G-DEOV	Schempp-Hirth Janus C	☐ G-DFBJ	Schleicher K 8B
☐ G-DEHG	Slingsby T.65C Sport Vega	☐ G-DEOW	Schempp-Hirth Janus C	☐ G-DFBM	Schempp-Hirth Nimbus-3/24.5
☐ G-DEHH	Schempp-Hirth Ventus a	☐ G-DEOX	CARMAM M-200 Foehn	☐ G-DFBO	Schleicher ASW 20BL
☐ G-DEHK	Rolladen-Schneider LS4	☐ G-DEOZ	Schleicher K 8B	☐ G-DFBR	Grob G102 Astir CS77
☐ G-DEHM	Schleicher Ka 6E	☐ G-DEPD	Schleicher ASK 21	☐ G-DFBY	Schempp-Hirth Discus b
☐ G-DEHO	Schleicher ASK 21	☐ G-DEPE	Schleicher ASW 19B	☐ G-DFCD	Centrair 101A Pégase
☐ G-DEHP	Schempp-Hirth Nimbus-2C	☐ G-DEPF	Centrair ASW 20FL	☐ G-DFCK	Schempp-Hirth Ventus b
☐ G-DEHT	Schempp-Hirth Nimbus-2C	☐ G-DEPG	CARMAM M-100S	☐ G-DFCM	Glaser-Dirks DG-300 Elan
☐ G-DEHU	Glasflügel 304	☐ G-DEPP	Schleicher ASK 13	☐ G-DFCW	Schleicher ASK 13
☐ G-DEHV	Schleicher ASW 20L	☐ G-DEPS	Schleicher ASW 20L	☐ G-DFCY	Schleicher ASW 15
☐ G-DEHY	Slingsby T.65D Vega	☐ G-DEPT	Schleicher K 8B	☐ G-DFDF	Grob G102 Astir CS
☐ G-DEHZ	Schleicher ASW 20L	☐ G-DEPU	Glaser-Dirks DG-101G Elan	☐ G-DFDP	ICA IS-30
☐ G-DEIA	Cessna 560XL Citation XLS	☐ G-DEPX	Schempp-Hirth Ventus b	☐ G-DFDW	Glaser-Dirks DG-300 Elan
☐ G-DEJA	ICA IS-28B2	☐ G-DERA	Centrair ASW 20FL	☐ G-DFEB	Grob G102 Club Astir III
☐ G-DEJB	Slingsby T.65C Sport Vega	☐ G-DERH	Schleicher ASK 21	☐ G-DFEO	Schleicher ASK 13
☐ G-DEJC	Slingsby T.65C Sport Vega	☐ G-DERJ	Schleicher ASK 21	☐ G-DFEX	Grob G102 Astir CS77
☐ G-DEJD	Slingsby T.65D Vega	☐ G-DERR	Schleicher ASW 19B	☐ G-DFFP	Schleicher ASW 19B
☐ G-DEJE	Slingsby T.65C Sport Vega	☐ G-DERS	Schleicher ASW 19B	☐ G-DFGJ	Schleicher Ka 6CR
☐ G-DEJF	Schleicher K 8B	☐ G-DERU	Schempp-Hirth Nimbus 3/25.5	☐ G-DFGT	Glaser-Dirks DG-300 Elan
☐ G-DEJH	Eichelsdorfer SB-5E	☐ G-DERV	Cameron Truck 56 SS	☐ G-DFHS	Schempp-Hirth Ventus cT
☐ G-DEJR	Schleicher ASW 19B	☐ G-DERX	Centrair 101A Pégase	☐ G-DFHY	Scheibe SF27A
☐ G-DEJY	SZD-9bis Bocian 1D	☐ G-DESB	Schleicher ASK 21	☐ G-DFJO	Schempp-Hirth Ventus cT
☐ G-DEJZ	Scheibe SF26A	☐ G-DESC	Rolladen-Schneider LS4	☐ G-DFKA	Schleicher Ka 6CR
☐ G-DEKA	Cameron Z-90	☐ G-DESH	Centrair 101A Pégase	☐ G-DFKH	Schleicher Ka 6CR
☐ G-DEKC	Schleicher Ka 6E	☐ G-DESJ	Schleicher K 8B	☐ G-DFKI	Westland SA.341C Gazelle HT2
☐ G-DEKF	Grob G102 Club Astir III	☐ G-DESO	Glaser-Dirks DG-300 Elan	☐ G-DFKX	Schleicher Ka 6CR
☐ G-DEKG	Schleicher ASK 21	☐ G-DESU	Schleicher ASK 21	☐ G-DFMG	Schempp-Hirth Discus b
☐ G-DEKJ	Schempp-Hirth Ventus b	☐ G-DETA	Schleicher ASK 21	☐ G-DFOG	Rolladen-Schneider LS7
☐ G-DEKS	Scheibe SF27A	☐ G-DETD	Schleicher K 8B	☐ G-DFOX	AS.355F1 Ecureuil 2
☐ G-DEKU	Schleicher ASW 20L	☐ G-DETG	Rolladen-Schneider LS4	☐ G-DFRA	Rolladen-Schneider LS6-b
☐ G-DEKV	Rolladen-Schneider LS4	☐ G-DETJ	Centrair 101A Pégase	☐ G-DFSA	Grob G102 Astir CS
☐ G-DEKW	Schempp-Hirth Nimbus-2B	☐ G-DETM	Centrair 101A Pégase	☐ G-DFTF	Schleicher Ka 6CR
☐ G-DELA	Schleicher ASW 19B	☐ G-DETV	Rolladen-Schneider LS4	☐ G-DFTJ	PZL-Bielsko SZD-48-1 Jantar Std 2
☐ G-DELD	Slingsby T.65C Sport Vega	☐ G-DETY	Rolladen-Schneider LS4	☐ G-DFUF	Scheibe SF27A
☐ G-DELF	Aero L-29 Delfin	☐ G-DETZ	Schleicher ASW 20CL	☐ G-DFUN	Van's RV-6
☐ G-DELG	Schempp-Hirth Ventus b	☐ G-DEUC	Schleicher ASK 13	☐ G-DFWJ	Rolladen-Schneider LS7-WL
☐ G-DELN	Grob G102 Astir CS Jeans	☐ G-DEUD	Schleicher ASW 20C	☐ G-DFXR	AB Sportine LAK-12
☐ G-DELO	Slingsby T.65D Vega	☐ G-DEUF	PZL-Bielsko SZD-50-3 Puchacz	☐ G-DGAL	Comco Ikarus C42 FB80 Bravo
☐ G-DELR	Schempp-Hirth Ventus b	☐ G-DEUH	Rolladen-Schneider LS4	☐ G-DGAW	Schleicher Ka 6CR
☐ G-DELU	Schleicher ASW 20L	☐ G-DEUJ	Schempp-Hirth Ventus b	☐ G-DGBE	Schleicher Ka 6CR-Pe
☐ G-DELZ	Schleicher ASW 20L	☐ G-DEUK	Centrair ASW 20FL	☐ G-DGCL	DG Flugzeugbau DG-800B
☐ G-DEME	Glaser-Dirks DG-200/17	☐ G-DEUS	Schempp-Hirth Ventus b	☐ G-DGDJ	Rolladen-Schneider LS4-a
☐ G-DEMF	Rolladen-Schneider LS4	☐ G-DEUV	PZL-Bielsko SZD-42 Jantar 2	☐ G-DGDW	Scheibe SF27A
☐ G-DEMG	Rolladen-Schneider LS4	☐ G-DEUX	AS.355F1 Ecureuil 2	☐ G-DGEF	Schleicher Ka 6CR
☐ G-DEMH	Reims/Cessna F172M Skyhawk	☐ G-DEUY	Schleicher ASW 20BL	☐ G-DGFD	Robinson R44 Clipper II
☐ G-DEMM	AS.350B2 Ecureuil	☐ G-DEVF	Schempp-Hirth Nimbus-3T	☐ G-DGFY	Flylight Dragonfly
☐ G-DEMN	Slingsby T.65D Vega	☐ G-DEVH	Schleicher K 10A	☐ G-DGHI	Dyn'Aéro MCR-01 Club
☐ G-DEMP	Slingsby T.65C Sport Vega	☐ G-DEVJ	Schleicher ASK 13	☐ G-DGIO	Glaser-Dirks DG-100G Elan
☐ G-DEMR	Slingsby T.65C Sport Vega	☐ G-DEVK	Grob G102 Astir CS	☐ G-DGIV	DG Flugzeugbau DG-800B
☐ G-DEMT	Rolladen-Schneider LS4	☐ G-DEVL	Eurocopter EC120B Colibri	☐ G-DGKB	Centrair ASW 20 F
☐ G-DEMU	Glaser-Dirks DG-200/17	☐ G-DEVM	Centrair 101A Pégase	☐ G-DGMT	III Sky Arrow 650 T
☐ G-DEMZ	Slingsby T.65A Vega	☐ G-DEVO	Centrair 101A Pégase	☐ G-DGPS	Diamond DA.42 Twin Star
☐ G-DENC	Cessna F150G	☐ G-DEVP	Schleicher ASK 13	☐ G-DGSC	CZAW Sportcruiser

Registration	Type	Registration	Type	Registration	Type
G-DGSM	Glaser-Dirks DG-400/17	G-DIPI	Cameron Tub 80 SS	G-DMWW	CFM Shadow Srs DD
G-DGST	Beech 95-B55 Baron	G-DIPM	Piper JetPROP DLX	G-DNBH	Raj Hamsa X'Air Hawk
G-DHAA	Glasflügel 201B Standard Libelle	G-DIPZ	Colt 17A Cloudhopper	G-DNGA	Balóny Kubíček BB20
G-DHAD	Glasflügel 201 Standard Libelle	G-DIRK	Glaser-Dirks DG-400	G-DNGR	Colt 31A
G-DHAH	Aeronca 7BCM Champion	G-DISA	SAL Bulldog Srs 100/125	G-DNKS	Comco Ikarus C42 FB80
G-DHAL	Schleicher ASK 13	G-DISK	Piper PA-24-250 Comanche	G-DNOP	PA-46-350P Malibu Mirage
G-DHAM	Robinson R44 Raven II	G-DISO	Jodel D.150 Mascaret	G-DOBS	Van's RV-8
G-DHAP	Schleicher Ka 6E	G-DIWY	Piper PA-32-300 Cherokee Six	G-DOCA	Boeing 737-436
G-DHAT	Glaser-Dirks DG-200/17	G-DIXY	Piper PA-28-181 Archer III	G-DOCB	Boeing 737-436
G-DHCA	Grob G103 Twin Astir	G-DIZI	Reality Escapade 912	G-DOCD	Boeing 737-436
G-DHCC	DHC-1 Chipmunk 22	G-DIZO	Jodel D.120A Paris-Nice	G-DOCE	Boeing 737-436
G-DHCE	Schleicher ASW 19B	G-DIZY	PA-28R-201T Turbo Arrow III	G-DOCF	Boeing 737-436
G-DHCF	PZL-Bielsko SZD-50-3 Puchacz	G-DJAA	Schempp-Hirth Janus B	G-DOCG	Boeing 737-436
G-DHCJ	Grob G103 Twin II	G-DJAB	Glaser-Dirks DG-300 Elan	G-DOCH	Boeing 737-436
G-DHCL	Schempp-Hirth Discus b	G-DJAC	Schempp-Hirth Duo Discus	G-DOCL	Boeing 737-436
G-DHCO	Glasflügel 201B Standard Libelle	G-DJAD	Schleicher ASK 21	G-DOCN	Boeing 737-436
G-DHCR	PZL-Bielsko SZD-51-1 Junior	G-DJAH	Schempp-Hirth Discus b	G-DOCO	Boeing 737-436
G-DHCU	Glaser-Dirks DG-300 Club Elan	G-DJAN	Schempp-Hirth Discus b	G-DOCS	Boeing 737-436
G-DHCV	Schleicher ASW 19B	G-DJAY	Avtech Jabiru UL-450	G-DOCT	Boeing 737-436
G-DHCW	PZL-Bielsko SZD-51-1 Junior	G-DJBC	Comco Ikarus C42 FB100	G-DOCU	Boeing 737-436
G-DHCX	Schleicher ASK 21	G-DJBX	Aeropro Eurofox 912	G-DOCV	Boeing 737-436
G-DHCZ	DHC-2 Beaver AL1	G-DJCR	Varga 2150A Kachina	G-DOCW	Boeing 737-436
G-DHDH	Glaser-Dirks DG-200	G-DJET	Diamond DA.42 Twin Star	G-DOCX	Boeing 737-436
G-DHDV	DH.104 Dove 8	G-DJGG	Schleicher ASW 15B	G-DOCY	Boeing 737-436
G-DHEB	Schleicher Ka 6CR	G-DJHP	Valentin Mistral C	G-DOCZ	Boeing 737-436
G-DHEM	Schempp-Hirth Discus CS	G-DJJA	Piper PA-28-181 Archer II	G-DODB	Robinson R22 Beta
G-DHER	Schleicher ASW 19B	G-DJLL	Schleicher ASK 13	G-DODD	Reims/Cessna F172P Skyhawk II
G-DHES	Centrair 101A Pégase	G-DJMC	Schleicher ASK 21	G-DODG	Evektor EV-97A Eurostar
G-DHET	Rolladen-Schneider LS6-c18	G-DJMD	Schempp-Hirth Discus b	G-DOEA	Gulfstream AA-5A Cheetah
G-DHEV	Schempp-Hirth Cirrus	G-DJMM	Cessna 172S Skyhawk SP	G-DOFY	Bell 206B-3 JetRanger III
G-DHGL	Schempp-Hirth Discus b	G-DJNC	ICA IS-28B2	G-DOGE	SAL Bulldog Srs 100/101
G-DHGS	Robinson R22 Beta	G-DJNE	DG Flugzeugbau DG-808C	G-DOGG	SAL Bulldog Srs 120/121
G-DHGY	SZD-24C Foka	G-DJNH	Denney Kitfox Model 3	G-DOGI	Robinson R22 Beta
G-DHHD	PZL-Bielsko SZD-51-1 Junior	G-DJSM	AS.350B3 Ecureuil	G-DOGZ	Rogerson Horizon 1
G-DHJH	Airbus A321-211	G-DJST	Air Création Clipper/iXess 912	G-DOIG	CZAW Sportcruiser
G-DHKL	Schempp-Hirth Discus bT	G-DJVY	Scintex CP.1315-C3 Emeraude	G-DOIN	Best Off Skyranger 912S
G-DHLE	Boeing 767-3JHF	G-DJWS	Schleicher ASW 15B	G-DOIT	AS.350B2 Ecureuil
G-DHLF	Boeing 767-3JHF	G-DKBA	DKBA AT 0301-0	G-DOLF	AS.365N3 Dauphin 2
G-DHLG	Boeing 767-3JHF	G-DKDP	Grob G109	G-DOLI	Cirrus SR20
G-DHLH	Boeing 767-3JHF	G-DKEM	Bell 407	G-DOLY	Cessna T303 Crusader
G-DHMP	Schempp-Hirth Discus b	G-DKEN	Rolladen-Schneider LS4-a	G-DOME	Piper PA-28-161 Warrior III
G-DHNX	Rolladen-Schneider LS4-b	G-DKEY	Piper PA-28-161 Warrior II	G-DOMS	Evektor EV-97A Eurostar
G-DHOC	Scheibe Bergfalke II-55	G-DKFU	Schempp-Hirth Ventus-2cxT	G-DONI	Gulfstream AA-5B Tiger
G-DHOK	Schleicher ASW 20CL	G-DKNY	Robinson R44 Raven II	G-DONS	Piper PA-28RT-201T Arrow IV
G-DHOP	Van's RV-9A	G-DKTA	Piper PA-28-236 Dakota	G-DONT	Zenair CH.601XL Zodiac
G-DHOX	Schleicher ASW 15B	G-DLAA	Cessna 208 Caravan I	G-DOOM	Cameron Z-105
G-DHPA	Issoire E-78 Silène	G-DLAF	BRM Aero Bristell NG5	G-DORM	Robinson R44 Clipper II
G-DHPM	DHC-1 Chipmunk 22	G-DLAK	Cessna 208 Caravan I	G-DORN	Dornier EKW C-3605
G-DHPR	Schempp-Hirth Discus b	G-DLAL	Beech E90 King Air	G-DORS	Eurocopter EC135 T2+
G-DHRR	Schleicher ASK 21	G-DLCB	Europa Aviation Europa	G-DORY	Cameron Z-315
G-DHSJ	Schempp-Hirth Discus b	G-DLDL	Robinson R22 Beta	G-DOSA	Diamond DA.42M Twin Star
G-DHSR	AB Sportine LAK-12	G-DLEE	SOCATA TB-9 Tampico Club	G-DOSB	Diamond DA.42M Twin Star
G-DHTG	Grob G102 Astir CS	G-DLFN	Aero L-29 Delfin	G-DOSC	Diamond DA.42M Twin Star
G-DHUB	PZL-Bielsko SZD-48 Jantar Std 3	G-DLOB	Schempp-Hirth Ventus-2c	G-DOTT	CFM Streak Shadow
G-DHUK	Schleicher Ka 6CR	G-DLOM	SOCATA TB-20 Trinidad	G-DOTW	ICP MXP-740 Savannah VG Jab
G-DHVM	DH.112 Venom FB1	G-DLOT	Glasflügel 304 S	G-DOTY	Van's RV-7
G-DHYL	Schempp-Hirth Ventus-2a	G-DLTR	Piper PA-28-180 Cherokee E	G-DOVE	Cessna 182Q Skylane
G-DHYS	Titan T-51 Mustang	G-DMAC	Avtech Jabiru SP-430	G-DOVS	Robinson R44 Raven II
G-DHZF	DH.82A Tiger Moth	G-DMAH	SOCATA TB-20 Trinidad GT	G-DOWN	Colt 31A
G-DHZP	Rolladen-Schneider LS8-18	G-DMBO	Van's RV-7	G-DOZI	Comco Ikarus C42 FB100
G-DIAT	Piper PA-28-140 Cruiser	G-DMCI	Comco Ikarus C42 FB100	G-DOZZ	Best Off Skyranger Swift
G-DICK	Thunder Ax6-56Z	G-DMCS	Piper PA-28R-200 Arrow II	G-DPEP	Aero AT-3 R100
G-DIDG	Van's RV-7	G-DMCT	Flight Design CT2K	G-DPJR	Sikorsky S-76B
G-DIDY	Thruster T.600T 450	G-DMCW	Magni M24C Orion	G-DPPF	Agusta A109E Power
G-DIGA	Robinson R66	G-DMEE	Cameron Z-105	G-DPYE	Robin DR.500-200i Président
G-DIGG	Robinson R44 Raven II	G-DMES	Cameron Minion 105 SS	G-DRAM	Reims FR172F Rocket
G-DIGI	Piper PA-32-300 Cherokee Six	G-DMEV	Cameron Z-105	G-DRAT	Slingsby T.51 Dart 17R
G-DIGS	Hughes 369HE	G-DMEZ	Cameron Minion 105 SS	G-DRAW	Colt 77A
G-DIII	Pitts S-2B	G-DMND	Diamond DA.42 Twin Star	G-DRCC	Evektor EV-97 teamEurostar UK
G-DIKY	Murphy Rebel	G-DMON	XtremeAir XA-42 Sbach 342	G-DRCS	Schleicher ASH 25E
G-DIME	Rockwell Commander 114	G-DMPL	Van's RV-7A	G-DREG	Cosmik Aviation Superchaser
G-DINA	Gulfstream AA-5B Tiger	G-DMPP	Diamond DA.42M Twin Star	G-DREI	Fokker Dr.1 Triplane replica
G-DINO	Pegasus Quantum 15	G-DMRS	Robinson R44 Raven II	G-DRGC	P&M Quik GT450

☐ G-DRGL	Piper PA-18-135 Super Cub	☐ G-ECAN	DH.84 Dragon	☐ G-EEBR	Glaser-Dirks DG-200/17
☐ G-DRGS	Cessna 182S Skylane	☐ G-ECAP	Robin HR.200-120B Club	☐ G-EEBS	Scheibe Zugvogel IIIA
☐ G-DRIV	Robinson R44 Raven II	☐ G-ECBH	Reims/Cessna F150K	☐ G-EEBZ	Schleicher ASK 13
☐ G-DRMM	Europa Aviation Europa	☐ G-ECBI	Schweizer 269C-1	☐ G-EECC	Aerospool Dynamic WT9 UK
☐ G-DROL	Robinson R44 Raven II	☐ G-ECDB	Schleicher Ka 6E	☐ G-EECK	Slingsby T.65A Vega
☐ G-DROP	Cessna U206C Super Skywagon	☐ G-ECDS	DH.82A Tiger Moth	☐ G-EECO	Lindstrand LBL 25A Cloudhopper
☐ G-DRPK	Reality Escapade	☐ G-ECDX	DH.71 Tiger Moth replica	☐ G-EEDE	Centrair ASW 20F
☐ G-DRPO	Cameron Z-105	☐ G-ECEA	Schempp-Hirth Cirrus	☐ G-EEEK	Extra EA.300/200
☐ G-DRRT	Slingsby T.51 Dart 17R	☐ G-ECGC	Reims/Cessna F172N Skyhawk II	☐ G-EEER	Schempp-Hirth Mini-Nimbus C
☐ G-DRSV	CEA Jodel DR.315X Petit Prince	☐ G-ECGO	Bölkow Bö.208C Junior	☐ G-EEEZ	Champion 8KCAB Decathlon
☐ G-DRYS	Cameron N-90	☐ G-ECHB	Dassault Falcon 900DX	☐ G-EEFA	Cameron Z-90
☐ G-DRZF	CEA Jodel DR.360 Chevalier	☐ G-ECJM	Piper PA-28R-201T Turbo Arrow III	☐ G-EEFK	Centrair ASW 20FL
☐ G-DSFT	Piper PA-28R-200 Arrow II	☐ G-ECKB	Reality Escapade 912	☐ G-EEFT	Schempp-Hirth Nimbus-2B
☐ G-DSGC	Piper PA-25-260 Pawnee C	☐ G-ECLW	Glasflügel 201B Standard Libelle	☐ G-EEGL	Christen Eagle II
☐ G-DSID	Piper PA-34-220T Seneca IV	☐ G-ECMC	Robinson R22 Beta	☐ G-EEGU	Piper PA-28-161 Warrior II
☐ G-DSKI	Evektor EV-97 Eurostar	☐ G-ECMK	Piper PA-18-150 Super Cub	☐ G-EEJE	Piper PA-31 Turbo Navajo B
☐ G-DSKY	Diamond DA.42 Twin Star	☐ G-ECOA	Bombardier DHC-8-402	☐ G-EEKA	Glaser-Dirks DG-200/17
☐ G-DSLL	Pegasus Quantum 15	☐ G-ECOB	Bombardier DHC-8-402	☐ G-EEKK	Cessna 152
☐ G-DSMA	P&M Quik R	☐ G-ECOC	Bombardier DHC-8-402	☐ G-EEKS	Pegasus Quantum 15
☐ G-DSPK	Cameron Z-140	☐ G-ECOD	Bombardier DHC-8-402	☐ G-EEKX	P&M Aviation Quik
☐ G-DSPL	Diamond DA.40 Star	☐ G-ECOE	Bombardier DHC-8-402	☐ G-EEKY	Piper PA-28-140 Cherokee B
☐ G-DSPY	Diamond DA.42M Twin Star	☐ G-ECOF	Bombardier DHC-8-402	☐ G-EEKZ	P&M Quik GTR
☐ G-DSPZ	Robinson R44 Raven II	☐ G-ECOG	Bombardier DHC-8-402	☐ G-EELS	Cessna 208B Grand Caravan
☐ G-DSRV	Van's RV-7	☐ G-ECOH	Bombardier DHC-8-402	☐ G-EELT	Rolladen-Schneider LS4
☐ G-DSVN	Rolladen-Schneider LS8-18	☐ G-ECOI	Bombardier DHC-8-402	☐ G-EELY	Schleicher Ka 6CR
☐ G-DTAR	P&M Quik GT450	☐ G-ECOJ	Bombardier DHC-8-402	☐ G-EENE	Rolladen-Schneider LS4
☐ G-DTCP	Piper PA-32R-300 Lance	☐ G-ECOK	Bombardier DHC-8-402	☐ G-EENI	Europa Aviation Europa
☐ G-DTFF	Cessna T182T Skylane	☐ G-ECOL	Schempp-Hirth Nimbus-2	☐ G-EENK	Schleicher ASK 21
☐ G-DTFT	Czech Sport PS-28 Cruiser	☐ G-ECOM	Bombardier DHC-8-402	☐ G-EENT	Glasflügel 304
☐ G-DTOY	Comco Ikarus C42 FB100	☐ G-ECOO	Bombardier DHC-8-402	☐ G-EENW	Schleicher ASW 20L
☐ G-DTSM	Evektor EV-97 teamEurostar UK	☐ G-ECOP	Bombardier DHC-8-402	☐ G-EENZ	Schleicher ASW 19B
☐ G-DTUG	Wag-Aero Super Sport	☐ G-ECOR	Bombardier DHC-8-402	☐ G-EEPJ	Pitts S-1S
☐ G-DTWO	Schempp-Hirth Discus-2a	☐ G-ECOT	Bombardier DHC-8-402	☐ G-EERV	Van's RV-6
☐ G-DUBI	Lindstrand LBL 120A	☐ G-ECOX	Pietenpol Air Camper Gn-1	☐ G-EERY	Robinson R22 Beta II
☐ G-DUDE	Van's RV-8	☐ G-ECPA	Glasflügel 201B Standard Libelle	☐ G-EESA	Europa Aviation Europa
☐ G-DUDI	AutoGyro MTOSport	☐ G-ECTF	Comper CLA7 Swift replica	☐ G-EESY	Rolladen-Schneider LS4
☐ G-DUDZ	Robin DR.400-180 Régent	☐ G-ECUB	Piper PA-18-150 Super Cub	☐ G-EETG	Cessna 172Q Cutlass II
☐ G-DUFF	Rand Robinson KR-2	☐ G-ECVB	Pietenpol Air Camper	☐ G-EETH	Schleicher K 8B
☐ G-DUGE	Comco Ikarus C42 FB UK	☐ G-ECVZ	Staaken Z-1S Flitzer	☐ G-EEUP	SNCAN Stampe SV-4C
☐ G-DUGI	Lindstrand LBL 90A	☐ G-ECXL	SZD-30 Pirat	☐ G-EEVL	Grob G102 Astir CS77
☐ G-DUKY	Robinson R44 Raven I	☐ G-EDAV	SAL Bulldog Srs 120/121	☐ G-EEWS	Cessna T210N Centurion II
☐ G-DUNK	Reims/Cessna F172M Skyhawk	☐ G-EDBD	SZD-30 Pirat	☐ G-EEWZ	Pegasus Quik
☐ G-DUNS	Lindstrand LBL 90A	☐ G-EDDD	Schempp-Hirth Nimbus-2	☐ G-EEYE	Mainair Blade 912
☐ G-DUOT	Schempp-Hirth Duo Discus T	☐ G-EDDS	CZAW Sportcruiser	☐ G-EEZO	DG Flugzeugbau DG-800B
☐ G-DURO	Europa Aviation Europa	☐ G-EDDV	PZL-Bielsko SZD-38A Jantar 1	☐ G-EEZR	Robinson R44 Raven II
☐ G-DURX	Colt 77A	☐ G-EDEE	Comco Ikarus C42 FB100	☐ G-EEZS	Cessna 182P Skylane
☐ G-DUST	Stolp SA.300 Starduster Too	☐ G-EDEL	Piper PA-32-300 Cherokee Six	☐ G-EEZZ	Zenair CH.601XL Zodiac
☐ G-DUVL	Reims/Cessna F172N Skyhawk II	☐ G-EDEN	SOCATA TB-10 Tobago	☐ G-EFAM	Cessna 182S Skylane
☐ G-DVAA	Eurocopter EC135 T2+	☐ G-EDEO	Beech B24R Sierra 200	☐ G-EFAO	Scintex CP.301-C Emeraude
☐ G-DVBF	Lindstrand LBL 210A	☐ G-EDFS	Pietenpol Air Camper	☐ G-EFAT	Robinson R44 Raven II
☐ G-DVIP	Agusta A109E Power	☐ G-EDGA	Piper PA-28-161 Warrior II	☐ G-EFBP	Reims/Cessna F172K Hawk XP
☐ G-DVMI	Van's RV-7	☐ G-EDGE	SAN Jodel D.150 Mascaret	☐ G-EFCG	Aeropro Eurofox 912(S)
☐ G-DVON	DH.104 Dove 8	☐ G-EDGI	Piper PA-28-161 Warrior II	☐ G-EFCM	Piper PA-28-180 Cherokee D
☐ G-DWCE	Robinson R44 Raven II	☐ G-EDGJ	Zivko Edge 360	☐ G-EFGH	Robinson R22 Beta
☐ G-DWIA	Chilton DW.1A	☐ G-EDGY	Zivko Edge 540	☐ G-EFIZ	Pitts S-2B
☐ G-DWIB	Chilton DW.1B	☐ G-EDLC	Cessna P210N Centurion	☐ G-EFJD	MBB Bo.209 Monsun 160FV
☐ G-DWMS	Avtech Jabiru UL-450	☐ G-EDLY	AirBorne XT912-B/Streak III-B	☐ G-EFLT	Glasflügel 201B Standard Libelle
☐ G-DXLT	Schempp-Hirth Duo Discus XLT	☐ G-EDMC	Pegasus Quantum 912	☐ G-EFLY	Centrair ASW 20FL
☐ G-DYKE	Dyke JD.2 Delta	☐ G-EDNA	Piper PA-38-112 Tomahawk	☐ G-EFNH	Reims/Cessna FR182 Skylane RG
☐ G-DYNA	Aerospool Dynamic WT9 UK	☐ G-EDRE	Lindstrand LBL 90A	☐ G-EFOF	Robinson R22 Beta
☐ G-DYNM	Aerospool Dynamic WT9 UK	☐ G-EDRV	Van's RV-6A	☐ G-EFON	Robinson R22 Beta II
☐ G-DZDZ	Rolladen-Schneider LS4	☐ G-EDTO	Reims FR172F Rocket	☐ G-EFOO	Cessna T210N Centurion II
☐ G-DZKY	Diamond DA.40D Star	☐ G-EDVK	Roger Hardy RH7B Tiger Light	☐ G-EFOX	Aeropro Eurofox 912
☐ G-DZZY	Champion 8KCAB Decathlon	☐ G-EDVL	Piper PA-28R-200 Arrow II	☐ G-EFRP	Bowers Fly Baby 1A
		☐ G-EDYO	Piper PA-32-260 Cherokee Six	☐ G-EFSF	Reims/Cessna FR172K
☐ G-EAGA	Sopwith Dove replica	☐ G-EDZZ	Comco Ikarus C42 FB100 Bravo	☐ G-EFSM	Slingsby T.67M-260 Firefly
☐ G-EBJI	Hawker Cygnet replica	☐ G-EEAD	Slingsby T.65A Vega	☐ G-EFTE	Bölkow Bö.207
☐ G-ECAC	Alpha R2120U	☐ G-EEBA	Slingsby T.65A Vega	☐ G-EFTF	AS.350B Ecureuil
☐ G-ECAD	Reims/Cessna FA152 Aerobat	☐ G-EEBD	Scheibe Bergfalke IV	☐ G-EFUN	e-Go e-Go
☐ G-ECAE	RAF SE.5A	☐ G-EEBF	Schempp-Hirth Mini-Nimbus C	☐ G-EFVS	Wassmer WA.52 Europa
☐ G-ECAF	Robin HR.200-120B	☐ G-EEBK	Schempp-Hirth Mini-Nimbus C	☐ G-EGAG	SOCATA TB-20 Trinidad
☐ G-ECAK	Reims/Cessna F172M Skyhawk	☐ G-EEBL	Schleicher ASK 13	☐ G-EGAL	Christen Eagle II
☐ G-ECAM	EAA Acrosport II	☐ G-EEBN	Centrair ASW 20F	☐ G-EGBS	Van's RV-9A

57

Registration	Type	Registration	Type	Registration	Type
G-EGCA	Rans S-6-ES Coyote II	G-EKIM	Alpi Pioneer 300	G-ENOA	Cessna F172F Skyhawk
G-EGEG	Cessna 172R Skyhawk	G-EKIR	Piper PA-28-161 Cadet	G-ENRE	Avtech Jabiru UL-450
G-EGEL	Christen Eagle II	G-EKKL	Piper PA-28-161 Warrior II	G-ENST	CZAW Sportcruiser
G-EGES	Lindstrand LBL Triangle SS	G-EKOS	Reims/Cessna FR182 Skylane RG	G-ENTL	P&M Quik R
G-EGGI	Comco Ikarus C42 FB UK	G-ELAM	Piper PA-30 Twin Comanche B	G-ENTS	Van's RV-9A
G-EGGS	Robin DR.400-180 Régent	G-ELDR	Piper PA-32-260 Cherokee Six	G-ENTT	Reims/Cessna F152 II
G-EGGZ	Best Off Skyranger Swift	G-ELEE	Cameron Z-105	G-ENTW	Reims/Cessna F152 II
G-EGHA	Czech Sport PS-28 Cruiser	G-ELEN	Robin DR.400-180 Régent	G-ENVO	MBB Bö.105CBS-4
G-EGIA	Ultramagic M-65	G-ELIS	Piper PA-34-200T Seneca II	G-ENVR	Dornier 228-201
G-EGIL	Christen Eagle II	G-ELIZ	Denney Kitfox Model 2	G-ENXA	Dassault Falcon 900EX
G-EGJA	SOCATA TB-20 Trinidad	G-ELKA	Christen Eagle II	G-ENZO	Cameron Z-105
G-EGJJ	P&M Quik GTR	G-ELKE	Cirrus SR20	G-EOFW	Pegasus Quantum 15
G-EGLE	Christen Eagle II	G-ELKS	Avid Speed Wing Mk.4	G-EOGE	Gefa-Flug AS105GD
G-EGLG	Piper PA-31 Turbo Navajo C	G-ELLA	Piper PA-32R-301 Saratoga HP	G-EOHL	Cessna 182L Skylane
G-EGLK	Czech Sport PS-28 Cruiser	G-ELLE	Cameron N-90	G-EOID	Aeroprakt A-22L Foxbat
G-EGLL	Piper PA-28-161 Warrior II	G-ELLI	Bell 206B-3 JetRanger III	G-EOIN	Zenair CH.701UL
G-EGLS	Piper PA-28-181 Archer III	G-ELMH	N Am AT-6D Harvard III	G-EOJB	Robinson R44 Raven II
G-EGLT	Cessna 310R	G-ELSE	Diamond DA.42 Twin Star	G-EOLD	Piper PA-28-161 Warrior II
G-EGPG	Piper PA-18-135 Super Cub	G-ELSI	Air Création Tanarg 912S/iXess	G-EOLX	Cessna 172N Skyhawk II
G-EGRV	Van's RV-8	G-ELUE	Piper PA-28-161 Warrior II	G-EOMA	Airbus A330-243
G-EGSJ	Avtech Jabiru J400	G-ELUN	Robin DR.400-180R Remorqueur	G-EOMI	Robin HR.200-120B Club
G-EGSL	Reims/Cessna F152	G-ELUT	Piper PA-28R-200 Arrow II	G-EOPH	Cameron C-90
G-EGSR	Van's RV-7A	G-ELVN	Van's RV-7A	G-EORG	Piper PA-38-112 Tomahawk
G-EGTB	Piper PA-28-161 Warrior II	G-ELWK	Van's RV-12	G-EORJ	Europa Aviation Europa
G-EGUR	Jodel D.140B Mousquetaire II	G-ELYS	Reims/Cessna FA150K Aerobat	G-EPAR	Robinson R22 Beta II
G-EGVA	Piper PA-28R-200 Arrow II	G-ELZN	Piper PA-28-161 Warrior II	G-EPIC	Avtech Jabiru UL-450
G-EGVO	Dassault Falcon 900EX	G-ELZY	Piper PA-28-161 Warrior II	G-EPOC	Avtech Jabiru UL-450
G-EGWN	Champion 7ECA Citabria Aurora	G-EMAA	Eurocopter EC135 T2	G-EPSN	Ultramagic M-105
G-EHAA	MD Helicopters MD.900 Explorer	G-EMAC	Robinson R22 Beta II	G-EPTL	Piper PA-28RT-201T Arrow IV
G-EHAV	Glasflügel 201B Standard Libelle	G-EMAX	Piper PA-31-350 Chieftain	G-EPTR	Piper PA-28R-200 Arrow II
G-EHAZ	Piper PA-28-161 Warrior III	G-EMBC	Embraer EMB-145EP	G-EPYW	Piper PA-28-181 Archer II
G-EHBJ	CASA 1-131E Srs 2000	G-EMBH	Embraer EMB-145EU	G-ERCO	Erco 415D Ercoupe
G-EHCB	Schempp-Hirth Nimbus-3DT	G-EMBI	Embraer EMB-145EP	G-ERDA	Staaken Z-21A Flitzer
G-EHCC	PZL-Bielsko SZD-50-3 Puchacz	G-EMBJ	Embraer EMB-145EP	G-ERDS	DH.82A Tiger Moth
G-EHCZ	Schleicher K 8B	G-EMBM	Embraer EMB-145EU	G-ERDW	Enstrom F-28F Falcon
G-EHDS	CASA 1-131E Srs 2000	G-EMBN	Embraer EMB-145EU	G-ERED	Beech C90GTi King Air
G-EHGF	Piper PA-28-181 Archer II	G-EMBO	Embraer EMB-145EU	G-ERFC	RAF S.E.5A replica
G-EHIC	Jodel D.140B Mousquetaire II	G-EMCA	Commander Commander 114B	G-ERFS	Piper PA-28-161 Warrior II
G-EHLX	Piper PA-28-181 Archer II	G-EMDM	Diamond DA.40 Star	G-ERIC	Rockwell Commander 112TC
G-EHMF	Isaacs Fury II	G-EMHC	Agusta A109E Power	G-ERIE	Raytheon Beech 400A
G-EHMJ	Beech S35 Bonanza	G-EMHK	MBB Bö.209 Monsun	G-ERIW	Staaken Z-21 Flitzer
G-EHMM	Robin DR.400-180R Remorqueur	G-EMID	Eurocopter EC135 P2+	G-ERJA	Embraer EMB-145EP
G-EHMS	MD Helicopters MD.900 Explorer	G-EMIN	Europa Aviation Europa	G-ERJC	Embraer EMB-145EP
G-EHOT	Cessna 172 Skyhawk	G-EMJA	CASA 1-131E Srs 2000 replica	G-ERKN	AS.350B3 Ecureuil
G-EHTT	Schleicher ASW 20CL	G-EMKT	Cameron Z-105	G-ERMO	ARV1 Super 2
G-EHUP	SA.341G Gazelle 1	G-EMLE	Evektor EV-97 Eurostar	G-ERNI	Piper PA-28-181 Archer II
G-EHXP	Rockwell Commander 112A	G-EMLS	Cessna T210L Centurion	G-EROB	Europa Aviation Europa XS
G-EIAP	SAN Jodel DR.1050 Ambassadeur	G-EMLY	Pegasus Quantum 15	G-EROL	Westland SA.341G Gazelle 1
G-EIBM	Robinson R22 Beta	G-EMMM	Diamond DA.40 Star	G-EROS	Cameron H-34
G-EICK	Cessna 172S Skyhawk SP	G-EMMS	Piper PA-38-112 Tomahawk	G-ERRI	Lindstrand LBL 77A
G-EIKY	Europa Aviation Europa	G-EMMY	Rutan VariEze	G-ERRY	Grumman AA-5B Tiger
G-EINI	Europa Aviation Europa XS	G-EMOL	Schweizer 269C-1	G-ERSE	Beech B300 Super King Air
G-EISG	Raytheon Beech A36 Bonanza	G-EMSA	Czech Sport Sportcruiser	G-ERTE	Best Off Skyranger 912S
G-EISO	MS.892A Rallye Commodore 150	G-EMSI	Europa Aviation Europa	G-ERTI	Staaken Z-21A Flitzer
G-EITE	Luscombe 8F Silvaire	G-EMSY	DH.82A Tiger Moth	G-ERYR	P&M Quik GT450
G-EIVC	Reims/Cessna F182Q Skylane II	G-ENAA	Super Marine Spitfire Mk.26B	G-ESCA	Reality Escapade Jabiru
G-EIWT	Reims/Cessna FR182 Skylane RG	G-ENBD	Lindstrand LBL 120A	G-ESCC	Reality Escapade 912
G-EIZO	Eurocopter EC120B Colibri	G-ENBW	Robin DR.400-180R Remo	G-ESCP	Reality Escapade 912
G-EJAC	Mudry CAP 232	G-ENCE	Partenavia P68B	G-ESET	Eurocopter EC130 B4
G-EJAE	Glaser-Dirks DG-200	G-ENEA	Cessna 182P Skylane	G-ESEX	Eurocopter EC135 T2
G-EJAR	Airbus A319-111	G-ENEE	CFM Streak Shadow	G-ESGA	Reality Escapade
G-EJAS	Skystar Kitfox Model 7	G-ENES	Bell 206B-3 JetRanger III	G-ESKA	Reality Escapade 912
G-EJBI	Bölkow Bö.207	G-ENGO	Steen Skybolt	G-ESME	Cessna R182 Skylane RG II
G-EJEL	Cessna 550 Citation II	G-ENGR	Head Ax8-105	G-ESSL	Cessna 182R Skylane
G-EJGO	Zlin Z-226T Trener Spezial	G-ENHP	Enstrom 480B	G-ESTA	Cessna 550 Citation II
G-EJHH	Schempp-Hirth Standard Cirrus	G-ENIA	Staaken Z-21 Flitzer	G-ESTR	Van's RV-6
G-EJIM	Schempp-Hirth Discus-2cT	G-ENID	Reality Escapade	G-ESUS	RotorWay Executive 162F
G-EJOC	AS.350B Ecureuil	G-ENIE	Tipsy Nipper T.66 Series 3B	G-ETAT	Cessna 172S Skyhawk SP
G-EJRS	Piper PA-28-161 Cadet	G-ENIO	Pitts S-2C	G-ETBY	Piper PA-32-260 Cherokee Six
G-EJTC	Robinson R44 Clipper II	G-ENMY	Balóny Kubíček BB-S Ship SS	G-ETDC	Cessna 172P Skyhawk
G-EJWI	Flight Design CTLS	G-ENNA	Piper PA-28-161 Warrior II	G-ETHY	Cessna 208 Caravan I
G-EKAT	AS.350B3 Ecureuil	G-ENNI	Robin R3000/160	G-ETIM	Eurocopter EC120B Colibri
G-EKEY	Schleicher ASW 20CL	G-ENNK	Cessna 172S Skyhawk SP	G-ETIN	Robinson R22 Beta

☐	G-ETIV	Robin DR.400-180 Régent	☐	G-EUUZ	Airbus A320-232	☐ G-EXXL	Zenair CH.601XL Zodiac
☐	G-ETME	Nord 1002 Pingouin	☐	G-EUXC	Airbus A321-231	☐ G-EYAK	Yakovlev Yak-50
☐	G-ETNT	Robinson R44 Raven I	☐	G-EUXD	Airbus A321-231	☐ G-EYAS	Denney Kitfox Model 2
☐	G-ETUG	Aeropro Eurofox 912(S)	☐	G-EUXE	Airbus A321-231	☐ G-EYCO	Robin DR.400-180 Régent
☐	G-ETVS	Alpi Pioneer 300 Hawk	☐	G-EUXF	Airbus A321-231	☐ G-EYNL	MBB Bö.105DBS-5
☐	G-ETWO	Guimbal Cabri G2	☐	G-EUXG	Airbus A321-231	☐ G-EYOR	Van's RV-6
☐	G-EUAB	Europa Aviation Europa XS	☐	G-EUXH	Airbus A321-231	☐ G-EYUP	Cessna 560XL Citation XLS
☐	G-EUAN	Avtech Jabiru UL-D	☐	G-EUXI	Airbus A321-231	☐ G-EZAA	Airbus A319-111
☐	G-EUFO	Rolladen-Schneider LS7-WL	☐	G-EUXJ	Airbus A321-231	☐ G-EZAB	Airbus A319-111
☐	G-EUJG	Avro 594 Avian IIIA	☐	G-EUXK	Airbus A321-231	☐ G-EZAC	Airbus A319-111
☐	G-EUKS	Westland Widgeon III	☐	G-EUXL	Airbus A321-231	☐ G-EZAD	Airbus A319-111
☐	G-EUNA	Airbus A318-112	☐	G-EUXM	Airbus A321-231	☐ G-EZAF	Airbus A319-111
☐	G-EUNB	Airbus A318-112	☐	G-EUYA	Airbus A320-232	☐ G-EZAG	Airbus A319-111
☐	G-EUNG	Europa Aircraft Europa NG	☐	G-EUYB	Airbus A320-232	☐ G-EZAI	Airbus A319-111
☐	G-EUNI	Beech B200 Super King Air	☐	G-EUYC	Airbus A320-232	☐ G-EZAJ	Airbus A319-111
☐	G-EUOA	Airbus A319-131	☐	G-EUYD	Airbus A320-232	☐ G-EZAK	Airbus A319-111
☐	G-EUOB	Airbus A319-131	☐	G-EUYE	Airbus A320-232	☐ G-EZAL	Airbus A319-111
☐	G-EUOC	Airbus A319-131	☐	G-EUYF	Airbus A320-232	☐ G-EZAM	Airbus A319-111
☐	G-EUOD	Airbus A319-131	☐	G-EUYG	Airbus A320-232	☐ G-EZAN	Airbus A319-111
☐	G-EUOE	Airbus A319-131	☐	G-EUYH	Airbus A320-232	☐ G-EZAO	Airbus A319-111
☐	G-EUOF	Airbus A319-131	☐	G-EUYI	Airbus A320-232	☐ G-EZAP	Airbus A319-111
☐	G-EUOG	Airbus A319-131	☐	G-EUYJ	Airbus A320-232	☐ G-EZAR	Pegasus Quik
☐	G-EUOH	Airbus A319-131	☐	G-EUYK	Airbus A320-232	☐ G-EZAS	Airbus A319-111
☐	G-EUOI	Airbus A319-131	☐	G-EUYL	Airbus A320-232	☐ G-EZAT	Airbus A319-111
☐	G-EUPA	Airbus A319-131	☐	G-EUYM	Airbus A320-232	☐ G-EZAU	Airbus A319-111
☐	G-EUPB	Airbus A319-131	☐	G-EUYN	Airbus A320-232	☐ G-EZAV	Airbus A319-111
☐	G-EUPC	Airbus A319-131	☐	G-EUYO	Airbus A320-232	☐ G-EZAW	Airbus A319-111
☐	G-EUPD	Airbus A319-131	☐	G-EUYP	Airbus A320-232	☐ G-EZAX	Airbus A319-111
☐	G-EUPE	Airbus A319-131	☐	G-EUYR	Airbus A320-232	☐ G-EZAY	Airbus A319-111
☐	G-EUPF	Airbus A319-131	☐	G-EUYS	Airbus A320-232	☐ G-EZAZ	Airbus A319-111
☐	G-EUPG	Airbus A319-131	☐	G-EUYT	Airbus A320-232	☐ G-EZBA	Airbus A319-111
☐	G-EUPH	Airbus A319-131	☐	G-EUYU	Airbus A320-232	☐ G-EZBB	Airbus A319-111
☐	G-EUPJ	Airbus A319-131	☐	G-EUYV	Airbus A320-232	☐ G-EZBC	Airbus A319-111
☐	G-EUPK	Airbus A319-131	☐	G-EUYW	Airbus A320-232	☐ G-EZBD	Airbus A319-111
☐	G-EUPL	Airbus A319-131	☐	G-EUYX	Airbus A320-232	☐ G-EZBE	Airbus A319-111
☐	G-EUPM	Airbus A319-131	☐	G-EUYY	Airbus A320-232	☐ G-EZBF	Airbus A319-111
☐	G-EUPN	Airbus A319-131	☐	G-EVAJ	Best Off Skyranger Swift	☐ G-EZBG	Airbus A319-111
☐	G-EUPO	Airbus A319-131	☐	G-EVBF	Cameron Z-350	☐ G-EZBH	Airbus A319-111
☐	G-EUPP	Airbus A319-131	☐	G-EVET	Cameron C-80	☐ G-EZBI	Airbus A319-111
☐	G-EUPR	Airbus A319-131	☐	G-EVEY	Thruster T.600N 450	☐ G-EZBJ	Airbus A319-111
☐	G-EUPS	Airbus A319-131	☐	G-EVIE	Piper PA-28-161 Warrior II	☐ G-EZBL	Airbus A319-111
☐	G-EUPT	Airbus A319-131	☐	G-EVIG	Evektor EV-97 teamEurostar UK	☐ G-EZBM	Airbus A319-111
☐	G-EUPU	Airbus A319-131	☐	G-EVII	Schempp-Hirth Ventus-2cT	☐ G-EZBN	Airbus A319-111
☐	G-EUPV	Airbus A319-131	☐	G-EVIL	XtremeAir XA-41 Sbach 300	☐ G-EZBO	Airbus A319-111
☐	G-EUPW	Airbus A319-131	☐	G-EVLE	Rearwin 8125 Cloudster	☐ G-EZBR	Airbus A319-111
☐	G-EUPX	Airbus A319-131	☐	G-EVPH	Evektor EV-97 Eurostar SL	☐ G-EZBT	Airbus A319-111
☐	G-EUPY	Airbus A319-131	☐	G-EVPI	Evans VP-1 Series 2	☐ G-EZBU	Airbus A319-111
☐	G-EUPZ	Airbus A319-131	☐	G-EVRO	Evektor EV-97 Eurostar	☐ G-EZBV	Airbus A319-111
☐	G-EUSO	Robin DR.400-140 Earl	☐	G-EVSL	Evektor EV-97 Eurostar SL	☐ G-EZBW	Airbus A319-111
☐	G-EUUA	Airbus A320-232	☐	G-EVSW	Evektor EV-97 Sportstar	☐ G-EZBX	Airbus A319-111
☐	G-EUUB	Airbus A320-232	☐	G-EVTO	Piper PA-28-161 Warrior II	☐ G-EZBY	Airbus A319-111
☐	G-EUUC	Airbus A320-232	☐	G-EWAD	Robinson R44 Raven II	☐ G-EZBZ	Airbus A319-111
☐	G-EUUD	Airbus A320-232	☐	G-EWAN	Protech PT-2C-160 Prostar	☐ G-EZDA	Airbus A319-111
☐	G-EUUE	Airbus A320-232	☐	G-EWBC	Avtech Jabiru SK	☐ G-EZDB	Airbus A319-111
☐	G-EUUF	Airbus A320-232	☐	G-EWEN	Aeropro Eurofox 912(S)	☐ G-EZDC	Airbus A319-111
☐	G-EUUG	Airbus A320-232	☐	G-EWES	Alpi Pioneer 300	☐ G-EZDD	Airbus A319-111
☐	G-EUUH	Airbus A320-232	☐	G-EWEW	AB Sportine LAK-19T	☐ G-EZDE	Airbus A319-111
☐	G-EUUI	Airbus A320-232	☐	G-EWIZ	Pitts S-2S	☐ G-EZDF	Airbus A319-111
☐	G-EUUJ	Airbus A320-232	☐	G-EWME	PA-28-235 Cherokee Charger	☐ G-EZDG	Rutan VariEze
☐	G-EUUK	Airbus A320-232	☐	G-EWZZ	CZAW Sportcruiser	☐ G-EZDH	Airbus A319-111
☐	G-EUUL	Airbus A320-232	☐	G-EXAM	Piper PA-28RT-201T Arrow IV	☐ G-EZDI	Airbus A319-111
☐	G-EUUM	Airbus A320-232	☐	G-EXEC	Piper PA-34-200 Seneca	☐ G-EZDJ	Airbus A319-111
☐	G-EUUN	Airbus A320-232	☐	G-EXES	Europa Aviation Europa XS	☐ G-EZDK	Airbus A319-111
☐	G-EUUO	Airbus A320-232	☐	G-EXEX	Cessna 404 Titan	☐ G-EZDL	Airbus A319-111
☐	G-EUUP	Airbus A320-232	☐	G-EXGC	Extra EA.300/200	☐ G-EZDM	Airbus A319-111
☐	G-EUUR	Airbus A320-232	☐	G-EXHL	Cameron C-70	☐ G-EZDN	Airbus A319-111
☐	G-EUUS	Airbus A320-232	☐	G-EXII	Extra EA.300	☐ G-EZDO	Airbus A319-111
☐	G-EUUT	Airbus A320-232	☐	G-EXIL	Extra EA.300/S	☐ G-EZDP	Airbus A319-111
☐	G-EUUU	Airbus A320-232	☐	G-EXIT	MS.893E Rallye 180GT	☐ G-EZDR	Airbus A319-111
☐	G-EUUV	Airbus A320-232	☐	G-EXLL	Zenair CH.601XL Zodiac	☐ G-EZDS	Airbus A319-111
☐	G-EUUW	Airbus A320-232	☐	G-EXLT	Extra EA.300/LT	☐ G-EZDT	Airbus A319-111
☐	G-EUUX	Airbus A320-232	☐	G-EXPL	Champion 7GCBC Explorer	☐ G-EZDU	Airbus A319-111
☐	G-EUUY	Airbus A320-232	☐	G-EXTR	Extra EA.260		

☐	G-EZDV	Airbus A319-111	☐	G-EZTA	Airbus A320-214	☐ G-FACE	Cessna 172S Skyhawk SP
☐	G-EZDW	Airbus A319-111	☐	G-EZTB	Airbus A320-214	☐ G-FADF	Piper PA-18-150 Super Cub
☐	G-EZDX	Airbus A319-111	☐	G-EZTC	Airbus A320-214	☐ G-FAIR	SOCATA TB-10 Tobago
☐	G-EZDY	Airbus A319-111	☐	G-EZTD	Airbus A320-214	☐ G-FAJC	Alpi Pioneer 300 Hawk
☐	G-EZDZ	Airbus A319-111	☐	G-EZTE	Airbus A320-214	☐ G-FAJM	Robinson R44 Raven II
☐	G-EZEB	Airbus A319-111	☐	G-EZTF	Airbus A320-214	☐ G-FALC	Aeromere F.8L Falco Srs 3
☐	G-EZED	Airbus A319-111	☐	G-EZTG	Airbus A320-214	☐ G-FAME	CFM Starstreak Shadow SA-II
☐	G-EZEG	Airbus A319-111	☐	G-EZTH	Airbus A320-214	☐ G-FAMH	Zenair CH.701 STOL
☐	G-EZEL	Westland SA.341G Gazelle 1	☐	G-EZTI	Airbus A320-214	☐ G-FANL	Cessna R172K Hawk XP
☐	G-EZEV	Airbus A319-111	☐	G-EZTJ	Airbus A320-214	☐ G-FARE	Robinson R44 Raven II
☐	G-EZEW	Airbus A319-111	☐	G-EZTK	Airbus A320-214	☐ G-FARL	Pitts S-1E
☐	G-EZEZ	Airbus A319-111	☐	G-EZTL	Airbus A320-214	☐ G-FARO	Star-Lite SL-1
☐	G-EZFA	Airbus A319-111	☐	G-EZTM	Airbus A320-214	☐ G-FARR	Jodel D.150 Mascaret
☐	G-EZFB	Airbus A319-111	☐	G-EZTR	Airbus A320-214	☐ G-FARY	QAC Quickie Tri-Q
☐	G-EZFC	Airbus A319-111	☐	G-EZTT	Airbus A320-214	☐ G-FATB	Commander Commander 114B
☐	G-EZFD	Airbus A319-111	☐	G-EZTV	Airbus A320-214	☐ G-FATE	Sequoia F.8L Falco
☐	G-EZFE	Airbus A319-111	☐	G-EZTX	Airbus A320-214	☐ G-FAVS	Piper PA-32-300 Cherokee Six
☐	G-EZFF	Airbus A319-111	☐	G-EZTY	Airbus A320-214	☐ G-FBAT	Aeroprakt A-22 Foxbat
☐	G-EZFG	Airbus A319-111	☐	G-EZTZ	Airbus A320-214	☐ G-FBCY	Skystar Kitfox Model 7
☐	G-EZFH	Airbus A319-111	☐	G-EZUA	Airbus A320-214	☐ G-FBEB	Embraer ERJ 190-200 LR
☐	G-EZFI	Airbus A319-111	☐	G-EZUB	Zenair CH.601HD Zodiac	☐ G-FBEC	Embraer ERJ 190-200 LR
☐	G-EZFJ	Airbus A319-111	☐	G-EZUC	Airbus A320-214	☐ G-FBED	Embraer ERJ 190-200 LR
☐	G-EZFK	Airbus A319-111	☐	G-EZUD	Airbus A320-214	☐ G-FBEE	Embraer ERJ 190-200 LR
☐	G-EZFL	Airbus A319-111	☐	G-EZUF	Airbus A320-214	☐ G-FBEF	Embraer ERJ 190-200 LR
☐	G-EZFM	Airbus A319-111	☐	G-EZUG	Airbus A320-214	☐ G-FBEG	Embraer ERJ 190-200 LR
☐	G-EZFN	Airbus A319-111	☐	G-EZUH	Airbus A320-214	☐ G-FBEH	Embraer ERJ 190-200 LR
☐	G-EZFO	Airbus A319-111	☐	G-EZUI	Airbus A320-214	☐ G-FBEI	Embraer ERJ 190-200 LR
☐	G-EZFP	Airbus A319-111	☐	G-EZUJ	Airbus A320-214	☐ G-FBEJ	Embraer ERJ 190-200 LR
☐	G-EZFR	Airbus A319-111	☐	G-EZUK	Airbus A320-214	☐ G-FBEK	Embraer ERJ 190-200 LR
☐	G-EZFS	Airbus A319-111	☐	G-EZUL	Airbus A320-214	☐ G-FBEL	Embraer ERJ 190-200 LR
☐	G-EZFT	Airbus A319-111	☐	G-EZUM	Airbus A320-214	☐ G-FBEM	Embraer ERJ 190-200 LR
☐	G-EZFU	Airbus A319-111	☐	G-EZUN	Airbus A320-214	☐ G-FBEN	Embraer ERJ 190-200 LR
☐	G-EZFV	Airbus A319-111	☐	G-EZUO	Airbus A320-214	☐ G-FBII	Comco Ikarus C42 FB100
☐	G-EZFW	Airbus A319-111	☐	G-EZUP	Airbus A320-214	☐ G-FBJA	Embraer ERJ 170-200 STD
☐	G-EZFX	Airbus A319-111	☐	G-EZUR	Airbus A320-214	☐ G-FBJB	Embraer ERJ 170-200 STD
☐	G-EZFY	Airbus A319-111	☐	G-EZUS	Airbus A320-214	☐ G-FBJC	Embraer ERJ 170-200 STD
☐	G-EZFZ	Airbus A319-111	☐	G-EZUT	Airbus A320-214	☐ G-FBJD	Embraer ERJ 170-200 STD
☐	G-EZGA	Airbus A319-111	☐	G-EZUU	Airbus A320-214	☐ G-FBJE	Embraer ERJ 170-200 STD
☐	G-EZGB	Airbus A319-111	☐	G-EZUW	Airbus A320-214	☐ G-FBJF	Embraer ERJ 170-200 STD
☐	G-EZGC	Airbus A319-111	☐	G-EZUZ	Airbus A320-214	☐ G-FBJG	Embraer ERJ 170-200 STD
☐	G-EZGD	Airbus A319-111	☐	G-EZVS	Colt 77B	☐ G-FBJH	Embraer ERJ 170-200 STD
☐	G-EZGE	Airbus A319-111	☐	G-EZWA	Airbus A320-214	☐ G-FBJI	Embraer ERJ 170-200 STD
☐	G-EZGF	Airbus A319-111	☐	G-EZWB	Airbus A320-214	☐ G-FBJJ	Embraer ERJ 170-200 STD
☐	G-EZGG	Airbus A319-111	☐	G-EZWC	Airbus A320-214	☐ G-FBJK	Embraer ERJ 170-200 STD
☐	G-EZGH	Airbus A319-111	☐	G-EZWD	Airbus A320-214	☐ G-FBKB	Cessna 510 Citation Mustang
☐	G-EZGI	Airbus A319-111	☐	G-EZWE	Airbus A320-214	☐ G-FBKC	Cessna 510 Citation Mustang
☐	G-EZGJ	Airbus A319-111	☐	G-EZWF	Airbus A320-214	☐ G-FBLK	Cessna 510 Citation Mustang
☐	G-EZGK	Airbus A319-111	☐	G-EZWG	Airbus A320-214	☐ G-FBNK	Cessna 510 Citation Mustang
☐	G-EZGL	Airbus A319-111	☐	G-EZWH	Airbus A320-214	☐ G-FBPL	Piper PA-34-200 Seneca
☐	G-EZIB	Airbus A319-111	☐	G-EZWI	Airbus A320-214	☐ G-FBRN	Piper PA-28-181 Archer II
☐	G-EZIH	Airbus A319-111	☐	G-EZWJ	Airbus A320-214	☐ G-FBSS	Aeroprakt A-22L Foxbat
☐	G-EZII	Airbus A319-111	☐	G-EZWK	Airbus A320-214	☐ G-FBTT	Aeroprakt A-22L Foxbat
☐	G-EZIJ	Airbus A319-111	☐	G-EZWL	Airbus A320-214	☐ G-FBWH	Piper PA-28R-180 Arrow
☐	G-EZIK	Airbus A319-111	☐	G-EZWM	Airbus A320-214	☐ G-FCAC	Diamond DA.42 Twin Star
☐	G-EZIL	Airbus A319-111	☐	G-EZWN	Airbus A320-214	☐ G-FCAV	Schleicher ASK 13
☐	G-EZIM	Airbus A319-111	☐	G-EZWO	Airbus A320-214	☐ G-FCCC	Schleicher ASK 13
☐	G-EZIN	Airbus A319-111	☐	G-EZWP	Airbus A320-214	☐ G-FCED	Piper PA-31T2 Cheyenne IIXL
☐	G-EZIO	Airbus A319-111	☐	G-EZWR	Airbus A320-214	☐ G-FCKD	Eurocopter EC120B Colibri
☐	G-EZIP	Airbus A319-111	☐	G-EZWS	Airbus A320-214	☐ G-FCLA	Boeing 757-28A
☐	G-EZIR	Airbus A319-111	☐	G-EZWT	Airbus A320-214	☐ G-FCLI	Boeing 757-28A
☐	G-EZIS	Airbus A319-111	☐	G-EZWU	Airbus A320-214	☐ G-FCOM	Slingsby T.59F Kestrel 19
☐	G-EZIT	Airbus A319-111	☐	G-EZWV	Airbus A320-214	☐ G-FCSL	Piper PA-31-350 Chieftain
☐	G-EZIV	Airbus A319-111	☐	G-EZWW	Airbus A320-214	☐ G-FCSP	Robin DR.400-180 Régent
☐	G-EZIW	Airbus A319-111	☐	G-EZWX	Airbus A320-214	☐ G-FCTK	DH.82C Tiger Moth
☐	G-EZIX	Airbus A319-111	☐	G-EZWY	Airbus A320-214	☐ G-FCUK	Pitts S-1C
☐	G-EZIY	Airbus A319-111	☐	G-EZWZ	Airbus A320-214	☐ G-FCUM	Robinson R44 Raven II
☐	G-EZIZ	Airbus A319-111	☐	G-EZXO	Colt 56A	☐ G-FDDY	Schleicher Ka 6CR
☐	G-EZMH	Airbus A319-111	☐	G-EZZA	Europa Aviation Europa XS	☐ G-FDHB	Replica Bristol Scout C
☐	G-EZNC	Airbus A319-111	☐	G-EZZE	CZAW Sportcruiser	☐ G-FDPS	Pitts S-2C
☐	G-EZOA	Airbus A320-214	☐	G-EZZL	Westland SA.341D Gazelle HT3	☐ G-FDZB	Boeing 737-8K5
☐	G-EZOB	Airbus A320-214	☐	G-EZZY	Evektor EV-97 Eurostar	☐ G-FDZS	Boeing 737-8K5
☐	G-EZPG	Airbus A319-111				☐ G-FDZT	Boeing 737-8K5
☐	G-EZSM	Airbus A319-111	☐	G-FABO	CL-600-2B16 Challenger 604	☐ G-FDZU	Boeing 737-8K5

Registration	Type	Registration	Type	Registration	Type
G-FDZW	Boeing 737-8K5	G-FLBA	Bombardier DHC-8-402	G-FOXB	Aeroprakt A-22 Foxbat
G-FDZX	Boeing 737-8K5	G-FLBB	Bombardier DHC-8-402	G-FOXC	Denney Kitfox Model 3
G-FDZY	Boeing 737-8K5	G-FLBC	Bombardier DHC-8-402	G-FOXD	Denney Kitfox Model 2
G-FDZZ	Boeing 737-8K5	G-FLBD	Bombardier DHC-8-402	G-FOXF	Denney Kitfox Model 4
G-FEAB	Piper PA-28-181 Archer III	G-FLBE	Bombardier DHC-8-402	G-FOXG	Denney Kitfox Model 2
G-FEBB	Grob G104 Speed Astir IIB	G-FLBK	Cessna 510 Citation Mustang	G-FOXI	Denney Kitfox Model 2
G-FEBJ	Schleicher ASW 19B	G-FLBY	Comco Ikarus C42 FB100 Bravo	G-FOXL	Zenair CH.601XL Zodiac
G-FECO	Grob G102 Astir CS77	G-FLCA	Fleet 80 Canuck	G-FOXM	Bell 206B-2 JetRanger II
G-FEEF	Jodel DR.220 2+2	G-FLCN	Dassault Falcon 900B	G-FOXO	Aeropro Eurofox 912(S)
G-FEET	Pegasus Quik	G-FLCT	Hallam Fleche	G-FOXS	Denney Kitfox Model 2
G-FELC	Cirrus SR22	G-FLDG	Best Off Skyranger 912	G-FOXX	Denney Kitfox Model 2
G-FELD	AutoGyro MTOSport	G-FLEA	SOCATA TB-10 Tobago	G-FOXZ	Denney Kitfox
G-FELL	Europa Aviation Europa XS	G-FLEE	Ivanov ZJ-Viera	G-FOZY	Van's RV-7
G-FELM	Piper PA-28-180 Cherokee C	G-FLEX	Pegasus Quik	G-FOZZ	Beech A36 Bonanza
G-FELT	Cameron N-77	G-FLGT	Lindstrand LBL 105A	G-FPIG	Piper PA-28-151 Warrior
G-FELX	CZAW Sportcruiser	G-FLIK	Pitts S-1S	G-FPLD	Beech B200 Super King Air
G-FERN	Mainair Blade 912	G-FLIP	Reims/Cessna FA152 Aerobat	G-FPLE	Beech B200 Super King Air
G-FERV	Rolladen-Schneider LS4	G-FLIS	Magni M16 C Tandem Trainer	G-FPSA	Piper PA-28-161 Warrior II
G-FESS	Pegasus Quantum 15	G-FLIT	RotorWay Executive 162F	G-FRAD	Dassault Falcon 20E
G-FEVS	PZL-Bielsko SZD-50-3 Puchacz	G-FLIZ	Staaken Z-21 Flitzer	G-FRAF	Dassault Falcon 20E
G-FEWG	Fuji FA.200-160 Aero Subaru	G-FLKE	Scheibe SF25C Rotax-Falke	G-FRAG	Piper PA-32-300 Cherokee Six
G-FEZZ	Agusta-Bell 206B-2 JetRanger 2	G-FLKS	Scheibe SF25C Rotax-Falke	G-FRAH	Dassault Falcon 20DC
G-FFAB	Cameron N-105	G-FLKY	Cessna 172S Skyhawk SP	G-FRAI	Dassault Falcon 20E
G-FFAF	Reims/Cessna F150L	G-FLOR	Europa Aviation Europa	G-FRAJ	Dassault Falcon 20DC
G-FFAT	Piper PA-32-301T Saratoga	G-FLOW	Cessna 172S Skyhawk SP	G-FRAK	Dassault Falcon 20DC
G-FFBG	Reims/Cessna F182Q Skylane II	G-FLOX	Europa Aviation Europa	G-FRAL	Dassault Falcon 20DC
G-FFEN	Reims/Cessna F150M	G-FLPI	Rockwell Commander 112A	G-FRAN	Piper J-3C-65 Cub
G-FFFA	P&M Aviation PulsR	G-FLTC	British Aerospace BAe 146-300	G-FRAO	Dassault Falcon 20DC
G-FFFC	Cessna 510 Citation Mustang	G-FLUZ	Rolladen-Schneider LS8-18	G-FRAP	Dassault Falcon 20DC
G-FFFT	Lindstrand LBL 31A	G-FLXS	Dassault Falcon 2000LX	G-FRAR	Dassault Falcon 20DC
G-FFIT	Pegasus Quik	G-FLYA	Mooney M.20J Mooney 201	G-FRAS	Dassault Falcon 20C
G-FFMW	Diamond DA.42M-NG Twin Star	G-FLYB	Comco Ikarus C42 FB100	G-FRAT	Dassault Falcon 20C
G-FFOX	Hawker Hunter T7A	G-FLYC	Comco Ikarus C42 FB100	G-FRAU	Dassault Falcon 20C
G-FFRA	Dassault Falcon 20DC	G-FLYF	Mainair Blade 912	G-FRAW	Dassault Falcon 20C
G-FFTI	SOCATA TB-20 Trinidad	G-FLYG	Slingsby T.67C Firefly	G-FRCE	Folland Gnat T1
G-FFUN	Pegasus Quantum 15	G-FLYI	Piper PA-34-200 Seneca	G-FRCX	P&M Quik GTR
G-FFWD	Cessna 310R	G-FLYJ	Evektor EV-97 Eurostar SL	G-FRDY	Aerospool Dynamic WT9 UK
G-FGAZ	Schleicher Ka 6E	G-FLYM	Comco Ikarus C42 FB100	G-FRGN	Piper PA-28-236 Dakota
G-FGID	Vought FG-1D Corsair	G-FLYO	Evektor EV-97 Eurostar SL	G-FRGT	P&M Quik GT450
G-FGSI	Montgomerie-Bensen B8MR	G-FLYP	Beagle B.206 Srs 2	G-FRIL	Lindstrand LBL 105A
G-FHAS	Scheibe SF25E Super Falke	G-FLYT	Europa Aviation Europa	G-FRNK	Best Off Skyranger 912
G-FIAT	Piper PA-28-140 Cherokee F	G-FLYW	Beech 200 Super King Air	G-FROM	Comco Ikarus C42 FB100
G-FIBS	AS.350BA Ecureuil	G-FLYX	Robinson R44 Raven II	G-FRSX	VS.388 Seafire F46
G-FIBT	Robinson R44 Raven II	G-FLYY	BAC 167 Strikemaster Mk.80A	G-FRYA	Robinson R44 Raven II
G-FICS	Flight Design CTSW	G-FLZR	Staaken Z-21 Flitzer	G-FRYI	Beech 200 Super King Air
G-FIDL	Thruster T.600T 450 Jabiru	G-FMAM	Piper PA-28-151 Warrior	G-FRYL	Raytheon RB390 Premier 1
G-FIFA	Cessna 404 Titan	G-FMBS	Pitts Model 12	G-FRZN	Agusta A109S Grand
G-FIFE	Reims/Cessna FA152 Aerobat	G-FMGB	Cameron Z-90	G-FSEU	Beech 200 Super King Air
G-FIFI	SOCATA TB-20 Trinidad	G-FMGG	Maule M-5-235C Lunar Rocket	G-FSHA	Denney Kitfox Model 2
G-FIFT	Comco Ikarus C42 FB100	G-FMKA	Diamond HK 36 TC	G-FSZY	SOCATA TB-10 Tobago
G-FIFY	Colomban MC-30 Luciole	G-FMLY	Commander Commander 114B	G-FTIL	Robin DR.400-180 Régent
G-FIGA	Cessna 152 II	G-FMSG	Reims/Cessna FA150K Aerobat	G-FTUS	Ultramagic F-12 Paquete
G-FIGB	Cessna 152 II	G-FNAV	Piper PA-31-350 Chieftain	G-FUEL	Robin DR.400-180 Régent
G-FIII	Extra EA.300/L	G-FNEY	Reims/Cessna F177RG Cardinal	G-FUFU	Agusta A109S Grand
G-FIJJ	Reims/Cessna F177RG Cardinal	G-FNLD	Cessna 172N Skyhawk II	G-FUKM	Westland SA.341B Gazelle AH1
G-FIJV	Lockheed L188C Electra	G-FOFO	Robinson R44 Raven II	G-FULL	Piper PA-28R-200 Arrow II
G-FILE	Piper PA-34-200T Seneca II	G-FOGG	Cameron N-90	G-FULM	Sikorsky S-76C+
G-FINA	Reims/Cessna F150L	G-FOGI	Europa Aviation Europa XS	G-FUND	Thunder Ax7-65Z
G-FIND	Reims/Cessna F406 Caravan II	G-FOKK	Fokker Dr.1 Triplane replica	G-FUNK	Yakovlev Yak-50
G-FINT	Piper L-4B Cub	G-FOKR	Fokker E.III replica	G-FUNN	Plumb BGP-1 Biplane
G-FINZ	III Sky Arrow 650 T	G-FOKX	Aeropro Eurofox 912(S)	G-FURI	Isaacs Fury II
G-FIRM	Cessna 550 Citation Bravo	G-FOKZ	Aeropro Eurofox 912(iS)	G-FURZ	Best Off Skyranger Nynja 912S
G-FITY	Europa Aviation Europa XS	G-FOLI	Robinson R22 Beta II	G-FUSE	Cameron N-105
G-FIXX	Van's RV-7	G-FOLY	Pitts S-2A	G-FUUN	Silence SA.180 Twister
G-FIZY	Europa Aviation Europa XS	G-FOOT	Robinson R44 Raven	G-FUZZ	Piper PA-18 Super Cub 95
G-FIZZ	Piper PA-28-161 Warrior II	G-FOPP	Neico Lancair 320	G-FVEE	Monnett Sonerai I
G-FJET	Cessna 550 Citation II	G-FORA	Schempp-Hirth Ventus cT	G-FVEL	Cameron Z-90
G-FJMS	Partenavia P68B	G-FORC	SNCAN Stampe SV-4C	G-FVIP	Agusta A109E Power
G-FJTH	Aeroprakt A-22 Foxbat	G-FORD	SNCAN Stampe SV-4C(G)	G-FWAY	Lindstrand LBL 90A
G-FKNH	Piper PA-15 Vagabond	G-FORZ	Pitts S-1S	G-FWJR	UltraMagic M-56
G-FKOS	Piper PA-28-181 Archer III	G-FOSY	MS.880B Rallye Club	G-FWKS	Air Création Tanarg 912S/iXess
G-FLAG	Colt 77A	G-FOWL	Colt 90A	G-FWPW	Piper PA-28-236 Dakota
G-FLAV	Piper PA-28-161 Warrior II	G-FOXA	Piper PA-28-161 Cadet	G-FXBT	Aeroprakt A-22 Foxbat

Reg	Type	Reg	Type	Reg	Type
G-FXII	VS.366 Spitfire FXII	G-GBEE	Pegasus Quik	G-GDTU	Mudry CAP 10B
G-FYAN	Williams Westwind	G-GBET	Comco Ikarus C42 FB UK	G-GECO	Hughes 369HS
G-FYAO	Williams Westwind	G-GBFF	Reims/Cessna F172N Skyhawk II	G-GEEP	Robin R1180TD Aiglon
G-FYAU	Williams Westwind Two	G-GBFR	Reims/Cessna F177RG Cardinal	G-GEHL	Cessna 172S Skyhawk SP
G-FYAV	Osprey Mk.4E2	G-GBGA	Scheibe SF25C Rotax-Falke	G-GEHP	Piper PA-28RT-201 Arrow IV
G-FYBD	Osprey Mk.1E	G-GBGB	Ultramagic M-105	G-GEKO	Paramania Revolution/Kobra Kilo
G-FYBE	Osprey Mk.4D	G-GBGF	Cameron Dragon SS	G-GELI	Colt 31A
G-FYBF	Osprey Mk.5	G-GBHI	SOCATA TB-10 Tobago	G-GEMM	Cirrus SR20
G-FYBG	Osprey Mk.4G2	G-GBJP	Pegasus Quantum 15	G-GEMS	Thunder Ax8-90 Srs 2
G-FYBH	Osprey Mk.4G	G-GBLP	Reims/Cessna F172M Skyhawk	G-GEOF	Pereira Osprey 2
G-FYBI	Osprey Mk.4H	G-GBOB	Alpi Pioneer 300 Hawk	G-GEOS	Diamond HK 36 TTC-ECO
G-FYCL	Osprey Mk.4G	G-GBPP	Rolladen-Schneider LS6-c	G-GERS	Robinson R44 Clipper II
G-FYCV	Osprey Mk.4D	G-GBRB	Piper PA-28-180 Cherokee C	G-GERT	Van's RV-7
G-FYDF	Osprey Mk.4D	G-GBRU	Bell 206B-3 JetRanger III	G-GERY	Stoddard-Hamilton GlaStar
G-FYDI	Williams Westwind Two MLB	G-GBRV	Van's RV-9A	G-GEZZ	Bell 206B-2 JetRanger II
G-FYDN	Eaves European 8C MLB	G-GBSL	Beech 76 Duchess	G-GFAA	Slingsby T.67A
G-FYDO	Osprey Mk.4D	G-GBTA	Boeing 737-436	G-GFCA	Piper PA-28-161 Cadet
G-FYDP	Williams Westwind Three MLB	G-GBTB	Boeing 737-436	G-GFCB	Piper PA-28-161 Cadet
G-FYDS	Osprey Mk.4D	G-GBTL	Cessna 172S Skyhawk SP	G-GFEY	Piper PA-34-200T Seneca II
G-FYEK	Unicorn UE-1C	G-GBUE	Robin DR.400-120A Petit Prince	G-GFIB	Reims/Cessna F152 II
G-FYEO	Scallan Eagle Mk.1A	G-GBUN	Cessna 182T Skylane	G-GFID	Cessna 152 II
G-FYEV	Osprey Mk.1C	G-GBVX	Robin DR.400-120A	G-GFIE	Cessna 152
G-FYEZ	Scallan Firefly Mk.1 MLB	G-GBXF	Robin HR.200-120 Acrobin	G-GFIG	Cessna 152
G-FYFI	Eaves European E.84PS MLB	G-GCAC	Europa Aviation Europa XS	G-GFKY	Zenair CH.250 Zenith
G-FYFJ	Williams Westwind Two MLB	G-GCAT	Piper PA-28-140 Cherokee B	G-GFLY	Reims/Cessna F150L
G-FYFN	Osprey Saturn 2 DC3	G-GCCL	Beech 76 Duchess	G-GFNO	Robin ATL
G-FYFW	Rango NA-55	G-GCDA	Cirrus SR20	G-GFOX	Aeroprakt A-22 Foxbat
G-FYFY	Rango NA-55RC	G-GCDB	Cirrus SR20	G-GFRA	Piper PA-28RT-201T Arrow IV
G-FYGJ	Wells Airspeed-300	G-GCDC	Cirrus SR20	G-GFRO	Robin ATL
G-FYGM	Saffery/Smith Princess	G-GCDD	Cirrus SR20 GTS	G-GFSA	Cessna 172R Skyhawk
G-FZZA	General Avia F22-A	G-GCEA	Pegasus Quik	G-GFTA	Piper PA-28-161 Warrior III
G-FZZI	Cameron H-34	G-GCFM	Diamond DA.40D Star	G-GGDV	Schleicher Ka 6E
		G-GCIY	Robin DR.400-140B Major	G-GGGG	Thunder Ax7-77
G-GABI	Lindstrand LBL 35A Cloudhopper	G-GCJA	Rolladen-Schneider LS8-18	G-GGHZ	Robin ATL
G-GABS	Cameron TR-70	G-GCJH	Aerospool Dynamic WT9 UK	G-GGJK	Robin DR.400-140B Major
G-GABY	BD-700-1A10 Global Express	G-GCKI	Mooney M.20K Mooney 231	G-GGLA	Cessna 560XL Citation XLS+
G-GACB	Robinson R44 Raven II	G-GCMM	Agusta A109E Power	G-GGOW	Colt 77A
G-GAEA	Aquila AT01	G-GCMW	Grob G102 Astir CS	G-GGRR	SAL Bulldog Srs 120/121
G-GAEC	Aquila AT01-100A	G-GCUF	Robin DR.400-160 Knight	G-GGRV	Van's RV-8
G-GAFT	Piper PA-44-180 Seminole	G-GCYC	Reims/Cessna F182Q Skylane II	G-GGTT	Agusta-Bell 47G-4A
G-GAII	Hawker Hunter GA11	G-GDEF	Robin DR.400-120	G-GHEE	Evektor EV-97 Eurostar
G-GAJB	Gulfstream AA-5B Tiger	G-GDER	Robin R1180TD Aiglon	G-GHER	AS.355N Ecureuil 2
G-GALA	Piper PA-28-180 Cherokee E	G-GDEZ	BAe 125 Srs 1000B	G-GHKX	Piper PA-28-161 Warrior II
G-GALB	Piper PA-28-161 Warrior II	G-GDFB	Boeing 737-33A	G-GHOP	Cameron Z-77
G-GALC	Sikorsky S-92A	G-GDFC	Boeing 737-8K2	G-GHOW	Reims/Cessna F182Q Skylane II
G-GAMA	Beech 58 Baron	G-GDFD	Boeing 737-8K5	G-GHRW	Piper PA-28RT-201 Arrow IV
G-GAME	Cessna T303 Crusader	G-GDFE	Boeing 737-3Q8	G-GHZJ	SOCATA TB-9 Tampico
G-GAND	Agusta-Bell 206B-2 JetRanger 2	G-GDFF	Boeing 737-85P	G-GIAS	Comco Ikarus C42 FB80 Bravo
G-GANE	Sequoia F.8L Falco	G-GDFG	Boeing 737-36Q	G-GIBB	Robinson R44 Raven II
G-GAOH	Robin DR.400-2+2	G-GDFH	Boeing 737-3Y5	G-GIBI	Agusta A109E Power
G-GAOM	Robin DR.400-2+2	G-GDFJ	Boeing 737-804	G-GIBP	Zlin Z-526 Trener Master
G-GARB	Evektor EV-97 teamEurostar UK	G-GDFK	Boeing 737-36N	G-GIDY	Europa Aviation Europa XS
G-GARD	BRM Aero Bristell NG5	G-GDFL	Boeing 737-36N	G-GIFF	Balóny Kubíček BB26XR
G-GARI	Ace Aviation Touch/Buzz	G-GDFM	Boeing 737-36N	G-GIGA	Vulcanair P68C
G-GASP	Piper PA-28-181 Archer II	G-GDFN	Boeing 737-33V	G-GIGZ	Van's RV-8
G-GAST	Van's RV-8	G-GDFO	Boeing 737-3U3	G-GILI	Robinson R44 Raven I
G-GATE	Robinson R44 Raven II	G-GDFP	Boeing 737-8Z9	G-GIPC	Piper PA-32R-301 Saratoga SP
G-GATJ	Airbus A320-232	G-GDFR	Boeing 737-8Z9	G-GIRY	American AG-5B Tiger
G-GATK	Airbus A320-232	G-GDFS	Boeing 737-86N	G-GIVE	Cameron A-300
G-GATL	Airbus A320-232	G-GDFT	Boeing 737-36Q	G-GIWT	Europa Aviation Europa XS
G-GATM	Airbus A320-232	G-GDFU	Boeing 737-8K5	G-GJCD	Robinson R22 Beta
G-GATT	Robinson R44 Raven II	G-GDFV	Boeing 737-85F	G-GKAT	Enstrom 280C Shark
G-GAVA	BAe Jetstream 3102	G-GDFW	Boeing 737-85F	G-GKEV	Alpi Pioneer 300 Hawk
G-GAVH	Pegasus Quik	G-GDFX	Boeing 737-8K5	G-GKFC	TCD Sherwood Ranger LW
G-GAZA	SA.341G Gazelle 1	G-GDFY	Boeing 737-86Q	G-GKKI	Mudry CAP 231EX
G-GAZN	P&M Quik GT450	G-GDFZ	Boeing 737-86Q	G-GKRC	Cessna 180K Skywagon
G-GAZO	Ace Magic Cyclone	G-GDIA	Reims/Cessna F152	G-GKUE	SOCATA TB-9 Tampico
G-GAZZ	SA.341G Gazelle 1	G-GDJF	Robinson R44 Raven II	G-GLAD	Gloster Gladiator II
G-GBAB	Piper PA-28-161 Warrior II	G-GDKR	Robin DR.400-140B Major	G-GLAK	AB Sportine LAK-12
G-GBAO	Robin R1180TD Aiglon	G-GDMW	Beech 76 Duchess	G-GLAW	Cameron N-90
G-GBBB	Schleicher ASH 25	G-GDOG	Piper PA-28R-200 Arrow II	G-GLBX	BD-700-1A10 Global Express
G-GBBT	Ultramagic M-90	G-GDRV	Van's RV-6	G-GLED	Cessna 150M
G-GBCC	Comco Ikarus C42 FB100 Bravo	G-GDSG	Agusta A109E Power	G-GLHI	Best Off Skyranger 912S

☐	G-GLID	Schleicher ASW 28-18E	☐	G-GRZZ	Robinson R44 Raven II	☐ G-HAMI	Fuji FA.200-180 Aero Subaru
☐	G-GLII	Great Lakes 2T-1A Sport Trainer	☐	G-GSAL	Fokker E.III replica	☐ G-HAMM	Yakovlev Yak-50
☐	G-GLOC	Extra EA.300/200	☐	G-GSCV	Comco Ikarus C42 FB UK	☐ G-HAMP	Bellanca 7ACA Champ
☐	G-GLST	Great Lakes 2T-1A Sport Trainer	☐	G-GSPY	Robinson R44 Raven II	☐ G-HAMR	Piper PA-28-161 Warrior II
☐	G-GLTT	Piper PA-31-350 Chieftain	☐	G-GSST	Grob G102 Astir CS77	☐ G-HAMS	Pegasus Quik
☐	G-GLUC	Van's RV-6	☐	G-GSYJ	Diamond DA.42 Twin Star	☐ G-HANG	Diamond DA.42 Twin Star
☐	G-GLUE	Cameron N-65	☐	G-GSYL	Piper PA-28RT-201T Arrow IV	☐ G-HANS	Robin DR.400-2+2
☐	G-GMAA	Learjet 45	☐	G-GSYS	Piper PA-34-220T Seneca V	☐ G-HANY	Agusta-Bell 206B-3 JetRanger 3
☐	G-GMAB	BAe 125 Srs 1000B	☐	G-GTBT	Pilatus B4-PC11AF	☐ G-HAPE	Pietenpol Air Camper
☐	G-GMAD	Beech B300C King Air	☐	G-GTFB	Magni M-24C	☐ G-HAPI	Lindstrand LBL 105A
☐	G-GMAX	SNCAN Stampe SV-4C	☐	G-GTFC	Pegasus Quik	☐ G-HAPY	DHC-1 Chipmunk 22
☐	G-GMCM	AS.350B3 Ecureuil	☐	G-GTGT	P&M Quik GT450	☐ G-HARA	Sikorsky S-76C++
☐	G-GMCT	Beech E33A Bonanza	☐	G-GTHM	Piper PA-38-112 Tomahawk	☐ G-HARD	Dyn'Aéro MCR-01 ULC
☐	G-GMED	Piper PA-42-720 Cheyenne IIIA	☐	G-GTJD	P&M Quik GT450	☐ G-HARE	Cameron N-77
☐	G-GMGH	Robinson R66	☐	G-GTJM	Eurocopter EC120B Colibri	☐ G-HARI	Raj Hamsa X'Air V2
☐	G-GMIB	Robin DR.500-200i Président	☐	G-GTOM	Alpi Pioneer 300	☐ G-HARN	Piper PA-28-181 Archer II
☐	G-GMKE	Robin HR.200-120B Club	☐	G-GTRE	P&M Quik GTR	☐ G-HARR	Robinson R22 Beta II
☐	G-GMPB	B-N BN-2T-4S Defender 4000	☐	G-GTRR	P&M Quik GTR	☐ G-HART	Cessna 152 II
☐	G-GMPX	MD Helicopters MD.900 Explorer	☐	G-GTRX	P&M Quik GTR	☐ G-HARY	Alon A-2 Aircoupe
☐	G-GMSI	SOCATA TB-9 Tampico	☐	G-GTSO	P&M Quik GT450	☐ G-HATD	DH.115 Vampire T55
☐	G-GNJW	Comco Ikarus C42 FB100 VLA	☐	G-GTTP	P&M Quik GT450	☐ G-HATF	Thorp T-18CW
☐	G-GNRV	Van's RV-9A	☐	G-GTVM	Beech 58 Baron	☐ G-HATZ	Hatz CB-1
☐	G-GNTB	SAAB-Scania SF.340A	☐	G-GTWO	Schleicher ASW 15	☐ G-HAUT	Schempp-Hirth Mini-Nimbus C
☐	G-GNTF	SAAB-Scania SF.340A	☐	G-GUCK	Beech C23 Sundowner 180	☐ G-HAVI	Eurocopter EC130 B4
☐	G-GOAC	Piper PA-34-200T Seneca II	☐	G-GULP	III Sky Arrow 650 T	☐ G-HAYY	Czech Sport Sportcruiser
☐	G-GOAL	Lindstrand LBL 105A	☐	G-GULZ	Christen Eagle II	☐ G-HAZE	Thunder Ax8-90
☐	G-GOBD	Piper PA-32R-301 Saratoga HP	☐	G-GUMM	Aviat A-1B Husky	☐ G-HBBC	DH.104 Dove 8
☐	G-GOBT	Colt 77A	☐	G-GUMS	Cessna 182P Skylane	☐ G-HBBH	Comco Ikarus C42 FB100
☐	G-GOCX	Cameron N-90	☐	G-GUNS	Cameron V-77	☐ G-HBEK	Agusta A109C
☐	G-GOER	Bushby-Long Midget Mustang	☐	G-GUNZ	Van's RV-8	☐ G-HBJT	Eurocopter EC155 B1
☐	G-GOES	Robinson R44 Raven II	☐	G-GURN	Piper PA-31 Navajo C	☐ G-HBMW	Robinson R22
☐	G-GOFF	Extra EA.300/LC	☐	G-GURU	Piper PA-28-161 Warrior II	☐ G-HBOB	Eurocopter EC135 T2+
☐	G-GOGB	Lindstrand LBL 90A	☐	G-GUSS	Piper PA-28-151 Warrior	☐ G-HBOS	Scheibe SF25C Rotax-Falke
☐	G-GOGW	Cameron N-90	☐	G-GVFR	SOCATA TB-20 Trinidad	☐ G-HCAC	Schleicher Ka 6E
☐	G-GOHI	Cessna 208 Caravan I	☐	G-GVPI	Evans VP-1 Series 2	☐ G-HCAT	Hawker Hurricane replica
☐	G-GOLF	SOCATA TB-10 Tobago	☐	G-GVSL	Evektor EV-97 Eurostar SL	☐ G-HCCF	Van's RV-8A
☐	G-GOOF	Flylight Dragonfly	☐	G-GWAA	Eurocopter EC135 T2	☐ G-HCCL	Beech B200GT King Air
☐	G-GORE	CFM Streak Shadow	☐	G-GWFT	Rans S-6-ES Coyote II	☐ G-HCEN	Guimbal Cabri G2
☐	G-GORV	Van's RV-8	☐	G-GWIZ	Colt Clown SS	☐ G-HCGD	Learjet 45
☐	G-GOSL	Robin DR.400-180 Régent	☐	G-GWYN	Reims/Cessna F172M Skyhawk	☐ G-HCJP	Cessna T182T Skylane
☐	G-GOTC	Gulfstream GA-7 Cougar	☐	G-GXLS	Cessna 560XL Citation XLS	☐ G-HCOM	Agusta AW109SP Grand New
☐	G-GOTH	Piper PA-28-161 Warrior III	☐	G-GYAK	Yakovlev Yak-50	☐ G-HCPD	Cameron C-80
☐	G-GOUP	Robinson R22 Beta	☐	G-GYAT	Sud Gardan GY-80-180 Horizon	☐ G-HCSA	Cessna 525A CitationJet CJ2
☐	G-GOWF	Eurocopter EC135 T2+	☐	G-GYAV	Cessna 172N Skyhawk II	☐ G-HDAE	DHC-1 Chipmunk 22
☐	G-GOYA	BD-700-1A10 Global Express	☐	G-GYRO	Campbell Cricket replica	☐ G-HDEF	Robinson R44 Raven II
☐	G-GPAG	Van's RV-6	☐	G-GYRS	Moravan Zlin Z-526F Trener	☐ G-HDEW	Piper PA-32R-301 Saratoga SP
☐	G-GPAT	Beech 76 Duchess	☐	G-GYTO	Piper PA-28-161 Warrior III	☐ G-HDIX	Enstrom 280FX Shark
☐	G-GPEG	Sky 90-24	☐	G-GZDO	Cessna 172N Skyhawk II	☐ G-HDTV	Agusta A109A II
☐	G-GPMW	Piper PA-28RT-201T Arrow IV	☐	G-GZIP	Rolladen-Schneider LS8-18	☐ G-HEAD	Colt Flying Head SS
☐	G-GPPN	Cameron TR-70	☐	G-GZOO	Gulfstream G200	☐ G-HEAN	AS.355NP Ecureuil 2
☐	G-GPSF	Avtech Jabiru J430	☐	G-GZRP	Piper PA-42-720 Cheyenne IIIA	☐ G-HEBB	Schleicher ASW 27-18E
☐	G-GPSI	Grob G115				☐ G-HEBO	B-N BN-2B-26 Islander
☐	G-GPSR	Grob G115	☐	G-HAAH	Schempp-Hirth Ventus-2cT	☐ G-HEBS	B-N BN-2B-26 Islander
☐	G-GPSX	Grob G115A	☐	G-HAAT	MD Helicopters MD.900 Explorer	☐ G-HEBZ	B-N BN-2B-26 Islander
☐	G-GREY	PA-46-350P Malibu Mirage	☐	G-HABI	Best Off Skyranger Swift	☐ G-HECB	Fuji FA.200-160 Aero Subaru
☐	G-GRGE	Robinson R44 Clipper II	☐	G-HABT	Super Marine Spitfire Mk.26	☐ G-HECK	Robinson R44 Raven II
☐	G-GRIN	Van's RV-6	☐	G-HACE	Van's RV-6A	☐ G-HEHE	Eurocopter EC120B Colibri
☐	G-GRIZ	Piper PA-18-135 Super Cub	☐	G-HACK	Piper PA-18-150 Super Cub	☐ G-HEKK	RAF 2000 GTX-SE
☐	G-GRLW	Avtech Jabiru J400	☐	G-HACS	Tecnam P2002-JF Sierra	☐ G-HEKL	Percival Mew Gull replica
☐	G-GRMN	Aerospool Dynamic WT9 UK	☐	G-HADD	P&M Quik R	☐ G-HELA	SOCATA TB-10 Tobago
☐	G-GRND	Agusta A109S Grand	☐	G-HAEF	Evektor EV-97 teamEurostar UK	☐ G-HELE	Bell 206B-3 JetRanger III
☐	G-GROE	Grob G115A	☐	G-HAFG	Cessna 340A	☐ G-HELN	Piper PA-18 Super Cub 95
☐	G-GROL	Maule MXT-7-180 Super Rocket	☐	G-HAFT	Diamond DA.42 Twin Star	☐ G-HELV	DH.115 Vampire T55
☐	G-GRPA	Comco Ikarus C42 FB100	☐	G-HAGL	Robinson R44 Raven II	☐ G-HEMC	Airbus Helicopters MBB BK 117 D-2
☐	G-GRRR	SAL Bulldog Srs 120/122	☐	G-HAHU	Yakovlev Yak-18T	☐ G-HEMN	Eurocopter EC135 T2+
☐	G-GRSR	Schempp-Hirth Discus bT	☐	G-HAIB	Aviat A-1B Husky	☐ G-HEMZ	Agusta A109S Grand
☐	G-GRVE	Van's RV-6	☐	G-HAIG	Rutan Long-EZ	☐ G-HENT	SOCATA Rallye 110ST Galopin
☐	G-GRVY	Van's RV-8	☐	G-HAIR	Robin DR.400-180 Régent	☐ G-HENY	Cameron V-77
☐	G-GRWL	Lilliput Type 4	☐	G-HAJJ	Glaser-Dirks DG-400	☐ G-HEOI	Eurocopter EC135 P2+
☐	G-GRWW	Robinson R44 Raven II	☐	G-HALC	Piper PA-28R-200 Arrow II	☐ G-HERC	Cessna 172S Skyhawk SP
☐	G-GRYN	AutoGyro Calidus	☐	G-HALJ	Cessna 140	☐ G-HERD	Lindstrand LBL 77B
☐	G-GRYZ	Beech F33A Bonanza	☐	G-HALL	Piper PA-22-160 Tri-Pacer	☐ G-HEWI	Piper J-3C-65 Cub
☐	G-GRZD	Gulfstream V-SP	☐	G-HALT	Pegasus Quik	☐ G-HEXE	Colt 17A Cloudhopper

63

☐	G-HEYY	Cameron Bear 72 SS	☐	G-HONK	Cameron O-105	☐	G-HVBF	Lindstrand LBL 210A
☐	G-HFBM	Curtiss Robertson C-2 Robin	☐	G-HONY	Lilliput Type 1 Srs A	☐	G-HVER	Robinson R44 Raven II
☐	G-HFCB	Reims/Cessna F150L	☐	G-HOOD	SOCATA TB-20 Trinidad GT	☐	G-HVRZ	Eurocopter EC120B Colibri
☐	G-HFCL	Reims/Cessna F152 II	☐	G-HOON	Pitts S-1S	☐	G-HWAA	Eurocopter EC135 T2
☐	G-HFCT	Reims/Cessna F152 II	☐	G-HOPA	Lindstrand LBL 35A Cloudhopper	☐	G-HWKS	Robinson R44 Raven I
☐	G-HFLY	Robinson R44 Raven II	☐	G-HOPE	Beech F33A Bonanza	☐	G-HWKW	Hughes 369E
☐	G-HFRH	DHC-1 Chipmunk 22	☐	G-HOPR	Lindstrand LBL 25A Cloudhopper	☐	G-HXJT	Glasflügel 304 S
☐	G-HGPI	SOCATA TB-20 Trinidad	☐	G-HOPY	Van's RV-6A	☐	G-HXTD	Robin DR.400-180 Régent
☐	G-HGRB	Robinson R44 Raven	☐	G-HORK	Alpi Pioneer 300 Hawk	☐	G-HYBD	Gramex Song
☐	G-HHAA	Hawker Siddeley Buccaneer S2B	☐	G-HOSS	Beech F33A Bonanza	☐	G-HYLL	Robinson R44 Raven II
☐	G-HHAC	Hawker Hunter F58	☐	G-HOTA	Evektor EV-97 teamEurostar UK	☐	G-HYLT	Piper PA-32R-301 Saratoga SP
☐	G-HHDR	Cessna 182T Skylane	☐	G-HOTB	Eurocopter EC155 B1			
☐	G-HHII	Hawker Hurricane IIB	☐	G-HOTM	Cameron C-80	☐	G-IACA	Sikorsky S-92A
☐	G-HHPM	Cameron Z-105	☐	G-HOTR	P&M Quik GTR	☐	G-IACB	Sikorsky S-92A
☐	G-HIBM	Cameron N-145	☐	G-HOTZ	Colt 77B	☐	G-IACC	Sikorsky S-92A
☐	G-HICU	Schleicher ASW 27-18E	☐	G-HOWE	Thunder Ax7-77	☐	G-IACD	Sikorsky S-92A
☐	G-HIEL	Robinson R22 Beta	☐	G-HOWI	Reims/Cessna F182Q Skylane II	☐	G-IACE	Sikorsky S-92A
☐	G-HIJK	Cessna 421C Golden Eagle	☐	G-HOWL	RAF 2000 GTX-SE	☐	G-IACF	Sikorsky S-92A
☐	G-HIJN	Comco Ikarus C42 FB80 Bravo	☐	G-HOXN	Van's RV-9	☐	G-IACG	Sikorsky S-92A
☐	G-HILI	Van's RV-3B	☐	G-HPCB	Ultramagic S-90	☐	G-IAGL	Eurocopter EC120B Colibri
☐	G-HILO	Rockwell Commander 114	☐	G-HPEN	Ultramagic M-120	☐	G-IAHS	Evektor EV-97 teamEurostar UK
☐	G-HILS	Cessna F172H Skyhawk	☐	G-HPJT	Glasflügel 304S Shark	☐	G-IAJJ	Robinson R44 Raven II
☐	G-HILT	SOCATA TB-10 Tobago	☐	G-HPOL	MD Helicopters MD.900 Explorer	☐	G-IAJS	Comco Ikarus C42 FB UK
☐	G-HILY	Zenair CH.600 Zodiac	☐	G-HPSF	Commander Commander 114B	☐	G-IAMP	Cameron H-34
☐	G-HILZ	Van's RV-8	☐	G-HPSL	Commander Commander 114B	☐	G-IANB	DG Flugzeugbau DG-800B
☐	G-HIMM	Cameron Z-105	☐	G-HPUX	Hawker Hunter T7	☐	G-IANC	SOCATA TB-10 Tobago
☐	G-HIND	Maule MT-7-235 Super Rocket	☐	G-HPWA	Van's RV-8	☐	G-IANH	SOCATA TB-10 Tobago
☐	G-HINZ	Avtech Jabiru SK	☐	G-HRAF	Schleicher ASK 13	☐	G-IANI	Europa Aviation Europa XS
☐	G-HIPE	Sorrell SNS-7 Hyperbipe	☐	G-HRCC	Robin HR.200-100 Club	☐	G-IANJ	Reims/Cessna F150K
☐	G-HIRE	Gulfstream GA-7 Cougar	☐	G-HRDB	Agusta A109S Grand	☐	G-IANN	Kolb Twinstar Mk3 Xtra
☐	G-HITM	Raj Hamsa X'Air Falcon Jabiru	☐	G-HRDY	Cameron Z-105	☐	G-IANW	AS.350B3 Ecureuil
☐	G-HITT	Hawker Hurricane 1	☐	G-HRHE	Robinson R22 Beta	☐	G-IANZ	P&M Quik GT450
☐	G-HIUP	Cameron A-250	☐	G-HRIO	Robin HR.100/210 Safari	☐	G-IARC	Stoddard-Hamilton GlaStar
☐	G-HIVE	Reims/Cessna F150M	☐	G-HRLI	Hawker Hurricane 1	☐	G-IART	Cessna 182F Skylane
☐	G-HIYA	Best Off Skyranger 912	☐	G-HRLK	SAAB 91D Safir	☐	G-IASA	Beech B200 Super King Air
☐	G-HIZZ	Robinson R22 Beta II	☐	G-HRLM	Brügger MB.2 Colibri	☐	G-IASM	Beech 200 Super King Air
☐	G-HJSM	Schempp-Hirth Nimbus-4DM	☐	G-HRND	Cessna 182T Skylane	☐	G-IBAZ	Comco Ikarus C42 FB100
☐	G-HJSS	AIA Stampe SV-4C	☐	G-HROI	Rockwell Commander 112A	☐	G-IBBS	Europa Aviation Europa
☐	G-HKAA	Schempp-Hirth Duo Discus T	☐	G-HRVD	CCF Harvard 4	☐	G-IBCF	Cameron Z-105
☐	G-HKCC	Robinson R66	☐	G-HRVS	Van's RV-8	☐	G-IBED	Robinson R22 Alpha
☐	G-HKCF	Enstrom 280C-UK Shark	☐	G-HRYZ	Piper PA-28-180 Archer	☐	G-IBEE	Pipistrel Apis/Bee
☐	G-HKHM	Hughes 369D	☐	G-HSBC	Lindstrand LBL 69X	☐	G-IBEV	Cameron C-90
☐	G-HLCF	CFM Starstreak Shadow SA-II	☐	G-HSEB	Pegasus Quantum 15	☐	G-IBFC	Quad City Challenger II
☐	G-HLEE	Best Off Skyranger J2.2	☐	G-HSKE	Aviat A-1B Husky	☐	G-IBFF	Beech A23-24 Musketeer Super
☐	G-HLOB	Cessna 172S Skyhawk SP	☐	G-HSKI	Aviat A-1B Husky	☐	G-IBFP	VPM M16 Tandem Trainer
☐	G-HMCA	Evektor EV-97 teamEurostar UK	☐	G-HSOO	Hughes 369HE	☐	G-IBFW	Piper PA-28R-201 Arrow III
☐	G-HMCB	Best Off Skyranger Swift	☐	G-HSTH	Lindstrand LBL HS-110	☐	G-IBIG	Bell 206B-3 JetRanger III
☐	G-HMCD	Comco Ikarus C42 FB80 Bravo	☐	G-HSXP	Raytheon Hawker 850XP	☐	G-IBII	Pitts S-2A
☐	G-HMCE	Comco Ikarus C42 FB80 Bravo	☐	G-HTEC	Cameron Z-31	☐	G-IBLP	P&M Quik GT450
☐	G-HMCF	Evektor EV-97 Eurostar SL	☐	G-HTEK	Ultramagic M-77	☐	G-IBMS	Robinson R44 Raven II
☐	G-HMDX	MD Helicopters MD.900 Explorer	☐	G-HTFU	Gippsaero GA8-TC320 Airvan	☐	G-IBNH	Westland SA.341C Gazelle HT2
☐	G-HMED	Piper PA-28-161 Warrior III	☐	G-HTML	P&M Quik R	☐	G-IBSY	VS.349 Spitfire Vc
☐	G-HMEI	Dassault Falcon 900	☐	G-HTRL	Piper PA-34-220T Seneca III	☐	G-IBUZ	CZAW Sportcruiser
☐	G-HMHM	AutoGyro MTOSport	☐	G-HTWE	Rans S-6-116 Coyote II	☐	G-IBZA	Cessna 550 Citation II
☐	G-HMJB	Piper PA-34-220T Seneca III	☐	G-HUBA	Robinson R22 Beta	☐	G-ICAS	Pitts S-2B
☐	G-HMPS	CZAW Sportcruiser	☐	G-HUBB	Partenavia P68B	☐	G-ICBM	Stoddard-Hamilton Glasair III
☐	G-HMPT	Agusta-Bell 206B-2 JetRanger 2	☐	G-HUBY	Embraer EMB-135BJ Legacy	☐	G-ICDM	Avtech Jabiru UL-450
☐	G-HNGE	Comco Ikarus C42 FB80	☐	G-HUCH	Cameron Carrots 80 SS	☐	G-ICDP	Reims/Cessna F150L
☐	G-HOBO	Denney Kitfox Model 4	☐	G-HUDS	P&M Quik GTR	☐	G-ICGA	Piper PA-28-140 Cherokee
☐	G-HOCA	Robinson R44 Raven II	☐	G-HUEW	Europa Aviation Europa XS	☐	G-ICKY	Lindstrand LBL 77A
☐	G-HOCK	Piper PA-28-180 Cherokee D	☐	G-HUEY	Bell UH-1H-BF Iroquois	☐	G-ICLC	Cessna 150L
☐	G-HOFF	P&M Quik GT450	☐	G-HUFF	Cessna 182P Skylane	☐	G-ICMT	Evektor EV-97 Eurostar
☐	G-HOFM	Cameron N-56	☐	G-HUKA	Hughes 369E	☐	G-ICOM	Reims/Cessna F172M Skyhawk
☐	G-HOGS	Cameron Pig 90 SS	☐	G-HULK	Best Off Skyranger 912	☐	G-ICON	Rutan Long-EZ
☐	G-HOJO	Schempp-Hirth Discus-2a	☐	G-HULL	Reims/Cessna F150M	☐	G-ICRS	Comco Ikarus C42 FB UK
☐	G-HOLA	Piper PA-28-201T Dakota	☐	G-HUMH	Van's RV-9A	☐	G-ICSG	AS.355F1 Ecureuil 2
☐	G-HOLD	Robinson R44 Raven II	☐	G-HUND	Aviat A-1B Husky	☐	G-ICUT	Maule MX-7-180A Super Rocket
☐	G-HOLE	P&M Quik GT450	☐	G-HUNI	Bellanca 7GCBC Citabria	☐	G-ICWT	Pegasus Quantum 15
☐	G-HOLI	Ultramagic M-77	☐	G-HUPW	Hawker Hurricane I	☐	G-IDAY	Skyfox CA-25N Gazelle
☐	G-HOLM	Eurocopter EC135 T2+	☐	G-HURI	Hawker Hurricane IIA	☐	G-IDEB	AS.355F1 Ecureuil 2
☐	G-HOLY	SOCATA ST-10 Diplomate	☐	G-HUSK	Aviat A-1B Husky	☐	G-IDER	Schempp-Hirth Discus CS
☐	G-HONG	Slingsby T.67M-200 Firefly	☐	G-HUTT	Denney Kitfox Model 2	☐	G-IDII	Dan Rihn DR.107 One Design
☐	G-HONI	Robinson R22 Beta	☐	G-HUTY	Van's RV-7	☐	G-IDMG	Robinson R44 Raven

	Reg	Type		Reg	Type		Reg	Type
☐	G-IDOL	Evektor EV-97 Eurostar	☐	G-IIJC	Bushby-Long Midget Mustang	☐	G-INDX	Robinson R44 Clipper II
☐	G-IDRO	BD-700-1A10 Global Express XRS	☐	G-IIJI	Xtremeair XA-42 Sbach 342	☐	G-INGA	Thunder Ax8-84
☐	G-IDUP	Enstrom 280C Shark	☐	G-IILL	Van's RV-7	☐	G-INGS	Champion 8KCAB Decathlon
☐	G-IDYL	AutoGyro Cavalon	☐	G-IILY	Robinson R44 Raven I	☐	G-INII	Pitts S-1
☐	G-IEEF	Raj Hamsa X'Air Hawk	☐	G-IIMI	Extra EA.300/L	☐	G-INJA	Comco Ikarus C42 FB UK
☐	G-IEIO	Piper PA-34-200T Seneca II	☐	G-IINI	Van's RV-9A	☐	G-INNI	Jodel D.112
☐	G-IEJH	Jodel D.150 Mascaret	☐	G-IIOO	Schleicher ASW 27-18E	☐	G-INNY	Replica Plans SE.5A
☐	G-IENN	Cirrus SR20	☐	G-IIPT	Robinson R22 Beta	☐	G-INSR	Cameron N-90
☐	G-IFAB	Reims/Cessna F182Q Skylane II	☐	G-IIPZ	Mudry CAP 232	☐	G-INTS	Van's RV-4
☐	G-IFBP	AS.350B2 Ecureuil	☐	G-IIRG	Stoddard-Hamilton Glasair IIS RG	☐	G-INTV	AS.355F2 Ecureuil 2
☐	G-IFFR	Piper PA-32-300 Cherokee Six	☐	G-IIRI	XtremeAir XA41 Sbach 300	☐	G-IOFR	Lindstrand LBL 105A
☐	G-IFFY	Flylight Dragonfly/Discus 15T	☐	G-IIRP	Mudry CAP 232	☐	G-IOIA	III Sky Arrow 650 T
☐	G-IFIF	Cameron TR-60	☐	G-IIRV	Van's RV-7A	☐	G-IOMC	Raytheon RB390 Premier 1
☐	G-IFIK	Cessna 421C Golden Eagle	☐	G-IIRW	Van's RV-8	☐	G-IOMI	Cameron Z-105
☐	G-IFIT	Piper PA-31-350 Chieftain	☐	G-IITC	Mudry CAP 232	☐	G-IONX	Dassault Falcon 7X
☐	G-IFLE	Evektor EV-97 teamEurostar UK	☐	G-IIXF	Van's RV-7	☐	G-IOOI	Robin DR.400-160 Knight
☐	G-IFLI	Gulfstream AA-5A Cheetah	☐	G-IIXI	Extra EA.300/L	☐	G-IOOK	Agusta A109E Power
☐	G-IFLP	Piper PA-34-200T Seneca II	☐	G-IIXX	Parsons Two-Place Gyroplane	☐	G-IOOP	Christen Eagle II
☐	G-IFOS	Ultramagic M-90	☐	G-IIYK	Yakovlev Yak-50	☐	G-IOOZ	Agusta A109S Grand
☐	G-IFRH	Agusta A109C	☐	G-IIYY	Cessna 421C Golden Eagle	☐	G-IORG	Robinson R22 Beta
☐	G-IFTE	BAe HS 125 Srs 700B	☐	G-IIZI	Extra EA.300	☐	G-IORV	Van's RV-10
☐	G-IFTF	BAe 125 Srs 1000B	☐	G-IJAC	Avid Speed Wing Mk.4	☐	G-IOSI	Jodel DR.1051 Sicile
☐	G-IFWD	Schempp-Hirth Ventus cT	☐	G-IJAG	Cessna 182T Skylane	☐	G-IOSL	Van's RV-9
☐	G-IGGL	SOCATA TB-10 Tobago	☐	G-IJBB	Enstrom 480	☐	G-IOSO	CEA Jodel DR.1050 Ambassadeur
☐	G-IGHH	Enstrom 480	☐	G-IJMC	VPM M16 Tandem Trainer	☐	G-IOWE	Europa Aviation Europa XS
☐	G-IGHT	Van's RV-8	☐	G-IJOE	Piper PA-28RT-201T Arrow IV	☐	G-IPAT	Avtech Jabiru SP-470
☐	G-IGIA	AS.350B3 Ecureuil	☐	G-IKAH	Slingsby T.51 Dart 17R	☐	G-IPAX	Cessna 560XL Citation Excel
☐	G-IGIE	SIAI Marchetti F.260	☐	G-IKBP	Piper PA-28-161 Warrior II	☐	G-IPEP	Beech 95-B55 Baron
☐	G-IGIS	Bell 206B-2 JetRanger II	☐	G-IKES	Stoddard-Hamilton GlaStar	☐	G-IPJF	Robinson R44 Raven II
☐	G-IGLE	Cameron V-90	☐	G-IKEV	Avtech Jabiru UL-450	☐	G-IPKA	Alpi Pioneer 300
☐	G-IGLI	Schempp-Hirth Duo Discus T	☐	G-IKON	Van's RV-4	☐	G-IPLY	Cessna 550 Citation Bravo
☐	G-IGLL	AutoGyro MTOSport	☐	G-IKOS	Cessna 550 Citation Bravo	☐	G-IPOD	Europa Aviation Europa XS
☐	G-IGLY	P&M Quik GT450	☐	G-IKRK	Europa Aviation Europa	☐	G-IPSI	Grob G109B
☐	G-IGLZ	Champion 8KCAB Decathlon	☐	G-IKRS	Comco Ikarus C42 FB UK	☐	G-IPUP	Beagle B.121 Pup Srs 2
☐	G-IGPW	Eurocopter EC120B Colibri	☐	G-IKUS	Comco Ikarus C42 FB UK	☐	G-IRAF	RAF 2000 GTX-SE
☐	G-IGZZ	Robinson R44 Raven II	☐	G-ILBO	Rolladen-Schneider LS3-a	☐	G-IRAK	SOCATA TB-10 Tobago
☐	G-IHAR	Cessna 172P Skyhawk	☐	G-ILBT	Cessna 182T Skylane	☐	G-IRAL	Thruster T.600N 450
☐	G-IHCI	Europa Aviation Europa	☐	G-ILDA	VS.361 Spitfire HFIX	☐	G-IRAP	BD-700-1A10 Global Express
☐	G-IHOP	Cameron Z-31	☐	G-ILEE	Colt 56A	☐	G-IRAR	Van's RV-9
☐	G-IHOT	Evektor EV-97 teamEurostar UK	☐	G-ILEW	Schempp-Hirth Arcus M	☐	G-IRED	Comco Ikarus C42 FB100 Bravo
☐	G-IHXD	Reims/Cessna F150M	☐	G-ILIB	SZD-36A Cobra 15	☐	G-IREN	SOCATA TB-20 Trinidad
☐	G-IIAC	Aeronca 11AC Chief	☐	G-ILLE	Boeing Stearman E75	☐	G-IRIS	Gulfstream AA-5B Tiger
☐	G-IIAI	Mudry CAP 232	☐	G-ILLY	Piper PA-28-181 Archer II	☐	G-IRKB	Piper PA-28R-201 Arrow III
☐	G-IIAN	Aero Designs Pulsar	☐	G-ILPD	SIAI Marchetti SF.260C	☐	G-IRLE	Schempp-Hirth Ventus cT
☐	G-IICC	Van's RV-4	☐	G-ILRS	Comco Ikarus C42 FB UK	☐	G-IRLY	Colt 90A
☐	G-IICT	Schempp-Hirth Ventus-2cT	☐	G-ILSE	Corby CJ-1 Starlet	☐	G-IRLZ	Lindstrand LBL 60X
☐	G-IICX	Schempp-Hirth Ventus-2cxT	☐	G-ILTS	Piper PA-32-300 Cherokee Six	☐	G-IROE	Flight Design CTSW
☐	G-IIDC	Bushby-Long Midget Mustang	☐	G-ILUA	Alpha R2160I	☐	G-IRON	Europa Aviation Europa XS
☐	G-IIDI	Extra EA.300/L	☐	G-ILYA	Agusta-Bell 206B-2 JetRanger 2	☐	G-IROS	AutoGyro Calidus
☐	G-IIDR	Comco Ikarus C42 FB100 Bravo	☐	G-IMAB	Europa Aviation Europa XS	☐	G-IRPC	Cessna 182Q Skylane
☐	G-IIDY	Pitts S-2B	☐	G-IMAC	CL-600-2A12 Challenger 601	☐	G-IRPW	Europa Aviation Europa XS
☐	G-IIEX	Extra EA.300/L	☐	G-IMAD	Cessna 172P Skyhawk	☐	G-IRTM	DG Flugzeugbau DG-1000M
☐	G-IIFM	Zivko Edge 360	☐	G-IMBI	QAC Quickie 1	☐	G-IRYC	Schweizer 269C-1
☐	G-IIFX	Marganski MDM-1 Fox	☐	G-IMBL	Bell 407	☐	G-ISAC	Isaacs Spitfire
☐	G-IIGI	Van's RV-4	☐	G-IMCD	Van's RV-7	☐	G-ISAN	BD-700-1A11 Global 5000
☐	G-IIHI	Extra EA.300/SC	☐	G-IMEA	Beech 200 Super King Air	☐	G-ISAR	Cessna 421C Golden Eagle
☐	G-IIHX	Bushby-Long Midget Mustang	☐	G-IMEC	Piper PA-31 Navajo C	☐	G-ISAX	Piper PA-28-181 Archer III
☐	G-IIHZ	Mudry CAP 231	☐	G-IMED	Cessna 550 Citation II	☐	G-ISBD	Alpi Pioneer 300 Hawk
☐	G-IIID	Dan Rihn DR.107 One Design	☐	G-IMEL	RAF 2000 GTX-SE	☐	G-ISCD	Czech Sport Sportcruiser
☐	G-IIIE	Pitts S-2B	☐	G-IMHK	P&M Quik R	☐	G-ISDB	Piper PA-28-161 Warrior II
☐	G-IIIG	Boeing Stearman A75N1	☐	G-IMME	Zenair CH.701SP	☐	G-ISDN	Boeing Stearman A75N1
☐	G-IIII	Pitts S-2B	☐	G-IMMI	Reality Escapade Kid	☐	G-ISEH	Cessna 182R Skylane
☐	G-IIIJ	Champion 8GCBC Scout	☐	G-IMMY	Robinson R44	☐	G-ISEL	Best Off Skyranger 912
☐	G-IIIK	Extra EA.300/SC	☐	G-IMNY	Reality Escapade 912	☐	G-ISEW	P&M Quik GT450
☐	G-IIIL	Pitts S-1T	☐	G-IMOK	HOAC HK 36R Super Dimona	☐	G-ISHA	Piper PA-28-161 Warrior III
☐	G-IIIM	Stolp SA.100 Starduster	☐	G-IMPS	Best Off Skyranger Nynja 912S	☐	G-ISHK	Cessna 172S Skyhawk SP
☐	G-IIIN	Pitts S-1C	☐	G-IMPX	Rockwell Commander 112B	☐	G-ISLC	BAe Jetstream 3202
☐	G-IIIO	Schempp-Hirth Ventus-2cM	☐	G-IMPY	Avid Flyer C	☐	G-ISLD	BAe Jetstream 3202
☐	G-IIIP	Pitts S-1D	☐	G-IMUP	Air Création Tanarg 912S/iXess	☐	G-ISLF	ATR 42-320
☐	G-IIIR	Pitts S-1	☐	G-INCA	Glaser-Dirks DG-400	☐	G-ISLG	ATR 42-320
☐	G-IIIT	Pitts S-2A	☐	G-INCE	Best Off Skyranger 912	☐	G-ISLH	ATR 42-320
☐	G-IIIV	Pitts Super Stinker 11-26	☐	G-INDC	Cessna T303 Crusader	☐	G-ISLI	ATR 72-212A
☐	G-IIIX	Pitts S-1S	☐	G-INDI	Pitts S-2C	☐	G-ISMA	Van's RV-7

Registration	Type	Registration	Type	Registration	Type
G-ISMO	Robinson R22 Beta	G-JAKF	Robinson R44 Raven II	G-JECX	Bombardier DHC-8-402
G-ISON	AirBikeUK Elite	G-JAKI	Mooney M.20R Ovation	G-JECY	Bombardier DHC-8-402
G-ISPH	Bell 206B-3 JetRanger III	G-JAKS	Piper PA-28-160 Cherokee	G-JECZ	Bombardier DHC-8-402
G-ISSG	DHC-6 Twin Otter Series 3	G-JAMA	Schweizer 269C-1	G-JEDH	Robin DR.400-180 Régent
G-ISSV	Eurocopter EC155 B1	G-JAME	Zenair CH.601UL Zodiac	G-JEDM	Bombardier DHC-8-402
G-ISZA	Pitts S-2A	G-JAMP	Piper PA-28-151 Warrior	G-JEDP	Bombardier DHC-8-402
G-ITAF	SIAI Marchetti SF.260AM	G-JAMY	Europa Aviation Europa XS	G-JEDR	Bombardier DHC-8-402
G-ITAR	Magni M16 C Tandem Trainer	G-JAMZ	P&M Quik R	G-JEDS	Andreasson BA-4B
G-ITBT	Alpi Pioneer 300 Hawk	G-JANA	Piper PA-28-181 Archer II	G-JEDT	Bombardier DHC-8-402
G-ITII	Pitts S-2A	G-JANI	Robinson R44 Astro	G-JEDU	Bombardier DHC-8-402
G-ITOI	Cameron N-90	G-JANN	Piper PA-34-220T Seneca III	G-JEDV	Bombardier DHC-8-402
G-ITOR	Robinson R44 Raven II	G-JANS	Reims FR172J Rocket	G-JEDW	Bombardier DHC-8-402
G-ITPH	Robinson R44 Clipper II	G-JANT	Piper PA-28-181 Archer II	G-JEEP	Evektor EV-97A Eurostar
G-ITSU	Embraer EMB-500 Phenom 100	G-JAOC	Best Off Skyranger Swift	G-JEFA	Robinson R44 Astro
G-ITVM	Lindstrand LBL 105A	G-JAPK	Grob G103A Twin II Acro	G-JEJE	RAF 2000 GTX-SE
G-ITWB	DHC-1 Chipmunk 22	G-JARM	Robinson R44 Raven	G-JEJH	CEA Jodel DR.1050 Ambassadeur
G-IUAN	Cessna 525 CitationJet	G-JASE	Piper PA-28-161 Warrior II	G-JEMC	British Aerospace ATP
G-IUII	Aerostar Yakovlev Yak-52	G-JASS	Beech B200 Super King Air	G-JEMI	Lindstrand LBL 90A
G-IVAC	Airtour AH-77G	G-JAVO	Piper PA-28-161 Warrior II	G-JEMM	Jodel DR.1050 replica
G-IVAL	Mudry CAP 10B	G-JAWC	Pegasus Quantum 15	G-JENA	Mooney M.20J Mooney 201
G-IVAN	Shaw Twin-Eze	G-JAWZ	Pitts S-1S	G-JENI	Cessna R182 Skylane RG II
G-IVAR	Yakovlev Yak-50	G-JAXS	Avtech Jabiru UL-450	G-JENK	Comco Ikarus C42 FB80
G-IVEN	Robinson R44 Raven II	G-JAYI	Auster V J/1 Autocrat	G-JERO	Europa Aviation Europa XS
G-IVER	Europa Aviation Europa XS	G-JAYK	Robinson R44 Raven II	G-JESE	AS.355F2 Ecureuil 2
G-IVES	Europa Aviation Europa	G-JAYS	Best Off Skyranger 912S	G-JESS	Piper PA-28R-201T Turbo Arrow III
G-IVET	Europa Aviation Europa	G-JAYZ	CZAW Sportcruiser	G-JETO	Cessna 550 Citation II
G-IVII	Van's RV-7	G-JBAN	P&M Quik GT450	G-JETX	Bell 206B-3 JetRanger III
G-IVIP	Agusta A109E Power	G-JBAS	Neico Lancair 200	G-JEWL	Van's RV-7
G-IVIV	Robinson R44 Astro	G-JBBZ	AS.350B3 Ecureuil	G-JEZA	AgustaWestland AW139
G-IVJM	Agusta A109E Power	G-JBCB	Agusta A109E Power	G-JEZZ	Best Off Skyranger 912S
G-IVOR	Aeronca 11AC Chief	G-JBDB	Agusta-Bell 206B-2 JetRanger 2	G-JFAN	P&M Quik R
G-IWIN	Raj Hamsa X'Air Hawk	G-JBDH	Robin DR.400-180 Régent	G-JFDI	Aerosport Dynamic WT9 UK
G-IWIZ	Flylight Dragonfly/Discus 15T	G-JBEN	Mainair Blade 912	G-JFER	Commander Commander 114B
G-IWON	Cameron V-90	G-JBIS	Cessna 550 Citation II	G-JFJC	CL-600-2B16 Challenger 601
G-IWRB	Agusta A109A II	G-JBIZ	Cessna 550 Citation II	G-JFLO	Aerosport Dynamic WT9 UK
G-IXII	Christen Eagle II	G-JBKA	Robinson R44 Raven	G-JFLY	Schleicher ASW 24
G-IXXJ	Schleicher ASW 27-18E	G-JBLZ	Cessna 550 Citation Bravo	G-JFMK	Zenair CH.701SP
G-IXXY	Ace Magic Cyclone	G-JBRE	AutoGyro MT-03	G-JFRV	Van's RV-7
G-IYRO	RAF 2000 GTX-SE	G-JBRN	Cessna 182S Skylane	G-JFWI	Reims/Cessna F172N Skyhawk II
G-IZIT	Rans S-6-116 Coyote II	G-JBRS	Van's RV-8	G-JGBI	Bell 206L-4 LongRanger IV
G-IZOB	Eurocopter EC120B Colibri	G-JBSP	Avtech Jabiru SP-470	G-JGCA	VS.361 Spitfire LFIXe
G-IZZI	Cessna T182T Skylane	G-JBTR	Van's RV-8	G-JGMN	CASA 1-131E Srs 2000
G-IZZS	Cessna 172S Skyhawk SP	G-JBUL	Best Off Skyranger 912	G-JGSI	Pegasus Quantum 15
G-IZZZ	Champion 8KCAB Decathlon	G-JBUZ	Robin DR.400-180R Remorqueur	G-JHAA	Cameron Z-90
		G-JCIH	Van's RV-7A	G-JHAC	Reims/Cessna FRA150L Aerobat
G-JAAB	Avtech Jabiru UL-D	G-JCJC	Colt Flying Jeans SS	G-JHDD	Czech Sport Sportcruiser
G-JABB	Avtech Jabiru UL-450	G-JCKT	Stemme S 10-VT	G-JHEW	Robinson R22 Beta
G-JABE	Avtech Jabiru UL-D	G-JCMW	Rand Robinson KR-2	G-JHKP	Europa Aviation Europa XS
G-JABI	Avtech Jabiru J400	G-JCOP	AS.350B3 Ecureuil	G-JHLP	Flylight Dragon Chaser
G-JABJ	Avtech Jabiru J400	G-JCUB	Piper PA-18-135 Super Cub	G-JHNY	Cameron A-210
G-JABS	Avtech Jabiru UL-450	G-JCWM	Robinson R44 Raven II	G-JHPC	Cessna 182T Skylane
G-JABU	Avtech Jabiru J430	G-JCWS	Reality Escapade 912	G-JHYS	Europa Aviation Europa
G-JABY	Avtech Jabiru SPL-450	G-JDBC	Piper PA-34-200T Seneca II	G-JIBO	BAe Jetstream 3102
G-JABZ	Avtech Jabiru UL-450	G-JDEE	SOCATA TB-20 Trinidad	G-JIFI	Schempp-Hirth Duo Discus T
G-JACA	Piper PA-28-161 Warrior III	G-JDEL	SAN Jodel D.150 Mascaret	G-JIII	Stolp SA.300 Starduster Too
G-JACB	Piper PA-28-181 Archer III	G-JDOG	Cessna 305C Bird Dog (O-1E)	G-JIIL	Pitts S-2AE
G-JACH	Piper PA-28-181 Archer III	G-JDPB	Piper PA-28R-201T Turbo Arrow III	G-JIMB	Beagle B.121 Pup Srs 1
G-JACK	Cessna 421C Golden Eagle	G-JDRD	Alpi Pioneer 300 Hawk	G-JIMC	Van's RV-7
G-JACO	Avtech Jabiru UL-450	G-JEAJ	British Aerospace BAe 146-200	G-JIMH	Reims/Cessna F152 II
G-JACS	Piper PA-28-181 Archer III	G-JEBS	Cessna 172S Skyhawk	G-JIMM	Europa Aviation Europa XS
G-JADJ	Piper PA-28-181 Archer III	G-JECE	Bombardier DHC-8-402	G-JIMP	Messerschmitt Bf 109G-2
G-JADW	Comco Ikarus C42 FB80	G-JECF	Bombardier DHC-8-402	G-JIMZ	Van's RV-4
G-JAEE	Van's RV-6A	G-JECG	Bombardier DHC-8-402	G-JINI	Cameron V-77
G-JAES	Bell 206B-2 JetRanger II	G-JECH	Bombardier DHC-8-402	G-JINX	Silence SA.180 Twister
G-JAFT	Diamond DA.42 Twin Star	G-JECI	Bombardier DHC-8-402	G-JJAB	Avtech Jabiru J400
G-JAGA	Embraer EMB-505 Phenom 300	G-JECJ	Bombardier DHC-8-402	G-JJAN	Piper PA-28-181 Archer II
G-JAGS	Reims/Cessna FRA150L Aerobat	G-JECK	Bombardier DHC-8-402	G-JJEN	Piper PA-28-181 Archer II
G-JAGY	Europa Aviation Europa XS	G-JECL	Bombardier DHC-8-402	G-JJFB	Eurocopter EC120B Colibri
G-JAIR	Mainair Blade	G-JECM	Bombardier DHC-8-402	G-JJIL	Extra EA.300/L
G-JAJA	Robinson R44 Raven II	G-JECN	Bombardier DHC-8-402	G-JJSI	BAe 125 Srs 1000B
G-JAJB	Grumman AA-5A Cheetah	G-JECO	Bombardier DHC-8-402	G-JKAY	Robinson R44 Raven II
G-JAJK	Piper PA-31-350 Chieftain	G-JECP	Bombardier DHC-8-402	G-JKEL	Van's RV-7
G-JAJP	Avtech Jabiru UL-450	G-JECR	Bombardier DHC-8-402	G-JKKK	Cessna 172S Skyhawk

☐ G-JKMH	Diamond DA.42 Twin Star	☐ G-JPMA	Avtech Jabiru UL-450	☐ G-KART	Piper PA-28-161 Warrior II
☐ G-JKMI	Diamond DA.42 Twin Star	☐ G-JPOT	Piper PA-32R-301 Saratoga SP	☐ G-KASW	AutoGyro Calidus
☐ G-JKMJ	Diamond DA.42 Twin Star	☐ G-JPRO	BAC 145 Jet Provost T5A	☐ G-KASX	VS.384 Seafire FXVII
☐ G-JKRV	Schempp-Hirth Arcus T	☐ G-JPTV	BAC 145 Jet Provost T5A	☐ G-KATI	Rans S-7 Courier
☐ G-JLAT	Evektor EV-97 Eurostar	☐ G-JPVA	BAC 145 Jet Provost T5A	☐ G-KATT	Cessna 152 II
☐ G-JLCA	Piper PA-34-200T Seneca II	☐ G-JPWM	Best Off Skyranger 912	☐ G-KAWA	Denney Kitfox Model 2
☐ G-JLHS	Beech A36 Bonanza	☐ G-JRBC	Piper PA-28-140 Cherokee	☐ G-KAXF	Hawker Hunter F6A
☐ G-JLIN	Piper PA-28-161 Cadet	☐ G-JRCR	Bell 206L-1 LongRanger II	☐ G-KAXT	Westland Wasp HAS1
☐ G-JLRW	Beech 76 Duchess	☐ G-JRED	Robinson R44 Raven II	☐ G-KAXW	Westland Scout AH.1
☐ G-JLSP	Extra EA.300/LC	☐ G-JREE	Maule MX-7-180 Super Rocket	☐ G-KAYH	Extra EA.300/L
☐ G-JMAA	Boeing 757-3CQ	☐ G-JRME	Jodel D.140E	☐ G-KAYI	Cameron Z-90
☐ G-JMAB	Boeing 757-3CQ	☐ G-JROO	Agusta-Bell 206B-2 JetRanger 2	☐ G-KAZA	Sikorsky S-76C++
☐ G-JMAL	Avtech Jabiru UL-D	☐ G-JRSH	Cirrus SR22T	☐ G-KAZB	Sikorsky S-76C++
☐ G-JMCD	Boeing 757-25F	☐ G-JRVB	Van's RV-8	☐ G-KAZI	Pegasus Quantum 912
☐ G-JMCE	Boeing 757-25F	☐ G-JSAK	Robinson R22 Beta II	☐ G-KBOJ	AutoGyro MTOSport
☐ G-JMCG	Boeing 757-2G5	☐ G-JSAT	B-N BN-2T Turbine Islander	☐ G-KBOX	Flight Design CTSW
☐ G-JMCL	Boeing 737-322(SF)	☐ G-JSCA	Piper PA-28RT-201 Arrow IV	☐ G-KBWP	Schempp-Hirth Arcus T
☐ G-JMCM	Boeing 737-3Y0(SF)	☐ G-JSFC	Tecnam P2008-LC	☐ G-KCHG	Schempp-Hirth Ventus cT
☐ G-JMCO	Boeing 737-3T0(SF)	☐ G-JSKY	Comco Ikarus C42 FB80	☐ G-KCIG	Sportavia-Putzer RF5B Sperber
☐ G-JMCP	Boeing 737-3T0(SF)	☐ G-JSMH	Robin DR.401	☐ G-KCIN	Piper PA-28-161 Cadet
☐ G-JMCR	Boeing 737-4Q8(SF)	☐ G-JSON	Cameron N-105	☐ G-KCWJ	Schempp-Hirth Duo Discus T
☐ G-JMCT	Boeing 737-3Y0(SF)	☐ G-JSPL	Avtech Jabiru SPL-450	☐ G-KDCD	Thruster T.600N 450
☐ G-JMCU	Boeing 737-301(SF)	☐ G-JSPR	Glaser-Dirks DG-400	☐ G-KDEY	Scheibe SF25E Super Falke
☐ G-JMDI	Schweizer 269C	☐ G-JSRV	Van's RV-6	☐ G-KDIX	Jodel D.9 Bébé
☐ G-JMED	Learjet 35A	☐ G-JTBX	Bell 206B-3 JetRanger III	☐ G-KDMA	Cessna 560 Citation Ultra Encore
☐ G-JMGP	Aero L-39ZO Albatros	☐ G-JTHU	Agusta AW109SP Grand New	☐ G-KDOG	SAL Bulldog Srs 120/121
☐ G-JMJR	Cameron Z-90	☐ G-JTJT	Robinson R44 Raven I	☐ G-KEAM	Schleicher ASH 26E
☐ G-JMKE	Cessna 172S Skyhawk SP	☐ G-JTPC	AMT-200 Super Ximango	☐ G-KEAY	AutoGyro MTO Sport
☐ G-JMMY	Piper PA-28R-200 Arrow B	☐ G-JTSA	Robinson R44 Raven II	☐ G-KEDK	Schempp-Hirth Discus bT
☐ G-JMNN	CASA 1-131-E3B	☐ G-JUDE	Robin DR.400-180 Régent	☐ G-KEEF	Commander Commander 114B
☐ G-JMON	Agusta A109A II	☐ G-JUDY	Grumman AA-5A Cheetah	☐ G-KEEN	Stolp SA.300 Starduster Too
☐ G-JMOS	Piper PA-34-220T Seneca V	☐ G-JUGE	Evektor EV-97 teamEurostar UK	☐ G-KEES	Piper PA-28-180 Archer
☐ G-JMRV	Van's RV-7	☐ G-JUGS	AutoGyro MTOSport	☐ G-KEJY	Evektor EV-97 teamEurostar UK
☐ G-JNAS	Grumman AA-5A Cheetah	☐ G-JUJU	Chilton DW.1A	☐ G-KELI	Robinson R44 Raven II
☐ G-JNMA	VS.379 Spitfire FRXIV	☐ G-JULE	P&M Quik GT450	☐ G-KELS	Van's RV-7
☐ G-JNNB	Colt 90A	☐ G-JULL	Stemme S 10-VT	☐ G-KELX	Van's RV-6
☐ G-JNNH	Robinson R66	☐ G-JULU	Cameron V-90	☐ G-KELZ	Van's RV-8
☐ G-JNSC	Schempp-Hirth Janus CT	☐ G-JULZ	Europa Aviation Europa XS	☐ G-KEMC	Grob G109
☐ G-JNSH	Robinson R22 Beta II	☐ G-JUNG	CASA 1-131E Srs 1000	☐ G-KEMI	Piper PA-28-181 Archer III
☐ G-JNUS	Schempp-Hirth Janus C	☐ G-JUNO	Replica Fokker D.VII	☐ G-KENB	Air Command 503 Commander
☐ G-JOAL	Beech B200 Super King Air	☐ G-JURA	Rockwell Commander 114A	☐ G-KENG	AutoGyro MT-03
☐ G-JOBA	P&M Quik GT450	☐ G-JUST	Beech F33A Bonanza	☐ G-KENI	RotorWay Executive 152
☐ G-JOBS	Cessna T182T Skylane	☐ G-JVBF	Lindstrand LBL 210A	☐ G-KENM	Luscombe 8E Silvaire Deluxe
☐ G-JODB	Jodel D.9 Bébé	☐ G-JVBP	Evektor EV-97 teamEurostar UK	☐ G-KENW	Robin DR.500-200i Président
☐ G-JODE	Jodel D.150 Mascaret	☐ G-JVET	Aeropro Eurofox 912(S)	☐ G-KENZ	Rutan VariEze
☐ G-JODL	Jodel DR.1050M Excellence	☐ G-JWBI	Agusta-Bell 206B-2 JetRanger 2	☐ G-KEPE	Schempp-Hirth Nimbus-3DT
☐ G-JOED	Lindstrand LBL 77A	☐ G-JWCM	SAL Bulldog Srs 120/1210	☐ G-KEPP	Rans S-6-ES Coyote II
☐ G-JOEY	B-N BN-2A Mk.III-2 Trislander	☐ G-JWDB	Comco Ikarus C42 FB80	☐ G-KESS	Glaser-Dirks DG-400
☐ G-JOHA	Cirrus SR20	☐ G-JWDS	Cessna F150G	☐ G-KEST	Steen Skybolt
☐ G-JOID	Cirrus SR20	☐ G-JWEB	Robinson R44 Raven I	☐ G-KESY	Slingsby T.59D Kestrel 19
☐ G-JOJO	Cameron A-210	☐ G-JWIV	CEA Jodel DR.1051 Sicile	☐ G-KETH	Agusta-Bell 206B-2 JetRanger 2
☐ G-JOKR	Extra EA.300/L	☐ G-JWJW	CASA 1-131E Srs 2000	☐ G-KEVA	Ace Magic Cyclone
☐ G-JOLY	Cessna 120	☐ G-JWNW	Magni M16 C Tandem Trainer	☐ G-KEVB	Piper PA-28-181 Archer III
☐ G-JONB	Robinson R22 Beta II	☐ G-JXTA	BAe Jetstream 3103	☐ G-KEVG	AutoGyro MT-03
☐ G-JONG	RotorWay Executive 162F	☐ G-JYAK	Yakovlev Yak-50	☐ G-KEVI	Avtech Jabiru J400
☐ G-JONL	CZAW Sportcruiser	☐ G-JYRO	AutoGyro MT-03	☐ G-KEVK	Flight Design CTSW
☐ G-JONM	Piper PA-28-181 Archer III	☐ G-JZHA	Boeing 737-8K5	☐ G-KEVL	RotorWay Executive 162F
☐ G-JONT	Cirrus SR22			☐ G-KEVS	P&M Quik GT450
☐ G-JONX	Aeropro Eurofox 912	☐ G-KAAT	MD Helicopters MD Explorer	☐ G-KEVZ	P&M Quik R
☐ G-JONY	Cyclone AX2000 HKS	☐ G-KAEW	Fairey Gannet AEW3	☐ G-KEWT	Ultramagic M-90
☐ G-JONZ	Cessna 172P Skyhawk	☐ G-KAFT	Diamond DA.40D Star	☐ G-KEYS	Piper PA-23-250 Aztec E
☐ G-JOOL	Mainair Blade 912	☐ G-KAIR	Piper PA-28-181 Archer II	☐ G-KEYY	Cameron N-77
☐ G-JORD	Robinson R44 Raven II	☐ G-KALS	BD-100-1A10 Challenger 300	☐ G-KFBA	Valentin Taifun 17E
☐ G-JOTA	Beechcraft B90 King Air	☐ G-KAMP	Piper PA-18-135 Super Cub	☐ G-KFCA	Comco Ikarus C42 FB80
☐ G-JOTB	Beech C90 King Air	☐ G-KAMY	N Am AT-6D Harvard III	☐ G-KFLY	Flight Design CTSW
☐ G-JOYT	Piper PA-28-181 Archer II	☐ G-KANZ	Westland Wasp HAS1	☐ G-KFOX	Denney Kitfox Model 2
☐ G-JOYZ	Piper PA-28-181 Archer III	☐ G-KAOM	Scheibe SF25E Falke	☐ G-KFVG	Schempp-Hirth Arcus M
☐ G-JOZI	AS.350BA Ecureuil	☐ G-KAOS	Van's RV-7	☐ G-KGAO	Scheibe SF25C Falke 2000
☐ G-JPAT	Robin HR.200-100 Club	☐ G-KAPW	Percival P.56 Provost T1	☐ G-KGAW	Scheibe SF25C Falke
☐ G-JPBA	Van's RV-6	☐ G-KARA	Brügger MB.2 Colibri	☐ G-KGMM	Schempp-Hirth Ventus-2cT
☐ G-JPEG	B-N BN-2A-20 Islander	☐ G-KARI	Fuji FA.200-160 Aero Subaru	☐ G-KHCC	Schempp-Hirth Ventus bT
☐ G-JPIP	Schempp-Hirth Discus bT	☐ G-KARK	Dyn'Aéro MCR-01 Club	☐ G-KHCG	AS.355F2 Ecureuil 2
☐ G-JPJR	Robinson R44 Raven II	☐ G-KARN	RotorWay Executive 90	☐ G-KHEA	Scheibe SF25B Falke

☐ G-KHEH	Grob G109B	☐ G-KSKS	Cameron N-105	☐ G-LBUZ	Evektor EV-97A Eurostar
☐ G-KHOP	Zenair CH.601HDS Zodiac	☐ G-KSKY	Sky 77-24	☐ G-LCDH	CL-600-2B16 Challenger 605
☐ G-KHRE	SOCATA Rallye 150SV Garnement	☐ G-KSSA	MD Helicopters MD.900 Explorer	☐ G-LCFC	Agusta A109S Grand
☐ G-KIAU	Scheibe SF25C Falke	☐ G-KSSH	MD Helicopters MD Explorer	☐ G-LCGL	Comper CLA7 Swift replica
☐ G-KICK	Pegasus Quantum 15	☐ G-KSVB	Piper PA-24-260 Comanche B	☐ G-LCKY	Flight Design CTSW
☐ G-KIDD	Avtech Jabiru J430	☐ G-KTEE	Cameron V-77	☐ G-LCLE	Colomban MC-30 Luciole
☐ G-KIEV	DKBA AT 0300-0	☐ G-KTIA	Hawker 900XP	☐ G-LCMW	TL 2000UK Sting Carbon
☐ G-KIII	Extra EA.300/L	☐ G-KTOW	Comco Ikarus C42 FB100 Bravo	☐ G-LCPL	AS.365N2 Dauphin 2
☐ G-KIMA	Zenair CH.601XL Zodiac	☐ G-KTTY	Denney Kitfox Model 3	☐ G-LCUB	Piper PA-18 Super Cub 95
☐ G-KIMB	Robin DR.300-140 Major	☐ G-KTWO	Cessna 182T Skylane	☐ G-LCYD	Embraer ERJ 170-100 STD
☐ G-KIMH	AutoGyro MTOSport	☐ G-KUGG	Schleicher ASW 27-18E	☐ G-LCYE	Embraer ERJ 170-100 STD
☐ G-KIMI	Piper PA-46-500TP	☐ G-KUIK	Pegasus Quik	☐ G-LCYF	Embraer ERJ 170-100 STD
☐ G-KIMK	Partenavia P68B	☐ G-KUIP	CZAW Sportcruiser	☐ G-LCYG	Embraer ERJ 170-100 STD
☐ G-KIMM	Europa Aviation Europa XS	☐ G-KULA	Best Off Skyranger 912S	☐ G-LCYH	Embraer ERJ 170-100 STD
☐ G-KIMY	Robin DR.400-140B Major	☐ G-KUPP	Flight Design CTSW	☐ G-LCYI	Embraer ERJ 170-100 STD
☐ G-KIMZ	Piper PA-28-180 Cherokee D	☐ G-KURK	Piper J-3C-65 Cub	☐ G-LCYJ	Embraer ERJ 190-100 SR
☐ G-KIRB	Europa Aviation Europa XS	☐ G-KURT	Jurca MJ.8 Fw190	☐ G-LCYK	Embraer ERJ 190-100 SR
☐ G-KIRC	Pietenpol/Challis Chaffin	☐ G-KUTI	Flight Design CTSW	☐ G-LCYL	Embraer ERJ 190-100 SR
☐ G-KIRT	Stoddard-Hamilton GlaStar	☐ G-KUTU	QAC Quickie Q.2	☐ G-LCYM	Embraer ERJ 190-100 SR
☐ G-KISS	Rand Robinson KR-2	☐ G-KUUI	Piper J-3C-65 Cub	☐ G-LCYN	Embraer ERJ 190-100 SR
☐ G-KITH	Alpi Pioneer 300	☐ G-KVBF	Cameron A-340HL	☐ G-LCYO	Embraer ERJ 190-100 SR
☐ G-KITI	Pitts S-2E	☐ G-KVIP	Beech 200 Super King Air	☐ G-LCYP	Embraer ERJ 190-100 SR
☐ G-KITS	Europa Aviation Europa XS	☐ G-KWAK	Scheibe SF25C Rotax-Falke	☐ G-LCYR	Embraer ERJ 190-100 SR
☐ G-KITT	Curtiss TP-40M Kittyhawk	☐ G-KWIC	Pegasus Quik	☐ G-LCYS	Embraer ERJ 190-100 SR
☐ G-KITY	Denney Kitfox Model 2	☐ G-KWKI	QAC Quickie Q.200	☐ G-LCYT	Embraer ERJ 190-100 SR
☐ G-KIZZ	Air Création 582/Kiss 450	☐ G-KWKR	P&M Quik R	☐ G-LCYU	Embraer ERJ 190-100 SR
☐ G-KJBS	Czech Sport Sportcruiser	☐ G-KXXI	Schleicher ASK 21	☐ G-LDAH	Best Off Skyranger 912
☐ G-KJJR	Schempp-Hirth Ventus-2cxT	☐ G-KYLE	Thruster T.600N 450	☐ G-LDER	Schleicher ASW 22
☐ G-KKAM	Schleicher ASW 22BLE	☐ G-KYTE	Piper PA-28-161 Warrior II	☐ G-LDVO	Europa Aviation Europa XS
☐ G-KKER	Avtech Jabiru SPL-450			☐ G-LDWS	Jodel D.150 Mascaret
☐ G-KKEV	Bombardier DHC-8-402	☐ G-LAAC	Cameron C-90	☐ G-LDYS	Thunder Ax6-56Z
☐ G-KKKK	SAL Bulldog Srs 120/121	☐ G-LABS	Europa Aviation Europa	☐ G-LEAA	Cessna 510 Citation Mustang
☐ G-KLAW	Christen Eagle II	☐ G-LACA	Piper PA-28-161 Warrior II	☐ G-LEAB	Cessna 510 Citation Mustang
☐ G-KLNB	Beech B300 King Air	☐ G-LACB	Piper PA-28-161 Warrior II	☐ G-LEAC	Cessna 510 Citation Mustang
☐ G-KLNE	Hawker 900XP	☐ G-LACD	Piper PA-28-181 Archer III	☐ G-LEAF	Reims/Cessna F406 Caravan II
☐ G-KLNP	Eurocopter EC120B Colibri	☐ G-LACR	Denney Kitfox	☐ G-LEAH	Alpi Pioneer 300
☐ G-KLNR	Hawker 400A	☐ G-LADD	Enstrom 480	☐ G-LEAI	Cessna 510 Citation Mustang
☐ G-KLNW	Cessna 510 Citation Mustang	☐ G-LADS	Rockwell Commander 114	☐ G-LEAM	Piper PA-28-236 Dakota
☐ G-KLOE	Raytheon Hawker 800XP	☐ G-LAFF	Cameron TR-84	☐ G-LEAS	Sky 90-24
☐ G-KLYE	Best Off Skyranger Swift	☐ G-LAFT	Diamond DA.40D Star	☐ G-LEAU	Cameron N-31
☐ G-KMEB	Scheibe SF25D Falke	☐ G-LAGR	Cameron N-90	☐ G-LEAX	Cessna 560XL Citation XLS
☐ G-KMFW	Glaser-Dirks DG-800B	☐ G-LAIN	Robinson R22 Beta	☐ G-LEAZ	BD-100-1A10 Challenger 300
☐ G-KMKM	AutoGyro MTOSport	☐ G-LAIR	Stoddard-Hamilton Glasair IIS FT	☐ G-LEBE	Europa Aviation Europa
☐ G-KMRV	Van's RV-9A	☐ G-LAKE	Lake LA-250 Renegade	☐ G-LECA	AS.355F1 Ecureuil 2
☐ G-KNCG	Piper PA-32-301FT 6x	☐ G-LAKI	CEA Jodel DR.1050 Sicile	☐ G-LEDE	Zenair CH.601UL Zodiac
☐ G-KNEE	Ultramagic M-77C	☐ G-LALE	Embraer EMB-135BJ Legacy	☐ G-LEDR	Westland SA.341C Gazelle HT2
☐ G-KNEK	Grob G109B	☐ G-LAMM	Europa Aviation Europa	☐ G-LEED	Denney Kitfox Model 2
☐ G-KNIB	Robinson R22 Beta II	☐ G-LAMP	Cameron Lightbulb 110 SS	☐ G-LEEE	Avtech Jabiru SPL-450
☐ G-KNOW	Piper PA-32-300 Cherokee Six	☐ G-LAMS	Reims/Cessna F152 II	☐ G-LEEH	Ultramagic M-90
☐ G-KNYT	Robinson R44 Astro	☐ G-LANE	Reims/Cessna F172N Skyhawk II	☐ G-LEEJ	Hughes 369HS
☐ G-KOBH	Schempp-Hirth Discus bT	☐ G-LANS	Cessna 182T Skylane	☐ G-LEEK	Reality Escapade
☐ G-KOCO	Cirrus SR22	☐ G-LAOL	Piper PA-28RT-201 Arrow IV	☐ G-LEEN	Aero Designs Pulsar XP
☐ G-KOFM	Glaser-Dirks DG-600/18M	☐ G-LARA	Robin DR.400-180 Régent	☐ G-LEES	Glaser-Dirks DG-400
☐ G-KOKL	Hoffmann H 36 Dimona	☐ G-LARD	Robinson R66	☐ G-LEEZ	Bell 206L-1 LongRanger II
☐ G-KOLB	Kolb Twinstar Mk3A	☐ G-LARE	Piper PA-39 Twin Comanche	☐ G-LEGC	Embraer EMB-135BJ Legacy 600
☐ G-KOLI	PZL-110 Koliber 150	☐ G-LARK	Helton Lark 95	☐ G-LEGG	Reims/Cessna F182Q Skylane II
☐ G-KONG	Slingsby T.67M-200 Firefly	☐ G-LARR	AS.350B3 Ecureuil	☐ G-LEGO	Cameron O-77
☐ G-KORE	Sportavia-Putzer SFS31 Milan	☐ G-LASN	Best Off Skyranger 912	☐ G-LEGY	Flight Design CTLS
☐ G-KOTA	Piper PA-28-236 Dakota	☐ G-LASR	Stoddard-Hamilton Glasair II-SRG	☐ G-LELE	Lindstrand LBL 31A
☐ G-KOYY	Schempp-Hirth Nimbus-3	☐ G-LASS	Rutan VariEze	☐ G-LEMI	Van's RV-8
☐ G-KP_G	Schempp-Hirth Ventus-2cM	☐ G-LASU	Eurocopter EC135 T2	☐ G-LEMM	Ultramagic Z-90
☐ G-KPTN	Dassault Falcon 50	☐ G-LATE	Dassault Falcon 2000EX	☐ G-LEMP	P&M Quik R
☐ G-KRES	Stoddard-Hamilton Glasair II-SRG	☐ G-LAVE	Cessna 172R Skyhawk	☐ G-LENF	Mainair Blade 912S
☐ G-KRIB	Robinson R44 Raven II	☐ G-LAWX	Sikorsky S-92A	☐ G-LENI	AS.355F1 Ecureuil 2
☐ G-KRII	Rand Robinson KR-2	☐ G-LAZL	Piper PA-28-161 Warrior II	☐ G-LENM	BAe Avro 146-RJ85
☐ G-KRMA	Cessna 425 Corsair	☐ G-LAZR	Cameron O-77	☐ G-LENN	Cameron V-56
☐ G-KRNW	Eurocopter EC135 T2	☐ G-LAZZ	Stoddard-Hamilton GlaStar	☐ G-LENX	Cessna 172N Skyhawk II
☐ G-KRUZ	CZAW Sportcruiser	☐ G-LBAC	Evektor EV-97 teamEurostar UK	☐ G-LEOD	Pietenpol Air Camper
☐ G-KRWR	Glaser-Dirks DG-600/18M	☐ G-LBDC	Bell 206B-3 JetRanger III	☐ G-LEOS	Robin DR.400-120
☐ G-KSFR	BD-100-1A10 Challenger 300	☐ G-LBMM	Piper PA-28-161 Warrior II	☐ G-LESH	BB Microlights BB03 Trya/Alien
☐ G-KSHI	Beech A36 Bonanza	☐ G-LBRC	Piper PA-28RT-201 Arrow IV	☐ G-LESZ	Skystar Kitfox Model 5
☐ G-KSIR	Stoddard-Hamilton Glasair IIS RG	☐ G-LBSB	Beech B300C King Air	☐ G-LETS	Van's RV-7
☐ G-KSIX	Schleicher Ka 6E	☐ G-LBUK	Lindstrand LBL 77A	☐ G-LEVI	Aeronca 7AC Champion

☐ G-LEXX	Van's RV-8	☐ G-LLCH	Cessna 172S Skyhawk SP	☐ G-LSIF	Rolladen-Schneider LS1-f
☐ G-LEXY	Van's RV-8	☐ G-LLEW	AMT-200S Super Ximango	☐ G-LSIV	Rolladen-Schneider LS4
☐ G-LEZE	Rutan Long-EZ	☐ G-LLGE	Lindstrand LBL 360A	☐ G-LSIX	Rolladen-Schneider LS6-18W
☐ G-LFES	AB Sportine LAK-17B FES	☐ G-LLIZ	Robinson R44 Raven II	☐ G-LSJE	Reality Escapade Jabiru
☐ G-LFEZ	AB Sportine LAK-17B FES	☐ G-LLLL	Rolladen-Schneider LS8-18	☐ G-LSKV	Rolladen-Schneider LS8-18
☐ G-LFIX	VS.509 Spitfire Tr9	☐ G-LLMW	Diamond DA.42 Twin Star	☐ G-LSKY	Pegasus Quik
☐ G-LFSA	Piper PA-38-112 Tomahawk	☐ G-LLOY	Alpi Pioneer 300 Hawk	☐ G-LSLS	Rolladen-Schneider LS4
☐ G-LFSB	Piper PA-38-112 Tomahawk	☐ G-LMAO	Reims/Cessna F172N Skyhawk II	☐ G-LSMB	Dassault Falcon 2000EX
☐ G-LFSC	Piper PA-28-140 Cruiser	☐ G-LMBO	Robinson R44 Raven	☐ G-LSPH	Van's RV-8
☐ G-LFSG	Piper PA-28-180 Cherokee E	☐ G-LMCB	Raj Hamsa X'Air Hawk	☐ G-LSTR	Stoddard-Hamilton GlaStar
☐ G-LFSH	Piper PA-38-112 Tomahawk	☐ G-LMLV	Dyn'Aéro MCR-01 Club	☐ G-LSVI	Rolladen-Schneider LS6-c18
☐ G-LFSI	Piper PA-28-140 Cherokee C	☐ G-LNAA	MD Helicopters MD.900 Explorer	☐ G-LTEE	Reims/Cessna F172N Skyhawk II
☐ G-LFSJ	Piper PA-28-161 Warrior II	☐ G-LNCT	MD Helicopters MD.900 Explorer	☐ G-LTFB	Piper PA-28-140 Cherokee
☐ G-LFSM	Piper PA-38-112 Tomahawk	☐ G-LNIG	Flylight Dragonfly/Discus 15T	☐ G-LTPA	Diamond DA.42M-NG Twin Star
☐ G-LFSN	Piper PA-38-112 Tomahawk	☐ G-LNKS	BAe Jetstream 3102	☐ G-LTRF	Sportavia-Putzer Fournier RF7
☐ G-LFSR	Piper PA-28RT-201 Arrow IV	☐ G-LOAD	Dan Rihn DR.107 One Design	☐ G-LTSB	Cameron LTSB 90 SS
☐ G-LFVB	VS.349 Spitfire LFVb	☐ G-LOAM	Flylight MotorFloater	☐ G-LTSK	CL-600-2B16 Challenger 605
☐ G-LGCA	Robin DR.400-180R Remorqueur	☐ G-LOAN	Cameron N-77	☐ G-LTWA	Robinson R44 Clipper
☐ G-LGCB	Robin DR.400-180R Remorqueur	☐ G-LOBO	Cameron O-120	☐ G-LUBB	Cessna 525 CitationJet
☐ G-LGCC	Robin DR.400-180R Remorqueur	☐ G-LOCH	Piper J-3C-65 Cub	☐ G-LUBE	Cameron N-77
☐ G-LGEZ	Rutan Long-EZ	☐ G-LOFB	Lockheed L188CF Electra	☐ G-LUBY	Avtech Jabiru J430
☐ G-LGMG	Embraer EMB-500 Phenom 100	☐ G-LOFM	Maule MX-7-180A Super Rocket	☐ G-LUCK	Reims/Cessna F150M
☐ G-LGNA	SAAB-Scania SF.340B	☐ G-LOFT	Cessna 500 Citation I	☐ G-LUCL	Colomban MC-30 Luciole
☐ G-LGNB	SAAB-Scania SF.340B	☐ G-LOIS	Avtech Jabiru UL	☐ G-LUDM	Van's RV-8
☐ G-LGNC	SAAB-Scania SF.340B	☐ G-LOKI	Ultramagic M-77C	☐ G-LUED	Aero Designs Pulsar
☐ G-LGND	SAAB-Scania SF.340B	☐ G-LOLA	Beech A36 Bonanza	☐ G-LUEK	Cessna 182T Skylane
☐ G-LGNE	SAAB-Scania SF.340B	☐ G-LOLL	Cameron V-77	☐ G-LUEY	Rans S-7S Courier
☐ G-LGNF	SAAB-Scania SF.340B	☐ G-LOMN	Cessna 152	☐ G-LUKA	Beech G58 Baron
☐ G-LGNG	SAAB-Scania SF.340B	☐ G-LONE	Bell 206L-1 LongRanger	☐ G-LUKE	Rutan Long-EZ
☐ G-LGNH	SAAB-Scania SF.340B	☐ G-LOOC	Cessna 172S Skyhawk SP	☐ G-LULA	Cameron C-90
☐ G-LGNI	SAAB-Scania SF.340B	☐ G-LOON	Cameron C-60	☐ G-LULU	Grob G109
☐ G-LGNJ	SAAB-Scania SF.340B	☐ G-LOOP	Pitts S-1D	☐ G-LULV	Diamond DA.42 Twin Star
☐ G-LGNK	SAAB-Scania SF.340B	☐ G-LORC	Piper PA-28-161 Cadet	☐ G-LUNE	Pegasus Quik
☐ G-LGNL	SAAB-Scania SF.340B	☐ G-LORD	Piper PA-34-200T Seneca II	☐ G-LUNG	AutoGyro MT-03
☐ G-LGNM	SAAB-Scania SF.340B	☐ G-LORN	Mudry CAP 10B	☐ G-LUNY	Pitts S-1S
☐ G-LGNN	SAAB-Scania SF.340B	☐ G-LORR	Piper PA-28-181 Archer III	☐ G-LUON	Schleicher ASW 27-18E
☐ G-LGNO	SAAB-Scania 2000	☐ G-LORY	Thunder Ax4-31Z	☐ G-LUPY	Marganski Swift S-1
☐ G-LGNP	SAAB-Scania 2000	☐ G-LOSM	Gloster Meteor NF11	☐ G-LUSC	Luscombe 8E Silvaire Deluxe
☐ G-LGNR	SAAB-Scania 2000	☐ G-LOST	Denney Kitfox Model 3	☐ G-LUSH	Piper PA-28-151 Warrior
☐ G-LGOC	Aero AT-3 R100	☐ G-LOSY	Evektor EV-97 Eurostar	☐ G-LUSI	Luscombe 8F Silvaire
☐ G-LHCB	Robinson R22 Beta II	☐ G-LOTY	Pegasus Quik	☐ G-LUSK	Luscombe 8F Silvaire
☐ G-LHCI	Bell 47G-5	☐ G-LOWE	Monnett Sonerai I	☐ G-LUST	Luscombe 8E Silvaire Deluxe
☐ G-LHEL	AS.355F2 Ecureuil 2	☐ G-LOWS	Sky 77-24	☐ G-LUUP	Pilatus B4-PC11AF
☐ G-LHER	Czech Sport PiperSport	☐ G-LOWZ	P&M Quik GT450	☐ G-LUXE	British Aerospace BAe 146-301
☐ G-LHXL	Robinson R44 Raven I	☐ G-LOYA	Reims FR172J Rocket	☐ G-LUXY	Cessna 551 Citation II/SP
☐ G-LIBB	Cameron V-77	☐ G-LOYD	SA.341G Gazelle 1	☐ G-LVCY	Colomban MC-30 Luciole
☐ G-LIBI	Glasflügel 201B Standard Libelle	☐ G-LOYN	Robinson R44 Raven II	☐ G-LVDC	Bell 206L-3 LongRanger III
☐ G-LIBS	Hughes 369HS	☐ G-LPAD	Lindstrand LBL 105A	☐ G-LVES	Cessna 182S Skylane
☐ G-LIBY	Glasflügel 201B Standard Libelle	☐ G-LPIN	P&M Quik R	☐ G-LVME	Reims/Cessna F152 II
☐ G-LICK	Cessna 172N Skyhawk II	☐ G-LREE	Grob G109B	☐ G-LVPL	AirBorne XT912-B/Streak III-B
☐ G-LIDA	HOAC HK 36R Super Dimona	☐ G-LRGE	Lindstrand LBL 330A	☐ G-LVRS	Piper PA-28-181 Archer II
☐ G-LIDE	Piper PA-31-350 Chieftain	☐ G-LROK	Robinson R66	☐ G-LWDC	CL-600-2A12 Challenger 601
☐ G-LIDY	Schleicher ASW 27B	☐ G-LSAA	Boeing 757-236	☐ G-LWLW	Diamond DA.40D Star
☐ G-LIKE	Europa Aviation Europa	☐ G-LSAB	Boeing 757-27B	☐ G-LWNG	Aero Designs Pulsar
☐ G-LILY	Bell 206B-3 JetRanger III	☐ G-LSAC	Boeing 757-23A	☐ G-LXUS	Alpi Pioneer 300
☐ G-LIMO	Bell 206L-1 LongRanger II	☐ G-LSAD	Boeing 757-236	☐ G-LYDA	Hoffmann H 36 Dimona
☐ G-LIMP	Cameron C-80	☐ G-LSAE	Boeing 757-27B	☐ G-LYDF	Piper PA-31-350 Chieftain
☐ G-LINE	Eurocopter AS.355N Ecureuil 2	☐ G-LSAG	Boeing 757-21B	☐ G-LYFA	IAV Bacau Yakovlev Yak-52
☐ G-LINN	Europa Aviation Europa XS	☐ G-LSAH	Boeing 757-21B	☐ G-LYNC	Robinson R22 Beta II
☐ G-LION	Piper PA-18-135 Super Cub	☐ G-LSAI	Boeing 757-21B	☐ G-LYND	Piper PA-25-235 Pawnee D
☐ G-LIOT	Cameron O-77	☐ G-LSAJ	Boeing 757-236	☐ G-LYNI	Evektor EV-97 Eurostar
☐ G-LIPS	Cameron Lips 90 SS	☐ G-LSAK	Boeing 757-23N	☐ G-LYNK	CFM Shadow Srs DD
☐ G-LISS	AutoGyro Calidus	☐ G-LSAN	Boeing 757-2K2	☐ G-LYPG	Avtech Jabiru UL-450
☐ G-LITE	Rockwell Commander 112A	☐ G-LSCM	Cessna 172S Skyhawk SP	☐ G-LYPH	DG Flugzeugbau LS8-t
☐ G-LITS	P&M Quik R	☐ G-LSCP	Rolladen-Schneider LS6-18W	☐ G-LYTE	Thunder Ax7-77
☐ G-LITZ	Pitts S-1E	☐ G-LSCW	Gulfstream V-SP	☐ G-LZED	AutoGyro MTOSport
☐ G-LIVH	Piper J-3C-65 Cub	☐ G-LSED	Rolladen-Schneider LS6-c	☐ G-LZII	Laser Z200
☐ G-LIVS	Schleicher ASH 26E	☐ G-LSFB	Rolladen-Schneider LS7-WL	☐ G-LZZY	Piper PA-28RT-201T Arrow IV
☐ G-LIZI	Piper PA-28-160 Cherokee	☐ G-LSFR	Rolladen-Schneider LS4		
☐ G-LIZZ	Piper PA-E23-250 Aztec E	☐ G-LSFT	Piper PA-28-161 Warrior II	☐ G-MAAM	CFM Shadow Srs C
☐ G-LJCC	Murphy Rebel	☐ G-LSGB	Rolladen-Schneider LS6-b	☐ G-MAAN	Europa Aviation Europa XS
☐ G-LKTB	Piper PA-28-181 Archer II	☐ G-LSGM	Rolladen-Schneider LS3-17	☐ G-MAAS	Piper PA-28-181 Archer II
☐ G-LLBE	Lindstrand LBL 360A	☐ G-LSHI	Colt 77A	☐ G-MABE	Reims/Cessna F150L

Reg	Type
G-MABL	P&M Quik GTR
G-MACA	Robinson R22 Beta II
G-MACE	Hughes 369E
G-MACH	SIAI Marchetti F.260
G-MACI	Van's RV-7
G-MACN	Cirrus SR22
G-MADV	P&M Quik GT450
G-MAFA	Reims/Cessna F406 Caravan II
G-MAFB	Reims/Cessna F406 Caravan II
G-MAFF	B-N BN-2T Turbine Islander
G-MAFI	Dornier 228-202K
G-MAFT	Diamond DA.40D Star
G-MAGC	Cameron Grand Illusion SS
G-MAGG	Pitts S-1SE
G-MAGK	Schleicher ASW 20L
G-MAGL	Sky 77-24
G-MAGN	Magni M24C Orion
G-MAGZ	Robin DR.500-200i Président
G-MAIE	Piper PA-32R-301T Saratoga II TC
G-MAIN	Mainair Blade 912
G-MAIR	Piper PA-34-200T Seneca II
G-MAJA	BAe Jetstream 4102
G-MAJB	BAe Jetstream 4102
G-MAJC	BAe Jetstream 4102
G-MAJD	BAe Jetstream 4102
G-MAJE	BAe Jetstream 4102
G-MAJF	BAe Jetstream 4102
G-MAJG	BAe Jetstream 4102
G-MAJH	BAe Jetstream 4102
G-MAJI	BAe Jetstream 4102
G-MAJJ	BAe Jetstream 4102
G-MAJK	BAe Jetstream 4102
G-MAJL	BAe Jetstream 4102
G-MAJR	DHC-1 Chipmunk 22
G-MAJT	BAe Jetstream 4100
G-MAJU	BAe Jetstream 4100
G-MAJW	BAe Jetstream 4100
G-MAJY	BAe Jetstream 4100
G-MAJZ	BAe Jetstream 4100
G-MAKE	AutoGyro Calidus
G-MAKI	Robinson R44 Raven I
G-MAKK	Aeroprakt A-22L Foxbat
G-MAKS	Cirrus SR22
G-MALA	Piper PA-28-181 Archer II
G-MALC	Grumman AA-5 Traveler
G-MALS	Mooney M.20K Mooney 231
G-MALT	Colt Flying Hop SS
G-MANC	British Aerospace ATP
G-MANH	British Aerospace ATP
G-MANM	British Aerospace ATP
G-MANO	British Aerospace ATP
G-MANX	Clutton FRED Series II
G-MANZ	Robinson R44 Raven II
G-MAOL	Agusta AW109SP Grand New
G-MAPP	Cessna 402B
G-MAPR	Beech A36 Bonanza
G-MAPS	Sky Flying Map
G-MARA	Airbus A321-231
G-MARE	Schweizer 269C
G-MARF	Robinson R44 Raven II
G-MARO	Best Off Skyranger J2.2
G-MARZ	Thruster T.600N 450
G-MASC	Jodel D.150 Mascaret
G-MASF	Piper PA-28-181 Archer II
G-MASH	Westland Bell 47G-4A
G-MASS	Cessna 152 II
G-MATB	Robin DR.400-160 Knight
G-MATE	Zlin Z-50LX
G-MATS	Colt GA-42
G-MATT	Robin R2160 Alpha Sport
G-MATW	Cessna 182P Skylane
G-MATZ	Piper PA-28-140 Cruiser
G-MAUK	Colt 77A
G-MAUS	Europa Aviation Europa
G-MAUX	Raj Hamsa X'Air Hawk
G-MAVI	Robinson R22 Beta
G-MAVV	Aero AT-3 R100
G-MAXA	Piper PA-32-301FT 6X
G-MAXG	Pitts S-1S
G-MAXI	Piper PA-34-200T Seneca II
G-MAXP	Raytheon Hawker 800XP
G-MAXS	Pegasus Quik
G-MAXV	Van's RV-4
G-MAYE	Bell 407
G-MAZA	AutoGyro MT-03
G-MAZZ	Cirrus SR22
G-MBAA	Hiway Skytrike II/Excalibur
G-MBAB	Hovey Whing-Ding II
G-MBAW	Pterodactyl Ptraveller
G-MBBB	Skycraft Scout II
G-MBBJ	Hiway Skytrike/Demon 175
G-MBCJ	Mainair Tri-Flyer/Typhoon S
G-MBCK	Eipper Quicksilver MX
G-MBCL	Hiway II/Solar Wings Typhoon
G-MBCX	Hornet 250/Airwave Nimrod
G-MBDG	Eurowing Goldwing
G-MBDM	Southdown Trike/Sigma
G-MBET	MEA Mistral
G-MBFO	Eipper Quicksilver MX
G-MBFZ	Eurowing Goldwing
G-MBGF	Twamley Trike/Birdman Cherokee
G-MBHE	American Aerolights Eagle 430B
G-MBHK	Mainair Tri-Flyer/Striker
G-MBHZ	Pterodactyl Ptraveller
G-MBIO	American Aerolights Eagle 215B
G-MBIT	Hiway Skytrike/Demon
G-MBIZ	Mainair Tri-Flyer/Hiway Vulcan
G-MBJD	American Aerolights Eagle 215B
G-MBJF	Hiway Skytrike II/Vulcan C
G-MBJK	American Aerolights Eagle
G-MBKY	American Aerolights Eagle 215B
G-MBKZ	Hiway/Super Scorpion
G-MBLU	Ultrasports Tri-Pacer/Lightning
G-MBMG	Rotec Rally 2B
G-MBOF	Pakes Jackdaw
G-MBOH	MEA Mistral
G-MBPB	Pterodactyl Ptraveller
G-MBPJ	Centrair Moto-Delta G.11
G-MBPX	Eurowing Goldwing SP
G-MBRB	Electraflyer Eagle Mk.I
G-MBRD	American Aerolights Eagle 215B
G-MBRH	Ultraflight Mirage II
G-MBSJ	American Aerolights Eagle 215B
G-MBSX	Ultraflight Mirage II
G-MBTJ	Ultrasports Tri-Pacer/SW Typhoon
G-MBTW	Aerodyne Vector 600
G-MBZO	Mainair Tri-Flyer/Striker
G-MBZV	American Aerolights Eagle 215B
G-MCAB	Gardan GY-201 Minicab
G-MCAI	Robinson R44 Raven II
G-MCAN	Agusta A109S Grand
G-MCAP	Cameron C-80
G-MCAZ	Robinson R44 Raven II
G-MCCF	Thruster T.600N
G-MCDB	VS.361 Spitfire LFIX
G-MCEL	Pegasus Quantum 15
G-MCFK	P&M Quik GT450
G-MCGA	Sikorsky S-92A
G-MCGB	Sikorsky S-92A
G-MCGC	Sikorsky S-92A
G-MCGD	Sikorsky S-92A
G-MCGE	Sikorsky S-92A
G-MCGF	Sikorsky S-92A
G-MCGG	Sikorsky S-92A
G-MCGH	Sikorsky S-92A
G-MCGI	Sikorsky S-92A
G-MCGM	AgustaWestland AW189
G-MCGN	AgustaWestland AW189
G-MCJL	Pegasus Quantum 15
G-MCLK	Van's RV-10
G-MCLY	Cessna 172P Skyhawk
G-MCMC	SOCATA TBM-700
G-MCMS	Aero Designs Pulsar
G-MCOW	Lindstrand LBL 77A
G-MCOX	Fuji FA.200-180AO Aero Subaru
G-MCPR	Piper PA-32-301T Saratoga
G-MCRO	Dyn'Aéro MCR-01
G-MCTO	Flylight Dragon Chaser
G-MCUB	Reality Escapade
G-MCVY	Flight Design CT2K
G-MCXV	Colomban MC-15 Cri-Cri
G-MDAC	Piper PA-28-181 Archer II
G-MDAY	Cessna 170B
G-MDBC	Pegasus Quantum 912
G-MDBD	Airbus A330-243
G-MDDT	Robinson R44 Raven II
G-MDGE	Robinson R22 Beta
G-MDJE	Cessna 208 Caravan I
G-MDJN	Beech 95-B55 Baron
G-MDKD	Robinson R22 Beta
G-MDPI	Agusta A109A II
G-MEDF	Airbus A321-231
G-MEDG	Airbus A321-231
G-MEDJ	Airbus A321-231
G-MEDK	Airbus A320-231
G-MEDL	Airbus A321-231
G-MEDM	Airbus A321-231
G-MEDN	Airbus A321-231
G-MEDU	Airbus A321-231
G-MEDX	Agusta A109E Power
G-MEEE	Schleicher ASW 20L
G-MEGG	Europa Aviation Europa XS
G-MEGN	Beech B200 Super King Air
G-MEGS	Cessna 172S Skyhawk
G-MEGZ	Comco Ikarus C42 FB100 Bravo
G-MEIS	CASA 1-133 Jungmeister
G-MELL	CZAW Sportcruiser
G-MELS	Piper PA-28-181 Archer III
G-MELT	Cessna F172H Skyhawk
G-MEME	Piper PA-28R-201 Arrow III
G-MENU	Robinson R44 Raven II
G-MEOW	CFM Streak Shadow
G-MEPU	AutoGyro MT-03
G-MERC	Colt 56A
G-MERE	Lindstrand LBL 77A
G-MERF	Grob G115A
G-MERL	Piper PA-28RT-201 Arrow IV
G-MESH	CZAW Sportcruiser
G-METH	Cameron C-90
G-MEUP	Cameron A-120
G-MFAC	Cessna F172H Skyhawk
G-MFEF	Reims FR172J Rocket
G-MFHI	Europa Aviation Europa
G-MFLA	Robin HR.200-120B Club
G-MFLB	Robin HR.200-120B Club
G-MFLD	Robin HR.200-120B Club
G-MFLE	Robin HR.200-120B Club
G-MFLI	Cameron V-90
G-MFLJ	P&M Quik GT450
G-MFLM	Reims/Cessna F152 II
G-MFLY	Mainair Rapier
G-MFMF	Bell 206B-3 JetRanger III
G-MFMM	Scheibe SF25C Falke
G-MFOX	Aeropro Eurofox 912
G-MGAG	Aviasud Mistral
G-MGAN	Robinson R44 Astro
G-MGCA	Avtech Jabiru UL-450
G-MGCB	Pegasus XL-Q
G-MGCK	Whittaker MW6-S FT

Reg	Type	Reg	Type	Reg	Type
G-MGDL	Pegasus Quantum 15	G-MJBL	American Aerolights Eagle 215B	G-MLTA	Ultramagic M-77
G-MGEC	Rans S-6-ESD-XL Coyote II	G-MJCU	Tarjani/Solar Wings Typhoon	G-MLWI	Thunder Ax7-77
G-MGEF	Pegasus Quantum 912	G-MJDE	Huntair Pathfinder Mk.I	G-MLXP	Europa Aviation Europa
G-MGFC	Aeropro Eurofox 912	G-MJDJ	Hiway Skytrike/Demon	G-MLZZ	Best Off Skyranger Swift
G-MGFK	Pegasus Quantum 912	G-MJEB	Southdown Puma Sprint	G-MMAC	Dragon Light Dragon Srs 200
G-MGGG	Pegasus Quantum 912	G-MJEO	American Aerolights Eagle 215B	G-MMAG	MBA Tiger Cub 440
G-MGGT	CFM Streak Shadow SA-M	G-MJER	Ultrasports Tri-Pacer/Solo Striker	G-MMAM	MBA Tiger Cub 440
G-MGGV	Pegasus Quantum 912	G-MJFM	Huntair Pathfinder Mk.I	G-MMAR	Mainair Gemini/Sprint
G-MGIC	Ace Magic Cyclone	G-MJFX	Skyhook TR1/Sabre	G-MMBE	MBA Tiger Cub 440
G-MGMM	Piper PA-18-150 Super Cub	G-MJFZ	Mainair Tri-Flyer/Hiway Demon	G-MMBU	Eipper Quicksilver MXII
G-MGOD	Medway Raven X	G-MJHC	Ultrasports Tri-Pacer/Lightning	G-MMCV	Hiway II/Solar Wings Typhoon
G-MGOO	Murphy Renegade Spirit UK	G-MJHR	Mainair Tri-Flyer/Lightning	G-MMDN	Mainair Tri-Flyer/Striker
G-MGPA	Comco Ikarus C42 FB100	G-MJHV	Hiway Skytrike 250 II/Demon 175	G-MMDP	Mainair Gemini/Sprint X
G-MGPD	Pegasus XL-R	G-MJJA	Huntair Pathfinder Mk.I	G-MMEK	Medway Hybred 44XL
G-MGPH	CFM Streak Shadow	G-MJJK	Eipper Quicksilver MXII	G-MMFE	Mainair Tri-Flyer 440
G-MGPX	Kolb Twinstar Mk.3 Xtra	G-MJKO	Hiway Skytrike/Gyr 188	G-MMFV	Mainair Tri-Flyer/Striker
G-MGRH	Quad City Challenger II	G-MJKX	Ultralight Flight Phantom	G-MMGF	MBA Tiger Cub 440
G-MGTG	Pegasus Quantum 912	G-MJMD	Hiway Skytrike II/Demon 175	G-MMGL	MBA Tiger Cub 440
G-MGTR	Hunt Wing/Experience	G-MJMN	Mainair Tri-Flyer/Striker	G-MMGS	Solar Wings Panther XL-S
G-MGTV	Thruster T.600N 450	G-MJMR	Mainair Tri-Flyer/Typhoon	G-MMGT	Hunt Wing Pegasus Classic
G-MGTW	CFM Shadow Srs DD	G-MJOC	Huntair Pathfinder	G-MMGV	Whittaker MW5 Sorcerer
G-MGUN	Cyclone AX2000	G-MJOE	Eurowing Goldwing	G-MMHE	Mainair Gemini/Sprint
G-MGUY	CFM Shadow Srs CD	G-MJPE	Mainair Tri-Flyer/Hiway Demon 175	G-MMHN	MBA Tiger Cub 440
G-MGWH	Thruster T.300	G-MJPV	Eipper Quicksilver MX	G-MMHS	SMD Gazelle/Flexiform Striker
G-MGWI	Robinson R44 Astro	G-MJSE	Skyrider Aviation Phantom	G-MMIE	MBA Tiger Cub 440
G-MHAR	Piper PA-42-720 Cheyenne IIIA	G-MJSF	Skyrider Aviation Phantom	G-MMJD	Southdown Puma Sprint
G-MHCE	Enstrom F-28A	G-MJSL	Dragon Light Dragon Srs 200	G-MMJF	Solar Wings Panther Dual XL-S
G-MHCM	Enstrom 280FX Shark	G-MJSO	Hiway Skytrike III/Demon 175	G-MMJV	MBA Tiger Cub 440
G-MHGS	Stoddard-Hamilton GlaStar	G-MJSP	MBA Tiger Cub Special 440	G-MMKA	Solar Wings Panther XL
G-MHJK	Diamond DA.42 Twin Star	G-MJST	Pterodactyl Ptraveller	G-MMKM	Mainair Tri-Flyer/Striker
G-MHMR	Pegasus Quantum 912	G-MJSY	Eurowing Goldwing	G-MMKP	MBA Tiger Cub 440
G-MHPS	SH Glasair Sportsman	G-MJSZ	Harker DH Wasp	G-MMKR	Mainair Tri-Flyer/Lightning DS
G-MHRV	Van's RV-6A	G-MJTM	Southdown Pipistrelle P2B	G-MMKT	MBA Tiger Cub 440
G-MICH	Robinson R22 Beta	G-MJTX	Skyrider Aviation Phantom	G-MMKX	Skyrider Aviation Phantom
G-MICI	Cessna 182S Skylane	G-MJTY	Huntair Pathfinder Mk.I	G-MMLE	Eurowing Goldwing SP
G-MICK	Reims/Cessna F172N Skyhawk II	G-MJTZ	Skyrider Aviation Phantom	G-MMMG	Eipper Quicksilver MXL
G-MICY	Everett Gyroplane Srs 1	G-MJUF	MBA Super Tiger Cub 440	G-MMMH	Flexiform Striker
G-MIDD	Piper PA-28-140 Cruiser	G-MJUR	Skyrider Aviation Phantom	G-MMML	Dragon Light Dragon Srs 150
G-MIDG	Bushby-Long Midget Mustang	G-MJUW	MBA Tiger Cub 440	G-MMMN	Solar Wings Panther Dual XL-S
G-MIDO	Airbus A320-232	G-MJUX	Ultralight Flight Phantom	G-MMNA	Eipper Quicksilver MXII
G-MIDS	Airbus A320-232	G-MJVF	CFM Shadow Srs CD	G-MMNB	Eipper Quicksilver MX
G-MIDT	Airbus A320-232	G-MJVN	Ultrasports Tri-Pacer/Striker	G-MMNC	Eipper Quicksilver MX
G-MIDX	Airbus A320-232	G-MJVP	Eipper Quicksilver MXII	G-MMNH	Dragon Light Dragon Srs 150
G-MIDY	Airbus A320-232	G-MJVU	Eipper Quicksilver MXII	G-MMNN	Sherry Buzzard
G-MIFF	Robin DR.400-180 Régent	G-MJVY	Dragon Light Dragon Srs 150	G-MMOB	Mainair Gemini/Sprint
G-MIGG	PZL-Mielec Lim-5	G-MJWB	Eurowing Goldwing	G-MMOK	Solar Wings Panther XL-S
G-MIII	Extra EA.300/L	G-MJWF	Southdown MBA Tiger Cub 440	G-MMPH	Southdown Puma Sprint
G-MIKE	Brookland Hornet	G-MJWW	MBA Super Tiger Cub 440	G-MMPL	Lancashire 440/Dual Striker (mod)
G-MIKI	Rans S-6-ESA Coyote II	G-MJYV	Mainair Rapier/Flexiform Solo	G-MMPZ	Teman Mono-Fly
G-MILD	Scheibe SF25C Falke	G-MJYW	Lancashire Dual 330/Gryphon III	G-MMRH	Hiway Skytrike/Demon
G-MILE	Cameron N-90	G-MJYX	Mainair Tri-Flyer/Hiway Demon	G-MMRL	Pegasus XL-R
G-MILF	Harmon Rocket II	G-MJZK	Southdown Puma Sprint	G-MMRN	Southdown Puma Sprint
G-MILN	Cessna 182Q Skylane	G-MJZX	Hummer TX	G-MMRP	Mainair Gemini/Sprint
G-MIME	Europa Aviation Europa	G-MKAA	Boeing 747-2S4F	G-MMRW	Mainair Gemini/Flexiform Striker
G-MIND	Cessna 404 Titan	G-MKAK	Colt 77A	G-MMSA	Solar Wings Panther XL-S
G-MINN	Lindstrand LBL 90A	G-MKAS	Piper PA-28-140 Cruiser	G-MMSG	Solar Wings Panther XL-S
G-MINS	Nicollier HN.700 Menestrel II	G-MKCA	Boeing 747-2B5B	G-MMSH	Solar Wings Panther XL-S
G-MINT	Pitts S-1S	G-MKDA	Boeing 747-2B5F	G-MMSP	Mainair Gemini Flash
G-MIRA	Avtech Jabiru SP-430	G-MKER	P&M Quik R	G-MMSS	Southdown Puma/Lightning
G-MIRM	Stinson HW-75 Voyager	G-MKEV	Evektor EV-97 Eurostar	G-MMSZ	Aerial Arts Alpha 130SX
G-MIRN	Remos GX	G-MKGA	Boeing 747-2R7F	G-MMTD	Mainair Tri-Flyer/Demon 175
G-MISH	Cessna 182R Skylane	G-MKIA	VS.300 Spitfire IA	G-MMTL	Mainair Gemini/Sprint
G-MISJ	CZAW Sportcruiser	G-MKKA	Boeing 747-219B	G-MMTR	Pegasus XL-R
G-MISK	Robinson R44 Astro	G-MKVB	VS.349 Spitfire LFVb	G-MMTY	Fisher FP.202U
G-MISS	Taylor JT.2 Titch	G-MKXI	VS.365 Spitfire PRXI	G-MMUA	Southdown Puma Sprint
G-MITE	Raj Hamsa X'Air Falcon Jabiru	G-MKZG	Super Marine Spitfire Mk.26	G-MMUO	Mainair Gemini Flash
G-MITY	Mole Mite	G-MLAL	Avtech Jabiru J400	G-MMUV	Southdown Puma Sprint
G-MJAD	Eipper Quicksilver MX	G-MLAW	P&M Quik GT450	G-MMUW	Mainair Gemini Flash
G-MJAE	American Aerolights Eagle	G-MLHI	Maule MX-7-180 Star Rocket	G-MMUX	Mainair Gemini/Sprint
G-MJAJ	Eurowing Goldwing	G-MLJL	Airbus A330-243	G-MMVI	Southdown Puma Sprint
G-MJAM	Eipper Quicksilver MX	G-MLKE	P&M Quik R	G-MMVS	Skyhook TR1 Pixie/Zeus
G-MJAN	Hiway Skytrike I/Hilander	G-MLLE	CEA Jodel DR.200A-B 2+2	G-MMWG	Mainair Tri-Flyer/Striker
G-MJBK	Swallow AeroPlane Swallow B	G-MLLI	Piper PA-32RT-300 Lance II	G-MMWS	Ultrasports Tri-Pacer/Solo Striker

☐	G-MMWX	Southdown Puma Sprint	☐	G-MNKO	Pegasus XL-Q	☐	G-MNZP	CFM Shadow Srs BD
☐	G-MMXO	Southdown Puma Sprint	☐	G-MNKP	Pegasus Flash	☐	G-MNZU	Eurowing Goldwing
☐	G-MMXU	Mainair Gemini Flash	☐	G-MNKW	Pegasus Flash	☐	G-MNZW	Southdown Raven X
☐	G-MMXV	Mainair Gemini Flash	☐	G-MNKX	Pegasus Flash	☐	G-MNZZ	CFM Shadow Srs CD
☐	G-MMZA	Mainair Gemini Flash	☐	G-MNKZ	Southdown Raven X	☐	G-MOAC	Beech F33A Bonanza
☐	G-MMZD	Mainair Gemini Flash	☐	G-MNLT	Southdown Raven X	☐	G-MOAN	AMT-200S Super Ximango
☐	G-MMZV	Mainair Gemini Flash	☐	G-MNMC	Mainair Gemini/Puma Sprint	☐	G-MODE	Eurocopter EC120B Colibri
☐	G-MMZW	Southdown Puma Sprint	☐	G-MNMG	Mainair Gemini Flash II	☐	G-MOFB	Cameron O-120
☐	G-MNAE	Mainair Gemini Flash	☐	G-MNMK	Pegasus XL-R	☐	G-MOFZ	Cameron O-90
☐	G-MNAI	Solar Wings Panther XL-S	☐	G-MNMM	Aerotech MW-5(K) Sorcerer	☐	G-MOGS	CZAW Sportcruiser
☐	G-MNAZ	Pegasus XL-R	☐	G-MNMU	Southdown Puma Raven	☐	G-MOGY	Robinson R22 Beta
☐	G-MNBA	Pegasus XL-R	☐	G-MNMV	Mainair Gemini Flash	☐	G-MOKE	Cameron V-77
☐	G-MNBB	Pegasus XL-R	☐	G-MNMW	Whittaker MW6-1-1 Merlin	☐	G-MOLA	Evektor EV-97 teamEurostar UK
☐	G-MNBC	Pegasus XL-R	☐	G-MNMY	Cyclone 70/Aerial Arts 110SX	☐	G-MOMA	Thruster T.600N 450
☐	G-MNBI	Pegasus XL-R	☐	G-MNNA	Southdown Raven X	☐	G-MONI	Monnett Moni
☐	G-MNBP	Mainair Gemini Flash	☐	G-MNNF	Mainair Gemini Flash II	☐	G-MONJ	Boeing 757-2T7
☐	G-MNBS	Mainair Gemini Flash	☐	G-MNNG	Pegasus Photon/Lightfly	☐	G-MONK	Boeing 757-2T7
☐	G-MNBT	Mainair Gemini Flash	☐	G-MNNL	Mainair Gemini Flash II	☐	G-MONS	Airbus A300B4-605R
☐	G-MNCA	Hunt Avon/Hiway Demon 175	☐	G-MNNM	Mainair Scorcher Solo	☐	G-MOOR	SOCATA TB-10 Tobago
☐	G-MNCF	Mainair Gemini Flash	☐	G-MNNO	Southdown Raven X	☐	G-MOOS	Percival P.56 Provost T1
☐	G-MNCG	Mainair Gemini Flash	☐	G-MNNS	Eurowing Goldwing	☐	G-MOOV	CZAW Sportcruiser
☐	G-MNCM	CFM Shadow Srs C	☐	G-MNPG	Mainair Gemini Flash II	☐	G-MOPS	Best Off Skyranger Swift
☐	G-MNCO	Eipper Quicksilver MXII	☐	G-MNPY	Mainair Scorcher Solo	☐	G-MORG	Balóny Kubíček BB-S Ship SS
☐	G-MNCP	Southdown Puma Sprint	☐	G-MNPZ	Mainair Scorcher Solo	☐	G-MOSA	Morane Saulnier MS.317
☐	G-MNCS	Ultralight Flight Phantom	☐	G-MNRD	Ultraflight Lazair IIIE	☐	G-MOSS	Beech D55 Baron
☐	G-MNCU	Medway Hybred 44XL	☐	G-MNRE	Mainair Scorcher Solo	☐	G-MOSY	Cameron O-84
☐	G-MNCV	Medway Hybred 44XL	☐	G-MNRM	Hornet Dual Trainer/Raven	☐	G-MOTA	Bell 206B-3 JetRanger III
☐	G-MNDD	Mainair Scorcher	☐	G-MNRS	Southdown Raven X	☐	G-MOTH	DH.82A Tiger Moth
☐	G-MNDE	Medway Half Pint/Aerial Arts 130SX	☐	G-MNRX	Mainair Gemini Flash II	☐	G-MOTI	Robin DR.500-200i Président
☐	G-MNDM	Mainair Gemini Flash	☐	G-MNRZ	Mainair Scorcher Solo	☐	G-MOTO	Piper PA-24 Comanche
☐	G-MNDU	Midland Sirocco 377GB	☐	G-MNSJ	Mainair Gemini Flash II	☐	G-MOTW	Meyers OTW-145
☐	G-MNDY	Southdown Puma Sprint	☐	G-MNSL	Southdown Raven X	☐	G-MOUL	Maule M-6-235C Super Rocket
☐	G-MNEG	Mainair Gemini Flash	☐	G-MNSY	Southdown Raven X	☐	G-MOUR	Folland Gnat T1
☐	G-MNER	CFM Shadow Srs CD	☐	G-MNTD	Aerial Arts Chaser/110SX	☐	G-MOUT	Cessna 182T Skylane
☐	G-MNET	Mainair Gemini Flash	☐	G-MNTE	Southdown Raven X	☐	G-MOVI	Piper PA-32R-301 Saratoga SP
☐	G-MNEY	Mainair Gemini Flash	☐	G-MNTK	CFM Shadow Srs CD	☐	G-MOWG	Aeroprakt A-22L Foxbat
☐	G-MNFF	Mainair Gemini Flash	☐	G-MNTP	CFM Shadow Srs C	☐	G-MOYR	Aeropro Eurofox 912(S)
☐	G-MNFG	Puma Sprint	☐	G-MNTV	Mainair Gemini Flash II	☐	G-MOZE	P&M Quik GTR
☐	G-MNFL	AMF Chevvron 2-32A	☐	G-MNUF	Mainair Gemini Flash II	☐	G-MOZI	Glasflügel 303 Mosquito
☐	G-MNFM	Mainair Gemini Flash	☐	G-MNUI	Mainair Tri-Flyer/Cutlass	☐	G-MOZZ	Mudry CAP 10B
☐	G-MNFN	Mainair Gemini Flash	☐	G-MNUR	Mainair Gemini Flash II	☐	G-MPAA	Piper PA-28-181 Archer III
☐	G-MNGD	Ultrasports Tri-Pacer/Typhoon	☐	G-MNUW	Southdown Raven X	☐	G-MPAC	Ultravia Pelican PL
☐	G-MNGG	Pegasus XL-R	☐	G-MNUX	Solar Wings Pegasus XL-R	☐	G-MPAT	Evektor EV-97 teamEurostar UK
☐	G-MNGK	Mainair Gemini Flash	☐	G-MNVB	Pegasus XL-R	☐	G-MPFC	Grumman AA-5B Tiger
☐	G-MNHD	Pegasus XL-R	☐	G-MNVE	Pegasus XL-R	☐	G-MPHY	Comco Ikarus C42 FB80 Bravo
☐	G-MNHH	Solar Wings Panther XL-S	☐	G-MNVG	Pegasus Flash II	☐	G-MPLA	Cessna 182T Skylane
☐	G-MNHI	Pegasus XL-R	☐	G-MNVI	CFM Shadow Srs CD	☐	G-MPLB	Cessna 182T Skylane
☐	G-MNHJ	Pegasus XL-R	☐	G-MNVJ	CFM Shadow Srs CD	☐	G-MPLC	Cessna 182T Skylane
☐	G-MNHK	Pegasus XL-R	☐	G-MNVK	CFM Shadow Srs CD	☐	G-MPLD	Cessna 182T Skylane
☐	G-MNHL	Pegasus XL-R	☐	G-MNVO	Hovey Whing-Ding II	☐	G-MPLE	Cessna 182T Skylane
☐	G-MNHM	Pegasus XL-R	☐	G-MNVT	Mainair Gemini Flash II	☐	G-MPLF	Cessna 182T Skylane
☐	G-MNHR	Pegasus XL-R	☐	G-MNVW	Mainair Gemini Flash II	☐	G-MPRL	Cessna 210M Centurion
☐	G-MNIG	Mainair Gemini Flash	☐	G-MNVZ	Pegasus Photon	☐	G-MPSA	Eurocopter MBB BK-117C-2
☐	G-MNII	Mainair Gemini Flash	☐	G-MNWG	Southdown Raven X	☐	G-MPSB	Eurocopter MBB BK-117C-2
☐	G-MNIK	Pegasus Photon	☐	G-MNWI	Mainair Gemini Flash II	☐	G-MPSC	Eurocopter MBB BK-117C-2
☐	G-MNIM	Maxair Hummer	☐	G-MNWL	Arbiter/Aerial Arts 130SX	☐	G-MPWI	Robin HR.100/210 Safari
☐	G-MNIW	Tri-Flyer 250/Airwave Nimrod	☐	G-MNWO	Mainair Gemini Flash II	☐	G-MRAJ	Hughes 369E
☐	G-MNJB	Southdown Raven X	☐	G-MNWY	CFM Shadow Srs C	☐	G-MRAM	Mignet HM-1000 Balerit
☐	G-MNJD	Mainair Tri-Flyer 440/Sprint	☐	G-MNXE	Southdown Raven X	☐	G-MRAP	BD-100-1A10 Challenger 300
☐	G-MNJJ	Pegasus Flash	☐	G-MNXO	Medway Hybred 44XLR	☐	G-MRDS	CZAW Sportcruiser
☐	G-MNJL	Pegasus Flash	☐	G-MNXU	Mainair Gemini Flash II	☐	G-MRED	Elmwood CA-05 Christavia Mk.1
☐	G-MNJN	Pegasus Flash	☐	G-MNXX	CFM Shadow Srs CD	☐	G-MRGT	Best Off Skyranger Swift
☐	G-MNJR	Pegasus Flash	☐	G-MNXZ	Whittaker MW5 Sorcerer	☐	G-MRJC	AutoGyro Cavalon
☐	G-MNJS	Southdown Puma Sprint	☐	G-MNYA	Pegasus Flash II	☐	G-MRJJ	Pegasus Quik
☐	G-MNJX	Medway Hybred 44XL	☐	G-MNYC	Pegasus XL-R	☐	G-MRJK	Airbus A320-214
☐	G-MNKB	Pegasus Photon	☐	G-MNYD	Aerial Arts Chaser/110SX	☐	G-MRJP	Silence SA.180 Twister
☐	G-MNKC	Pegasus Photon	☐	G-MNYF	Aerial Arts Chaser/110SX	☐	G-MRKS	Robinson R44 Raven
☐	G-MNKD	Pegasus Photon	☐	G-MNYP	Southdown Raven X	☐	G-MRKT	Lindstrand LBL 90A
☐	G-MNKE	Pegasus Photon	☐	G-MNYU	Pegasus XL-R	☐	G-MRLL	N Am P-51D Mustang
☐	G-MNKG	Pegasus Photon	☐	G-MNYW	Pegasus XL-R	☐	G-MRLN	Sky 240-24
☐	G-MNKK	Pegasus Photon	☐	G-MNZD	Mainair Gemini Flash II	☐	G-MRLS	AutoGyro Calidus
☐	G-MNKM	MBA Tiger Cub 440	☐	G-MNZJ	CFM Shadow Srs CD	☐	G-MRLX	Gulfstream V-SP
☐	G-MNKN	Skycraft Scout III	☐	G-MNZK	Pegasus XL-R	☐	G-MRME	Gefa-Flug AS105GD

Registration	Type	Registration	Type	Registration	Type
G-MROC	Pegasus Quantum 912	G-MTFT	Pegasus XL-R	G-MTNV	Thruster TST Mk.1
G-MROD	Van's RV-7A	G-MTFU	CFM Shadow Srs CD	G-MTOA	Pegasus XL-R
G-MRPH	Murphy Rebel	G-MTGB	Thruster TST Mk.1	G-MTOH	Pegasus XL-R
G-MRPT	Cessna 172S Skyhawk SP	G-MTGC	Thruster TST Mk.1	G-MTON	Pegasus XL-R
G-MRRR	Hughes 369E	G-MTGD	Thruster TST Mk.1	G-MTOY	Pegasus XL-R
G-MRRY	Robinson R44 Raven II	G-MTGF	Thruster TST Mk.1	G-MTPB	Mainair Gemini Flash IIA
G-MRSN	Robinson R22 Beta	G-MTGL	Pegasus XL-R	G-MTPE	Pegasus XL-R
G-MRSS	Comco Ikarus C42 FB80	G-MTGM	Pegasus XL-R	G-MTPF	Pegasus XL-R
G-MRST	Piper PA-28RT-201 Arrow IV	G-MTGO	Mainair Gemini Flash IIA	G-MTPH	Pegasus XL-R
G-MRSW	Lindstrand LBL 90A	G-MTGR	Thruster TST Mk.1	G-MTPJ	Pegasus XL-R
G-MRTN	SOCATA TB-10 Tobago	G-MTGS	Thruster TST Mk.1	G-MTPL	Pegasus XL-R
G-MRTY	Cameron N-77	G-MTGV	CFM Shadow Srs CD	G-MTPM	Pegasus XL-R
G-MRVK	Czech Sport PiperSport	G-MTGW	CFM Shadow Srs CD	G-MTPU	Thruster TST Mk.1 (mod)
G-MRVL	Van's RV-7	G-MTHH	Pegasus XL-R	G-MTPW	Thruster TST Mk.1
G-MRVN	PZL-Bielsko SZD-50-3 Puchacz	G-MTHN	Pegasus XL-R	G-MTPX	Thruster TST Mk.1
G-MRVP	Van's RV-6	G-MTHT	CFM Shadow Srs CD	G-MTRC	Midland Sirocco 377GB
G-MSAL	Morane Saulnier MS.733 Alcyon	G-MTHV	CFM Shadow Srs CD	G-MTRS	Pegasus XL-R
G-MSES	Cessna 150L	G-MTIA	Mainair Gemini Flash IIA	G-MTRX	Whittaker MW5 Sorcerer
G-MSFC	Piper PA-38-112 Tomahawk	G-MTIB	Mainair Gemini Flash IIA	G-MTRZ	Mainair Gemini Flash IIA
G-MSFT	Piper PA-28-161 Warrior II	G-MTIE	Pegasus XL-R	G-MTSC	Mainair Gemini Flash IIA
G-MSIX	DG Flugzeugbau DG-800B	G-MTIH	Solar Wings Pegasus XL-R	G-MTSH	Thruster TST Mk.1
G-MSKY	Comco Ikarus C42 FB UK	G-MTIJ	Pegasus XL-R	G-MTSJ	Thruster TST Mk.1
G-MSON	Cameron Z-90	G-MTIK	Raven Aircraft Raven X	G-MTSK	Thruster TST Mk.1
G-MSPT	Eurocopter EC135 T2	G-MTIL	Mainair Gemini Flash IIA	G-MTSM	Thruster TST Mk.1
G-MSPY	Pegasus Quantum 912	G-MTIM	Mainair Gemini Flash IIA	G-MTSP	Solar Wings Pegasus XL-R
G-MSTG	N Am P-51D Mustang	G-MTIR	Pegasus XL-R	G-MTSS	Pegasus XL-R
G-MSTR	Cameron Monster 110 SS	G-MTIW	Pegasus XL-R	G-MTSZ	Pegasus XL-R
G-MSVI	Agusta A109S Grand	G-MTIX	Pegasus XL-R	G-MTTA	Pegasus XL-R
G-MTAB	Mainair Gemini Flash II	G-MTIZ	Pegasus XL-R	G-MTTE	Pegasus XL-Q
G-MTAC	Mainair Gemini Flash II	G-MTJB	Mainair Gemini Flash IIA	G-MTTF	Whittaker MW6 Merlin
G-MTAF	Mainair Gemini Flash II	G-MTJC	Mainair Gemini Flash IIA	G-MTTI	Mainair Gemini Flash IIA
G-MTAH	Mainair Gemini Flash II	G-MTJE	Pegasus XL-R	G-MTTM	Mainair Gemini Flash IIA
G-MTAL	Solar Wings Pegasus Photon	G-MTJG	Medway Hybred 44XLR	G-MTTN	Skyrider Aviation Phantom
G-MTAP	Southdown Raven X	G-MTJH	Pegasus Flash	G-MTTP	Mainair Gemini Flash IIA
G-MTAV	Pegasus XL-R	G-MTJL	Mainair Gemini Flash IIA	G-MTTU	Pegasus XL-R
G-MTAW	Pegasus XL-R	G-MTJT	Mainair Gemini Flash IIA	G-MTTY	Pegasus XL-Q
G-MTAX	Pegasus XL-R	G-MTJV	Mainair Gemini Flash IIA	G-MTTZ	Pegasus XL-Q
G-MTAY	Pegasus XL-R	G-MTJX	Hornet Dual Trainer/Raven	G-MTUA	Pegasus XL-R
G-MTAZ	Pegasus XL-R	G-MTKA	Thruster TST Mk.1	G-MTUC	Thruster TST Mk.1
G-MTBB	Southdown Raven X	G-MTKB	Thruster TST Mk.1	G-MTUJ	Pegasus XL-R
G-MTBD	Mainair Gemini Flash II	G-MTKG	Pegasus XL-R	G-MTUK	Pegasus XL-R
G-MTBE	CFM Shadow Srs CD	G-MTKH	Pegasus XL-R	G-MTUN	Pegasus XL-Q
G-MTBH	Mainair Gemini Flash II	G-MTKI	Pegasus XL-R	G-MTUP	Pegasus XL-Q
G-MTBJ	Mainair Gemini Flash II	G-MTKR	CFM Shadow Srs CD	G-MTUR	Pegasus XL-Q
G-MTBL	Pegasus XL-R	G-MTKW	Mainair Gemini Flash IIA	G-MTUS	Pegasus XL-Q
G-MTBN	Southdown Raven X	G-MTKZ	Mainair Gemini Flash IIA	G-MTUT	Pegasus XL-Q (mod)
G-MTBO	Southdown Raven X	G-MTLB	Mainair Gemini Flash IIA	G-MTUU	Mainair Gemini Flash IIA
G-MTBR	Aerotech MW-5B Sorcerer	G-MTLC	Mainair Gemini Flash IIA	G-MTUV	Mainair Gemini Flash IIA
G-MTBS	Aerotech MW-5B Sorcerer	G-MTLG	Pegasus XL-R	G-MTUY	Pegasus XL-Q
G-MTBU	Pegasus XL-R	G-MTLL	Mainair Gemini Flash IIA	G-MTVH	Mainair Gemini Flash IIA
G-MTCM	Southdown Raven X	G-MTLM	Thruster TST Mk.1	G-MTVI	Mainair Gemini Flash IIA
G-MTCP	Aerial Arts Chaser/110SX	G-MTLN	Thruster TST Mk.1	G-MTVJ	Mainair Gemini Flash IIA
G-MTCU	Mainair Gemini Flash IIA	G-MTLT	Pegasus XL-R	G-MTVP	Thruster TST Mk.1
G-MTDD	Aerial Arts Chaser/110SX	G-MTLV	Pegasus XL-R	G-MTVR	Thruster TST Mk.1
G-MTDE	Aerial Arts Chaser/110SX	G-MTLX	Medway Hybred 44XLR	G-MTVT	Thruster TST Mk.1
G-MTDF	Mainair Gemini Flash II	G-MTLY	Pegasus XL-R	G-MTVX	Pegasus XL-Q
G-MTDK	Aerotech MW-5B Sorcerer	G-MTMA	Mainair Gemini Flash IIA	G-MTWG	Mainair Gemini Flash IIA
G-MTDO	Eipper Quicksilver MXII	G-MTMC	Mainair Gemini Flash IIA	G-MTWH	CFM Shadow Srs CD
G-MTDR	Mainair Gemini Flash	G-MTMF	Pegasus XL-R	G-MTWK	CFM Shadow Srs CD
G-MTDU	CFM Shadow Srs CD	G-MTMG	Pegasus XL-R	G-MTWR	Mainair Gemini Flash IIA
G-MTDW	Mainair Gemini Flash II	G-MTML	Mainair Gemini Flash IIA	G-MTWS	Mainair Gemini Flash IIA
G-MTDY	Mainair Gemini Flash II	G-MTMR	Hornet Dual Trainer/Raven	G-MTWX	Mainair Gemini Flash IIA
G-MTEC	Pegasus XL-R	G-MTMW	Mainair Gemini Flash IIA	G-MTWZ	Thruster TST Mk.1
G-MTEE	Pegasus XL-R	G-MTMX	CFM Shadow Srs CD	G-MTXA	Thruster TST Mk.1
G-MTEK	Mainair Gemini Flash	G-MTNC	Mainair Gemini Flash IIA	G-MTXB	Thruster TST Mk.1
G-MTER	Pegasus XL-R	G-MTNE	Medway Hybred 44XLR	G-MTXC	Thruster TST Mk.1
G-MTES	Pegasus XL-R	G-MTNF	Medway Hybred 44XLR	G-MTXD	Thruster TST Mk.1
G-MTEU	Pegasus XL-R	G-MTNI	Mainair Gemini Flash IIA	G-MTXJ	Pegasus XL-Q
G-MTEY	Mainair Gemini Flash	G-MTNK	Weedhopper JC-24B	G-MTXK	Solar Wings Pegasus XL-Q
G-MTFB	Pegasus XL-R	G-MTNM	Mainair Gemini Flash IIA	G-MTXL	Noble Hardman Snowbird Mk.IV
G-MTFC	Medway Hybred 44XLR	G-MTNO	Pegasus XL-Q	G-MTXM	Mainair Gemini Flash IIA
G-MTFG	AMF Chevvron 2-32C	G-MTNR	Thruster TST Mk.1	G-MTXO	Whittaker MW6 Merlin
G-MTFN	Whittaker MW5 Sorcerer	G-MTNU	Thruster TST Mk.1	G-MTXR	CFM Shadow Srs CD

73

Registration	Type	Registration	Type	Registration	Type
G-MTXU	Noble Hardman Snowbird Mk.IV	G-MVCS	Pegasus XL-Q	G-MVIU	Thruster TST Mk.1
G-MTXZ	Mainair Gemini Flash IIA	G-MVCT	Pegasus XL-Q	G-MVIV	Thruster TST Mk.1
G-MTYC	Pegasus XL-Q	G-MVCU	Pegasus XL-Q	G-MVIX	Mainair Gemini Flash IIA
G-MTYD	Pegasus XL-Q	G-MVCW	CFM Shadow Srs BD	G-MVJC	Mainair Gemini Flash IIA
G-MTYF	Pegasus XL-Q	G-MVCY	Mainair Gemini Flash IIA	G-MVJD	Pegasus XL-R
G-MTYI	Pegasus XL-Q	G-MVCZ	Mainair Gemini Flash IIA	G-MVJF	Aerial Arts Chaser S
G-MTYL	Pegasus XL-Q	G-MVDA	Mainair Gemini Flash IIA	G-MVJG	Aerial Arts Chaser S
G-MTYR	Pegasus XL-Q	G-MVDE	Thruster TST Mk.1	G-MVJJ	Aerial Arts Chaser S
G-MTYS	Pegasus XL-Q	G-MVDF	Thruster TST Mk.1	G-MVJK	Aerial Arts Chaser S
G-MTYV	Raven Aircraft Raven X	G-MVDH	Thruster TST Mk.1	G-MVJN	Pegasus XL-Q
G-MTYW	Raven Aircraft Raven X	G-MVDJ	Medway Hybred 44XLR	G-MVJP	Pegasus XL-Q
G-MTYY	Pegasus XL-R	G-MVDK	Aerial Arts Chaser S	G-MVJU	Pegasus XL-Q
G-MTZA	Thruster TST Mk.1	G-MVDL	Aerial Arts Chaser S	G-MVKH	Pegasus XL-R
G-MTZB	Thruster TST Mk.1	G-MVDP	Aerial Arts Chaser S	G-MVKJ	Pegasus XL-R
G-MTZC	Thruster TST Mk.1	G-MVDT	Mainair Gemini Flash IIA	G-MVKK	Pegasus XL-R
G-MTZF	Thruster TST Mk.1	G-MVDV	Pegasus XL-R	G-MVKL	Pegasus XL-R
G-MTZG	Mainair Gemini Flash IIA	G-MVDY	Pegasus XL-R	G-MVKN	Pegasus XL-Q
G-MTZH	Mainair Gemini Flash IIA	G-MVEF	Solar Wings Pegasus XL-R	G-MVKO	Pegasus XL-Q
G-MTZL	Mainair Gemini Flash IIA	G-MVEG	Pegasus XL-R	G-MVKP	Pegasus XL-Q
G-MTZM	Mainair Gemini Flash IIA	G-MVEH	Mainair Gemini Flash IIA	G-MVKT	Pegasus XL-Q
G-MTZO	Mainair Gemini Flash IIA	G-MVEI	CFM Shadow Srs CD	G-MVKU	Pegasus XL-Q
G-MTZS	Pegasus XL-Q	G-MVEL	Mainair Gemini Flash IIA	G-MVKW	Pegasus XL-Q
G-MTZV	Mainair Gemini Flash IIA	G-MVEN	CFM Shadow Srs CD	G-MVLA	Aerial Arts Chaser S
G-MTZW	Mainair Gemini Flash IIA	G-MVER	Mainair Gemini Flash IIA	G-MVLB	Aerial Arts Chaser S
G-MTZX	Mainair Gemini Flash IIA	G-MVES	Mainair Gemini Flash IIA	G-MVLC	Aerial Arts Chaser S
G-MTZY	Mainair Gemini Flash IIA	G-MVET	Mainair Gemini Flash IIA	G-MVLD	Aerial Arts Chaser S
G-MTZZ	Mainair Gemini Flash IIA	G-MVEV	Mainair Gemini Flash IIA	G-MVLE	Aerial Arts Chaser S
G-MUCK	Lindstrand LBL 77A	G-MVFA	Pegasus XL-Q	G-MVLF	Aerial Arts Chaser S
G-MUDD	Hughes 369E	G-MVFB	Pegasus XL-Q	G-MVLJ	CFM Shadow Srs CD
G-MUDY	Piper PA-18-150 Super Cub	G-MVFC	Pegasus XL-Q	G-MVLL	Mainair Gemini Flash IIA
G-MUIR	Cameron V-65	G-MVFD	Pegasus XL-Q	G-MVLS	Aerial Arts Chaser S
G-MUJD	Van's RV-12	G-MVFE	Pegasus XL-Q	G-MVLT	Aerial Arts Chaser S
G-MUKY	Van's RV-8	G-MVFF	Pegasus XL-Q	G-MVLX	Pegasus XL-Q
G-MULT	Beech 76 Duchess	G-MVFH	CFM Shadow Srs CD	G-MVLY	Pegasus XL-Q
G-MUMM	Colt 180A	G-MVFJ	Thruster TST Mk.1	G-MVMA	Pegasus XL-Q
G-MUMY	Van's RV-4	G-MVFL	Thruster TST Mk.1	G-MVMC	Pegasus XL-Q
G-MUNI	Mooney M.20J Mooney 201	G-MVFM	Thruster TST Mk.1	G-MVMG	Thruster TST Mk.1
G-MUPP	Lindstrand LBL 90A	G-MVFO	Thruster TST Mk.1	G-MVMI	Thruster TST Mk.1
G-MURG	Van's RV-6	G-MVFZ	Pegasus XL-R	G-MVML	Aerial Arts Chaser S
G-MUSH	Robinson R44 Raven II	G-MVGA	Aerial Arts Chaser S	G-MVMM	Aerial Arts Chaser S
G-MUSO	Rutan Long-EZ	G-MVGC	AMF Chevvron 2-32C	G-MVMO	Mainair Gemini Flash IIA
G-MUTS	Jurca MJ.100 Spitfire	G-MVGD	AMF Chevvron 2-32C	G-MVMR	Mainair Gemini Flash IIA
G-MUTT	CZAW Sportcruiser	G-MVGF	Aerial Arts Chaser S	G-MVMT	Mainair Gemini Flash IIA
G-MUTZ	Avtech Jabiru J430	G-MVGG	Aerial Arts Chaser S	G-MVMW	Mainair Gemini Flash IIA
G-MUZY	Titan T-51 Mustang	G-MVGH	Aerial Arts Chaser S	G-MVMX	Mainair Gemini Flash IIA
G-MUZZ	Agusta AW109SP Grand New	G-MVGI	Aerial Arts Chaser S	G-MVMZ	Mainair Gemini Flash IIA
G-MVAC	CFM Shadow Srs CD	G-MVGK	Aerial Arts Chaser S	G-MVNA	Powerchute Raider
G-MVAH	Thruster TST Mk.1	G-MVGN	Pegasus XL-R	G-MVNC	Powerchute Raider
G-MVAI	Thruster TST Mk.1	G-MVGO	Pegasus XL-R	G-MVNE	Powerchute Raider
G-MVAJ	Thruster TST Mk.1	G-MVGY	Medway Hybred 44XLR	G-MVNK	Powerchute Raider
G-MVAM	CFM Shadow Srs CD	G-MVGZ	Ultraflight Lazair IIIE	G-MVNL	Powerchute Raider
G-MVAN	CFM Shadow Srs CD	G-MVHB	Powerchute Raider	G-MVNM	Mainair Gemini Flash IIA
G-MVAO	Mainair Gemini Flash IIA	G-MVHD	CFM Shadow Srs CD	G-MVNP	Whittaker MW5-K Sorcerer
G-MVAP	Mainair Gemini Flash IIA	G-MVHE	Mainair Gemini Flash IIA	G-MVNR	Whittaker MW5-K Sorcerer
G-MVAR	Pegasus XL-R	G-MVHG	Mainair Gemini Flash IIA	G-MVNS	Whittaker MW5-K Sorcerer
G-MVAV	Pegasus XL-R	G-MVHH	Mainair Gemini Flash IIA	G-MVNW	Mainair Gemini Flash IIA
G-MVAX	Pegasus XL-Q	G-MVHI	Thruster TST Mk.1	G-MVNX	Mainair Gemini Flash IIA
G-MVAY	Pegasus XL-Q	G-MVHJ	Thruster TST Mk.1	G-MVNY	Mainair Gemini Flash IIA
G-MVBC	Mainair Tri-Flyer/Aerial Arts 130SX	G-MVHK	Thruster TST Mk.1	G-MVNZ	Mainair Gemini Flash IIA
G-MVBF	Mainair Gemini Flash IIA	G-MVHL	Thruster TST Mk.1	G-MVOB	Mainair Gemini Flash IIA
G-MVBJ	Solar Wings Pegasus XL-R	G-MVHP	Pegasus XL-Q	G-MVOD	Aerial Arts Chaser/110SX
G-MVBK	Mainair Gemini Flash IIA	G-MVHR	Pegasus XL-Q	G-MVOF	Mainair Gemini Flash IIA
G-MVBL	Mainair Gemini Flash IIA	G-MVHS	Pegasus XL-Q	G-MVOJ	Noble Hardman Snowbird Mk.IV
G-MVBN	Mainair Gemini Flash IIA	G-MVIB	Mainair Gemini Flash IIA	G-MVON	Mainair Gemini Flash IIA
G-MVBO	Mainair Gemini Flash IIA	G-MVIE	Aerial Arts Chaser S	G-MVOO	AMF Chevvron 2-32C
G-MVBT	Thruster TST Mk.1	G-MVIF	Medway Raven X	G-MVOP	Aerial Arts Chaser S
G-MVBZ	Pegasus XL-R	G-MVIG	CFM Shadow Srs BD	G-MVOR	Mainair Gemini Flash IIA
G-MVCA	Pegasus XL-R	G-MVIH	Mainair Gemini Flash IIA	G-MVOT	Thruster TST Mk.1
G-MVCC	CFM Shadow Srs CD	G-MVIL	Noble Hardman Snowbird Mk.IV	G-MVOV	Thruster TST Mk.1
G-MVCD	Medway Hybred 44XLR	G-MVIN	Noble Hardman Snowbird Mk.V	G-MVPA	Mainair Gemini Flash IIA
G-MVCF	Mainair Gemini Flash IIA	G-MVIO	Noble Hardman Snowbird Mk.IV	G-MVPC	Mainair Gemini Flash IIA
G-MVCL	Pegasus XL-Q	G-MVIP	AMF Chevvron 2-32C	G-MVPD	Mainair Gemini Flash IIA
G-MVCR	Pegasus XL-Q	G-MVIR	Thruster TST Mk.1	G-MVPF	Medway Hybred 44XLR

☐	G-MVPI	Mainair Gemini Flash IIA	☐	G-MVYY	Aerial Arts Chaser S	☐	G-MWGM Solar Wings Pegasus XL-Q
☐	G-MVPK	CFM Shadow Srs CD	☐	G-MVZA	Thruster T.300	☐	G-MWGN Rans S-4 Coyote
☐	G-MVPM	Whittaker MW6 Merlin	☐	G-MVZC	Thruster T.300	☐	G-MWGR Pegasus XL-Q
☐	G-MVPN	Whittaker MW6 Merlin	☐	G-MVZD	Thruster T.300	☐	G-MWGU Powerchute Kestrel
☐	G-MVPR	Pegasus XL-Q	☐	G-MVZE	Thruster T.300	☐	G-MWHC Pegasus XL-Q
☐	G-MVPS	Pegasus XL-Q	☐	G-MVZI	Thruster T.300	☐	G-MWHF Pegasus XL-Q
☐	G-MVPW	Solar Wings Pegasus XL-R	☐	G-MVZL	Pegasus XL-Q	☐	G-MWHG Pegasus XL-Q
☐	G-MVPX	Pegasus XL-Q	☐	G-MVZM	Aerial Arts Chaser S	☐	G-MWHH TEAM miniMax 88
☐	G-MVPY	Pegasus XL-Q	☐	G-MVZO	Medway Hybred 44XLR	☐	G-MWHI Mainair Gemini Flash
☐	G-MVRA	Mainair Gemini Flash IIA	☐	G-MVZP	Murphy Renegade Spirit UK	☐	G-MWHL Pegasus XL-Q
☐	G-MVRD	Mainair Gemini Flash IIA	☐	G-MVZS	Mainair Gemini Flash IIA	☐	G-MWHO Mainair Gemini Flash
☐	G-MVRG	Aerial Arts Chaser S	☐	G-MVZT	Pegasus XL-Q	☐	G-MWHP Rans S-6-ESD Coyote II
☐	G-MVRH	Pegasus XL-Q	☐	G-MVZU	Pegasus XL-Q	☐	G-MWHR Mainair Gemini Flash IIA
☐	G-MVRI	Pegasus XL-Q	☐	G-MVZV	Pegasus XL-Q	☐	G-MWHX Pegasus XL-Q
☐	G-MVRM	Mainair Gemini Flash IIA	☐	G-MVZX	Murphy Renegade Spirit UK	☐	G-MWIA Mainair Gemini Flash IIA
☐	G-MVRO	CFM Shadow Srs CD	☐	G-MVZZ	AMF Chevvron 2-32	☐	G-MWIB Aviasud Mistral
☐	G-MVRR	CFM Shadow Srs CD	☐	G-MWAB	Mainair Gemini Flash IIA	☐	G-MWIF Rans S-6-ESD Coyote II
☐	G-MVRT	CFM Shadow Srs CD	☐	G-MWAC	Pegasus XL-Q	☐	G-MWIG Mainair Gemini Flash IIA
☐	G-MVRW	Pegasus XL-Q	☐	G-MWAE	CFM Shadow Srs CD	☐	G-MWIM Pegasus Quasar TC
☐	G-MVRZ	Medway Hybred 44XLR	☐	G-MWAN	Thruster T.300	☐	G-MWIP Whittaker MW6 Merlin
☐	G-MVSE	Pegasus XL-Q	☐	G-MWAT	Pegasus XL-Q	☐	G-MWIS Pegasus XL-Q
☐	G-MVSG	Aerial Arts Chaser S	☐	G-MWBJ	Mainair Puma Sprint	☐	G-MWIU Pegasus Quasar TC
☐	G-MVSI	Medway Hybred 44XLR	☐	G-MWBK	Pegasus XL-Q	☐	G-MWIX Pegasus Quasar TC
☐	G-MVSJ	Aviasud Mistral 532GB	☐	G-MWBL	Solar Wings Pegasus XL-R	☐	G-MWIZ CFM Shadow Srs CD
☐	G-MVSO	Mainair Gemini Flash IIA	☐	G-MWBR	Hornet R-ZA	☐	G-MWJF CFM Shadow Srs CD
☐	G-MVSP	Mainair Gemini Flash IIA	☐	G-MWBS	Hornet R-ZA	☐	G-MWJH Pegasus Quasar
☐	G-MVST	Mainair Gemini Flash IIA	☐	G-MWBY	Hornet R-ZA	☐	G-MWJI Pegasus Quasar
☐	G-MVTD	Whittaker MW6 Merlin	☐	G-MWCC	Mainair Gemini Flash R-1	☐	G-MWJJ Pegasus Quasar
☐	G-MVTF	Aerial Arts Chaser S	☐	G-MWCE	Mainair Gemini Flash IIA	☐	G-MWJN Pegasus XL-Q
☐	G-MVTI	Pegasus XL-Q	☐	G-MWCF	Pegasus XL-Q	☐	G-MWJR Medway Hybred 44XLR
☐	G-MVTJ	Pegasus XL-Q	☐	G-MWCG	Microflight Spectrum (mod)	☐	G-MWJT Pegasus Quasar TC
☐	G-MVTL	Aerial Arts Chaser S	☐	G-MWCH	Rans S-6-ESD Coyote II	☐	G-MWKE Hornet RS-ZA
☐	G-MVTM	Aerial Arts Chaser S	☐	G-MWCK	Powerchute Kestrel	☐	G-MWKX Microflight Spectrum
☐	G-MVUA	Mainair Gemini Flash IIA	☐	G-MWCL	Powerchute Kestrel	☐	G-MWKZ Pegasus XL-Q
☐	G-MVUB	Thruster T.300	☐	G-MWCM	Powerchute Kestrel	☐	G-MWLB Medway Hybred 44XLR
☐	G-MVUF	Pegasus XL-Q	☐	G-MWCN	Powerchute Kestrel	☐	G-MWLD CFM Shadow Srs CD
☐	G-MVUG	Solar Wings Pegasus XL-Q	☐	G-MWCO	Powerchute Kestrel	☐	G-MWLE Pegasus XL-R
☐	G-MVUI	Pegasus XL-Q	☐	G-MWCP	Powerchute Kestrel	☐	G-MWLG Pegasus XL-Q
☐	G-MVUJ	Pegasus XL-Q	☐	G-MWCS	Powerchute Kestrel	☐	G-MWLK Pegasus Quasar TC
☐	G-MVUO	AMF Chevvron 2-32C	☐	G-MWCY	Medway Hybred 44XLR	☐	G-MWLL Pegasus XL-Q
☐	G-MVUP	Aviasud Mistral	☐	G-MWDB	CFM Shadow Srs CD	☐	G-MWLM Pegasus XL-Q
☐	G-MVUS	Aerial Arts Chaser S	☐	G-MWDC	Pegasus XL-R	☐	G-MWLN Whittaker MW6-S Fatboy Flyer
☐	G-MVUU	Hornet R-ZA	☐	G-MWDI	Hornet RS-ZA	☐	G-MWLO Whittaker MW6 Merlin
☐	G-MVVI	Medway Hybred 44XLR	☐	G-MWDK	Pegasus XL-Q	☐	G-MWLP Mainair Gemini Flash
☐	G-MVVK	Pegasus XL-R	☐	G-MWDL	Pegasus XL-Q	☐	G-MWLS Medway Hybred 44XLR
☐	G-MVVO	Pegasus XL-Q	☐	G-MWDN	CFM Shadow Srs CD	☐	G-MWLU Pegasus XL-R
☐	G-MVVP	Pegasus XL-Q	☐	G-MWDS	Thruster T.300	☐	G-MWLW TEAM miniMax
☐	G-MVVT	CFM Shadow Srs CD	☐	G-MWDZ	Eipper Quicksilver MXL II	☐	G-MWLX Mainair Gemini Flash IIA
☐	G-MVVV	AMF Chevvron 2-32C	☐	G-MWEG	Pegasus XL-Q	☐	G-MWLZ Rans S-4 Coyote
☐	G-MVVZ	Powerchute Raider	☐	G-MWEH	Pegasus XL-Q	☐	G-MWMB Powerchute Kestrel
☐	G-MVWJ	Powerchute Raider	☐	G-MWEK	Whittaker MW5 Sorcerer	☐	G-MWMC Powerchute Kestrel
☐	G-MVWN	Thruster T.300	☐	G-MWEL	Mainair Gemini Flash IIA	☐	G-MWMD Powerchute Kestrel
☐	G-MVWR	Thruster T.300	☐	G-MWEN	CFM Shadow Srs CD	☐	G-MWMH Powerchute Kestrel
☐	G-MVWS	Thruster T.300	☐	G-MWEO	Whittaker MW5 Sorcerer	☐	G-MWMI Pegasus Quasar TC
☐	G-MVWW	Aviasud Mistral	☐	G-MWEP	Rans S-4 Coyote	☐	G-MWML Pegasus Quasar
☐	G-MVXA	Whittaker MW6 Merlin	☐	G-MWES	Rans S-4 Coyote	☐	G-MWMM Mainair Gemini Flash IIA
☐	G-MVXB	Mainair Gemini Flash IIA	☐	G-MWEZ	CFM Shadow Srs CD	☐	G-MWMN Pegasus XL-Q
☐	G-MVXC	Mainair Gemini Flash IIA	☐	G-MWFC	TEAM miniMax 88	☐	G-MWMO Pegasus XL-Q
☐	G-MVXJ	Medway Hybred 44XLR	☐	G-MWFD	TEAM miniMax 88	☐	G-MWMV Pegasus XL-R
☐	G-MVXN	Aviasud Mistral	☐	G-MWFF	Rans S-5 Coyote	☐	G-MWMW Murphy Renegade Spirit UK
☐	G-MVXP	Aerial Arts Chaser S	☐	G-MWFL	Powerchute Kestrel	☐	G-MWMX Mainair Gemini Flash IIA
☐	G-MVXR	Mainair Gemini Flash IIA	☐	G-MWFT	MBA Tiger Cub 440	☐	G-MWMY Mainair Gemini Flash IIA
☐	G-MVXV	Aviasud Mistral	☐	G-MWFU	Quad City Challenger II U	☐	G-MWNB Pegasus XL-Q
☐	G-MVXX	AMF Chevvron 2-32	☐	G-MWFV	Quad City Challenger II U	☐	G-MWND TCD Sherwood Ranger LW
☐	G-MVYC	Pegasus XL-Q	☐	G-MWFW	Rans S-4 Coyote	☐	G-MWNE Mainair Gemini Flash IIA
☐	G-MVYD	Pegasus XL-Q	☐	G-MWFX	Quad City Challenger II U	☐	G-MWNF Murphy Renegade Spirit UK
☐	G-MVYE	Thruster TST Mk.1	☐	G-MWFY	Quad City Challenger II U	☐	G-MWNK Pegasus Quasar TC
☐	G-MVYI	Hornet R-ZA	☐	G-MWFZ	Quad City Challenger II U	☐	G-MWNL Pegasus Quasar
☐	G-MVYS	Mainair Gemini Flash IIA	☐	G-MWGA	Rans S-5 Coyote	☐	G-MWNO AMF Chevvron 2-32C
☐	G-MVYT	Noble Hardman Snowbird Mk.IV	☐	G-MWGI	Whittaker MW5-K Sorcerer	☐	G-MWNP AMF Chevvron 2-32C
☐	G-MVYV	Noble Hardman Snowbird Mk.IV	☐	G-MWGJ	Whittaker MW5-K Sorcerer	☐	G-MWNR Murphy Renegade Spirit UK
☐	G-MVYW	Noble Hardman Snowbird Mk.IV	☐	G-MWGK	Whittaker MW5-K Sorcerer	☐	G-MWNS Mainair Gemini Flash IIA
☐	G-MVYX	Noble Hardman Snowbird Mk.IV	☐	G-MWGL	Pegasus XL-Q	☐	G-MWNT Mainair Gemini Flash IIA

☐ G-MWNU	Mainair Gemini Flash	☐ G-MWUU	Pegasus XL-R	☐ G-MYAJ	Rans S-6-ESD Coyote II
☐ G-MWOC	Powerchute Kestrel	☐ G-MWUV	Pegasus XL-R	☐ G-MYAN	Whittaker MW5-K Sorcerer
☐ G-MWOD	Powerchute Kestrel	☐ G-MWUX	Pegasus XL-Q	☐ G-MYAO	Mainair Gemini Flash IIA
☐ G-MWOE	Powerchute Raider	☐ G-MWVA	Pegasus XL-Q	☐ G-MYAR	Thruster T.300
☐ G-MWOI	Pegasus XL-R	☐ G-MWVE	Pegasus XL-R	☐ G-MYAS	Mainair Gemini Flash IIA
☐ G-MWOJ	Mainair Gemini Flash IIA	☐ G-MWVF	Pegasus XL-R	☐ G-MYAT	TEAM miniMax 88
☐ G-MWON	CFM Shadow Srs CD	☐ G-MWVG	CFM Shadow Srs CD	☐ G-MYAZ	Murphy Renegade Spirit UK
☐ G-MWOO	Murphy Renegade Spirit UK	☐ G-MWVH	CFM Shadow Srs CD	☐ G-MYBA	Rans S-6-ESD Coyote II
☐ G-MWOR	Pegasus XL-Q	☐ G-MWVL	Rans S-6 ESD Coyote II	☐ G-MYBB	Maxair Drifter
☐ G-MWOV	Whittaker MW6 Merlin	☐ G-MWVM	Pegasus Quasar IITC	☐ G-MYBC	CFM Shadow Srs CD
☐ G-MWOY	Pegasus XL-Q	☐ G-MWVN	Mainair Gemini Flash IIA	☐ G-MYBE	Solar Wings Pegasus Quasar IITC
☐ G-MWPB	Mainair Gemini Flash IIA	☐ G-MWVO	Mainair Gemini Flash IIA	☐ G-MYBF	Pegasus XL-Q
☐ G-MWPD	Mainair Gemini Flash	☐ G-MWVP	Murphy Renegade Spirit UK	☐ G-MYBJ	Mainair Gemini Flash IIA
☐ G-MWPE	Pegasus XL-Q	☐ G-MWVT	Mainair Gemini Flash IIA	☐ G-MYBM	TEAM miniMax 91
☐ G-MWPF	Mainair Gemini Flash IIA	☐ G-MWVZ	Mainair Gemini Flash IIA	☐ G-MYBT	Pegasus Quasar IITC
☐ G-MWPG	Microflight Spectrum	☐ G-MWWB	Mainair Gemini Flash IIA (mod)	☐ G-MYBU	Cyclone Chaser S 447
☐ G-MWPH	Microflight Spectrum	☐ G-MWWC	Mainair Gemini Flash IIA	☐ G-MYBV	Pegasus XL-Q
☐ G-MWPN	CFM Shadow Srs CD	☐ G-MWWD	Murphy Renegade Spirit UK	☐ G-MYBW	Pegasus XL-Q
☐ G-MWPO	Mainair Gemini Flash IIA	☐ G-MWWH	Pegasus XL-Q	☐ G-MYCA	Whittaker MW6-T Merlin
☐ G-MWPP	CFM Streak Shadow	☐ G-MWWI	Mainair Gemini Flash IIA (mod)	☐ G-MYCB	Cyclone Chaser S 447
☐ G-MWPR	Whittaker MW6 Merlin	☐ G-MWWN	Mainair Gemini Flash IIA	☐ G-MYCE	Pegasus Quasar IITC
☐ G-MWPU	Solar Wings Pegasus Quasar TC	☐ G-MWWS	Thruster T.300	☐ G-MYCJ	Mainair Mercury
☐ G-MWPW	AMF Chevvron 2-32C	☐ G-MWWV	Pegasus XL-Q	☐ G-MYCK	Mainair Gemini Flash IIA
☐ G-MWPX	Pegasus XL-R	☐ G-MWWZ	Cyclone Chaser S 447	☐ G-MYCL	Mainair Mercury
☐ G-MWPZ	Murphy Renegade Spirit UK	☐ G-MWXF	Mainair Mercury	☐ G-MYCM	CFM Shadow Srs CD
☐ G-MWRC	Mainair Gemini Flash IIA	☐ G-MWXH	Pegasus Quasar IITC	☐ G-MYCN	Mainair Mercury
☐ G-MWRD	Mainair Gemini Flash IIA	☐ G-MWXJ	Mainair Mercury	☐ G-MYCO	Murphy Renegade Spirit UK
☐ G-MWRE	Mainair Gemini Flash IIA	☐ G-MWXK	Mainair Mercury	☐ G-MYCP	Whittaker MW6 Merlin
☐ G-MWRF	Mainair Gemini Flash IIA	☐ G-MWXP	Pegasus XL-Q	☐ G-MYCR	Mainair Gemini Flash IIA
☐ G-MWRH	Mainair Gemini Flash IIA	☐ G-MWXV	Mainair Gemini Flash IIA	☐ G-MYCS	Mainair Gemini Flash IIA
☐ G-MWRJ	Mainair Gemini Flash IIA	☐ G-MWXW	Cyclone Chaser S	☐ G-MYCX	Powerchute Kestrel
☐ G-MWRL	CFM Shadow Srs CD	☐ G-MWXX	Cyclone Chaser S 447	☐ G-MYDA	Powerchute Kestrel
☐ G-MWRN	Pegasus XL-R	☐ G-MWXY	Cyclone Chaser S 447	☐ G-MYDC	Mainair Mercury
☐ G-MWRR	Mainair Gemini Flash IIA	☐ G-MWXZ	Cyclone Chaser S 508	☐ G-MYDD	CFM Shadow Srs CD
☐ G-MWRS	Ultravia Super Pelican	☐ G-MWYA	Mainair Gemini Flash IIA	☐ G-MYDE	CFM Shadow Srs CD
☐ G-MWRT	Pegasus XL-R	☐ G-MWYC	Pegasus XL-Q (mod)	☐ G-MYDF	TEAM miniMax 91
☐ G-MWRU	Pegasus XL-R	☐ G-MWYD	CFM Shadow Srs C	☐ G-MYDJ	Pegasus XL Tug
☐ G-MWRY	CFM Shadow Srs CD	☐ G-MWYE	Rans S-6-ESD Coyote II	☐ G-MYDK	Rans S-6-ESD Coyote II
☐ G-MWSA	TEAM miniMax 88	☐ G-MWYG	Mainair Gemini Flash IIA	☐ G-MYDN	Quad City Challenger II U
☐ G-MWSC	Rans S-6-ESD Coyote II	☐ G-MWYI	Pegasus Quasar IITC	☐ G-MYDP	Kolb Twinstar Mk3
☐ G-MWSD	Pegasus XL-Q	☐ G-MWYJ	Pegasus Quasar IITC	☐ G-MYDR	Thruster T.300
☐ G-MWSF	Pegasus XL-R	☐ G-MWYL	Mainair Gemini Flash IIA	☐ G-MYDT	Thruster T.300
☐ G-MWSI	Pegasus Quasar TC	☐ G-MWYM	Cyclone Chaser S 1000	☐ G-MYDU	Thruster T.300
☐ G-MWSJ	Pegasus XL-Q	☐ G-MWYS	CGS ArrowFlight Hawk I Arrow	☐ G-MYDV	Mainair Gemini Flash IIA
☐ G-MWSK	Pegasus XL-Q	☐ G-MWYT	Mainair Gemini Flash IIA	☐ G-MYDX	Rans S-6-ESD Coyote II
☐ G-MWSL	Mainair Gemini Flash IIA	☐ G-MWYU	Pegasus XL-Q	☐ G-MYDZ	Mignet HM-1000 Balerit
☐ G-MWSM	Mainair Gemini Flash IIA	☐ G-MWYV	Mainair Gemini Flash IIA	☐ G-MYEA	Pegasus XL-Q
☐ G-MWSO	Pegasus XL-R	☐ G-MWYY	Pegasus XL-Q	☐ G-MYED	Pegasus XL-R
☐ G-MWSP	Pegasus XL-R	☐ G-MWYZ	Pegasus XL-Q	☐ G-MYEI	Cyclone Chaser S 447
☐ G-MWST	Medway Hybred 44XLR	☐ G-MWZA	Mainair Mercury	☐ G-MYEJ	Cyclone Chaser S 447
☐ G-MWSU	Medway Hybred 44XLR	☐ G-MWZB	AMF Chevvron 2-32C	☐ G-MYEK	Pegasus Quasar IITC
☐ G-MWSW	Whittaker MW6 Merlin	☐ G-MWZD	Pegasus Quasar IITC	☐ G-MYEM	Pegasus Quasar IITC
☐ G-MWSX	Whittaker MW5 Sorcerer	☐ G-MWZF	Pegasus Quasar IITC	☐ G-MYEN	Pegasus Quasar IITC
☐ G-MWSY	Whittaker MW5 Sorcerer	☐ G-MWZJ	Pegasus XL-R	☐ G-MYEO	Pegasus Quasar IITC
☐ G-MWSZ	CFM Shadow Srs CD	☐ G-MWZL	Mainair Gemini Flash IIA	☐ G-MYEP	CFM Shadow Srs CD
☐ G-MWTC	Pegasus XL-Q	☐ G-MWZO	Pegasus Quasar IITC	☐ G-MYER	Cyclone AX2000
☐ G-MWTI	Pegasus XL-Q	☐ G-MWZP	Pegasus Quasar IITC	☐ G-MYES	Rans S-6-ESD Coyote II
☐ G-MWTJ	CFM Shadow Srs CD	☐ G-MWZR	Pegasus Quasar IITC	☐ G-MYET	Whittaker MW6 Merlin
☐ G-MWTL	Pegasus XL-R	☐ G-MWZS	Pegasus Quasar IITC	☐ G-MYEX	Powerchute Kestrel
☐ G-MWTN	CFM Shadow Srs CD	☐ G-MWZU	Pegasus XL-Q	☐ G-MYFA	Powerchute Kestrel
☐ G-MWTO	Mainair Gemini Flash IIA	☐ G-MWZY	Pegasus XL-R	☐ G-MYFH	Quad City Challenger II U
☐ G-MWTP	CFM Shadow Srs CD	☐ G-MWZZ	Pegasus XL-R	☐ G-MYFK	Pegasus Quasar IITC
☐ G-MWTT	Rans S-6-ESD Coyote II	☐ G-MXII	Pitts Model 12	☐ G-MYFL	Pegasus Quasar IITC
☐ G-MWTZ	Mainair Gemini Flash IIA	☐ G-MXMX	PA-46R-350T Malibu Matrix	☐ G-MYFO	Cyclone Chaser S
☐ G-MWUA	CFM Shadow Srs CD	☐ G-MXPH	BAC 167 Strikemaster Mk.84	☐ G-MYFP	Mainair Gemini Flash IIA
☐ G-MWUB	Pegasus XL-R	☐ G-MXPI	Robinson R44 Raven II	☐ G-MYFT	Mainair Scorcher
☐ G-MWUD	Pegasus XL-R	☐ G-MXVI	VS.361 Spitfire LFXVIE	☐ G-MYFV	Cyclone AX3/503
☐ G-MWUI	AMF Chevvron 2-32C	☐ G-MYAB	Pegasus XL-R	☐ G-MYFW	Cyclone AX3/503
☐ G-MWUK	Rans S-6-ESD Coyote II	☐ G-MYAC	Solar Wings Pegasus XL-Q	☐ G-MYGD	Cyclone AX3/503
☐ G-MWUL	Rans S-6-ESD Coyote II	☐ G-MYAF	Pegasus XL-Q	☐ G-MYGF	TEAM miniMax 91
☐ G-MWUN	Rans S-6-ESD Coyote II	☐ G-MYAG	Quad City Challenger II U	☐ G-MYGK	Cyclone Chaser S 508
☐ G-MWUR	Pegasus XL Tug	☐ G-MYAH	Whittaker MW5 Sorcerer	☐ G-MYGM	Quad City Challenger II
☐ G-MWUS	Pegasus XL-R	☐ G-MYAI	Mainair Mercury	☐ G-MYGN	AMF Chevvron 2-32C

☐ G-MYGO	CFM Shadow Srs CD	☐ G-MYLT	Mainair Blade 912	☐ G-MYRY	Pegasus Quantum 15
☐ G-MYGP	Rans S-6-ESD Coyote II	☐ G-MYLV	CFM Shadow Srs CD	☐ G-MYRZ	Pegasus Quantum 15
☐ G-MYGR	Rans S-6-ESD Coyote II	☐ G-MYLW	Rans S-6-ESD Coyote II	☐ G-MYSB	Pegasus Quantum 15
☐ G-MYGT	Pegasus XL Tug	☐ G-MYLX	Medway Raven X	☐ G-MYSC	Pegasus Quantum 15
☐ G-MYGU	Pegasus XL-R	☐ G-MYMB	Pegasus Quantum 15	☐ G-MYSD	Quad City Challenger II
☐ G-MYGV	Pegasus XL-R	☐ G-MYMC	Pegasus Quantum 15	☐ G-MYSG	Mainair Mercury
☐ G-MYGZ	Mainair Gemini Flash IIA	☐ G-MYMH	Rans S-6-ESD Coyote II	☐ G-MYSI	Mignet HM.14/93
☐ G-MYHG	Cyclone AX3/503	☐ G-MYMI	Kolb Twinstar Mk3	☐ G-MYSJ	Mainair Gemini Flash IIA
☐ G-MYHH	Cyclone AX3/503	☐ G-MYMJ	Medway Raven X	☐ G-MYSK	TEAM miniMax 91
☐ G-MYHI	Rans S-6-ESD Coyote II	☐ G-MYMK	Mainair Gemini Flash IIA	☐ G-MYSL	Aviasud Mistral
☐ G-MYHJ	Cyclone AX3/503	☐ G-MYML	Mainair Mercury	☐ G-MYSO	Cyclone AX3/503
☐ G-MYHK	Rans S-6-ESD Coyote II	☐ G-MYMM	Air Création 503/Fun 18S GT	☐ G-MYSR	Pegasus Quantum 15
☐ G-MYHL	Mainair Gemini Flash IIA	☐ G-MYMN	Whittaker MW6 Merlin	☐ G-MYSU	Rans S-6-ESD Coyote II
☐ G-MYHM	Cyclone AX3/503	☐ G-MYMP	Rans S-6-ESD Coyote II	☐ G-MYSV	Aerial Arts Chaser S
☐ G-MYHN	Mainair Gemini Flash IIA	☐ G-MYMS	Rans S-6-ESD Coyote II	☐ G-MYSW	Solar Wings Pegasus Quantum 15
☐ G-MYHP	Rans S-6-ESD Coyote II	☐ G-MYMV	Mainair Gemini Flash IIA	☐ G-MYSX	Solar Wings Pegasus Quantum 15
☐ G-MYHR	Cyclone AX3/503	☐ G-MYMW	Cyclone AX3/503	☐ G-MYSY	Pegasus Quantum 15
☐ G-MYIA	Quad City Challenger II U	☐ G-MYMX	Pegasus Quantum 15	☐ G-MYSZ	Mainair Mercury
☐ G-MYIF	CFM Shadow Srs CD	☐ G-MYMZ	Cyclone AX3/503	☐ G-MYTB	Mainair Mercury
☐ G-MYIH	Mainair Gemini Flash IIA	☐ G-MYNB	Pegasus Quantum 15	☐ G-MYTD	Mainair Blade
☐ G-MYII	TEAM miniMax 91	☐ G-MYND	Mainair Gemini Flash IIA	☐ G-MYTE	Rans S-6-ESD Coyote II
☐ G-MYIK	Kolb Twinstar Mk3	☐ G-MYNE	Rans S-6-ESD Coyote II	☐ G-MYTH	CFM Shadow Srs CD
☐ G-MYIL	Cyclone Chaser S 508	☐ G-MYNF	Mainair Mercury	☐ G-MYTI	Pegasus Quantum 15
☐ G-MYIM	Pegasus Quasar IITC	☐ G-MYNI	TEAM miniMax 91	☐ G-MYTJ	Pegasus Quantum 15
☐ G-MYIN	Pegasus Quasar IITC	☐ G-MYNK	Pegasus Quantum 15	☐ G-MYTK	Mainair Mercury
☐ G-MYIP	CFM Shadow Srs CD	☐ G-MYNL	Pegasus Quantum 15	☐ G-MYTL	Mainair Blade
☐ G-MYIR	Rans S-6-ESD Coyote II	☐ G-MYNN	Pegasus Quantum 15	☐ G-MYTN	Pegasus Quantum 15
☐ G-MYIS	Rans S-6-ESD Coyote II	☐ G-MYNP	Pegasus Quantum 15	☐ G-MYTO	Quad City Challenger II U
☐ G-MYIT	Cyclone Chaser S 508	☐ G-MYNR	Pegasus Quantum 15	☐ G-MYTP	Arrowflight Hawk II (UK)
☐ G-MYIV	Mainair Gemini Flash IIA	☐ G-MYNS	Pegasus Quantum 15	☐ G-MYTT	Quad City Challenger II
☐ G-MYIX	Quad City Challenger II U	☐ G-MYNT	Pegasus Quantum 15	☐ G-MYTU	Mainair Blade
☐ G-MYIY	Mainair Gemini Flash IIA	☐ G-MYNV	Pegasus Quantum 15	☐ G-MYTY	CFM Streak Shadow M
☐ G-MYIZ	TEAM miniMax 91	☐ G-MYNX	CFM Streak Shadow SA	☐ G-MYUA	Air Création 503 Fun 18S GT
☐ G-MYJC	Mainair Gemini Flash IIA	☐ G-MYNY	Kolb Twinstar Mk3	☐ G-MYUB	Mainair Mercury
☐ G-MYJD	Rans S-6-ESD Coyote II	☐ G-MYNZ	Pegasus Quantum 15	☐ G-MYUC	Mainair Blade
☐ G-MYJF	Thruster T.300	☐ G-MYOA	Rans S-6-ESD Coyote II	☐ G-MYUD	Mainair Mercury
☐ G-MYJG	Thruster Super T.300	☐ G-MYOG	Kolb Twinstar Mk3	☐ G-MYUF	Murphy Renegade Spirit
☐ G-MYJJ	Pegasus Quasar IITC	☐ G-MYOH	CFM Shadow Srs CD	☐ G-MYUH	Pegasus XL-Q
☐ G-MYJK	Pegasus Quasar IITC	☐ G-MYOL	Air Création Fun 18S GT bis	☐ G-MYUI	Cyclone AX3/503
☐ G-MYJM	Mainair Gemini Flash IIA	☐ G-MYON	CFM Shadow Srs CD	☐ G-MYUJ	Murphy Maverick
☐ G-MYJS	Pegasus Quasar IITC	☐ G-MYOO	Kolb Twinstar Mk3M	☐ G-MYUL	Quad City Challenger II UK
☐ G-MYJT	Pegasus Quasar IITC	☐ G-MYOS	CFM Shadow Srs CD	☐ G-MYUN	Mainair Blade
☐ G-MYJU	Pegasus Quasar IITC	☐ G-MYOT	Rans S-6-ESD Coyote II	☐ G-MYUO	Pegasus Quantum 15
☐ G-MYJZ	Whittaker MW5-D Sorcerer	☐ G-MYOU	Pegasus Quantum 15	☐ G-MYUP	Letov LK-2M Sluka
☐ G-MYKA	Cyclone AX3/503	☐ G-MYOX	Mainair Mercury	☐ G-MYUU	Pegasus Quantum 15
☐ G-MYKB	Kolb Twinstar Mk3	☐ G-MYPA	Rans S-6-ESD Coyote II	☐ G-MYUV	Pegasus Quantum 15
☐ G-MYKE	CFM Shadow Srs BD	☐ G-MYPE	Mainair Gemini Flash IIA	☐ G-MYUW	Mainair Mercury
☐ G-MYKF	Cyclone AX3/503	☐ G-MYPH	Pegasus Quantum 15	☐ G-MYVA	Kolb Twinstar Mk3
☐ G-MYKG	Mainair Gemini Flash IIA	☐ G-MYPI	Pegasus Quantum 15	☐ G-MYVB	Mainair Blade
☐ G-MYKH	Mainair Gemini Flash IIA	☐ G-MYPJ	Rans S-6-ESD Coyote II	☐ G-MYVC	Pegasus Quantum 15
☐ G-MYKJ	TEAM miniMax	☐ G-MYPL	CFM Shadow Srs CD	☐ G-MYVE	Mainair Blade
☐ G-MYKO	Whittaker MW6-S Fatboy Flyer	☐ G-MYPN	Pegasus Quantum 15	☐ G-MYVG	Letov LK-2M Sluka
☐ G-MYKR	Pegasus Quasar IITC	☐ G-MYPP	Whittaker MW6-S Fatboy Flyer	☐ G-MYVH	Mainair Blade
☐ G-MYKS	Pegasus Quasar IITC	☐ G-MYPR	Cyclone AX3/503	☐ G-MYVI	Air Création Fun 18S GT bis
☐ G-MYKV	Mainair Gemini Flash IIA	☐ G-MYPS	Whittaker MW6 Merlin	☐ G-MYVJ	Pegasus Quantum 15
☐ G-MYKX	Mainair Mercury	☐ G-MYPT	CFM Shadow Srs CD	☐ G-MYVK	Pegasus Quantum 15
☐ G-MYKY	Mainair Mercury	☐ G-MYPV	Mainair Mercury	☐ G-MYVL	Mainair Mercury
☐ G-MYKZ	TEAM miniMax 91	☐ G-MYPX	Pegasus Quantum 15	☐ G-MYVM	Pegasus Quantum 15
☐ G-MYLB	TEAM miniMax 91	☐ G-MYPY	Pegasus Quantum 15	☐ G-MYVN	Cyclone AX3/503
☐ G-MYLC	Pegasus Quantum 15	☐ G-MYPZ	Quad City Challenger II	☐ G-MYVO	Mainair Blade
☐ G-MYLD	Rans S-6-ESD Coyote II	☐ G-MYRD	Mainair Blade	☐ G-MYVP	Rans S-6-ESD Coyote II
☐ G-MYLE	Pegasus Quantum Lite	☐ G-MYRE	Cyclone Chaser S	☐ G-MYVR	Pegasus Quantum 15
☐ G-MYLF	Rans S-6-ESD Coyote II	☐ G-MYRF	Pegasus Quantum 15	☐ G-MYVV	Medway Hybred 44XLR
☐ G-MYLG	Mainair Gemini Flash IIA	☐ G-MYRG	TEAM miniMax 88	☐ G-MYVY	Mainair Blade
☐ G-MYLH	Pegasus Quantum 15	☐ G-MYRH	Quad City Challenger II	☐ G-MYVZ	Mainair Blade
☐ G-MYLI	Pegasus Quantum 15	☐ G-MYRK	Murphy Renegade Spirit UK	☐ G-MYWC	Huntwing Avon Skytrike
☐ G-MYLK	Pegasus Quantum 15	☐ G-MYRL	TEAM miniMax 91	☐ G-MYWE	Thruster T.600N
☐ G-MYLL	Pegasus Quantum 15	☐ G-MYRN	Pegasus Quantum 15	☐ G-MYWG	Pegasus Quantum 15
☐ G-MYLM	Pegasus Quantum 15	☐ G-MYRP	Letov LK-2M Sluka	☐ G-MYWI	Pegasus Quantum 15
☐ G-MYLN	Kolb Twinstar Mk3	☐ G-MYRS	Pegasus Quantum 15	☐ G-MYWJ	Mainair Mercury
☐ G-MYLO	Rans S-6-ESD Coyote II	☐ G-MYRT	Pegasus Quantum 15	☐ G-MYWK	Pegasus Quantum 15
☐ G-MYLR	Mainair Gemini Flash IIA	☐ G-MYRV	Cyclone AX3/503	☐ G-MYWL	Pegasus Quantum 15
☐ G-MYLS	Mainair Mercury	☐ G-MYRW	Mainair Mercury	☐ G-MYWM	CFM Shadow Srs CD

Registration	Type
G-MYWN	Cyclone Chaser S 508
G-MYWO	Pegasus Quantum 15
G-MYWR	Pegasus Quantum 15
G-MYWS	Cyclone Chaser S 447
G-MYWT	Pegasus Quantum 15
G-MYWU	Pegasus Quantum 15
G-MYWW	Rans S-4C Coyote
G-MYWW	Pegasus Quantum 15
G-MYWY	Pegasus Quantum 15
G-MYXA	TEAM miniMax 91
G-MYXB	Rans S-6-ESD Coyote II
G-MYXC	Quad City Challenger II UK
G-MYXD	Solar Wings Pegasus Quasar IITC
G-MYXE	Pegasus Quantum 15
G-MYXF	Air Création Fun 18S GT bis
G-MYXG	Rans S-6-ESD Coyote II
G-MYXH	Cyclone AX3/503
G-MYXI	Cook Aries 1
G-MYXJ	Mainair Blade
G-MYXL	Mignet HM-1000 Balerit
G-MYXM	Mainair Blade
G-MYXN	Mainair Blade
G-MYXO	Letov LK-2M Sluka
G-MYXP	Rans S-6-ESD Coyote II
G-MYXT	Pegasus Quantum 15
G-MYXU	Thruster T.300
G-MYXV	Quad City Challenger II U
G-MYXW	Pegasus Quantum 15
G-MYXX	Pegasus Quantum 15
G-MYXY	CFM Shadow Srs CD
G-MYXZ	Pegasus Quantum 15
G-MYYA	Mainair Blade
G-MYYB	Pegasus Quantum 15
G-MYYC	Pegasus Quantum 15
G-MYYD	Cyclone Chaser S 447
G-MYYF	Quad City Challenger II U
G-MYYH	Mainair Blade
G-MYYI	Pegasus Quantum 15
G-MYYJ	Huntwing Avon Skytrike
G-MYYK	Pegasus Quantum 15
G-MYYL	Cyclone AX3/503
G-MYYP	AMF Chevvron 2-32C
G-MYYR	TEAM miniMax 91
G-MYYS	TEAM miniMAX
G-MYYV	Rans S-6-ESD-XL Coyote II
G-MYYW	Mainair Blade
G-MYYX	Pegasus Quantum 15
G-MYYY	Mainair Blade
G-MYYZ	Medway Raven X
G-MYZB	Pegasus Quantum 15
G-MYZC	Cyclone AX3/503
G-MYZE	TEAM miniMax 91
G-MYZF	Cyclone AX3/503
G-MYZG	Cyclone AX3/503
G-MYZH	Chargus Titan 38
G-MYZJ	Pegasus Quantum 15
G-MYZK	Pegasus Quantum 15
G-MYZL	Pegasus Quantum 15
G-MYZM	Pegasus Quantum 15
G-MYZP	CFM Shadow Srs DD
G-MYZR	Rans S-6-ESD-XL Coyote II
G-MYZV	Rans S-6-ESD-XL Coyote II
G-MYZY	Pegasus Quantum 15
G-MZAB	Mainair Blade
G-MZAC	Quad City Challenger II
G-MZAE	Mainair Blade
G-MZAF	Mainair Blade
G-MZAG	Mainair Blade
G-MZAK	Mainair Mercury
G-MZAM	Mainair Blade
G-MZAN	Pegasus Quantum 15
G-MZAP	Mainair Blade 912
G-MZAR	Mainair Blade
G-MZAS	Mainair Blade
G-MZAT	Mainair Blade
G-MZAU	Mainair Blade
G-MZAW	Pegasus Quantum 15
G-MZAZ	Mainair Blade
G-MZBC	Pegasus Quantum 15
G-MZBD	Rans S-6-ESD-XL Coyote II
G-MZBF	Letov LK-2M Sluka
G-MZBG	Whittaker MW6-S Fatboy Flyer
G-MZBH	Rans S-6-ESD Coyote II
G-MZBK	Letov LK-2M Sluka
G-MZBL	Mainair Blade
G-MZBN	CFM Shadow Srs CD
G-MZBS	CFM Shadow Srs D
G-MZBT	Pegasus Quantum 15
G-MZBU	Rans S-6-ESD-XL Coyote II
G-MZBV	Rans S-6-ESD-XL Coyote II
G-MZBW	Quad City Challenger II U
G-MZBY	Pegasus Quantum 15
G-MZBZ	Quad City Challenger II U
G-MZCA	Rans S-6-ESD-XL Coyote II
G-MZCB	Cyclone Chaser S 508
G-MZCC	Mainair Blade 912
G-MZCD	Mainair Blade
G-MZCE	Mainair Blade
G-MZCF	Mainair Blade
G-MZCH	Whittaker MW6-S Fatboy Flyer
G-MZCI	Pegasus Quantum 15
G-MZCJ	Pegasus Quantum 15
G-MZCK	AMF Chevvron 2-32C
G-MZCM	Pegasus Quantum 15
G-MZCN	Mainair Blade
G-MZCR	Pegasus Quantum 15
G-MZCS	TEAM miniMax 91
G-MZCT	CFM Shadow Srs CD
G-MZCU	Mainair Blade
G-MZCV	Pegasus Quantum 15
G-MZCX	Huntwing Avon Skytrike
G-MZCY	Solar Wings Pegasus Quantum 15
G-MZDA	Rans S-6-ESD-XL Coyote II
G-MZDB	Pegasus Quantum 912
G-MZDC	Pegasus Quantum 15
G-MZDD	Pegasus Quantum 15
G-MZDE	Pegasus Quantum 15
G-MZDF	Mainair Blade
G-MZDG	Rans S-6-ESD-XL Coyote II
G-MZDH	Pegasus Quantum 912
G-MZDJ	Medway Raven X
G-MZDK	Mainair Blade
G-MZDM	Rans S-6-ESD-XL Coyote II
G-MZDN	Pegasus Quantum 15
G-MZDP	AMF Chevvron 2-32C
G-MZDS	Cyclone AX3/503
G-MZDT	Mainair Blade
G-MZDU	Pegasus Quantum 912
G-MZDV	Pegasus Quantum 15
G-MZDX	Letov LK-2M Sluka
G-MZDY	Pegasus Quantum 15
G-MZDZ	Huntwing Avon Skytrike
G-MZEA	Quad City Challenger II
G-MZEB	Mainair Blade
G-MZEC	Pegasus Quantum 15 Super Sport
G-MZEE	Pegasus Quantum 15
G-MZEG	Mainair Blade
G-MZEH	Pegasus Quantum 15
G-MZEK	Mainair Mercury
G-MZEL	Cyclone AX3/503
G-MZEM	Pegasus Quantum 912
G-MZEN	Rans S-6-ESD Coyote II
G-MZEO	Rans S-6-ESD-XL Coyote II
G-MZEP	Mainair Rapier
G-MZES	Letov LK-2M Sluka
G-MZEV	Mainair Rapier
G-MZEW	Mainair Blade
G-MZEX	Pegasus Quantum 15
G-MZEZ	Pegasus Quantum 912
G-MZFA	Cyclone AX2000
G-MZFB	Mainair Blade
G-MZFC	Letov LK-2M Sluka
G-MZFD	Mainair Rapier
G-MZFE	Huntwing Avon Skytrike
G-MZFF	Hunt Wing Avon 503
G-MZFH	AMF Chevvron 2-32C
G-MZFL	Rans S-6-ESD-XL Coyote II
G-MZFM	Pegasus Quantum 15
G-MZFN	Rans S-6-ESD Coyote II
G-MZFO	Thruster T.600N
G-MZFS	Mainair Blade
G-MZFT	Pegasus Quantum 912
G-MZFU	Thruster T.600N 450
G-MZFX	Cyclone AX2000
G-MZFY	Rans S-6-ESD-XL Coyote II
G-MZFZ	Mainair Blade
G-MZGA	Cyclone AX2000
G-MZGB	Cyclone AX2000
G-MZGC	Cyclone AX2000
G-MZGD	Rans S-5 Coyote
G-MZGF	Letov LK-2M Sluka
G-MZGG	Pegasus Quantum 15
G-MZGH	Hunt Wing Avon 462
G-MZGI	Mainair Blade 912
G-MZGJ	Kolb Twinstar Mk3
G-MZGK	Cyclone AX2000
G-MZGL	Mainair Rapier
G-MZGM	Cyclone AX2000
G-MZGN	Pegasus Quantum 15
G-MZGO	Pegasus Quantum 15
G-MZGP	Cyclone AX2000
G-MZGS	CFM Shadow Srs DD
G-MZGU	Arrowflight Hawk II (UK)
G-MZGV	Pegasus Quantum 15
G-MZGW	Mainair Blade
G-MZGX	Thruster T.600N
G-MZGY	Thruster T.600N
G-MZHA	Thruster T.600T
G-MZHB	Mainair Blade
G-MZHD	Thruster T.600T
G-MZHF	Thruster T.600N
G-MZHG	Whittaker MW6-T
G-MZHI	Pegasus Quantum 15
G-MZHJ	Pegasus Quantum 15
G-MZHM	TEAM hiMax 1700R
G-MZHN	Pegasus Quantum 15
G-MZHO	Quad City Challenger II
G-MZHP	Quad City Challenger II
G-MZHR	Cyclone AX2000
G-MZHS	Thruster T.600T
G-MZHT	Whittaker MW6 Merlin
G-MZHV	Thruster T.600N
G-MZHW	Thruster T.600N
G-MZHY	Thruster T.600N
G-MZIB	Pegasus Quantum 15
G-MZID	Whittaker MW6 Merlin
G-MZIE	Pegasus Quantum 15
G-MZIF	Pegasus Quantum 15
G-MZIH	Mainair Blade
G-MZIJ	Pegasus Quantum 15
G-MZIK	Pegasus Quantum 15
G-MZIL	Mainair Rapier
G-MZIM	Mainair Rapier
G-MZIR	Mainair Blade
G-MZIS	Mainair Blade
G-MZIT	Mainair Blade 912
G-MZIU	Pegasus Quantum 15-912
G-MZIV	Cyclone AX2000
G-MZIW	Mainair Blade

☐	G-MZIZ	Murphy Renegade Spirit UK	☐	G-MZMZ	Mainair Blade	☐	G-NDPA	Comco Ikarus C42 FB UK
☐	G-MZJA	Mainair Blade	☐	G-MZNA	Quad City Challenger II U	☐	G-NEAL	Piper PA-32-260 Cherokee Six
☐	G-MZJD	Mainair Blade	☐	G-MZNB	Pegasus Quantum 912	☐	G-NEAT	Europa Aviation Europa
☐	G-MZJE	Mainair Rapier	☐	G-MZNC	Mainair Blade 912	☐	G-NEAU	Eurocopter EC135 T2
☐	G-MZJF	Cyclone AX2000	☐	G-MZND	Mainair Rapier	☐	G-NEDS	Best Off Skyranger Nynja 912S
☐	G-MZJG	Pegasus Quantum 15	☐	G-MZNG	Pegasus Quantum 912	☐	G-NEEL	RotorWay Executive 90
☐	G-MZJH	Pegasus Quantum 15	☐	G-MZNH	CFM Shadow Srs DD	☐	G-NEIL	Thunder Ax3 Maxi Sky Chariot
☐	G-MZJJ	Murphy Maverick	☐	G-MZNJ	Mainair Blade	☐	G-NELI	Piper PA-28R-180 Arrow
☐	G-MZJK	Mainair Blade	☐	G-MZNM	TEAM miniMax 91	☐	G-NEMO	Raj Hamsa X'Air Jabiru
☐	G-MZJL	Cyclone AX2000	☐	G-MZNN	TEAM miniMax 91	☐	G-NEON	Piper PA-32-300 Cherokee Six B
☐	G-MZJM	Rans S-6-ESD-XL Coyote II	☐	G-MZNO	Mainair Blade 912	☐	G-NESA	Europa Aviation Europa XS
☐	G-MZJO	Pegasus Quantum 15	☐	G-MZNR	Pegasus Quantum 15	☐	G-NESE	Tecnam P2002-JF Sierra
☐	G-MZJP	Whittaker MW6-S Fatboy Flyer	☐	G-MZNS	Pegasus Quantum 912	☐	G-NESH	Robinson R44 Clipper II
☐	G-MZJR	Cyclone AX2000	☐	G-MZNT	Pegasus Quantum 912	☐	G-NEST	Christen Eagle II
☐	G-MZJT	Pegasus Quantum 912	☐	G-MZNU	Mainair Rapier	☐	G-NESV	Eurocopter EC135 T1
☐	G-MZJV	Mainair Blade 912	☐	G-MZNV	Rans S-6-ESD-XL Coyote II	☐	G-NESW	Piper PA-34-220T Seneca III
☐	G-MZJW	Pegasus Quantum 15-912	☐	G-MZNX	Thruster T.600N	☐	G-NESY	Piper PA-18 Super Cub 95
☐	G-MZJY	Pegasus Quantum 912	☐	G-MZNY	Thruster T.600N	☐	G-NETR	AS.355F1 Ecureuil 2
☐	G-MZJZ	Mainair Blade 912	☐	G-MZNZ	Letov LK-2M Sluka	☐	G-NETT	Cessna 172S Skyhawk
☐	G-MZKA	Pegasus Quantum 912	☐	G-MZOC	Mainair Blade 912	☐	G-NETY	Piper PA-18-150 Super Cub
☐	G-MZKC	Cyclone AX2000	☐	G-MZOD	Pegasus Quantum 912	☐	G-NEWT	Beech 35 Bonanza
☐	G-MZKD	Pegasus Quantum 912	☐	G-MZOE	Cyclone AX2000	☐	G-NEWZ	Bell 206B-3 JetRanger III
☐	G-MZKE	Rans S-6-ESD-XL Coyote II	☐	G-MZOG	Pegasus Quantum 15	☐	G-NFLA	BAe Jetstream 3102
☐	G-MZKF	Pegasus Quantum 912	☐	G-MZOH	Whittaker MW5-D Sorcerer	☐	G-NFLY	Tecnam P2002-EA Sierra
☐	G-MZKG	Mainair Blade	☐	G-MZOI	Letov LK-2M Sluka	☐	G-NFNF	Robin DR.400-180 Régent
☐	G-MZKH	CFM Shadow Srs DD	☐	G-MZOK	Whittaker MW6 Merlin	☐	G-NFON	Van's RV-8
☐	G-MZKI	Mainair Rapier	☐	G-MZOP	Mainair Blade 912	☐	G-NGLS	Aerospool Dynamic WT9 UK
☐	G-MZKJ	Mainair Blade	☐	G-MZOS	Pegasus Quantum 912	☐	G-NHAA	AS.365N2 Dauphin 2
☐	G-MZKL	Pegasus Quantum 15	☐	G-MZOV	Pegasus Quantum 15	☐	G-NHAB	AS.365N2 Dauphin 2
☐	G-MZKN	Mainair Rapier	☐	G-MZOW	Pegasus Quantum 912	☐	G-NHAC	AS.365N2 Dauphin 2
☐	G-MZKR	Thruster T.600N	☐	G-MZOX	Letov LK-2M Sluka	☐	G-NHRH	Piper PA-28-140 Cherokee
☐	G-MZKS	Thruster T.600N	☐	G-MZOY	TEAM miniMax 91	☐	G-NHRJ	Europa Aviation Europa XS
☐	G-MZKU	Thruster T.600T	☐	G-MZOZ	Rans S-6-ESD-XL Coyote II	☐	G-NIAA	Beech 200 Super King Air
☐	G-MZKW	Quad City Challenger II	☐	G-MZPH	Mainair Blade	☐	G-NICC	Evektor EV-97 teamEurostar UK
☐	G-MZKY	Pegasus Quantum 15	☐	G-MZPJ	TEAM miniMax 91	☐	G-NICI	Robinson R44 Raven II
☐	G-MZKZ	Mainair Blade	☐	G-MZPW	Solar Wings Pegasus Quasar IITC	☐	G-NICS	Best Off Skyranger Swift
☐	G-MZLA	Pegasus Quantum 15	☐	G-MZRC	Pegasus Quantum 15	☐	G-NIDG	Evektor EV-97 Eurostar
☐	G-MZLC	Mainair Blade 912	☐	G-MZRM	Pegasus Quantum 912	☐	G-NIEN	Van's RV-9A
☐	G-MZLD	Pegasus Quantum 912	☐	G-MZRS	CFM Shadow Srs CD	☐	G-NIFE	SNCAN Stampe SV-4A
☐	G-MZLE	Murphy Maverick 430	☐	G-MZSP	Spacek SD-1 Minisport	☐	G-NIGC	Avtech Jabiru UL-450
☐	G-MZLF	Pegasus Quantum 15	☐	G-MZTG	Titan T-51 Mustang	☐	G-NIGE	Luscombe 8E Silvaire Deluxe
☐	G-MZLG	Rans S-6-ESD-XL Coyote II	☐	G-MZTS	Aerial Arts Chaser S	☐	G-NIGL	Europa Aviation Europa
☐	G-MZLI	Mignet HM-1000 Balerit	☐	G-MZUB	Rans S-6-ESD-XL Coyote II	☐	G-NIGS	Thunder Ax7-65
☐	G-MZLJ	Pegasus Quantum 15	☐	G-MZZT	Kolb Twinstar Mk3	☐	G-NIKE	Piper PA-28-181 Archer II
☐	G-MZLL	Rans S-6-ESD-XL Coyote II	☐	G-MZZY	Mainair Blade 912	☐	G-NIKK	Diamond DA.20-C1 Katana
☐	G-MZLM	Cyclone AX2000				☐	G-NIKO	Airbus A321-211
☐	G-MZLN	Pegasus Quantum 15	☐	G-NACA	Norman NAC-2 Freelance 180	☐	G-NIKS	Aeropro Eurofox 912
☐	G-MZLP	CFM Shadow D Srs SS	☐	G-NACE	Aquila AT01	☐	G-NIKX	Robinson R44 Raven II
☐	G-MZLR	Pegasus XL-Q	☐	G-NACI	Norman NAC-1 Freelance 180	☐	G-NILT	Evektor EV-97 Eurostar SL
☐	G-MZLT	Pegasus Quantum 912	☐	G-NADO	Titan Tornado SS	☐	G-NIMA	Balóny Kubíček BB30Z
☐	G-MZLV	Pegasus Quantum 15	☐	G-NADS	TEAM miniMax 91	☐	G-NIMB	Schempp-Hirth Nimbus-2C
☐	G-MZLW	Pegasus Quantum 15	☐	G-NADZ	Van's RV-4	☐	G-NIME	Cessna T206H Stationair
☐	G-MZLX	Micro Aviation B.22S Bantam	☐	G-NAGG	AutoGyro MT-03	☐	G-NINA	Piper PA-28-161 Warrior II
☐	G-MZLY	Letov LK-2M Sluka	☐	G-NALA	Cessna 172S Skyhawk SP	☐	G-NINC	Piper PA-28-180 Cherokee G
☐	G-MZLZ	Mainair Blade 912	☐	G-NANI	Robinson R44 Clipper II	☐	G-NIND	Piper PA-28-180 Challenger
☐	G-MZMA	Pegasus Quasar IITC	☐	G-NANO	Avid Speed Wing	☐	G-NINE	Murphy Renegade 912
☐	G-MZMC	Pegasus Quantum 912	☐	G-NAPO	Pegasus Quantum 912	☐	G-NINJ	Best Off Skyranger Nynja 912S
☐	G-MZME	Medway EclipseR	☐	G-NAPP	Van's RV-7	☐	G-NIOG	Robinson R44 Clipper II
☐	G-MZMF	Pegasus Quantum 15	☐	G-NARG	Air Création Tanarg 912S/iXess	☐	G-NIOS	Piper PA-32R-301 Saratoga SP
☐	G-MZMG	Pegasus Quantum 15	☐	G-NARO	Cassutt Racer	☐	G-NIPA	Tipsy Nipper T.66 Srs 3
☐	G-MZMH	Pegasus Quantum 912	☐	G-NARR	Stolp SA.300 Starduster Too	☐	G-NIPL	AS.350B3 Ecureuil
☐	G-MZMJ	Mainair Blade 912	☐	G-NATI	Corby CJ-1 Starlet	☐	G-NIPP	Tipsy Nipper T.66 Srs 3
☐	G-MZMK	AMF Chevvron 2-32C	☐	G-NATT	Rockwell Commander 114A	☐	G-NIPR	Tipsy Nipper T.66 Srs 3
☐	G-MZML	Mainair Blade 912	☐	G-NATY	Folland Gnat T1	☐	G-NIPS	Tipsy Nipper T.66 Series 2
☐	G-MZMM	Mainair Blade	☐	G-NBDD	Robin DR.400-180 Régent	☐	G-NISA	Robinson R44 Clipper II
☐	G-MZMN	Pegasus Quantum 912	☐	G-NBOX	Comco Ikarus C42 FB100 Bravo	☐	G-NISH	Van's RV-8
☐	G-MZMO	TEAM miniMax 91	☐	G-NCCC	CL-600-2B16 Challenger 605	☐	G-NIVA	Eurocopter EC155 B1
☐	G-MZMT	Pegasus Quantum 15	☐	G-NCFC	Piper PA-38-112 Tomahawk	☐	G-NIXX	Best Off Skyranger 912S
☐	G-MZMU	Rans S-6-ESD-XL Coyote II	☐	G-NCUB	Piper J-3C-65 Cub	☐	G-NJBA	RotorWay Executive 162F
☐	G-MZMV	Mainair Blade	☐	G-NDAA	MBB Bö.105DBS-4	☐	G-NJET	Schempp-Hirth Ventus cT
☐	G-MZMW	Mignet HM-1000 Balerit	☐	G-NDAD	Medway SLA 100 Executive	☐	G-NJPG	Best Off Skyranger Nynja 912S
☐	G-MZMX	Cyclone AX2000	☐	G-NDOL	Europa Aviation Europa	☐	G-NJPW	P&M Quik GT450
☐	G-MZMY	Mainair Blade	☐	G-NDOT	Thruster T.600N 450	☐	G-NJSH	Robinson R22 Beta

Registration	Type	Registration	Type	Registration	Type
G-NJSP	Avtech Jabiru J430	G-NWPR	Cameron N-77	G-OBAZ	Best Off Skyranger 912
G-NJTC	Aeroprakt A-22L Foxbat	G-NWPS	Eurocopter EC135 T1	G-OBBO	Cessna 182S Skylane
G-NLCH	Lindstrand LBL 35A Cloudhopper	G-NXOE	Cessna 172S Skyhawk	G-OBDA	Diamond DA.20-A1 Katana
G-NLDR	AS.355F2 Ecureuil 2	G-NXUS	Miller Nexus Mustang	G-OBDN	Piper PA-28-161 Warrior III
G-NLEE	Cessna 182Q Skylane	G-NYKS	Cessna 182T Skylane	G-OBEE	Boeing Stearman A75N1
G-NLMB	Zenair CH.601UL Zodiac	G-NYMB	Schempp-Hirth Nimbus-3DT	G-OBEI	SOCATA TB-200 Tobago GT
G-NLPA	Hawker 750	G-NYMF	Piper PA-25-235 Pawnee D	G-OBEN	Cessna 152 II
G-NLSE	AS.355F2 Ecureuil 2	G-NYNA	Van's RV-9A	G-OBET	Sky 77-24
G-NLYB	Cameron N-105	G-NYNE	Schleicher ASW 27-18E	G-OBFE	Sky 120-24
G-NMAK	Airbus A319-115X	G-NYNJ	Best Off Skyranger Nynja 912S	G-OBFS	Piper PA-28-161 Warrior III
G-NMCL	Aeropro Eurofox 912(S)	G-NZGL	Cameron O-105	G-OBIB	Colt 120A
G-NMID	Eurocopter EC135 T2+	G-NZSS	Boeing Stearman E75	G-OBIL	Robinson R22 Beta
G-NMOS	Cameron C-80			G-OBIO	Robinson R22 Beta
G-NMRV	Van's RV-6	G-OAAA	Piper PA-28-161 Warrior II	G-OBJB	Lindstrand LBL 90A
G-NNAC	Piper PA-18-135 Super Cub	G-OAAM	Cameron C-90	G-OBJM	Taylor JT.1 Monoplane
G-NNON	Mainair Blade	G-OABB	Jodel D.150 Mascaret	G-OBJP	Pegasus Quantum 912
G-NOAH	Airbus A319-115CJ	G-OABC	Colt 69A	G-OBJT	Europa Aviation Europa
G-NOCK	Reims/Cessna FR182 Skylane RG	G-OABO	Enstrom F-28A	G-OBLC	Beech 76 Duchess
G-NODE	Gulfstream AA-5B Tiger	G-OABR	American AG-5B Tiger	G-OBLU	Cameron H-34
G-NOIL	B-N BN-2A-26 Islander	G-OACA	Piper PA-44-180 Seminole	G-OBMI	Mainair Blade
G-NOMZ	Balóny Kubíček BB-S Gnome SS	G-OACE	Valentin Taifun 17E	G-OBMP	Boeing 737-3Q8
G-NONE	Dyn'Aéro MCR-01 ULC	G-OACI	MS.893E Rallye 180GT	G-OBMS	Reims/Cessna F172N Skyhawk II
G-NONI	Grumman AA-5 Traveler	G-OADY	Beech 76 Duchess	G-OBNA	Piper PA-34-220T Seneca V
G-NOOR	Commander Commander 114B	G-OAER	Lindstrand LBL 105A	G-OBNC	B-N BN-2B-20 Islander
G-NORA	Comco Ikarus C42 FB UK	G-OAFA	Reims/Cessna F172M Skyhawk	G-OBOF	Remos GX
G-NORB	Air et Aventure Saturne S110K	G-OAFF	Cessna 208 Caravan I	G-OBPP	Schleicher ASW 27-18E
G-NORD	SNCAC NC.854	G-OAFR	Cameron Z-105	G-OBRO	Alpi Pioneer 200-M
G-NORK	Bell 206B-3 JetRanger III	G-OAGA	EC225 LP Super Puma	G-OBRY	Cameron N-180
G-NOSE	Cessna 402B	G-OAGC	EC225 LP Super Puma	G-OBSM	Robinson R44 Raven
G-NOTE	Piper PA-28-181 Archer III	G-OAGD	EC225 LP Super Puma	G-OBSR	Partenavia P68
G-NOTS	Best Off Skyranger 912S	G-OAGE	EC225 LP Super Puma	G-OBTS	Cameron C-80
G-NOTT	Nott ULD2 HAB	G-OAGI	FLS Aerospace Sprint 160	G-OBUP	DG Flugzeugbau DG-800B
G-NOTY	Westland Scout AH1	G-OAHC	Beech F33C Bonanza	G-OBUU	Comper CLA7 Swift replica
G-NOUS	Cessna 172S Skyhawk SP	G-OAJC	Robinson R44 Raven I	G-OBUY	Colt 69A
G-NOWW	Mainair Blade 912S	G-OAJL	Comco Ikarus C42 FB100	G-OBUZ	Van's RV-6
G-NOXY	Robinson R44 Raven I	G-OAJS	Piper PA-39 Twin Comanche	G-OBWP	British Aerospace ATP
G-NOYA	Gulfstream V-SP	G-OALD	SOCATA TB-20 Trinidad	G-OBYE	Boeing 767-304ER
G-NPKJ	Van's RV-6	G-OALH	Tecnam P92-EA Echo	G-OBYF	Boeing 767-304ER
G-NPPL	Comco Ikarus C42 FB100	G-OALI	AS.355F1 Ecureuil 2	G-OBYG	Boeing 767-304ER
G-NPTV	AS.355NP Ecureuil 2	G-OAMF	Pegasus Quantum 912	G-OBYH	Boeing 767-304ER
G-NREG	CL-600-1A11 Challenger 600S	G-OAMI	Bell 206B JetRanger	G-OBYT	Agusta-Bell 206A JetRanger
G-NRFK	Van's RV-8	G-OAML	Cameron AML-105	G-OBZR	Breezer Breezer B600 LSA
G-NRIA	Beech 23 Musketeer	G-OAMP	Reims/Cessna F177RG Cardinal	G-OCAC	CAB Robin R2112 Alpha
G-NRMA	Dan Rihn DR.107 One Design	G-OANI	Piper PA-28-161 Warrior II	G-OCAD	Sequoia F.8L Falco
G-NROY	Piper PA-32RT-300 Lance II	G-OANN	Zenair CH.601HD Zodiac	G-OCAM	Gulfstream AA-5B Tiger
G-NRRA	SIAI Marchetti SF.260W	G-OAPR	Brantly B.2B	G-OCBI	Schweizer 269C-1
G-NSBB	Comco Ikarus C42 FB100 VLA	G-OAPW	Glaser-Dirks DG-400	G-OCBT	IAV Bacau Yakovlev Yak-52
G-NSEV	Robinson R66	G-OARA	Piper PA-28R-201 Arrow	G-OCCF	Diamond DA.40D Star
G-NSEW	Robinson R44 Astro	G-OARC	Piper PA-28RT-201 Arrow IV	G-OCCG	Diamond DA.40D Star
G-NSEY	Embraer ERJ 190-200 STD	G-OARI	Piper PA-28R-201 Arrow	G-OCCH	Diamond DA.40D Star
G-NSKB	Aeroprakt A-22L Foxbat	G-OARO	Piper PA-28R-201 Arrow	G-OCCK	Diamond DA.40D Star
G-NSSA	TLAC Sherwood Ranger	G-OARS	Cessna 172S Skyhawk SP	G-OCCL	Diamond DA.40D Star
G-NSTG	Cessna F150F	G-OART	Piper PA-23-250 Aztec D	G-OCCN	Diamond DA.40D Star
G-NTPS	BRM Aero Bristell NG5	G-OARU	Piper PA-28R-201 Arrow	G-OCCU	Diamond DA.40D Star
G-NTVE	Beagle A.61 Terrier 3	G-OARV	ARV-1 Super 2	G-OCCX	Diamond DA.42 Twin Star
G-NTWK	AS.355F2 Ecureuil 2	G-OASA	Flight Design CTSW	G-OCDC	Best Off Skyranger Nynja 912S
G-NUFC	Best Off Skyranger Swift	G-OASH	Robinson R22 Beta	G-OCDP	Flight Design CTSW
G-NUGC	Grob G103A Twin Acro	G-OASJ	Thruster T.600N 450	G-OCDW	Avtech Jabiru UL-450
G-NUKA	Piper PA-28-181 Archer II	G-OASP	AS.355F2 Ecureuil 2	G-OCEG	Beech 200 Super King Air
G-NULA	Flight Design CT2K	G-OASW	Schleicher ASW 27B	G-OCFC	CAB Robin R2160 Alpha Sport
G-NUNI	Lindstrand LBL 77A	G-OATE	Pegasus Quantum 912	G-OCFD	Bell 206B-3 JetRanger III
G-NUTA	Christen Eagle II	G-OATV	Cameron V-77	G-OCFM	Piper PA-34-200 Seneca
G-NUTT	Pegasus Quik	G-OATZ	Van's RV-12	G-OCFT	CL-600-2B16 Challenger 601
G-NVBF	Lindstrand LBL 210A	G-OAUD	Robinson R44 Raven	G-OCGC	Robin DR.400-180R Remo
G-NWAA	Eurocopter EC135 T2	G-OAVA	Robinson R22 Beta II	G-OCHM	Robinson R44 Raven
G-NWAE	Eurocopter EC135 T2	G-OAWL	Agusta AW139	G-OCJZ	Cessna 525A CitationJet CJ2
G-NWEM	Eurocopter EC135 T2	G-OAWS	Colt 77A	G-OCLC	Aviat A-1B Husky
G-NWFA	Cessna 150M	G-OBAB	Lindstrand LBL 35A Cloudhopper	G-OCLH	BAe Avro 146-RJ85
G-NWFC	Cessna 172P Skyhawk	G-OBAD	Evektor EV-97 Eurostar SL	G-OCMM	Agusta A109A II
G-NWFG	Cessna 172P Skyhawk	G-OBAK	PA-28R-201T Turbo Arrow III	G-OCMS	Evektor EV-97 teamEurostar UK
G-NWFS	Cessna 172P Skyhawk	G-OBAL	Mooney M.20J Mooney 201	G-OCMT	Evektor EV-97 teamEurostar UK
G-NWFT	Reims/Cessna F172N Skyhawk II	G-OBAN	Jodel D.140B Mousquetaire II	G-OCOK	Champion 8KCAB Decathlon
G-NWOI	Eurocopter EC135 P2+	G-OBAX	Thruster T.600N 450	G-OCON	Robinson R44 Raven

☐ G-OCOV	Robinson R22 Beta II	☐ G-OEZI	Reality Easy Raider J2.2	☐ G-OIFM	Cameron Dude 90 SS
☐ G-OCPC	Reims/Cessna FA152 Aerobat	☐ G-OEZY	Europa Aviation Europa	☐ G-OIHC	Piper PA-32R-301 Saratoga HP
☐ G-OCRI	Colomban MC-15 Cri-Cri	☐ G-OFAA	Cameron Z-105	☐ G-OIIO	Robinson R22 Beta
☐ G-OCRL	Europa Aviation Europa	☐ G-OFAL	Ozone/Bailey Quattro	☐ G-OIMC	Cessna 152 II
☐ G-OCRM	Slingsby T.67M Firefly II	☐ G-OFAS	Robinson R22 Beta	☐ G-OINN	Ultramagic H-31
☐ G-OCRZ	CZAW Sportcruiser	☐ G-OFBU	Comco Ikarus C42 FB UK	☐ G-OINT	Balóny Kubíček BB20XR
☐ G-OCST	Agusta-Bell 206B-3 JetRanger 3	☐ G-OFCM	Reims/Cessna F172L Skyhawk	☐ G-OIOB	Mudry CAP 10B
☐ G-OCTI	Piper PA-32-260 Cherokee Six	☐ G-OFDT	Pegasus Quik GT450	☐ G-OIOZ	Thunder Ax9-120 Srs 2
☐ G-OCTS	Cameron Z-90	☐ G-OFER	Piper PA-18-150 Super Cub	☐ G-OITV	Enstrom 280C Shark
☐ G-OCTU	Piper PA-28-161 Cadet	☐ G-OFFA	Pietenpol Air Camper	☐ G-OIVN	Liberty XL-2
☐ G-OCUB	Piper J-3C-90 Cub	☐ G-OFFO	Extra EA.300/L	☐ G-OJAB	Avtech Jabiru SK
☐ G-OCZA	CZAW Sportcruiser	☐ G-OFGC	Aeroprakt A-22L Foxbat	☐ G-OJAC	Mooney M.20J Mooney 201
☐ G-ODAC	Reims/Cessna F152 II	☐ G-OFIT	SOCATA TB-10 Tobago	☐ G-OJAG	Cessna 172S Skyhawk SP
☐ G-ODAD	Colt 77A	☐ G-OFIX	Grob G109B	☐ G-OJAN	Robinson R22 Beta
☐ G-ODAF	Lindstrand LBL 105A	☐ G-OFJC	Eiriavion PIK-20E	☐ G-OJAS	Auster J/1U Workmaster
☐ G-ODAK	Piper PA-28-236 Dakota	☐ G-OFLY	Cessna 210M Centurion	☐ G-OJAZ	Robinson R44 Raven II
☐ G-ODAY	Cameron N-56	☐ G-OFMC	BAe Avro 146-RJ100	☐ G-OJBB	Enstrom 280FX Shark
☐ G-ODAZ	Robinson R44 Raven II	☐ G-OFNC	Balóny Kubíček BB17XR	☐ G-OJBS	Cameron N-105
☐ G-ODBN	Lindstrand LBL Flowers SS	☐ G-OFOA	British Aerospace BAe 146-100	☐ G-OJBW	Lindstrand LBL J & B Bottle SS
☐ G-ODCH	Schleicher ASW 20L	☐ G-OFOM	British Aerospace BAe 146-100	☐ G-OJCW	Piper PA-32RT-300 Lance II
☐ G-ODCR	Robinson R44 Raven II	☐ G-OFRB	Everett Gyroplane Srs 2	☐ G-OJDA	EAA Acrosport II
☐ G-ODDD	Agusta A109A II	☐ G-OFRY	Cessna 152 II	☐ G-OJDC	Thunder Ax7-77
☐ G-ODDF	Siren PIK-30	☐ G-OFSP	Czech Sport Sportcruiser	☐ G-OJDS	Comco Ikarus C42 FB80
☐ G-ODDS	Pitts S-2A	☐ G-OFTC	Agusta A109E Power	☐ G-OJEG	Airbus A321-231
☐ G-ODDY	Lindstrand LBL 105A	☐ G-OFTI	Piper PA-28-140 Cruiser	☐ G-OJEH	Piper PA-28-181 Archer II
☐ G-ODDZ	Schempp-Hirth Duo Discus T	☐ G-OGAN	Europa Aviation Europa	☐ G-OJEN	Cameron V-77
☐ G-ODEE	Van's RV-6	☐ G-OGAR	PZL-Bielsko SZD-45A Ogar	☐ G-OJER	Cessna 560XL Citation XLS+
☐ G-ODGC	Aeropro Eurofox 912(S)	☐ G-OGAY	Balóny Kubíček BB26	☐ G-OJGC	Van's RV-4
☐ G-ODGS	Avtech Jabiru UL-450	☐ G-OGAZ	SA.341G Gazelle 1	☐ G-OJGT	Maule M-5-235C Lunar Rocket
☐ G-ODHB	Robinson R44 Raven II	☐ G-OGEM	Piper PA-28-181 Archer II	☐ G-OJHC	Cessna 182P Skylane
☐ G-ODIN	Mudry CAP 10B	☐ G-OGEO	SA.341G Gazelle 1	☐ G-OJHL	Europa Aviation Europa
☐ G-ODIZ	AutoGyro Cavalon	☐ G-OGES	Enstrom 280FX Shark	☐ G-OJIL	Piper PA-31-350 Chieftain
☐ G-ODJD	Raj Hamsa X'Air 582	☐ G-OGFS	BAe 125 Srs 800B	☐ G-OJIM	PA-28R-201T Turbo Arrow III
☐ G-ODJF	Lindstrand LBL 90B	☐ G-OGGB	Grob G102 Astir CS	☐ G-OJJV	Pegasus Quik
☐ G-ODJG	Europa Aviation Europa	☐ G-OGGI	Aviat A-1C-180 Husky	☐ G-OJKM	Rans S-7 Courier
☐ G-ODJH	Mooney M.20C Mark 21	☐ G-OGGM	Cirrus SR22	☐ G-OJLD	Van's RV-7
☐ G-ODOC	Robinson R44 Astro	☐ G-OGGY	Aviat A-1B Husky Pup	☐ G-OJLH	TEAM miniMax 91
☐ G-ODOG	Piper PA-28R-200 Arrow II	☐ G-OGJC	Robinson R44 Raven II	☐ G-OJMS	Cameron Z-90
☐ G-ODPJ	VPM M16 Tandem Trainer	☐ G-OGJM	Cameron C-80	☐ G-OJNB	Lindstrand LBL 21A
☐ G-ODRT	Cameron Z-105	☐ G-OGJP	Hughes 369E	☐ G-OJNE	Schempp-Hirth Nimbus-3T
☐ G-ODSA	Bell 429	☐ G-OGJS	Rutan Cozy	☐ G-OJON	Taylor JT.2 Titch
☐ G-ODSS	Cameron G-Rail-90 SS	☐ G-OGKB	Sequoia F.8L Falco	☐ G-OJPS	Bell 206B-2 JetRanger II
☐ G-ODTW	Europa Aviation Europa	☐ G-OGLE	AS.350B3 Ecureuil	☐ G-OJRH	Robinson R44 Astro
☐ G-ODUD	Piper PA-28-181 Archer II	☐ G-OGLY	Cameron Z-105	☐ G-OJRM	Cessna T182T Skylane
☐ G-ODUO	Schempp-Hirth Duo Discus	☐ G-OGOD	P&M Quik GT450	☐ G-OJSH	Thruster T.600N 450
☐ G-ODUR	Hawker 900XP	☐ G-OGOS	Everett Gyroplane	☐ G-OJVA	Van's RV-6
☐ G-ODVB	CFM Shadow Srs DD	☐ G-OGPN	Cassutt Special	☐ G-OJVH	Cessna F150H
☐ G-ODWS	Silence SA.180 Twister	☐ G-OGSA	Avtech Jabiru SPL-450	☐ G-OJVL	Van's RV-6
☐ G-ODXB	Lindstrand LBL 120A	☐ G-OGSE	Gulfstream V-SP	☐ G-OJWS	Piper PA-28-161 Warrior II
☐ G-OEAC	Mooney M.20J Mooney 201	☐ G-OGTR	P&M Quik GTR	☐ G-OKAY	Pitts S-1E
☐ G-OEAT	Robinson R22 Beta	☐ G-OGUN	Eurocopter AS.350B2 Ecureuil	☐ G-OKBT	Colt 25A Sky Chariot MkII
☐ G-OECM	Commander Commander 114B	☐ G-OHAC	Reims/Cessna F182Q Skylane II	☐ G-OKCC	Cameron N-90
☐ G-OECO	Flylight Dragonfly/Discus 15T	☐ G-OHAL	Pietenpol Air Camper	☐ G-OKCK	Lindstrand LBL Battery SS
☐ G-OEDB	Piper PA-38-112 Tomahawk	☐ G-OHAM	Robinson R44 Raven II	☐ G-OKED	Cessna 150L
☐ G-OEDP	Cameron N-77	☐ G-OHAS	Robinson R66	☐ G-OKEM	Pegasus Quik
☐ G-OEGG	Cameron Egg 65 SS	☐ G-OHAV	Hybrid Air Vehicle HAV-3	☐ G-OKEN	PA-28R-201T Turbo Arrow III
☐ G-OEGL	Christen Eagle II	☐ G-OHCP	AS.355F1 Ecureuil 2	☐ G-OKER	Van's RV-7
☐ G-OEGO	e-Go e-Go	☐ G-OHDK	Glasflügel 304 S	☐ G-OKEV	Europa Aviation Europa
☐ G-OEKS	Comco Ikarus C42 FB80	☐ G-OHGA	Hughes OH-6A	☐ G-OKEW	Ultramagic M-65C
☐ G-OELD	Pegasus Quantum 912	☐ G-OHGC	Scheibe SF25C Rotax-Falke	☐ G-OKEY	Robinson R22 Beta
☐ G-OELZ	Wassmer WA.52 Europa	☐ G-OHIO	Dyn'Aéro MCR-01 Club	☐ G-OKID	Reality Escapade Kid
☐ G-OEMT	Eurocopter MBB BK-117C-1	☐ G-OHIY	Van's RV-10	☐ G-OKIM	Best Off Skyranger 912
☐ G-OEMZ	Pietenpol Air Camper	☐ G-OHJE	Alpi Pioneer 300 Hawk	☐ G-OKIS	Tri-R KIS
☐ G-OENA	AgustaWestland AW189	☐ G-OHJV	Robinson R44 Raven I	☐ G-OKMA	Tri-R KIS
☐ G-OENB	AgustaWestland AW189	☐ G-OHKS	Pegasus Quantum 15	☐ G-OKPW	Tri-R KIS
☐ G-OERR	Lindstrand LBL 60A	☐ G-OHLI	Robinson R44 Clipper II	☐ G-OKTA	Comco Ikarus C42 FB80
☐ G-OERS	Cessna 172N Skyhawk II	☐ G-OHMS	AS.355F1 Ecureuil 2	☐ G-OKTI	Aquila AT01
☐ G-OESC	Aquila AT01	☐ G-OHOV	RotorWay Executive 162F	☐ G-OKYA	Cameron V-77
☐ G-OESY	Reality Easy Raider J2.2	☐ G-OHPC	Cessna 208 Caravan I	☐ G-OKYM	Piper PA-28-140 Cherokee
☐ G-OETI	Bell 206B-3 JetRanger III	☐ G-OHPH	Glasflügel 304MS Shark	☐ G-OLAA	Alpi Pioneer 300 Hawk
☐ G-OETV	Piper PA-31-350 Chieftain	☐ G-OHWV	Raj Hamsa X'Air 582	☐ G-OLAR	Liberty XL-2
☐ G-OEVA	Piper PA-32-260 Cherokee Six	☐ G-OHYE	Thruster T.600N 450	☐ G-OLAU	Robinson R22 Beta
☐ G-OEWD	Raytheon RB390 Premier 1	☐ G-OIBO	Piper PA-28-180 Cherokee C	☐ G-OLAW	Lindstrand LBL 25A Cloudhopper

82

Reg	Type	Reg	Type	Reg	Type
☐ G-OLCP	AS.355N Ecureuil 2	☐ G-OMSV	Beech B200GT King Air	☐ G-OPAR	Van's RV-6
☐ G-OLDG	Cessna T182T Skylane	☐ G-OMUM	Rockwell Commander 114	☐ G-OPAT	Beech 76 Duchess
☐ G-OLDH	SA.341G Gazelle 1	☐ G-OMYJ	Airbus A321-211	☐ G-OPAZ	Pazmany PL-2
☐ G-OLDM	Pegasus Quantum 912	☐ G-OMYT	Airbus A330-243	☐ G-OPCG	Cessna 182T Skylane
☐ G-OLDO	Eurocopter EC120B Colibri	☐ G-ONAA	N Am OV-10B Bronco	☐ G-OPEJ	JDT Mini-Max 91
☐ G-OLDP	Pegasus Quik	☐ G-ONAF	Naval Aircraft Factory N3N-3	☐ G-OPEN	Bell 206B-3 JetRanger III
☐ G-OLEE	Reims/Cessna F152 II	☐ G-ONAT	Grob G102 Astir CS77	☐ G-OPEP	Piper PA-28RT-201T Arrow IV
☐ G-OLEM	Jodel D.18	☐ G-ONAV	Piper PA-31 Navajo C	☐ G-OPET	Piper PA-28-181 Archer II
☐ G-OLEW	Van's RV-7A	☐ G-ONCB	Lindstrand LBL 31A	☐ G-OPFA	Alpi Pioneer 300
☐ G-OLEZ	Piper J-3C Cub	☐ G-ONCS	Tipsy Nipper T.66 Series 3B	☐ G-OPFR	Diamond DA.42 Twin Star
☐ G-OLFA	AS.350B3 Ecureuil	☐ G-ONEP	Robinson R44 Raven II	☐ G-OPHT	Schleicher ASH 26E
☐ G-OLFB	Pegasus Quantum 912	☐ G-ONES	Slingsby T.67M-200 Firefly	☐ G-OPIC	Reims/Cessna FRA150L Aerobat
☐ G-OLFF	Cameron Z-120	☐ G-ONET	Piper PA-28-180 Cherokee E	☐ G-OPIK	Eiriavion PIK-20E
☐ G-OLFT	Rockwell Commander 114	☐ G-ONEZ	Glaser-Dirks DG-200/17	☐ G-OPIT	CFM Streak Shadow
☐ G-OLFY	Breezer Breezer B600 LSA	☐ G-ONGC	Robin DR.400-180R Remorqueur	☐ G-OPJD	Piper PA-28RT-201T Arrow IV
☐ G-OLFZ	P&M Quik GT450	☐ G-ONHH	Forney F-1A Aircoupe	☐ G-OPJK	Europa Aviation Europa
☐ G-OLGA	CFM Starstreak Shadow SA-II	☐ G-ONIC	Evektor EV-97 Sportstar Max	☐ G-OPJS	Pietenpol Air Camper
☐ G-OLHR	Cassutt Racer IIIM	☐ G-ONIG	Murphy Elite	☐ G-OPKF	Cameron Bowler 90 SS
☐ G-OLIV	Beech B200 Super King Air	☐ G-ONIX	Cameron C-80	☐ G-OPLC	DH.104 Dove 8
☐ G-OLJT	Mainair Gemini Flash IIA	☐ G-ONKA	Aeronca K	☐ G-OPME	Piper PA-23-250 Aztec D
☐ G-OLLI	Cameron Golly 31 SS	☐ G-ONNE	Westland SA.341D Gazelle HT3	☐ G-OPMP	Robinson R44 Raven II
☐ G-OLLS	Cessna T206H Stationair	☐ G-ONPA	Piper PA-31-350 Chieftain	☐ G-OPMT	Lindstrand LBL 105A
☐ G-OLNT	SA.365N1 Dauphin 2	☐ G-ONSO	Pitts S-1S	☐ G-OPPO	Groppo Trail
☐ G-OLOW	Robinson R44 Astro	☐ G-ONSW	Best Off Skyranger Swift	☐ G-OPRC	Europa Aviation Europa XS
☐ G-OLPM	P&M Quik R	☐ G-ONTV	Agusta-Bell 206B-3 JetRanger III	☐ G-OPRM	CL-600-2B16 Challenger 604
☐ G-OLRT	Robinson R22 Beta	☐ G-ONUN	Van's RV-6A	☐ G-OPSF	Piper PA-38-112 Tomahawk
☐ G-OLSA	Breezer Breezer B600 LSA	☐ G-OOBA	Boeing 757-28A	☐ G-OPSG	Aeropro Eurofox 912(S)
☐ G-OLSF	Piper PA-28-161 Cadet	☐ G-OOBB	Boeing 757-28A	☐ G-OPSL	Piper PA-32R-301 Saratoga SP
☐ G-OLUG	Cameron Z-120	☐ G-OOBC	Boeing 757-28A	☐ G-OPSP	Diamond DA.40D Star
☐ G-OMAA	Eurocopter EC135 T2+	☐ G-OOBD	Boeing 757-28A	☐ G-OPSS	Cirrus SR20-G2
☐ G-OMAF	Dornier 228-202K	☐ G-OOBE	Boeing 757-28A	☐ G-OPST	Cessna 182R Skylane
☐ G-OMAG	Cessna 182B Skylane	☐ G-OOBF	Boeing 757-28A	☐ G-OPTF	Robinson R44 Raven II
☐ G-OMAL	Thruster T.600N 450	☐ G-OOBG	Boeing 757-236	☐ G-OPTI	Piper PA-28-161 Warrior II
☐ G-OMAO	SOCATA TB-20 Trinidad	☐ G-OOBH	Boeing 757-236	☐ G-OPUB	Slingsby T.67M-160 Firefly
☐ G-OMAS	Cessna A150L Aerobat	☐ G-OOBM	Boeing 767-324ER	☐ G-OPUK	Piper PA-28-161 Warrior II
☐ G-OMAT	Piper PA-28-140 Cherokee D	☐ G-OOBN	Boeing 757-2G5	☐ G-OPUP	Beagle B.121 Pup Srs 2
☐ G-OMBI	Cessna 525B CitationJet CJ3	☐ G-OOBP	Boeing 757-2G5	☐ G-OPUS	Avtech Jabiru SK
☐ G-OMCC	AS.350B Ecureuil	☐ G-OOCH	Ultramagic H-42	☐ G-OPVM	Van's RV-9A
☐ G-OMCH	Piper PA-28-161 Warrior III	☐ G-OOCP	SOCATA TB-10 Tobago	☐ G-OPWS	Mooney M.20K Mooney 231
☐ G-OMDB	Van's RV-6A	☐ G-OODE	SNCAN Stampe SV-4C	☐ G-OPYE	Cessna 172S Skyhawk SP
☐ G-OMDD	Thunder Ax8-90 Srs 2	☐ G-OODI	Pitts S-1D	☐ G-OPYO	Alpi Pioneer 300 Hawk
☐ G-OMDH	Hughes 369E	☐ G-OODW	Piper PA-28-181 Archer II	☐ G-ORAC	Cameron Van 110 SS
☐ G-OMDR	Agusta-Bell 206B-3 JetRanger 3	☐ G-OOER	Lindstrand LBL 25A Cloudhopper	☐ G-ORAE	Van's RV-7
☐ G-OMEA	Cessna 560XL Citation XLS	☐ G-OOEY	Balóny Kubíček BB22Z	☐ G-ORAF	CFM Streak Shadow
☐ G-OMEC	Agusta-Bell 206B-3 JetRanger III	☐ G-OOFE	Thruster T.600N 450	☐ G-ORAM	Thruster T.600N 450
☐ G-OMEL	Robinson R44 Astro	☐ G-OOFT	Piper PA-28-161 Warrior II	☐ G-ORAR	Piper PA-28-181 Archer III
☐ G-OMEM	Eurocopter EC120B Colibri	☐ G-OOGO	Grumman American GA-7 Cougar	☐ G-ORAS	Clutton FRED Series II
☐ G-OMEN	Cameron Z-90	☐ G-OOGS	Gulfstream GA-7 Cougar	☐ G-ORAU	Evektor EV-97A Eurostar
☐ G-OMER	Avtech Jabiru UL-450	☐ G-OOGY	P&M Quik R	☐ G-ORAY	Reims/Cessna F182Q Skylane II
☐ G-OMEX	Zenair CH.701UL	☐ G-OOIO	AS.350B3 Ecureuil	☐ G-ORBK	Robinson R44 Raven II
☐ G-OMEZ	Zenair CH.601HDS Zodiac	☐ G-OOJP	Commander Commander 114B	☐ G-ORBS	Mainair Blade
☐ G-OMGH	Robinson R44 Clipper II	☐ G-OOLE	Cessna 172M Skyhawk	☐ G-ORCA	Van's RV-4
☐ G-OMGR	Cameron Z-105	☐ G-OOMA	Piper PA-28-161 Warrior II	☐ G-ORCC	AutoGyro Calidus
☐ G-OMHC	Piper PA-28RT-201 Arrow IV	☐ G-OOMC	Raytheon RB390 Premier 1	☐ G-ORCW	Schempp-Hirth Ventus-2cxT
☐ G-OMHD	English Electric Canberra PR9	☐ G-OOMF	Piper PA-18-150 Super Cub	☐ G-ORDH	AS.355N Ecureuil 2
☐ G-OMHI	Mills MH-1	☐ G-OONA	Robinson R44 Clipper II	☐ G-ORDM	Cessna 182T Skylane
☐ G-OMHP	Avtech Jabiru UL	☐ G-OONE	Mooney M.20J Mooney 201	☐ G-ORDS	Thruster T.600N 450
☐ G-OMIA	MS.893A Rallye Commodore 180	☐ G-OONK	Cirrus SR22	☐ G-ORED	B-N BN-2T Turbine Islander
☐ G-OMIK	Europa Aviation Europa	☐ G-OONY	Piper PA-28-161 Warrior II	☐ G-ORIB	Aeropro Eurofox 912(S)
☐ G-OMIW	Pegasus Quik	☐ G-OONZ	Pegasus Quik	☐ G-ORIG	Glaser-Dirks DG-800A
☐ G-OMJA	Piper PA-28-181 Archer II	☐ G-OOON	Piper PA-34-220T Seneca III	☐ G-ORIX	ARV K1 Super 2
☐ G-OMJT	Rutan Long-EZ	☐ G-OORV	Van's RV-6	☐ G-ORJW	Laverda F.8L Falco Srs 4
☐ G-OMMG	Robinson R22 Beta	☐ G-OOSE	Rutan VariEze	☐ G-ORKY	AS.350B2 Ecureuil
☐ G-OMMM	Colt 90A	☐ G-OOSH	Zenair CH.601UL Zodiac	☐ G-ORLA	Pegasus Quik
☐ G-OMNI	Piper PA-28R-200 Arrow II	☐ G-OOSY	DH.82A Tiger Moth	☐ G-ORMB	Robinson R22 Beta
☐ G-OMOO	Ultramagic T-150	☐ G-OOTC	PA-28-R201T Turbo Arrow III	☐ G-ORMW	Comco Ikarus C42 FB100
☐ G-OMPH	Van's RV-7	☐ G-OOTT	AS.350B3 Ecureuil	☐ G-OROD	Piper PA-18-150 Super Cub
☐ G-OMPW	Pegasus Quik	☐ G-OOUK	Cirrus SR22	☐ G-OROS	Comco Ikarus C42 FB80
☐ G-OMRB	Cameron V-77	☐ G-OOWS	AS.350B3 Ecureuil	☐ G-ORPC	Europa Aviation Europa XS
☐ G-OMRC	Van's RV-10	☐ G-OOXP	Aero Designs Pulsar XP	☐ G-ORPR	Cameron O-77
☐ G-OMRP	Flight Design CTSW	☐ G-OPAG	Piper PA-34-200 Seneca	☐ G-ORRG	Robin DR.400-180 Régent
☐ G-OMSA	Flight Design CTSW	☐ G-OPAH	Eurocopter EC135 T2+	☐ G-ORTH	Beech E90 King Air
☐ G-OMST	Piper PA-28-161 Warrior III	☐ G-OPAM	Reims/Cessna F152 II	☐ G-ORUG	Thruster T.600N 450

☐	G-ORVE	Van's RV-6	☐	G-OTIV	Aerospool Dynamic WT9 UK	☐ G-OXFA	Piper PA-34-220T Seneca V
☐	G-ORVG	Van's RV-6	☐	G-OTJH	Pegasus Quantum 912	☐ G-OXFB	Piper PA-34-220T Seneca V
☐	G-ORVI	Van's RV-6	☐	G-OTJS	Robinson R44 Raven II	☐ G-OXFC	Piper PA-34-220T Seneca V
☐	G-ORVR	Partenavia P68B	☐	G-OTJT	Glasflügel 304SJ	☐ G-OXFD	Piper PA-34-220T Seneca V
☐	G-ORVS	Van's RV-9	☐	G-OTLC	Grumman AA-5 Traveler	☐ G-OXFE	Piper PA-34-220T Seneca V
☐	G-ORVZ	Van's RV-7	☐	G-OTME	Nord 1002 Pingouin II	☐ G-OXFF	Piper PA-34-220T Seneca V
☐	G-ORXX	Raytheon Hawker 900XP	☐	G-OTNA	Robinson R44 Raven II	☐ G-OXFG	Piper PA-34-220T Seneca V
☐	G-OSAT	Cameron Z-105	☐	G-OTOE	Aeronca 7AC Champion	☐ G-OXII	Van's RV-12
☐	G-OSAW	QAC Quickie Q.2	☐	G-OTOO	Stolp SA.300 Starduster Too	☐ G-OXKB	Cameron Sports Car 110 SS
☐	G-OSAZ	Robinson R22 Beta	☐	G-OTOP	P&M Quik R	☐ G-OXLS	Cessna 560XL Citation XLS
☐	G-OSCC	Piper PA-32-300 Cherokee Six	☐	G-OTRV	Van's RV-6	☐ G-OXOM	Piper PA-28-161 Cadet
☐	G-OSCO	TEAM miniMax 91	☐	G-OTRY	Schleicher ASW 24	☐ G-OXPS	American Aircraft Falcon XPS
☐	G-OSDF	Schempp-Hirth Ventus a	☐	G-OTSP	AS.355F1 Ecureuil 2	☐ G-OXRS	BD-700-1A10 Global Express XRS
☐	G-OSEA	B-N BN-2B-26 Islander	☐	G-OTTS	Comco Ikarus C42 FB100 Bravo	☐ G-OXVI	VS.361 Spitfire LFXVIE
☐	G-OSEM	Robinson R44 Clipper II	☐	G-OTTY	AutoGyro Calidus	☐ G-OYAK	LET Yakovlev C-11
☐	G-OSEP	Mainair Blade 912	☐	G-OTUA	Robinson R22 Beta II	☐ G-OYES	Mainair Blade 912
☐	G-OSFB	Diamond HK 36 TTC	☐	G-OTUI	SOCATA TB-20 Trinidad	☐ G-OYIO	Robin DR.400-120 Dauphin 2+2
☐	G-OSFS	Reims/Cessna F177RG Cardinal	☐	G-OTUN	Evektor EV-97 Eurostar	☐ G-OYST	Agusta-Bell 206B-2 JetRanger 2
☐	G-OSGU	Aeropro Eurofox 912(S)	☐	G-OTVI	Robinson R44 Raven II	☐ G-OYTE	Rans S-6-ES Coyote II
☐	G-OSHK	Schempp-Hirth SHK-1	☐	G-OTVR	Piper PA-34-220T Seneca V	☐ G-OZAR	Enstrom 480
☐	G-OSHL	Robinson R22 Beta	☐	G-OTWS	Schempp-Hirth Duo Discus XLT	☐ G-OZBE	Airbus A321-231
☐	G-OSIC	Pitts S-1C	☐	G-OTYE	Evektor EV-97 Eurostar	☐ G-OZBF	Airbus A321-231
☐	G-OSII	Cessna 172N Skyhawk II	☐	G-OTYP	Piper PA-28-180 Challenger	☐ G-OZBG	Airbus A321-231
☐	G-OSIS	Pitts S-1S	☐	G-OUCH	Cameron N-105	☐ G-OZBH	Airbus A321-231
☐	G-OSIT	Pitts S-1T	☐	G-OUDA	Aeroprakt A-22L Foxbat	☐ G-OZBI	Airbus A321-231
☐	G-OSJF	Piper PA-23-250 Aztec F	☐	G-OUGH	IAV Bacau Yakovlev Yak-52	☐ G-OZBL	Airbus A321-231
☐	G-OSJN	Europa Aviation Europa XS	☐	G-OUHI	Europa Aviation Europa XS	☐ G-OZBM	Airbus A321-231
☐	G-OSKR	Best Off Skyranger 912	☐	G-OUIK	Pegasus Quik	☐ G-OZBN	Airbus A321-231
☐	G-OSKY	Cessna 172M Skyhawk	☐	G-OUMC	Lindstrand LBL 105A	☐ G-OZBO	Airbus A321-231
☐	G-OSLD	Europa Aviation Europa XS	☐	G-OURO	Europa Aviation Europa	☐ G-OZBP	Airbus A321-231
☐	G-OSLO	Schweizer 269C	☐	G-OURS	Sky 120-24	☐ G-OZBR	Airbus A321-231
☐	G-OSMD	Bell 206B-2 JetRanger II	☐	G-OUVI	Cameron O-105	☐ G-OZBS	Airbus A321-231
☐	G-OSND	Reims/Cessna FRA150M Aerobat	☐	G-OVAL	Comco Ikarus C42 FB100	☐ G-OZBT	Airbus A321-231
☐	G-OSOD	P&M Quik GTR	☐	G-OVBF	Cameron A-250	☐ G-OZBU	Airbus A321-231
☐	G-OSON	P&M Quik R	☐	G-OVET	Cameron O-56	☐ G-OZBW	Airbus A320-214
☐	G-OSPD	Evektor EV-97 teamEurostar UK	☐	G-OVFM	Cessna 120	☐ G-OZBX	Airbus A320-214
☐	G-OSPH	Comco Ikarus C42 FB100 Bravo	☐	G-OVFR	Reims/Cessna F172N Skyhawk II	☐ G-OZBY	Airbus A320-214
☐	G-OSPS	Piper PA-18 Super Cub 95	☐	G-OVIA	Lindstrand LBL 105A	☐ G-OZBZ	Airbus A320-214
☐	G-OSPY	Cirrus SR20 GTS	☐	G-OVII	Van's RV-7	☐ G-OZEE	Avid Speed Wing Mk.4
☐	G-OSRA	Boeing 727-2S2F(RE)	☐	G-OVIN	Rockwell Commander 112TC	☐ G-OZEF	Europa Aviation Europa XS
☐	G-OSRB	Boeing 727-2S2F(RE)	☐	G-OVIV	Breezer Breezer B600 LSA	☐ G-OZIE	Avtech Jabiru J400
☐	G-OSRL	Learjet 45	☐	G-OVLA	Comco Ikarus C42 FB UK	☐ G-OZOI	Cessna R182 Skylane RG II
☐	G-OSRS	Cameron A-375	☐	G-OVMC	Reims/Cessna F152 II	☐ G-OZOZ	Schempp-Hirth Nimbus-3DT
☐	G-OSSA	Cessna TU206B Skywagon B	☐	G-OVNR	Robinson R22 Beta	☐ G-OZSB	Gefa-Flug AS105GD
☐	G-OSST	Colt 77A	☐	G-OVOL	Best Off Skyranger Swift	☐ G-OZZE	Lambert Mission M108
☐	G-OSTC	Gulfstream AA-5A Cheetah	☐	G-OVON	Piper PA-18 Super Cub 95	☐ G-OZZI	Avtech Jabiru SK
☐	G-OSTL	Comco Ikarus C42 FB100	☐	G-OWAI	Schleicher ASK 21	☐ G-OZZT	Cirrus SR22T
☐	G-OSTY	Cessna F150G	☐	G-OWAL	Piper PA-34-220T Seneca III		
☐	G-OSUP	Lindstrand LBL 90A	☐	G-OWAN	Cessna 210D Centurion	☐ G-PABL	Cessna 550 Citation Bravo
☐	G-OSUS	Mooney M.20K Mooney 231	☐	G-OWAP	Piper PA-28-161 Warrior II	☐ G-PACE	Robin R1180T Aiglon
☐	G-OSUT	Scheibe SF25C Rotax-Falke	☐	G-OWAR	Piper PA-28-161 Warrior II	☐ G-PACL	Robinson R22 Beta
☐	G-OSVN	AutoGyro Cavalon	☐	G-OWAY	CL-600-2B16 Challenger 601	☐ G-PACO	Sikorsky S-76C++
☐	G-OSVY	Sky 31-24	☐	G-OWAZ	Pitts S-1C	☐ G-PACT	Piper PA-28-181 Archer III
☐	G-OSZA	Pitts S-2A	☐	G-OWBA	Alpi Pioneer 300 Hawk	☐ G-PADE	Reality Escapade Jabiru
☐	G-OSZB	Pitts S-2B	☐	G-OWBR	Tipsy Nipper T.66 Series 2	☐ G-PADI	Cameron V-77
☐	G-OSZS	Pitts S-2S	☐	G-OWEL	Colt 105A	☐ G-PAFC	Cameron C-70
☐	G-OTAL	ARV1 Super 2	☐	G-OWEN	K & S Jungster 1	☐ G-PAFF	AutoGyro MTOSport
☐	G-OTAM	Cessna 172M Skyhawk	☐	G-OWET	Thurston TSC-1A2 Teal	☐ G-PAFR	Glaser-Dirks DG-300 Elan
☐	G-OTAN	Piper PA-18-135 Super Cub	☐	G-OWFS	Cessna A152 Aerobat	☐ G-PAIG	Grob G109B
☐	G-OTAY	Tecnam P2006T	☐	G-OWGC	Slingsby T.61F Venture T2	☐ G-PAIZ	Piper PA-12 Super Cruiser
☐	G-OTCH	CFM Streak Shadow	☐	G-OWLC	Piper PA-31 Turbo Navajo	☐ G-PALI	Czech Sport PiperSport
☐	G-OTCV	Best Off Skyranger 912S	☐	G-OWMC	Thruster T.600N 450	☐ G-PAMY	Robinson R44 Clipper II
☐	G-OTCZ	Schempp-Hirth Ventus-2cxT	☐	G-OWOW	Cessna 152 II	☐ G-PAOL	Cessna 525B CitationJet CJ3
☐	G-OTEC	Tecnam P2002 Sierra DeLuxe	☐	G-OWPS	Comco Ikarus C42 FB100 Bravo	☐ G-PAPE	Diamond DA.42 Twin Star
☐	G-OTEL	Thunder Ax8-90	☐	G-OWRT	Cessna 182G Skylane	☐ G-PAPI	Comco Ikarus C42 FB80
☐	G-OTFL	Eurocopter EC120B Colibri	☐	G-OWST	Cessna 172S Skyhawk SP	☐ G-PARG	Pitts S-1S
☐	G-OTFT	Piper PA-38-112 Tomahawk	☐	G-OWTF	Pitts S-2B	☐ G-PARI	Cessna 172RG Cutlass II
☐	G-OTGA	Piper PA-28R-201 Arrow III	☐	G-OWTN	Embraer EMB-145EP	☐ G-PASH	AS.355F1 Ecureuil 2
☐	G-OTGL	Embraer EMB-135BJ Legacy 650	☐	G-OWWW	Europa Aviation Europa XS	☐ G-PASL	AS.355F2 Ecureuil 2
☐	G-OTHE	Enstrom 280C-UK Shark	☐	G-OWYN	Aviamilano F.14 Nibbio	☐ G-PASN	Enstrom F-28F Falcon
☐	G-OTIB	Robin DR.400-180R Remorqueur	☐	G-OXBA	Cameron Z-160	☐ G-PATF	Europa Aviation Europa
☐	G-OTIG	Gulfstream AA-5B Tiger	☐	G-OXBC	Cameron A-140	☐ G-PATG	Cameron O-90
☐	G-OTIM	Bensen B.8MV	☐	G-OXBY	Cameron N-90	☐ G-PATN	SOCATA TB-10 Tobago

Reg	Type	Reg	Type	Reg	Type
G-PATO	Zenair CH.601UL Zodiac	G-PGAC	Dyn'Aéro MCR-01 Club	G-PLJR	Pietenpol Air Camper
G-PATP	Lindstrand LBL 77A	G-PGFG	Tecnam P92-EM Echo	G-PLLT	Lindstrand LBL Box
G-PATS	Europa Aviation Europa	G-PGGY	Robinson R44 Clipper II	G-PLMH	AS.350B2 Ecureuil
G-PATX	Lindstrand LBL 90A	G-PGHM	AC 582/Kiss 450	G-PLMI	SA.365C1 Dauphin 2
G-PATZ	Europa Aviation Europa	G-PGSA	Thruster T.600N	G-PLOP	Magni M24C Orion
G-PAVL	Robin R3000/160	G-PGSI	Robin R2160 Alpha Sport	G-PLOW	Hughes 269B
G-PAWS	Gulfstream AA-5A Cheetah	G-PHAA	Reims/Cessna F150M	G-PLPC	Schweizer 269C
G-PAWZ	Best Off Skyranger Swift	G-PHAB	Cirrus SR22	G-PLPM	Europa Aviation Europa XS
G-PAXX	Piper PA-20-135 Pacer	G-PHAT	Cirrus SR20	G-PLSA	Aero Designs Pulsar XP
G-PAYD	Robin DR.400-180 Régent	G-PHCJ	VM-1 Esqual C	G-PLSR	P&M Aviation PulsR
G-PAZY	Pazmany PL-4A	G-PHNM	Embraer EMB-500 Phenom 100	G-PMAM	Cameron V-65
G-PBAT	Czech Sport Sportcruiser	G-PHNX	Schempp-Hirth Duo Discus XT	G-PMGG	Agusta-Bell 206A JetRanger
G-PBCL	Cessna 182P Skylane II	G-PHOR	Reims/Cessna FRA150L Aerobat	G-PMNF	VS.361 Spitfire HFIX
G-PBEC	Van's RV-7	G-PHOX	Aeroprakt A-22L Foxbat	G-PMSL	UltraMagic M-120
G-PBEE	Robinson R44 Clipper	G-PHSE	Balóny Kubíček BB26Z	G-PNEU	Colt Bibendum 110 SS
G-PBEL	CFM Shadow Srs DD	G-PHSI	Colt 90A	G-PNGC	Schleicher ASK 21
G-PBIX	VS.361 Spitfire LFXVIE	G-PHTG	SOCATA TB-10 Tobago	G-PNIX	Reims/Cessna FRA150L Aerobat
G-PBRL	Robinson R22 Beta II	G-PHUN	Reims/Cessna FRA150L Aerobat	G-POET	Robinson R44 Raven II
G-PBWR	Agusta A109S Grand	G-PHVM	Van's RV-8	G-POGO	Flight Design CT2K
G-PBWS	Schleicher ASH 31 Mi	G-PHYL	Denney Kitfox Model 4	G-POLA	Eurocopter EC135 P2+
G-PBYA	Consolidated PBY-5A Catalina	G-PHYS	Avtech Jabiru SP-470	G-POLL	Best Off Skyranger 912S
G-PBYY	Enstrom 280FX Shark	G-PHYZ	Avtech Jabiru J430	G-POLY	Cameron N-77
G-PCAT	SOCATA TB-10 Tobago	G-PIAF	Thunder Ax7-65	G-POND	Oldfield Baby Lakes
G-PCCC	Alpi Pioneer 300	G-PICX	P&M Quik R	G-POOH	Piper J-3C-65 Cub
G-PCCM	Alpi Pioneer 200-M	G-PIEL	Piel CP.301A Emeraude	G-POOL	ARV1 Super 2
G-PCDP	Zlin Z-526F Trener	G-PIES	Thunder Ax7-77Z	G-POPA	Beech A36 Bonanza
G-PCMC	P&M Quik R	G-PIET	Pietenpol Air Camper	G-POPE	Eiriavion PIK-20E
G-PCOP	Beech B200 Super King Air	G-PIGI	Evektor EV-97 teamEurostar UK	G-POPI	SOCATA TB-10 Tobago
G-PDGF	AS.350B2 Ecureuil	G-PIGS	SOCATA Rallye 150ST	G-POPW	Cessna 182S Skylane
G-PDGG	Aeromere F.8L Falco Srs 3	G-PIGY	Short SC.7 Skyvan 3 Variant 101	G-POPY	Best Off Skyranger Swift
G-PDGI	AS.350B1 Ecureuil	G-PIII	Pitts S-1D	G-PORK	Grumman AA-5B Tiger
G-PDGK	SA.365N Dauphin 2	G-PIIT	Pitts S-2AE	G-POSH	Colt 56A
G-PDGN	SA.365N Dauphin 2	G-PIKD	Eiriavion PIK-20D	G-POUX	Pou Du Ciel-Bifly
G-PDGR	AS.350B2 Ecureuil	G-PIKK	Piper PA-28-140 Cherokee	G-POWC	Boeing 737-33A
G-PDGT	AS.355F2 Ecureuil 2	G-PILE	RotorWay Executive 90	G-POWD	Boeing 767-36N
G-PDOC	Piper PA-44-180 Seminole	G-PILL	Avid Flyer Mk.4	G-POWG	Cessna 525A CitationJet CJ2
G-PDOG	Cessna 305C Bird Dog (O-1E)	G-PILY	Pilatus B4-PC11	G-POWH	Boeing 757-256
G-PDRO	Schleicher ASH 31 Mi	G-PILZ	AutoGyro MT-03	G-POWI	Airbus A320-233
G-PDSI	Cessna 172N Skyhawk II	G-PIMM	Ultramagic M-77	G-POWK	Airbus A320-233
G-PEAR	Pegasus Quik	G-PIMP	Robinson R44 Raven II	G-POWL	Cessna 182R Skylane
G-PECK	Piper PA-32-300 Cherokee Six	G-PINC	Cameron Z-90	G-POZA	Reality Escapade ULP
G-PEEK	Diamond DA.42M-NG Twin Star	G-PING	Gulfstream AA-5A Cheetah	G-PPFS	Reims/Cessna FRA150L Aerobat
G-PEER	Cessna 525A CitationJet CJ2	G-PINO	AutoGyro MTOSport	G-PPIO	Cameron C-90
G-PEGA	Pegasus Quantum 912	G-PINT	Cameron Barrel 60 SS	G-PPLG	AutoGyro MT-03
G-PEGE	Best Off Skyranger 912	G-PINX	Lindstrand LBL Pink Panther SS	G-PPLL	Van's RV-7A
G-PEGI	Piper PA-34-200T Seneca II	G-PION	Alpi Pioneer 300	G-PPOD	Europa Aviation Europa XS
G-PEGY	Europa Aviation Europa	G-PIPB	AS.355F1 Ecureuil 2	G-PPPP	Denney Kitfox Model 3
G-PEJM	Piper PA-28-181 Archer III	G-PIPI	Pegasus Quik	G-PRAG	Brügger MB.2 Colibri
G-PEKT	SOCATA TB-20 Trinidad	G-PIPR	Piper PA-18 Super Cub 95	G-PRAH	Flight Design CT2K
G-PEPI	Embraer EMB-135BJ Legacy 600	G-PIPS	Van's RV-4	G-PRDH	AS.355F2 Ecureuil 2
G-PERA	AgustaWestland AW139	G-PIPY	Cameron Pipe 105 SS	G-PRET	Robinson R44 Astro
G-PERB	Agusta AW139	G-PIPZ	BRM Aero Bristell NG5	G-PREY	Pereira Osprey 2
G-PERC	Cameron N-90	G-PITS	Pitts S-2AE	G-PRFI	Agusta-Bell 206B-2 JetRanger 2
G-PERD	AgustaWestland AW139	G-PITZ	Pitts S-2A	G-PRII	Hawker Hunter PR11
G-PERE	Robinson R22 Beta II	G-PIXE	Colt 31A	G-PRIM	Piper PA-38-112 Tomahawk
G-PERF	Eurocopter EC120B Colibri	G-PIXI	Pegasus Quantum 912	G-PRIV	VS.353 Spitfire PRIV/D
G-PEST	Hawker Tempest II	G-PIXL	Robinson R44 Clipper II	G-PRLY	Avtech Jabiru SK
G-PETH	Piper PA-24-260 Comanche C	G-PIXX	Robinson R44 Raven II	G-PROO	Hawker 4000 Horizon
G-PETO	Hughes 369HM	G-PIXY	Super Marine Spitfire Mk.26	G-PROS	Van's RV-7A
G-PETR	Piper PA-28-140 Cruiser	G-PJCC	Piper PA-28-161 Warrior II	G-PROV	Hunting P84 Jet Provost T52A
G-PETS	Diamond DA.42 Twin Star	G-PJMT	Neico Lancair 320	G-PROW	Evektor EV-97A Eurostar
G-PEYO	Gefa-Flug AS105GD	G-PJPJ	Boeing 737-5H6	G-PRXI	VS.365 Spitfire PRXI
G-PFAA	EAA Biplane Model P2	G-PJSY	Van's RV-6	G-PRZI	Cameron A-375
G-PFAF	Clutton FRED Series II	G-PJTM	Reims/Cessna FR172K Hawk XP	G-PSAX	Lindstrand LBL 77B
G-PFAH	Evans VP-1	G-PKPK	Schweizer 269C	G-PSFG	Robin R2160i
G-PFAP	Phoenix Currie Wot	G-PLAD	Kolb Twinstar Mk3 Xtra	G-PSGC	Piper PA-25-260 Pawnee C
G-PFAR	Isaacs Fury II	G-PLAJ	BAe Jetstream 3102	G-PSHK	Schempp-Hirth SHK-1
G-PFAT	Monnett Sonerai II	G-PLAN	Reims/Cessna F150L	G-PSIR	Jurca MJ.77 Gnatsum
G-PFAW	Evans VP-1	G-PLAR	Van's RV-9A	G-PSKY	Best Off Skyranger 912S
G-PFCL	Cessna 172S Skyhawk SP	G-PLAY	Robin R2112 Alpha	G-PSMS	Aeropro Eurofox 912S(1)
G-PFCT	Learjet 45	G-PLAZ	Rockwell Commander 112A	G-PSNI	Eurocopter EC135 T2
G-PFKD	Yakovlev Yak-12M	G-PLEE	Cessna 182Q Skylane	G-PSNO	Eurocopter MBB BK-117C-2
G-PFSL	Reims/Cessna F152 II	G-PLIP	Diamond DA.40D Star	G-PSNR	Eurocopter MBB BK-117C-2

☐ G-PSRT	Piper PA-28-151 Warrior	☐ G-RAES	Boeing 777-236ER	☐ G-RCKT	Harmon Rocket II
☐ G-PSST	Hawker Hunter F58A	☐ G-RAFA	Grob G115A	☐ G-RCMC	Murphy Renegade 912
☐ G-PSUE	CFM Shadow Srs CD	☐ G-RAFB	Grob G115A	☐ G-RCMF	Cameron V-77
☐ G-PSUK	Thruster T.600N 450	☐ G-RAFC	Robin R2112 Alpha	☐ G-RCNB	Eurocopter EC120B Colibri
☐ G-PTAG	Europa Aviation Europa	☐ G-RAFE	Thunder Ax7-77 Bolt	☐ G-RCOH	Cameron Cube 105 SS
☐ G-PTAR	Best Off Skyranger 912S	☐ G-RAFG	Slingsby T.67C Firefly	☐ G-RCRC	Pegasus Quik
☐ G-PTCA	Reims/Cessna F172P Skyhawk II	☐ G-RAFH	Thruster T.600N 450	☐ G-RCSR	DH.88 Comet replica
☐ G-PTCC	Piper PA-28RT-201 Arrow IV	☐ G-RAFR	Best Off Skyranger J2.2	☐ G-RCST	Avtech Jabiru J430
☐ G-PTDP	Bücker Bü.133C Jungmeister	☐ G-RAFS	Thruster T.600N 450	☐ G-RCUS	Schempp-Hirth Arcus T
☐ G-PTEA	Piper PA-46-350P	☐ G-RAFT	Rutan Long-EZ	☐ G-RDAD	Reality Escapade ULP
☐ G-PTFE	BRM Aero Bristell NG5	☐ G-RAFV	Avid Speed Wing	☐ G-RDAS	Reims/Cessna F172M Skyhawk
☐ G-PTOO	Bell 206L-4 LongRanger IV	☐ G-RAFW	Mooney M.20E Super 21	☐ G-RDAY	Van's RV-9
☐ G-PTRE	SOCATA TB-20 Trinidad	☐ G-RAFY	Best Off Skyranger Swift	☐ G-RDCO	Avtech Jabiru J430
☐ G-PTTS	Pitts S-2A	☐ G-RAFZ	RAF 2000 GTX-SE	☐ G-RDFX	Aero AT-3
☐ G-PUDL	Piper PA-18-150 Super Cub	☐ G-RAGE	Wilson Cassutt IIIM	☐ G-RDHS	Europa Aviation Europa XS
☐ G-PUDS	Europa Aviation Europa	☐ G-RAGS	Pietenpol Air Camper	☐ G-RDNS	Rans S-6-S Super Six Coyote
☐ G-PUFF	Thunder Ax7-77 Bolt	☐ G-RAGT	Piper PA-32-301FT 6x	☐ G-RDNY	AutoGyro Cavalon
☐ G-PUGS	Cessna 182H Skylane	☐ G-RAIG	SAL Bulldog Srs 100/101	☐ G-RDPH	P&M Quik R
☐ G-PUGZ	P&M Quik GT450	☐ G-RAIR	Schleicher ASH 25	☐ G-READ	Colt 77A
☐ G-PUKA	Avtech Jabiru J400	☐ G-RAIX	CCF Harvard 4	☐ G-REAF	Avtech Jabiru J400
☐ G-PULR	Pitts S-2AE	☐ G-RAJA	Raj Hamsa X'Air 582	☐ G-REAR	Lindstrand LBL 69X
☐ G-PUMB	AS.332L Super Puma	☐ G-RAJG	Boeing 737-476	☐ G-REAS	Van's RV-6A
☐ G-PUMM	AS.332L2 Super Puma II	☐ G-RAJJ	British Aerospace BAe 146-200	☐ G-REBB	Murphy Rebel
☐ G-PUMN	AS.332L2 Super Puma II	☐ G-RALA	Robinson R44 Clipper II	☐ G-RECE	Cameron C-80
☐ G-PUMO	AS.332L2 Super Puma II	☐ G-RALF	RotorWay Executive 162F	☐ G-REDC	Pegasus Quantum 912
☐ G-PUMS	AS.332L2 Super Puma II	☐ G-RAMI	Bell 206B-3 JetRanger III	☐ G-REDF	AS.365N3 Dauphin 2
☐ G-PUNK	Thunder Ax8-105	☐ G-RAMP	Piper J-3C-65 Cub	☐ G-REDG	AS.365N3 Dauphin 2
☐ G-PUNT	Robinson R44 Raven II	☐ G-RAMS	Piper PA-32R-301 Saratoga SP	☐ G-REDH	AS.365N3 Dauphin 2
☐ G-PUPP	Beagle B.121 Pup Srs 2	☐ G-RAMY	Bell 206B-2 JetRanger II	☐ G-REDJ	AS.332L2 Super Puma II
☐ G-PUPS	Cameron Z-210	☐ G-RANN	Beech B300 Super King Air	☐ G-REDK	AS.332L2 Suprr Puma II
☐ G-PUPY	Europa Aviation Europa XS	☐ G-RAPH	Cameron O-77	☐ G-REDM	AS.332L2 Super Puma II
☐ G-PURE	Cameron Can 70 SS	☐ G-RAPI	Lindstrand LBL 105A	☐ G-REDN	AS.332L2 Super Puma II
☐ G-PURL	Piper PA-32R-301 Saratoga II HP	☐ G-RARA	AutoGyro MTO Sport	☐ G-REDO	AS.332L2 Super Puma II
☐ G-PURP	Lindstrand LBL 90A	☐ G-RARB	Cessna 172N Skyhawk II	☐ G-REDP	AS.332L2 Super Puma II
☐ G-PURR	Gulfstream AA-5A Cheetah	☐ G-RASA	Diamond DA.42 Twin Star	☐ G-REDR	EC225 LP Super Puma
☐ G-PURS	RotorWay Executive	☐ G-RASC	Evans VP-2	☐ G-REDT	EC225 LP Super Puma
☐ G-PUSA	Gefa-Flug AS105GD	☐ G-RASH	Grob G109B	☐ G-REDV	EC225 LP Super Puma
☐ G-PUSI	Cessna T303 Crusader	☐ G-RATC	Van's RV-4	☐ G-REDW	EC225 LP Super Puma
☐ G-PUSS	Cameron N-77	☐ G-RATD	Van's RV-8	☐ G-REDX	Experimental Aviation Berkut
☐ G-PUTT	Cameron Golf 76 SS	☐ G-RATE	Gulfstream AA-5A Cheetah	☐ G-REDY	Robinson R22 Beta II
☐ G-PVBF	Lindstrand LBL 260S	☐ G-RATH	RotorWay Executive 162F	☐ G-REDZ	Thruster T.600N 450
☐ G-PVCV	Robin DR.400-140 Earl	☐ G-RATI	Reims/Cessna F172M Skyhawk	☐ G-REEC	Sequoia F.8L Falco
☐ G-PVET	DHC-1 Chipmunk 22	☐ G-RATT	Aeropro Eurofox 912(S)	☐ G-REED	Mainair Blade 912S
☐ G-PVIP	Cessna 421C Golden Eagle	☐ G-RATV	Piper PA-28RT-201T Arrow IV	☐ G-REEF	Mainair Blade
☐ G-PVML	Robin DR.400-140B Major	☐ G-RATZ	Europa Aviation Europa	☐ G-REEM	AS.355F1 Ecureuil 2
☐ G-PVSS	P&M Quik GT450	☐ G-RAVE	Mainair Mercury/Raven X	☐ G-REER	Centrair 101A Pégase
☐ G-PWAD	Eurocopter EC120B Colibri	☐ G-RAVN	Robinson R44 Raven	☐ G-REES	Jodel D.140C Mousquetaire III
☐ G-PWAL	Aeropro Eurofox 912	☐ G-RAWS	RotorWay Executive 162F	☐ G-REFO	Gulfstream VI
☐ G-PWBE	DH.82A Tiger Moth	☐ G-RAXA	Hawker Hunter T7	☐ G-REGC	Zenair CH.601XLSA Zodiac
☐ G-PWIT	Bell 206L-1 LongRanger II	☐ G-RAYB	P&M Quik GT450	☐ G-REGE	Robinson R44 Raven I
☐ G-PWNS	Cessna 525 CitationJet	☐ G-RAYH	Zenair CH.701UL	☐ G-REGZ	Aeroprakt A-22L Foxbat
☐ G-PWUL	Van's RV-6	☐ G-RAYM	SOCATA TB-20 Trinidad GT	☐ G-REJP	Europa Aviation Europa XS
☐ G-PYNE	Thruster T.600N 450	☐ G-RAYO	Lindstrand LBL 90A	☐ G-REKO	Pegasus Quasar IITC
☐ G-PYPE	Van's RV-7	☐ G-RAYY	Cirrus SR22	☐ G-RELL	Druine D.62B Condor
☐ G-PYRO	Cameron N-65	☐ G-RAYZ	Tecnam P2002-EA Sierra	☐ G-REMH	Bell 206B-3 JetRanger III
☐ G-PZAS	Schleicher ASW 27-18 (ASG 29)	☐ G-RAZY	Piper PA-28-181 Archer II	☐ G-RENI	Balóny Kubíček BB30Z
☐ G-PZPZ	Pegasus Quantum 15-912	☐ G-RAZZ	Maule MX-7-180 Super Rocket	☐ G-RENO	SOCATA TB-10 Tobago
		☐ G-RBBB	Europa Aviation Europa	☐ G-RESC	Eurocopter MBB BK-117C-1
☐ G-RAAA	BD-700-1A10 Global Express XRS	☐ G-RBCA	Agusta A109A II	☐ G-RESG	Dyn'Aéro MCR-01 Club
☐ G-RAAF	VS.359 Spitfire VIII	☐ G-RBCI	B-N BN-2A Mk.III-2 Trislander	☐ G-REST	Beech P35 Bonanza
☐ G-RAAM	Piper PA-28-161 Warrior II	☐ G-RBCT	Schempp-Hirth Ventus-2cT	☐ G-RETA	CASA 1-131E Srs 2000
☐ G-RAAY	Taylor JT.1 Monoplane	☐ G-RBEN	BD-700-1A10 Global Express	☐ G-REVE	Van's RV-6
☐ G-RABS	Alpi Pioneer 300	☐ G-RBIL	Westland SA.341D Gazelle HT3	☐ G-REVO	Best Off Skyranger 912
☐ G-RACK	Comco Ikarus C42 FB80	☐ G-RBMV	Cameron O-31	☐ G-REYS	CL-600-2B16 Challenger 604
☐ G-RACO	Piper PA-28R-200 Arrow II	☐ G-RBNS	Embraer EMB-135BJ Legacy 650	☐ G-RFIO	AMT-200 Super Ximango
☐ G-RACR	Ultramagic M-65C	☐ G-RBOW	Thunder Ax7-65	☐ G-RFLY	Extra EA.300/L
☐ G-RACY	Cessna 182S Skylane	☐ G-RBRI	Robinson R44 Raven II	☐ G-RFOX	Denney Kitfox Model 3
☐ G-RADA	Soko P-2 Kraguj	☐ G-RBSN	Comco Ikarus C42 FB80	☐ G-RFSB	Sportavia-Putzer RF5B Sperber
☐ G-RADI	Piper PA-28-181 Archer II	☐ G-RCAV	CL-600-2B16 Challenger 604	☐ G-RFUN	Robinson R44 Raven
☐ G-RADR	Douglas AD-4NA Skyraider	☐ G-RCED	Rockwell Commander 114	☐ G-RGSG	Hawker 900XP
☐ G-RADY	CL-600-2B19 Challenger 850	☐ G-RCHE	Cessna 182T Skylane	☐ G-RGTS	Schempp-Hirth Discus b
☐ G-RAEF	Schempp-Hirth SHK-1	☐ G-RCHL	P&M Quik GT450	☐ G-RGUS	Fairchild 24R-46A Argus III
☐ G-RAEM	Rutan Long-EZ	☐ G-RCHY	Evektor EV-97 Eurostar	☐ G-RGWY	Bell 206B-3 JetRanger III

Registration	Type	Registration	Type	Registration	Type
☐ G-RGZT	Cirrus SR20	☐ G-RJXF	Embraer EMB-145EP	☐ G-ROMP	Extra EA.230H
☐ G-RHAM	Best Off Skyranger 582	☐ G-RJXG	Embraer EMB-145EP	☐ G-ROMW	Cyclone AX2000
☐ G-RHCB	Schweizer 269C-1	☐ G-RJXH	Embraer EMB-145EP	☐ G-RONA	Europa Aviation Europa
☐ G-RHML	Robinson R22 Beta	☐ G-RJXI	Embraer EMB-145EP	☐ G-RONG	Piper PA-28R-200 Arrow II
☐ G-RHMS	Embraer EMB-135BJ Legacy	☐ G-RJXJ	Embraer EMB-135ER	☐ G-RONI	Cameron V-77
☐ G-RHOS	ICP MXP-740 Savannah VG Jab	☐ G-RJXK	Embraer EMB-135ER	☐ G-RONS	Robin DR.400-180 Régent
☐ G-RHYM	Piper PA-31 Turbo Navajo B	☐ G-RJXL	Embraer EMB-135ER	☐ G-RONW	Clutton FRED Series II
☐ G-RHYS	RotorWay Executive 90	☐ G-RJXM	Embraer EMB-145MP	☐ G-RONZ	Comco Ikarus C42 FB80
☐ G-RIAM	SOCATA TB-10 Tobago	☐ G-RJXP	Embraer EMB-135ER	☐ G-ROOG	Extra EA.300/LT
☐ G-RIBA	P&M Quik GT450	☐ G-RJXR	Embraer EMB-145EP	☐ G-ROOK	Reims/Cessna F172P Skyhawk
☐ G-RICK	Beech 95-B55 Baron	☐ G-RKEL	Agusta-Bell 206B-3 JetRanger 3	☐ G-ROOO	Avtech Jabiru J430
☐ G-RICO	American AG-5B Tiger	☐ G-RKKT	Reims FR172G Rocket	☐ G-ROOV	Europa Aviation Europa XS
☐ G-RICS	Europa Aviation Europa	☐ G-RKUS	Schempp-Hirth Arcus T	☐ G-ROPO	Groppo Trail
☐ G-RIDA	AS.355NP Ecureuil 2	☐ G-RLDS	Cameron A-315	☐ G-ROPP	Groppo Trail
☐ G-RIDB	Bell 429	☐ G-RLMW	Tecnam P2002-EA Sierra	☐ G-RORB	Super Marine Spitfire Mk.26
☐ G-RIDE	Stephens Akro	☐ G-RLON	B-N BN-2A Mk.III-2 Trislander	☐ G-RORI	Folland Gnat T1
☐ G-RIDG	Van's RV-7	☐ G-RLWG	Ryan ST3KR	☐ G-RORY	Focke-Wulf Piaggio FWP.149D
☐ G-RIEF	DG Flugzeugbau DG-1000T	☐ G-RMAC	Europa Aviation Europa	☐ G-ROSI	Thunder Ax7-77
☐ G-RIET	Hoffmann H 36 Dimona	☐ G-RMAN	Aero Designs Pulsar	☐ G-ROTS	CFM Streak Shadow
☐ G-RIEV	Rolladen-Schneider LS8-18	☐ G-RMAX	Cameron C-80	☐ G-ROUS	Piper PA-34-200T Seneca II
☐ G-RIFB	Hughes 269C	☐ G-RMCS	Cessna 182R Skylane	☐ G-ROVE	Piper PA-18-135 Super Cub
☐ G-RIFN	Mudry CAP 10B	☐ G-RMHE	Aerospool Dynamic WT9 UK	☐ G-ROVY	Robinson R22 Beta II
☐ G-RIFO	Schempp-Hirth Std Cirrus 75-VTC	☐ G-RMIT	Van's RV-4	☐ G-ROWA	Aquila AT01
☐ G-RIFY	Christen Eagle II	☐ G-RMMA	Dassault Falcon 900EX	☐ G-ROWE	Reims/Cessna F182P Skylane II
☐ G-RIGB	Thunder Ax7-77	☐ G-RMMT	Europa Aviation Europa XS	☐ G-ROWL	Grumman American AA-5B Tiger
☐ G-RIGH	Piper PA-32R-301 Saratoga HP	☐ G-RMPI	Whittaker MW5-D Sorcerer	☐ G-ROWN	Beech 200 Super King Air
☐ G-RIGS	Piper Aerostar 601P	☐ G-RMPS	Van's RV-12	☐ G-ROWS	Piper PA-28-151 Warrior
☐ G-RIHN	Dan Rihn DR.107 One Design	☐ G-RMPY	Evektor EV-97A Eurostar	☐ G-ROXI	Cameron C-90
☐ G-RIII	Van's RV-3B	☐ G-RMRV	Van's RV-7A	☐ G-ROYC	Avtech Jabiru UL-450
☐ G-RIIV	Van's RV-4	☐ G-RMTO	AutoGyro MTOSport	☐ G-ROYM	Robinson R44 Raven II
☐ G-RIKI	Mainair Blade 912	☐ G-RMUG	Cameron Mug 90 SS	☐ G-ROYN	Robinson R44 Raven I
☐ G-RIKS	Europa Aviation Europa XS	☐ G-RNAC	IAV Bacau Yakovlev Yak-52	☐ G-ROZE	Magni M24C Orion
☐ G-RIKY	Pegasus Quik	☐ G-RNBW	Bell 206B-2 JetRanger II	☐ G-ROZZ	Comco Ikarus C42 FB80
☐ G-RILA	Flight Design CTSW	☐ G-RNCH	Piper PA-28-181 Archer II	☐ G-RPAF	Europa Aviation Europa XS
☐ G-RILY	Monnett Sonerai IIL	☐ G-RNDD	Robin DR.500-200i Président	☐ G-RPAX	CASA 1-133 Jungmeister
☐ G-RIMB	Lindstrand LBL 105A	☐ G-RNER	Cessna 510 Citation Mustang	☐ G-RPCC	Europa Aviation Europa XS
☐ G-RIME	Lindstrand LBL 25A Cloudhopper	☐ G-RNHF	Hawker Sea Fury T20	☐ G-RPEZ	Rutan Long-EZ
☐ G-RIMM	Westland Wasp HAS1	☐ G-RNIE	Cameron Ball 70 SS	☐ G-RPPO	Groppo Trail
☐ G-RINN	Mainair Blade	☐ G-RNLI	VS.236 Walrus 1	☐ G-RPRV	Van's RV-9A
☐ G-RINO	Thunder Ax7-77	☐ G-RNRM	Cessna A185F Skywagon	☐ G-RRAK	Enstrom 480B
☐ G-RINS	Rans S-6-ESA Coyote II	☐ G-RNRS	SAL Bulldog Srs 100/101	☐ G-RRAT	CZAW Sportcruiser
☐ G-RINT	CFM Streak Shadow	☐ G-ROAD	Robinson R44 Raven II	☐ G-RRCU	Jodel DR.221B Dauphin
☐ G-RINZ	Van's RV-7	☐ G-ROAT	Robinson R44 Raven II	☐ G-RRED	Piper PA-28-181 Archer III
☐ G-RIPA	Vulcanair P68 Observer 2	☐ G-ROBD	Europa Aviation Europa	☐ G-RRFC	SOCATA TB-20 Trinidad GT
☐ G-RIPH	VS.384 Seafire FXVII	☐ G-ROBG	P&M Quik GT450	☐ G-RRFF	VS.329 Spitfire IIB
☐ G-RISA	Piper PA-28-180 Cherokee C	☐ G-ROBJ	Robin DR.500-200i Président	☐ G-RRGN	VS.390 Spitfire PRXIX
☐ G-RISE	Cameron V-90	☐ G-ROBN	Robin R1180T Aiglon	☐ G-RROB	Robinson R44 Raven II
☐ G-RISH	RotorWay Executive 162F	☐ G-ROBT	Hawker Hurricane I	☐ G-RRRV	Van's RV-6A
☐ G-RISY	Van's RV-7	☐ G-ROBZ	Grob G109B	☐ G-RRRZ	Van's RV-8
☐ G-RITT	Pegasus Quik	☐ G-ROCH	Cessna T303 Crusader	☐ G-RRSR	Piper J-3C-65 Cub
☐ G-RIVA	SOCATA TBM-850	☐ G-ROCK	Thunder Ax7-77	☐ G-RRVV	Van's RV-8
☐ G-RIVE	Jodel D.153	☐ G-ROCO	ACLA Sirocco	☐ G-RRVX	Van's RV-10
☐ G-RIVR	Thruster T.600N 450	☐ G-ROCR	Schweizer 269C	☐ G-RSAF	BAC 167 Strikemaster Mk.80A
☐ G-RIVT	Van's RV-6	☐ G-ROCT	Robinson R44 Raven II	☐ G-RSAM	P&M Quik GTR
☐ G-RIXA	Piper J-3C Cub	☐ G-RODC	Steen Skybolt	☐ G-RSCU	Agusta A109E Power
☐ G-RIXS	Europa Aviation Europa XS	☐ G-RODD	Cessna 310R	☐ G-RSHI	Piper PA-34-220T Seneca V
☐ G-RIXY	Cameron Z-77	☐ G-RODG	Avtech Jabiru UL	☐ G-RSKR	Piper PA-28-161 Warrior II
☐ G-RIZE	Cameron O-90	☐ G-RODI	Isaacs Fury	☐ G-RSKY	Best Off Skyranger 912
☐ G-RIZI	Cameron N-90	☐ G-RODJ	Comco Ikarus C42 FB80	☐ G-RSMC	Medway SLA 100 Executive
☐ G-RIZK	Schleicher ASW 27-18E	☐ G-RODO	Europa Aviation Europa XS	☐ G-RSSF	Denney Kitfox Model 2
☐ G-RIZZ	Piper PA-28-161 Warrior II	☐ G-RODZ	Van's RV-3A	☐ G-RSWO	Cessna 172R Skyhawk
☐ G-RJAH	Boeing Stearman A75N1	☐ G-ROEI	Avro Roe 1 replica	☐ G-RSWW	Robinson R22 Beta
☐ G-RJAM	Sequoia F.8L Falco	☐ G-ROEN	Cameron C-70	☐ G-RSXL	Cessna 560XL Citation XLS
☐ G-RJCC	Cessna 172S Skyhawk	☐ G-ROFS	Groppo Trail	☐ G-RTFM	Avtech Jabiru J400
☐ G-RJMS	Piper PA-28R-201 Arrow III	☐ G-ROGY	Cameron C-60	☐ G-RTHS	Rans S-6-ES Coyote II
☐ G-RJRJ	Evektor EV-97A Eurostar	☐ G-ROKO	Roko Aero NG4-HD	☐ G-RTIN	AutoGyro MT-03
☐ G-RJWW	Maule M-5-235C Lunar Rocket	☐ G-ROKS	Robinson R44 Raven II	☐ G-RTMS	Rans S-6-ES Coyote II
☐ G-RJWX	Europa Aviation Europa XS	☐ G-ROKT	Reims FR172E Rocket	☐ G-RTMY	Comco Ikarus C42 FB100
☐ G-RJXA	Embraer EMB-145EP	☐ G-ROKY	Groppo Trail	☐ G-RTRV	Van's RV-9A
☐ G-RJXB	Embraer EMB-145EP	☐ G-ROLF	Piper PA-32R-301 Saratoga SP	☐ G-RUBB	Grumman American AA-5B Tiger
☐ G-RJXC	Embraer EMB-145EP	☐ G-ROLL	Pitts S-2A	☐ G-RUBY	Piper PA-28RT-201T Arrow IV
☐ G-RJXD	Embraer EMB-145EP	☐ G-ROLY	Reims/Cessna F172N Skyhawk II	☐ G-RUCK	Bell 206B-3 JetRanger III
☐ G-RJXE	Embraer EMB-145EP	☐ G-ROME	III Sky Arrow 650 TC	☐ G-RUES	Robin HR.100/210 Safari

☐ G-RUFF	Mainair Blade 912	☐ G-RVNJ	Partenavia P68B	☐ G-SACM	TL 2000UK Sting Carbon
☐ G-RUFS	Avtech Jabiru UL	☐ G-RVNK	Partenavia P68B	☐ G-SACN	Scheibe SF25C Falke
☐ G-RUGS	Campbell Cricket Mk.4	☐ G-RVNM	Partenavia P68B	☐ G-SACO	Piper PA-28-161 Warrior II
☐ G-RUIA	Reims/Cessna F172N Skyhawk II	☐ G-RVNO	Piper PA-34-200T Seneca II	☐ G-SACR	Piper PA-28-161 Cadet
☐ G-RULE	Robinson R44 Raven II	☐ G-RVNP	Partenavia P68B	☐ G-SACS	Piper PA-28-161 Cadet
☐ G-RUMI	Noble Hardman Snowbird Mk.IV	☐ G-RVNS	Van's RV-4	☐ G-SACT	Piper PA-28-161 Cadet
☐ G-RUMM	Grumman F8F-2P Bearcat	☐ G-RVOM	Van's RV-8	☐ G-SACW	Aero AT-3 R100
☐ G-RUMN	American AA-1A Trainer	☐ G-RVPH	Van's RV-8	☐ G-SACX	Aero AT-3 R100
☐ G-RUMW	Grumman FM-2 Wildcat	☐ G-RVPL	Van's RV-8	☐ G-SACY	Aero AT-3 R100
☐ G-RUNS	P&M Quik GT450	☐ G-RVPM	Van's RV-4	☐ G-SAEA	VS.361 Spitfire LFXVIE
☐ G-RUNT	Cassutt Racer IIIM	☐ G-RVPW	Van's RV-6A	☐ G-SAFE	Cameron N-77
☐ G-RUPS	Cameron TR-70	☐ G-RVRA	PA-28-140 Cherokee Cruiser	☐ G-SAFI	Piel CP.1320
☐ G-RUSL	Van's RV-6A	☐ G-RVRB	Piper PA-34-200T Seneca II	☐ G-SAFR	SAAB 91D Safir
☐ G-RUVE	Van's RV-8	☐ G-RVRC	Piper PA-23-250 Aztec E	☐ G-SAGA	Grob G109B
☐ G-RUVI	Zenair CH.601UL Zodiac	☐ G-RVRD	Piper PA-23-250 Aztec E	☐ G-SAGE	Luscombe 8A Silvaire
☐ G-RUVY	Van's RV-9A	☐ G-RVRE	Partenavia P68B	☐ G-SAHI	FLS Aerospace Sprint 160
☐ G-RVAB	Van's RV-7	☐ G-RVRH	Van's RV-3B	☐ G-SAIG	Robinson R44 Raven II
☐ G-RVAC	Van's RV-7	☐ G-RVRI	Cessna 172H Skyhawk	☐ G-SAJA	Schempp-Hirth Discus-2c
☐ G-RVAH	Van's RV-7	☐ G-RVRJ	Piper PA-E23-250 Aztec E	☐ G-SALA	Piper PA-32-300 Cherokee Six
☐ G-RVAL	Van's RV-8	☐ G-RVRK	Piper PA-38-112 Tomahawk	☐ G-SALE	Cameron Z-90
☐ G-RVAN	Van's RV-6	☐ G-RVRL	Piper PA-38-112 Tomahawk	☐ G-SAMC	Comco Ikarus C42 FB80 Bravo
☐ G-RVAT	Van's RV-8	☐ G-RVRM	Piper PA-38-112 Tomahawk	☐ G-SAMG	Grob G109B
☐ G-RVAW	Van's RV-6	☐ G-RVRN	Piper PA-28-161 Warrior II	☐ G-SAMY	Europa Aviation Europa XS
☐ G-RVBA	Van's RV-8A	☐ G-RVRO	Piper PA-38-112 Tomahawk	☐ G-SAMZ	Cessna 150D
☐ G-RVBC	Van's RV-6A	☐ G-RVRP	Van's RV-7	☐ G-SANL	BD-700-1A10 Global Express
☐ G-RVBF	Cameron A-340HL	☐ G-RVRR	Piper PA-38-112 Tomahawk	☐ G-SAOC	Schempp-Hirth Discus-2cT
☐ G-RVBI	Van's RV-8	☐ G-RVRT	Piper PA-28-140 Cherokee C	☐ G-SAPM	SOCATA TB-20 Trinidad
☐ G-RVCE	Van's RV-6A	☐ G-RVRU	Piper PA-38-112 Tomahawk	☐ G-SARA	Piper PA-28-181 Archer II
☐ G-RVCH	Van's RV-8A	☐ G-RVRV	Van's RV-4	☐ G-SARD	AgustaWestland AW139
☐ G-RVCL	Van's RV-6	☐ G-RVRW	Piper PA-23-250 Aztec E	☐ G-SARJ	P&M Quik GT450
☐ G-RVDG	Van's RV-9	☐ G-RVRX	Partenavia P68B	☐ G-SARM	Comco Ikarus C42 FB80
☐ G-RVDH	Van's RV-8	☐ G-RVRY	Piper PA-38-112 Tomahawk	☐ G-SARV	Van's RV-4
☐ G-RVDJ	Van's RV-6	☐ G-RVRZ	Piper PA-23-250 Aztec E	☐ G-SASA	Eurocopter EC135 T2+
☐ G-RVDP	Van's RV-4	☐ G-RVSA	Van's RV-6A	☐ G-SASB	Eurocopter EC135 T2+
☐ G-RVDR	Van's RV-6A	☐ G-RVSD	Van's RV-9A	☐ G-SASC	Beech B200C Super King Air
☐ G-RVDX	Van's RV-4	☐ G-RVSG	Van's RV-9A	☐ G-SASD	Beech B200C Super King Air
☐ G-RVEA	BRM Aero Bristell NG5	☐ G-RVSH	Van's RV-6A	☐ G-SASF	Scheibe SF25C Falke
☐ G-RVEE	Van's RV-6A	☐ G-RVSK	Van's RV-8	☐ G-SASG	Schleicher ASW 27-18E
☐ G-RVEI	Van's RV-8	☐ G-RVSR	Van's RV-8	☐ G-SASH	MD Helicopters MD.900 Explorer
☐ G-RVEM	Van's RV-7A	☐ G-RVST	Van's RV-6	☐ G-SASI	CZAW Sportcruiser
☐ G-RVER	Van's RV-4	☐ G-RVSX	Van's RV-6	☐ G-SASM	Westland Scout AH1
☐ G-RVET	Van's RV-6	☐ G-RVTE	Van's RV-6	☐ G-SASO	MD Helicopters MD.900 Explorer
☐ G-RVGA	Van's RV-6A	☐ G-RVTN	Van's RV-10	☐ G-SASS	Airbus MBB BK 117 D-2
☐ G-RVGO	Van's RV-10	☐ G-RVTT	Van's RV-7	☐ G-SASY	Eurocopter EC130 B4
☐ G-RVIA	Van's RV-6A	☐ G-RVTW	Van's RV-12	☐ G-SATN	Piper PA-25-260 Pawnee C
☐ G-RVIB	Van's RV-6	☐ G-RVUK	Van's RV-7	☐ G-SAUK	Rans S-6-ES Coyote II
☐ G-RVIC	Van's RV-6A	☐ G-RVVI	Cessna A185F Skywagon	☐ G-SAUO	Cessna A185F Skywagon
☐ G-RVII	Van's RV-7	☐ G-RVVY	Van's RV-10	☐ G-SAVY	ICP MXP-740 Savannah VG Jab
☐ G-RVIN	Van's RV-6	☐ G-RVWJ	Van's RV-9A	☐ G-SAWI	PA-32RT-300T Turbo Lance II
☐ G-RVIO	Van's RV-10	☐ G-RVXP	Van's RV-3B	☐ G-SAXL	Schempp-Hirth Duo Discus T
☐ G-RVIS	Van's RV-8	☐ G-RWAY	RotorWay Executive 162F	☐ G-SAXT	Schempp-Hirth Duo Discus XT
☐ G-RVIT	Van's RV-6	☐ G-RWEW	Robinson R44 Clipper II	☐ G-SAYS	RAF 2000 GTX-SE
☐ G-RVIV	Van's RV-4	☐ G-RWIA	Robinson R22 Beta	☐ G-SAYX	Cessna 152
☐ G-RVIW	Van's RV-9	☐ G-RWIN	Rearwin 175 Skyranger	☐ G-SAZM	Piper J-3C-65 Cub
☐ G-RVIX	Van's RV-9A	☐ G-RWLY	Europa Aviation Europa XS	☐ G-SAZY	Avtech Jabiru J400
☐ G-RVIZ	Van's RV-12	☐ G-RWMW	Zenair CH.601XL Zodiac	☐ G-SAZZ	Piel CP.328 Super Emeraude
☐ G-RVJG	Van's RV-7	☐ G-RWOD	Dan Rihn DR.107 One Design	☐ G-SBAG	Phoenix Currie Wot
☐ G-RVJM	Van's RV-6	☐ G-RWSS	Denney Kitfox Model 2	☐ G-SBAP	Rans S-6-ES Coyote II
☐ G-RVJO	Van's RV-9A	☐ G-RXUK	Lindstrand LBL 105A	☐ G-SBDB	Remos GX
☐ G-RVJP	Van's RV-9A	☐ G-RYAK	Yakovlev Yak-18T	☐ G-SBII	Steen Skybolt
☐ G-RVJW	Van's RV-4	☐ G-RYAL	Avtech Jabiru UL	☐ G-SBIZ	Cameron Z-90
☐ G-RVLC	Van's RV-9A	☐ G-RYDR	AutoGyro MT-03	☐ G-SBKR	SOCATA TB-10 Tobago
☐ G-RVMB	Van's RV-9A	☐ G-RYNS	Piper PA-32-301FT 6x	☐ G-SBLT	Steen Skybolt
☐ G-RVMT	Van's RV-6	☐ G-RYPE	DG Flugzeugbau DG-1000T	☐ G-SBOL	Steen Skybolt
☐ G-RVMZ	Van's RV-8	☐ G-RYPH	Mainair Blade 912	☐ G-SBRK	Aero AT-3 R100
☐ G-RVNA	Piper PA-38-112 Tomahawk	☐ G-RYZZ	Robinson R44 Raven II	☐ G-SBUS	B-N BN-2A-26 Islander
☐ G-RVNB	Piper PA-38-112 Tomahawk	☐ G-RZEE	Schleicher ASW 19B	☐ G-SCAN	Wallis WA-116/100/R
☐ G-RVNC	Piper PA-38-112 Tomahawk	☐ G-RZLY	Flight Design CTSW	☐ G-SCAR	BD-100-1A10 Challenger 350
☐ G-RVND	Piper PA-38-112 Tomahawk			☐ G-SCBI	SOCATA TB-20 Trinidad
☐ G-RVNE	Partenavia P68B	☐ G-SAAA	Flight Design CTSW	☐ G-SCCA	Cessna 510 Citation Mustang
☐ G-RVNG	Partenavia P68B	☐ G-SABA	PA-28R-201T Turbo Arrow III	☐ G-SCCZ	CZAW Sportcruiser
☐ G-RVNH	Van's RV-9A	☐ G-SACH	Stoddard-Hamilton GlaStar	☐ G-SCHI	AS.350B2 Ecureuil
☐ G-RVNI	Van's RV-6A	☐ G-SACI	Piper PA-28-161 Warrior II	☐ G-SCHZ	AS.355N Ecureuil 2

Reg	Type	Reg	Type	Reg	Type
G-SCII	Agusta A109C	G-SHAA	Enstrom 280C-UK Shark	G-SKBD	Raytheon Beech 400A
G-SCIP	SOCATA TB-20 Trinidad GT	G-SHAF	Robinson R44 Raven II	G-SKBL	Agusta A109S Grand
G-SCLX	FLS Aerospace Sprint 160	G-SHAK	Cameron Cabin SS	G-SKCI	Rutan VariEze
G-SCMG	Comco Ikarus C42 FB80 Bravo	G-SHAL	CL-600-2B19 Challenger 850	G-SKEN	Cessna 182T Skylane
G-SCNN	Schempp-Hirth Standard Cirrus	G-SHAN	Robinson R44 Clipper II	G-SKEW	Mudry CAP 232
G-SCOL	Gippsland GA-8 Airvan	G-SHAR	Cessna 182T Skylane	G-SKIE	Steen Skybolt
G-SCOR	Eurocopter EC155 B1	G-SHAY	PA-28R-201T Turbo Arrow III	G-SKKY	Cessna 172S Skyhawk
G-SCPD	Reality Escapade 912	G-SHBA	Reims/Cessna F152	G-SKNT	Pitts S-2A
G-SCPI	CZAW Sportcruiser	G-SHED	Piper PA-28-181 Archer II	G-SKNY	FD Composites Arrowcopter AC20
G-SCPL	Piper PA-28-140 Cruiser	G-SHEE	P&M Quik GT450	G-SKOT	Cameron V-42
G-SCRZ	CZAW Sportcruiser	G-SHEZ	Pegasus Quik	G-SKPG	Best Off Skyranger 912
G-SCSC	CZAW Sportcruiser	G-SHHH	Glaser-Dirks DG-100G Elan	G-SKPH	Yakovlev Yak-50
G-SCTA	Westland Scout AH1	G-SHIM	CFM Streak Shadow	G-SKPP	Eurocopter EC120B Colibri
G-SCUB	Piper PA-18-135 Super Cub	G-SHKI	Comco Ikarus C42 FB80	G-SKRA	Best Off Skyranger 912
G-SCUL	Rutan Cozy	G-SHMI	Evektor EV-97 teamEurostar UK	G-SKRG	Best Off Skyranger 912
G-SCVF	Czech Sport Sportcruiser	G-SHMK	Cirrus SR22T	G-SKSW	Best Off Skyranger Swift
G-SCZR	CZAW Sportcruiser	G-SHOG	Colomban MC-15 Cri-Cri	G-SKTN	Avro 696 Shackleton MR.2
G-SDAT	Flight Design CTSW	G-SHOW	Morane Saulnier MS.733 Alcyon	G-SKUA	Stoddard-Hamilton GlaStar
G-SDCI	Bell 206B-2 JetRanger II	G-SHRD	AS.350B2 Ecureuil	G-SKYC	Slingsby T.67M Firefly
G-SDEC	Champion 8KCAB Decathlon	G-SHRK	Enstrom 280C-UK Shark	G-SKYE	Cessna TU206G Stationair
G-SDEV	DH.104 Dove 6	G-SHRN	Schweizer 269C-1	G-SKYF	SOCATA TB-10 Tobago
G-SDFM	Evektor EV-97 Eurostar	G-SHRT	Robinson R44 Raven II	G-SKYJ	Cameron Z-315
G-SDNI	VS.361 Spitfire LFIXE	G-SHSH	Europa Aviation Europa	G-SKYK	Cameron A-275
G-SDOB	Tecnam P2002-EA Sierra	G-SHSP	Cessna 172S Skyhawk SP	G-SKYL	Cessna 182S Skylane
G-SDOI	Aeroprakt A-22 Foxbat	G-SHUC	Rans S-6-ESD Coyote II	G-SKYN	AS.355F1 Ecureuil 2
G-SDOZ	Tecnam P92-EA Echo-Super	G-SHUF	Mainair Blade	G-SKYO	Slingsby T.67M-200 Firefly
G-SDRY	Cessna 525C CitationJet CJ4	G-SHUG	PA-28R-201T Turbo Arrow III	G-SKYT	III Sky Arrow 650 TC
G-SEAI	Cessna U206G Stationair II	G-SHUU	Enstrom 280C-UK-2 Shark	G-SKYV	Piper PA-28RT-201T Arrow IV
G-SEAL	Robinson R44 Raven II	G-SHUV	Aerosport Woody Pusher	G-SLAC	Cameron N-77
G-SEAT	Colt 42A	G-SHWK	Cessna 172S Skyhawk SP	G-SLAK	Thruster T.600N 450
G-SEBN	Best Off Skyranger 912S	G-SIAI	SIAI Marchetti SF.260W Warrior	G-SLAR	Agusta A109C
G-SEDO	Cameron N-105	G-SIBK	Raytheon Beech A36 Bonanza	G-SLAW	Rolladen-Schneider LS4-a
G-SEED	Piper J-3C-65 Cub	G-SICA	B-N BN-2B-20 Islander	G-SLCE	Cameron C-80
G-SEEE	P&M Quik GT450	G-SICB	B-N BN-2B-20 Islander	G-SLCT	Diamond DA.42NG Twin Star
G-SEEK	Cessna T210N Centurion II	G-SIGN	Piper PA-39 Twin Comanche	G-SLDC	Robinson R66
G-SEHK	Cessna 182T Skylane	G-SIIE	Pitts S-2B	G-SLEA	Mudry CAP 10B
G-SEJW	Piper PA-28-161 Warrior II	G-SIII	Extra EA.300	G-SLII	Cameron O-90
G-SELA	Cessna 152	G-SIIS	Pitts S-1S	G-SLIP	Reality Easy Raider R100
G-SELB	Piper PA-28-161 Warrior II	G-SIJJ	N Am P-51D Mustang	G-SLMG	Diamond HK 36 TTC
G-SELC	Diamond DA.42NG Twin Star	G-SIJW	SAL Bulldog Srs 120/121	G-SLNT	Flight Design CTSW
G-SELF	Europa Aviation Europa	G-SILS	Pietenpol Air Camper	G-SLNW	Robinson R22 Beta II
G-SELL	Robin DR.400-180 Régent	G-SILY	Pegasus Quantum 15	G-SLYN	Piper PA-28-161 Warrior II
G-SELY	Agusta-Bell 206B-3 JetRanger 3	G-SIMI	Cameron A-315	G-SLYR	Folland Gnat F1
G-SEMI	Piper PA-44-180 Seminole	G-SIMM	Comco Ikarus C42 FB100 VLA	G-SMAJ	DG Flugzeugbau DG-800B
G-SEMR	Cessna T206H Stationair	G-SIMY	Piper PA-32-300 Cherokee Six	G-SMAN	Airbus A330-243
G-SENA	Rutan Long-EZ	G-SINK	Schleicher ASH 25	G-SMAR	Schempp-Hirth Arcus M
G-SEND	Colt 90A	G-SINN	Evektor EV-97 Eurostar SL	G-SMAS	BAC 167 Strikemaster Mk.80A
G-SENE	Piper PA-34-200T Seneca II	G-SIPA	SIPA 903	G-SMBM	Pegasus Quantum 912
G-SENS	Eurocopter EC135 T2+	G-SIPP	Lindstrand LBL 35A Cloudhopper	G-SMDH	Europa Aviation Europa XS
G-SENT	BD-700-1A10 Global Express	G-SIRD	Robinson R44 Raven II	G-SMIG	Cameron O-65
G-SENX	Piper PA-34-200T Seneca II	G-SIRE	Best Off Skyranger Swift	G-SMIL	Lindstrand LBL 105A
G-SEPT	Cameron N-105	G-SIRO	Dassault Falcon 900EX	G-SMLA	British Aerospace BAe 146-200
G-SERE	Diamond DA.42 Twin Star	G-SIRS	Cessna 560XL Citation Excel	G-SMLI	Groppo Trail
G-SERL	SOCATA TB-10 Tobago	G-SISI	Schempp-Hirth Duo Discus	G-SMMA	Reims/Cessna F406 Caravan II
G-SERV	Cameron N-105	G-SISU	P&M Quik GT450	G-SMMB	Reims/Cessna F406 Caravan II
G-SESA	Replica Plans RAF SE.5A.75	G-SITA	Pegasus Quantum 912	G-SMRS	Cessna 172F Skyhawk
G-SETI	Sky 80-16	G-SIVJ	Westland SA.341C Gazelle HT2	G-SMRT	Lindstrand LBL 260A
G-SEUK	Cameron TV 80 SS	G-SIVK	MBB Bö.105DBS-4	G-SMTD	AS.350B3 Ecureuil
G-SEVA	Replica Plans SE.5A	G-SIVW	Lake LA-250 Renegade	G-SMTH	Piper PA-28-140 Cherokee C
G-SEVE	Cessna 172N Skyhawk II	G-SIXD	Piper PA-32-300 Cherokee Six	G-SMYK	PZL-Swidnik PW-5 Smyk
G-SEVN	Van's RV-7	G-SIXG	AutoGyro MTOSport	G-SNAL	Cessna 182T Skylane
G-SEXE	Scheibe SF25C Falke 2000	G-SIXT	Piper PA-28-161 Warrior II	G-SNCA	Piper PA-34-200T Seneca II
G-SEXX	Piper PA-28-161 Warrior II	G-SIXX	Colt 77A	G-SNEV	CFM Streak Shadow SA
G-SFAR	Comco Ikarus C42 FB100	G-SIXY	Van's RV-6	G-SNIF	Cameron A-300
G-SFLA	Comco Ikarus C42 FB80	G-SIZZ	Avtech Jabiru J400	G-SNOG	Air Création 582/Kiss 400
G-SFLB	Comco Ikarus C42 FB80	G-SJBI	Pitts S-2C	G-SNOP	Europa Aviation Europa
G-SFLY	Diamond DA.40 Star	G-SJES	Evektor EV-97 teamEurostar UK	G-SNOW	Cameron V-77
G-SFRY	Thunder Ax7-77	G-SJKR	Lindstrand LBL 90A	G-SNOZ	Europa Aviation Europa
G-SFSL	Cameron Z-105	G-SJMH	CAB Robin DR.400-140B	G-SNSA	AgustaWestland AW139
G-SFTZ	Slingsby T.67M Firefly	G-SJPI	Aerospool Dynamic WT9 UK	G-SNSB	AgustaWestland AW139
G-SGEN	Comco Ikarus C42 FB80	G-SJSS	CL-600-2B16 Challenger 605	G-SNSE	AgustaWestland AW139
G-SGRP	Agusta AW109SP Grand New	G-SKAN	Reims/Cessna F172M Skyhawk	G-SNUG	Best Off Skyranger 912
G-SGSE	Piper PA-28-181 Archer II	G-SKAZ	Aero AT-3 R100	G-SNUZ	Piper PA-28-161 Warrior II

Reg	Type	Reg	Type	Reg	Type
☐ G-SOAF	BAC 167 Strikemaster Mk.82A	☐ G-STBC	Boeing 777-36NER	☐ G-SUSE	Europa Aviation Europa XS
☐ G-SOAR	Eiriavion PIK-20E	☐ G-STBD	Boeing 777-36NER	☐ G-SUSI	Cameron V-77
☐ G-SOBI	Piper PA-28-181 Archer II	☐ G-STBE	Boeing 777-36NER	☐ G-SUSX	MD Helicopters MD Explorer
☐ G-SOCK	Pegasus Quik	☐ G-STBF	Boeing 777-336ER	☐ G-SUTD	Avtech Jabiru UL-D
☐ G-SOCT	Yakovlev Yak-50	☐ G-STBG	Boeing 777-336ER	☐ G-SUTN	III Sky Arrow 650 TC
☐ G-SOHO	Diamond DA.40D Star	☐ G-STBH	Boeing 777-336ER	☐ G-SUZN	Piper PA-28-161 Warrior II
☐ G-SOKO	Soko P-2 Kraguj	☐ G-STBI	Boeing 777-336ER	☐ G-SVAS	Piper PA-18-150 Super Cub
☐ G-SOLA	Star-Lite SL-1	☐ G-STBJ	Boeing 777-336ER	☐ G-SVDG	Avtech Jabiru SK
☐ G-SONA	SOCATA TB-10 Tobago	☐ G-STBK	Boeing 777-336ER	☐ G-SVEA	Piper PA-28-161 Warrior II
☐ G-SONE	Cessna 525A CitationJet CJ2	☐ G-STBL	Boeing 777-336ER	☐ G-SVEN	Centrair 101A Pégase
☐ G-SONX	Sonex Sonex	☐ G-STBT	Cameron N-42	☐ G-SVET	Yakovlev Yak-50
☐ G-SOOA	Cessna 172S Skyhawk SP	☐ G-STBY	Flylight MotorFloater	☐ G-SVEY	Vulcanair P68TC Observer
☐ G-SOOC	Hughes 369HS	☐ G-STCH	Fieseler Fi 156A-1 Storch	☐ G-SVIP	Cessna 421B Golden Eagle
☐ G-SOOS	Colt 21A Cloudhopper	☐ G-STDL	Phillips ST.2 Speedtwin	☐ G-SVIV	SNCAN Stampe SV-4C
☐ G-SOOT	Piper PA-28-180 Cherokee C	☐ G-STEA	Piper PA-28R-200 Arrow II	☐ G-SVNH	ICP MXP-740 Savannah VG Jab
☐ G-SOOZ	Rans S-6-ESN Coyote II	☐ G-STEE	Evektor EV-97 Eurostar	☐ G-SVNX	Dassault Falcon 7X
☐ G-SOPC	Sopwith F.1 Camel replica	☐ G-STEL	BRM Aero Bristell NG5	☐ G-SVPN	Piper PA-32R-301T Saratoga II TC
☐ G-SORA	Glaser-Dirks DG-500/22 Elan	☐ G-STEM	Stemme S 10-V	☐ G-SWAB	TLAC Sherwood Ranger
☐ G-SOUL	Cessna 310R	☐ G-STEN	Stemme S 10	☐ G-SWAK	Oldfield Baby Lakes
☐ G-SOUT	Van's RV-8	☐ G-STEP	Schweizer 269C	☐ G-SWAT	Robinson R44 Raven II
☐ G-SOVB	Learjet 45	☐ G-STEU	Rolladen-Schneider LS6-18W	☐ G-SWAY	Piper PA-18 Super Cub 95
☐ G-SPAM	Avid Aerobat	☐ G-STEV	Jodel DR.221 Dauphin	☐ G-SWCT	Flight Design CTSW
☐ G-SPAT	Aero AT-3 R100	☐ G-STGR	Agusta A109S Grand	☐ G-SWEE	Beech 95-B55 Baron
☐ G-SPCZ	CZAW Sportcruiser	☐ G-STHA	Piper PA-31-350 Chieftain	☐ G-SWEL	Hughes 369HS
☐ G-SPDY	Raj Hamsa X'Air Hawk	☐ G-STIN	TL 2000UK Sting Carbon	☐ G-SWIG	Robinson R44 Raven I
☐ G-SPED	Alpi Pioneer 300	☐ G-STIR	Ultramagic M-105	☐ G-SWIP	Silence SA.180 Twister
☐ G-SPEE	Robinson R22 Beta	☐ G-STIX	Van's RV-7	☐ G-SWLL	Aero AT-3 R100
☐ G-SPEL	Sky 220-24	☐ G-STLL	BRM Aero Bristell NG5	☐ G-SWNS	Robinson R44 Raven II
☐ G-SPEY	Agusta-Bell 206B-3 JetRanger 3	☐ G-STME	Stemme S 10-VT	☐ G-SWON	Pitts S-1S
☐ G-SPFX	Rutan Cozy	☐ G-STMP	SNCAN Stampe SV-4A	☐ G-SWOT	Phoenix Currie Super Wot
☐ G-SPHU	Eurocopter EC135 T2+	☐ G-STMT	Dassault Falcon 7X	☐ G-SWRE	Tecnam P2002-EA Sierra
☐ G-SPID	Ultramagic S-90	☐ G-STNG	TL 2000UK Sting Carbon	☐ G-SWSW	Schempp-Hirth Ventus bT
☐ G-SPIN	Pitts S-2A	☐ G-STNR	IAV Bacau Yakovlev Yak-52	☐ G-SWYM	CZAW Sportcruiser
☐ G-SPIP	SNCAN Stampe SV-4C	☐ G-STNS	Agusta A109A II	☐ G-SXIX	Rans S-19 Venterra
☐ G-SPIT	VS.379 Spitfire FRXIVe	☐ G-STOD	ICP MXP-740 Savannah VG Jab	☐ G-SXTY	Learjet 60
☐ G-SPJE	Robinson R44 Raven II	☐ G-STOK	Colt 77B	☐ G-SYEL	Aero AT-3 R100
☐ G-SPMM	Best Off Skyranger Swift	☐ G-STOO	Stolp SA.300 Starduster Too	☐ G-SYES	Robinson R66
☐ G-SPOG	Jodel DR.1050 Ambassadeur	☐ G-STOP	Robinson R44 Raven II	☐ G-SYFW	Replica WAR FW190
☐ G-SPRE	Cessna 550 Citation Bravo	☐ G-STOW	Cameron Wine Box 90 SS	☐ G-SYGA	Beech B200 Super King Air
☐ G-SPRK	Van's RV-4	☐ G-STPK	Lambert Mission M108	☐ G-SYLJ	Embraer EMB-135BJ Legacy
☐ G-SPRX	Van's RV-4	☐ G-STRG	Cyclone AX2000	☐ G-SYLV	Cessna 208B Grand Caravan
☐ G-SPTR	Robinson R44 Raven II	☐ G-STRK	CFM Streak Shadow SA	☐ G-SYNA	Embraer EMB-135BJ Legacy 650
☐ G-SPTT	Diamond DA.40D Star	☐ G-STRL	AS.355N Ecureuil 2	☐ G-SYPS	MD Helicopters MD.900 Explorer
☐ G-SPUR	Cessna 550 Citation II	☐ G-STSN	Stinson 108-3 Voyager	☐ G-SYWL	Aero AT-3 R100
☐ G-SPUT	Aerostar Yakovlev Yak-52	☐ G-STUA	Pitts S-2A	☐ G-SZDA	Allstar PZL SZD-59 Acro
☐ G-SPVK	AS.350B3 Ecureuil	☐ G-STUI	Pitts S-2AE		
☐ G-SPXX	VS.356 Spitfire F22	☐ G-STUN	TL 2000UK Sting Carbon	☐ G-TAAB	Cirrus SR22
☐ G-SPYS	Robinson R44 Raven II	☐ G-STUY	Robinson R44 Raven II	☐ G-TAAC	Cirrus SR20
☐ G-SRAH	Schempp-Hirth Mini-Nimbus C	☐ G-STVT	CZAW Sportcruiser	☐ G-TAAS	Agusta AW109SP Grand New
☐ G-SRDG	Dassault Falcon 7X	☐ G-STWO	ARV-1 Super 2	☐ G-TABB	Schempp-Hirth Ventus-2cxT
☐ G-SRII	Reality Easy Raider 503	☐ G-STZZ	TL 2000UK Sting Carbon	☐ G-TACK	Grob G109B
☐ G-SRNE	Eurocopter MBB BK-117C-2	☐ G-SUAU	Cameron C-90	☐ G-TAFF	CASA 1-131E Srs 1000
☐ G-SROE	Westland Scout AH1	☐ G-SUCK	Cameron Z-105	☐ G-TAFI	Bücker Bü.133C Jungmeister
☐ G-SRRA	Tecnam P2002-EA Sierra	☐ G-SUCT	Robinson R22 Beta II	☐ G-TAGE	CL-600-2B16 Challenger 604
☐ G-SRTT	Cirrus SR22	☐ G-SUEB	Piper PA-28-181 Archer III	☐ G-TAGF	Dassault Falcon 900DX
☐ G-SRVO	Cameron N-90	☐ G-SUED	Thunder Ax8-90	☐ G-TAGR	Europa Aviation Europa
☐ G-SRWN	Piper PA-28-161 Warrior II	☐ G-SUEI	Diamond DA.42 Twin Star	☐ G-TAJF	Lindstrand LBL 77A
☐ G-SRYY	Europa Aviation Europa XS	☐ G-SUEL	P&M Quik GT450	☐ G-TAKE	AS.355F1 Ecureuil 2
☐ G-SRZZ	Cirrus SR22	☐ G-SUEO	Diamond DA.40NG Star	☐ G-TALA	Cessna 152 II
☐ G-SSCA	Diamond DA.42NG Twin Star	☐ G-SUER	Bell 206B JetRanger	☐ G-TALB	Cessna 152 II
☐ G-SSCL	Hughes 369E	☐ G-SUET	Bell 206B-2 JetRanger II	☐ G-TALC	Cessna 152 II
☐ G-SSDI	Spacek SD-1 Minisport	☐ G-SUEX	Agusta-Bell 206B-2 JetRanger 2	☐ G-TALD	Reims/Cessna F152 II
☐ G-SSDR	Attard Scooter	☐ G-SUEY	Bell 206L-1 LongRanger	☐ G-TALE	Piper PA-28-181 Archer II
☐ G-SSIX	Rans S-6-116 Coyote II	☐ G-SUEZ	Agusta-Bell 206B-2 JetRanger 2	☐ G-TALF	Piper PA-24-250 Comanche
☐ G-SSKY	B-N BN-2B-26 Islander	☐ G-SUFK	Eurocopter EC135 P2+	☐ G-TALG	Piper PA-28-151 Warrior
☐ G-SSRD	Balóny Kubíček BB17XR	☐ G-SUGR	Embraer EMB-135BJ Legacy 650	☐ G-TALH	Piper PA-28-181 Archer II
☐ G-SSTI	Cameron N-105	☐ G-SULU	Best Off Skyranger 912	☐ G-TALJ	Grumman AA-5 Traveler
☐ G-SSVB	VS.349 Spitfire LFVb	☐ G-SUMX	Robinson R22 Beta II	☐ G-TALN	RotorWay A600 Talon
☐ G-SSWV	Sportavia-Putzer RF5B Sperber	☐ G-SUMZ	Robinson R44 Raven II	☐ G-TALO	Reims/Cessna FA152 Aerobat
☐ G-STAV	Cameron O-84	☐ G-SUNN	Robinson R44 Clipper	☐ G-TAMC	Schweizer 269D
☐ G-STAY	Reims/Cessna FR172K Hawk XP	☐ G-SUPA	Piper PA-18-150 Super Cub	☐ G-TAMR	Cessna 172S Skyhawk SP
☐ G-STBA	Boeing 777-336ER	☐ G-SURG	Piper PA-30 Twin Comanche B	☐ G-TAMS	Beech A23-24 Musketeer Super
☐ G-STBB	Boeing 777-36NER	☐ G-SURY	Eurocopter EC135 T2	☐ G-TANA	Air Création Tanarg 912S/iXess

Registration	Type	Registration	Type	Registration	Type
G-TANG	Air Création Tanarg 912S/iXess	G-TCHO	VS.361 Spitfire IX	G-TGVP	VS.377 Seafire F.XV
G-TANJ	Raj Hamsa X'Air 582	G-TCHZ	VS.329 Spitfire IIA	G-THAT	Raj Hamsa X'Air Falcon 912
G-TANK	Cameron N-90	G-TCNM	Tecnam P92-EA Echo	G-THEA	Boeing Stearman E75
G-TANO	Rolladen-Schneider LS3-a	G-TCNY	Pegasus Quik	G-THEO	TEAM miniMax 91
G-TANY	EAA Acrosport II	G-TCSX	Boeing 757-2K2	G-THFC	Embraer EMB-135BJ Legacy
G-TAPS	Piper PA-28RT-201T Arrow IV	G-TCTC	Piper PA-28RT-201T Arrow IV	G-THIN	Reims FR172E Rocket
G-TARN	Pietenpol Air Camper	G-TCUB	Piper J-3C-65 Cub	G-THLA	Robinson R22 Beta II
G-TARR	Pegasus Quik	G-TDJN	N Am AT-6D Texan III	G-THOC	Boeing 737-59D
G-TART	Piper PA-28-236 Dakota	G-TDJP	Van's RV-8	G-THOM	Thunder Ax6-56
G-TASH	Cessna 172N Skyhawk II	G-TDKI	CZAW Sportcruiser	G-THOT	Avtech Jabiru SK
G-TASK	Cessna 404 Titan	G-TDOG	SAL Bulldog Srs 120/121	G-THRE	Cessna 182S Skylane
G-TATR	Travel Air R Type replica	G-TDRA	Cessna 172S Skyhawk SP	G-THRM	Schleicher ASW 27
G-TATS	AS.350BA Ecureuil	G-TDSA	Reims/Cessna F406 Caravan II	G-THSL	Piper PA-28R-201 Arrow III
G-TATT	Gardan GY-20 Minicab	G-TDVB	Dyn'Aéro MCR-01 ULC	G-TIAC	TLAC Sherwood Ranger XP
G-TAWA	Boeing 737-8K5	G-TDYN	Aerospool Dynamic WT9 UK	G-TICH	Taylor JT.2 Titch
G-TAWB	Boeing 737-8K5	G-TEBZ	Piper PA-28R-201 Arrow III	G-TIDS	Jodel D.150 Mascaret
G-TAWC	Boeing 737-8K5	G-TECA	Tecnam P2002-JF Sierra	G-TIDY	Best Off Skyranger Nynja 912S
G-TAWD	Boeing 737-8K5	G-TECB	Tecnam P2006T	G-TIFG	Comco Ikarus C42 FB80
G-TAWF	Boeing 737-8K5	G-TECC	Aeronca 7AC Champion	G-TIGA	DH.82A Tiger Moth
G-TAWG	Boeing 737-8K5	G-TECD	Tecnam P2006T	G-TIGC	AS.332L Super Puma
G-TAWH	Boeing 737-8K5	G-TECH	Rockwell Commander 114	G-TIGE	AS.332L Super Puma
G-TAWL	Boeing 737-8K5	G-TECI	Tecnam P2002-JF Sierra	G-TIGF	AS.332L Super Puma
G-TAWM	Boeing 737-8K5	G-TECK	Cameron V-77	G-TIGJ	AS.332L Super Puma
G-TAWN	Boeing 737-8K5	G-TECM	Tecnam P92-EM Echo	G-TIGS	AS.332L Super Puma
G-TAWO	Boeing 737-8K5	G-TECO	Tecnam P92-EA Echo	G-TIGV	AS.332L Super Puma
G-TAWP	Boeing 737-8K5	G-TECS	Tecnam P2002-EA Sierra	G-TIII	Pitts S-2A
G-TAWR	Boeing 737-8K5	G-TECT	Tecnam P2006T	G-TILE	Robinson R22 Beta
G-TAWS	Boeing 737-8K5	G-TEDB	Reims/Cessna F150L	G-TIMC	Robinson R44 Raven II
G-TAWU	Boeing 737-8K5	G-TEDI	Best Off Skyranger J2.2	G-TIMG	Beagle Terrier 3 replica
G-TAXI	Piper PA-23-250 Aztec E	G-TEDW	Air Création 582/Kiss 450	G-TIMH	Robinson R22 Beta II
G-TAYC	Gulfstream IV-X	G-TEDY	Evans VP-1	G-TIMI	BRM Aero Bristell NG5
G-TAYI	Grob G115	G-TEFC	Piper PA-28-140 Cherokee F	G-TIMK	Piper PA-28-181 Archer II
G-TAYL	Pitts S-1S	G-TEGS	Bell 206B-3 JetRanger III	G-TIMM	Folland Gnat T1
G-TAZZ	Dan Rihn DR.107 One Design	G-TEHL	CFM Streak Shadow	G-TIMP	Aeronca 7BCM Champion
G-TBAE	British Aerospace BAe 146-200	G-TEKK	Tecnam P2006T	G-TIMS	Falconar F-12A Cruiser
G-TBAG	Murphy Renegade 912	G-TELC	AutoGyro MT-03	G-TIMX	Head Ax8-88B
G-TBBC	Pegasus Quantum 912	G-TELY	Agusta A109A II	G-TIMY	Gardan GY-80-160 Horizon
G-TBEA	Cessna 525A CitationJet CJ2	G-TEMB	Tecnam P2002-EA Sierra	G-TINK	Robinson R22 Beta
G-TBGT	SOCATA TB-20 Trinidad GT	G-TEMP	Piper PA-28-180 Cherokee E	G-TINS	Cameron N-90
G-TBHH	AS.355F2 Ecureuil 2	G-TEMT	Hawker Tempest II	G-TINT	Evektor EV-97A Eurostar
G-TBIO	SOCATA TB-10 Tobago	G-TENG	Extra EA.300/L	G-TINY	Zlin Z-526F Trener
G-TBJP	Pegasus Quik	G-TENT	Auster J/1N Alpha	G-TIPJ	Cameron Z-77
G-TBLB	P&M Quik GT450	G-TERA	Vulcanair P68 Observer 2	G-TIPS	Tipsy Nipper T.66 Series 3
G-TBLY	Eurocopter EC120B Colibri	G-TERN	Europa Aviation Europa	G-TIPY	Czech Sport PS-28 Cruiser
G-TBMR	P&M Quik GT450	G-TERO	Van's RV-7	G-TIVS	Rans S-6-ES Coyote II
G-TBMW	Murphy Renegade Spirit UK	G-TERR	Pegasus Quik	G-TIVV	Evektor EV-97 Eurostar
G-TBOK	SOCATA TB-10 Tobago	G-TERY	Piper PA-28-181 Archer II	G-TJAL	Avtech Jabiru UL-450
G-TBSV	SOCATA TB-20 Trinidad GT	G-TESI	Tecnam P2002-EA Sierra	G-TJAV	Pegasus Quik
G-TBTB	Robinson R44 Raven I	G-TESR	Tecnam P2002-RG Sierra	G-TJAY	Piper PA-22-135 Tri-Pacer
G-TBTN	SOCATA TB-10 Tobago	G-TEST	Piper PA-34-200 Seneca	G-TJDM	Van's RV-6A
G-TBUK	Gulfstream AA-5A Cheetah	G-TEWS	Piper PA-28-140 Cherokee B	G-TKAY	Europa Aviation Europa
G-TBXX	SOCATA TB-20 Trinidad	G-TEXN	N Am T-6G Texan	G-TKEV	P&M Quik R
G-TBYD	Raj Hamsa X'Air Falcon D	G-TEZZ	CZAW Sportcruiser	G-TKIS	Tri-R KIS
G-TBZO	SOCATA TB-20 Trinidad	G-TFCC	Cub Crafters Carbon Cub SS CC11-160	G-TKNO	Ultramagic S-50
G-TCAL	Robinson R44 Raven II			G-TLAC	TLAC Sherwood Ranger ST
G-TCAN	Colt 69A	G-TFHW	Bell 206B-3 JetRanger III	G-TLDL	Medway SLA 100 Executive
G-TCBB	Boeing 757-236	G-TFIX	Pegasus Quantum 912	G-TLOY	Alpi Pioneer 400
G-TCBC	Boeing 757-236	G-TFLX	P&M Quik GT450	G-TLST	TL 2000UK Sting Carbon
G-TCCA	Boeing 767-31K	G-TFLY	Air Création 582/Kiss 450	G-TLTL	Schempp-Hirth Discus CS
G-TCCB	Boeing 767-31K	G-TFOG	Best Off Skyranger 912	G-TMAN	Ozone Roadster/Adventure Quattro
G-TCDA	Airbus A321-211	G-TFRA	Cessna 525 CitationJet CJ1	G-TMAX	Evektor EV-97 Sportstar Max
G-TCDB	Airbus A321-211	G-TFSI	NA TF-51D Mustang	G-TMCB	Best Off Skyranger 912
G-TCDC	Airbus A321-211	G-TFUN	Valentin Taifun 17E	G-TMCC	Cameron N-90
G-TCDD	Airbus A321-211	G-TGER	Gulfstream AA-5B Tiger	G-TMHK	Piper PA-38-112 Tomahawk
G-TCDE	Airbus A321-211	G-TGGR	Eurocopter EC120B Colibri	G-TMPV	Hawker Tempest V
G-TCDF	Airbus A321-211	G-TGJH	Evans VP-1 Series 2	G-TMRB	Short SD.3-60 Variant 100
G-TCDG	Airbus A321-211	G-TGRA	Agusta A109A	G-TNDR	Tecnam P2008-LC
G-TCDW	Airbus A321-211	G-TGRD	Robinson R22 Beta II	G-TNGO	Van's RV-6
G-TCDX	Airbus A321-211	G-TGRE	Robinson R22 Alpha	G-TNJB	P&M Quik R
G-TCDY	Airbus A321-211	G-TGRS	Robinson R22 Beta	G-TNRG	AC Tanarg 912S/iXess
G-TCDZ	Airbus A321-211	G-TGRZ	Bell 206B-2 JetRanger II	G-TNTN	Thunder Ax6-56
G-TCEE	Hughes 369HS	G-TGTT	Robinson R44 Raven II	G-TOBA	SOCATA TB-10 Tobago
G-TCHI	VS.509 Spitfire Tr9	G-TGUN	Aero AT-3 R100	G-TOBI	Reims/Cessna F172K Skyhawk

	Reg	Type		Reg	Type		Reg	Type
☐	G-TODG	Flight Design CTSW	☐	G-TSLC	Schweizer 269C-1	☐	G-UAPA	Robin DR.400-140B Major
☐	G-TOFT	Colt 90A	☐	G-TSOB	Rans S-6-ES Coyote II	☐	G-UAPO	Ruschmeyer R90-230RG
☐	G-TOGO	Van's RV-6A	☐	G-TSOL	EAA Acrosport	☐	G-UART	Zlin Z-242L
☐	G-TOLI	Robinson R44 Raven II	☐	G-TSUE	Europa Aviation Europa	☐	G-UAVA	Piper PA-30 Twin Comanche B
☐	G-TOLL	Piper PA-28R-201 Arrow III	☐	G-TSWI	Lindstrand LBL 90A	☐	G-UCAM	Piper PA-31-350 Chieftain
☐	G-TOLS	Robinson R44 Raven	☐	G-TSWZ	Cameron Z-77	☐	G-UCAN	Tecnam P2002-JF Sierra
☐	G-TOLY	Robinson R22 Beta II	☐	G-TTAT	ICP MXP-740 Savannah VG Jab	☐	G-UCCC	Cameron Sign 90 SS
☐	G-TOMC	N Am AT-6D Harvard III	☐	G-TTDD	Zenair CH.701 STOL	☐	G-UCLU	Schleicher ASK 21
☐	G-TOMJ	Flight Design CT2K	☐	G-TTFG	Colt 77B	☐	G-UDET	Fokker E.III replica
☐	G-TOMX	Dyn'Aéro MCR-01 Club	☐	G-TTGV	Bell 206L-4 LongRanger IV	☐	G-UDGE	Thruster T.600N
☐	G-TOMZ	Denney Kitfox Model 2	☐	G-TTJF	Dassault Falcon 2000EX	☐	G-UDIX	Schempp-Hirth Duo Discus T
☐	G-TONE	Pazmany PL-4	☐	G-TTOB	Airbus A320-232	☐	G-UDMS	PA-46R-350T Malibu Matrix
☐	G-TONN	Pegasus Quik	☐	G-TTOE	Airbus A320-232	☐	G-UDOG	SAL Bulldog Srs 120/121
☐	G-TOOB	Schempp-Hirth Discus-2b	☐	G-TTOM	Zenair CH.601HD Zodiac	☐	G-UFAW	Raj Hamsa X'Air 582
☐	G-TOOL	Thunder Ax8-105	☐	G-TTOY	CFM Streak Shadow SA	☐	G-UFCB	Cessna 172S Skyhawk SP
☐	G-TOPB	Cameron Z-140	☐	G-TTRL	Van's RV-9A	☐	G-UFCE	Cessna 172S Skyhawk SP
☐	G-TOPC	AS.355F1 Ecureuil 2	☐	G-TTUG	Aeropro Eurofox 912(S)	☐	G-UFCG	Cessna 172S Skyhawk SP
☐	G-TOPK	Europa Aviation Europa XS	☐	G-TUBB	Avtech Jabiru UL-450	☐	G-UFCI	Cessna 172S Skyhawk SP
☐	G-TOPO	Piper PA-23-250 Aztec E	☐	G-TUCK	Van's RV-8	☐	G-UFCL	Tecnam P2002-JF Sierra
☐	G-TOPP	Van's RV-10	☐	G-TUGG	Piper PA-18-150 Super Cub	☐	G-UFCM	Tecnam P2002-JF Sierra
☐	G-TOPS	AS.355F1 Ecureuil 2	☐	G-TUGI	CZAW Sportcruiser	☐	G-UFCN	Cessna 152
☐	G-TORC	Piper PA-28R-200 Arrow II	☐	G-TUGY	Robin DR.400-180 Régent	☐	G-UFLY	Cessna F150H
☐	G-TORI	Zenair CH.701SP	☐	G-TUGZ	Robin DR.400-180R Remorqueur	☐	G-UFOE	Grob G115
☐	G-TORK	Cameron Z-105	☐	G-TUIA	Boeing 787-8	☐	G-UFOX	Aeropro Eurofox 912
☐	G-TORN	Flight Design CTSW	☐	G-TUIB	Boeing 787-8	☐	G-UHGB	Bell 205A-1
☐	G-TORO	Best Off Skyranger Nynja 912S	☐	G-TUIC	Boeing 787-8	☐	G-UHIH	Bell UH-1H Iroquois
☐	G-TOSH	Robinson R22 Beta	☐	G-TUID	Boeing 787-8	☐	G-UHOP	Ultramagic H-31
☐	G-TOTN	Cessna 210M Centurion	☐	G-TUIE	Boeing 787-8	☐	G-UIKR	P&M Quik R
☐	G-TOTO	Reims/Cessna F177RG Cardinal	☐	G-TUIF	Boeing 787-8	☐	G-UILD	Grob G109B
☐	G-TOUR	Robin R2112 Alpha	☐	G-TUIG	Boeing 787-8	☐	G-UILE	Neico Lancair 320
☐	G-TOWS	Piper PA-25-260 Pawnee C	☐	G-TUNE	Robinson R22 Beta	☐	G-UILT	Cessna T303 Crusader
☐	G-TOYZ	Bell 206B-3 JetRanger III	☐	G-TURF	Reims/Cessna F406 Caravan II	☐	G-UIMB	Guimbal Cabri G2
☐	G-TPAL	P&M Quik GT450	☐	G-TUTU	Cameron O-105	☐	G-UINN	Stolp SA.300 Starduster Too
☐	G-TPPW	Van's RV-7	☐	G-TVAM	MBB Bö.105DBS-4	☐	G-UINS	Ultramagic B-70
☐	G-TPSL	Cessna 182S Skylane	☐	G-TVBF	Lindstrand LBL 310A	☐	G-UIRI	Aeropro Eurofox 912(S)
☐	G-TPSY	Champion 8KCAB Decathlon	☐	G-TVCO	Gippsland GA-8 Airvan	☐	G-UJAB	Avtech Jabiru UL
☐	G-TPTP	Robinson R44 Raven I	☐	G-TVHB	Eurocopter EC135 P2+	☐	G-UJGK	Avtech Jabiru UL-450
☐	G-TPWL	P&M Quik GT450	☐	G-TVHD	AS.355F2 Ecureuil 2	☐	G-UKAL	Reims/Cessna F406 Caravan II
☐	G-TPWX	Heliopolis Gomhouria Mk6	☐	G-TVIJ	CCF Harvard 4	☐	G-UKAW	Agusta A109E Power
☐	G-TRAC	Robinson R44 Astro	☐	G-TVSI	Campbell Cricket replica	☐	G-UKOZ	Avtech Jabiru SK
☐	G-TRAM	Pegasus Quantum 912	☐	G-TWAZ	Rolladen-Schneider LS7-WL	☐	G-UKPS	Cessna 208 Caravan I
☐	G-TRAN	Beech 76 Duchess	☐	G-TWEL	Piper PA-28-181 Archer II	☐	G-UKUK	Head Ax8-105
☐	G-TRAT	Pilatus PC-12/47	☐	G-TWIN	Piper PA-44-180 Seminole	☐	G-ULAS	DHC-1 Chipmunk 22
☐	G-TRBN	Glasflügel 304 S	☐	G-TWIS	Silence SA.180 Twister	☐	G-ULFS	Gulfstream VI
☐	G-TRBO	Schleicher ASW 28-18E	☐	G-TWIZ	Rockwell Commander 114	☐	G-ULHI	SAL Bulldog Srs 100/101
☐	G-TRCY	Robinson R44 Astro	☐	G-TWLV	Van's RV-12	☐	G-ULIA	Cameron V-77
☐	G-TRDS	Guimbal Cabri G2	☐	G-TWNN	Beech 76 Duchess	☐	G-ULPS	Everett Gyroplane Srs 1
☐	G-TREC	Cessna 421C Golden Eagle	☐	G-TWOA	Schempp-Hirth Discus-2a	☐	G-ULSY	Comco Ikarus C42 FB80
☐	G-TREE	Bell 206B-3 JetRanger III	☐	G-TWOC	Schempp-Hirth Ventus-2cxT	☐	G-ULTA	Ultramagic M-65C
☐	G-TREK	Jodel D.18	☐	G-TWOO	Extra EA.300/200	☐	G-ULTR	Cameron A-105
☐	G-TREX	Alpi Pioneer 300	☐	G-TWOP	Cessna 525A CitationJet CJ2	☐	G-ULUL	AutoGyro Calidus
☐	G-TRIG	Cameron Z-90	☐	G-TWRL	Pitts S-1S	☐	G-UMBL	Guimbal Cabri G2
☐	G-TRIM	Monnett Moni	☐	G-TWSR	Silence SA.180 Twister	☐	G-UMBY	Hughes 369E
☐	G-TRIN	SOCATA TB-20 Trinidad	☐	G-TWSS	Silence SA.180 Twister	☐	G-UMMI	Piper PA-31 Navajo C
☐	G-TRJB	Beech A36 Bonanza	☐	G-TWTR	Robinson R44 Raven II	☐	G-UMMS	Evektor EV-97 teamEurostar UK
☐	G-TRLL	Groppo Trail	☐	G-TWTW	Denney Kitfox Model 2	☐	G-UMMY	Best Off Skyranger J2.2
☐	G-TRNG	Agusta A109E Power Elite	☐	G-TXAN	N Am AT-6D Harvard III	☐	G-UMPY	Europa Aviation Europa
☐	G-TROY	N Am T-28A Trojan	☐	G-TXAS	Cessna A150L Aerobat	☐	G-UNDD	Piper PA-23-250 Aztec E
☐	G-TRUE	Hughes 369E	☐	G-TYAK	IAV Bacau Yakovlev Yak-52	☐	G-UNER	Lindstrand LBL 90A
☐	G-TRUK	Stoddard-Hamilton Glasair RG	☐	G-TYER	Robin DR.500-200i Président	☐	G-UNES	Van's RV-6
☐	G-TRUU	Piper PA-34-220T Seneca III	☐	G-TYGA	Gulfstream AA-5B Tiger	☐	G-UNGE	Lindstrand LBL 90A
☐	G-TRUX	Colt 77A	☐	G-TYGR	Best Off Skyranger Swift 912S	☐	G-UNGO	Pietenpol Air Camper
☐	G-TRVR	Van's RV-7	☐	G-TYKE	Avtech Jabiru UL-450	☐	G-UNIN	Schempp-Hirth Ventus b
☐	G-TSAC	Tecnam P2002-EA Sierra	☐	G-TYNE	SOCATA TB-20 Trinidad	☐	G-UNIX	VPM M16 Tandem Trainer
☐	G-TSDS	Piper PA-32R-301 Saratoga SP	☐	G-TYPH	British Aerospace BAe 146-200	☐	G-UNKY	Ultramagic S-50
☐	G-TSGA	Piper PA-28R-201 Arrow III	☐	G-TYRE	Reims/Cessna F172M Skyhawk	☐	G-UNNA	Avtech Jabiru UL-450WW
☐	G-TSGJ	Piper PA-28-181 Archer II	☐	G-TZEE	SOCATA TB-10 Tobago	☐	G-UNRL	Lindstrand LBL RR21
☐	G-TSHO	Comco Ikarus C42 FB80 Bravo	☐	G-TZII	Thorp T.211B	☐	G-UPFS	Waco UPF-7
☐	G-TSIM	Titan T-51 Mustang				☐	G-UPHI	Best Off Skyranger Swift
☐	G-TSIX	N Am AT-6C Harvard IIA	☐	G-UACA	Best Off Skyranger 912	☐	G-UPID	Bowers Fly Baby 1A
☐	G-TSKD	Raj Hamsa X'Air Falcon Jabiru	☐	G-UAKE	N Am P-51D Mustang	☐	G-UPOI	Cameron TR-84
☐	G-TSKS	Evektor EV-97 teamEurostar UK	☐	G-UANO	DHC-1 Chipmunk 20	☐	G-UPTA	Best Off Skyranger 912
☐	G-TSKY	Beagle B.121 Pup Srs 2	☐	G-UANT	Piper PA-28-140 Cherokee F	☐	G-UPUP	Cameron V-77

91

Registration	Type
G-UPUZ	Lindstrand LBL 120A
G-UROP	Beech 95-B55 Baron
G-URRR	Air Command 582 Sport
G-URSA	Sikorsky S-76C++
G-URTH	Raytheon Hawker 900XP
G-USAA	Reims/Cessna F150G
G-USAR	Cessna 441 Conquest
G-USIL	Thunder Ax7-77
G-USKY	Aviat A-1B Husky
G-USRV	Van's RV-6
G-USSY	Piper PA-28-181 Archer II
G-USTH	Agusta A109A II
G-USTS	Agusta A109A II
G-USTY	Clutton FRED Series III
G-UTRA	Ultramagic M-77C
G-UTSI	Rand Robinson KR-2
G-UTSY	Piper PA-28R-201 Arrow III
G-UTZI	Robinson R44 Raven II
G-UUPP	Cameron C-70
G-UURO	Evektor EV-97 Eurostar
G-UUUU	Comco Ikarus C42 FB100 Bravo
G-UVBF	Lindstrand LBL 400A
G-UVIP	Cessna 421C Golden Eagle
G-UVNR	BAC 167 Strikemaster Mk.87
G-UZLE	Colt 77A
G-UZUP	Evektor EV-97A Eurostar
G-VAAC	Piper PA-28-181 Archer III
G-VAAV	P&M Quik R
G-VAHH	Boeing 787-9
G-VALS	Pietenpol Air Camper
G-VALY	SOCATA TB-21 Trinidad
G-VALZ	Cameron N-120
G-VANA	Gippsland GA-8 Airvan
G-VANC	Gippsland GA-8 Airvan
G-VAND	Gippsland GA-8 Airvan
G-VANN	Van's RV-7A
G-VANS	Van's RV-4
G-VANX	Gippsland GA-8 Airvan
G-VANZ	Van's RV-6A
G-VARG	Varga 2150A Kachina
G-VARK	Van's RV-7
G-VAST	Boeing 747-41R
G-VBAA	Cameron A-400
G-VBAB	Cameron A-400
G-VBAD	Cameron A-300
G-VBAE	Cameron A-400
G-VBAF	Cameron A-300
G-VBAG	Cameron A-400
G-VBAH	Cameron A-300
G-VBCA	Cirrus SR22
G-VBCD	Beech C90 King Air
G-VBFA	Ultramagic N-250
G-VBFB	Ultramagic N-355
G-VBFC	Ultramagic N-250
G-VBFD	Ultramagic N-250
G-VBFE	Ultramagic N-355
G-VBFF	Lindstrand LBL 360A
G-VBFG	Cameron Z-350
G-VBFH	Cameron Z-350
G-VBFI	Cameron Z-350
G-VBFJ	Cameron Z-350
G-VBFK	Cameron Z-350
G-VBFL	Cameron Z-400
G-VBFM	Cameron Z-375
G-VBFN	Cameron Z-375
G-VBFO	Cameron Z-375
G-VBFP	Ultramagic N-425
G-VBFR	Cameron Z-375
G-VBFS	Cameron Z-375
G-VBFT	Cameron Z-275
G-VBFU	Cameron A-400
G-VBFV	Cameron Z-400
G-VBFW	Cameron Z-77
G-VBFX	Cameron Z-400
G-VBFY	Cameron Z-400
G-VBFZ	Cameron A-300
G-VBIG	Boeing 747-4Q8
G-VBLU	Airbus A340-642
G-VBPM	Cirrus SR22
G-VBUG	Airbus A340-642
G-VCIO	EAA Acrosport II
G-VCJH	Robinson R22 Beta
G-VCML	Beech 58 Baron
G-VCXT	Schempp-Hirth Ventus-2cxT
G-VDOG	Cessna 305C
G-VECG	Robin R2160 Alpha Sport
G-VECT	Cessna 560XL Citation Excel
G-VEGA	Slingsby T.65A Vega
G-VEIL	Airbus A340-642
G-VEIT	Robinson R44 Raven II
G-VELA	SIAI Marchetti S.205 22/R
G-VELD	Airbus A340-313
G-VENC	Schempp-Hirth Ventus-2c
G-VENM	DH.112 Venom FB1
G-VERA	Gardan GY-201 Minicab
G-VETS	Enstrom 280C-UK Shark
G-VETT	Guimbal Cabri G2
G-VEYE	Robinson R22
G-VEZE	Rutan VariEze
G-VFAB	Boeing 747-4Q8
G-VFAS	Piper PA-28R-200 Arrow II
G-VFDS	Van's RV-8
G-VFIT	Airbus A340-642
G-VFIZ	Airbus A340-642
G-VGAG	Cirrus SR20 GTS
G-VGAL	Boeing 747-443
G-VGAS	Airbus A340-642
G-VGBR	Airbus A330-343
G-VGEM	Airbus A330-343
G-VGMC	AS.355N Ecureuil 2
G-VGMG	AS.350B2 Ecureuil
G-VGML	AS.350B3 Ecureuil
G-VGVG	ICP MXP-740 Savannah VG Jab
G-VHOT	Boeing 747-4Q8
G-VICC	Piper PA-28-161 Warrior II
G-VICM	Beech F33C Bonanza
G-VIEW	Wallis WA-116/L
G-VIIA	Boeing 777-236ER
G-VIIB	Boeing 777-236ER
G-VIIC	Boeing 777-236ER
G-VIID	Boeing 777-236ER
G-VIIE	Boeing 777-236ER
G-VIIF	Boeing 777-236ER
G-VIIG	Boeing 777-236ER
G-VIIH	Boeing 777-236ER
G-VIIJ	Boeing 777-236ER
G-VIIK	Boeing 777-236ER
G-VIIL	Boeing 777-236ER
G-VIIM	Boeing 777-236ER
G-VIIN	Boeing 777-236ER
G-VIIO	Boeing 777-236ER
G-VIIP	Boeing 777-236ER
G-VIIR	Boeing 777-236ER
G-VIIS	Boeing 777-236ER
G-VIIT	Boeing 777-236ER
G-VIIU	Boeing 777-236ER
G-VIIV	Boeing 777-236ER
G-VIIW	Boeing 777-236ER
G-VIIX	Boeing 777-236ER
G-VIIY	Boeing 777-236ER
G-VIIZ	CZAW Sportcruiser
G-VIKE	Bellanca 17-30A Viking 300A
G-VIKS	Maule MT-7-235 Super Rocket
G-VILL	Laser Lazer Z200
G-VINA	Aeroprakt A-22L Foxbat
G-VINB	AgustaWestland AW139
G-VINC	AgustaWestland AW139
G-VIND	Sikorsky S-92A
G-VINE	Airbus A330-343
G-VING	Sikorsky S-92A
G-VINJ	AgustaWestland AW139
G-VINK	Sikorsky S-92A
G-VINL	Sikorsky S-92A
G-VINM	EC225 LP Super Puma
G-VIPA	Cessna 182S Skylane
G-VIPH	Agusta A109C
G-VIPI	BAe 125 Srs 800B
G-VIPP	Piper PA-31-350 Chieftain
G-VIPR	Eurocopter EC120B Colibri
G-VIPU	Piper PA-31-350 Chieftain
G-VIPV	Piper PA-31-350 Chieftain
G-VIPW	Piper PA-31-350 Chieftain
G-VIPX	Piper PA-31-350 Chieftain
G-VIPY	Piper PA-31-350 Chieftain
G-VIRR	Robin DR.500-200i Président
G-VITE	Robin R1180T Aiglon
G-VITL	Lindstrand LBL 105A
G-VIVA	Thunder Ax7-65 Bolt
G-VIVI	Taylor JT.2 Titch
G-VIVM	Hunting P84 Jet Provost T5
G-VIVO	Nicollier HN.700 Menestrel II
G-VIVS	Piper PA-28-151 Warrior
G-VIXX	Alpi Pioneer 300
G-VIZA	Lindstrand LBL 260A
G-VIZZ	Sportavia RS.180 Sportsman
G-VJET	Avro 698 Vulcan B2
G-VJIM	Colt Jumbo-2
G-VKSS	Airbus A330-343
G-VKUP	Cameron Z-90
G-VLCC	Schleicher ASW 27-18E
G-VLCN	Avro 698 Vulcan B2
G-VLIP	Boeing 747-443
G-VLTT	Diamond DA.42 Twin Star
G-VLUV	Airbus A330-343
G-VMCG	Piper PA-38-112 Tomahawk
G-VMJM	SOCATA TB-10 Tobago
G-VMSF	Robinson R22 Beta II
G-VMVM	Cameron Z-77
G-VNAP	Airbus A340-642
G-VNEW	Boeing 787-9
G-VNON	Reality Escapade Jabiru
G-VNTS	Schempp-Hirth Ventus bT
G-VNYC	Airbus A330-343
G-VOAR	Piper PA-28-181 Archer III
G-VOCE	Robinson R22 Beta
G-VODA	Cameron N-77
G-VOID	Piper PA-28RT-201 Arrow IV
G-VOIP	Westland SA.341D Gazelle HT3
G-VOLO	Alpi Pioneer 300
G-VONG	AS.355F2 Ecureuil 2
G-VONK	AS.355F1 Ecureuil 2
G-VONS	Piper PA-32R-301T Saratoga II TC
G-VOOH	Boeing 787-9
G-VOOM	Pitts S-1S
G-VORN	Evektor EV-97 Eurostar
G-VOUS	Cessna 172S Skyhawk SP
G-VPAT	Evans VP-1 Series 2
G-VPCB	Evans VP-1 Series 2
G-VPCM	Dassault Falcon 2000EX
G-VPPL	SOCATA TB-20 Trinidad
G-VPSJ	Europa Aviation Europa
G-VRAY	Airbus A330-343
G-VRCW	Cessna P210N Centurion
G-VRED	Airbus A340-642
G-VROC	Boeing 747-41R
G-VROE	Avro 652A Anson T21
G-VROM	Boeing 747-443
G-VROS	Boeing 747-443

Reg	Type	Reg	Type	Reg	Type
G-VROY	Boeing 747-443	G-WANA	P&M Aviation Quik	G-WHIM	Colt 77A
G-VRVB	Van's RV-8	G-WAPA	Robinson R44 Raven II	G-WHOG	CFM Streak Shadow
G-VRVI	Cameron O-90	G-WARA	Piper PA-28-161 Warrior III	G-WHOO	RotorWay Executive 162F
G-VSGE	Cameron O-105	G-WARB	Piper PA-28-161 Warrior III	G-WHRL	Schweizer 269C
G-VSIX	Schempp-Hirth Ventus-2cT	G-WARD	Taylor JT.1 Monoplane	G-WHST	AS.350B2 Ecureuil
G-VSOZ	Yakovlev Yak-18T	G-WARE	Piper PA-28-161 Warrior II	G-WHYS	ICP MXP-740 Savannah VG Jab
G-VSSH	Airbus A340-642	G-WARH	Piper PA-28-161 Warrior III	G-WIBB	Jodel D.18
G-VSTR	Stolp SA.900 V-Star	G-WARO	Piper PA-28-161 Warrior III	G-WIBS	CASA 1-131E Srs 2000
G-VSUN	Airbus A340-313	G-WARP	Cessna 182F Skylane	G-WICH	Clutton FRED Series II
G-VSXY	Airbus A330-343	G-WARR	Piper PA-28-161 Warrior II	G-WIFE	Cessna R182 Skylane RG II
G-VTAL	Beech V35 Bonanza	G-WARS	Piper PA-28-161 Warrior III	G-WIFI	Cameron Z-90
G-VTCT	Schempp-Hirth Ventus-2cT	G-WARU	Piper PA-28-161 Warrior III	G-WIGS	Aerospool Dynamic WT9 UK
G-VTEW	Schempp-Hirth Ventus-2a	G-WARV	Piper PA-28-161 Warrior III	G-WIGY	Pitts S-1S
G-VTGE	Bell 206L LongRanger	G-WARW	Schempp-Hirth Ventus bT	G-WIII	Schempp-Hirth Ventus bT
G-VTII	DH.115 Vampire T11	G-WARX	Piper PA-28-161 Warrior III	G-WIIZ	Agusta-Bell 206B-2 JetRanger 2
G-VTUS	Schempp-Hirth Ventus-2cT	G-WARY	Piper PA-28-161 Warrior III	G-WIKI	Europa Aviation Europa XS
G-VTWO	Schempp-Hirth Ventus-2c	G-WARZ	Piper PA-28-161 Warrior III	G-WILB	Ultramagic M-105
G-VUFO	Airbus A330-343	G-WASC	Eurocopter EC135 T2+	G-WILG	PZL-104 Wilga 35
G-VVBA	AS.355F2 Ecureuil 2	G-WASN	Eurocopter EC135 T2+	G-WILT	Comco Ikarus C42 FB80
G-VVBE	Robinson R22 Beta	G-WASS	Eurocopter EC135 T2+	G-WIMP	Colt 56A
G-VVBF	Colt 315A	G-WATR	Christen A-1 Husky	G-WINH	Evektor EV-97 teamEurostar UK
G-VVBL	Robinson R44 Raven II	G-WATT	Cameron Cooling Tower SS	G-WINI	SAL Bulldog Srs 120/121
G-VVBO	Bell 206L-3 LongRanger III	G-WAVA	Robin HR.200-120B	G-WINK	Grumman AA-5B Tiger
G-VVBR	Robinson R22 Beta	G-WAVE	Grob G109B	G-WINN	Stolp SA.300 Starduster Too
G-VVIP	Cessna 421C Golden Eagle	G-WAVS	Piper PA-28-161 Warrior III	G-WINR	Robinson R22 Beta
G-VVPA	CL-600-2B16 Challenger 604	G-WAVY	Robin HR.200-120B Club	G-WINS	Piper PA-32-300 Cherokee Six
G-VVTV	Diamond DA.42 Twin Star	G-WAVY	Grob G109B	G-WINV	Eurocopter EC155 B1
G-VVVV	Best Off Skyranger 912	G-WAWW	P&M Quik GT450	G-WIRG	Embraer EMB-135BJ Legacy 650
G-VVWW	Enstrom 280C Shark	G-WAYS	Lindstrand LBL 105A	G-WIRL	Robinson R22 Beta
G-VWAG	Airbus A330-343	G-WAZP	Best Off Skyranger 912	G-WISZ	Steen Skybolt
G-VWEB	Airbus A340-642	G-WBEV	Cameron N-77	G-WIXI	Akrotech Europe CAP.10B
G-VWIN	Airbus A340-642	G-WBLY	Pegasus Quik	G-WIZI	Enstrom 280FX Shark
G-VWKD	Airbus A340-642	G-WBTS	Falconar F-11W-200	G-WIZR	Robinson R22 Beta II
G-VWOW	Boeing 747-41R	G-WBVS	Diamond DA.40D Star	G-WIZS	Pegasus Quik
G-VXLG	Boeing 747-41R	G-WCAO	Eurocopter EC135 T2+	G-WIZY	Robinson R22 Beta
G-VYAK	Yakovlev Yak-18T	G-WCAT	Colt Flying Mitt SS	G-WIZZ	Agusta-Bell 206B-2 JetRanger 2
G-VYGG	Airbus A330-243MRTT	G-WCCP	Beech B200 Super King Air	G-WJAC	Cameron TR-70
G-VYGJ	Airbus A330-243MRTT	G-WCKD	Eurocopter EC130 B4	G-WJAN	Boeing 757-21K
G-VYGK	Airbus A330-243MRTT	G-WCKM	Best Off Skyranger Swift	G-WJCM	CASA 1-131E Srs 2000
G-VYND	Piper PA-34-220T Seneca V	G-WCME	Grumman FM-2 Wildcat	G-WJET	Glasflügel 304 S
G-VYOU	Airbus A340-642	G-WCMI	Grumman FM-2 Wildcat	G-WKNS	Europa Aviation Europa XS
G-VZIM	Alpha R2160	G-WCMO	Grumman FM-2 Wildcat	G-WLAC	Piper PA-18-150 Super Cub
G-VZON	ATR 72-212A	G-WCRD	SA.341G Gazelle 1	G-WLDN	Robinson R44 Raven I
		G-WCUB	Piper PA-18-150 Super Cub	G-WLGC	Piper PA-28-181 Archer III
G-WAAS	MBB Bö.105DBS-4	G-WDCL	Agusta A109E Power	G-WLKI	Lindstrand LBL 150A
G-WACB	Reims/Cessna F152 II	G-WDEB	Thunder Ax7-77	G-WLKS	Schleicher ASW 20L
G-WACE	Reims/Cessna F152 II	G-WDGC	Rolladen-Schneider LS8-18	G-WLLS	Rolladen-Schneider LS8-18
G-WACF	Cessna 152 II	G-WDKR	AS.355F1 Ecureuil 2	G-WLMS	Mainair Blade 912
G-WACG	Cessna 152 II	G-WEAT	Robinson R44 Raven II	G-WLSN	Best Off Skyranger 912S
G-WACH	Reims/Cessna FA152 Aerobat	G-WEBI	Hughes 369E	G-WLTS	Bell 429
G-WACI	Beech 76 Duchess	G-WEBS	Champion 7ECA Citabria Aurora	G-WMTM	Gulfstream AA-5B Tiger
G-WACJ	Beech 76 Duchess	G-WEBY	Ace Magic Cyclone	G-WNCH	Beech B200 Super King Air
G-WACL	Reims/Cessna F172N Skyhawk II	G-WEEK	Best Off Skyranger 912	G-WNSD	Sikorsky S-92A
G-WACO	Waco UPF-7	G-WEFR	Alpi Pioneer 200-M	G-WNSE	Sikorsky S-92A
G-WACT	Reims/Cessna F152 II	G-WENA	AS.355F2 Ecureuil 2	G-WNSG	Sikorsky S-92A
G-WACU	Reims/Cessna FA152 Aerobat	G-WEND	Piper PA-28RT-201 Arrow IV	G-WNSI	Sikorsky S-92A
G-WACW	Cessna 172P Skyhawk II	G-WERY	SOCATA TB-20 Trinidad	G-WNSJ	Sikorsky S-92A
G-WACY	Reims/Cessna F172P Skyhawk II	G-WESX	CFM Streak Shadow	G-WNSL	Sikorsky S-92A
G-WADI	Piper PA-46-350P	G-WETI	Cameron N-31	G-WNSM	Sikorsky S-92A
G-WADS	Robinson R22 Beta	G-WEWI	Cessna 172 Skyhawk	G-WNSN	EC225 LP Super Puma
G-WADZ	Lindstrand LBL 90A	G-WEZZ	Taylor JT.1 Monoplane	G-WNSO	EC225 LP Super Puma
G-WAGA	Wag-Aero Wagabond	G-WFFW	Piper PA-28-161 Warrior III	G-WNSP	EC225 LP Super Puma
G-WAGG	Robinson R22 Beta II	G-WFLY	Pegasus Quik	G-WNTR	Piper PA-28-161 Warrior II
G-WAGN	Stinson 108-3 Voyager	G-WFWS	Robinson R22 Beta	G-WOCO	Waco YMF-5C
G-WAHL	QAC Quickie	G-WGCS	Piper PA-18 Super Cub 95	G-WOFM	Agusta A109E Power
G-WAIR	Piper PA-32-301 Saratoga	G-WGSC	Pilatus PC-6/B2-H4	G-WOLF	Piper PA-28-140 Cruiser
G-WAIT	Cameron V-77	G-WGSI	Air Création Tanarg 912S/iXess	G-WONE	Schempp-Hirth Ventus-2cT
G-WAKE	Mainair Blade 912	G-WGSZ	AC Tanarg 912S/BioniX	G-WONN	Eurocopter EC135 T2+
G-WAKY	Cyclone AX2000	G-WHAM	AS.350B3 Ecureuil	G-WOOD	Beech 95-B55A Baron
G-WALI	Robinson R44 Raven II	G-WHAT	Colt 77A	G-WOOF	Enstrom 480
G-WALY	Maule MX-7-180 Super Rocket	G-WHEE	Pegasus Quantum 912	G-WOOL	Colt 77A
G-WALZ	Best Off Skyranger Nynja 912S	G-WHEN	Tecnam P92-EM Echo	G-WOOO	CZAW Sportcruiser
G-WAMS	Piper PA-28R-201 Arrow III	G-WHIL	Balóny Kubíček BB-S Cup SS	G-WORM	Thruster T.600N

93

Registration	Type	Registration	Type	Registration	Type
☐ G-WOTW	Ultramagic M-77	☐ G-XFOX	Aeropro Eurofox 912(S)	☐ G-XYJY	Best Off Skyranger Swift 912
☐ G-WOWI	Van's RV-7	☐ G-XHOT	Cameron Z-105	☐ G-XYZT	AMT-200S Super Ximango
☐ G-WPAS	MD Helicopters MD Explorer	☐ G-XIFR	Lambert Mission M108	☐ G-XZXZ	Robinson R44 Raven II
☐ G-WPDA	Eurocopter EC135 P1	☐ G-XIII	Van's RV-7		
☐ G-WPDB	Eurocopter EC135 P1	☐ G-XINE	Piper PA-28-161 Warrior II	☐ G-YAAK	Yakovlev Yak-50
☐ G-WPDC	Eurocopter EC135 P1	☐ G-XIOO	Raj Hamsa X'Air 133	☐ G-YADA	Comco Ikarus C42 FB100
☐ G-WPDD	Eurocopter EC135 P1	☐ G-XIXI	Evektor EV-97 teamEurostar UK	☐ G-YAKA	Yakovlev Yak-50
☐ G-WPIE	Enstrom 280FX Shark	☐ G-XIXX	Glaser-Dirks DG-300 Elan	☐ G-YAKB	Aerostar Yakovlev Yak-52
☐ G-WREN	Pitts S-2A	☐ G-XJET	Learjet 45	☐ G-YAKC	IAV Bacau Yakovlev Yak-52
☐ G-WRFM	Enstrom 280C-UK Shark	☐ G-XJJM	Pegasus Quik	☐ G-YAKE	IAV Bacau Yakovlev Yak-52
☐ G-WRIT	Colt 77A	☐ G-XJON	Schempp-Hirth Ventus-2b	☐ G-YAKF	Aerostar Yakovlev Yak-52
☐ G-WRWR	Robinson R22 Beta II	☐ G-XKKA	Diamond HK 36 TTC	☐ G-YAKG	Yakovlev Yak-18T
☐ G-WSKY	Enstrom 280C-UK-2 Shark	☐ G-XKRV	Best Off Skyranger Nynja LS 912S	☐ G-YAKH	IAV Bacau Yakovlev Yak-52
☐ G-WSMW	Robinson R44 Raven	☐ G-XLAM	Best Off Skyranger 912S	☐ G-YAKI	IAV Bacau Yakovlev Yak-52
☐ G-WSSX	Comco Ikarus C42 FB100	☐ G-XLEA	Airbus A380-841	☐ G-YAKJ	Yakovlev Yak-18T
☐ G-WSTY	Lindstrand LBL 77A	☐ G-XLEB	Airbus A380-841	☐ G-YAKM	Yakovlev Yak-50
☐ G-WTAV	Robinson R44 Raven II	☐ G-XLEC	Airbus A380-841	☐ G-YAKN	IAV Bacau Yakovlev Yak-52
☐ G-WTAY	Robinson R44 Raven II	☐ G-XLED	Airbus A380-841	☐ G-YAKP	Yakovlev Yak-9
☐ G-WTSN	Van's RV-8	☐ G-XLEE	Airbus A380-841	☐ G-YAKT	IAV Bacau Yakovlev Yak-52
☐ G-WTWO	Aquila AT01	☐ G-XLEF	Airbus A380-841	☐ G-YAKU	Yakovlev Yak-50
☐ G-WUFF	Europa Aviation Europa	☐ G-XLEG	Airbus A380-841	☐ G-YAKV	Aerostar Yakovlev Yak-52
☐ G-WULF	Replica WAR FW190	☐ G-XLEH	Airbus A380-841	☐ G-YAKX	Aerostar Yakovlev Yak-52
☐ G-WVBF	Lindstrand LBL 210A	☐ G-XLEI	Airbus A380-841	☐ G-YAKY	IAV Bacau Yakovlev Yak-52
☐ G-WVEN	Extra EA.300/200	☐ G-XLII	Schleicher ASW 27-18E	☐ G-YAKZ	Yakovlev Yak-50
☐ G-WVIP	Beech 200 Super King Air	☐ G-XLLL	AS.355F1 Ecureuil 2	☐ G-YANK	Piper PA-28-181 Archer II
☐ G-WWAL	Piper PA-28R-180 Arrow	☐ G-XLNT	Zenair CH.601XL Zodiac	☐ G-YARR	Mainair Rapier
☐ G-WWAY	Piper PA-28-181 Archer II	☐ G-XLTG	Cessna 182S Skylane	☐ G-YARV	ARV1 Super 2
☐ G-WWFC	Dassault Falcon 2000LX	☐ G-XLTV	Cessna 560XL Citation XLS	☐ G-YAWW	Piper PA-28RT-201T Arrow IV
☐ G-WWLF	Extra EA.300/L	☐ G-XLXL	Robin DR.400-160 Knight	☐ G-YBAA	Reims FR172J Rocket
☐ G-WWZZ	CZAW Sportcruiser	☐ G-XMGO	AMT-200S Super Ximango	☐ G-YCII	LET Yakovlev C-11
☐ G-WYAT	CFM Streak Shadow SA	☐ G-XMHD	Hawker Hunter T7	☐ G-YCKF	Dassault Falcon 900EX
☐ G-WYDE	Schleicher ASW 22BL	☐ G-XOIL	AS.355N Ecureuil 2	☐ G-YCMI	Sonex Sonex
☐ G-WYKD	Air Création Tanarg 912S/iXess	☐ G-XONE	CL-600-2B16 Challenger 604	☐ G-YCUB	Piper PA-18-150 Super Cub
☐ G-WYND	Wittman W.8 Tailwind	☐ G-XPBI	Letov LK-2M Sluka	☐ G-YCUE	Agusta A109A
☐ G-WYNE	BAe 125 Srs 800B	☐ G-XPDA	Cameron Z-120	☐ G-YDEA	Diamond DA.42 Twin Star
☐ G-WYNT	Cameron N-56	☐ G-XPII	Cessna R172K Hawk XP	☐ G-YEDC	Cessna 525B CitationJet CJ3
☐ G-WYPA	MBB Bö.105DBS-4	☐ G-XPWW	Cameron TR-77	☐ G-YEHA	Schleicher ASW 27
☐ G-WYSZ	Robin DR.400-100 Cadet	☐ G-XPXP	Aero Designs Pulsar XP	☐ G-YELL	Murphy Rebel
☐ G-WYVN	DG Flugzeugbau DG-1000T	☐ G-XRAY	Rand Robinson KR-2	☐ G-YELP	TLAC Sherwood Ranger ST
☐ G-WZOL	TCD Sherwood Ranger LWS	☐ G-XRED	Pitts S-1C	☐ G-YEOM	Piper PA-31-350 Chieftain
☐ G-WZOY	Rans S-6-ES Coyote II	☐ G-XRLD	Cameron A-250	☐ G-YEWS	RotorWay Executive
☐ G-WZRD	Eurocopter EC120B Colibri	☐ G-XRVB	Van's RV-8	☐ G-YFZT	Cessna 172S Skyhawk SP
		☐ G-XRVX	Van's RV-10	☐ G-YIII	Reims/Cessna F150L
☐ G-XAIM	Ultramagic H-31	☐ G-XRXR	Raj Hamsa X'Air 582	☐ G-YIPI	Reims/Cessna FR172K Hawk XP
☐ G-XALT	Piper PA-38-112 Tomahawk	☐ G-XSAM	Van's RV-9A	☐ G-YIRO	Campbell Cricket Mk.4
☐ G-XALZ	Rans S-6-S-116 Super Six	☐ G-XSDJ	Europa Aviation Europa XS	☐ G-YJET	Bensen B.8MR
☐ G-XARA	Czech Sport PS-28 Cruiser	☐ G-XSEA	Van's RV-8	☐ G-YKSO	Yakovlev Yak-50
☐ G-XARV	ARV1 Super 2	☐ G-XSEL	Silence SA.180 Twister	☐ G-YKSS	Yakovlev Yak-55
☐ G-XASH	Schleicher ASH 31Mi	☐ G-XSRF	Europa Aviation Europa XS	☐ G-YKSZ	Aerostar Yakovlev Yak-52
☐ G-XAVB	Cessna 510 Citation Mustang	☐ G-XSTV	Cessna 560XL Citation XLS	☐ G-YKYK	Aerostar Yakovlev Yak-52
☐ G-XAVI	Piper PA-28-161 Warrior II	☐ G-XTEE	AirBorne XT912-B/Streak III-B	☐ G-YMFC	Waco YMF
☐ G-XAVV	Schempp-Hirth Ventus-2cxa	☐ G-XTHT	AirBorne XT912-B/Streak III-B	☐ G-YMMA	Boeing 777-236ER
☐ G-XBAL	Best Off Skyranger Nynja 912S	☐ G-XTME	XtremeAir XA-42 Sbach 342	☐ G-YMMB	Boeing 777-236ER
☐ G-XBCI	Bell 206B-3 JetRanger III	☐ G-XTNI	AirBorne XT912-B/Streak III-B	☐ G-YMMC	Boeing 777-236ER
☐ G-XBGA	Glaser-Dirks DG-500/2 Elan	☐ G-XTRA	Extra EA.230	☐ G-YMMD	Boeing 777-236ER
☐ G-XBJT	Evektor EV-97 Eurostar	☐ G-XTUN	Westland Bell 47G-3B-1	☐ G-YMME	Boeing 777-236ER
☐ G-XBLD	MBB Bö.105DB	☐ G-XVAX	Tecnam P2006T	☐ G-YMMF	Boeing 777-236ER
☐ G-XBLU	Cessna 680 Citation Sovereign	☐ G-XVII	Schleicher ASW 17	☐ G-YMMG	Boeing 777-236ER
☐ G-XBOX	Bell 206B-3 JetRanger III	☐ G-XVOM	Van's RV-6	☐ G-YMMH	Boeing 777-236ER
☐ G-XCCC	Extra EA.300/L	☐ G-XWEB	Best Off Skyranger 912	☐ G-YMMI	Boeing 777-236ER
☐ G-XCII	Sikorsky S-92A	☐ G-XWON	Rolladen-Schneider LS8-18	☐ G-YMMJ	Boeing 777-236ER
☐ G-XCIT	Alpi Pioneer 300	☐ G-XXBH	Agusta-Bell 206B-3 JetRanger 3	☐ G-YMMK	Boeing 777-236ER
☐ G-XCJM	Embraer EMB-135BJ Legacy 650	☐ G-XXEB	Sikorsky S-76C++	☐ G-YMML	Boeing 777-236ER
☐ G-XCRJ	Van's RV-9A	☐ G-XXEC	Agusta A109S Grand	☐ G-YMMN	Boeing 777-236ER
☐ G-XCUB	Piper PA-18-150 Super Cub	☐ G-XXIV	Agusta-Bell 206B-3 JetRanger 3	☐ G-YMMO	Boeing 777-236ER
☐ G-XDEA	Diamond DA.42 Twin Star	☐ G-XXIX	Schleicher ASW 27-18E	☐ G-YMMP	Boeing 777-236ER
☐ G-XDUO	Schempp-Hirth Duo Discus XT	☐ G-XXRG	Avid Speed Wing Mk.4	☐ G-YMMR	Boeing 777-236ER
☐ G-XDWE	P&M Quik GT450	☐ G-XXRS	BD-700-1A10 Global Express	☐ G-YMMS	Boeing 777-236ER
☐ G-XELA	Robinson R44 Raven II	☐ G-XXRV	Van's RV-9	☐ G-YMMT	Boeing 777-236ER
☐ G-XELL	Schleicher ASW 27-18E	☐ G-XXTB	SOCATA TB-20 Trinidad	☐ G-YMMU	Boeing 777-236ER
☐ G-XENA	Piper PA-28-161 Warrior II	☐ G-XXTR	Extra EA.300/L	☐ G-YNOT	Druine D.62B Condor
☐ G-XERO	CZAW Sportcruiser	☐ G-XXVB	Schempp-Hirth Ventus b	☐ G-YNYS	Cessna 172S Skyhawk SP
☐ G-XFLY	Lambert Mission M212-100	☐ G-XYAK	IAV Bacau Yakovlev Yak-52	☐ G-YOBI	Schleicher ASH 25

Reg	Type	Reg	Type	Reg	Type
☐ G-YODA	Schempp-Hirth Ventus-2cT	☐ G-ZAVI	Comco Ikarus C42 FB100	☐ G-ZIZZ	Agusta A109A II
☐ G-YOGI	Robin DR.400-140B Major	☐ G-ZAZA	Piper PA-18 Super Cub 95	☐ G-ZLLE	SA.341G Gazelle 1
☐ G-YOLK	P&M Quik GT450	☐ G-ZAZU	Diamond DA.42 Twin Star	☐ G-ZLOJ	Beech A36 Bonanza
☐ G-YOLO	Aeroprakt A-22L Foxbat	☐ G-ZAZZ	Lindstrand LBL 120A	☐ G-ZMED	Learjet 35A
☐ G-YORC	Cirrus SR22	☐ G-ZBAB	Airbus A320-214	☐ G-ZNSF	Gulfstream V-SP
☐ G-YORK	Reims/Cessna F172M Skyhawk	☐ G-ZBAD	Airbus A321-231	☐ G-ZODY	Zenair CH.601UL Zodiac
☐ G-YOTS	IAV Bacau Yakovlev Yak-52	☐ G-ZBAE	Airbus A321-231	☐ G-ZOGT	Cirrus SR20
☐ G-YOYO	Pitts S-1E	☐ G-ZBAF	Airbus A321-231	☐ G-ZOIZ	Ultramagic M-105
☐ G-YPDN	AutoGyro MT-03	☐ G-ZBAG	Airbus A321-231	☐ G-ZONX	Sonex Sonex
☐ G-YPOL	MD Helicopters MD.900 Explorer	☐ G-ZBAH	Airbus A320-214	☐ G-ZOOL	Reims/Cessna FA152 Aerobat
☐ G-YPRS	Cessna 550 Citation Bravo	☐ G-ZBAI	Airbus A321-231	☐ G-ZORO	Europa Aviation Europa
☐ G-YPSY	Andreasson BA-4B	☐ G-ZBAJ	Airbus A321-231	☐ G-ZOSA	Champion 7GCAA Citabria
☐ G-YRAF	RAF 2000 GTX-SE	☐ G-ZBAK	Airbus A321-231	☐ G-ZPPY	Piper PA-18-95 Super Cub 95
☐ G-YRAX	Magni M24C Orion	☐ G-ZBAL	Airbus A321-231	☐ G-ZRZZ	Cirrus SR22
☐ G-YRIL	Luscombe 8E Silvaire Deluxe	☐ G-ZBAM	Airbus A321-231	☐ G-ZSDB	Piper PA-28-236 Dakota
☐ G-YROA	AutoGyro MTOSport	☐ G-ZBAO	Airbus A321-231	☐ G-ZSIX	Schleicher ASW 27-18E
☐ G-YROC	AutoGyro MT-03	☐ G-ZBAP	Airbus A320-214	☐ G-ZSKD	Cameron Z-90
☐ G-YROD	Magni M-24C	☐ G-ZBAR	Airbus A320-214	☐ G-ZSKY	Best Off Skyranger Swift
☐ G-YROH	AutoGyro MTOSport	☐ G-ZBED	Robinson R22 Beta	☐ G-ZSWR	DH.89A Rapide
☐ G-YROI	Air Command 532 Elite	☐ G-ZBJA	Boeing 787-8	☐ G-ZTED	Europa Aviation Europa
☐ G-YROK	Magni M16 C Tandem Trainer	☐ G-ZBJB	Boeing 787-8	☐ G-ZTUG	Aeropro Eurofox 912(S)
☐ G-YROL	AutoGyro Cavalon	☐ G-ZBJC	Boeing 787-8	☐ G-ZTWO	Staaken Z-2 Flitzer
☐ G-YROM	AutoGyro MT-03	☐ G-ZBJD	Boeing 787-8	☐ G-ZUFL	Lindstrand LBL 90A
☐ G-YRON	Magni M16 C Tandem Trainer	☐ G-ZBJE	Boeing 787-8	☐ G-ZUMI	Van's RV-8
☐ G-YROO	RAF 2000 GTX-SE	☐ G-ZBJF	Boeing 787-8	☐ G-ZVIP	Beech 200 Super King Air
☐ G-YROP	Magni M16 C Tandem Trainer	☐ G-ZBJG	Boeing 787-8	☐ G-ZVKO	Zivko Edge 360
☐ G-YROR	Magni M24C Orion	☐ G-ZBJH	Boeing 787-8	☐ G-ZWIP	Silence SA.180 Twister
☐ G-YROX	AutoGyro MT-03	☐ G-ZBLT	Cessna 182S Skylane	☐ G-ZXCL	Extra EA.300/L
☐ G-YROY	Montgomerie-Bensen B.8MR	☐ G-ZBOP	SZD-36A Cobra 15	☐ G-ZXEL	Extra EA.300/L
☐ G-YROZ	AutoGyro Calidus	☐ G-ZDEA	Diamond DA.42 Twin Star	☐ G-ZXLL	Extra EA.300/L
☐ G-YRRO	AutoGyro Calidus	☐ G-ZEBS	ATR 42-320	☐ G-ZXZX	Learjet 45
☐ G-YRTE	Agusta A109S Grand	☐ G-ZEBY	Piper PA-28-140 Cherokee F	☐ G-ZYAK	IAV Bacau Yakovlev Yak-52
☐ G-YRUS	Jodel D.140E	☐ G-ZECH	CZAW Sportcruiser	☐ G-ZZAC	Evektor EV-97 Eurostar
☐ G-YSMO	Pegasus Quik	☐ G-ZEIN	Slingsby T.67M-260 Firefly	☐ G-ZZAJ	Schleicher ASH 26E
☐ G-YTLY	Rans S-6-ES Coyote II	☐ G-ZELE	Westland SA.341C Gazelle HT2	☐ G-ZZDD	Schweizer 269C
☐ G-YUGE	Schempp-Hirth Ventus cT	☐ G-ZENA	Zenair CH.701UL	☐ G-ZZDG	Cirrus SR20
☐ G-YULL	Piper PA-28-180 Cherokee E	☐ G-ZENI	Zenair CH.601HD Zodiac	☐ G-ZZEL	Westland SA.341B Gazelle AH1
☐ G-YUMM	Cameron N-90	☐ G-ZENR	Zenair CH.601HD Zodiac	☐ G-ZZIJ	Piper PA-28-180 Cherokee C
☐ G-YUPI	Cameron N-90	☐ G-ZENY	Zenair CH.601HD Zodiac	☐ G-ZZLE	Westland SA.341C Gazelle HT2
☐ G-YVES	Alpi Pioneer 300	☐ G-ZEPI	Colt GA-42	☐ G-ZZMM	Enstrom 480B
☐ G-YXLX	Valentin Mistral C	☐ G-ZERO	Grumman American AA-5B Tiger	☐ G-ZZOE	Eurocopter EC120B Colibri
☐ G-YYAK	IAV Bacau Yakovlev Yak-52	☐ G-ZETA	Lindstrand LBL 105A	☐ G-ZZOO	Gulfstream G200
☐ G-YYRO	Magni M16 C Tandem Trainer	☐ G-ZEXL	Extra EA.300/L	☐ G-ZZOW	Medway EclipseR
☐ G-YYYY	Holste MH.1521C1 Broussard	☐ G-ZFOX	Denney Kitfox Model 2	☐ G-ZZSA	EC225 LP Super Puma
☐ G-YZYZ	Mainair Blade 912	☐ G-ZGTK	Schleicher ASH 26E	☐ G-ZZSB	EC225 LP Super Puma
		☐ G-ZGZG	Cessna 182T Skylane	☐ G-ZZSC	EC225 LP Super Puma
☐ G-ZAAP	CZAW Sportcruiser	☐ G-ZHKF	Reality Escapade 912	☐ G-ZZSD	EC225 LP Super Puma
☐ G-ZAAZ	Van's RV-8	☐ G-ZHWH	RotorWay Executive 162F	☐ G-ZZSE	EC225 LP Super Puma
☐ G-ZABC	Sky 90-24	☐ G-ZIGI	Robin DR.400-180 Régent	☐ G-ZZSF	EC225 LP Super Puma
☐ G-ZACE	Cessna 172S Skyhawk SP	☐ G-ZIGY	Europa Aviation Europa XS	☐ G-ZZSG	EC225 LP Super Puma
☐ G-ZACH	Robin DR.400-100 Cadet	☐ G-ZIII	Pitts S-2B	☐ G-ZZSI	EC225 LP Super Puma
☐ G-ZADA	Best Off Skyranger 912S	☐ G-ZINC	Cessna 182S Skylane	☐ G-ZZSJ	EC225 LP Super Puma
☐ G-ZAIR	Zenair CH.601HD Zodiac	☐ G-ZINT	Cameron Z-77	☐ G-ZZSK	EC225 LP Super Puma
☐ G-ZANY	Diamond DA.40D Star	☐ G-ZION	Cessna 177B Cardinal	☐ G-ZZSL	EC225 LP Super Puma
☐ G-ZAPK	British Aerospace BAe 146-200	☐ G-ZIPA	Rockwell Commander 114A	☐ G-ZZSM	EC225 LP Super Puma
☐ G-ZAPO	British Aerospace BAe 146-200	☐ G-ZIPE	Agusta A109E Power Elite	☐ G-ZZTT	Schweizer 269C
☐ G-ZAPW	Boeing 737-3L9	☐ G-ZIPI	Robin DR.400-180 Régent	☐ G-ZZXX	P&M Quik GT450
☐ G-ZAPX	Boeing 757-256	☐ G-ZIPY	Wittman W.8 Tailwind	☐ G-ZZZA	Boeing 777-236
☐ G-ZAPY	Robinson R22 Beta	☐ G-ZIRA	Staaken Z-1RA Stummelflitzer	☐ G-ZZZB	Boeing 777-236
☐ G-ZAPZ	Boeing 737-33A	☐ G-ZITZ	AS.355F2 Ecureuil 2	☐ G-ZZZC	Boeing 777-236
☐ G-ZARV	ARV1 Super 2	☐ G-ZIZI	Cessna 525 CitationJet	☐ G-ZZZS	Eurocopter EC120B Colibri
☐ G-ZASH	Comco Ikarus C42 FB80	☐ G-ZIZY	TL 2000UK Sting Carbon S4		

United Kingdom Aircraft Bases Guide including Tower Frequencies

The list includes only currently UK registered aircraft and helicopters based on UK licensed and unlicensed airfields and heliports. Balloons and airships are not included.

PLEASE NOTE
The inclusion of any airfield in this section should not be taken as an indication of public access rights. You should always seek permission before entering any airfield. This listing does not imply that any permission has been granted.

Abbots Hill Farm, Hemel Hempstead
G-BGES CBCK

Aberdeen TWR 118.100
G-BEZV	BFOF	BLZJ	BMIX
CCTT	CGUB	CGYW	CHCF
CHCG	CHCH	CHCI	CHCJ
CHCK	CHCL	CHCM	CHCS
CHCU	CHHF	CHKI	CHMJ
CHYG	CHYI	CICH	CIGZ
CIHP	CIJC	CVXN	GALC
MACN	OAGA	OAGC	OAGD
PERD	PUMB	PUMM	PUMN
PUMO	PUMS	REDJ	REDK
REDM	REDN	REDO	REDP
REDR	REDT	REDV	REDW
RKKT	ROOK	RSKR	SASD
TIGC	TIGS	TIGV	VINC
VIND	VING	VINK	VINL
WFWS	WMTM	WNSD	WNSE
WNSG	WNSI	WNSJ	WNSL
WNSN	WNSO	WNSP	XCII
ZZSA	ZZSB	ZZSC	ZZSD
ZZSE	ZZSF	ZZSG	ZZSI
ZZSJ	ZZSK		

Aboyne
G-BAHP	BCBJ	BFSD	BMSE
BXSP	BYHT	CBKM	CEBA
CFYL	CFZL	CGCA	CGSZ
CHHP	CHXH	CICY	CLJE
DCPG	DCWD	DDZN	DHAT
DHCW	FITY	KCIG	ODUO
XASH			

Acorn Way, Banbury
G-IOOZ ZZOE

Airfield Farm, Hardwick
G-AMVD DEMH ELMH MRLL
MSTG

Alderney TWR 125.350
G-BDUN BGAJ EDYO IMEC
LTFB

Allensmore
G-BIPT BLXO

Andreas
G-AHAU	AVFU	AWIT	BAEB
BMFI	BSYA	BXVM	BYTV
BZBP	CEGZ	CFZZ	CJGX
GSCV	MZBV		

Andrewsfield A/G 130.550
G-AMYD	ARIL	ARUY	ASIJ
ASRC	ASUD	ATAS	ATWB
AXWZ	AYAR	AZDX	AZRL
BAOB	BCOR	BDBH	BFOE
BKIT	BNFR	BNID	BNRL
BOTO	BRVB	BRXF	BRXL
BRZX	BVIE	BXSE	BZHE
CCIJ	CMEW	EEGL	EGSL
ELEN	ENOA	EXGC	FLEA
HFCL	IHAR	IKRK	IPOD
MASS	NELI	OFTI	OKAY
OPCG	OPTI	OSII	OSPS
TEMP	WEBS	YAKG	YOYO
ZZIJ			

Archerfield Estate, Dirleton
G-BDKH BWEZ CGTX JIII

Arclid Green, Sandbach
G-BZTW	CDTU	CDWW	CEGW
CFWN	MDBC	MTFT	MTWR
MVDE	MVIB	MVZS	MWRH
MYIY	MYZB	MZEK	MZLJ
REED	TPWL		

Arden Heath Farm, Stratford-upon-Avon
G-CEDE

Armshold Farm, Great Eversden
G-AZDY CBJP CCKP GRMN

Ash House Farm, Winsford
G-ASRT BIDX BMFG

Ashcroft Farm, Winsford
G-AWOU	AXYU	BITO	BPYJ
BYOZ	CCPM	CCTP	CDBA
CEDI	CGTD	CHHJ	MMBU
MNPY	MNRZ	MTCU	MZDT
OBMI			

Ashley Farm, Binfield
G-ASZB BFIY BWWJ BXMY
CEWY JAMA

Aston Down
G-BBOL	BTWE	BXGZ	BZSP
CFRW	CFST	CFUH	CFWB
CFZK	CGBO	CHBE	CHJV
CHXJ	CHZR	CJCU	CJEM
CJEU	CJRL	CJSN	CKDX
CKNK	CKRU	CKRX	CLLT
DCSF	DCUC	DDMK	DDSP
DDTA	DDTV	DDYR	DEAK
DECF	DECM	DEEP	DEEX
DEFZ	DEGJ	DEJF	DEMG
DEOZ	DETD	DEUY	DFRA
DHGL	DJAC	EEDE	GSAL
KDEY	POPE	PSHK	RBCT
SLMG	VTWO	YUGE	

Audley End
G-AELO	AOSY	APUW	ATTR
AXMW	AXNR	AXUA	BECN
BECT	BOBT	BTOG	BWUT
CBLS	CBUF	CJAP	DBZF
ECGO	EMSA	IIJI	KFLY
MOTH	RNLI	RVPH	SIJW
TSOB	VFAS		

Aughrim, Kilkeel
G-AKTI ASIS BIOI

Badminton
G-DIME

Bagby
G-AIXN	ARLR	AVZP	AXDV
AXHT	AZCP	BAGC	BBIO
BBKA	BBTH	BEVC	BGMT
BGVS	BHEL	BIDI	BIYJ
BKAO	BPHI	BPXJ	BSCG
BTJL	BUGZ	BWGO	BWVB
BXIA	BZUH	CCDY	CCEJ
CCFX	CCPN	CDKL	CENO
CESW	CGMV	CGSH	CHJG
CLUX	CNAB	CTDH	DEND
ELKS	GBUE	GOLF	IITC
ILTS	KAIR	KONG	MVSE
ORDH	RDNS	RVAT	SAZM
TERY	UMMS	VBCA	

Baileys Farm, Long Crendon
G-JINX SWIP XLII ZWIP

Bakersfield Farm, Weldon
G-CBGP CBXU TOMJ

Balado Park
G-CCYJ CDDF CDFO CDLZ
CEZT CFEM MWRE NUTT
PSUK

Baldwins Farm, Barling Magna
G-CBBM MWYD TSKD

Balgrummo Steading, Bonnybank
G-CDHG MNCM MNKB MNKK
MZMH SASI WWZZ

Bankwood Farm, Oxton
G-MWYV MZDK MZMJ MZZY
NOWW

Barhams Mill Farm, Egerton
G-CCHM CCIH CDLA MZNS

Barkston Heath (RAF)
G-BYUA	BYUD	BYUN	BYUR
BYUX	BYUZ	BYVD	BYVH
BYVM	BYVO	BYVZ	BYWI
BYWJ	BYWN	BYWS	BYXX
BYYB			

Barley Hay, Stretton
G-CESD CHII EZZE EZZY
JLAT KDIX

Barton AFIS 120.250
G-AJEE	AJKB	AKSZ	APUY
AREV	ASHX	AVER	AWOF
AWPU	AWVA	AYEF	AYGC
AYGX	AZGF	AZPF	BCCF
BCPG	BEYW	BEZZ	BFHP
BITM	BKAZ	BLDK	BLTM

BNTP	BOIL	BONW	BOPU	DBVZ	DCGE	DDAW	DDHJ	ODCH	OFFA	OTIB	RVDG
BPVA	BRUD	BTHP	BTNV	DEFV	DFKH	DGSM	EELY	RVIO	SKYT	VENC	XBGA
BTRS	BTRT	BUIG	BUZB	RIET	TUGG						
BXLT	BXZA	BZGO	BZWC					**Bidford**			
CCBM	CCDX	CCJL	CCKM	**Belle Vue Farm, Yarnscombe**				G-ALWW	ARGO	ASOI	ATOI
CCMS	CCXZ	CDAP	CDKO	G-BDEX	BJEI	BSGG	BTDC	AVOM	AXCM	AYBP	BDOL
CDNW	CDOM	CDZG	CEAK	CEYM	CFUZ	CGUR	FOXX	BOZS	BTZX	BVLV	BVWM
CEHV	CENE	CFLM	CFZX	IEEF	MWIP	MYSY	NOTS	BVYP	BXRA	BYBK	BYEL
CGEU	CGIZ	CGMN	CGOM	OTEC	XPXP			CETS	CFOZ	CFPE	CFTB
CGVD	CGVE	CGVT	CONA					CGDY	CGVO	CHBL	CHNU
CWIC	DOIG	EKIM	GCDB	**Bembridge**				CJGE	CJKF	CJUF	CKGD
GFIB	GMPX	GOES	GURU	G-AWTP	BAPX	BHGC	CFOU	CKJE	CKKE	CKOM	CLGR
HADD	HINZ	HKCF	IAJJ	CHJH	CHXA	DCZN	DDPA	DDLY	DDXH	DEHU	DETV
ISHA	JFWI	JODL	JTBX	DEDY	DEVF	ZACH		DFBJ	DGKB	DJAA	DJLL
KIRT	LACB	LCMW	LEEJ					DURO	EEKY	EFIZ	EWIZ
LOTY	LUNG	LYFA	MHCM	**Benson (RAF)**				KLAW	KOLI	KPLG	LIDA
MHGS	MOLA	MOSA	MTKA	G-ATVX	BBMH	BBPP	BDOD	OPHT	RVAH	RVLC	SOAR
MWWD	MWYE	MYBM	MYKZ	BHDM	BNUL	BYVB	BYVL	VNTS	WINN	XDUO	XRVB
NWAE	NWEM	OFDT	OONZ	BYWU	BYWY	BYXA	BYXL	ZAZA			
PLAN	RACO	ROPP	ROTS	DOSA	DOSB	DOSC	HBOB				
SGSE	SKIE	TIFG	XJJM	HOPY	MEPU	RUVE	TVHB	**Biggin Hill**	TWR 134.800		
ZVKO								G-AAOK	ABNT	ABYA	AEOF
				Benson's Farm, Laindon				AEZJ	AHBL	AKVZ	ALJF
Barton Ashes, Crawley Down				G-AIDS	ARXP	AWVE	BAGF	AMZI	APPL	ASKT	ASOH
G-AHHT	AYUJ	BVZO	CCBA	BKCN	BKHY	CDKK	CGXY	ATJG	ATRW	ATXN	AVSP
KIRC	KURK	MRED		MVPK				AVWO	AWGN	AZWY	BABK
								BAKJ	BANX	BBLH	BEUP
Batchley Farm, Hordle				**Benston Farm, New Cumnock**				BEYZ	BGPH	BICG	BIMX
G-AFCL	BYJL	ERDA		G-CCJW	IPAT	MYCK	MZFL	BKEW	BMGG	BMIM	BMKC
				MZHA				BMMM	BMPR	BMSB	BMTO
Baxby Manor, Husthwaite								BNNY	BNZB	BONR	BOTI
G-AJIS	BZIW	BZMJ	CBBO	**Bentley Farm, Coal Aston**				BPCR	BPWP	BRAK	BRRA
CCBY	CCGB	CDUS	CDYD	G-BAIK	BYSA			BSCN	BSGT	BSPK	BSVM
CFLD	DAVE	IZIT	JAME					BSXA	BTDV	BUJO	BVDH
LYPG	MJMD	MMGL	MVET	**Bentwaters**				BXHH	CBEE	CBTN	CBWD
MWHH	MWYT	MYVH	MZDA	G-IIIP	LFIX	MUDY	PIII	CCST	CEIZ	CGUK	CHTK
MZOS	OEKS	OJDS	OSEP	RAGE	RIII			CPFC	CTIO	CTKL	DOLY
RHAM	SHEE	SOCK	SRII					EJBI	EMMY	ENNA	FLYI
				Bere Farm, North Boarhunt				GAJB	GUCK	IFTE	IFTF
Baynard's Park, Cranleigh				G-AYJB	SGEN			IMBI	LAKE	LARE	LIZZ
G-CRUI								LLMW	LSFT	LUSH	LUXY
				Bere Farm, Warnford				MOTI	MXVI	OALD	OFOA
Bealbury, St Mellion				G-BCTK	BSNF			OFOM	OIHC	OJAC	OJEH
G-BHXY	CGXN	YCUB						OLFY	OPAG	ORVG	PBIX
				Bericote Farm, Blackdown				PFCT	PMNF	PTEA	RAAM
Beccles	A/G 120.375			G-AAXG				ROOV	SAZY	SOVB	TWIZ
G-AROA	ASMY	ATHZ	AVHM					UTSI	VEZE	WYNE	XLTV
AVZU	AWTX	AZKZ	BEIG	**Berry Farm, Bovingdon**							
BEZK	BJVM	BSKA	BYEO	G-ATEM				**Birmingham**	TWR 118.300		
DOGE	IRYC	UKPS						G-CHUI	IPAX	LENM	POLA
				Berry Grove Farm, Liss				RAJJ			
Bedlands Gate, Little Strickland				G-BDVA	CCEE						
G-BYZW	CDNM	CEOH	HALT					**Bitteswell Farm, Bitteswell**			
MINS	MMDP	MTIB		**Berryhill Farm, Moscow**				G-CIAX	EGGI		
				G-CDJG							
Bedwell Hey Farm, Little Thetford								**Black Bank Farm, Foxt**			
G-APIE	BEAH			**Bicester**				G-GACB			
				G-ADRA	AHAN	AISA	AKKH				
Beeches Farm, Cliffe				ALBK	ANEN	AVNY	AVTC	**Black Springs Farm, Castle Bytham**			
G-CFEO	RVDJ			AWBJ	BFPR	BVYZ	CFAM	G-AWUB	BGLF	BSCH	PFAP
				CFEF	CFHD	CFMW	CFRS	SEED			
Beeches Farm, South Scarle				CFVN	CGAM	CGFU	CHEE				
G-ARHZ	BICD	BKUI	MTIA	CHGG	CHKU	CHMV	CHNM	**Blackbushe**	A/G 122.300		
				CHOD	CHOR	CHTW	CHVL	G-ARLB	ATEF	ATXD	AVSF
Belfast	TWR 118.300			CHYX	CJEA	CJEX	CJJL	BBRC	BGIB	BLJO	BLTK
G-BAJR	BSWR	CGTC	CITY	CJRX	CJTN	CJXM	CJZB	BLXA	BMFP	BMWR	BOJI
GLTT	ISAX	LIDE	PSNI	CKCJ	CKDU	CKHE	CKKR	BOWY	BPBM	BPTI	BSXB
PSNO	PSNR	SERE	TOPO	CKPO	CKSD	DCAZ	DCCR	BSYY	BZEA	CBBC	CBEK
				DCCZ	DCHT	DCJY	DCVK	CBFN	CBGC	CCAT	CGDJ
Bellarena				DDFR	DEED	DEHT	DESB	CHFK	CICG	CLAC	DEVS
G-BSWM	BVYG	CFJZ	CFTK	DESC	DETY	DEUV	DHAL	DONS	EKAT	ENTT	ESSL
CHKY	CHYH	CJCG	CJJH	DTUG	ENBW	IDER	JIIL	EVTO	FBKB	FBKC	FBLK
CKJJ	CKJN	CKOT	CKTC	KGAW	LABS	LSKV	NEWT	FBNK	FLBK	JJAN	LUEK

| NLEE | PASL | PDSI | RACK |
| RRFC | RUBB | RVSH | WILT |

Blackhill, Draperstown
| G-CCCH | MTZA | MZGB | |

Blacklaw Farm, Rattray
| G-BPIT | | | |

Blackmoor Farm, Aubourn
| G-CBKO | ERTE | MTLX | MVYC |
| MVZO | | | |

Blackpool   TWR 118.400
G-ANWB	APTY	ARJS	ASNK
AVUS	AVUT	AWAJ	AXAB
AXDK	AXNZ	AXSW	AYMK
AYNN	AYUV	AZIB	AZUY
BAKH	BAMC	BBKB	BELT
BFLZ	BFOG	BFSZ	BGHM
BHFI	BIYX	BJWW	BLLP
BLWD	BNOP	BNXV	BORL
BPGZ	BRBW	BRPL	BRPY
BRZS	BSHA	BSKW	BSOK
BSTZ	BUHO	BULH	BVGI
BXOU	BXYO	BZGB	CCYG
CDBG	CFDS	DAKM	DEIA
DOLI	ENEA	FBPL	FIXX
FOZZ	GALA	GFAA	GFRA
GMCM	HIJN	HMJB	IBED
IOMC	JGBI	LFSJ	NSTG
NWAA	OGGM	OMHC	OOMC
OSJF	OWFS	OWRT	OWST
PHAA	RIXS	UANT	UFLY

Blue Tile Farm, Hindolveston
| G-BYJD | CDFU | | |

Bodmin   A/G 122.700
G-ARRY	ARUV	AXDC	AXJV
AYPO	BACN	BCZM	BGSA
BHXS	BKOA	BKRH	BMFZ
BNSM	BNUY	BPFM	BPHG
BRCT	BRER	BSDW	BUAG
BWDP	BXOI	BXWR	BYNK
BZLV	BZZD	CBAZ	CBPR
CCKL	CDTJ	CEDB	CEYH
CSUE	FMGG	HXTD	IVOR
MEME	MYIA	OAGI	OCFC
OGGY	OTUN	PHYS	TECH
TUGI	VTAL		

Bolt Head, Salcombe
| G-BDNG | BJVH | | |

Boreham
| G-ESEX | | | |

MoD Boscombe Down
G-AYYO	BDTL	BOIB	BTEL
BUUI	BVRJ	BYUH	BYWW
BYXD	BYXI	BYXJ	BZDP
KLNP	PVCV	SKAN	

Bossington Farm, Bossington
| G-AOET | BRGW | OZEE | PIPR |

Boston
| G-BXZV | CETF | CFKU | CFPR |
| CILT | MYPY | NDPA | SMBM |

Bounds Farm, Ardleigh
| G-BSFW | CCRK | | |

Bourn
G-ATVO	AVEN	BCUB	BDZC
BGBI	BKOT	BNDP	BNSU
BNSV	BUEF	CCDK	CCFG
CCGW	CGUG	CTAV	EDES
GBAB	GBXF	GTFC	HARY
ISEL	JABU	JVBP	MRPH
OCDP	OOON	PORK	TFIN
YBAA			

Bourne Park, Hurstbourne Tarrant
G-AJXC	ARLG	ARXU	ATRK
BFDF	BGLA	BZDV	CBSF
CBSI	CBSK	CDNS	DFKI
DSPL	EZEL	EZZL	FUKM
JMON	MACH	MELT	RBIL
TGGR	VOIP	YAKF	YELP
ZELE	ZZLE		

Bournemouth   TWR 125.600
G-AVGE	AWAX	AWBC	AXIO
AZCL	AZOZ	BASN	BBTB
BCUV	BEFF	BERY	BFOJ
BGOL	BGSW	BGSY	BGXC
BHJS	BIFY	BIPV	BJWI
BNDE	BNUO	BOGM	BPJO
BRNT	BTDR	BUFH	BUTT
BUXN	BWAF	BXTY	BXTZ
BYBF	BYDG	BYHJ	BZLG
BZNN	BZWG	BZXK	CBBF
CBLE	CBVB	CBZR	CBZX
CEGP	CEGR	CETD	CETE
CTCB	CTCC	CTCD	CTCE
CTCF	CTCH	CVIX	DORN
ECJM	EGLG	EMOL	ESET
EXON	FCAC	FMAM	FPSA
FRAD	FRAF	FRAI	FRAO
GBFF	GDMW	GGLA	GPAT
HBEK	HGPI	HOPE	IGIE
IINI	IMAD	JADJ	JOAL
MAFF	MAFI	MATT	MPWI
MULT	NATY	NETT	OACA
OARI	OCEG	OJVL	OLSF
OMAF	OOFT	OPLC	OXOM
RCED	ROBN	RSHI	SKPP
SLYN	SMTD	STZZ	TAGR
TRAT	TSLC	TWNN	VOAR
WWIZ	XCRJ		

Bow, Totnes
| G-BJZB | BRHP | | |

Bowden Farm, Burbage
| G-TYER | | | |

Bradley Moor, Ashbourne
| G-CEGO | | | |

Bradley's Lawn, Heathfield
| G-BAMR | BYBP | CBWJ | MZKC |

Brandy Wharf, Waddingham
| G-BGTI | | | |

Brant Farm, Bewdley
| G-BCLS | | | |

Breidden
| G-BXCU | | | |

Breighton
| G-ABVE | AEVS | AEXT | AHUF |
| AIBW | AKAT | AKTR | ALXZ |

AMAW	AOIS	ATCN	AVMD
AVPM	AWJE	AYDV	AYFC
AYRT	AYUT	AZYF	BAAD
BAHL	BBJX	BDAD	BDDF
BDTB	BGAX	BJAL	BJZN
BLES	BMDS	BOIY	BOYV
BSDO	BSYG	BTWF	BVAM
BVEH	BVGZ	BVXJ	BXJD
BYBD	BZNW	CBEI	CBZK
CEIB	CGEV	CGGK	CYLL
DIZO	EJGO	FLZR	LACA
LCGL	LMAO	LOYD	LWLW
MGPX	MLXP	MOTW	MZBH
OELZ	RLWG	RPAX	RVDR
TAFF	TYAK		

Brentor
G-BGCB	CFUB	CFXB	CFYE
CHJT	CHKV	CJSK	CKEZ
DBOL	DBVB	DCGY	DCKD
DDMX	DDSL	DDTW	DDVH
DFDW			

Bridge Cottage, Great Heck
| G-HECK | HEKK | | |

Brine Pits Farm, Droitwich
| G-CDVT | ILSE | KTWO | |

Bristol   TWR 133.850
G-AXTL	BCJN	BKBW	BNNX
BOYH	BYKP	ELIS	FILE
GFCB	IFAB	OCJZ	ROTF
SONE	TBEA	WPDA	WPDB
WPDC	WPDD	YEOM	

Brize Norton (RAF)
| G-BEOL | BNRG | PIGY | |

Broadcroft Farm, Bromsgrove
| G-BZGR | | | |

Broadford, Isle of Skye
| G-MWPW | | | |

Broadmeadow Farm, Hereford
G-BZUE	BZWM	CBRE	CDKI
CDML	CDXP	CEBM	CEZF
CFXX	CGDL	CGUU	CHFU
GTRX	MTYR	MVGC	MVHR
MYSZ	MZPW		

Brook Breasting Farm, Watnall
G-CBVM	CCJU	CCPH	CEZB
LYNK	MEGZ	MTBU	MTIR
MVNZ	MWNF	MWSC	MWWH
MYHJ	MYWO	WAKY	

Brook Farm, Boylestone
| G-BHZU | BIJS | BXHJ | |

Brook Farm, Hulcote
| G-DCAM | MRKS | VGMC | |

Brook Farm, Ingrams Green
| G-BOOD | BXCA | | |

Brook Farm, Pilling
G-BHZV	BYPO	CBFE	CBIC
CBZS	CCEH	CCYM	CEFY
CEHI	MTGV	MVAM	MWFD
MWHR	MWTJ	MYFH	MYOH

MYPJ	MYSK	MYYR	TFUN
ULUL			

Brook House, Morley St Botolph
G-KEES

Brookfield Farm, Great Stukeley
G-BPAJ   CGEC

Brookside Farm, Wootton Courtenay
G-CDIZ

Broomhill Farm, West Calder
G-CCOG   CDNT   CEEG   EZAR

Brown Shutters Farm, Norton St Philip
G-CDDR   MTPE

Browns Farm, Hitcham
G-BOTU   BOWN

Bruntingthorpe
G-BBTG	BKFC	BKRN	BSOO
CBBB	CCOY	CDMH	CGJL
CPPM	HILY	HRVD	MGUN
MMXV	SUMZ	TOMC	

Bryngwyn Bach
G-AOTY   CTIX

Burn
G-BEII	BUJX	CGBA	CGCP
CHBK	CHGT	CHHK	CHTU
CHYY	CHZB	CJBM	CJFJ
CJHW	CJJD	CJKE	CJPW
CJVP	CKKC	DAVS	DBVH
DCCM	DCJB	DDAS	DDLG
DDMS	DDVN	DDWS	DDWZ
DDXW	DECC	DENO	DEOV
DERH	DERR	DHPA	MAGK

Bury Farm, High Easter
G-BRKC   XSEA

Butlers Ghyll Farm, Southwater
G-BJOB   MFEF

Butterfield Farm, Swanwick
G-EVPH   WHYS   WLSN

Butterley Grange Farm, Ripley
G-BOUF

Butterley Hall, Ripley
G-NMID

Buttermilk Hall Farm, Blisworth
G-CDPA   CSKW   MWTN

Bye Cross Farm, Moccas
G-CFYD   TSIM

Caernarfon   A/G 122.250
G-AYPJ	BAGR	BMCS	BYCA
BYTU	BZFS	BZJN	BZWB
CBXJ	CCDB	CCOC	CCSF
CEEP	CGHD	CGHM	HALC
LOFT	MTBD	MTKG	MTZW
MVKT	MVUA	MYXZ	MZGI
MZIL	MZIW	MZNB	MZOP
NATT	OKYM	POET	RIKS
RVRA	TFIX	WASS	XXIV

Calcot Peak Farm, Northleach
G-ATHK

Calton Moor Farm, Ashbourne
G-CBIV	CBPV	CDWR	CGGT
CRZA	MYEM	MYNL	MZBY
MZCM	TECO		

Cambridge   TWR 125.900
G-AHIZ	AOEI	AZGL	BAIG
BBIF	BBZN	BFWB	BKMA
BXCG	BZNY	BZOZ	CMAS
DECO	ENXA	EUAB	FIRM
GLOC	HEMN	HERC	JASE
MASF	MEGS	NESA	NIVA
OMEA	ORDM	OTYP	PGAC
RACY	REJP	SHWK	UFCB
YCKF			

Camphill
G-CFKY	CFMY	CFPW	CFYX
CHDA	CHDL	CHGF	CHJE
CHNA	CHTC	CJCM	CJDP
CJGK	CJKU	CJLA	CJOZ
CJPM	CJRJ	CJUP	CJVA
CKBG	CKHW	CKMB	CKNM
CKRB	CKRR	CKSL	DCFF
DCGD	DCJN	DCNP	DEAW
DEDJ	DEES	DEFE	EEBL
EEBN	EHTT	TLTL	

Cardiff   TWR 133.100
G-ANFI	ARMR	AZCZ	AZDJ
BBTY	BRWR	BUTF	BVMA
BXIF	BYCY	CEUW	ECBH
JANN	KSIR	MEGN	OPET

Cardiff Heliport
G-BTKL	DCPA	NWPS	RESC
SCHZ			

Cark
G-BTIR   CEKV   MRJP

Carlisle   TWR 123.600
G-ATOO	AZCK	BAKM	BBNZ
BHFC	BJMR	BJNN	BKXN
BLHJ	BNOM	BOIO	BPIK
BTDW	BUIR	BWNT	BXBZ
CBDP	CDRH	CDRP	CEON
CGXR	CGYY	CHER	CHLD
EJRS	FIFT	JLIN	JONL
NJTC	OECM	RNCH	SARJ
SGRP	SIMY	STGR	TRJB
TUCK	VIVS	YADA	

Carr Farm, Thorney
G-AJXV   BXON

Carr Gate, Wakefield
G-YPOL

Carrickmore
G-BZEU	CBTG	CDSW	CEEW
CFBJ	CWAY	DMCI	

Castle Kennedy
G-BCER   MZLE

Causeway
G-AWLF	BASO	BBRZ	BOLL
BYCN	BYLJ	MWEO	

Causey Park, Morpeth
G-BSFX	BZLX	CCKF	CGIV
MVLE			

Cedar House, Beckley
G-BXUF   UHGB

Chalgrove   A/G 125.400
G-BGRE

Chalk Pyt Farm, Broad Chalke
G-IRPC

Chalksole Green Farm, Alkham
G-CBFU

Challock
G-AZHD	BFPS	BUED	CEVK
CEVV	CEXY	CFPM	CFYM
CGAD	CGCK	CGEH	CHEN
CHTE	CJEL	CJMG	CJSS
CJSZ	CJVW	CJVX	CKBA
CKCT	CKDP	CKRI	DCMS
DDHL	DDXX	DDZT	DEEC
DEHZ	DFCD	DHMP	DUOT
JEDH	VTCT	XKKA	

Chapel Stile Cottage, Woonton
G-AKWS

Chapter Farm, Higham
G-KEVL

Charity Farm, Baxterley
G-ADPC	AKVP	ANKK	AOES
AOIR	CFLG	HATZ	MYXD
PBEC	SWYM		

Charlton Mires Farm, South Charlton
G-EXES

Charterhall
G-CCPS   GULP   UINN

Chase Farm, Chipping Sodbury
G-BYJE	BYSN	CCSX	CCVR
CFRM	MIKI		

Chase Farm, Little Burstead
G-MYHP   MYKR   MYYW   MZMZ

Chattis Hill, Stockbridge
G-VDOG

Cheddington
G-AIJM	APBW	BUSR	BWID
FEEF	LARK	PIEL	

Cherry Tree Farm, Monewden
G-BCNX   BVAI   BVVW

Chestnut Farm, Tipps End
G-BSTI   PFAH

Chilbolton
G-AWKD	BRJK	BUOL	CENG
CGCW	JABS	MTBE	PRIM
WBTS	ZHKF		

Chilsfold Farm, Northchapel
G-BTRC   IJAC

Chiltern Park, Ipsden
G-BZVN	CGEW	CGGW	CGYX
CIKG	CILY	DADA	DYNM
ERYR	FROM	JAYS	JWNW
KBOJ	KEVG	MYLN	ODPJ
OHYE	YROC		

Chipping
G-CFFU	CGDT	CHUL	CJEW
CJGD	CJKB	CJLO	CJTO
CJUZ	CKHK	CKKP	DBYX
DCRT	DCSP	DCUS	DCVY
DCXV	DDSU	DDTU	DDWJ
DEAM	DELN	DEOU	DESJ
EETH	GRSR	VTUS	

Church Farm, Piltdown
G-BSZF	FJMS		

Church Farm, Shipmeadow
G-CGDC	CGDV	MYBJ	PYNE

Church Farm, Shotteswell
G-BUXC	CBMZ	DOMS	RRSR

Clacton   A/G 118.150
G-ARVU	BIGJ	BIMM	BKIJ
BNKP	BOHI	OAHC	

Cleeves Farm, Chilmark
G-ENHP			

Clench Common
G-BYJM	CBHN	CBNT	CEPY
CFGY	CFRT	CGWK	CGWZ
CHFO	CHOO	CIAW	MTPL
MTTY	MTUT	MVCV	MVPX
MVVK	MVXV	MWZF	MYYK
PICX	RLMW	SKPG	

Clipgate Farm, Denton
G-BCUY	BFTX	BHKT	BKJS
BKZT	BPKK	BRIK	BWPE
BXUX	CBFX	CCVA	ELYS
HALL	INNI	LAKI	MPAC
MTSK	MZEL	OKED	OROS

Clough Farm, Croft
G-BGGA	CGGO	OEZI	

Clutton Hill Farm, High Littleton
G-BMEX	BTMK	PJTM	

Coate, Devizes
G-APBO	BEAB		

Coldharbour Farm, Willingham
G-AKUN	AYWH	BAFV	BZIV
BZRY	CCNJ	MGDL	

Coleman Green, St Albans
G-AWFF	BKKN	MRAM	

MoD Colerne
G-BYUV	BYVS	BYWC	BYWK
BYXB			

Colonsay   A/G 123.800
G-BXDB			

Colthrop Manor Farm, Thatcham
G-AIBM	KWKI		

Compton Abbas   A/G 122.700
G-ADKK	ADXT	AGIV	ANKZ
ANOO	APYG	AVEM	AXCY
AXGE	AXGS	BADM	BCLI
BCVG	BEYL	BFZO	BPCK
BRBD	BRUB	BSAW	BXTW
CBLY	CBRT	CBYN	CCNP
CCTW	CECZ	CFAT	CFWV
CTDW	DOVE	DUST	EGHA
ESKA	GFID	HARD	HNGE
MOMA	NHRH	OONY	SVDG
TODG	WOWI	ZERO	

Coney Park, Leeds
G-BOYC	BRVI	CDYR	MRSN
RAMI			

Conington   A/G 129.725
G-APXU	AXTO	AZAW	BFKF
BGAE	BGKU	BGNT	BHFK
BNJB	BOZI	BOZO	BPBO
BRBG	BXAY	CDAC	CDNI
CGXI	CIKT	CKSC	DHGS
DJBX	GCCL	GDOG	NILT
OEZY	POPW	PROW	RAFC
RSMC	TSGA	WINI	WIZR

Cosford (RAF)
G-ATSI	BNRP	BUJA	CGKD
CGKE	CGKG	CGKH	CJHO
CJKY	CJWJ	CKES	COSF
DKEY	EGIL	OMAA	

Costock Heliport
G-DMRS	EFON	EMHC	ISMO
ISPH	MUSH	OGUN	REMH

Cotswold   AFIS 118.900
G-APPA	ARDB	ARMD	ARMF
ATHT	AVYL	AXIA	AXJI
AXJX	AZWS	BAIH	BASJ
BBHK	BBXW	BCUS	BHOZ
BHZT	BLWY	BMGB	BMIO
BMIS	BOHM	BPAF	BPMX
BPPF	BVFA	BVWD	BWEB
BWNU	BWTW	BYFF	BZSS
CBIE	CEFZ	CEMY	CEWK
CGYU	CHFE	CHGA	CHGE
CHHA	CHNR	CHRM	CWFS
DSMA	EDGI	EHAZ	ELUE
ELUN	EMCA	FFFA	FLYY
HAYY	IMUP	ISCD	KEJY
KFCA	MALA	MKCA	MKGA
MTLG	MYZR	OMEL	OMHD
RAXA	RULE	RVRI	SNUZ
STRG	TSKY	UIMB	ULHI
VICC	XMHD	XXBH	YAKB
ZAPO	ZITZ		

Cottage Farm, Norton Juxta
G-CBYF	CDPW	CDTB	IKRS
MYSB	MZAT	SILY	

Coventry   TWR 118.175/123.825
G-AIDL	AKIU	AKRP	AKVF
AMPY	ANAF	AORG	APRS
APSA	ARHW	ASAJ	AWWE
AZKS	AZSF	BBKG	BKGA
BKZV	BNXE	BOBA	BOER
BOMS	BORW	BOXC	BOYL
BPKM	BPNI	BRXW	BSEY
BTPA	BTPC	BTPE	BTPF
BTPG	BTPH	BTPJ	BTPL

BTTO	BTYI	BUJN	BUUP
BUUR	BVWC	BWFG	BWMF
BWWC	BXES	BZIP	CBBW
CBDK	CCGE	CFBX	CFJN
CFJO	CGGJ	CHKW	COVA
COVB	CYPM	DFOX	DHDV
FIJV	FLCA	GAFT	GBLR
GPMW	HAFT	HANG	HART
HATD	HCCL	HELV	HEMZ
HONI	IICC	JAFT	JEMC
JMCL	JMCM	JMCO	JMCP
JMCR	JMCT	JSCA	JURG
KAFT	LAFT	LAIN	LOFB
LOFM	LOSM	LUKE	MAFT
MANC	MANH	MANM	MANO
MATZ	MIDD	NERC	OBSM
OBWP	OJON	OMAT	OVMC
PIKK	PRFI	RSCU	SCHI
SKTN	STNS	TMRB	TREE
UFOE	WARU	WAVS	WAVV
XKEN	YKSO	YMFC	

Crab Tree Farm, Deighton
G-LEDR			

Cranfield   TWR 122.850/134.925
G-ARXH	ARYV	ASZU	ATHR
ATMM	AVWI	AVWU	AWFZ
BADJ	BCUO	BEUD	BEZF
BFSA	BFSR	BGOG	BKAS
BLAC	BMUT	BMVB	BOFL
BOZR	BRCE	BRUX	BTNT
BTZO	BWXT	BXYT	CDYK
CEBS	CEIF	CFZM	CGNY
CIFG	CRUZ	DTCP	ECGC
FDPS	FLYP	FMBS	KRMA
LENX	LUXE	MAFA	MAFB
MJTY	MRST	NFLA	OCAM
OPFR	PLAY	RATE	RATI
ROVY	SBKR	SNOP	TINK
TWEL	TZII	UVIP	VVIP

Cranwell (RAF)
G-AOGR	BIPN	BKWD	BVUN
BYUB	BYUC	BYUE	BYUG
BYUI	BYUK	BYUM	BYUP
BYUS	BYUW	BYUY	BYVC
BYVG	BYVR	BYVT	BYVW
BYWB	BYWE	BYWF	BYWG
BYWL	BYWO	BYWP	BYWR
BYWT	BYWZ	BYXC	BYXE
BYXH	BYXM	BYXN	BYXO
BYXP	BYXY	BYXZ	CFTR
CGHT	CGKA	CGKB	CGKC
CGKF	CGKI	CGKL	CGKN
CGKW	CJJX	CJLN	CJLP
CJPY	CJPZ	CKEV	CKMW
CKPZ	DEDG	DEKC	HAIG
LIZI	LSED	MLLE	MVCW
NUGC	PAIG	RAFA	RAFB
RIHN	RODI	VARG	

Craysmarsh Farm, Melksham
G-AJUE	BJAF	BUAB	BWUP
BYLT	CBUZ	CDCM	MCCF
MWAT	MYNT	MYOS	

Croft Farm, Croft-on-Tees
G-ARFV	ATUI	BYFV	

Croft Farm, Defford
G-BARC	BJTP	BKRF	BUOD
BVSD	BWPJ	BXWH	BZTH

CBNZ	CCUT	CDXY	CGDM
JEJH	MJSF	MTNF	MVCD
MWRN	MYYZ	MZRS	SACH
STEV	TORC		

Croft Feach, Culbokie
G-CDVA	CIGT	TBMR	

Croft House, Berrier
G-CFAK			

Crosbie's Field, Little Cornard
G-DANY	MNER	PSUE	

Crosland Moor
G-ARYH	ATDO	BGPM	BTYH
BUVM	BWVN	CCFS	CCTF
CDRT	CFMI	CGWF	GLUC
MAZA	OSEA	RJMS	RYAL
STEE	ZAIR		

Cross Hayes
G-CGAT	CGBZ	CGCF	CHSN
CJZE	DCCW	DCXK	DDPK
DDRN	DDWB	DEJB	DETM
DFCM			

Crowfield
G-APRO	BEBR	BFVU	BHMG
BTRI	BVFZ	CBCP	CBMT
CDYZ	CEGH	DUDE	FELX
FFEN	IEJH	MFLA	MFLE
OSPY	SCSC	SKUA	WWAY

Crowland
G-ASNC	AVEH	BDZA	BDZG
BLMW	CHAC	CHEP	CHJN
CHKR	CHPO	CHVK	CJNJ
CJWP	CKBD	DCNJ	DCNM
DCYD	DCZU	DDHZ	DDLP
DDXF	DDYU	DECP	DEPE
DEVK	DHCJ	ECOL	EDTO
FHAS	HCAC	PSGC	

Cuckoo Tye Farm, Long Melford
G-BITA			

Culdrose (RNAS)
G-BVDJ	BYFL	CFTC	CHAF
CKOX	DDJR	DEVM	EEER
HAJJ	LSJE	UJGK	WEEK
XIXI			

Cumbernauld A/G 120.600
G-AWFC	AYRU	BGIY	BIID
BJEF	BJEJ	BKOK	BULY
BVER	BVJN	BYZA	CCOW
CCSN	CEOF	CGRC	CIBJ
DROP	HEBS	HGRB	OHAS
OJHL	ORMB	PDGN	PIXI
SDOB	SDOZ	SUEB	

Currock Hill
G-BUHR	BXST	CFEN	CGBD
CGEL	CHJY	CJCA	CJCF
DBXE	DCRH	DDAP	DECS
DEDN	DENX	ECDB	KNEK

Dairy House Farm, Worleston
G-FARR	IAJS		

Dalby Hall Farm, Dalby
G-EJWI			

Damyns Hall, Upminster
G-ATAV	AYBR	BKAM	CBHP
CBMI	CBSV	CDAA	CDKP
CECG	CEHM	CEPL	CEVM
CEVU	CFGC	CFTX	DEAN
EERV	IBEE	ICDM	JABE
JABJ	JMAL	LEXX	LUBY
MVJP	MYMC	MYSW	MZEE
NEMO	OMSA	ORCA	PLAR
PLIP	RARB	ROCO	RVEI
RVGA	SDAT	STUN	TTAT
UMMY	YYRO	ZAAP	

Danehill
G-BXWT			

Darley Moor
G-APAP	ARMO	ATNE	AVEO
BZBR	BZHO	CBCF	CCDZ
CCFJ	CDIU	CETZ	CGKZ
CGLE	CGNO	CGTW	CGUY
CGWS	CHGN	CIJA	IBLP
IGLY	JGSI	MJYX	MMWG
MNRE	MTLV	MTVH	MVIN
MVWN	MWES	MWZY	MYAT
MYUA	MZGA	WHEE	

Darlton
G-BXAN	CFOF	CFPB	CFVL
CGAV	CGEG	CHBT	CHZH
CJED	CJFM	CJGH	CJGU
CJGW	CJRE	CJTL	CJXA
DCVS	DDLE	DDTC	DEFW
DEGH	DEJC	FEBJ	

Davidstow Moor
G-BUCG	BUEW	BYID	BZVR
CBDV	CCBC	CDJK	MWAN
MYOT	MYTL	MYVL	MZGM
RODG			

Deanland
G-AHNR	ATXO	AWDO	AXUK
AZEW	BRKY	BUJJ	BVSF
BWFH	BWUN	BXSI	BYFY
BYIJ	BZNH	CBIP	CCRX
CECC	CGTT	CGUW	CRWZ
EVPI	FLIZ	FOXD	MNZP
MZKH	SBDB	TESR	UDET
VPCB			

Deenethorpe
G-BOHW	BOOX	BOVU	BWKT
BYSX	BZAI	BZSM	BZTM
BZVV	CBJO	CBTO	CBYI
CCNW	CCZB	CDNH	CEVP
CGJJ	DINO	ICBM	IIGI
KAZI	MFLJ	MLAW	MTUP
MVAR	MVFA	MWEL	MWIG
MWIX	MWMV	MWNS	MWYY
MYEO	MYIR	MYLK	MYWI
MYYX	MZKY	MZLF	MZMC
MZMG			

Denham A/G 130.725
G-ARYR	ASEP	ATHD	AZAB
BAGX	BFVS	BHCM	BIBA
BMMK	BMTJ	BNHJ	BNSN
BOJS	BOLI	BOPA	BRBP
BSDP	BSFP	BTNA	BUBW
BUFY	BXBU	BYEM	CBTT
CBVZ	CCFC	CCJI	CEOB
CFET	CHJK	CICC	CTFL

CUBA	CXSM	DAKO	DGFD
DIGG	DKNY	DNOP	DODD
DSPZ	DZZY	EFOF	EMLS
ETIN	FATE	FIFI	GCMM
GDSG	GERS	GFIG	GWYN
HAGL	HEWI	HIEL	HKCC
HKHM	HRND	HUNI	HVER
IDYL	IIXI	IJAG	ITOR
JACA	JAMP	JANT	JAYK
JCOP	JEFA	JNSH	JRED
KHCG	KNYT	LECA	LENI
LISS	LLIZ	LREE	MANZ
MELS	MRRY	MXPI	NIOG
NIPL	NSEW	OAVA	OHAM
OHLI	OHMS	OJWS	OLFA
OOIO	OONE	OTUA	OWAR
PALI	PATZ	PIXL	PIXX
PUNT	PWUL	RALA	ROYM
RRED	RROB	RVCL	RVGO
SASY	SHBA	STRL	TAAB
TAAC	TCAL	TILE	TIMC
TOLI	TOTO	TRAC	TWTR
UILT	UMBY	VCJH	WACY
WARV	WHAM	WINR	WWLF
XINE	XOIL	XYAK	ZAPY
ZUMI			

Derby A/G 118.350
G-ACSP	ALTO	ARFB	ARWS
ASMS	ASOK	AVDV	AVGA
AVLM	AXJJ	AXPN	AXSC
AYPH	AZCN	AZTF	BAFW
BBJY	BCRR	BDBF	BETE
BHAV	BITH	BJXZ	BKEV
BNHK	BNKE	BNMD	BOPH
BPHP	BPTS	BRND	BSWH
BTBJ	BTJA	CBCR	CEKI
CFCI	CFWO	CGJT	CSMK
DACF	FIJJ	GBFR	GIDY
JKKK	ODAC	OSFS	

Derryogue, Kilkeel
G-BSTX	BZNP	CBVA	CCMP
CDCT	CDIY	CECH	CWAL

Devizes
G-WLTS	WPAS		

Dolafallen Farm, Llanwrthwl
G-AYDR	AZGC	BCFO	CGHJ
CGHK			

Doncaster Sheffield TWR 128.775
G-BCLW	BMBB	CDMX	VLCN

Donnydeade, Dungannon
G-BZKO			

Dovenby Hall, Cockermouth
G-MSPT			

Draycott
G-APAF	ASNW	AVKG	AZRH
BIAP	BJAJ	BKBF	BRNX
BTWX	BUPF	CCMZ	CGFJ
MYSL	RVRC	STWO	TECS
TEMB			

Drumshade
G-CFZR	DCND	DCWJ	DDHG
DDNT	DDZB		

101

Dundee TWR 122.900

G-BGKS	BHXK	BIIT	BIOK
BITF	BNOF	BNON	BOVK
BVHC	BVHD	BVHE	BVHF
BVHG	BXOJ	EGTB	EVIE
GBHI	HOLA	JLCA	MRAJ
OSSA	OWAP	RICK	WEND
WIFE			

Dunkeswell A/G 123.475

G-AFIN	AHCR	AJON	ALBJ
ALNA	ARDD	ASII	AVHY
AVLY	AVRK	AVSC	AVSR
AVWR	AWBX	AXCG	AYEW
BABG	BACE	BAFU	BAHX
BCKS	BECA	BEOK	BFWD
BHEG	BHOR	BHUG	BICR
BIOU	BJIG	BJNG	BKAY
BKFI	BKGM	BKPA	BLHS
BMMV	BNKD	BNXU	BOIX
BOLC	BPFZ	BREZ	BTUR
BUDT	BUTH	BUTK	BVEA
BWEG	BXRP	BYCV	BYSY
BYYM	BZST	CBAX	CBBN
CBKR	CBLP	CBLT	CCDL
CCDU	CCEB	CCNZ	CDPS
CDTH	CDWJ	CDZD	CEDC
CEDO	CETL	CFKO	CGHS
CGHZ	CGNK	CGPZ	CHIW
CHWN	CZOS	DAYZ	DUNK
EYAS	FIZY	GBJP	GNJW
IIIO	IOSI	IWIN	IXII
JDRD	JEMM	MGPA	MRVL
MTNU	MYGM	MYGT	MYKB
MYMP	MYPX	MZMK	OCPC
OFRY	OHWV	OKID	OSLO
OSTL	OVAL	OVLA	PEJM
PLSA	RAYB	REDZ	RTRV
RYNS	SAWI	SCBI	SIIS
SILS	SPDY	TAMS	TBOK
TIVS	ZIZY		

Dunnyvadden

G-BYCM	CCOU	CDEW	

Dunsfold

G-AKSY	ARXG	AVIN	AXZP
CEUU	CRAR	IVJM	JBBZ
LGEZ	MAUS	PBWR	RVAL
STME			

Dunstable Downs

G-ALJR	BCHT	BEUA	BLGS
BMLL	BVYM	CCLR	CEWC
CFBV	CFCA	CFCP	CFHL
CFJM	CFNK	CFOY	CFRK
CFUL	CFWP	CFYF	CFYG
CGAU	CGBF	CGCM	CGCT
CHAO	CHBB	CHEH	CHGP
CHHH	CHHW	CHLM	CHLS
CHRK	CHSD	CHUD	CHUE
CHUO	CHVH	CHWG	CHYR
CJBK	CJDC	CJJK	CJKS
CJLH	CJPL	CJTH	CJVM
CJWD	CKBF	CKBM	CKBV
CKDY	CKEJ	CKET	CKFD
CKHD	CKHG	CKKD	CKLC
CKMG	CKNV	CKOI	CKOZ
CKRJ	CLES	CLGC	CWLC
DBXT	DCFX	DCRN	DCVE
DDMP	DDPL	DDRM	DDST
DDWU	DDYE	DDZA	DDZF
DDZY	DEEJ	DEFA	DEFS

DEPD	DERX	DEVW	DEVX
DEVY	DFJO	DFMG	DHCO
DHOC	DJAN	DJMD	DSVN
FEBB	FLKS	GGDV	GLAK
LDER	LGCA	LGCB	LGCC
MSIX	OGGB	OTRY	PZAS
SISI	STEU	UDIX	

Durham Tees Valley TWR 119.800

G-AVWL	BAVL	BBSA	BCTF
BGXD	BOHT	BRDO	BRLO
BTFP	BUUJ	BXTB	CBBT
CEXO	CLUE	COBI	COBM
COBS	CPAS	EHXP	FFRA
FPLD	FPLE	FRAH	FRAJ
FRAK	FRAL	FRAP	FRAR
FRAS	FRAT	FRAU	FRAW
GOBD	HBMW	IASA	MUMY
NHAA	NHAC	RICO	STEA
SUZN	TSGJ	ZAZU	

Duxford AFIS 122.075

G-ACMN	AGJG	AGTO	AIST
AIYR	AKAZ	AKIF	ANPE
ANRM	ANZZ	APAO	ARUL
ASJV	ATBG	AYGE	BBZV
BCOU	BEDF	BFMG	BGPB
BJZF	BKGL	BOHO	BPHZ
BPIV	BRPK	BRVE	BSTM
BTCC	BTCD	BTXI	BUCM
BURZ	BWEM	BWMJ	BWWK
BXCV	BXEC	BYNF	BZGL
BZTF	CBAB	CBLK	CBZP
CCCA	CCOM	CCVH	CFGI
CFGJ	CFGN	CGJE	CGYD
CGYJ	CGZP	CHFP	DHCZ
FGID	GLAD	HURI	ILUA
LFVB	MKIA	MKVB	PBYA
RJAH	RUMM	RUMW	SPIT
TROY			

Eaglescott

G-AHVV	AJCP	AOBH	ARZW
AVIP	BOLD	BOLG	BRHX
BRSY	BTIL	BTIV	BTKX
BVLA	BXFG	BXGP	BYJP
BZLZ	CBLF	CCEF	CCXP
CDNP	CFLP	CKGY	DAAN
DDAJ	DDLS	DMCT	IIYK
KFOX	LCKY	LEEN	MWSP
MYZG	MZJO	NEAT	OTAL
PAIZ	PBYY	SVET	

Earls Colne A/G 122.425

G-AHSP	ARHB	ATTV	ATTX
AXPA	BBDC	BCFR	BCHP
BDUM	BJDW	BLIT	BRHA
BSCV	BSJX	BUMP	BZON
CBPE	DRZF	ECAC	ECAD
ECAF	ECAK	ECAP	EHAA
EZDG	JAJA	MARF	OJRM
SEVE	SHAY	TZEE	ZOGT

East Chinnock, Yeovil

G-ABEV	AOXN	FUEL	

East Fortune

G-BUKF	BYOW	BYZU	BZFC
CBVG	CBYO	CCCM	CCEA
CCEW	CCGC	CCMD	CCML
CCPC	CCRT	CDVR	CEHC
CEKG	CERP	CERV	CESR
CETM	CEWH	CFIG	CFPI

CFTG	CFXZ	CGAZ	CGRW
CGTU	CHDM	CHIV	CHVB
CIBT	CIEG	CIGC	CWEB
ENTL	ILRS	MNEY	MTIM
MTKZ	MTTM	MVHH	MVRM
MVXR	MWLP	MWLX	MWMM
MWPD	MWUL	MWYL	MYCJ
MYKX	MYLR	MYPE	MYSR
NAPO	NICS	NNON	OYES
RIBA	TPAL		

East Kirkby

G-APVS	ASXX	CEKK	MMZV

East Leys Farm, Grindale

G-VANA			

East Midlands TWR 124.000

G-ALGT	BAEZ	BAPL	BCEN
BGGO	BGGP	BIKC	BIKF
BIKG	BIKI	BIKJ	BIKK
BIKM	BIKN	BIKO	BIKP
BIKS	BIKU	BIKV	BIKZ
BLZO	BMJD	BMPC	BMRA
BMRB	BMRC	BMRD	BMRE
BMRF	BMRH	BMRJ	BNIW
BNUN	BODY	BOTG	BOUK
BVES	BWLF	BYSJ	CBIL
CDON	CLOS	CLOW	COLA
DHLE	DHLF	DHLG	DHLH
DMAH	EGLT	EMBI	EMBJ
EMBN	EXEX	FFWD	FIFA
FIND	FNEY	GHRW	LEAF
MAPP	MIND	NOSE	OCSD
OIMC	RJXA	RJXB	RJXC
RJXD	RJXE	RJXF	RJXG
RJXH	RJXI	RJXJ	RJXK
RJXL	RJXM	RJXP	RJXR
RRGN	SOUL	TAAS	TASK
TURF	TYRE	WCCP	XBLU

East Winch

G-AOUP	BBKI	BLHW	BXYP
BYPU	CUBI	DIWY	FELM
GRIZ	MOWG	RMCS	WSKY

Eastbach Farm, Coleford

G-BDAO	BDHK	BDWE	BGXA
BMMF	BRXE	BTFL	CCBK

Easter Farm, Fearn

G-ATBP	CBAP	MZCX	

Easter Nether Cabra Farm, Fetterangus

G-BVSB	MBFZ	MJWB	MMJV
MZGP			

Easter Poldar Farm, Thornhill

G-BYRG	CDJP	MGTW	MNPG
RYPH	WAGN		

Easterton

G-ATJC	BDAP	BTDA	BTRU
BWFJ	CEMR	CFTY	CFVR
CGYG	CHRL	CHWS	CHYJ
CJFH	CJMY	CJON	CJYC
DCHU	DCKP	DCZJ	DDBB
DDZW	GSST	MYGD	NESE
RUNS			

Eastfield Farm, Manby

G-BRAA	BSHY	BUTD	CBKF
CHJO	CHTO		

Eastfield Rise Farm, Cherry Willingham
G-JMDI

Easton Maudit
G-BHSY

Eddsfield, Foxholes
G-BFTH   BVVH   CBIJ   FLIS

Edinburgh   TWR 118.700
G-BNGT   BPFH   BSNG

Edington Hill, Edington
G-CDJR   CFSB   CSGT

Ednaston, Ashbourne
G-PERE

Eglinton   TWR 134.150
G-BHYC   BVRV   BVYO   BXPM
CBKY   CONR   HMED

Elmham Lodge, North Elmham
G-JCWM

Elstree   AFIS 122.400
G-ARFD	ATPT	AVBG	AVSA
AVYM	AWOE	AWOT	AXIE
AXTJ	AZDE	BBDE	BCUH
BDLO	BDNU	BDZD	BFBB
BFDK	BFDO	BFLU	BHDX
BHVR	BHZK	BJUS	BJWH
BLFI	BLPH	BNRR	BOFW
BOLT	BONS	BOXR	BPSL
BRHR	BRRK	BSVP	BSZW
BTGZ	BWJG	BXOZ	BYHI
CCZV	CEZL	CHTA	CPMK
CYMA	DCKK	DEFY	DEVL
DJJA	DJMM	DONI	EDEN
EGEG	ENTW	ERRY	FICS
FLBY	FLOW	FLYO	FMLY
GARB	GIRY	GLED	GZDO
HAMR	INDX	IOOI	IRKB
JANA	JESS	JOHA	KEVB
KSHI	LEAM	LVRS	MASH
MAXA	MELL	MIRN	MOAC
NOTE	OBAL	OBNA	OCCU
OCOK	OMCH	PING	PRET
PURR	REAF	SHUG	SRTT
TOLY	TRDS	VICM	VVBA
VVBO	WARS	WINK	WOLF

Enniskillen   A/G 123.200
G-BWNZ	CCNM	CEAU	CEBI
EMAC	ETNT	HARR	HRHE
JOYT	MVHD	MWWV	SUCT
SWAT			

Enstone
G-AJJU	ALGA	ARET	ASTI
ATCD	ATGY	AWSP	AXGZ
AXPF	AYDZ	AYEJ	AZLN
AZMC	BAFX	BAVO	BDWH
BHJN	BICW	BJSZ	BLMG
BLMT	BLXH	BMKF	BMYU
BNNT	BODO	BOLU	BOUJ
BTCE	BTET	BTKA	BTUW
BUDC	BUGV	BUPB	BXAU
BXJS	BXVU	BZKD	CBHU
CCGH	CCII	CDAB	CEPW
CFHC	CPCD	CUIK	ENAA
ENST	EOFW	EORG	FALC
FRGT	GRPA	GTTP	HAIR

HOOD	JIMB	LULU	MTSJ
MVOV	MWZP	MZOV	MZPH
OHAC	OJSH	OSFB	PSRT
RRVV	RVMB	SONX	SVEA
TYGA	VMJM	VPSJ	XVOM
ZINC			

Eshott
G-BBAW	BEOE	BITE	BKWY
BRLR	BRWP	BWVR	BZKF
BZNS	BZTD	BZXG	CBSP
CBUR	CBUY	CBWE	CBZT
CCFD	CCJN	CCNR	CCWV
CDAT	CDSH	CEBC	CEEO
CEGK	CEGT	CEII	CESM
CFBY	CFCD	CFDO	CFWJ
CGLW	CGML	CGPC	CHTX
CTED	DGAL	EDMC	EFSF
FAME	FOKR	JABZ	JACO
LSTR	LXUS	MNBT	MNKG
MNKO	MNVB	MNWO	MRSS
MTJL	MTNI	MTZY	MVBF
MVUS	MVXB	MWKX	MWPG
MYAO	MYDK	MYND	MYXJ
MYZJ	MYZK	MZAB	MZJM
MZLR	MZNU	MZOG	NEAL
NUFC	OCZA	PUGS	RTMS
SCPD	SDOI	SJES	TBBC
TEDI	TJAV	TNRG	TSKS
TYKE	WINH		

Ewesley Farm, Ewesley
G-EWES   HORK

Exeter   TWR 119.800
G-AVNN	AZJV	BAZT	BBKZ
BEBZ	BFAX	BGVK	BJSV
BMOE	BOFC	BPZM	BTID
BUEG	BUIJ	BWFT	BWMC
BXWA	BYNY	BZOL	CCZX
CEKO	CELW	CGRO	CGRX
CGUS	CHOE	DLEE	DVAA
ECOA	ECOB	ECOC	ECOD
ECOE	ECOF	ECOG	ECOH
ECOI	ECOJ	ECOK	ECOM
ECOO	ECOP	ECOR	ECOT
ENCE	FBEB	FBEG	FBEI
FBEN	FBJA	FBJB	FBJC
FBJD	FBJE	FBJF	FBJG
FBJH	FBJI	FBJJ	FBJK
FLBA	FLBB	FLBC	FLBD
FLBE	FPIG	GAOH	GCUF
GMIB	JECE	JECF	JECG
JECH	JECI	JECJ	JECK
JECL	JECM	JECN	JECO
JECP	JECR	JECX	JECY
JECZ	JEDM	JEDP	JEDR
JEDT	JEDU	JEDV	JEDW
JLRW	KKEV	KVIP	LSCM
NONI	OONK	OYIO	PIGI
PJMT	TACK	VIPU	VIPV
VIPW	VIPY	VIZZ	WVIP
WYSJ	ZVIP		

Eyres Field
G-BFUD	BIRH	BVLT	BWYI
CFGK	CFNN	CFOR	CFVH
CHEX	CHXX	CJCZ	CKCM
DCCL	DCHW	DCWX	DDKD
DDMG	DDMM	DDPO	DEGK
DEVO	DFAT	OPIK	

Fairoaks   A/G 123.425
G-ATVK	AXRT	BDSB	BEDG
BEXN	BGFX	BGVN	BHWZ
BIOB	BJCW	BOJZ	BOKA
BOLV	BPIU	BPJS	BRDG
BSBA	BTNH	BUDI	BVGY
BWMI	BYFA	CCYY	CDZZ
CEOJ	CFKB	CFOJ	CGNZ
CGZI	ELZY	FRZN	GASP
GDER	GRYZ	HBJT	HONG
HRYZ	IANI	IMBL	ISHK
KEEF	LGOC	LTEE	MCOX
OARS	OBAK	ODSA	ONPA
OODW	PFCL	PHAB	RATV
RIFB	SEHK	SYGA	TAPS
TRUK	WINV	WNCH	YRON

Falgunzeon
G-AFGM   CHPE   DDML

Farley Farm, Farley Chamberlain
G-AOHZ	ASHU	ASJZ	ASMA
AVKR	AZBB	AZOB	BCJO
BFLX	BSZV	BURH	BUZH
CFOI	CGLT	JNAS	MRLS

Farnborough   TWR 122.500
G-BBKX	BVJT	BXDH	CEYL
CJMD	CPRR	ECHB	EGVO
GABY	GMAA	GMAB	GOYA
GRZD	HCGD	HCSA	IDRO
IMAC	IONX	IRAP	ISAN
JJSI	KLOE	KPTN	KTIA
LCDH	LTSK	NCCC	NOAH
NOYA	OEWD	OGSE	PROO
RAAA	RADY	REYS	RHMS
RMMA	RSXL	SHAL	SIRS
SJSS	SRDG	STMT	SVNX
SXTY	SYLJ	TAGE	TAGF
TARN	TAYC	TDSA	TTJF
UKAL	VVPA	XONE	XXRS
ZNSF	ZXZX		

Fearn
G-BFAS	BKET	BTXD	EWEN
ORAS	WAGA		

Felixkirk
G-APUE   AXPC

Felthorpe
G-ADMT	AIBR	ANFL	ASCH
BBVO	BCWH	BXDG	DREI
NRFK	OCDW	OMER	OTAM

Fen End Farm, Cottenham
G-BWMX   CURV

Fenland   A/G 122.925
G-AMRF	ARBS	AYOZ	AZIJ
BALH	BBNI	BCGI	BEVW
BFGL	BIHI	BIYY	BLVS
BORY	BPTL	BPVK	BRPT
BRSW	BSXI	BSYV	BUKO
BVCL	BXRC	BYOT	BYYX
BZJM	BZUB	CAPI	CBCL
CCCG	CDTR	DSKI	DWMS
EZUB	FNLD	HEKL	IBFF
IDOL	KKER	MWDZ	MYRS
MZCC	OJDA	PDOG	RCST
RIFY	ROOO	SOKO	SXIX
TERR	VORN		

103

Fern Farm, Marton
G-CCVX CHYZ SWCT

Feshiebridge
G-BZMM CFYA CGCD CHHN
CJWR DCCA DCPU DDXG
DEJH DETA DFBE DRAT
EDDV JAPK KOFM LSFB
SRAH UNIN WJET ZBOP

Field Farm, Launton
G-LBDC LVDC

Field Farm, Oakley
G-BVOR BZHG BZUI BZWT
CDWZ JFDI MBRH MTCM
MVUJ MWTI MYMW ROYC

Filton
G-GWAA

Finmere
G-ASXS BFAF BUXK BWMB
BZLE CCAW CCTU CDTC
CEIV CFNV FFIT KUTI
KWKR MVOB MYIV RINZ
SKRA WGSI XTHT

Fir Grove, Wreningham
G-BULG ECVZ PWBE RVMT

Firs Farm, Leckhampstead
G-BZKC OCRZ RAFV

Folly Farm, Fulking
G-BVNY

Folly Farm, Hungerford
G-AAZP APAM

Forest Farm, Westbury
G-BXXH PFAW

Forwood Farm, Treswell
G-AGYU BYPN CBMO IBUZ
JAYZ

Fowle Hall Farm, Laddingford
G-ANCX AYME BHHE BWVT
BXDY CDCI FLOX ODJG
TOPK

Fowler's Field, Billingshurst
G-CGCE

Fowlmere
G-AZUM BONC BXSR DIXY
JACS JPOT KEMI OWET
RIGH SCVF

Freshwater Fruit Farm, Freshwater
G-MJVY

Fridd Farm, Bethersden
G-BALJ DGHI

Frieslands Farm, Washington
G-BDCD

Full Sutton
G-ASAU ASZD ATPV BAEN
BATV BDWX BFIG BGYH
BIEY BILU BJOT BKTZ
BNSO BOOE BOWP BPEM
BPUU BRBA BVST BWZA
BYOO CBOR CEZK COLH
COMB CONL DAND EIWT
FLKY FLYA GCIY GHOW
ICAS MYON OSJN

Furze Farm, Haddon
G-BUPV

Gamston A/G 130.475
G-AOZP AVYT AWLP AWTL
AXNS BBJZ BBYS BCKV
BDBU BDTV BFCT BFPH
BGXS BHEV BKXF BLVI
BMVL BNPY BNTD BODZ
BOIG BOJM BRPV BTVX
BVUV BXLS BYSI BYTI
BYZR CBFO CDHC CEWN
CMSN CTCG DJET DMPP
DSKY DSPY EFSM EHGF
EHMJ EMMM FAVS FOFO
GSYS ICON JONM JONT
JRCR KDMA LANE LEOS
LMLV LULV LVES MOOR
MRPT ODUD ORAY OTJS
OWAL PAPE PEEK PETS
RNER ROLY SGEC SIBK
SOHO USAR XDEA YDEA
ZDEA

Garnons Farm, Wormingford
G-CGKY

Garston Farm, Marshfield
G-AZLF BDIH BMEH BOZV
BPTA BRJL BSMT BSWB
BUWL BVAB CCMM CEIX
CZCZ DENS IRAR JAMY
JOLY OLEM

Garton
G-AWDA CBWP

Gerpins Farm, Upminster
G-CBXF CCGM DOZI MTFG
MTGR

Gilrudding Grange, Deighton
G-KITH

Gipsy Lane, Rhuddlan
G-NWOI

Glasgow TWR 118.800
G-BGIG BNIM BSOU BVVK
BWWT BYHG BYMK BZFP
BZOG CCGS CGKM CGKO
CGKP GNTB GNTF IZZS
KALS LGNA LGNB LGNC
LGND LGNE LGNF LGNG
LGNH LGNI LGNJ LGNK
LGNL LGNM LGNN LGNO
LGNR OWAY PCOP PEER
SASC SRWN WIRG YEDC

Glasgow City Heliport
G-BZRS CGPI SASA

Glassonby
G-BZGW CBTD CBTW MWFV
MWLS MYBV MYLO

Glastullich Farm, Tain
G-LHCI

Glebe Farm, Ladbrooke
G-ATUH RVCE

Glebe Farm, Stockton
G-AWWP BDFR BTJC DYKE

Glenrothes
G-ANRF AREH BHJK BKUE
BMCI BXDA CDMT CDVD
GBLP GEOS LLEW LOST
MWNT RNRM WHOO

Glenswinton Farm, Parton
G-BCKU

Gloucestershire TWR 122.900
G-ASSS ATTI AVGC AVJJ
AWFB AXEV AXOS AXVM
AYCG AYWM AYWT AZBE
AZGE BBCH BCUJ BEOH
BEPF BEVG BEZO BFEK
BHCC BHFG BIAX BIMT
BIMZ BKCC BKDJ BKIF
BLGV BLWH BOHH BOPC
BOXT BRBN BSWC BUUF
BUXS BUZZ BVMM BWNM
BWOH BXRV BXSG BXUC
BYLZ BZHU BZNE BZRO
CAHA CCFW CDLY CDWK
CEHL CEMI CGEI CGGS
CGPY CGSG CHJZ CHPA
CORB CPXC CUDY CZNE
DIZY DOBS DSID DUKY
EELS EFOX EKIR ENVR
ESTA FORC FORZ GDRV
GEHP GEZZ GFCA GFNO
GFRO GREY GRIN HPSL
IGHH IGZZ JHPC LADD
LLCH LUST MAXI MYRT
NDAA NIFE OBZR OCAC
ODHB OJAN OLSA OMNI
OOMA OPFA OPSS PPLL
PRDH RAFT RAWS RRAK
RYZZ SCPL SDRY SHED
SHKI SHMI SHRT TDJN
TECI TEKK TMHK TWSR
USKY VALY VONS VPPL
VZIM WARX WCAO WIRL
WIZZ XSDJ YPRS ZZDD
ZZMM

Good's Farm, Stour Row
G-BWPS MTAW

Goodwood AFIS 122.450
G-AKTH AOFE AOTR APFU
ASCZ ASJL ASSW AWEK
AWHY AZBN AZSC BAFG
BAWG BBMV BBMW BEMB
BEOY BFSY BGVY BHBT
BHCZ BJWX BKII BLKM
BMCG BMKR BNGW BNKH
BOLO BPIZ BPVI BROX
BRPE BTBH BTGJ BTGS
BUCC BVVR BWXI BWYO
BXGL BXRT BYPY BZMD
BZPG BZXB CBKG CCXB
CECY CEEV CEYE CGRD
CMOS CPMS DBOD DGPS
DMAC DMCS DOGI ELUT

EXLT	FCSL	FNAV	GBUN
HLOB	HOCK	IANH	IIDI
IIRV	IIZI	ILDA	JBRN
JHKP	KIII	LAOL	LARA
LHXL	LOOC	LYNC	MATE
MHJK	NXOE	OBIL	OCUB
ODIN	ORAR	OSUS	PAWS
PSFG	RAIG	RNRS	RRRZ
RVST	SAMZ	SCMG	SNAL
SPYS	SRZZ	STSN	SUNN
TART	TEXN	TIMP	TPSY
TSAC	UNDD	VIPP	XENA

Gorrell Farm, Woolsery
G-BCBL   DADG

Grange Farm, Frogland Cross
G-AAOR   AESE   BANC

Grange Farm, Grassthorpe
G-SELL

Grange Farm, Woodwalton
G-BVHS

Gransden Lodge
G-AXZH	BODU	CEWI	CFBT
CFFS	CFFT	CFNH	CFUT
CFVV	CFWK	CFYK	CGBG
CHAY	CHBA	CHDD	CHDU
CHEK	CHEW	CHGV	CHJF
CHJP	CHLV	CHMK	CHNW
CHOU	CHPX	CHSK	CHTS
CHTV	CHUJ	CJCD	CJCK
CJEC	CJFX	CJGB	CJRR
CJSJ	CJUN	CJXR	CJXW
CJZZ	CKAK	CKCN	CKDW
CKFY	CKGC	CKGF	CKLP
CKME	CKOR	CKPG	CKPM
CKPU	CRJW	CUGC	DCAS
DCTM	DCUB	DDTY	DDXA
DDXN	DEBX	DEPF	DETG
DEWP	DHAA	DRCS	EUFO
JFLY	KCWJ	MTFU	OCGC
PHNX	SVEN		

Gransha, Rathfriland
G-APUR   AVDT   BTKV

Graveley Hall Farm, Graveley
G-AOZL	BBMT	BGBE	BVIK
BZYN	CBOM	CDVG	CGEO
JSRV	MJER	MMXU	MVKK
MWYI	MYDZ	OPYO	OVOL
PAFF	UPTA	WLMS	

Great Ashfield, Bury St Edmunds
G-AROY   CBJY   ITWB

Great Massingham
G-AHSS	BSSC	CBMP	OART
SWEE			

Great Oakley
G-AHTE	AKEX	ANVY	APAH
AROW	ARRD	ATLB	AXHR
BCMD	BICE	BRNV	BVNU
BYOH	CBUC	CCIT	CCNH
CGEX	CGXL	DVMI	IKON
MZAE	MZHS	OSPD	RSAM
VIVI			

Great Thorns Farm, Swaffham
G-BIZK

Great Yeldham Hall, Great Yeldham
G-CBCZ

Green Farm, Beckwithshaw
G-BHUM   NNAC

Green Farm, Combrook
G-AVPO   BEER   MIME

Greenlands, Rhuallt
G-BRZW   BZER   COVE   MJMR

Greenlease Farm, Selsey
G-TENT

Gresford, Wrexham
G-CCXG

Griffins Farm, Temple Bruer
G-AJAM	ARAZ	AWEP	AYEB
BBFL	BVLF	CBDJ	CBIX
CEFJ	CWBM	IPKA	

Grove Farm, Needham
G-TORN

Grove Farm, Raveningham
G-AYEN   BEDA   BUWR   MNVJ

Grove Farm, Wolvey
G-BZFI   CBSZ   MLKE   OTCV

Guernsey   TWR 119.950
G-AVRZ	BAJB	BBHY	BDTO
BEVT	BSUF	BWDB	BZIJ
CFKS	COBO	DAAZ	EHLX
GFTA	GOTH	GURN	HPSF
JOEY	NSEY	OSRL	OWLC
OXLS	PLAZ	RBCI	RLON
VZON	YROP	ZIZI	

Gunton Park, Suffield
G-BJGY

Gypsy Wood Farm, Elvington
G-FUZZ

Haddenham
G-CFND	CGEM	CHDN	CHUU
DCWR	DDYJ	DEGX	HRAF
JNSC			

Hadfold Farm, Adversane
G-BYRO   CBXM   CBZG   PADE

Halesland
G-CFBA	CFTN	CFVC	CJAR
CKJM	DCDA	DDMR	DDZJ
DEPP	KESY	KWAK	

Hall Farm, Lillingstone Lovell
G-CEKW

Halton (RAF)
G-ASIY	ATIN	ATVF	ATZM
BCKN	BCXN	BFBA	BHGJ
BILI	BLZA	BNKI	BSCZ
BUDA	BVTM	BWVY	BXIM
BZXZ	CBAS	CBCB	CEUN
CFLS	CFPT	CHAR	CHXU

CHZG	CIDV	CJBZ	CJKG
CJKJ	CJKT	CJKZ	CJLW
CJMK	CJTR	CJYU	CKGK
EDGA	HACS	HAEF	HMCA
HMCD	HMCE	ICRS	RUMN
SAMG	SAOC	SASF	SATN
SAXT	SBOL	UCLU	

Halwell
G-ASVG	BRJA	CDOT	CEEC
CGTL	DIDY	MBCL	MTPF
ONUN			

Hamilton Farm, Bilsington
G-BIMN   CGWH

Hanbeck Farm, Wilsford
G-AOVW   BPWG

Harringe Court, Sellindge
G-CCYL	CCZO	CDBV	LSKY
MWEP	MZIF		

Haverfordwest   A/G 122.200
G-AFZK	AROC	AVJF	AVSD
AWST	AYIG	AYNJ	AYPG
BAYO	BGXT	BHZR	BMMI
BNAI	BPPE	BPUA	BPWR
BRCV	BROO	BSEJ	BVGF
BVYF	BXDU	BXVO	BZJP
BZUY	CBWG	CCXR	CECV
CFGA	CFKZ	CFSJ	DEWI
FANL	FLYW	IANJ	JBTR
JCIH	JFRV	LAZZ	LEEK
MCDB	MZFO	SENX	STAY
TEDB	TFHW	TONE	WARP

Haw Farm, Hampstead Norreys
G-AFYD	ANHK	APBE	AYDI
BUCO	CCCY		

Hawarden   TWR 124.950
G-AXMX	AXOZ	BBMJ	BCKT
BCOO	BFNI	BKIB	BNJT
BOPT	BSRP	BURP	BWDS
BXRY	BYJF	BYMD	CEDK
CEHT	CHAJ	CPAO	EYUP
GIGA	JDBC	JDPB	JPEG
KMRV	NINC	OEDB	OTAN
RAZY	RIPA	RSAF	SMAS
SOAF	TERA	WOOF	WWFC
XLTG	XTUN		

Haywood Farm, Callow
G-BYYT   CFLL   PHOX

Headcorn   A/G 122.000
G-ACDC	ADGT	ANXR	APTZ
APVZ	ARBZ	ARKP	ARLK
ARMZ	ARNZ	ASKP	ASLV
ATDN	ATWJ	AVEF	AVIS
AWEF	AXSM	AXUB	AXUC
AYIJ	AYNA	BAJZ	BAPJ
BBBB	BBBY	BCXE	BEWX
BFIE	BFJZ	BFMR	BGHU
BHAJ	BHZO	BJKF	BKNZ
BMLX	BNFV	BNYL	BOEH
BOKX	BPCF	BPLM	BPZD
BRBK	BRHO	BRXH	BSAJ
BSPG	BTDZ	BTES	BUKH
BZFB	BZII	BZVT	CBGH
BZXB			
CBOZ	CCXA	CCXC	CDCE
CEHS	CFSW	CGNV	CIAO

CIFC	DDMV	ERNI	EUSO
GGJK	GOHI	ICOM	IIII
IIRP	JSAK	KAOS	LCUB
LMBO	MIDG	MINT	NISH
OHPC	OODE	PACT	PFSL
PVML	ROVE	RUNT	RVPM
SAIG	SEXX	SOCT	SONA
STDL	SUTN	SVIV	SWAY
TBXX	THLA	YKSS	ZEIN

Headon Farm, Headon
G-BYTC	BZMC	CBGG	CBHG
CBIN	CBKN	CBTM	CCDF
CCTD	CCZW	CDLR	CDXN
CEOM	HAMS	IBFP	JONY
MGCB	MOZE	MTJT	MVJU
MVXP	MYEJ	MYHN	MYIZ
MYLL	MYOX	MZAZ	MZEO
MZIH	MZMV	MZNC	MZNJ
RINN	XERO	ZFOX	

Henlow (RAF)
G-ACUS	AIYS	AJVE	ALWB
ANZT	ARRZ	ASYP	AWBS
AWFD	AZGY	AZGZ	AZTW
AZZZ	BABC	BCEE	BCGC
BGBF	BHNX	BIJW	BJVJ
BLTC	BLUZ	BNNZ	BRME
BSIM	BTSZ	BUHZ	BYLO
CBGR	CSBD	DEFT	EITE
IFFR	KHEH	MYED	OKIM
OSND	OTFT	PACE	SAHI
SHUC	XIII		

Henstridge
G-ADWJ	AJJT	ANEW	ARFI
ATLA	AVFZ	AXYK	AYLP
AZCV	AZOF	AZVI	BBDH
BBDO	BBGI	BFIV	BHPL
BHVF	BSEF	BSMN	BUEP
BUYB	BUYY	BVGT	BXTS
CBDM	CBXN	CCGU	CDGP
CDPH	CEAT	CEBT	CFDI
CHZT	DDIG	DORS	EYOR
FOPP	GERT	GRRR	IBNH
IZZI	JUNG	JWJW	MDAC
MEOW	MRTN	MUTT	OBJM
ODJH	PION	PIXY	PUSI
RHCB	RUVY	RVEM	SAPM
SCPI	SHOG	SNEV	SPHU
SPUT	STNR	TWIS	UPID
WARE	YAAK	YAKE	YAKM
YAKN	YAKU	YAKZ	

Hibaldstow
G-ANHR	ASDK	ATJV	BZHL
OBAX			

High Cross, Ware
G-AFSC	CWAG	HFBM	ISEH
OPSF	OWWW	ROLF	SPOG

High Flatts Farm, Chester-le-Street
G-BSWF

High Ham, Langport
G-BUEC	BZWN

Higham, Gazeley
G-BSWG	ZARV

Higher Barn Farm, Hoghton
G-CCKJ	CFJB	MVBL	MWHP
MYXG	MZJK		

Higherlands Farm, Branscombe
G-AIRC	AZVP	BGKO	MICK
MZBK			

Hill Farm, Durley
G-AATC	ABDA	ABDX	ABNX
ABWD	ACET	ACNS	ALJL
ARTH	CGUO	ECDX	EUJG
EUKS	TATR		

Hill Farm, Nayland
G-AVYV	AWBM	AYEH	AYKD
AZVL	BACL	BCGH	BFOP
BIDO	BPII	BRXG	BUYK
BVVE	CDJB	VIVO	WIBB

Hill Farm, Over
G-NDOT

Hill Farm, Yoxford
G-ATKT

Hill Top, Whilton
G-OASA

Hill Top Farm, Hambledon
G-CUBN	ONKA

Hinkle Grange Farm, Barton
G-BSPE

Hinton-in-the-Hedges
G-ATBU	ATCX	ATKF	AVEX
AVOH	AXKJ	AYJP	AYRO
AYZH	AZKW	BAIZ	BAPW
BCPD	BCTI	BDCI	BEGG
BFIU	BGPI	BGRR	BKTM
BMAO	BMHC	BNVB	BODS
BRGF	BSSW	BSYU	BTXZ
BUGW	BVAF	BVHM	BWWF
BZRV	CFCS	CFYU	CGBJ
CGZV	CHIH	CHXV	CKDB
CUBW	DCGM	DCWF	DDBV
DEMF	DESU	GTHM	IIJC
MSES	NFLY	OARC	RVIZ
SARV	SKYE		

Hoe Farm, Upper Colwall
G-CESI	MYDE

Hollow Hill Farm, Granborough
G-CBGB

Holly Hill Farm, Guist
G-BTLL	NTVE

Holly Meadow Farm, Bradley
G-BZAR	CENM	MZEC	OTYE

Holmbeck Farm, Burcott
G-BHLX	BVZR	BXJY	CBLA
CCMW	HOBO	OURO	RVRP

Homefield Farm, Crowhurst
G-KENW

Honington (RAF)
G-ATEZ	CCNX	MZKE	PHVM

Hopkiln Farm, Three Mile Cross
G-AWPH	AXJO

Horse Leys Farm, Burton-on-the-Wolds
G-MZEA	MZHV

Hubbard's Farm, Lenham Heath
G-BYFT	CFIU	MYPP

Hucknall A/G 130.800
G-AVRW	AXHV	BHRH	BJWT
BJXR	BKPB	BXTD	OODI
RRCU	TIGA		

Hulcote Farm, Hulcote
G-BBUU	BIGK	CDWG	IIIR

Hullavington
G-ADND	DDNE

Humberside   TWR 124.900
G-ATUF	AWHE	AWPJ	AZTS
BAIW	BAXY	BCRL	BCYR
BEAC	BGHJ	BIZM	BSGF
BUOS	BVTC	BWSH	BYFR
CDEA	CDEB	CDKA	CDKB
CDUE	CDYI	CERY	CERZ
CFDV	CFLU	CFLV	CGIW
CGMB	CGMC	CGOU	CGWV
CHBY	CHMR	CHNS	CIHD
CIHE	CIKO	DODB	GALB
GAVA	GCAT	HPOL	JEZA
JXTA	KAZB	LFSI	MAJA
MAJB	MAJC	MAJD	MAJE
MAJF	MAJG	MAJH	MAJI
MAJJ	MAJL	MAJU	MAJW
MAJY	MAJZ	MCGE	OOLE
OXVI	PATN	RAMY	SELB
SNSA	SNSB	VINB	

Hunsdon
G-CBIZ	CCEY	CCUF	CECP
CFAX	CFBL	PEGA	WAZP
YZYZ			

Hunterswood Farm, Dunsfold
G-IDUP

Hurley Lodge, Westerham
G-IJBB

Husbands Bosworth
G-BBNA	BBSS	BCOY	BDSM
BFID	BNHT	BSIY	BUNC
BUZG	BUZM	BVLW	BVTX
BWNY	CBEX	CCBZ	CDTZ
CETB	CFFX	CFHZ	CFNL
CFNM	CFRH	CFWF	CFWT
CFXD	CFXO	CFXY	CGBR
CGCC	CGDR	CGDX	CHGR
CHJC	CHMM	CHTF	CHTL
CHUH	CHVX	CHZM	CHZO
CJCJ	CJGY	CJJJ	CJKN
CJKR	CJLC	CJLY	CJMO
CJPA	CJRT	CJUB	CJVY
CJWA	CJWF	CJZM	CKBC
CKCE	CKGX	CKMD	CKNR
CKNS	CKOY	CKPP	CKRM
CKRN	CLJK	DCOJ	DCOY
DCTU	DCYG	DCYM	DDAC
DDVZ	DDWL	DEGP	DEUD
EDBD	EFLT	EKEY	EMID
EWEW	FELL	FLEE	HBOS

IXXI	KEPE	LFES	LFEZ	**Jersey**	TWR 119.450			RCHY	TELC	VANN	YRAX
NYNE	OSHK	RIEF	SINK	G-ASYJ	ATLT	ATOT	AVLJ	YROE	YROH		
WLKS	YOBI	ZIPY	ZSIX	AVUZ	AWBN	AWPW	AYPU				
				BAGG	BFUB	BHTA	BOET	**Kirknewton**			
Hutton Grange Farm, Hutton Bonville				BOXA	BPDT	BTYC	BYTB	G-BGRO	OOJP	ZONX	
G-AYSY				CJDB	CXLS	EXII	GSYJ				
				HAFG	HOTB	HROI	ISLC	**Kirkwall**	TWR 118.300		
Illington House, Wretham				ISLD	ISLF	ISLG	ITAR	G-BLDV	BMFY	BPCA	CROY
G-GAST				JACB	JACH	JIBO	JJEN				
				LSMB	NESW	NIND	OFCM	**Kirton-in-Lindsey**			
Ince Blundell				OJER	OSCC	SALA	WARR	G-BFEV	BIIA	BSWL	BUFG
G-BYIA	BYIM	BYNM	BYRP	WINS	XAVB	ZEBS		BXMV	CGEE	CHEG	CHFH
BYZS	BZEL	BZGZ	BZTU					CHHS	CHNV	CHTB	CJRA
CBHM	CBJT	CBLW	CBNJ	**Jethou**				CJVE	CJXN	CKAP	CKFB
CBOG	CBVN	CBVR	CCDO	G-JTHU				CKHC	CKJZ	DBRY	DCCX
CDBU	CDCG	CDFG	CDGO					DCRB	DCVL	DDFL	DDHK
CDIG	CDKM	CDRW	CDUH	**Keenaghan-The Moy**				DDJX	DDMO	DDOB	DDUL
CDVF	CDWP	CEED	CEFK	G-MTSH	MYJF			DEAT	DEXA	DFTJ	DHTG
CEZD	CFDP	CFFO	CFTJ					DJWS	ECLW		
CLEE	EEYE	GTSO	HARI	**Keevil (RAF)**							
HOLE	INCE	JPMA	MMAC	G-BMBJ	BSEL	BYEJ	BZYG	**Kitcombe House, Lower Farringdon**			
MMZD	MNTK	MPHY	MTGL	CDFD	CGEB	CHKB	CJCT	G-XCUB			
MTIL	MTJX	MVNW	MWOJ	CJFE	CJMW	CJOA	CJOD				
MYLG	MYSG	MYVA	MZAP	CJPO	CJTB	CKMO	CKOE	**Kittyhawk Farm, Ripe**			
MZAR	MZCN	MZFF	MZGS	DCCU	DFAF	EJAE	RAEF	G-BPOU	BVDP	RATD	REEC
MZHR	MZJA	MZJZ	MZKG	SAJA							
MZMO	MZOC	OJJV	OLDP					**Knapthorpe Lodge, Caunton**			
OPEJ	RUFF			**Kenley**				G-BYMI	BZWS	CCAS	CCXV
				G-CFHO	CFWU	CJBR	CJFT	CDFL	CDUU	CENA	CFFJ
Inglenook Farm, Maydensole				CJTS	CKFG	CKJF	DBWM	EDZZ	MWUR	MZFD	MZIV
G-CCSV	CZAW	RPPO		DCLZ	DCZG	DDXD	DEMP				
				DJMC	EHCZ			**Knettishall**			
Ings Farm, Yedingham								G-AYAC	AYRS	CCFE	EDGJ
G-BIWN	CCFK	DISO	NLMB	**Kernan Valley, Tandragee**				MYUO			
				G-BPHO	BZVK	CCDP	CDWM				
Insch				CEXL	CFGM	CGNI	FLYM	**Knockbain Farm, Dingwall**			
G-AISS	AKTS	APMH	ARWR	MGTV	MTZC	MZBF		G-ARNY	MYJD		
AWUE	BFDL	BSYH	BZVA								
CDTO	CEBZ	CENH	CGCV	**Kilkerran**				**Lains Farm, Quarley**			
CGXT	LEGG	MVCL	MVPI	G-AJAJ	BBCY	CGNX	MVYX	G-BGWC			
MWTT	MWVH	MYMX	MYNS	MYAZ	SEVA						
NIPP								**Lamb Holm Farm, Holm**			
				Kings Farm, Thurrock				G-BGGM	BVKF	CEPM	EOIN
Inverness	TWR 118.400			G-ATNV	AWSL	BBMB	BCDY				
G-ASEU	AYPS	AZWF	BHJO	BEBN	BEYV	BFRS	BOLY	**Lamberhurst**			
BMUG	BNHG	BRLP	BTCI	BSJU	BYDV	BZMB	IANC	G-AXAT	BXRB		
BXGA	EXAM	INTS	KEVI	KIMK	RONG	SIXD					
LAZL	NIPR	NLDR	NLSE					**Lamberhurst Farm, Dargate**			
ORKY	PDGF	PDGI	PDGK	**Kingston Deverill**				G-BUZC	CBIT	LHER	
PDGR	PLMH	SASB	SDEC	G-BUXY	BVKU	CFGW	CFKG				
SMMA	SMMB	TAMR		CFPH	CFUY	CFVM	CFVZ	**Landmead Farm, Garford**			
				CFXC	CHGX	CHHT	CHTR	G-ANMY	BCPH	BONP	BUDR
Inverness Nairn Heliport				CJAZ	CJBT	CJGR	CJHN	CBIR	CDAX	CEYK	CFIH
G-GAND				CJKW	CKAN	CKDO	CKKF	HUTT	MNTP	MTVP	MYVZ
				CKTB	DBNH	DBTJ	DBVX				
Iron Pear Tree Farm, Kirdford				DCLP	DDEO	DDJD	DDJN	**Land's End**	TWR 120.250		
G-BUKK	SCLX			DEHM	DEWZ	DHCU	DHKL	G-BIHO	BUBN	CBML	CEWM
				DFKA				ISSG	SBUS	SSKY	
Ivy Farm, Overstrand											
G-CCHI	CGMI			**Kinloss**				**Langar**			
				G-BSCP	ETDC	FIFE		G-ATCE			
Jackrells Farm, Southwater											
G-BAEE	BSVK	BXRZ	BZEZ	**Kirkbride**				**Langham**			
CCTV	ESCA	ESCC	HTML	G-BHEM	BIPY	BORG	BRHL	G-ADLY	ANEL	BEWN	
LOAD	MNIK	MTKH	MWFW	BRUO	BSGS	BSZM	BVIT				
				BVMN	BXGS	BZJR	BZOF	**Langmoor Farm, Horningtoft**			
Jenkin's Farm, Navestock				CBHB	CBMW	CBNX	CBPD	G-CBDH			
G-AFOJ	BZXT	IVAR	MYFK	CBWW	CBXR	CBZL	CCCW				
				CCPE	CCXS	CDLS	CEEA	**Langwathby, Penrith**			
Jericho Farm, Lambley				CFCW	CFGG	CFIE	CGGL	G-IFBP	NHAB		
G-AVLE	AYTV	AZYS	BAHD	CGGV	CGJD	COLI	IIXX				
NUTA	RJAM	RVVI		JYRO	KEAY	MWNO	MYLC	**Lark Engine Farm, Prickwillow**			
								G-CFZD			

107

Lasham

G-ARKJ	ATRG	AVKD	AYAN
BJUD	BMGR	BMKD	BSFF
BZLK	CCHX	CCYB	CDOY
CECJ	CEVD	CEVE	CEYN
CFBB	CFBH	CFBW	CFCR
CFDG	CFGF	CFHM	CFHW
CFJR	CFJX	CFKM	CFLW
CFMH	CFMN	CFMT	CFPN
CFRC	CFRZ	CFSS	CFUP
CFXU	CFYI	CFYY	CFZH
CFZO	CGAF	CHBG	CHBH
CHFA	CHFX	CHGK	CHGS
CHGZ	CHLC	CHOY	CHRH
CHRX	CHTD	CHUY	CHWA
CHWB	CHWH	CHWW	CHXR
CHYB	CHZU	CJBJ	CJBO
CJBW	CJDT	CJEH	CJFA
CJLZ	CJMT	CJNT	CJOR
CJRB	CJRH	CJRV	CJSE
CJSG	CJSH	CJSU	CJSW
CJTU	CJUV	CJVG	CJVS
CJWG	CJYD	CJZH	CJZY
CKAS	CKBU	CKCD	CKCH
CKDA	CKDN	CKFA	CKGL
CKKV	CKLV	CKNB	CKNE
CKNF	CKOH	CKON	CKOO
CKPY	CKRD	CKRO	CKRV
CKSX	CLGL	CLGT	CVZT
DADJ	DBJD	DBVR	DCCP
DCEB	DCGH	DCRV	DCSB
DCSK	DCTT	DCUJ	DCUT
DDEA	DDEW	DDFE	DDGE
DDGK	DDHX	DDKS	DDLC
DDLH	DDMB	DDND	DDNZ
DDRJ	DDTP	DDVL	DDWR
DDXL	DEHG	DEHH	DEHO
DEHV	DEJE	DEKV	DENJ
DEOJ	DEON	DEPT	DEUK
DEUS	DEVJ	DEVP	DFCW
DFEB	DFEO	DFKX	DFSA
DHEM	DHET	DTWO	EDDD
EELT	EEVL	EFCM	EGGS
EHAV	EHCB	EVII	FCOM
GBBB	GCJA	HAAH	HKAA
HOJO	IANW	IICX	IIOO
IRLE	JIFI	KSIX	LSIX
LUON	LUUP	OSRA	RAIR
REEM	RVSG	RYPE	SASG
SHHH	SMYK	STEN	THRM
TOOB	TOWS	VLCC	VSIX
WONE	XJON	XXIX	YEHA

Lavenham

| G-ADKL | AIRK | AOTK | BHYI |

Lee-on-Solent

G-AAHI	AAJT	AALY	AAWO
AAYT	ACLL	ADKM	AFGZ
AGHY	AHLT	AHPZ	AJGJ
AODR	APMX	ASEO	ATFD
ATVS	AYFV	AYLL	BAVH
BBCS	BBYP	BFBR	BIRD
BKDH	BOHA	BOJW	BOOG
BTLG	BTZB	BUJI	BUJP
BUNB	BVZZ	BWUH	BXFF
BYBO	BYCX	BZXN	CBPC
CBUI	CBZH	CBZM	CCHH
CCIV	CDLW	CDPG	CEFC
CFGR	CFJG	CFMU	CFOG
CFSD	CFTZ	CFUG	CFWZ
CGIJ	CGIR	CHFZ	CHGB
CHLN	CJAL	CJJT	CJMV

CJOB	CJXG	CKDF	CKHT
CKNC	CKPE	CPDW	CZAC
DADZ	DDJB	DGDJ	DHAD
EDEL	EGPG	ELSE	ENNI
FJTH	GCMW	HILT	IMPX
JOID	JSAT	LORD	MAJR
MNZU	MOTO	MYOO	MYXH
OJGT	OKTA	ORCC	ORED
OSIX	OVFR	PAYD	PNGC
RAIX	SARD	SASM	SPED
TCNY	TFLX	TNJB	TOBA
TOUR	WNTR		

Leeds-Bradford TWR 120.300

G-BFFC	BFMH	BNYO	BSHP
BTEU	BTNC	BXGW	BXLY
BXOR	BXWB	BZLH	CELA
CELB	CELC	CELD	CELE
CELF	CELG	CELH	CELI
CELJ	CELK	CELO	CELP
CELR	CELS	CELU	CELV
CELX	CELY	CELZ	CEYU
CGGD	CGIY	CGMF	FMSG
GBRU	GDEF	GDFB	GDFC
GDFD	GDFE	GDFF	GDFG
GDFH	GDFJ	GDFK	GDFL
GDFM	GDFN	GDFO	GDFP
GDFR	GDFS	GDFT	GDFU
GDFV	GDFW	GDFY	GDFZ
GHKX	IFIT	JACK	LSAA
LSAB	LSAC	LSAD	LSAE
LSAG	LSAH	LSAI	LSAJ
LSAK	LSAN	MFLB	MFLD
MFLM	MOUT	OADY	OCCH
OLNT	OWAN	PALY	RWEW
SIRO	TRAN	WENA	

Leeming (RAF)

| G-BYUF | BYVV | BYYA |

Leicester A/G 122.125

G-AEEG	AKVO	AMPG	AOCU
AOFS	ARAN	ASZS	AWFN
AYWD	AZZR	BAOS	BFMK
BFNG	BFPO	BHEN	BIJD
BKCE	BKGW	BMWV	BMXB
BNCO	BNIK	BNNA	BNSG
BOBV	BOLB	BPDV	BPKF
BREY	BRPX	BSDH	BSED
BTKP	BUTZ	BUUC	BVCS
BWXV	BXOA	BYCS	BYCZ
BYPH	BYRY	BYTK	BZIG
BZPI	BZTN	CAPX	CBDC
CCCB	CCCF	CDDY	CDXX
CEOY	CEVS	CFLN	CGVZ
CHAG	CHWJ	CINA	COVZ
DAYS	DDDY	EEPJ	EFAM
EYAK	FLIK	FLPI	FOXA
GCDD	GUNZ	HCEN	HUBA
IIDY	IIFM	IIIL	IIIV
JDEE	JUGE	KEST	LOOP
LUNY	MZKJ	NICC	NORK
OACE	ONES	ORBS	PIIT
PJSY	PTTS	RAFW	RIAM
RODJ	TOBI	TREK	USSY
VETT	WAGG	WIGY	

Lenox Plunton Farm, Borgue

| G-COPS |

Leuchars (RAF)

| G-CGKJ | CGKK | CGKR | GBVX |

Ley Farm, Chirk

G-CCNA	MVBT	MWWB	MYGF
MYHR	MZFN		

Linley Hill

G-AVXD	AWUN	BAXV	BBXB
BDJD	BGCM	BGSV	BIDH
BIOC	BLLS	BPJW	BSCE
BTHE	BTMR	BWXD	BZBX
CCCJ	CCZM	CFIA	CGWT
CSAV	GGHZ	HULL	IFLI
MCJL	MGIC	MTEU	MVGY
MYCS	MYNK	MYXF	MZFU
MZHF	MZHW	MZMA	ORUG
TEWS			

Linton-on-Ouse (RAF)

G-BARZ	BCAH	BSXD	BXLO
JPTV	TSIX		

Lippitts Hill

| G-MPSA | MPSB | MPSC |

Liskeard Heliport

G-BSBW	BYBI	DOFY	DVIP
GRND	HDTV	IVIP	JBCB
OCMM	OFTC	OMDR	ONTV
SPEY	TELY	TRNG	XBOX

Little Atherfield Farm, Atherfield

| G-DNBH |

Little Bassetts Farm, Childerditch

| G-BLVK | CGJN |

Little Battleflat Farm, Ellistown

G-BTMT	CDIA	CDIJ	IBAZ
MTGS			

Little Down Farm, Milson

G-AYFD	BVLU	BVYY	BWIJ
IMNY	RTHS	TWTW	

Little Engeham Farm, Woodchurch

| G-BMAY | BRBM | NZSS | YCII |

Little Farm, Hamstead Marshall

| G-AGVG | AHOO | ANEM |

Little Gransden

G-AGXV	AGYD	AIBX	ALOD
ARLZ	ATIR	AVLB	AWLO
AWMR	AWSN	AYLA	BEVO
BHVP	BIDJ	BKBP	BKDR
BKXA	BMET	BMLT	BOMP
BOOF	BPVO	BRXY	BTGM
BTRZ	BUGJ	BULR	BWAC
BWPH	BWTO	BXAK	BXFC
BYDB	BZMY	CBEF	CBHR
CBPM	CBRW	CCBG	CDSD
CFIJ	CGAI	CGAK	CHHI
CORA	EXIL	GKKI	HIYA
IIHI	IIUI	ITII	JOKR
OOXP	OYAK	UPFS	VALS
XYJY			

Little Haugh Hall, Norton

| G-LSPH | RDPH | SKPH |

Little Rissington (RAF)

G-AYPZ	BCGB	BWAD	CBJE
CBWN	CCPD		

109

Little Shelford
G-SEEK

Little Snoring
G-AXGV	BACO	BIHD	CFBO
DAME	FKOS	GFLY	HALJ
MCLY	MWSJ	MZDV	SOOT
TIAC	TLAC		

Little Staughton
| G-ATSZ | BRCM | BTZP | BWYB |
| BXXW | CEIS | IRIS | TTDD |

Little Trostrey Farm, Usk
| G-BRCW | BXMX | BZEN | CBBH |
| CHIJ | MNVK | MWCE | PZPZ |

Liverpool TWR 126.350
G-AKKB	AMCK	ARVT	AVCV
AYSX	BCBX	BCJM	BCSL
BEIP	BEWR	BGSH	BHDE
BIWR	BNMB	BNNU	BNSL
BNYK	BRLG	BRUJ	BSIZ
BTDE	CPTM	EDNA	EMMS
FCUM	GFEY	GRZZ	GYAV
HUBB	LAMS	LFSA	LFSG
LFSH	LFSM	LFSN	LFSR
MAIR	MFAC	OBSR	OGJC
OGKB	OLFT	OMEM	ORVR
RODC	RVNA	RVNB	RVNC
RVND	RVNE	RVNG	RVNJ
RVNK	RVNM	RVNO	RVNP
RVRB	RVRD	RVRE	RVRJ
RVRK	RVRL	RVRM	RVRN
RVRO	RVRR	RVRT	RVRU
RVRW	RVRX	RVRY	RVRZ
TSDS	VMCG	WARW	WOOO
YAWW			

Llanbedr
G-ATNL

Llantysilio
| G-CJOW | CJXP | CJYE | CKPX |
| DCDW | DCVR | DEMR | EEBS |

Lleweni Parc
| G-AYZW | BTRW | DCYT | LEEE |
| MVYT | OOFE | TCNM | WESX |

Loadman Farm, Hexham
G-MCUB

Lodge Farm, Cottered
| G-ARHR | CBGZ | MZEZ | PIET |

Lodge Farm, Durston
| G-AJEM | ASUI | | |

Lodge Farm, St Osyth
| G-BBOA | OVFM | | |

London City TWR 118.075
G-EUNA	EUNB	LCYD	LCYE
LCYF	LCYG	LCYH	LCYI
LCYJ	LCYK	LCYL	LCYM
LCYN	LCYO	LCYP	LCYR
LCYS	LCYT	LCYU	

London Gatwick TWR 124.225
G-DOCF	DOCO	DOCW	DOCX
EJAR	EZAA	EZAB	EZAC
EZAD	EZAF	EZAG	EZAI
EZAJ	EZAK	EZAL	EZAM
EZAN	EZAO	EZAP	EZAS
EZAT	EZAU	EZAV	EZAW
EZAX	EZAY	EZAZ	EZBA
EZBB	EZBC	EZBD	EZBE
EZBF	EZBG	EZBH	EZBI
EZBJ	EZBK	EZBL	EZBM
EZBN	EZBO	EZBR	EZBT
EZBU	EZBV	EZBW	EZBX
EZBY	EZBZ	EZDA	EZDB
EZDC	EZDD	EZDE	EZDF
EZDH	EZDI	EZDJ	EZDK
EZDL	EZDM	EZDN	EZDO
EZDP	EZDR	EZDS	EZDT
EZDU	EZDV	EZDW	EZDX
EZDY	EZDZ	EZEB	EZED
EZEG	EZEV	EZEW	EZEZ
EZFA	EZFB	EZFC	EZFD
EZFE	EZFF	EZFG	EZFH
EZFI	EZFJ	EZFK	EZFL
EZFM	EZFN	EZFO	EZFP
EZFR	EZFS	EZFT	EZFU
EZFV	EZFW	EZFX	EZFY
EZFZ	EZGA	EZGB	EZGC
EZGD	EZGE	EZGF	EZGG
EZGH	EZGI	EZGJ	EZGK
EZGL	EZIH	EZII	EZIJ
EZIK	EZIL	EZIM	EZIN
EZIO	EZIP	EZIR	EZIS
EZIT	EZIV	EZIW	EZIX
EZIY	EZIZ	EZMH	EZNC
EZOA	EZOB	EZPG	EZSM
EZTA	EZTB	EZTC	EZTD
EZTE	EZTF	EZTG	EZTH
EZTI	EZTJ	EZTK	EZTL
EZTM	EZTR	EZTT	EZTV
EZTX	EZTY	EZTZ	EZUA
EZUC	EZUD	EZUF	EZUG
EZUH	EZUI	EZUJ	EZUK
EZUL	EZUM	EZUN	EZUO
EZUP	EZUR	EZUS	EZUT
EZUU	EZUW	EZUZ	EZWA
EZWB	EZWC	EZWD	EZWE
EZWF	EZWG	EZWH	EZWI
EZWJ	EZWK	EZWL	EZWM
EZWN	EZWO	EZWP	EZWR
EZWS	EZWT	EZWU	EZWV
EZWW	EZWX	EZWY	EZWZ
GATJ	GATK	GATL	GBTB
VAST	VGAL	VIIO	VIIP
VIIR	VIIT	VIIU	VIIV
VIIW	VLIP	VROM	VROS
VROY	VXLG		

London Heathrow TWR 118.500/118.700
G-BNLF	BNLG	BNLJ	BNLK
BNLN	BNLO	BNLP	BNLV
BNLW	BNLX	BNLY	BNLZ
BNWA	BNWB	BNWD	BNWI
BNWM	BNWS	BNWT	BNWV
BNWW	BNWX	BNWY	BNWZ
BYGA	BYGB	BYGC	BYGD
BYGE	BYGF	BYGG	BZHA
BZHB	BZHC	CIVA	CIVB
CIVC	CIVD	CIVE	CIVF
CIVG	CIVH	CIVI	CIVJ
CIVK	CIVL	CIVM	CIVN
CIVO	CIVP	CIVR	CIVS
CIVT	CIVU	CIVV	CIVW
CIVX	CIVY	CIVZ	DBCA
DBCB	DBCC	DBCD	DBCE
DBCF	DBCG	DBCH	DBCI
DBCJ	DBCK	EUOA	EUOB
EUOC	EUOD	EUOE	EUOF
EUOG	EUOH	EUOI	EUPA
EUPB	EUPC	EUPD	EUPE
EUPF	EUPG	EUPH	EUPJ
EUPK	EUPL	EUPM	EUPN
EUPO	EUPP	EUPR	EUPS
EUPT	EUPU	EUPV	EUPW
EUPX	EUPY	EUPZ	EUUA
EUUB	EUUC	EUUD	EUUE
EUUF	EUUG	EUUH	EUUI
EUUJ	EUUK	EUUL	EUUM
EUUN	EUUO	EUUP	EUUR
EUUS	EUUT	EUUU	EUUV
EUUW	EUUX	EUUY	EUUZ
EUXC	EUXD	EUXE	EUXF
EUXG	EUXH	EUXI	EUXJ
EUXK	EUXL	EUXM	EUYA
EUYB	EUYC	EUYD	EUYE
EUYF	EUYG	EUYH	EUYI
EUYJ	EUYK	EUYL	EUYM
EUYN	EUYO	EUYP	EUYR
EUYS	EUYT	EUYU	EUYV
EUYW	EUYX	EUYY	MEDF
MEDG	MEDJ	MEDK	MEDL
MEDM	MEDN	MEDU	MIDO
MIDS	MIDT	MIDX	MIDY
RAES	STBA	STBB	STBC
STBD	STBE	STBF	STBG
STBH	STBI	STBJ	STBK
STBL	TTOB	TTOE	VAHH
VBIG	VBLU	VBUG	VEIL
VELD	VFAB	VFIT	VFIZ
VGAS	VGBR	VGEM	VHOT
VIIA	VIIB	VIIC	VIID
VIIE	VIIF	VIIG	VIIH
VIIJ	VIIK	VIIL	VIIM
VIIN	VIIS	VIIX	VIIY
VINE	VKSS	VNAP	VNEW
VNYC	VOOH	VRAY	VRED
VROC	VSSH	VSUN	VSXY
VUFO	VWAG	VWEB	VWIN
VWKD	VWOW	VYOU	XLEA
XLEB	XLEC	XLED	XLEE
XLEF	XLEG	XLEH	XLEI
YMMA	YMMB	YMMC	YMMD
YMME	YMMF	YMMG	YMMH
YMMI	YMMJ	YMMK	YMML
YMMN	YMMO	YMMP	YMMR
YMMS	YMMT	YMMU	ZBJA
ZBJB	ZBJC	ZBJD	ZBJE
ZBJF	ZBJG	ZBJH	ZZZA
ZZZB	ZZZC		

London Stansted TWR 123.800/125.550
G-BOYF	FUFU	FULM	HARA
HRDS	HUBY	LALE	LAWX
LEAA	LEAB	LEAC	LEAI
LEAX	MRAP	MUZZ	NMAK
POWC	POWD	POWG	POWH
POWI	SPUR	ZAPW	ZAPX
ZAPZ			

London Colney
| G-BZGF | CBHK | CDMV | MGFK |
| MTPU | MVPS | MYLD | |

Long Fold Farm, Bretherton
G-CFJU

Long Marston
G-AJIH	AXXC	BGLZ	BXII
BYYN	BYZO	BZJZ	BZNC
BZYA	CBIS	CBXZ	CCDD

Lower Wasing Farm, Brimpton
G-ATAU	AVZW	AWRY	BHYD
BKFW	BMVM	CGTZ	CJUD
ENGO	GCYC	HRLK	MYMH
MZNV	OBJT	OUDA	PAXX
ROKT	SAFR	SRRA	TICH

Lower Withial Farm, East Pennard
G-AWVZ

Lude Farm, Blair Atholl
G-AHUV BDKC

Ludham
G-AWEV	IMCD	JABB	JAOC
JBSP	KELX	PHCJ	

Luton TWR 132.550
G-BYAT	BYAW	BYAY	CDLT
CGUL	CGUZ	CPEU	CPEV
DAJB	EOMA	FDZS	FDZT
FDZU	FDZW	FDZX	FDZY
FDZZ	KSFR	LSCW	MARA
MONJ	MONK	MRJK	OBYF
OBYG	OBYH	OJEG	OOBA
OOBB	OOBC	OOBD	OOBE
OOBF	OOBG	OOBH	OOBM
OOBN	OOBP	OZBE	OZBF
OZBG	OZBH	OZBI	OZBL
OZBM	OZBN	OZBO	OZBP
OZBR	OZBS	OZBT	OZBU
OZBW	OZBX	OZBY	OZBZ
SMAN	TAWA	TAWB	TAWC
TAWD	TAWF	TAWG	TAWH
TAWL	TAWM	TAWN	TAWO
TAWP	TAWR	TAWS	TAWU
THFC	TUIA	TUIB	TUIC
TUID	TUIE	TUIF	ZBAB
ZBAD	ZBAE	ZBAF	ZBAG
ZBAH	ZBAI	ZBAJ	ZBAK
ZBAL	ZBAM	ZBAO	ZBAP
ZBAR			

Luxters Farm, Hambleden
G-AWJX	BEWO	BKOB	VRVB

Lydd TWR 120.700
G-AVNU	AXBJ	BBNT	BGAB
BHED	BHHG	BHJU	BJAG
BLMA	BLVL	BMFD	BMLM
BMNL	BOUZ	BSTP	BTFG
BXAB	BXVA	CBSO	CCHL
CDER	CDJV	CDXI	CHGI
EMAX	ERIE	IBFW	IVER
JASS	JLHS	KEYS	LYDF
MXMX	NRRA	OPSL	OTGA
REST	SHMK	SVPN	VCML
XPII			

Lydeway Field, Etchilhampton
G-CCIR YARV

Lyveden
G-CFKT	CFWL	CGDB	CHMA
CHSG	CHUF	CJKV	CJLV
CJWA	CJZM	CKAM	CKKB
DBUZ	DCJK	DDGA	DDNC
DEAU	DECL		

Main Hall Farm, Conington
G-AYLF	BDWY	BIZF	CDGR
HABI	KENI	ROCH	XLNT

CCMT	CCTZ	CCWU	CDCU
CDFM	CDGH	CEHE	CEKD
CENL	CFCY	CGEA	CGIB
CGPF	CGZW	CHFL	CUBB
ECKB	FESS	GBGA	JAIR
LDAH	MAIN	MMUO	MNCP
MNYF	MOOV	MVCF	MVFD
MVGD	MVLX	MVZM	MWEG
MWFU	MWIM	MWRJ	MWUD
MWVE	MWVN	MWVZ	MWYJ
MWYZ	MYAB	MYEA	MYLM
MYTK	MYWJ	MYZV	MZEP
MZFS	MZGO	MZJE	MZJF
NORA	PAWZ	PIPI	ROZZ

Long Mynd
G-CFNL	CFVP	CFWM	CHDV
CHKC	CHMX	CHMZ	CHPT
CHSO	CHYD	CJEP	CJGJ
CJJP	CKDK	CKGV	CKML
CMGC	DCEC	DCFL	DCGB
DCJM	DCKR	DCWY	DDGG
DDHT	DDJF	DDOK	DDRT
DDZM	DENU	DEVV	DFHS
DFKB	DHNX	DJHP	ECEA
ECPA	EEFT	FERV	GZIP
KGAO	LSLS	RZEE	

Longacre Farm, Sandy
G-BVSX	BYJO	BYOR	BYPF
BZIS	BZRJ	CBEV	CBHY
CBMV	CBWI	CCCU	CECL
CEPN	CGJH	CGWP	CRAB
FFUN	LOWZ	MARZ	MGEF
MVIF	MVVI	MWHC	MWLB
MWYC	MYIN	MYJS	MYNB
MYPI	MYWY	MYYB	MZLN
OASJ	OGOD	OGTR	OSON
TOMZ	TSHO		

Longside
G-APFV	ATCC	AWMT	BDAG
BSYZ	CBGS	CCRI	CFCE
CGTF	EIKY	MYYF	MZLD
ONIC	ONIG		

Longwood Farm, Morestead
G-APNT	BGYN	CEDT	CGIE

Lotmead Farm, Wanborough
G-AOZH	BNGE	BPHR	BTUS

Low Hill Farm, Messingham
G-BLRL	BYNP	BZHJ	CBCM
EPOC	MMMG	MYXX	MYYP
MZBU	MZDP		

Lower Mountpleasant Farm, Chatteris
G-CBWA	CCNT	CEGL	CFBE
CFKP	CVAL	HOFF	JENK
MTSS	MVGO	MVHP	MVZA
MWDL	MWJN	MWML	MWOO
MWPH	MWZD	MYPZ	MYUF
MZFZ	NSBB	WYKD	

Lower Upham Farm, Chiseldon
G-ATJA	BFAK	BLPB	BSHH
BUWJ	BXTO	BYXW	BZWU
CCYE	CDLC	DUDZ	GLHI
KITI	MYNR	MYWV	ODJP
RUFS	ZIRA		

Mamhilad House Farm, Mamhilad
G-AJEH	ALND	AMVS	MVKL

Manchester TWR 118.625/119.400
G-CHTZ	DHJH	FCLI	GMPB
JMAA	JMAB	JMCD	JMCE
JMCG	MDBD	MLJL	NIKO
OMYJ	OMYT	TCBB	TCBC
TCCA	TCCB	TCDA	TCDB
TCDC	TCDD	TCDE	TCDF
TCDG	TCDZ	WJAN	

Manor Farm, Braceborough
G-AJYB	APAL	RVIT

Manor Farm, Croughton
G-CCSL	CCXM	GBEE	SKSW

Manor Farm, Dalscote
G-AXOT

Manor Farm, Dinton
G-AFGE	ARVZ	ASHT	EHDS

Manor Farm, Drayton St Leonard
G-CBEW	CBUD	MYHH	PRAH

Manor Farm, East Garston
G-BIXL	BZYD	CGYA	TAFI

Manor Farm, Glatton
G-BAEY	BTOW	CBME	GMKE

Manor Farm, Grateley
G-AXWV BFSS

Manor Farm, Haddenham
G-BWOB CDXS

Manor Farm, Keyston
G-BBAY OCMT

Manor Farm, Lea
G-RVNH

Manor Farm, Tongham
G-AZLE BUVR

Manor House Farm, Dishforth
G-BTBY

Manston
G-BNYD	BXDS	BXNS	BXNT
BZLP	BZMO	CCBL	CDMG
IBIG	ILYA	KARN	OETI
SUER	SUET	SUEX	SUEY
SUEZ			

Marden, Maidstone
G-KAAT

Marham (RAF)
G-CGNW	CJFC	CJMJ	CJSD
CKRW	DFAW	IICT	JAGS
MHAR			

Marley Hall, Ledbury
G-BPUM

Marsh Hill Farm, Aylesbury
G-BGPD BRCA

Marshland, Wisbech
G-RODD

Mayfield Farm, Stevenston
G-CGWE

Maypole Farm, Chislet
G-BEUX	BHRR	BIAC	BKCV
BRAR	BRXP	BUWK	BZDH
BZVM	CFSM	CGJS	CIBH
DBIN	HSKE	MRVK	SEBN
TECC	VCIO		

Mayridge Farm, Englefield
G-MZOZ

McMaster's Farm, Movenis
G-BMOF	BXRO	CCRC	ETHY

Melhuish Farm, North Moreton
G-CBEH	FRGN	HUPW

Melrose Farm, Melbourne
G-BTBL	BUEN	BUWH	BYTS

Membury
G-APZJ	ARON	BMJY	CBPP
CETX	CGLR	CHPG	CSPR
DPYE	OSKR	OSPH	

Mendlesham
G-BUAI	CBYV	DIZI	MVFH
MVJN	MYWT		

Micklands Hill Farm, Bledington
G-MDDT

Middle Chase Farm, Bowerchalke
G-BGVH	BSOX

Middle Pymore Farm, Bridport
G-BONY	CBOS	CBYZ	CEPP
MYTO	RUSL		

Middle Stoke, Isle of Grain
G-BMOK	BYPW	CBMR	CCJJ
CCZR	CDXD	CDZY	CEKC
CGIO	CGJC	CGPG	CHJJ
CJAI	DOIN	MBSX	MWSU
MZFT	MZKS	MZME	NDAD
TLDL	YROZ	ZADA	

Middle Wallop (AAC)
G-AIEK	BCIH	BXAF	BYUL
BYVA	BYVU	BYVY	BYXF
CIBW	CICN	CICP	CICR
CICS	KAXT	OAFA	SKCI

Middlegate Farm, Pitney
G-BDWJ	BGSJ	BMDE

Middlemoor, Exeter
G-DCPB

Middleton One Row, Darlington
G-HAVI

Milfield
G-ATFR	AXEO	BJCI	CFAJ
CFJV	CGAP	CGDA	CHNZ
CHVV	CJHR	CJOS	CJUU
CJVJ	CTUG	DCCB	DCKL
DCNS	DCSD	DCWG	DCZD

DDLJ	DDYH	DDZP	DEAF
DEEA	DEEK	DELO	DEMN
DFBD	DHSR	DJAD	DKEN
FEVS	MILD		

Mill Farm, Hughley
G-CGUE	IGLL

Mill Farm, Shifnal
G-AJES	BZYX	CBAD	CBZD
CCBX	CCIW	CDLG	CEIE
GFOX	JAAB	MMKX	MWVM
MYIP	MYKV	MYVY	XTEE

Moat Farm, Milden
G-HRLI	ROBT

Mona (RAF)
G-AHCL	AYJA	BILS	BTIG
BTNW	BVCP	BVOH	BXPI
CCCR	CERI	CTLS	GBOB
GFKY	MVIU	MYES	OJKM
PINO	PRAG	YNYS	

Monkswell Farm, Horrabridge
G-MJTM	MMRH	MNCA	MTNR
MVNS			

Moor Farm, West Heslerton
G-CHIX

Moor Green Farm, Barlow
G-OJVA

Moorlands Farm, Farway Common
G-CDCC	CHWM

Morgansfield, Fishburn
G-ARND	ATLM	ATRM	AVVC
AYAW	AYKW	BACJ	BCXB
BKKZ	BMKK	BPVZ	BSUX
BTOT	BTXT	BVJX	BWRO
BXCP	BYEK	CBAR	CBJH
CCEU	CCVN	CCVS	CCWC
CDBD	CDCP	CDEX	CDOV
CFAG	CFOV	ENTS	GKEV
MMPZ	MWCH	MYLB	MZOI
NALA	PSIR	RATZ	RAYH
RAYZ	RISA	TSOL	

Mount Airey Farm, South Cave
G-BOSM	BRTP	BXIG	BYJT
BYOU	CGCH	MTJV	MZEN
RINS			

Moxon's Farm, Hinckley
G-CGIX

Napps Field, Billericay
G-CORW	MCMS	NJSP	USRV

Neat's Ling Farm, Ringstead
G-AWBB

Nether Huntlywood Farm, Gordon
G-CCPV	CFCX	MNZJ	MYSU

Netheravon (AAC)
G-AHXE	ALFA	ANIJ	BNYM
BPWM	BVZJ	BZAH	CPSS
OAFF			

Netherthorpe A/G 123.275
G-AJIT	AJIU	APXJ	APZX
ARJT	ASMW	AVFR	AVTP
AVUG	AXFN	AYRG	AZHC
AZUZ	BBKY	BDIG	BDOG
BDWM	BFGG	BFHU	BHNA
BIZG	BMCV	BMEU	BMUD
BNME	BNST	BOUE	BPXA
BRNK	BSUD	BUUX	BXYJ
BYTN	BZFT	CBNL	CCSR
CCTG	CCYS	CEDN	CGDI
CSBM	DLTR	EXTR	GBRB
HELA	JBDH	JIMZ	JKEL
KARA	MISH	ONCS	ORAE
OTRV	PHOR	PHUN	PNIX
PPFS	RIVT	ROLY	RVAW
RVIN	SCZR	SEVN	STVT
TNGO	TTOM	UZUP	XTRA

New Farm, Felton
G-BYYP	CEZW	DAGF

New Farm, Stanton Drew
G-PUKA

New Grimmet Farm, Maybole
G-RWMW

New House Farm, Birds Edge
G-BKIR	BOID	CDZU	LNIG

New House Farm, Hardwicke
G-CGVP

New House Farm, Twineham
G-AGMI

New Laithe Farm, Harewood
G-THIN

New Lane Farm, North Elmham
G-AVBH	ETIM

Newbigging Farm, Montrose
G-BVUM

Newcastle TWR 119.700
G-BAWK	BGBG	BHAY	BIXH
BJVT	BMUZ	BOFZ	BRJV
BTAW	BUIF	BVEZ	BVWZ
BZTG	CBBS	CDXA	KART
MAVI	MOGY	NEAU	PDOC
TYNE	WACT	WBVS	

Newcastle City Heliport
G-JBDB	USTS

Newells Farm, Lower Beeding
G-CDXT	WGCS

Newfields Farm, Long Itchington
G-BAXE	BWZY

Newgate Foot Farm, Saltergate
G-ADYS	AHBM	ANLS

Newnham
G-CCDM	CGTR	CZMI	MNNG
MVRI	OTJH	XWEB	

Newquay TWR 134.375
G-AGTM	AMRA	APJB	APLO
BAPP	BGFF	BHZH	BITK

BJBM	BOKH	BSTO	BTSJ
BUVO	BWVI	CGUI	GAME
GAOM	GKUE	JAYI	KRNW
MAIE	MCXV	MWGJ	MYNI
MZOH	SDEV	ULPS	USTY
VROE			

Newton Peveril Farm, Sturminster Marshall

G-BULZ	BYTX	CBLB	CCAL
CCCE	CFKE	ENRE	FARO
FOXC	FOXZ	FXBT	GPSF
MCRO	MWPP	OCDC	RMAN

Newtownards A/G 128.300

G-ANDP	ARCT	AVKK	BANF
BCJP	BFDC	BIAY	BOCN
BUON	BWJY	BXVS	BYZP
BZOI	BZRW	BZSG	CBJM
CBOO	CBXG	CCCK	CCDG
CCEL	CCVJ	CDRD	CDVU
CEDR	CEID	CEIG	CENB
CEUF	CFJL	CFON	CFTT
CGFZ	CGMW	CGWD	CHRY
CMOR	CREY	CTOY	DCMI
EVEY	EVRO	FBTT	JAJK
JRVB	KENZ	MTKW	MTMA
MVMX	MWIB	MWPF	MYCN
MYDN	MYSJ	MYWW	MZEM
MZIM	MZKN	NFON	OELD
OHKS	OLFB	OLFZ	PYPE
RSSF	RVDX	RVNI	TBTB
TDRA	UCAM	UFCE	UFCG
UFCI	UFCL	UFCM	UFCN
WBLY			

North Coates

G-AKHP	AKUW	ARCF	ARCS
ASUB	AXTC	AXVK	BIHX
BOKW	BUVX	BVPS	BXIX
CDDI	CIBZ	CSDJ	DOTW
HABT	IANN	INNY	LENF
MAAM	MYIX	MYXC	MZHB
OOCP	TERN		

North Denes

G-CHCP	CHCT	CHCV

North Hill

G-BKVG	CDSC	CEWO	CFDX
CFER	CFTW	CFUV	CFZF
CFZV	CGDE	CHEO	CHMT
CHOG	CHXO	CJEV	CJPT
CJZG	CJZK	CKEB	CKEK
CKHA	CKMV	CKOL	DCCY
DCLM	DCOR	DCVV	DCYA
DCYO	DDBK	DDBN	DDFK
DDKU	DDLM	DDRE	DDSX
DGIO	DHCX	DHEB	DHOK
DSGC	EENW	KCHG	

North Weald

G-AHUN	AKUM	AKUP	AOBU
ARNP	AVLI	AVRU	AVXF
AWKO	AXCA	AXHO	BACB
BBIL	BBMN	BFXX	BGMP
BGND	BHRO	BKBN	BKOU
BLUV	BNPM	BNZM	BOYP
BPCL	BPVN	BRFB	BSVB
BTWZ	BUIK	BWGS	BWHU
BWOF	BWOT	BWSV	BXDE
BXFI	BXRS	BXWP	BXXK
BYEA	BYKJ	BYPG	BZFR
BZJB	BZSE	CBCI	CBLZ
CCAV	CCLJ	CCXW	CCZT
CDNR	CDRV	CEGI	CEXM
CFGH	CFRN	CGAO	CGBM
CGDW	CGIL	CIMX	DHVM
EEEK	ELAM	FRCE	FRSX
GCDA	GEEP	HAAT	HAMM
HHDR	HHII	HUEY	IGHT
IPUP	JPRO	JWCM	JYAK
KAMY	KANZ	KASX	KAXW
KIMI	KITT	KSSH	LKTB
LOMN	MAKE	MIGG	MKXI
MOUR	MURG	MXPH	MYHM
MYIH	MYKS	MZIZ	MZOW
NAPP	NOTY	NUKA	NWFA
NWFC	NWFG	NWFS	NWFT
OEVA	OKTI	OLEW	ONAV
OPVM	OTOP	OVIN	PGSI
POPA	PROV	PURL	RADR
RASA	RJCC	RJWW	RORI
ROWS	SEMI	SIJJ	SKAZ
SMRS	SPAT	SSCA	STUA
SUEI	SUEO	TDKI	TENG
TGER	TGVP	TIMM	TINY
VBPM	VENM	VIVM	VTII
VVWW	WTAY	YKYK	YOTS
YRIL	ZZDG		

Northfield Farm, Mavis Enderby

G-AIPV	BUDW	TCUB

Northolt (RAF)

G-EHMS

Northorpe Fen, Bourne

G-CCFT	JABI	PATO

Northrepps

G-BYJK	BYLB	CCXT	CEWD
CGVS	CIBR	CIDS	COXS
ERMO	MNAZ	MNGK	MVSO
MWLL	MWMI	MWMY	MWWN
MYRG	MZJY	REDC	SIRE

Northside, Thorney

G-NESY

Norton Malreward

G-BBAX	BGNV	BPWN

Norwich TWR 124.250

G-BABD	BFYA	BIMU	BMCX
BNNO	BOTH	BPWB	BRXU
BUCA	CGZD	EEGU	EYNL
ISSV	KAZA	KLNB	KLNE
KLNR	KLNW	OBMP	OENA
OENB	PERA	PERB	REDX
SEJW	TIGE	VECG	VINJ

Nostell Priory

G-SASH

Notley Green, Sandon

G-HILI	HILZ

Nottingham A/G 134.875

G-AMTA	ASIL	ATWA	AXSI
BDSH	BEZH	BFDI	BGBK
BGBW	BGGE	BGGI	BHGY
BHRC	BJUR	BKHW	BNRA
BNRX	BOLE	BPES	BPGU
BPRY	BUUE	BWNI	BYRX
CDAI	CEXX	CGLZ	CJHP
CTCL	CTRL	EDAV	EGLS
FLAV	GBET	JONZ	LONE
MSFC	OEAC	OMMG	OSLD
PBAT	RADI	RMMT	STUY
SVNH	TIMH		

Nuthampstead

G-ASKL	AWDR	AWWN	BUYS
TKAY			

Nuttree Farm, Redenhall

G-DIII

Nympsfield

G-AWLZ	AXJR	BGGD	CFCN
CFMO	CFNU	CFPL	CFSR
CFYV	CFYZ	CGAH	CGBY
CGCR	CHGW	CHHR	CHRW
CHUT	CHXM	CHYE	CHYF
CJBX	CJCW	CJDG	CJEE
CJHY	CJJU	CJJZ	CJTM
CJUJ	CJVB	CJWK	CJWT
CJXC	CKAL	CKBH	CKCB
CKDS	CKHB	CKJV	CKMA
CKNO	CKOD	CKPL	CUMU
CXDZ	DCLA	DCMN	DCMV
DCNG	DDDA	DDGY	DDUK
DDXB	DDXK	DEGE	DEHK
DEJR	DEKF	DEKJ	DELR
DEUC	DEUH	DEWR	DFDF
DHPR	DJAH	FMKA	KOBH
LIDY	LSFR	LSIV	MEEE
NYMB	NYMF	OAPW	OTCZ
VIXX	WLLS		

Oakdene Farm, Saddleworth

G-LEEZ

Oaklands Farm, Horsham

G-BGKO	CECE	MGCA	OALH

Oaklands Farm, Stonesfield

G-AMTM	BDEY	BDNT	BFXG
BFZB			

Oaksey Park

G-ADNE	AGXU	AKXS	AMBB
APXT	ATCL	AYGD	AYZS
AZRS	AZWB	BADZ	BALF
BAPR	BCLL	BCYM	BDEH
BDFX	BHRW	BHSL	BHTC
BJBO	BLLR	BPJG	BSDK
BSGD	BULL	BUVA	BVAC
BVEP	BYKF	CLEA	DEWD
EGWN	ESME	EWME	HACK
ISDN	NACA	OCLC	OSZB
ROBJ	WFFW		

Oban AFIS 118.050

G-BMHL	BUTB	BZUF	CCCO
CEWS	CHNI	MVEI	MYYV
MZKI	PUPY	UNNA	

Odiham (RAF)

G-CJMS	CJSV	XXEB	XXEC

Old Buckenham A/G 124.400

G-AFWI	ARNE	ASXC	ATTB
AVWA	AYUH	BAVR	BFAW
BFBY	BFXS	BLMN	BONZ
BTSR	BUKP	CCGG	CCVP
ELKA	ELZN	FBSS	FFTI
GOFF	LFSC	OBEE	OWTF
RVPL	WJCM	ZIII	

Old Hay Farm, Paddock Wood
G-ASOM	BCBH	BUKU	CDGY
SSCL			

Old Manor Farm, Anwick
G-AVOA	CBVY

Old Park Farm, Margam
G-BJOE	BVFR	BXRF	BZAK
CCNF	CDCH	CDHU	CGOV
CUTH	CWMT	CWVY	CXIP
ENEE	IMMI	MGEC	MTHV
MWAC	MYTH	MZKA	

Old Sarum   A/G 123.200
G-ACDI	AKXP	AOTD	AZTV
BCXJ	BDMS	BDNX	BFNK
BIHT	BOZZ	BTGT	BUJE
BUXX	BWAI	BWOI	BYAZ
BYOG	BYPL	BYRU	BZWJ
CAMR	CBVX	CCPF	CCPJ
CCUH	CCVI	CCZL	CDOK
CDSA	CEGS	CFAS	CFIT
CFXF	CGLP	CLIF	DCDO
DHAH	DZKY	EMLY	EMSY
ERFS	GORE	HBBH	HCCF
IOIA	JBRE	KENG	LEED
LORN	LUSI	MABL	MAVV
MBET	MNZZ	MTXR	MVAC
MWAE	MWVG	MWYU	MYLV
MYNX	MZBT	NGLS	NPPL
OFBU	PILL	RFOX	ROME
SAAA	SARM	SCOL	TGUN
TKEV	WHOG	WSSX	XSAM
ZENY	ZODY		

Old Warden
G-EBHX	EBIA	EBIR	EBJO
EBKY	EBLV	EBNV	EBWD
AAIN	AANG	AANH	AANI
AANV	AAPZ	AAYX	ABAG
ACSS	ACTF	ADEV	ADRR
AEBB	AEBJ	AENP	AEPH
AESZ	AEXF	AFTA	AFWT
AGSH	AHKX	AHSA	AJRS
AKPF	AMRK	ANJD	ANKT
AOJK	ARRT	ARSG	ARZB
ASDY	ASPP	ASWX	ATHM
AVDG	AVEU	AVJV	AVJW
AWII	AXAS	AYVO	AZWT
BAHH	BBND	BDFB	BDKW
BGGU	BGGW	BKTH	BLDB
BLIK	BLPE	BMJX	BNDG
BNZC	BOCK	BSSY	BTVE
BWJM	BWWB	BXHA	BXIY
BZSC	CAMM	CCDW	CCZY
CCZZ	CDXU	CFXN	CHPN
CUBJ	EAGA	EBJI	IUII
KAPW	MGMM	NCUB	NFNF
OMJA	OTIV	RETA	RRVX
SCAN	STCH	STUI	SVAS
UNGO	VIEW	VSTR	WLDN

Oldbury-on-Severn
G-ASFX	BJEV

Orange Grove Barn, Chavenage Green
G-BEVS	CFVJ	MWFT	TUBB

Orlingbury Hold Farm, Orlingbury
G-LLOY	SACM	TLOY

Ormonde Fields, Codnor
G-OFGC

Osbaston Lodge Farm, Osbaston
G-CGYP	MZGK	NARG

Otherton
G-BYII	BYKU	BZEJ	BZPZ
CBDU	CBEM	CBIY	CBWS
CBXS	CBYH	CCJV	CCKG
CCXN	CDJD	CDNE	CEJW
CEWR	CGIP	CHAD	CHSY
FBAT	IFLE	MGCK	MTNC
MTRX	MTXO	MWCG	MWIA
MWLO	MWRR	MYCP	MYKA
MYTP	MZGJ	MZLI	MZOK
MZOY	PIPS	PPPP	RONZ
SAVY	SWOT		

Over Farm, Gloucester
G-BYON	BZDC	CCBW	CCDJ
CCFZ	CCJT	CDKF	CECF
CFNO	CGAL	CHID	MVPF
MYIL	MYMN	MZCB	SUEL

Oxenhope
G-AWFW	AYGA	AYHX	BUOK
CBUG	CCEM	CDGG	CDLK
CDTP	EGUR	MESH	

Oxford   TWR 133.425
G-AIIH	AYEE	BCGJ	BCGN
BCVY	BEAG	BEJV	BGFT
BHFH	BHYP	BOCG	BOUL
BOUM	BOWE	BRFO	BTGO
BTRY	BVXD	BXLP	BYIK
BYJS	CBVU	CDDA	CERX
CFAY	CFPS	CHSU	CSIX
DATG	DCOI	DCTA	DOLF
DPJR	ELDR	EMDM	ETBY
FCED	FIAT	FOXM	FRYL
GMED	GOAC	GZRP	HGRC
HOLM	HTRL	JMED	LATE
LINE	LUBB	MDJE	MONI
MPLA	MPLB	MPLC	MPLD
MPLE	MPLF	MUNI	NESV
NLPA	OANI	OAWL	OBBO
OBDN	OCFT	OCOD	ODUR
OLAU	OXFA	OXFB	OXFC
OXFD	OXFE	OXFF	OXFG
OXRS	PWNS	PZIZ	RBNS
RGSG	RIDA	RJRJ	ROUS
SENS	SKYF	UART	UDMS
ULFS	URSA	VECT	VIPA
WOFM	ZMED		

Oxleaze Grange, Hawling
G-GHEE

Palace Land Farm, Shipley
G-HLEE

Parham Park
G-AVPY	BAUC	BEOI	BFYW
BYJH	CEVZ	CFRE	CFTS
CFUN	CFWW	CFYC	CFZW
CGBU	CGCL	CGRV	CHHO
CHLP	CHML	CHOT	CHOZ
CHPL	CHRC	CIXB	CJBH
CJHJ	CJOX	CJUM	CJXL
CKBK	CKCV	CKEP	CKOU
CKOW	DEKS	DGCL	DIRK

(unnamed)
EEBK	HEBB	LLLL	LSCP
XXVB			

Park Farm, Burwash
G-BXZU	MZMW

Park Farm, Eaton Bray
G-ATHU	BICS	BKNO	CCGK
CCLU	MVRT	MVZP	MWNR
OVIV	UMPY	WAVE	

Park Farm, Hoxne
G-HOXN

Park Hall Farm, Mapperley
G-BZGS	BZNM	CBOY	CCWW
CEEX	CFOO	LYNI	MVMC
MYUV	MYVR	MZEX	MZKL
RAFH	TRAM	YOLK	

Parsonage Farm, Eastchurch
G-AKUF	BTJB	CENJ	FACE
MNFG			

Parsons Farm, Waterperry Common
G-RVMZ

Peacocks Farm, Farley Green
G-SIMM

Pear Tree Farm, Marsh Gibbon
G-ASST

Pembrey   A/G 124.400
G-ARRI	BAYR	BIBT	CBJL
DPPF	JBUL	LFSB	MWXV
WHRL			

Pennant Uchaf, Llandegla
G-BLHM

Pent Farm, Postling
G-AWNT	BLTW	BLUX	BOCL
BOCM	BONU	BREB	BRPH
BSYO	CDAZ	FLOR	RIXA

Perranporth   A/G 119.750
G-ARKM	AVBS	AVWT	AWUX
AWWU	AZMJ	AZRZ	BGIU
BPFI	BXEZ	BYKB	CCAC
CCAF	CDBM	CDIL	CDWB
CDZS	CFTL	CSFC	EFJD
FFAF	FLYB	OGAR	OMAG
ROWE	STIX	WACL	

Perth   A/G 119.800
G-AVWV	AWBG	AXZU	AYHA
BAMY	BBLS	BCVH	BDFY
BEHV	BFTG	BHAI	BIXA
BKCW	BKTV	BLAT	BMKG
BMTA	BMXA	BMYG	BNJH
BOMB	BPTG	BRFL	BSFE
BTZA	BWJH	BXDO	BXJM
BYBY	BYEW	BYIP	BYKC
BYPZ	BZDD	BZLL	BZMF
BZRR	CBDD	CBNV	CBYD
CCAE	CCAK	CCLF	CCSY
CDAO	CDBB	CDBO	CDBS
CDNF	CDOP	CDOZ	CEVB
CFEV	CFHU	CFNW	CFOW
CFUW	CFVG	CGCN	CGFH
CGHL	CGOS	CGPA	CGRS
CGWI	CGYO	CIAR	CIAV

113

CIBL	CIDF	CIEN	CIFT	AVHH	AVNC	AVNW	AWYJ	BFFE	BFIN	BFZH	BNVT
COWN	DAVB	DIAT	DMCW	AWYO	AXJH	AXLS	AYCF	BOAH	BTFC	BVNS	BXCC
DNKS	DTAR	EFGH	EPTR	AYKT	AZCU	AZEV	AZEY	BXOF	CBFJ	CENW	DRAM
FAJM	GAVH	GTJD	HACE	BANW	BASH	BAYP	BCVB	IARC	KARI	MOUL	OBAN
HIND	IFLP	IMEL	INGS	BDAI	BDUO	BDVB	BERI	OMEZ	OMJT	TBTN	
JFLO	KAMP	KRES	MTLB	BFGD	BGRM	BIUP	BIZR				
MWMO	MYRN	MYRZ	MYVM	BJAV	BJBW	BJFM	BMWF	**Priory Farm, Tibenham**			
MZDB	MZIU	MZLC	NMRV	BMZX	BOCI	BOMU	BPAW	G-AHSD	AKVN	ASML	ASSV
NYNJ	OACI	OLAA	OLLS	BPPZ	BPUR	BRBI	BRDJ	AZHU	BGHY	BHPK	BIFO
OMAS	OSIT	PEGI	RCRC	BRTD	BRWA	BSNE	BSRH	BLCW	BOOH	BPML	BUPR
REGC	RMPS	RORB	RVEE	BTLB	BUDS	BULC	BUXD	CBDL	CBIB	CCFO	CCKO
RVIC	SAYS	SUPA	SUTD	BUYU	BVIW	BVVM	BWVS	CDDS	CETO	CEWT	CEZE
TAYL	TINT	TIVV	WOCO	BXGT	BXUM	BYNA	CCKR	LDWS	MWZS	MYDF	MYGR
XARV	ZTED			CCYR	CCZK	CDEV	CDGS	MYYL	MZES	SDFM	
				CDHR	CDMS	CDNY	CDPZ				
Peter Hall Farm, Brinklow				CDRO	CDVI	CEDV	CERE	**Prospect Farm, Wollaston**			
G-BWRR				CFHP	CFMP	CGRZ	CHDK	G-MMKR	MMWS	MNDE	MZAW
				CHSS	CPTR	CYRA	DAGJ	MZCI			
Phoenix Farm, Lower Upham				DENC	DFUN	DRPK	EISO				
G-FLYC	GRWW	SFLA	SFLB	EVLE	GDKR	IBBS	JHAC	**Quebec Farm, Knook**			
TCEE				JJAB	LEBE	MABE	MGRH	G-APCC	TDYN		
				MVFJ	MVZC	MYBA	NIGE				
Pilmuir Farm, Lundin Links				OMUM	PLPM	PUDS	RVAC	**Radley Farm, Hungerford**			
G-BIYJ				SAGA	SERL	SMDH	TPSL	G-CDKJ	ORRG	WALY	
				UFOX	XBJT	YAKI	YAKX				
Pittodrie House, Pitcaple								**Ranksborough Farm, Langham**			
G-BZUG				**Poplar Farm, Croft**				G-ARKG	AYPM		
				G-BBYH							
Pittrichie Farm, Whiterashes								**Ranston Farm, Iwerne Courtney**			
G-AIJT	ASPF	BCGM	BPRD	**Poplar Hall Farm, Elmsett**				G-ANRN	BFHR	BLWT	BRIJ
BSPL	CDJL	CESJ	SAUK	G-ANIE	AWAZ	AZJN	AZNL	BRUG	BTIJ	BWCA	IVES
				BAAW	BXJB	BZML	CBNG	KENM	MYEP	OZOI	
Plaistows Farm, St Albans				DAVZ	FCUK	HFCB	NYKS				
G-AKTO	BZMW	BZOO	CCCD	OBUZ	OTVR	SEMR	THOT	**Raspberry Hill, Dunnamanagh**			
CCTH	CCWO	CDCO	CEHD					G-INJA	MZGC		
CEHW	CENS	CFGT	CGWL	**Poplars Farm, Deppers Bridge**							
CGYB	CGZY	DUGE	EEKS	G-CFDK	CHLI	CHMW	DREG	**Rattlesden**			
FAMH	HOTA	HULK	IHOT	MVGA	NIDG	RMPI	RMPY	G-AYUN	BZLY	CFJS	CHSE
IMHK	IMPS	ISON	JAJP	ZZAC				CHVG	CHVW	CHYP	CJBY
MGTG	MNKP	MNMM	MTHT					CJKM	CJXX	CKJP	CKMF
MTLT	MTMX	MVHJ	MVYW	**Portland**				CKNI	CKPN	DBYM	DCCV
MWDB	MWEZ	MWIZ	MYTI	G-CGWB				DDEV	DDKL	DDKM	DDNK
MYWG	MYWM	MYXE	MZCT					DDSB	DEHP	DFBR	DKBW
MZMT	MZZT	OBAZ	OCMS	**Portmoak**				RATT			
ROBG	TDVB	UIKR		G-BFEB	BFPA	BODT	BSTH				
				BSUO	CEWZ	CEYC	CFCB	**Rayne Hall Farm, Rayne**			
Plockton				CFFY	CFNS	CFRX	CFUJ	G-ATFY	ATVW	AVPV	BBZH
G-BYAV	MYTT			CFUS	CFVE	CGBB	CGBS	BCOI	BLCT	BMHS	BPAB
				CGCS	CHBD	CHJL	CHKX	BWXP	BYBZ	CCUL	CDTV
Pocklington				CHPV	CHPW	CHRG	CHVM	CUPP	FRAN	GNRV	MJKX
G-ARGV	AXED	BYJI	CFPD	CHZE	CJMU	CKAR	CKGB	MTNO	MVDF	MVJG	RDHS
CFUU	CFXM	CFYJ	CGBV	CKLD	CKLY	CKMP	CKMZ	ZSKY			
CGDZ	CHDR	CHDX	CHPH	CKOK	CLGZ	DBVY	DCDC				
CHWP	CHZV	CJAT	CJAV	DCMR	DCNC	DCNE	DCPV	**Reagill Grange, Crosby Ravensworth**			
CJAX	CJCN	CJMN	CJRF	DCSR	DCVP	DDHE	DDHW	G-CBCD			
CJTP	CJVV	CJXB	CKHR	DDOF	DDOU	DDPH	DDRV				
CKJA	CKKX	CKLS	CTAG	DDSF	DDSH	DDTG	DDUB	**Rectory Farm, Abbotsley**			
DCFY	DDDR	DDKT	DEGS	DDUT	DDXJ	DEJY	DEMZ	G-ACMD	AIBH		
DEMT	DHCE	EEAD	JBUZ	DFBM	DHEV	DHUB	EEBA				
OWGC	SSWV	TWAZ		EECK	EEZO	IFWD	INCA	**Rectory Farm, Averham**			
				JCKT	JPIP	KAOM	KEAM	G-AZGA	TWSS		
Podington				OSGU	OWAI	RASH					
G-ANNK	IOSO							**Red House Farm, Preston Capes**			
				Pound Green Farm, Bewdley				G-RSKY			
Pond Farm, Carleton St Peter				G-BSRT	BZRP	CBAV	CCLX				
G-CFIL	MZCU			CCTC	CDPE	CGPE	DJAY	**Redhill**	TWR 119.600		
				KEVZ	LVPL	MZAF	MZAS	G-ABWP	AKUE	AMUF	ANOH
Pond House, Nicholashayne				MZND	NIGC	RUVI	XRXR	ATBH	ATKX	AWES	AWUT
G-MDPI								AZNK	BAKW	BALN	BBCZ
				Prestwick	TWR 118.150/127.150			BERA	BGME	BHPZ	BIUY
Popham				G-AORW	ASAL	ATDB	ATOJ	BJWZ	BKPZ	BLYD	BLZE
G-AGXN	AIZU	ALIJ	AMEN	ATOM	ATSL	BAPI	BBBI	BMCN	BMKB	BMTB	BNMF
ARRX	ASVM	ATIS	ATOP	BCNZ	BCVC	BDPA	BDRD	BNSR	BOSO	BPWS	BPZB

BRNE	BRRL	BSTE	BTBU	DDWC	DEFG	DEGW	DEOE	**Rossall Field, Cockerham**		
BTFX	BVDI	BWAB	BWAV	DEOF	DFCY	EENK		G-BYRR	BZAL	BZHY	CCHS
BWDT	BWEF	BWYR	BXEX					CCPL	CDWU	CDZB	CEMT
BXLK	BXPC	BXPD	BXWO	**Ringmer**				CGEZ	DMWW	EDLY	FERN
BXZY	BZEB	BZTA	BZYK	G-AYJD	AZRM	BFFP	BUFR	MAXS	MNMV	MTDU	MTJB
CBAL	CBFA	CBHA	CBXW	BVJK	CFNP	CFXA	CGDS	MVAJ	MVEH	MVIX	MVJK
CCHT	CDJF	CDND	CDTX	CHMO	CHSB	CHVP	CJAO	MVWW	MWTO	MYFP	MYNF
CEFM	CEZM	CEZO	CFEE	CJKA	CJMP	CJUS	CJWB	MYRL	MZBD	MZNN	MZNY
CFMM	CGHB	CHFD	CIIM	CKBN	DDRZ	DDVG	DEDH	MZOE	ODGS	OJLH	POLL
CLAY	CMBS	COIN	CONB	DEHY	DFAR	DHCR	DJGG	RCHL	TFOG		
CORL	EERY	EETG	EEUP	KESS	OZOZ	PAFR					
EJTC	ERKN	ETWO	GBSL					**Rotary Farm, Hatch**		
GIBP	GOUP	HDEF	iGPM	**Rivar Hill**				G-BWWN	FORD		
INTV	IPJF	IWRB	JANS	G-CFJW	CFNE	CFOT	CFYW				
JESE	JPJR	KSSA	KUPP	CHAX	CHZD	CJMX	CJNG	**Rothwell Lodge Farm, Kettering**		
LHCB	LHEL	LUSK	MCCG	CJOO	CJPC	DCDF	DDHA	G-AYUB	NBDD		
MIRM	MKAS	MWUA	MZNH	DEEF	DEFF	DEGF	DEOW				
NEBO	NIKK	ODAZ	OEMT	DEUF	DHCF	ECXL	MOZI	**Rougham**		
OLEE	OMST	OTFL	PAMY					G-BSNX	CGAX	CGBL	CGCO
PGGY	POWL	RTMY	RVIS	**Rochester** AFIS 122.250				CHNH	CJPJ	CKEA	CKPV
SAMP	SEAL	SIVW	SKYN	G-APIZ	ARKK	AXDI	AXOJ	DCTJ	DHCA		
SUSX	TAKE	TGTT	TVHD	AZDD	AZHI	AZZV	BAVB				
WARD	WBHH	WCKD	XARA	BBDP	BBFV	BFBE	BFXK	**Roughay Farm, Lower Upham**		
ZIPE	ZIZZ	ZZZS		BHJF	BHOA	BHOL	BIIB	G-AFJB	AICX	AKUJ	AKUK
				BIKE	BIWW	BJOV	BKPS	ARUH	BEDJ	BIVB	BUGI
Redlands				BLAM	BNKV	BOGI	BOMY	BWOR	RAZZ		
G-BVHI	BYPB	BYRJ	BYSF	BOTV	BOXJ	BRGI	BRVG				
BYYY	BZSX	BZTR	CBEB	BRVO	BSLA	BSLM	CBGL	**Rufforth**		
CCAD	CDFJ	CDTA	CETR	CBMD	CBSH	CCVK	CDFK	G-ARAW	ATSY	BAMB	BIXZ
CEZX	CGUP	CGXE	CGYT	CDMD	CDUV	CFIO	CGAC	BLCU	BLDG	BMLK	BSPC
HTFU	IBFC	ICWT	MGGV	CGTM	CMBR	DENI	DSFT	BTKB	BTWD	BUGT	BXCJ
MTYD	MVKN	MVNX	MVPR	EEEZ	EMIN	ETIV	EUAN	BXTI	BYMF	BZXV	CBDX
MWDN	MWGR	MWJH	MWMW	EXIT	FAIR	FEAB	FLIP	CBMB	CBSU	CCJM	CDBE
MWVO	MYAF	MYBT	MYDX	FRAG	GDIA	GHER	HAHU	CDKN	CDTY	CDVH	CDVO
MYJJ	MYVP	MZKD	MZMN	HEHE	HIRE	HVRZ	JAWC	CDXG	CEEI	CEHN	CEOX
ORLA	XPBI			KIMZ	KNOW	MFHI	MISJ	CETU	CFCL	CFFC	CFKA
				MOAN	MODE	MRJC	MZHP	CFKD	CFLC	CFMA	CFPG
Redmoor Farm, North Duffield				NADO	PTRE	PUDL	PWAD	CFSI	CFTO	CFYR	CGAB
G-XALZ				RARA	RDNY	RVET	RYAK	CGLF	CGLK	CGLY	CGNM
				SELF	SHSH	SIXG	SKEN	CGPO	CGRY	CGSD	CGTK
Redwood Cottage, Meon				SKNY	TIII	VYAK	WATR	CGVK	CGYH	CGYI	CGYZ
G-BOOC	BWYK	CFSG		XCCC	XLXL	ZIPI		CGZE	CGZM	CHBO	CHKZ
								CJDD	CJGN	CJNO	CJNZ
Rendcomb				**Roddige**				CJVC	CKAX	CKFJ	DBYG
G-ABZB	ACOJ	AEDU	AGEG	G-CBCX	CCMJ	CCNE	CEBH	DCHL	DCNX	DCWE	DCWH
AOJH	ATSR	BIXN	ECAN	CEZU	CFDJ	KIZZ	MNHK	DCXM	DCZR	DDBS	DDDL
IIXF	JGMN	KUUI	PVET	MNHL	MTEE	MTGM	MTPH	DDKW	DDUY	DDYF	DEDM
YAKV				MTPJ	MTYI	MVJD	MVKH	DEEG	DEJD	DUDI	FEET
				MWHL	MWIS	MWLG	MWOI	FELD	GKFC	GRYN	GTFB
Retreat Farm, Little Baddow				MWVF	MWXW	MWZU	MWZZ	GTRR	IANZ	IROS	JTPC
G-AYSH	BDUL	RAFY		MYEK	MYFW	MYHI	MYJK	JULL	KIMH	KMBB	KMKM
				MYMZ	MYNY	MYNZ	MYRK	KOKL	KOYY	LIBY	LYND
Rhedyn Coch Farm, Rhuallt				MYTJ	MYUI	MYVC	MYXY	MAGN	MROC	MTMC	MTML
G-BVRZ	MVMW	MZHY	MZIR	MYYH	MZMX	MZNT	TEDW	MTTE	MTUA	MTZX	MVGG
MZOP								MWXY	MWZA	MYYC	MZRC
				Rollington Farm, Corfe Castle				ONEZ	ORIG	OSVN	PILZ
Rhigos				G-BXCW	DEEZ			PLOP	RFIO	RMTO	RTIN
G-AWMD	BHPS	BHXD	BKGB					SEEE	SORA	STOD	SWSW
BVAW	CGDK	CHFB	DCFW	**Romney Street Farm, Sevenoaks**				UNIX	XMGO	XYZT	YPDN
DCLT	DCTX	DEAG	IMAB	G-AJRB	AMKU	APJZ	ARRL	YROA	YROK	YROM	YROR
RIDG	YRAF			ASMM				YSMO			
Rhos-y-Gilwen Farm, Rhos Hill				**Ronaldsway** TWR 118.900				**Runcton Holme, King's Lynn**		
G-BCAZ				G-ATUL	AYPV	AZEG	BFJR	G-MOTA			
				BNXX	BTAM	BYHK	BZFN				
Rhosgoch				CALL	COZI	DHOP	IGLZ	**Rush Green**		
G-BPIR				JBAS	LUKA	PETR	SKYV	G-AHAM	ANCS	APLU	AWVN
				TOTN	VIPX			CIBO			
Ridgewell											
G-BFSC	CFLZ	CFWS	CJNR	**Rookery Farm, Doynton**				**Rushett Farm, Chessington**		
CJUR	CKKK	DCEM	DCHZ	G-BJEL	CBYW	MGOD	MRJJ	G-AIFZ	BNPV	BROZ	CDXR
DCKU	DCWS	DDDM	DDVK	MTBO	MWNU	MYXA	MZDJ	DRSV			

115

Rydinghurst Farm, Cranleigh
G-AESB AREX

Sackville Lodge Farm, Riseley
G-AVJK	AYEG	BAFT	BCWK
BFZA	BHNP	BPMU	BSZH
BUOW	BYKT	BYLC	BYOJ
BZOE	CBMU	CBUN	CCLH
CCTA	CDDH	CEUJ	CEVO
CGAA	CGMK	DCUD	DDHH
EVAJ	IKEV	KDCD	MTWK
MVKU	MWCC	MYIS	MYMI
MYRF	MYSV	MZDD	MZFA
MZHN	MZJH	MZUB	NONE
OLPM	OMRP	OOSH	RBBB
ROMW	SULU	TBJP	WZOL

Saltby
G-AWEM	BHIJ	BNUX	BUHA
BVKK	BXXI	CFOM	CFOX
CFSH	CFTH	CGCU	CJGZ
CJNN	CJZL	CKAC	CKFP
CKFT	CKNL	DBXG	DCKZ
DCRW	DCWB	DDAU	DDEP
DDWN	DEEW	DEFB	DFEX
DFWJ	LUPY	MSKY	NIMB
RFSB	SEXE	TRBO	TUGY
TUGZ	XIXX		

Salterford Farm, Calverton
G-BSDD CDEH

Sandcroft Farm, Messingham
G-AJEI AVXY

Sandford Hall, Knockin
G-BDVC BMPY KSVB

Sandhill Farm, Shrivenham
G-BKGC	BXUI	CEWE	CFBC
CFBN	CFES	CFVU	CGDN
CHXP	CHXZ	CKLG	DDKV
DDLB	DEPS	DESO	IKAH
ROBZ			

Sandown
G-ANEZ	AWCN	AZFA	AZFM
AZYU	BCEP	BEUU	BEZR
BHWY	BJDE	BRTJ	BXKM
BYDE	BZKL	CBGV	CBTK
CBTL	CDBZ	CDYB	CEZZ
CHIR	CZSC	DBKL	EFVS
JNMA	LOIS	NACI	OCTI
ONAF	SINN	SIZZ	TCHI

Sandtoft   A/G 130.425
G-AXAN	AZNO	AZVG	BEYT
BFEF	BHCP	BIFB	BNSY
BOFY	BPOS	BRNC	BSDS
BSJZ	BWEU	BXLO	BZJC
CBOP	CCJO	CEDZ	CGPL
CGZA	DENE	DEXP	TAYI
WLGC			

Sarngwm Farm, Bethesda
G-APYI

Scampton (RAF)
G-ASYG	AWGK	BGTC	BRIV
CCME	CGHU	GAII	HHAA
HHAC	HPUX	MYNP	VGVG

Scatsta   TWR 123.600
G-IACA	IACB	IACC	IACD
IACE	IACF	IACG	

Scotland Farm, Hook
G-BVYX EMLE LBUZ MMGV

Seething
G-AFFD	ASUS	AVHL	AYAT
BAIS	BAUH	BCRB	BDBV
BHGO	BLRC	BOIV	BSCS
BWAP	CBRR	CBTB	CDMA
DOTY	EGSJ	GCKI	HUMH
JEWL	NYNA	POPI	

Seighford
G-AZJC	AZOA	AZYD	BTTZ
BXLN	CFAO	CGDO	CHFV
CHTM	CHUN	CJOJ	CKHM
CKRH	DBSA	DBYU	DCAE
DCEW	DCFK	DCNW	DCSJ
DDVC	DEGN		

Selby House, Stanton
G-AYFE BRIY CCKN COOT
MNKG MNWY MVBN MVJJ

Shacklewell Lodge Farm, Empingham
G-AJIW	AWGD	BANU	BKAE
BMSL	BPCI	CBFP	CCLW
CDGW	CEAR	ECMK	IDII
JEEP	SYFW	YRRO	

Shawbury (RAF)
G-CEYO DOIT

Sheepcote Farm, Severn Stoke
G-FOXS REES

Sheffield City Heliport
G-SYPS

Shelsley Beauchamp
G-SAUO

Shempston Farm, Lossiemouth
G-BHLW BTNO

Shenington
G-AHGW	AOUO	ARMG	AVWY
AWBE	BAJC	BDPJ	BJST
BSTL	BTUA	BUXL	BYLP
CCVW	CFDM	CFHR	CGCY
CHLH	CHMB	CHMH	CHRJ
CHUS	CHVO	CHWT	CHZJ
CJHG	CJNA	CJYR	CTWO
DCCD	DCCG	DCKY	DCPJ
DDDB	DDNW	DDPY	DDTE
DDVX	DEOT	DHAP	DHUK
FCAV	FCCC	FORA	GTWO
HJSM	IIFX	KXXI	MYMS
OOMF	WAVY		

Shenstone Hall Farm, Shenstone
G-ATLV	ATOH	AZEF	BUJV
BYYC	CBVS	CCED	CCVL
CCZD	CDBX	CDME	CGPX
EORJ	MGGG	MVBZ	ODEE
ORVI	RONA		

Sherburn-in-Elmet   A/G 122.600
G-AKBO	ALUC	ANON	ARDS
ASAZ	ASMJ	ATHV	ATJN

AYCT	AZFI	BAEU	BARH
BAZS	BBDT	BBNJ	BEHH
BEKO	BFTC	BFTF	BFXW
BGLG	BHIB	BIOW	BKMB
BKVC	BLHR	BMHT	BMTU
BNOH	BODB	BODE	BPXX
BRJN	BSER	BTII	BWZG
BZBF	CCNY	CHRT	CIHZ
EDDS	EFBP	EGAG	EISG
EKOS	GRVE	GSPY	GUMS
HOWI	IVII	JBKA	JPAT
JRME	JULZ	LETS	LORC
MAGG	MGWI	OBMS	OPUB
PEKT	PITZ	RPAF	SABA
SACR	SACS	SACT	SACW
SACX	SACY	SFTZ	SKYL
SOBI	UANO	WERY	ZEBY

Sherriff Hall Estate, Balgone
G-CBDI

Shipdham
G-AWEA	BUEK	CCKW	CCXX
CFFB	CFHY	CHNB	FIZZ
JONX	XDWE		

Shobdon   A/G 123.500
G-ADMF	AFGD	AFPN	ANNG
APIK	ARVV	ATDA	ATON
ATOR	AWCP	AXIX	AYXP
AZRP	AZXD	BAHS	BAOU
BARF	BBJV	BCCK	BEZG
BHAA	BIXB	BJAP	BNGY
BNKC	BOXV	BRXD	BSEU
BTAL	BTBG	BTUG	BUJB
BVIL	BVUT	BXIJ	BYPM
CBJR	CBXK	CCMX	CDIF
CDNG	CDPV	CDSB	CDYY
CEBP	CEKE	CEOW	CETN
CFEX	CFFV	CHVY	CIEM
CIFO	CJYS	CLDS	CUTE
DDBC	DDCC	DDRA	DDSJ
DEBT	DEWG	DINA	EGBS
FBRN	FFBG	FLUZ	GAZN
HAUT	IPEP	IPSI	KIMA
MGFC	MOGS	MYVO	MZAM
ODDZ	OFSP	OPUS	PGHM
PIKD	RAGS	RMHE	ROWA
RSWW	SKNT	SPCZ	TDOG
TGRA	TGRD	TGRE	TGRS
TGRZ	TIMK	TLST	UDGE
UNES	UURO	WIIZ	XCIT
ZENR			

Shoreham   TWR 123.150/125.400
G-AMNN	AVBT	AWLI	AWSM
AWUZ	AXLZ	AXNN	AXTA
AYCK	AYPE	AZCB	BAJA
BCCE	BFOV	BFRV	BGKV
BGRX	BHFE	BHIN	BIJV
BKRA	BLIW	BLMR	BMIW
BMUO	BMYI	BNAJ	BNEL
BNIV	BNSI	BOKB	BOTN
BPOT	BPTE	BPVW	BRBE
BSFR	BSZT	BTBA	BTYT
BVFO	BXGM	BXGX	BXYM
BYKL	BZEC	BZGA	BZVB
CBGX	CCHD	CCKH	CCUK
CDDK	CDJJ	CDMY	CDRC
CDSF	CEPX	CEVC	CEZR
CFHI	CGFG	CHIP	DMND
DOGZ	DOME	EDEO	EDVL
EGAL	EGVA	EKKL	FINA

HAIB	HFLY	HJSS	IAGL
IOOP	IZZZ	JKMH	JKMI
JKMJ	JUDY	LACD	LZZY
NCFC	OARA	OCCF	OCCG
OCCN	OEGL	OERS	OFAS
OJAB	OJIL	OJIM	OMAO
OORV	OPST	OPUK	OWYN
PHTG	RINT	RVJO	SARA
SHRN	SVIP	TBZO	TOGO
TWIN	WARY	WARZ	XXRV
XXTR	ZGZG		

Shotton Colliery, Peterlee

G-AYFF	AZOE	BVOS	BZED
CCWM	DGFY	MWWZ	MWZJ
MYXN	PLEE		

Shrove Furlong Farm, Kingsey

G-IBII	IIIT	MOZZ	ROLL

Sibson   A/G 120.325

G-ANSM	ARVO	ASHS	AVIA
AZCT	AZHK	AZLH	BAEP
BASP	BAXU	BEKN	BGMJ
BHAD	BIIK	BLAF	BLPF
BNPO	BOYB	BTFJ	BUSW
BXVK	BYSG	CENI	HIVE
IIAC	KIMB	LICK	MUTZ
ONHH	PCCM	PDGG	RGUS
RIZZ	RVUK	WREN	XXTB
YOGI	ZION		

Siege Cross Farm, Thatcham

G-ASEB	BSBT	BYZY	MZKW
PHYL			

Sittles Farm, Alrewas

G-BVCG	CCTO	CEDX	CFFE
CGPS	CHEB	KRUZ	MROD
MZPJ	RPRV	RVPW	TOMX
TTRL			

Skeabrae, Orkney

G-BUHS			

Skegness

G-ARCW	ARJU	AVDA	AVPI
AYOW	BDTX	BEZI	BMIG
BYLF	MJPV		

Sleap   A/G 122.450

G-AEUJ	AFRZ	ALWS	ARID
ARNJ	ARNK	AVRS	AWIW
AWXS	AXNJ	AXNP	AYKZ
AZKO	BADW	BCHL	BFKB
BFZD	BGOR	BGRI	BGZF
BHNO	BILR	BJXB	BMID
BNKS	BOGK	BOIR	BOYI
BPFC	BRHY	BSFD	BSGL
BTUB	BTUZ	BVRA	BVXE
BWMO	BXHR	BYPR	BZDR
BZJV	BZME	CBDG	CBOF
CDHX	CDTL	CEWW	CFLI
CFSK	CGWO	CHUG	CROB
CTNG	DDRO	DEGT	DEKU
DGIV	DHPM	DTFF	ENNK
FOGI	FZZA	GFNO	HOSS
IGLI	IRPW	JNUS	JOBS
KHOP	KUIP	LASR	LDVO
LITE	LORR	MPAA	MVOO
MWNP	NOCK	OPJK	ORVE
OWAZ	OZIE	RDCO	REAS
RIDE	RUIA	RVJW	RVNS

SHSP	SFLY	TANY	VOLO
WIKI	WIXI	XRVX	XVAX

Slieve Croob

G-BYMR	BZPA	CBGJ	FOXB
OAJL	REVO		

Snitterfield

G-CFGU	CFNG	CGAG	CGCX
CHDB	CHKS	CHLY	CHMG
CHRN	CHSM	CHWL	CHXK
CJER	CJHK	CJRU	CJVU
CJXT	DBWC	DBYC	DCAG
DCBA	DCBW	DCCT	DELD
DERS	DGAW	EEFK	

Sorbie Farm, Kingsmuir

G-BBKL	BKUR	BRFW	CCHO
IDAY	KHRE	OMHP	

South Barnbeth Farm, Bridge of Weir

G-BKER	CDUW		

South Cerney

G-AAUP			

South Wraxall

G-CCRP	FLDG	MVZI	

Southampton   TWR 118.200

G-CGOA	FLCN	IMED	MAXP

Southend   TWR 127.725

G-ARNO	ATPN	ATTK	AVNO
AVWM	AXBF	AZKE	AZOG
BBBN	BCIR	BEZC	BFAI
BGAF	BGLO	BHUJ	BKJW
BMXC	BOHR	BOLW	BOTF
BPME	BSZO	BVEV	BZHF
CBFM	CBPI	CDEO	CGYV
CHDT	CHFR	CHRF	CNCN
ECBI	ERIC	FJET	FLTC
FSEU	GROL	HUFF	JBIS
JBIZ	JBLZ	JOTA	JOTB
LAVE	MPRL	OCLH	OFLY
OFMC	OOTT	ORTH	OSTY
SMLA	SMTH	THSL	VGAG
VJET	VVBE	VVBL	

Spanhoe

G-AGLK	AJAS	AJDY	AMTF
ANHS	ANHX	AOAA	AOTF
APKM	APVG	ARHM	ARNN
ARRO	ARXB	ARYZ	ARZS
ASRK	ATZS	AVHT	AVLC
AWSW	AYDX	AZLY	BAGT
BBXS	BDDS	BEPV	BFNM
BHDZ	BLAX	BLHN	BMEA
BOEM	BPHX	BRJC	BTBV
BUDL	BVIS	BVUZ	BWUV
CBJG	CBOA	CBVF	CCOB
CDCS	CERD	CFGE	CGWR
CHRV	CIDD	DAVD	HAMY
IIIM	ITAF	KITY	MSAL
MYSD			

Sparkford

G-BEWY	BVXM	HMPT	

Spilsted Farm, Sedlescombe

G-AWFT	AXPG	BTRF	BTWY
BWCT	CCOZ	MIFF	PEGY

Spite Hall Farm, Pinchinthorpe

G-BRIL	CGMG		

Springfield Farm, Ettington

G-BRKR			

MoD St Athan

G-ASUP	BNPH	BRFC	BSSB
BVGH	BWGF	BWSG	BYCT
BYWA	BYWD	BZNT	CBAN
CRIL	DELF	DLFN	FFOX
KAEW	KAXF	MERL	OETV
PRII	PSST	STHA	UVNR
VLTT	WEFR	WONN	YAKC

St Mary's, Isles of Scilly   TWR 124.875

G-ASVZ	AVNS	BCCY	BXIO
YIPI			

St Merryn

G-BECB	CCIS		

St Michaels

G-BSEE	BYCW	BYHO	BZXM
CBLD	CBTE	CCRW	CCWL
CDGD	CDOA	CECA	CEZA
CFTA	DRGC	LUNE	MMOB
MNBB	MNCG	MNFF	MNRX
MTAB	MTAC	MTAF	MTRZ
MTTI	MTTP	MTWX	MTZH
MVCZ	MVRD	MVXC	MVYS
MWPB	MWYA	MYDC	MYHL
MYRW	MYTD	MYUC	MYUW
MYVB	MZAG	MZHJ	MZJD
MZMY	YARR		

Staffordshire Heliport, Wychnor

G-CHIS	IORG	WPIE	

Stainsby Hall Farm, Thornaby-on-Tees

G-GATE	ROKS		

Standalone Farm, Meppershall

G-BOEE			

Stanton Farm, Stanton St Bernard

G-TECM			

Stapleford   A/G 122.800

G-AVCM	AWEZ	AZAJ	AZOL
BBEB	BCIJ	BEHU	BFFW
BGAA	BHXA	BHYR	BIJB
BIJU	BKLO	BLFZ	BNJC
BNUT	BOIC	BOOI	BPRI
BPRL	BPWE	BSOZ	BTGW
BTGX	BTGY	BTLP	BTRK
BXVB	BXVY	BYCP	BYHH
BYMJ	BYOB	BYYL	BYYO
CBJZ	CBYU	CEOG	CFEZ
CFMX	CHAS	CHIK	CHLU
CHLW	CPOL	CSCS	CWIS
DAKA	DIGI	EHUP	EOLX
EROL	EXEC	FRYI	FULL
GAZZ	GUSS	HFCT	HILO
IDEB	JAKS	JENI	JSFC
NIOS	OAJS	OCFM	OGAZ
OGEO	OJHC	OLDH	ONET
OPAM	OTSP	PASH	PJCC
SACI	SACO	SELC	SLAR
SLCT	TEST	VITE	WAMS
WCRD	XLLL	ZANY	ZLLE

Stockfield, Kirk Michael
G-OMCC

Stoke Golding
G-ARRE	AWGZ	BVTW	BWHK
CCOF	CFHB	DIKY	FOZY
GULZ	GVPI	LUEY	MJDE
NADS	PFAF		

Stoneacre Farm, Farthing Corner
G-ARNG	ASXU	AYGG	BAKR
BFGK	BJHK	BSNT	BTGL
CDMN	CEFP	CGMM	CGMP
GYAT	LEOD		

Stonehill Farm, Crawfordjohn
G-CEMB

Stones Farm, Wickham St Paul
G-GOSL

Stornoway   TWR 123.500
G-ATNB	AVSB	CFUA	CGOJ
MCGA	MCGD		

Stow Maries
G-ARGZ	ARUI	AWPN	BMDB
BZWV	CBGW		

Stows Farm, Tillingham
G-BIES

Strathallan
G-AVFX	BPGE

Strathaven
G-BGCY	BVGO	BZIM	CBII
CBLL	CCNS	CDUK	CDWI
CEME	CEUH	CEVA	CFKW
CFPA	CFUD	CGHH	CGOX
CIHA	CJGG	EWZZ	HANS
LEDE	LESZ	MITE	MLZZ
MNNS	MTWS	MYAJ	MYRY
MYYY	MZNG	OYTE	RABS
RIKI	WIZS	ZECH	

Stream Farm, Sherburn-in-Elmet
G-ZBED

Street Farm, Takeley
G-BNZO	BUJZ	BVOY	BVTV
BWUJ	BZBW	BZES	CBJV
CBWO	CCFY	CCMU	CDRS
ESUS	FLIT	NJBA	RISH
TALN			

Streethay Farm, Streethay
G-AJAE	AYZK	BYBE	CDEN
MKEV	PARI		

Strensham
G-HWAA

Strubby
G-ANRP	AVUH	AYUR	BDBD
BHSB	BSRI	CDGI	CGSW
CGXC	CJST	CKAY	CKER
CKJL	COCO	DBND	DDCW
DDUR	ETAT	MYGN	MYNN
MZCD	OMPW	RIVE	RVTN
STBY	TRIN	WAHL	

Sturgate
G-AJJS	ARRS	ATEW	AVZR
AWVC	AWYB	AYYU	BBBC
BBHF	BCPN	BDDG	BGVE
BIUM	BLXI	BPOM	BRNN
BROR	BRPF	BWII	BXXT
CCNU	CCXX	CCZA	CEBF
CGJP	CMED	EEJE	FARY
IJOE	MZMM	NPKJ	OBLC
OPAZ	RAMS	ROKO	RVSR
UAPO			

Sumburgh   TWR 118.250
G-MCGB	MCGC

Sutton Bank
G-BETM	BFRY	BJIV	BXSH
CEVN	CFDE	CFNT	CGBK
CGBX	CGDF	CHBV	CHEF
CHPD	CHVR	CJFR	CJFU
CJHM	CJHZ	CJPP	CJSL
CJVZ	CKFN	CKFV	CKJC
CKJH	CKLW	CKND	CKRN
CKSM	DCHJ	DCJR	DCTP
DDKC	DDMU	DEAE	DECJ
DEEH	DFBY	DFOG	DJAB
DKFU	IANB	KHCC	KKAM
KUGG	MOYR	OJNE	OSUT
XELL			

Sutton Meadows
G-BWSJ	BYDZ	BYPJ	CBMA
CCAB	CDOC	CDPL	CDRJ
CEGV	CFBM	CFCT	CFIM
CFLR	CFNY	CHFC	CIDB
CIFM	CIGG	EVSL	MTIZ
MTYC	MVIG	MVLJ	MVLT
MVRW	MWOY	MWSD	MYDJ
MYHK	MYJU	MYTY	MYVK
MYZL	MZDN	MZGG	MZGN
OBJP	ODVB	RBSN	

Swanborough Farm, Lewes
G-ADUR	APVN	ASMT	ASZR
ATKI	BFHH	ERDS	MRDS
MYMM	OABB	RISY	TPWX

Swansea   A/G 119.700
G-AWTS	AXZF	BATW	BGKY
BKMT	BLWP	BMSF	BOMO
BRTX	BSZB	BWBI	CDPP
CEHG	CERK	CFGZ	CFWD
CGWG	CIBM	EGRV	EXLL
EXXL	GCDC	MAXV	MDKD
MVYV	ORMW	OUGH	OWOW
PUPP	RONS	SYLV	VFDS
WASN	ZASH		

Swinford, Rugby
G-BYHR	BYMU	CBEN	MMXO
MVRH	MVUI	MWHF	MWMN
MWUU	MWVP	MYOU	MYPV
MZLM	RIKY		

Swinmore Farm, Ledbury
G-WCUB

Syerston (RAF)
G-BSSP	BYHL	CVII	STNG
WEZZ			

Sywell   AFIS 122.700
G-AEXD	AKIN	ALIW	AMHF
AMTV	ANMO	ANTE	APPM
ARAM	AVLN	AWYI	BAMU
BETD	BEZL	BFIB	BIDK
BNIO	BPYR	BRTL	BTBW
BWIZ	BYHP	BZXP	CBBG
CCAZ	CCHV	CCIY	CCTI
CCTR	CCUC	CCUI	CDFP
CDIR	CDWT	CEAM	CEGJ
CEJY	CEND	CEWG	CFAP
CFOS	CFVK	CFWR	CFXG
CGJI	CGME	CGZL	CHAN
CHFT	CHJB	CHKG	CHNP
DCBI	DHZF	DIGS	EGGZ
FOKK	GIBB	IMEA	KBOX
KELZ	KNIB	LUCK	LZII
MAGZ	MCEL	MEDX	MIII
MNRD	MRRR	MUDD	MVEN
MWXF	MYFO	MYOL	MYPN
MYVI	MYWL	MZIE	MZIJ
MZLW	OATE	OFFO	OSHL
PETO	RHYM	ROAD	RVCH
SBRK	SLNT	SNOG	SWEL
SWLL	SYEL	SYWL	TIDS
UMMI	UPHI	WILG	XLAM
ZACE	ZEXL	ZXCL	ZXEL
ZXLL			

Talgarth
G-AZPA	BGCU	CFHF	CFNR
CFZN	CHBC	CHBF	CHKD
CHUR	CJJB	CKDV	CKNG
DBWP	DCAO	DCBY	DCKV
DCTV	DDDE	DDEX	DDNX
DDVY	DEGZ	DFBO	DLCB
EEBF			

Tarsan Lane, Portadown
G-CFJJ	CFNI	ISEW	MZCY
MZEV			

Tatenhill   A/G 124.075
G-ASRO	ATJL	ATXZ	AVMA
AZHB	BCVF	BFRR	BKVL
BMMP	BPFL	BRBX	BSBG
BTXX	BYBL	BZAE	CJNB
COLA	DDAY	DROL	EMAA
HARN	IENN	INDC	RUBY
SAMY	TALA	TALB	TALC
TALD	TALE	TALF	TALG
TALH	TALJ	TALO	WOOD
YANK			

Templehall Farm, Midlem
G-CFMD	ESTR	OKER

The Byre, Hardwick
G-DTOY	MATB	OHJE	UACA
WALZ			

The Common Farm, Wymeswold
G-BZHR

The Grange, West Burton
G-CCNG

The Hall, Sutton-on-Sea
G-BCUF

Thornborough Grounds, Buckingham
G-BSRR

Thorney Island
G-BYND	BZUZ	CDCF	CEMX
CERB	CERW	MYXW	MYYI
OUIK	SHEZ		

Thorpe Abbotts
G-ASRW

Thorpe Farm, South Elkington
G-PKPK

Thruxton A/G 130.450
G-APCB	ARFO	ARMN	ARWB
ASFL	AXMA	BAAI	BAAT
BAKV	BBCN	BBDM	BDLY
BHIY	BKIS	BKZI	BMPL
BOPO	BOPR	BOTP	BTFT
BTKT	BWFO	BXKL	BXWU
BXWV	BYDY	BZDM	CBOE
CC3H	CCBN	CDEF	CECX
CEJD	CEWL	CGID	CGVC
CGXB	CHOA	CIDJ	CPPG
DATR	DDGJ	DOGG	EEZR
GATT	GCJH	GLII	GOTC
GPAG	HDEW	JAJB	JANI
MAKS	MAYE	MDAY	MILN
MSFT	OCOV	OPJD	OVII
ROCR	SIGN	TPTP	TXAN
VOID	WALI	YNOT	

Thurleigh
G-MSVI OMSV

Tibenham
G-ADNZ	AJTW	AODT	AVAW
AZVB	BANA	BGBV	BOHJ
BRDD	BSOM	BUGL	BVDC
BYNS	BZGM	CDVS	CDZA
CFGP	CFRJ	CHJR	CHNC
CJDS	CJLK	CJOP	CJRC
CJTW	CJVL	CJWM	CJYP
CKBL	CKBX	CKCP	CKFK
CKFL	CLFB	DBSL	DCCF
DCPD	DCZE	DDRL	DDUE
DDUS	DECW	DETZ	DHCV
DKDP	EEKA	EFLY	FECO
FGAZ	FUNK	JHYS	KEMC
LSGM	NINA	OKIS	ONGC
RIEV	SIIE	STEM	

Tilstock
G-VANX

Tingwall AFIS 125.300
G-CDRY	SICA	SICB

Tinnel Farm, Landulph
G-CDKE DOZZ

Top Farm, Croydon
G-ATXA	AWUU	AWVG	BCBR
BCGS	BDAK	BENJ	BIZE
BKKO	BLDN	BMJA	BTWI
BXKX	BZAP	GROE	LOYA
MICI	UJAB	ZLOJ	

Topcliffe (RAF)
G-BIYU CEMS

Tower Farm, Wollaston
G-ATIZ	BLHH	BTFV

Town Farm, Denham
G-BBOR

Trefgraig, Rhoshirwaun
G-ASPS

Trench Farm, Penley
G-CESA

Trenchard Farm, Eggesford
G-AFZA	AIGD	AKIB	AKVR
AMMS	AMUI	ANXC	AREI
ARIH	ASMZ	ASZX	AVIL
AXRR	AYTT	BDFH	BGKT
BGKZ	BKFR	BKVK	BLLH
BRWU	BURR	BXNN	BZEP
CEHR	CEIW	FINT	JWIV
YYYY			

Trenchard Lines, Upavon
G-BRBL	CDNA	CHYT	CJDE
CJLJ	CJNK	CKLR	DCPM
DCTO	DDNG	DEKG	WYVN

Trevissick Farm, Porthtowan
G-ATIC	AWFO	CHBW

Truleigh Manor Farm, Edburton
G-BBXY	EWAN	RMIT	RVIW

Turweston A/G 122.175
G-ABLS	AERV	AOIM	AOSK
ASIT	ATMT	AVLT	AXXW
AYAB	AYJR	BAPB	BASL
BAXZ	BBLU	BBMR	BCOB
BDIE	BHLT	BNSP	BNYP
BORK	BXDI	BXOX	BZIT
BZLC	BZTJ	CBEZ	CIRI
CTAM	CSUT	CYRS	DISK
EEWS	EMHK	EVSW	FEWG
FOXO	GGRR	GHZJ	MALC
NIEN	OHAL	OMRC	OOTC
OOUK	OPEP	OPWS	RIDB
RUES	SURG	ZOOL	

Twentyways Farm, Ramsdean
G-OROD

Unicarval House, Comber
G-BVCT MYAN

Upfield Farm, Whitson
G-AZVF	BWWU	CCKT	JWDS
MWUX			

Upper Harford Farm, Bourton-on-the-Water
G-BSVS	BUDE	POOH

Upwood
G-BHSD	CFHN	CFLX	CHFF
CHZX	CJPX	CKHN	DBTM
DCEX	DCFG	DDCA	DDOX
DDUH	DHER	DHOX	

Usk
G-AVXA	BILH	BJXK	BLCV
BPWK	CEWP	CFHG	CFJK
CFLH	CFRL	CFWC	CFXW
CGXW	CHBS	CHHU	CHKA
CHMY	CJGF	CJHS	CKGM
CKHH	CKJB	DCMK	DCRO
DCWA	DDFC	DDKE	DDKX
DDTK	DDVV	DDWW	DDXE
DDZV	DEEM	DEME	DEOD
DEPX	DEUJ	DHCL	DHES
ITBT			

Valentine Farm, Odiham
G-AMSG	AWLG	BDKM

Valley Farm, Meldreth
G-HMCB

Valley Farm, Stafford
G-RVIX

Valley Farm, Winwick
G-ASBA	BAET	BBJU	BIVF
CEEJ			

Vaynor Farm, Llanidloes
G-BLLO

Ventfield Farm, Horton-cum-Studley
G-AKUO	AWUL	BSRK	BZJW
GBRV	TVCO		

Waddington (RAF)
G-AZLV	BODD	BSLT	JBRS
LNCT	SELA		

Wadswick Manor Farm, Corsham
G-BFPZ	CCWH	CETP	CGOG
KIMM	MWSZ	PGFG	

Waits Farm, Belchamp Walter
G-AWMN	BGVB	IIIX	LUCL
MYGO	VIIZ	XSEL	

Waldershare Park
G-CHNT	CJDR	DBYL	DDNV
DEDU			

Walkeridge Farm, Hannington
G-AOEX	AYKS	BADV	BSIF
BSUZ	BUJK	JEZZ	MVIR
MVKW	MYKJ		

Walney Island AFIS 123.200
G-BYEC	BZHT	CFPP	CFRR
CJDJ	DDBG	DDLA	DDYC
DDZR	DEDZ	DHRR	

Walton Wood Farm, Thorpe Audlin
G-ANZU	BPTZ	CFNF	HSOO
JJFB	OJPS	RWIA	

Warton TWR 130.800
G-BGCO	BNOJ	BWWW	LASU
OWTN	REDF	REDG	REDH
TBAE	TYPH		

Watchford Farm, Yarcombe
G-ADJJ	ADPS	AGZZ	APYT
AVEY	AVMB	AVNZ	AVXW
AXLI	BAKN	BAZM	BEUI
BFEH	BIYR	BJFE	BLMP
BTDT	BWHP	BWYD	CFIC
CGLI	IOSL	LIVH	RVIV
SAGE	VANS		

Wathstones Farm, Newby Wiske
G-AYZU	BBBW	BWSI	CBRC
CBRD			

119

Watling Lodge, Norton
G-NULA POGO

Wattisham (AAC)
G-BTWC	CHYS	CHYU	CJKK
CJZN	CKLN	CKLT	DCTR
DDTN	OTWS	SUFK	

Wellcross Farm, Slinfold
G-ARHC	ARYK	AZOU	BBHJ
BJML	BPPO	BSLW	BVOW
CBUK	CVST	DDBD	GBAO
IIID	RICS	RVAB	THAT
UFAW			

Wellesbourne Mountford AFIS 124.025
G-ARGY	ARXT	ATBX	AVIT
AVZV	AWEX	AYNF	AYXS
AZMD	BAFL	BAHF	BBMO
BGPL	BHUI	BJNZ	BLME
BLRF	BMIZ	BNEN	BNVE
BNZZ	BONT	BPBK	BPEO
BRWD	BSCY	BSLK	BSMV
BSOG	BSTR	BUIH	BVLR
BWNB	BWNC	BWND	BXSD
BYEE	BYKK	BYSP	BZMH
CDCD	CDDG	CEJN	CEZI
CGND	CGNE	CGTE	CHOP
CKEY	CVLN	DASH	DCSE
DCSI	DMND	DRIV	EOLD
FLYT	GYTO	IBMS	JAVO
JDEL	JMKE	KIAU	KITS
KJBS	KNCG	LBMM	LWNG
MASC	MCPR	MENU	NIKX
NJSH	OAMI	OIBO	OJRH
OMIA	ORBK	OSKY	OWBA
RAFG	RAGT	RAVN	ROWL
SNCA	SPJE	STOP	TEBZ
TECA	TIMY	TOSH	WARO
WAVA	WRWR	WSMW	

Welshpool A/G 128.000
G-AWTV	BAJO	BERC	BHCE
BJYD	BPRM	BRWV	BTVC
BYLS	CBKD	CEYY	CHAH
MWFF	MZGD	OCFD	OIIO
OPIT	RYDR	SCIP	TOYZ
WACW	WADS	WASC	

Wesham House Farm, Wesham
G-OHGA UHIH

West Newlands Farm, St Lawrence
G-BSZJ

West Tisted
G-ANNI

Westfield Farm, Hailsham
G-AFYO	BARN	BBPS	BJYK
BXZO	MYWS		

Westonzoyland
G-BYYR	BZAM	CBRX	CCDH
CCSH	CCWR	CCWZ	CDAL
CDFR	CDKX	CDPD	CDVL
CECK	CEDL	CFCK	CFUE
CGEJ	ELSI	FLYF	JAXS
LOSY	MARO	MGPD	MTIW
MTJC	MTTU	MVFM	MVIV
MWFY	MWJI	MWRU	MYIF
MYXP	MZBL	MZJL	MZLV

Weston-on-the-Green (RAF)
G-CFYH	CHFW	CHLK	CJSX
CKHV	DCCE	DCGO	DCHB
DCTB	DCYZ	DDEB	DDKR
DDMH	DDRP	DEAV	DEEN
DEMU	EENT	ONAT	

Westside Farm, Whittlesford
G-ASCC AYYT

Whaley Farm, New York
G-BPBJ FBWH

Wharf Farm, Market Bosworth
G-CGLJ

White Fen Farm, Benwick
G-AYCP	CCOR	CFED	CGOI
EWBC	PCCC	RCKT	RVJP

White House Farm, Southery
G-BZTY	CGZG	JSPL	MTTZ
MVFB	UKOZ		

White Waltham A/G 122.600
G-AANL	ACGZ	ADGP	ADKC
ADWT	AFGI	AFZL	AJOE
AJWB	ALEH	AMZT	ANFM
ANLD	AOBX	AOJJ	AREL
ARNL	ASMF	ATOK	AVLF
AVSI	AWFP	AXSZ	AYRI
AZFC	BAEM	BBDV	BBFD
BBIX	BCEY	BCRX	BCWB
BDEI	BDJG	BEMW	BEPY
BEZP	BGMR	BHZE	BIHF
BNEE	BNRY	BOSE	BPYN
BPZY	BRDF	BRDM	BRKH
BRNU	BRUN	BSSA	BTIM
BTOO	BTTR	BTUM	BUCH
BUCK	BUTX	BUXI	BVIZ
BVVG	BVVP	BVVS	BWGY
BWRA	BXFE	BXGV	BXHY
BXZB	BZBS	BZDA	BZHV
BZIO	BZMT	BZPH	BZWZ
CBID	CBUA	CCJK	CDBR
CDDP	CDRU	CDZR	CEEN
CEEU	CEGU	CEPZ	CHIA
CHOX	CJSA	CPFM	CRSR
CTZO	DMBO	DMON	DUVL
ECUB	EFTE	EGLE	EHIC
ELLA	ETME	EVIL	FCKD
GEHL	GIGZ	GLST	HAMI
HATF	HELN	IGGL	IIHZ
IIIJ	IIPZ	IRAK	ISDB
JEBS	JEDS	LEVI	MAXG
MERF	MLHI	NEON	NIKE
NROY	ODDS	OFER	OFIT
OMIK	OPUP	OSIC	OSTC
PECK	PFKD	RIFN	RNAC
RVER	SIII	SJBI	SKKY
SKYO	TESI	TJDM	TSUE
VOOM	WLAC	WWAL	XALT
XTME	YAKH	YAKJ	YAKT
YFZT	YKSZ	YTLY	YULL
ZSDB			

Whitehall Farm, Benington
G-BHOM	EDGY	RMRV	RVAN
WORM			

PEGE	PROS	RJWX	VVVV
WHEN	WZOY		

Whitehall Farm, Wethersfield
G-CCDR RIIV

Whittles Farm, Mapledurham
G-OBOF

Whitwell, Ventnor
G-ORVS

Wick TWR 119.700
G-ATYM	AVIB	BKVP	CBGU
CBKL	MYER	NOIL	OGSA
OPYE			

Wickenby A/G 122.450
G-AHAL	AIKE	AKVM	AOHY
ASNI	AXHC	AXUJ	BAEO
BBTJ	BFVH	BGWN	BHWA
BHWB	BSRX	BTTY	BTUK
BVNI	BWNK	BWTC	BXCT
BYOV	BZNK	CCLS	CCUZ
CCYZ	CDJE	CDSK	CDWE
CEVL	CFMB	CFVA	CFXT
CFZI	CGMD	CGMH	COUZ
DASS	DKTA	EVIG	FIII
IIAI	IIRW	IKUS	ISZA
JAEE	MUSO	MWTP	MWVL
MZJJ	OMAL	OOSY	PEST
PTAG	PULR	RIVR	SCRZ
SKEW	TEMT	TJAL	VILL
XRED	YAKA		

Wickhambrook, Newmarket
G-MZGW RESG

Willingale
G-CCIK	CDSM	CESV	CETV
CEVY	CGIC	CGYC	MTFB
SISU	TANJ	TREX	

Winfrith Newburgh, Dorchester
G-BXZK

Wing Farm, Longbridge Deverill
G-AYLC	BWRC	BYTR	CDVK
CFDL	EDVK	FIDL	KYLE
MTPW	MVIO	MVMA	MWWS
MYDT	MYII	MZAC	MZGY
MZJW	OFIX	POZA	SLAK
VNON			

Wingland
G-CHKN	MNYD	MTLL	MVCC
MVGF	MVLS	MYTB	MZFX

Wisbridge Farm, Reed
G-EDRV GRVY

Wishanger Farm, Frensham
G-ATAG	AXBW	BTSV	BVFM
DAZZ	OJCW		

Wittering (RAF)
G-CHZZ	CJKO	CJMA	CJML
DCFE	DDRW	DERJ	FLKE
LIVS	SLEA		

Wold Lodge, Finedon
G-ACEJ	ADIA	ECDS	GKRC

Wolverhampton Halfpenny Green
AFIS 123.000

G-ARKS	ATRX	AWEL	AZMZ
AZRK	BAGN	BAHJ	BBDL
BCLT	BFMF	BFMX	BGAG
BGON	BJVS	BKBV	BKPX
BLZH	BNDT	BNSZ	BOAI
BOWO	BPRJ	BRFM	BSDN
BSVN	BTIE	BTMA	BVLG
B'WMN	BYHS	BYIE	BZGY
CBUU	CEAN	CEGE	CFDN
CFIZ	CFKH	CGLC	CGLO
CGUN	CHAP	CIEE	CJBC
CROL	CYRL	GIAS	GMSI
GPSI	GPSR	GPSX	GSYL
HEOI	HILS	IIDR	IRED
JADW	JIMH	JOBA	JOYZ
KCIN	LBRC	LZED	MHMR
MVUP	MYEN	MYFL	MZDH
MZLT	NETR	NTWK	OAAA
OARU	OASH	OBDA	OCCK
OCCL	OCCX	OKEV	OPSG
OSOD	PACL	PDGT	PHYZ
PLAJ	PLMI	POPY	SAMC
SCCZ	SENE	SFAR	SIVJ
SKRG	TEFC	TOLL	TONN
USAA	VIKE	WARB	WFLY
XBLD	YPSY		

Wombleton

G-BWXA	BWXB	BWXF	BWXJ
BWXL	BWXS	BWXU	CEFV
FLYG	MYPH	NIME	OIVN
OPRC	PIGS	SKYC	TWOO

Woodlands Barton Farm, Roche

G-AEFT	BTOL	BZTC	CDYM
MZLP			

Woodlow Farm, Bosbury

G-AADR	AYXU		

Woodvale (RAF)

G-BCVJ	BGPJ	BSVH	BTFO
BVSS	BWFM	BWHI	CDAE
CGKS	CGKT	CGKU	CGKV
CGKX	DAWG	EMJA	FKNH
JUDE			

Woolston Moss, Warrington

G-AVWD	BADC	BGEI	BHEK
BIDG	BOHV	BYFM	BZOB
CCEZ	LEGY	RODZ	

Wormingford

G-AZPC	CFKL	CFOC	CFYB
CFYN	CGAN	CGBN	CHJX

CHKM	CHLB	CHSH	CHSX
CHXD	CHXE	CJHL	CJOE
CJYO	CKBT	CKEE	CKFH
CKHS	CKKY	CKMT	CVMI
DBWJ	DBWO	DCDZ	DCEN
DCEO	DCTL	DCWT	DDBP
DDKG	DDOA	DDRD	DDSV
DDTM	DDVB	DDVM	DEAJ
DERA	DETJ	DHDH	ILBO
LSGB	LSIF	NJET	RGTS
TWOC	VEGA		

Wycombe Air Park
TWR 126.550

G-AIDN	AISX	AMPI	ARMC
ATYS	AVJO	AVOZ	AWBU
AWFJ	AWMF	AWXZ	AXXV
AZRA	BAAF	BAMV	BBMZ
BCBG	BCPU	BEFA	BGPN
BGWM	BHDP	BHFJ	BHLH
BHSE	BHUU	BJHB	BLGH
BMIV	BMLS	BNCR	BNKR
BNYZ	BODR	BOMZ	BOSN
BPOB	BPVE	BRWT	BRZK
BSAI	BSVG	BTZE	BVGA
BVGP	BWTH	BXBK	BXDN
BXGO	BXXN	BYDK	BYHE
BZXY	CBCY	CCJX	CDCV
CDEP	CDXK	CEBE	CEKT
CETT	CFBZ	CFDA	CFEH
CFEJ	CFGX	CFHJ	CFLE
CFLF	CFRV	CFTV	CFZA
CGGM	CGHW	CGPR	CGVX
CHDE	CHEJ	CHNF	CHNK
CHNY	CHSZ	CHVT	CHXW
CHZY	CIDZ	CIKX	CJAS
CJDV	CJEZ	CJOC	CJOV
CJPR	CJTK	CJTY	CJUK
CJYF	CKCY	CKCZ	CKGA
CKJS	CKKH	CKLA	CKMM
CROW	DAMY	DCFA	DCMO
DCMW	DDJK	DDNU	DDVP
DDZU	DECZ	DELZ	DENV
DEOA	DEPU	DESH	DFFP
DRGS	DWCE	EEBZ	EEKK
EENE	EESY	EGLL	EHMM
ENIO	FIGA	GBPP	GIPC
GMAX	GYAK	HAPY	HFRH
HOCA	HPWA	IFRH	IIIK
IKBP	IOWE	JETX	JGCA
JHDD	JHEW	JKAY	JNNH
JONB	JORD	JTSA	KOCO
KOTA	KYTE	LANS	LARK
LIMO	LTWA	LYDA	MCAI
MOVI	NEWZ	NOUS	NSEV
OARO	OASP	OASW	OAUD
ODAK	OEAT	OJAG	OMGH
OONA	OOWS	OPAT	OPSP

OTUI	OTVI	PBEE	PERF
PIPB	RCNB	SDNI	SIAI
SIRD	SIXT	SLDC	SPIN
SPTR	SYES	TABB	TECT
TEGS	TMAX	TOPC	TREC
TUNE	TWLV	ULAS	VEIT
VOUS	VVTV	WACB	WACE
WACF	WACG	WACH	WACU
WYDE	ZZAJ		

Wyke Farm, Sherborne
G-BUOF

Wyton (RAF)

G-BFAP	BLPI	BYUO	BYUU
BYVE	BYVI	BYVP	BYWH
BYWX	BYYG	CCEK	CCZN
CGMZ	EDGE	FTIL	HMDX
LAIR	MNDY	MWNK	MYMJ
MZGF	MZKU	MZLG	OCBT
UROP			

Yatesbury

G-CBUS	CCJD	CDRG	CDYO
CWMC	JWDB	MTOY	MVKO
OKEM	OWMC	TARR	

Yearby

G-APYB	ASFR	AZYY	BOPD
BPAA	BRVJ	CEJE	MMTR
OOSE			

Yeatsall Farm, Abbots Bromley

G-ARAS	AYJY	BGXR	BKDX
BLPG	BMBZ	BPGK	BPIP
BRVZ	BULO	BVGW	BWFN
BXGG	BYTM	CCCN	CCOV
CDVV	CFMC	DEBR	HRLM
HUEW	KARK	LINN	RVXP

Yeovil
TWR 125.400

G-CDVB	CDVE	UKAW	

Yeovilton (RNAS)

G-ASZE	BARS	BBRN	BOIT
BUJM	BYUJ	BYVF	BYVK
BYWM	BYXK	BYXS	CHDP
CLEM	DDOE	DEAR	EHCC
GDTU	IIRG	JPVA	LOCH
MAPR	MOOS	OHGC	RNHF

Yew Tree Farm, Lymm Dam

G-BDMW	BNHB	CGRB	

United Kingdom Military Serials – Active Aircraft

☐ P7350	VS Spitfire IIa	☐ XX189	BAe Hawk T1A	☐ XZ211	Westland Lynx AH7
☐ W5856	Fairey Swordfish I	☐ XX194	BAe Hawk T1A	☐ XZ214	Westland Lynx AH7
☐ AB910	VS Spitfire Vb	☐ XX198	BAe Hawk T1A	☐ XZ221	Westland Lynx AH7
☐ KF183	North American Harvard IIb	☐ XX199	BAe Hawk T1A	☐ XZ255	Westland Lynx HMA8SRU
☐ LF363	Hawker Hurricane IIc	☐ XX200	BAe Hawk T1A	☐ XZ290	Westland Gazelle AH1
☐ LS326	Fairey Swordfish II	☐ XX201	BAe Hawk T1A	☐ XZ295	Westland Gazelle AH1
☐ MK356	VS Spitfire LFIX	☐ XX202	BAe Hawk T1A	☐ XZ320	Westland Gazelle AH1
☐ PA474	Avro Lancaster BI	☐ XX203	BAe Hawk T1A	☐ XZ326	Westland Gazelle AH1
☐ PM631	VS Spitfire PRXIX	☐ XX204	BAe Hawk T1A	☐ XZ334	Westland Gazelle AH1
☐ PS915	VS Spitfire PRXIX	☐ XX205	BAe Hawk T1A	☐ XZ340	Westland Gazelle AH1
☐ PZ865	Hawker Hurricane IIc	☐ XX217	BAe Hawk T1A	☐ XZ345	Westland Gazelle AH1
☐ QQ100	Agusta A109E	☐ XX218	BAe Hawk T1A	☐ XZ578	Westland Sea King HU5
☐ QQ101	BAe 146-RJ100	☐ XX219	BAe Hawk T1A	☐ XZ585	Westland Sea King HAR3
☐ VR930	Hawker Sea Fury FB11	☐ XX221	BAe Hawk T1A	☐ XZ586	Westland Sea King HAR3
☐ WA638	Gloster Meteor T7mod	☐ XX227	BAe Hawk T1A	☐ XZ587	Westland Sea King HAR3
☐ WB657	DHC-1 Chipmunk T10	☐ XX230	BAe Hawk T1A	☐ XZ588	Westland Sea King HAR3
☐ WD325	DHC-1 Chipmunk T10	☐ XX234	BAe Hawk T1	☐ XZ590	Westland Sea King HAR3
☐ WG486	DHC-1 Chipmunk T10	☐ XX236	BAe Hawk T1W	☐ XZ592	Westland Sea King HAR3
☐ WK518	DHC-1 Chipmunk T10	☐ XX240	BAe Hawk T1	☐ XZ593	Westland Sea King HAR3
☐ WK608	DHC-1 Chipmunk T10	☐ XX242	BAe Hawk T1	☐ XZ594	Westland Sea King HAR3
☐ WL419	Gloster Meteor T7mod	☐ XX244	BAe Hawk T1	☐ XZ595	Westland Sea King HAR3
☐ WV908	Hawker Sea Hawk FGA6	☐ XX245	BAe Hawk T1	☐ XZ596	Westland Sea King HAR3
☐ XF995	Hawker Hunter T8B	☐ XX246	BAe Hawk T1A	☐ XZ597	Westland Sea King HAR3
☐ XV648	Westland Sea King HU5	☐ XX250	BAe Hawk T1	☐ XZ598	Westland Sea King HAR3
☐ XV649	Westland Sea King ASaC7	☐ XX255	BAe Hawk T1A	☐ XZ599	Westland Sea King HAR3
☐ XV651	Westland Sea King HU5	☐ XX256	BAe Hawk T1A	☐ XZ605	Westland Lynx AH7
☐ XV656	Westland Sea King ASaC7	☐ XX258	BAe Hawk T1A	☐ XZ608	Westland Lynx AH7
☐ XV661	Westland Sea King HU5	☐ XX261	BAe Hawk T1A	☐ XZ612	Westland Lynx AH7
☐ XV664	Westland Sea King ASaC7	☐ XX263	BAe Hawk T1A	☐ XZ616	Westland Lynx AH7
☐ XV666	Westland Sea King HU5	☐ XX266	BAe Hawk T1A	☐ XZ617	Westland Lynx AH7
☐ XV670	Westland Sea King HU5	☐ XX278	BAe Hawk T1A	☐ XZ651	Westland Lynx AH7
☐ XV671	Westland Sea King ASaC7	☐ XX280	BAe Hawk T1A	☐ XZ653	Westland Lynx AH7
☐ XV672	Westland Sea King ASaC7	☐ XX281	BAe Hawk T1A	☐ XZ670	Westland Lynx AH7
☐ XV673	Westland Sea King HU5	☐ XX283	BAe Hawk T1W	☐ XZ679	Westland Lynx AH7
☐ XV697	Westland Sea King ASaC7	☐ XX285	BAe Hawk T1A	☐ XZ689	Westland Lynx HMA8SRU
☐ XV699	Westland Sea King HU5	☐ XX287	BAe Hawk T1A	☐ XZ690	Westland Lynx HMA8SRU
☐ XV705	Westland Sea King HU5	☐ XX301	BAe Hawk T1	☐ XZ691	Westland Lynx HMA8SRU
☐ XV707	Westland Sea King ASaC7	☐ XX303	BAe Hawk T1A	☐ XZ697	Westland Lynx HMA8SRU
☐ XV714	Westland Sea King ASaC7	☐ XX308	BAe Hawk T1	☐ XZ719	Westland Lynx HMA8SRU
☐ XW199	Westland Puma HC2	☐ XX311	BAe Hawk T1	☐ XZ722	Westland Lynx HMA8SRU
☐ XW204	Westland Puma HC2	☐ XX315	BAe Hawk T1A	☐ XZ725	Westland Lynx HMA8SRU
☐ XW209	Westland Puma HC2	☐ XX316	BAe Hawk T1A	☐ XZ726	Westland Lynx HMA8SRU
☐ XW212	Westland Puma HC2	☐ XX317	BAe Hawk T1A	☐ XZ729	Westland Lynx HMA8SRU
☐ XW213	Westland Puma HC2	☐ XX318	BAe Hawk T1A	☐ XZ731	Westland Lynx HMA8SRU
☐ XW214	Westland Puma HC2	☐ XX319	BAe Hawk T1A	☐ XZ732	Westland Lynx HMA8SRU
☐ XW216	Westland Puma HC2	☐ XX321	BAe Hawk T1A	☐ XZ736	Westland Lynx HMA8SRU
☐ XW217	Westland Puma HC2	☐ XX322	BAe Hawk T1A	☐ XZ920	Westland Sea King HU5
☐ XW219	Westland Puma HC2	☐ XX323	BAe Hawk T1A	☐ XZ939	Westland Gazelle HT3
☐ XW220	Westland Puma HC2	☐ XX324	BAe Hawk T1A	☐ ZA105	Westland Sea King HAR3
☐ XW224	Westland Puma HC2	☐ XX325	BAe Hawk T1	☐ ZA126	Westland Sea King ASaC7
☐ XW229	Westland Puma HC2	☐ XX327	BAe Hawk T1	☐ ZA130	Westland Sea King HU5
☐ XW231	Westland Puma HC2	☐ XX329	BAe Hawk T1A	☐ ZA134	Westland Sea King HU5
☐ XW232	Westland Puma HC2	☐ XX330	BAe Hawk T1A	☐ ZA137	Westland Sea King HU5
☐ XW235	Westland Puma HC2	☐ XX332	BAe Hawk T1A	☐ ZA166	Westland Sea King HU5
☐ XW237	Westland Puma HC2	☐ XX337	BAe Hawk T1A	☐ ZA295	Westland Sea King HC4
☐ XW846	Westland Gazelle AH1	☐ XX338	BAe Hawk T1W	☐ ZA296	Westland Sea King HC4
☐ XW847	Westland Gazelle AH1	☐ XX339	BAe Hawk T1A	☐ ZA298	Westland Sea King HC4
☐ XW865	Westland Gazelle AH1	☐ XX341	BAe Hawk T1 Astra	☐ ZA299	Westland Sea King HC4
☐ XX154	BAe Hawk T1	☐ XX342	BAe Hawk T1	☐ ZA314	Westland Sea King HC4
☐ XX156	BAe Hawk T1	☐ XX346	BAe Hawk T1A	☐ ZA365	Panavia Tornado GR4
☐ XX157	BAe Hawk T1A	☐ XX350	BAe Hawk T1A	☐ ZA370	Panavia Tornado GR4A
☐ XX158	BAe Hawk T1A	☐ XX405	Westland Gazelle AH1	☐ ZA372	Panavia Tornado GR4A
☐ XX159	BAe Hawk T1A	☐ XX449	Westland Gazelle AH1	☐ ZA373	Panavia Tornado GR4A
☐ XX161	BAe Hawk T1W	☐ XX453	Westland Gazelle AH1	☐ ZA393	Panavia Tornado GR4
☐ XX162	BAe Hawk T1	☐ XZ177	Westland Lynx AH7	☐ ZA398	Panavia Tornado GR4A
☐ XX170	BAe Hawk T1	☐ XZ180	Westland Lynx AH7	☐ ZA400	Panavia Tornado GR4A
☐ XX184	BAe Hawk T1	☐ XZ184	Westland Lynx AH7	☐ ZA402	Panavia Tornado GR4A
☐ XX187	BAe Hawk T1A	☐ XZ185	Westland Lynx AH7	☐ ZA404	Panavia Tornado GR4A
☐ XX188	BAe Hawk T1A	☐ XZ191	Westland Lynx AH7	☐ ZA405	Panavia Tornado GR4A

☐ ZA406	Panavia Tornado GR4	☐ ZA935	Westland Puma HC2	☐ ZD984	Boeing Chinook HC4
☐ ZA410	Panavia Tornado GR4	☐ ZA936	Westland Puma HC2	☐ ZE368	Westland Sea King HAR3
☐ ZA412	Panavia Tornado GR4	☐ ZA939	Westland Puma HC2	☐ ZE369	Westland Sea King HAR3
☐ ZA447	Panavia Tornado GR4	☐ ZA940	Westland Puma HC2	☐ ZE370	Westland Sea King HAR3
☐ ZA449	Panavia Tornado GR4	☐ ZA947	Douglas Dakota III	☐ ZE375	Westland Lynx AH9A
☐ ZA453	Panavia Tornado GR4	☐ ZB625	Westland Gazelle HT3	☐ ZE376	Westland Lynx AH9A
☐ ZA456	Panavia Tornado GR4	☐ ZB665	Westland Gazelle AH1	☐ ZE378	Westland Lynx AH7
☐ ZA458	Panavia Tornado GR4	☐ ZB669	Westland Gazelle AH1	☐ ZE380	Westland Lynx AH9A
☐ ZA459	Panavia Tornado GR4	☐ ZB671	Westland Gazelle AH1	☐ ZE395	BAe 125 CC3
☐ ZA461	Panavia Tornado GR4	☐ ZB674	Westland Gazelle AH1	☐ ZE396	BAe 125 CC3
☐ ZA462	Panavia Tornado GR4	☐ ZB677	Westland Gazelle AH1	☐ ZE416	Agusta A109E
☐ ZA463	Panavia Tornado GR4	☐ ZB678	Westland Gazelle AH1	☐ ZE418	Westland Sea King ASaC7
☐ ZA469	Panavia Tornado GR4	☐ ZB679	Westland Gazelle AH1	☐ ZE420	Westland Sea King ASaC7
☐ ZA472	Panavia Tornado GR4	☐ ZB683	Westland Gazelle AH1	☐ ZE422	Westland Sea King ASaC7
☐ ZA473	Panavia Tornado GR4	☐ ZB689	Westland Gazelle AH1	☐ ZE427	Westland Sea King HC4
☐ ZA492	Panavia Tornado GR4	☐ ZB691	Westland Gazelle AH1	☐ ZE495	Grob G103 Viking TX1
☐ ZA541	Panavia Tornado GR4	☐ ZB692	Westland Gazelle AH1	☐ ZE496	Grob G103 Viking TX1
☐ ZA542	Panavia Tornado GR4	☐ ZB693	Westland Gazelle AH1	☐ ZE498	Grob G103 Viking TX1
☐ ZA543	Panavia Tornado GR4	☐ ZD252	Westland Lynx HMA8SRU	☐ ZE499	Grob G103 Viking TX1
☐ ZA546	Panavia Tornado GR4	☐ ZD257	Westland Lynx HMA8SRU	☐ ZE502	Grob G103 Viking TX1
☐ ZA548	Panavia Tornado GR4	☐ ZD259	Westland Lynx HMA8SRU	☐ ZE503	Grob G103 Viking TX1
☐ ZA550	Panavia Tornado GR4	☐ ZD260	Westland Lynx HMA8SRU	☐ ZE504	Grob G103 Viking TX1
☐ ZA551	Panavia Tornado GR4	☐ ZD261	Westland Lynx HMA8SRU	☐ ZE520	Grob G103 Viking TX1
☐ ZA553	Panavia Tornado GR4	☐ ZD262	Westland Lynx HMA8SRU	☐ ZE521	Grob G103 Viking TX1
☐ ZA554	Panavia Tornado GR4	☐ ZD265	Westland Lynx HMA8SRU	☐ ZE522	Grob G103 Viking TX1
☐ ZA556	Panavia Tornado GR4	☐ ZD266	Westland Lynx HMA8SRU	☐ ZE524	Grob G103 Viking TX1
☐ ZA557	Panavia Tornado GR4	☐ ZD268	Westland Lynx HMA8SRU	☐ ZE526	Grob G103 Viking TX1
☐ ZA560	Panavia Tornado GR4	☐ ZD274	Westland Lynx AH7	☐ ZE527	Grob G103 Viking TX1
☐ ZA562	Panavia Tornado GR4	☐ ZD277	Westland Lynx AH7	☐ ZE528	Grob G103 Viking TX1
☐ ZA585	Panavia Tornado GR4	☐ ZD280	Westland Lynx AH7	☐ ZE529	Grob G103 Viking TX1
☐ ZA587	Panavia Tornado GR4	☐ ZD282	Westland Lynx AH7	☐ ZE530	Grob G103 Viking TX1
☐ ZA588	Panavia Tornado GR4	☐ ZD565	Westland Lynx HMA8SRU	☐ ZE531	Grob G103 Viking TX1
☐ ZA589	Panavia Tornado GR4	☐ ZD566	Westland Lynx HMA8SRU	☐ ZE532	Grob G103 Viking TX1
☐ ZA591	Panavia Tornado GR4	☐ ZD574	Boeing Chinook HC4	☐ ZE533	Grob G103 Viking TX1
☐ ZA592	Panavia Tornado GR4	☐ ZD575	Boeing Chinook HC4	☐ ZE551	Grob G103 Viking TX1
☐ ZA597	Panavia Tornado GR4	☐ ZD620	BAe 125 CC3	☐ ZE552	Grob G103 Viking TX1
☐ ZA598	Panavia Tornado GR4	☐ ZD621	BAe 125 CC3	☐ ZE553	Grob G103 Viking TX1
☐ ZA600	Panavia Tornado GR4	☐ ZD636	Westland Sea King ASaC7	☐ ZE554	Grob G103 Viking TX1
☐ ZA601	Panavia Tornado GR4	☐ ZD703	BAe 125 CC3	☐ ZE555	Grob G103 Viking TX1
☐ ZA604	Panavia Tornado GR4	☐ ZD704	BAe 125 CC3	☐ ZE557	Grob G103 Viking TX1
☐ ZA606	Panavia Tornado GR4	☐ ZD707	Panavia Tornado GR4	☐ ZE558	Grob G103 Viking TX1
☐ ZA607	Panavia Tornado GR4	☐ ZD709	Panavia Tornado GR4	☐ ZE559	Grob G103 Viking TX1
☐ ZA609	Panavia Tornado GR4	☐ ZD711	Panavia Tornado GR4	☐ ZE560	Grob G103 Viking TX1
☐ ZA611	Panavia Tornado GR4	☐ ZD713	Panavia Tornado GR4	☐ ZE561	Grob G103 Viking TX1
☐ ZA612	Panavia Tornado GR4	☐ ZD716	Panavia Tornado GR4	☐ ZE562	Grob G103 Viking TX1
☐ ZA613	Panavia Tornado GR4	☐ ZD739	Panavia Tornado GR4	☐ ZE563	Grob G103 Viking TX1
☐ ZA614	Panavia Tornado GR4	☐ ZD740	Panavia Tornado GR4	☐ ZE564	Grob G103 Viking TX1
☐ ZA670	Boeing Chinook HC4	☐ ZD741	Panavia Tornado GR4	☐ ZE584	Grob G103 Viking TX1
☐ ZA674	Boeing Chinook HC2	☐ ZD742	Panavia Tornado GR4	☐ ZE585	Grob G103 Viking TX1
☐ ZA675	Boeing Chinook HC2	☐ ZD744	Panavia Tornado GR4	☐ ZE586	Grob G103 Viking TX1
☐ ZA677	Boeing Chinook HC4	☐ ZD745	Panavia Tornado GR4	☐ ZE587	Grob G103 Viking TX1
☐ ZA679	Boeing Chinook HC4	☐ ZD746	Panavia Tornado GR4	☐ ZE590	Grob G103 Viking TX1
☐ ZA680	Boeing Chinook HC4	☐ ZD747	Panavia Tornado GR4	☐ ZE591	Grob G103 Viking TX1
☐ ZA681	Boeing Chinook HC4	☐ ZD748	Panavia Tornado GR4	☐ ZE593	Grob G103 Viking TX1
☐ ZA682	Boeing Chinook HC4	☐ ZD749	Panavia Tornado GR4	☐ ZE594	Grob G103 Viking TX1
☐ ZA683	Boeing Chinook HC4	☐ ZD788	Panavia Tornado GR4	☐ ZE595	Grob G103 Viking TX1
☐ ZA684	Boeing Chinook HC4	☐ ZD790	Panavia Tornado GR4	☐ ZE600	Grob G103 Viking TX1
☐ ZA704	Boeing Chinook HC2	☐ ZD792	Panavia Tornado GR4	☐ ZE601	Grob G103 Viking TX1
☐ ZA705	Boeing Chinook HC2	☐ ZD793	Panavia Tornado GR4	☐ ZE602	Grob G103 Viking TX1
☐ ZA707	Boeing Chinook HC2	☐ ZD811	Panavia Tornado GR4	☐ ZE603	Grob G103 Viking TX1
☐ ZA708	Boeing Chinook HC2	☐ ZD842	Panavia Tornado GR4	☐ ZE604	Grob G103 Viking TX1
☐ ZA710	Boeing Chinook HC2	☐ ZD843	Panavia Tornado GR4	☐ ZE605	Grob G103 Viking TX1
☐ ZA711	Boeing Chinook HC2	☐ ZD844	Panavia Tornado GR4	☐ ZE606	Grob G103 Viking TX1
☐ ZA712	Boeing Chinook HC2	☐ ZD847	Panavia Tornado GR4	☐ ZE607	Grob G103 Viking TX1
☐ ZA713	Boeing Chinook HC2	☐ ZD848	Panavia Tornado GR4	☐ ZE608	Grob G103 Viking TX1
☐ ZA714	Boeing Chinook HC2	☐ ZD849	Panavia Tornado GR4	☐ ZE609	Grob G103 Viking TX1
☐ ZA718	Boeing Chinook HC4	☐ ZD851	Panavia Tornado GR4	☐ ZE611	Grob G103 Viking TX1
☐ ZA720	Boeing Chinook HC2	☐ ZD890	Panavia Tornado GR4	☐ ZE613	Grob G103 Viking TX1
☐ ZA731	Westland Gazelle AH1	☐ ZD980	Boeing Chinook HC2	☐ ZE614	Grob G103 Viking TX1
☐ ZA736	Westland Gazelle AH1	☐ ZD981	Boeing Chinook HC4	☐ ZE625	Grob G103 Viking TX1
☐ ZA766	Westland Gazelle AH1	☐ ZD982	Boeing Chinook HC4	☐ ZE626	Grob G103 Viking TX1
☐ ZA772	Westland Gazelle AH1	☐ ZD983	Boeing Chinook HC2	☐ ZE627	Grob G103 Viking TX1

☐ ZE628	Grob G103 Viking TX1	☐ ZF379	Shorts Tucano T1	☐ ZH118	Grob G109B Vigilant T1
☐ ZE629	Grob G103 Viking TX1	☐ ZF406	Shorts Tucano T1	☐ ZH119	Grob G109B Vigilant T1
☐ ZE630	Grob G103 Viking TX1	☐ ZF407	Shorts Tucano T1	☐ ZH120	Grob G109B Vigilant T1
☐ ZE631	Grob G103 Viking TX1	☐ ZF417	Shorts Tucano T1	☐ ZH121	Grob G109B Vigilant T1
☐ ZE632	Grob G103 Viking TX1	☐ ZF448	Shorts Tucano T1	☐ ZH122	Grob G109B Vigilant T1
☐ ZE633	Grob G103 Viking TX1	☐ ZF489	Shorts Tucano T1	☐ ZH123	Grob G109B Vigilant T1
☐ ZE636	Grob G103 Viking TX1	☐ ZF491	Shorts Tucano T1	☐ ZH124	Grob G109B Vigilant T1
☐ ZE637	Grob G103 Viking TX1	☐ ZF510	Shorts Tucano T1	☐ ZH125	Grob G109B Vigilant T1
☐ ZE650	Grob G103 Viking TX1	☐ ZF511	Shorts Tucano T1	☐ ZH126	Grob G109B Vigilant T1
☐ ZE651	Grob G103 Viking TX1	☐ ZF512	Shorts Tucano T1	☐ ZH127	Grob G109B Vigilant T1
☐ ZE652	Grob G103 Viking TX1	☐ ZF537	Westland Lynx AH9A	☐ ZH128	Grob G109B Vigilant T1
☐ ZE653	Grob G103 Viking TX1	☐ ZF538	Westland Lynx AH9A	☐ ZH129	Grob G109B Vigilant T1
☐ ZE656	Grob G103 Viking TX1	☐ ZF539	Westland Lynx AH9A	☐ ZH144	Grob G109B Vigilant T1
☐ ZE657	Grob G103 Viking TX1	☐ ZF557	Westland Lynx HMA8SRU	☐ ZH145	Grob G109B Vigilant T1
☐ ZE658	Grob G103 Viking TX1	☐ ZF558	Westland Lynx HMA8SRU	☐ ZH146	Grob G109B Vigilant T1
☐ ZE677	Grob G103 Viking TX1	☐ ZF560	Westland Lynx HMA8SRU	☐ ZH147	Grob G109B Vigilant T1
☐ ZE678	Grob G103 Viking TX1	☐ ZF562	Westland Lynx HMA8SRU	☐ ZH148	Grob G109B Vigilant T1
☐ ZE679	Grob G103 Viking TX1	☐ ZF563	Westland Lynx HMA8SRU	☐ ZH184	Grob G109B Vigilant T1
☐ ZE680	Grob G103 Viking TX1	☐ ZF573	PBN Islander CC2A	☐ ZH185	Grob G109B Vigilant T1
☐ ZE682	Grob G103 Viking TX1	☐ ZF622	Piper PA-31-350 Chieftain	☐ ZH186	Grob G109B Vigilant T1
☐ ZE683	Grob G103 Viking TX1	☐ ZG705	Panavia Tornado GR4A	☐ ZH187	Grob G109B Vigilant T1
☐ ZE684	Grob G103 Viking TX1	☐ ZG712	Panavia Tornado GR4A	☐ ZH188	Grob G109B Vigilant T1
☐ ZE685	Grob G103 Viking TX1	☐ ZG713	Panavia Tornado GR4A	☐ ZH189	Grob G109B Vigilant T1
☐ ZE700	BAe 146 CC2	☐ ZG714	Panavia Tornado GR4A	☐ ZH190	Grob G109B Vigilant T1
☐ ZE701	BAe 146 CC2	☐ ZG729	Panavia Tornado GR4A	☐ ZH191	Grob G109B Vigilant T1
☐ ZE707	BAe 146 C3	☐ ZG750	Panavia Tornado GR4	☐ ZH192	Grob G109B Vigilant T1
☐ ZE708	BAe 146 C3	☐ ZG752	Panavia Tornado GR4	☐ ZH193	Grob G109B Vigilant T1
☐ ZF115	Westland Sea King HC4	☐ ZG771	Panavia Tornado GR4	☐ ZH194	Grob G109B Vigilant T1
☐ ZF116	Westland Sea King HC4	☐ ZG773	Panavia Tornado GR4	☐ ZH195	Grob G109B Vigilant T1
☐ ZF117	Westland Sea King HC4	☐ ZG775	Panavia Tornado GR4	☐ ZH196	Grob G109B Vigilant T1
☐ ZF118	Westland Sea King HC4	☐ ZG777	Panavia Tornado GR4	☐ ZH197	Grob G109B Vigilant T1
☐ ZF122	Westland Sea King HC4	☐ ZG779	Panavia Tornado GR4	☐ ZH205	Grob G109B Vigilant T1
☐ ZF139	Shorts Tucano T1	☐ ZG791	Panavia Tornado GR4	☐ ZH206	Grob G109B Vigilant T1
☐ ZF140	Shorts Tucano T1	☐ ZG821	Westland Sea King HC4	☐ ZH207	Grob G109B Vigilant T1
☐ ZF142	Shorts Tucano T1	☐ ZG844	PBN Islander AL1	☐ ZH208	Grob G109B Vigilant T1
☐ ZF143	Shorts Tucano T1	☐ ZG845	PBN Islander AL1	☐ ZH209	Grob G109B Vigilant T1
☐ ZF144	Shorts Tucano T1	☐ ZG846	PBN Islander AL1	☐ ZH211	Grob G109B Vigilant T1
☐ ZF145	Shorts Tucano T1	☐ ZG848	PBN Islander AL1	☐ ZH247	Grob G109B Vigilant T1
☐ ZF169	Shorts Tucano T1	☐ ZG884	Westland Lynx AH9A	☐ ZH248	Grob G109B Vigilant T1
☐ ZF170	Shorts Tucano T1	☐ ZG885	Westland Lynx AH9A	☐ ZH249	Grob G109B Vigilant T1
☐ ZF171	Shorts Tucano T1	☐ ZG886	Westland Lynx AH9A	☐ ZH263	Grob G109B Vigilant T1
☐ ZF172	Shorts Tucano T1	☐ ZG887	Westland Lynx AH9A	☐ ZH264	Grob G109B Vigilant T1
☐ ZF204	Shorts Tucano T1	☐ ZG888	Westland Lynx AH9A	☐ ZH265	Grob G109B Vigilant T1
☐ ZF205	Shorts Tucano T1	☐ ZG889	Westland Lynx AH9A	☐ ZH266	Grob G109B Vigilant T1
☐ ZF209	Shorts Tucano T1	☐ ZG914	Westland Lynx AH9A	☐ ZH267	Grob G109B Vigilant T1
☐ ZF210	Shorts Tucano T1	☐ ZG915	Westland Lynx AH9A	☐ ZH268	Grob G109B Vigilant T1
☐ ZF239	Shorts Tucano T1	☐ ZG916	Westland Lynx AH9A	☐ ZH269	Grob G109B Vigilant T1
☐ ZF240	Shorts Tucano T1	☐ ZG917	Westland Lynx AH9A	☐ ZH270	Grob G109B Vigilant T1
☐ ZF243	Shorts Tucano T1	☐ ZG918	Westland Lynx AH9A	☐ ZH271	Grob G109B Vigilant T1
☐ ZF244	Shorts Tucano T1	☐ ZG919	Westland Lynx AH9A	☐ ZH278	Grob G109B Vigilant T1
☐ ZF264	Shorts Tucano T1	☐ ZG920	Westland Lynx AH9A	☐ ZH279	Grob G109B Vigilant T1
☐ ZF269	Shorts Tucano T1	☐ ZG921	Westland Lynx AH9A	☐ ZH536	PBN Islander CC2
☐ ZF287	Shorts Tucano T1	☐ ZG923	Westland Lynx AH9A	☐ ZH537	PBN Islander CC2
☐ ZF289	Shorts Tucano T1	☐ ZG969	Pilatus PC-9	☐ ZH540	Westland Sea King HAR3A
☐ ZF290	Shorts Tucano T1	☐ ZG995	PBN Defender AL1	☐ ZH541	Westland Sea King HAR3A
☐ ZF291	Shorts Tucano T1	☐ ZG996	PBN Defender AL2	☐ ZH542	Westland Sea King HAR3A
☐ ZF292	Shorts Tucano T1	☐ ZG997	PBN Defender AL2	☐ ZH543	Westland Sea King HAR3A
☐ ZF293	Shorts Tucano T1	☐ ZG998	PBN Defender AL2	☐ ZH544	Westland Sea King HAR3A
☐ ZF294	Shorts Tucano T1	☐ ZH001	PBN Defender AL2	☐ ZH545	Westland Sea King HAR3A
☐ ZF295	Shorts Tucano T1	☐ ZH002	PBN Defender AL2	☐ ZH775	Boeing Chinook HC2
☐ ZF317	Shorts Tucano T1	☐ ZH003	PBN Defender AL2	☐ ZH776	Boeing Chinook HC2
☐ ZF338	Shorts Tucano T1	☐ ZH004	PBN Defender T3	☐ ZH777	Boeing Chinook HC2
☐ ZF339	Shorts Tucano T1	☐ ZH005	PBN Defender AL2	☐ ZH814	Bell 212 AH1
☐ ZF341	Shorts Tucano T1	☐ ZH101	Boeing Sentry AEW1	☐ ZH815	Bell 212 AH1
☐ ZF342	Shorts Tucano T1	☐ ZH102	Boeing Sentry AEW1	☐ ZH816	Bell 212 AH1
☐ ZF343	Shorts Tucano T1	☐ ZH103	Boeing Sentry AEW1	☐ ZH824	EHI-101 Merlin HM2
☐ ZF347	Shorts Tucano T1	☐ ZH104	Boeing Sentry AEW1	☐ ZH826	EHI-101 Merlin HM2
☐ ZF348	Shorts Tucano T1	☐ ZH106	Boeing Sentry AEW1	☐ ZH827	EHI-101 Merlin HM2
☐ ZF349	Shorts Tucano T1	☐ ZH107	Boeing Sentry AEW1	☐ ZH828	EHI-101 Merlin HM2
☐ ZF374	Shorts Tucano T1	☐ ZH115	Grob G109B Vigilant T1	☐ ZH829	EHI-101 Merlin HM2
☐ ZF377	Shorts Tucano T1	☐ ZH116	Grob G109B Vigilant T1	☐ ZH830	EHI-101 Merlin HM1
☐ ZF378	Shorts Tucano T1	☐ ZH117	Grob G109B Vigilant T1	☐ ZH831	EHI-101 Merlin HM2

☐ ZH832	EHI-101 Merlin HM2	☐ ZJ118	EHI-101 Merlin HC3	☐ ZJ218	WAH-64 Apache AH1
☐ ZH833	EHI-101 Merlin HM2	☐ ZJ119	EHI-101 Merlin HC3	☐ ZJ219	WAH-64 Apache AH1
☐ ZH834	EHI-101 Merlin HM2	☐ ZJ120	EHI-101 Merlin HC3	☐ ZJ220	WAH-64 Apache AH1
☐ ZH835	EHI-101 Merlin HM2	☐ ZJ121	EHI-101 Merlin HC3	☐ ZJ221	WAH-64 Apache AH1
☐ ZH836	EHI-101 Merlin HM2	☐ ZJ122	EHI-101 Merlin HC3	☐ ZJ222	WAH-64 Apache AH1
☐ ZH837	EHI-101 Merlin HM2	☐ ZJ123	EHI-101 Merlin HC3	☐ ZJ223	WAH-64 Apache AH1
☐ ZH838	EHI-101 Merlin HM1	☐ ZJ124	EHI-101 Merlin HC3	☐ ZJ224	WAH-64 Apache AH1
☐ ZH839	EHI-101 Merlin HM2	☐ ZJ125	EHI-101 Merlin HC3	☐ ZJ225	WAH-64 Apache AH1
☐ ZH840	EHI-101 Merlin HM2	☐ ZJ126	EHI-101 Merlin HC3	☐ ZJ226	WAH-64 Apache AH1
☐ ZH841	EHI-101 Merlin HM2	☐ ZJ127	EHI-101 Merlin HC3	☐ ZJ227	WAH-64 Apache AH1
☐ ZH842	EHI-101 Merlin HM2	☐ ZJ128	EHI-101 Merlin HC3	☐ ZJ228	WAH-64 Apache AH1
☐ ZH843	EHI-101 Merlin HM2	☐ ZJ129	EHI-101 Merlin HC3	☐ ZJ229	WAH-64 Apache AH1
☐ ZH845	EHI-101 Merlin HM2	☐ ZJ130	EHI-101 Merlin HC3	☐ ZJ230	WAH-64 Apache AH1
☐ ZH846	EHI-101 Merlin HM2	☐ ZJ131	EHI-101 Merlin HC3	☐ ZJ231	WAH-64 Apache AH1
☐ ZH847	EHI-101 Merlin HM1	☐ ZJ132	EHI-101 Merlin HC3	☐ ZJ232	WAH-64 Apache AH1
☐ ZH848	EHI-101 Merlin HM1	☐ ZJ133	EHI-101 Merlin HC3	☐ ZJ233	WAH-64 Apache AH1
☐ ZH849	EHI-101 Merlin HM1	☐ ZJ134	EHI-101 Merlin HC3	☐ ZJ234	Bell 412 Griffin HT1
☐ ZH850	EHI-101 Merlin HM2	☐ ZJ135	EHI-101 Merlin HC3	☐ ZJ235	Bell 412 Griffin HT1
☐ ZH851	EHI-101 Merlin HM2	☐ ZJ136	EHI-101 Merlin HC3	☐ ZJ236	Bell 412 Griffin HT1
☐ ZH852	EHI-101 Merlin HM1	☐ ZJ137	EHI-101 Merlin HC3	☐ ZJ237	Bell 412 Griffin HT1
☐ ZH853	EHI-101 Merlin HM2	☐ ZJ164	Aérospatiale Dauphin 2	☐ ZJ238	Bell 412 Griffin HT1
☐ ZH854	EHI-101 Merlin HM2	☐ ZJ165	Aérospatiale Dauphin 2	☐ ZJ239	Bell 412 Griffin HT1
☐ ZH855	EHI-101 Merlin HM1	☐ ZJ166	WAH-64 Apache AH1	☐ ZJ240	Bell 412 Griffin HT1
☐ ZH856	EHI-101 Merlin HM1	☐ ZJ167	WAH-64 Apache AH1	☐ ZJ241	Bell 412 Griffin HT1
☐ ZH857	EHI-101 Merlin HM2	☐ ZJ168	WAH-64 Apache AH1	☐ ZJ242	Bell 412 Griffin HT1
☐ ZH858	EHI-101 Merlin HM1	☐ ZJ169	WAH-64 Apache AH1	☐ ZJ243	Aérospatiale Squirrel HT2
☐ ZH860	EHI-101 Merlin HM2	☐ ZJ170	WAH-64 Apache AH1	☐ ZJ244	Aérospatiale Squirrel HT2
☐ ZH861	EHI-101 Merlin HM1	☐ ZJ171	WAH-64 Apache AH1	☐ ZJ245	Aérospatiale Squirrel HT2
☐ ZH862	EHI-101 Merlin HM2	☐ ZJ172	WAH-64 Apache AH1	☐ ZJ246	Aérospatiale Squirrel HT2
☐ ZH863	EHI-101 Merlin HM1	☐ ZJ173	WAH-64 Apache AH1	☐ ZJ248	Aérospatiale Squirrel HT2
☐ ZH864	EHI-101 Merlin HM2	☐ ZJ174	WAH-64 Apache AH1	☐ ZJ249	Aérospatiale Squirrel HT2
☐ ZH865	Lockheed Hercules C4	☐ ZJ175	WAH-64 Apache AH1	☐ ZJ250	Aérospatiale Squirrel HT2
☐ ZH866	Lockheed Hercules C6	☐ ZJ176	WAH-64 Apache AH1	☐ ZJ251	Aérospatiale Squirrel HT2
☐ ZH867	Lockheed Hercules C4	☐ ZJ178	WAH-64 Apache AH1	☐ ZJ252	Aérospatiale Squirrel HT2
☐ ZH368	Lockheed Hercules C4	☐ ZJ179	WAH-64 Apache AH1	☐ ZJ253	Aérospatiale Squirrel HT2
☐ ZH869	Lockheed Hercules C4	☐ ZJ180	WAH-64 Apache AH1	☐ ZJ254	Aérospatiale Squirrel HT2
☐ ZH870	Lockheed Hercules C4	☐ ZJ181	WAH-64 Apache AH1	☐ ZJ255	Aérospatiale Squirrel HT1
☐ ZH871	Lockheed Hercules C4	☐ ZJ182	WAH-64 Apache AH1	☐ ZJ256	Aérospatiale Squirrel HT1
☐ ZH872	Lockheed Hercules C4	☐ ZJ183	WAH-64 Apache AH1	☐ ZJ257	Aérospatiale Squirrel HT1
☐ ZH873	Lockheed Hercules C4	☐ ZJ184	WAH-64 Apache AH1	☐ ZJ260	Aérospatiale Squirrel HT1
☐ ZH874	Lockheed Hercules C4	☐ ZJ185	WAH-64 Apache AH1	☐ ZJ261	Aérospatiale Squirrel HT1
☐ ZH875	Lockheed Hercules C4	☐ ZJ186	WAH-64 Apache AH1	☐ ZJ262	Aérospatiale Squirrel HT1
☐ ZH877	Lockheed Hercules C4	☐ ZJ187	WAH-64 Apache AH1	☐ ZJ264	Aérospatiale Squirrel HT1
☐ ZH878	Lockheed Hercules C4	☐ ZJ188	WAH-64 Apache AH1	☐ ZJ265	Aérospatiale Squirrel HT1
☐ ZH879	Lockheed Hercules C4	☐ ZJ189	WAH-64 Apache AH1	☐ ZJ266	Aérospatiale Squirrel HT1
☐ ZH880	Lockheed Hercules C5	☐ ZJ190	WAH-64 Apache AH1	☐ ZJ267	Aérospatiale Squirrel HT1
☐ ZH881	Lockheed Hercules C5	☐ ZJ191	WAH-64 Apache AH1	☐ ZJ268	Aérospatiale Squirrel HT1
☐ ZH882	Lockheed Hercules C5	☐ ZJ192	WAH-64 Apache AH1	☐ ZJ269	Aérospatiale Squirrel HT1
☐ ZH833	Lockheed Hercules C5	☐ ZJ193	WAH-64 Apache AH1	☐ ZJ270	Aérospatiale Squirrel HT1
☐ ZH884	Lockheed Hercules C5	☐ ZJ194	WAH-64 Apache AH1	☐ ZJ271	Aérospatiale Squirrel HT1
☐ ZH885	Lockheed Hercules C5	☐ ZJ195	WAH-64 Apache AH1	☐ ZJ272	Aérospatiale Squirrel HT1
☐ ZH886	Lockheed Hercules C5	☐ ZJ196	WAH-64 Apache AH1	☐ ZJ273	Aérospatiale Squirrel HT1
☐ ZH887	Lockheed Hercules C5	☐ ZJ197	WAH-64 Apache AH1	☐ ZJ274	Aérospatiale Squirrel HT1
☐ ZH888	Lockheed Hercules C5	☐ ZJ198	WAH-64 Apache AH1	☐ ZJ275	Aérospatiale Squirrel HT1
☐ ZH889	Lockheed Hercules C5	☐ ZJ199	WAH-64 Apache AH1	☐ ZJ276	Aérospatiale Squirrel HT1
☐ ZH890	Grob G109B Vigilant T1	☐ ZJ200	WAH-64 Apache AH1	☐ ZJ277	Aérospatiale Squirrel HT1
☐ ZH891	Boeing Chinook HC2A	☐ ZJ202	WAH-64 Apache AH1	☐ ZJ278	Aérospatiale Squirrel HT1
☐ ZH892	Boeing Chinook HC2A	☐ ZJ203	WAH-64 Apache AH1	☐ ZJ279	Aérospatiale Squirrel HT1
☐ ZH893	Boeing Chinook HC2A	☐ ZJ204	WAH-64 Apache AH1	☐ ZJ280	Aérospatiale Squirrel HT1
☐ ZH894	Boeing Chinook HC4	☐ ZJ205	WAH-64 Apache AH1	☐ ZJ645	Dornier Alpha Jet A
☐ ZH895	Boeing Chinook HC2A	☐ ZJ206	WAH-64 Apache AH1	☐ ZJ646	Dornier Alpha Jet A
☐ ZH896	Boeing Chinook HC2A	☐ ZJ207	WAH-64 Apache AH1	☐ ZJ647	Dornier Alpha Jet A
☐ ZH897	Boeing Chinook HC3	☐ ZJ208	WAH-64 Apache AH1	☐ ZJ648	Dornier Alpha Jet A
☐ ZH898	Boeing Chinook HC3	☐ ZJ209	WAH-64 Apache AH1	☐ ZJ649	Dornier Alpha Jet A
☐ ZH899	Boeing Chinook HC3	☐ ZJ210	WAH-64 Apache AH1	☐ ZJ651	Dornier Alpha Jet A
☐ ZH900	Boeing Chinook HC3	☐ ZJ211	WAH-64 Apache AH1	☐ ZJ690	Bombardier Sentinel R1
☐ ZH901	Boeing Chinook HC3	☐ ZJ212	WAH-64 Apache AH1	☐ ZJ691	Bombardier Sentinel R1
☐ ZH902	Boeing Chinook HC3	☐ ZJ213	WAH-64 Apache AH1	☐ ZJ692	Bombardier Sentinel R1
☐ ZH903	Boeing Chinook HC3	☐ ZJ214	WAH-64 Apache AH1	☐ ZJ693	Bombardier Sentinel R1
☐ ZH904	Boeing Chinook HC3	☐ ZJ215	WAH-64 Apache AH1	☐ ZJ694	Bombardier Sentinel R1
☐ ZJ100	BAe Hawk Mk102D	☐ ZJ216	WAH-64 Apache AH1	☐ ZJ703	Bell 412 Griffin HAR2
☐ ZJ117	EHI-101 Merlin HC3	☐ ZJ217	WAH-64 Apache AH1	☐ ZJ704	Bell 412 Griffin HAR2

☐ ZJ705	Bell 412 Griffin HAR2	☐ ZJ962	Grob G109B Vigilant T1	☐ ZK327	Eurofighter Typhoon FGR4
☐ ZJ706	Bell 412 Griffin HAR2	☐ ZJ963	Grob G109B Vigilant T1	☐ ZK328	Eurofighter Typhoon FGR4
☐ ZJ707	Bell 412 Griffin HT1	☐ ZJ964	Bell 212 AH2	☐ ZK329	Eurofighter Typhoon FGR4
☐ ZJ708	Bell 412 Griffin HT1	☐ ZJ966	Bell 212 AH2	☐ ZK330	Eurofighter Typhoon FGR4
☐ ZJ780	Aérospatiale Dauphin 3	☐ ZJ967	Grob G109B Vigilant T1	☐ ZK331	Eurofighter Typhoon FGR4
☐ ZJ781	Aérospatiale Dauphin 3	☐ ZJ968	Grob G109B Vigilant T1	☐ ZK332	Eurofighter Typhoon FGR4
☐ ZJ782	Aérospatiale Dauphin 3	☐ ZJ969	Bell 212 AH1	☐ ZK333	Eurofighter Typhoon FGR4
☐ ZJ783	Aérospatiale Dauphin 3	☐ ZJ990	EHI-101 Merlin HC3A	☐ ZK334	Eurofighter Typhoon FGR4
☐ ZJ785	Aérospatiale Dauphin 3	☐ ZJ992	EHI-101 Merlin HC3A	☐ ZK335	Eurofighter Typhoon FGR4
☐ ZJ800	Eurofighter Typhoon T3	☐ ZJ994	EHI-101 Merlin HC3A	☐ ZK336	Eurofighter Typhoon FGR4
☐ ZJ801	Eurofighter Typhoon T3	☐ ZJ995	EHI-101 Merlin HC3A	☐ ZK337	Eurofighter Typhoon FGR4
☐ ZJ802	Eurofighter Typhoon T3	☐ ZJ998	EHI-101 Merlin HC3A	☐ ZK338	Eurofighter Typhoon FGR4
☐ ZJ803	Eurofighter Typhoon T3	☐ ZK001	EHI-101 Merlin HC3A	☐ ZK339	Eurofighter Typhoon FGR4
☐ ZJ804	Eurofighter Typhoon T3	☐ ZK005	Grob G109B Vigilant T1	☐ ZK340	Eurofighter Typhoon FGR4
☐ ZJ805	Eurofighter Typhoon T3	☐ ZK010	BAe Hawk T2	☐ ZK341	Eurofighter Typhoon FGR4
☐ ZJ806	Eurofighter Typhoon T3	☐ ZK011	BAe Hawk T2	☐ ZK342	Eurofighter Typhoon FGR4
☐ ZJ807	Eurofighter Typhoon T3	☐ ZK012	BAe Hawk T2	☐ ZK343	Eurofighter Typhoon FGR4
☐ ZJ808	Eurofighter Typhoon T3	☐ ZK013	BAe Hawk T2	☐ ZK344	Eurofighter Typhoon FGR4
☐ ZJ809	Eurofighter Typhoon T3	☐ ZK014	BAe Hawk T2	☐ ZK345	Eurofighter Typhoon FGR4
☐ ZJ810	Eurofighter Typhoon T3	☐ ZK015	BAe Hawk T2	☐ ZK346	Eurofighter Typhoon FGR4
☐ ZJ811	Eurofighter Typhoon T3	☐ ZK016	BAe Hawk T2	☐ ZK347	Eurofighter Typhoon FGR4
☐ ZJ812	Eurofighter Typhoon T3	☐ ZK017	BAe Hawk T2	☐ ZK348	Eurofighter Typhoon FGR4
☐ ZJ813	Eurofighter Typhoon T3	☐ ZK018	BAe Hawk T2	☐ ZK349	Eurofighter Typhoon FGR4
☐ ZJ814	Eurofighter Typhoon T3	☐ ZK019	BAe Hawk T2	☐ ZK350	Eurofighter Typhoon FGR4
☐ ZJ815	Eurofighter Typhoon T3	☐ ZK020	BAe Hawk T2	☐ ZK351	Eurofighter Typhoon FGR4
☐ ZJ910	Eurofighter Typhoon FGR4	☐ ZK021	BAe Hawk T2	☐ ZK352	Eurofighter Typhoon FGR4
☐ ZJ911	Eurofighter Typhoon FGR4	☐ ZK022	BAe Hawk T2	☐ ZK353	Eurofighter Typhoon FGR4
☐ ZJ912	Eurofighter Typhoon FGR4	☐ ZK023	BAe Hawk T2	☐ ZK354	Eurofighter Typhoon FGR4
☐ ZJ913	Eurofighter Typhoon FGR4	☐ ZK024	BAe Hawk T2	☐ ZK355	Eurofighter Typhoon FGR4
☐ ZJ914	Eurofighter Typhoon FGR4	☐ ZK025	BAe Hawk T2	☐ ZK356	Eurofighter Typhoon FGR4
☐ ZJ915	Eurofighter Typhoon FGR4	☐ ZK026	BAe Hawk T2	☐ ZK357	Eurofighter Typhoon FGR4
☐ ZJ916	Eurofighter Typhoon FGR4	☐ ZK027	BAe Hawk T2	☐ ZK358	Eurofighter Typhoon FGR4
☐ ZJ917	Eurofighter Typhoon FGR4	☐ ZK028	BAe Hawk T2	☐ ZK359	Eurofighter Typhoon FGR4
☐ ZJ918	Eurofighter Typhoon FGR4	☐ ZK029	BAe Hawk T2	☐ ZK360	Eurofighter Typhoon FGR4
☐ ZJ919	Eurofighter Typhoon FGR4	☐ ZK030	BAe Hawk T2	☐ ZK361	Eurofighter Typhoon FGR4
☐ ZJ920	Eurofighter Typhoon FGR4	☐ ZK031	BAe Hawk T2	☐ ZK362	Eurofighter Typhoon FGR4
☐ ZJ921	Eurofighter Typhoon FGR4	☐ ZK032	BAe Hawk T2	☐ ZK363	Eurofighter Typhoon FGR4
☐ ZJ922	Eurofighter Typhoon FGR4	☐ ZK033	BAe Hawk T2	☐ ZK364	Eurofighter Typhoon FGR4
☐ ZJ923	Eurofighter Typhoon FGR4	☐ ZK034	BAe Hawk T2	☐ ZK365	Eurofighter Typhoon FGR4
☐ ZJ924	Eurofighter Typhoon FGR4	☐ ZK035	BAe Hawk T2	☐ ZK366	Eurofighter Typhoon FGR4
☐ ZJ925	Eurofighter Typhoon FGR4	☐ ZK036	BAe Hawk T2	☐ ZK379	Eurofighter Typhoon T3
☐ ZJ926	Eurofighter Typhoon FGR4	☐ ZK037	BAe Hawk T2	☐ ZK380	Eurofighter Typhoon T3
☐ ZJ927	Eurofighter Typhoon FGR4	☐ ZK067	Bell 212 AH3	☐ ZK381	Eurofighter Typhoon T3
☐ ZJ928	Eurofighter Typhoon FGR4	☐ ZK205	Grob G109B Vigilant T1	☐ ZK382	Eurofighter Typhoon T3
☐ ZJ929	Eurofighter Typhoon FGR4	☐ ZK206	Bell 212 AH2	☐ ZK383	Eurofighter Typhoon T3
☐ ZJ930	Eurofighter Typhoon FGR4	☐ ZK300	Eurofighter Typhoon FGR4	☐ ZK451	Beech 200 King Air
☐ ZJ931	Eurofighter Typhoon FGR4	☐ ZK301	Eurofighter Typhoon FGR4	☐ ZK452	Beech 200 King Air
☐ ZJ932	Eurofighter Typhoon FGR4	☐ ZK302	Eurofighter Typhoon FGR4	☐ ZK455	Beech 200 King Air
☐ ZJ933	Eurofighter Typhoon FGR4	☐ ZK303	Eurofighter Typhoon T3	☐ ZK456	Beech 200 King Air
☐ ZJ934	Eurofighter Typhoon FGR4	☐ ZK304	Eurofighter Typhoon FGR4	☐ ZK458	Beech 200GT King Air
☐ ZJ935	Eurofighter Typhoon FGR4	☐ ZK305	Eurofighter Typhoon FGR4	☐ ZK459	Beech 200GT King Air
☐ ZJ936	Eurofighter Typhoon FGR4	☐ ZK306	Eurofighter Typhoon FGR4	☐ ZK460	Beech 200GT King Air
☐ ZJ937	Eurofighter Typhoon FGR4	☐ ZK307	Eurofighter Typhoon FGR4	☐ ZK550	Boeing Chinook HC6
☐ ZJ938	Eurofighter Typhoon FGR4	☐ ZK308	Eurofighter Typhoon FGR4	☐ ZK551	Boeing Chinook HC6
☐ ZJ939	Eurofighter Typhoon FGR4	☐ ZK309	Eurofighter Typhoon FGR4	☐ ZK552	Boeing Chinook HC6
☐ ZJ940	Eurofighter Typhoon FGR4	☐ ZK310	Eurofighter Typhoon FGR4	☐ ZK553	Boeing Chinook HC6
☐ ZJ941	Eurofighter Typhoon FGR4	☐ ZK311	Eurofighter Typhoon FGR4	☐ ZK554	Boeing Chinook HC6
☐ ZJ942	Eurofighter Typhoon FGR4	☐ ZK312	Eurofighter Typhoon FGR4	☐ ZK555	Boeing Chinook HC6
☐ ZJ944	Eurofighter Typhoon FGR4	☐ ZK313	Eurofighter Typhoon FGR4	☐ ZM135	F-35 Lightning II
☐ ZJ945	Eurofighter Typhoon FGR4	☐ ZK314	Eurofighter Typhoon FGR4	☐ ZM136	F-35 Lightning II
☐ ZJ946	Eurofighter Typhoon FGR4	☐ ZK315	Eurofighter Typhoon FGR4	☐ ZM137	F-35 Lightning II
☐ ZJ947	Eurofighter Typhoon FGR4	☐ ZK316	Eurofighter Typhoon FGR4	☐ ZM400	Airbus Atlas
☐ ZJ948	Eurofighter Typhoon FGR4	☐ ZK317	Eurofighter Typhoon FGR4	☐ ZM401	Airbus Atlas
☐ ZJ949	Eurofighter Typhoon FGR4	☐ ZK318	Eurofighter Typhoon FGR4	☐ ZR283	AgustaWestland AW139
☐ ZJ950	Eurofighter Typhoon FGR4	☐ ZK319	Eurofighter Typhoon FGR4	☐ ZR322	Agusta A109E
☐ ZJ951	BAe Hawk Mk100	☐ ZK320	Eurofighter Typhoon FGR4	☐ ZR324	Agusta A109E
☐ ZJ954	Westland Puma HC2	☐ ZK321	Eurofighter Typhoon FGR4	☐ ZR325	Agusta A109E
☐ ZJ955	Westland Puma HC2	☐ ZK322	Eurofighter Typhoon FGR4	☐ ZZ171	C-17A Globemaster III
☐ ZJ956	Westland Puma HC2	☐ ZK323	Eurofighter Typhoon FGR4	☐ ZZ172	C-17A Globemaster III
☐ ZJ957	Westland Puma HC2	☐ ZK324	Eurofighter Typhoon FGR4	☐ ZZ173	C-17A Globemaster III
☐ ZJ960	Grob G109B Vigilant T1	☐ ZK325	Eurofighter Typhoon FGR4	☐ ZZ174	C-17A Globemaster III
☐ ZJ961	Grob G109B Vigilant T1	☐ ZK326	Eurofighter Typhoon FGR4	☐ ZZ175	C-17A Globemaster III

☐ ZZ176	C-17A Globemaster III	☐ ZZ382	AgustaWestland Wildcat AH1	☐ ZZ405	AgustaWestland Wildcat AH1
☐ ZZ177	C-17A Globemaster III	☐ ZZ383	AgustaWestland Wildcat AH1	☐ ZZ406	AgustaWestland Wildcat AH1
☐ ZZ178	C-17A Globemaster III	☐ ZZ384	AgustaWestland Wildcat AH1	☐ ZZ407	AgustaWestland Wildcat AH1
☐ ZZ190	Hawker Hunter F58	☐ ZZ385	AgustaWestland Wildcat AH1	☐ ZZ408	AgustaWestland Wildcat AH1
☐ ZZ191	Hawker Hunter F58	☐ ZZ386	AgustaWestland Wildcat AH1	☐ ZZ409	AgustaWestland Wildcat AH1
☐ ZZ192	Grob G109B Vigilant T1	☐ ZZ387	AgustaWestland Wildcat AH1	☐ ZZ410	AgustaWestland Wildcat AH1
☐ ZZ193	Grob G109B Vigilant T1	☐ ZZ388	AgustaWestland Wildcat AH1	☐ ZZ413	AgustaWestland Wildcat HMA2
☐ ZZ194	Hawker Hunter F58	☐ ZZ389	AgustaWestland Wildcat AH1	☐ ZZ414	AgustaWestland Wildcat HMA2
☐ ZZ330	Airbus Voyager KC2	☐ ZZ390	AgustaWestland Wildcat AH1	☐ ZZ415	AgustaWestland Wildcat HMA2
☐ ZZ331	Airbus Voyager KC2	☐ ZZ391	AgustaWestland Wildcat AH1	☐ ZZ416	Beech Shadow R1
☐ ZZ332	Airbus Voyager KC3	☐ ZZ392	AgustaWestland Wildcat AH1	☐ ZZ417	Beech Shadow R1
☐ ZZ333	Airbus Voyager KC3	☐ ZZ393	AgustaWestland Wildcat AH1	☐ ZZ418	Beech Shadow R1
☐ ZZ334	Airbus Voyager KC3	☐ ZZ394	AgustaWestland Wildcat AH1	☐ ZZ419	Beech Shadow R1
☐ ZZ335	Airbus Voyager KC3	☐ ZZ395	AgustaWestland Wildcat AH1	☐ ZZ500	Beech Avenger T1
☐ ZZ337	Airbus Voyager KC3	☐ ZZ396	AgustaWestland Wildcat HMA2	☐ ZZ501	Beech Avenger T1
☐ ZZ338	Airbus Voyager KC3	☐ ZZ397	AgustaWestland Wildcat HMA2	☐ ZZ502	Beech Avenger T1
☐ ZZ375	AgustaWestland Wildcat HMA2	☐ ZZ398	AgustaWestland Wildcat AH1	☐ ZZ503	Beech Avenger T1
☐ ZZ376	AgustaWestland Wildcat HMA2	☐ ZZ399	AgustaWestland Wildcat AH1	☐ ZZ504	Beech Shadow R1
☐ ZZ377	AgustaWestland Wildcat HMA2	☐ ZZ400	AgustaWestland Wildcat	☐ ZZ510	AgustaWestland Wildcat AH1
☐ ZZ378	AgustaWestland Wildcat HMA2	☐ ZZ401	AgustaWestland Wildcat	☐ ZZ511	AgustaWestland Wildcat AH1
☐ ZZ379	AgustaWestland Wildcat HMA2	☐ ZZ402	AgustaWestland Wildcat	☐ ZZ512	AgustaWestland Wildcat AH1
☐ ZZ380	AgustaWestland Wildcat HMA2	☐ ZZ403	AgustaWestland Wildcat AH1	☐ ZZ664	Boeing RC-135W
☐ ZZ381	AgustaWestland Wildcat HMA2	☐ ZZ404	AgustaWestland Wildcat AH1		

United Kingdom Exemptions Register
updated to 22nd January 2015

UK civil registered aircraft may be granted exemptions by the CAA to fly in appropriate military or period markings

UK markings

Reg	Mark	Civil
471		G-AWYI
5964		G-BFVH
9917		G-EBKY
A126		G-CILI
B595	W	G-BUOD
B2458	R	G-BPOB
C1904	Z	G-PFAP
C3009	B	G-BFWD
C3011	S	G-SWOT
C4918		G-BWJM
C5430	V	G-CCXG
C9533	M	G-BUWE
D8096	D	G-AEPH
E3273		G-ADEV
F141	G	G-SEVA
F235	B	G-BMDB
F904		G-EBIA
F943		G-BIHF
F5447	N	G-BKER
F5459	Y	G-INNY
F8010	Z	G-BDWJ
J7326		G-EBQP
K1786		G-AFTA
K2046		G-AYJY
K2048		G-BZNW
K2050		G-ASCM
K2075		G-BEER
K2567		G-MOTH
K2572		G-AOZH
K2585		G-ANKT
K2587		G-BJAP
K3241		G-AHSA
K3661	562	G-BURZ
K3731		G-RODI
K4259	71	G-ANMO
K5414	XV	G-AENP
K5673		G-BZAS
K5674		G-CBZP
K5682	6	G-BBVO
K7271		G-CCKV
K7985		G-AMRK
K8203		G-BTVE
K8303	D	G-BWWN
L6739	YP-Q	G-BPIV
N500		G-BWRA
N3200	QV	G-CFGJ
N3788		G-AKPF
N5199		G-BZND
N5903		G-GLAD
N6290		G-BOCK
N6466		G-ANKZ
N6537		G-AOHY
N6720	VX	G-BYTN
N6797		G-ANEH
N6847		G-APAL
N9192	RCO-N	G-DHZF
N9328	69	G-ALWS
N9389		G-ANJA
N9503	39	G-ANFP
P3886	UF-K	G-CHTK
P6382	C	G-AJRS
P7308	XR-D	G-AIST
P9374	J	G-MKIA
P9398	KL-B	G-CEPL
R4118	UP-W	G-HUPW
R4922		G-APAO
R4959	59	G-ARAZ
R5136		G-APAP
R5172	FIJE	G-AOIS
S1581	573	G-BWWK
T5854		G-ANKK
T5879	RUC-W	G-AXBW
T6953		G-ANNI
T7230		G-AFVE
T7281		G-ARTL
T7290	14	G-ANNK
T7794		G-ASPV
T7842		G-AMTF
T7909		G-ANON
T7997		G-AHUF
T9738		G-AKAT
V9367	MA-B	G-AZWT
W3257	E-FY	G-CENI
W9385	YG-L/3	G-ADND
X4650	KL-A	G-CGUK
Z5140	HA-C	G-HURI
Z7015	7-L	G-BKTH
AB196		G-CCGH
AD370	PJ-C	G-CHBW
AG244		G-CBOE
BB803		G-ADWJ
BE505	XP-L	G-HHII
BL735	BT-A	G-HABT
BL927	JH-I	G-CGWI
BM597	JH-C	G-MKVB
DE208		G-AGYU
DE470	16	G-ANMY
DE623		G-ANFI
DE673		G-ADNZ
DE971		G-OOSY
DE974		G-ANZZ
DE992		G-AXXV
DF112		G-ANRM
DF128	RCO-U	G-AOJJ
EM720		G-AXAN
EN961	SD-X	G-CGIK
EP120	AE-A	G-LFVB
FE695	94	G-BTXI
FE788		G-CTKL
FR886		G-BDMS
FT375		G-BWUL
FT391		G-AZBN
HG691		G-AIYR
JV579	F	G-RUMW
KD345	A/130	G-FGID
KF584	RAI-X	G-RAIX
KF729		G-BJST
KK116		G-AMPY
KP110		G-BKGM
LB312		G-AHXE
LB323		G-AHSD
LB367		G-AHGZ
LF858		G-BLUZ
MH434	ZD-B	G-ASJV
MJ627	9G-P	G-BMSB
MK912	SH-L	G-BRRA
MT182		G-AJDY
MT197		G-ANHS
MT255		G-ANHU
MT438		G-AREI
MT818		G-AIDN
MV268	JE-J	G-SPIT
NJ633		G-AKXP
NJ673		G-AOCR
NJ689		G-ALXZ
NJ695		G-AJXV
NJ728		G-AIKE
NJ889		G-AHLK
NL750		G-AOBH
NM138		G-ANEW
NM181		G-AZGZ
NX534		G-BUDL
PL788		G-CIEN
PL965	R	G-MKXI
PS853	C	G-RRGN
PT462	SW-A	G-CTIX
PV202	5R-H	G-CCCA
PV303	ON-B	G-CCJL
RB142	DW-B	G-CEFC
RG333		G-AIEK
RK855	FT-C	G-PIXY
RM221		G-ANXR
RR232		G-BRSF
RT486	PF-A	G-AJGJ
RT610		G-AKWS
RW382	3W-P	G-PBIX
SM520	KJ-I	G-ILDA
SM845	R	G-BUOS
SX336	VL/105	G-KASX
TA805	FX-M	G-PMNF
TD248	CR-S	G-OXVI
TD314	FX-P	G-CGYJ
TE184	BK	G-MXVI
TJ207	P	G-AKPI
TJ343		G-AJXC
TJ518		G-AJIH
TJ534		G-AKSY
TJ565		G-AMVD
TJ672	TS-D	G-ANIJ
TW439		G-ANRP
TW467		G-ANIE
TW501		G-ALBJ
TW511		G-APAF
TW519	ROA-V	G-ANHX
TW536	TS-V	G-BNGE
TW591	N	G-ARIH
TW641		G-ATDN
TX310		G-AIDL
VF512	PF-M	G-ARRX
VF516		G-ASMZ
VF526	T	G-ARXU
VF557	H	G-ARHM
VF581	G	G-ARSL
VP981		G-DHDV
VR259	M	G-APJB
VX113	36	G-ARNO
VX281	VL/120	G-RNHF
VX927		G-ASYG
WA591	FMK-Q	G-BWMF
WB565	X	G-PVET
WB569	R	G-BYSJ
WB588	D	G-AOTD
WB615	E	G-BXIA
WB654	U	G-BXGO
WB671	910	G-BWTG

128

☐ WB697	95	G-BXCT	☐ WV318		G-FFOX	☐ XX521	H	G-CBEH
☐ WB702		G-AOFE	☐ WV322		G-BZSE	☐ XX522	06	G-DAWG
☐ WB703		G-ARMC	☐ WV372	R	G-BXFI	☐ XX524	04	G-DDOG
☐ WB711		G-APPM	☐ WV514	C-N	G-BLIW	☐ XX525	03	G-CBJJ
☐ WB726	E	G-AOSK	☐ WV740		G-BNPH	☐ XX528	D	G-BZON
☐ WD286		G-BBND	☐ WZ507	74	G-VTII	☐ XX534	B	G-EDAV
☐ WD292		G-BCRX	☐ WZ662		G-BKVK	☐ XX537	C	G-CBCB
☐ WD310	B	G-BWUN	☐ WZ706		G-BURR	☐ XX538	O	G-TDOG
☐ WD322		G-BYYU	☐ WZ711		G-AVHT	☐ XX543	U	G-CBAB
☐ WD331		G-BXDH	☐ WZ847	F	G-CPMK	☐ XX546	03	G-WINI
☐ WD363	5	G-BCIH	☐ WZ872	E	G-BZGB	☐ XX549	6	G-CBID
☐ WD373	12	G-BXDI	☐ WZ879	X	G-BWUT	☐ XX550	Z	G-CBBL
☐ WD390	68	G-BWNK	☐ WZ882	K	G-BXGP	☐ XX551	E	G-BZDP
☐ WD413		G-VROE	☐ XE685	861/VL	G-GAII	☐ XX554	09	G-BZMD
☐ WE569		G-ASAJ	☐ XF597	AH	G-BKFW	☐ XX561	7	G-BZEP
☐ WG308	8	G-BYHL	☐ XF603		G-KAPW	☐ XX611	7	G-CBDK
☐ WG316		G-BCAH	☐ XF690		G-MOOS	☐ XX614	1	G-GGRR
☐ WG321	G	G-DHCC	☐ XH134		G-OMHD	☐ XX619	T	G-CBBW
☐ WG348		G-BBMV	☐ XH558		G-VLCN	☐ XX621	H	G-CBEF
☐ WG350		G-BPAL	☐ XJ729		G-BVGE	☐ XX622	B	G-CBGX
☐ WG407	67	G-BWMX	☐ XJ771		G-HELV	☐ XX624	E	G-KDOG
☐ WG422	16	G-BFAX	☐ XL573		G-BVGH	☐ XX626	W 02	G-CDVV
☐ WG465		G-BCEY	☐ XL577		G-XMHD	☐ XX628	9	G-CBFU
☐ WG469	72	G-BWJY	☐ XL714		G-AOGR	☐ XX629		G-BZXZ
☐ WG472		G-AOTY	☐ XL809		G-BLIX	☐ XX630	5	G-SIJW
☐ WG655	910 GN	G-CHFP	☐ XL954		G-BXES	☐ XX631	W	G-BZXS
☐ WJ368		G-ASZX	☐ XM424	1 FTS	G-BWDS	☐ XX636	Y	G-CBFP
☐ WJ404		G-ASOI	☐ XM479		G-BVEZ	☐ XX638		G-DOGG
☐ WK163		G-BVWC	☐ XN441		G-BGKT	☐ XX667	16	G-BZFN
☐ WK436		G-VENM	☐ XN637		G-BKOU	☐ XX668	I	G-CBAN
☐ WK512	A	G-BXIM	☐ XP254		G-ASCC	☐ XX693	07	G-BZML
☐ WK514		G-BBMO	☐ XP279		G-BWKK	☐ XX694	E	G-CBBS
☐ WK517		G-ULAS	☐ XP820		G-CICP	☐ XX695		G-CBBT
☐ WK522		G-BCOU	☐ XP907		G-SROE	☐ XX698	9	G-BZME
☐ WK549		G-BTWF	☐ XP924	134	G-CVIX	☐ XX700	17	G-CBEK
☐ WK577		G-BCYM	☐ XR240		G-BDFH	☐ XX702		G-CBCR
☐ WK585		G-BZGA	☐ XR241		G-AXRR	☐ XX704		G-BCUV
☐ WK586		G-BXGX	☐ XR244		G-CICR	☐ XX885		G-HHAA
☐ WK590	69	G-BWVZ	☐ XR246		G-AZBU	☐ XZ329	J	G-BZYD
☐ WK609	93	G-BXDN	☐ XR267		G-BJXR	☐ XZ934		G-CBSI
☐ WK611		G-ARWB	☐ XR379		G-CICS	☐ ZA634	C	G-BUHA
☐ WK624		G-BWHI	☐ XR537		G-NATY	☐ ZA652		G-BUDC
☐ WK628		G-BBMW	☐ XR538	01	G-RORI	☐ ZB627	A	G-CBSK
☐ WK630		G-BXDG	☐ XR595	M	G-BWHU	☐	OU-V	G-LFIX
☐ WK635		G-HFRH	☐ XR673		G-BXLO	☐	4	G-EBNV
☐ WK640		G-CERD	☐ XR944		G-ATTB	☐	6	G-CAMM
☐ WK642	94	G-BXDP	☐ XR992		G-MOUR	☐	12	G-ARSG
☐ WM167		G-LOSM	☐ XS111		G-TIMM	☐ No Marks		G-AANG
☐ WP788		G-BCHL	☐ XT131	B	G-CICN	☐ No Marks		G-AANH
☐ WP795	901	G-BVZZ	☐ XT223		G-XTUN	☐ No Marks		G-AANI
☐ WP800	2	G-BCXN	☐ XT420	606	G-CBUI	☐ No Marks		G-ASPP
☐ WP803		G-HAPY	☐ XT435	430	G-RIMM			
☐ WP805		G-MAJR	☐ XT626	Q	G-CIBW	**FILMING**		
☐ WP808		G-BDEU	☐ XT634		G-BYRX			
☐ WP809	78	G-BVTX	☐ XT787		G-KAXT	☐ OE-FZO		G-BUBP
☐ WP848		G-BFAW	☐ XV137		G-CRUM	☐ OE-FZO		G-CZNE
☐ WP859	E	G-BXCP	☐ XW289	73	G-JPVA			
☐ WP860	6	G-BXDA	☐ XW324	U	G-BWSG	**OTHER NATIONAL MARKINGS**		
☐ WP870	12	G-BCOI	☐ XW325		G-BWGF			
☐ WP896		G-BWVY	☐ XW333		G-BVTC	**Australia**		
☐ WP901	B	G-BWNT	☐ XW354		G-JPTV			
☐ WP903		G-BCGC	☐ XW422		G-BWEB	☐ A11-301	931	G-ARKG
☐ WP925	C	G-BXHA	☐ XW433		G-JPRO	☐ A17-48	48	G-BPHR
☐ WP928	D	G-BXGM	☐ XW612		G-KAXW			
☐ WP929		G-BXCV	☐ XW613		G-BXRS	**Bolivia**		
☐ WP930	J	G-BXHF	☐ XW635		G-AWSW			
☐ WP971		G-ATHD	☐ XW858	C	G-ONNE	☐ FAB-184		G-SIAI
☐ WP973		G-BCPU	☐ XX406	P	G-CBSH			
☐ WP983	B	G-BXNN	☐ XX436		G-ZZLE	**Burkina Faso**		
☐ WP984	H	G-BWTO	☐ XX513	10	G-KKKK			
☐ WR470		G-DHVM	☐ XX515	4	G-CBBC	☐ BF8431	31	G-NRRA
☐ WT723	LM/692	G-PRII	☐ XX518	S	G-UDOG			

Canada

☐ 671		G-BNZC
☐ 3349		G-BYNF
☐ 16693	693	G-BLPG
☐ 18013	013	G-TRIC
☐ 20310	310	G-BSBG
☐ FH153	58	G-BBHK

China

☐	68	G-BVVG

France

☐ 54	AOM	G-CGWR
☐ 78		G-BIZK
☐ 143		G-MSAL
☐ 208	IR	G-YYYY
☐ 351	HY22	G-MOSA
☐ 354		G-BZNK
☐ 18-5395	CDG	G-CUBJ
☐ 517692	142	G-TROY
☐ N1977	8	G-BWMJ
☐ NC854	7	G-NORD
☐ NO.82 X881	8	G-CCVH
☐	XC	G-BSYO

Germany

☐ 33/15		G-CHAW
☐ 105/15		G-UDET
☐ 152/17		G-BVGZ
☐ 403/17		G-CDXR
☐ 416/15		G-GSAL
☐ 422/15		G-FOKR
☐ 477/17		G-FOKK
☐ 556/17		G-CFHY
☐ 1801/18		G-BNPV
☐ 1803/18		G-BUYU
☐ 4477	GD+EG	G-RETA
☐ 7334	2+1	G-SYFW
☐ E37/15		G-CGJF
☐ TP+WX		G-TPWX
☐	9	G-CCFW
☐	10	G-AWHK
☐	14	G-BSMD
☐	14	G-ETME
☐	4+1	G-BSLX
☐	6G+ED	G-BZOB
☐	17+TF	G-BZTJ
☐	99+18	G-ONAA
☐	BG+KM	G-ASTG
☐	BU+CC	G-BUCC
☐	CG+EV	G-CGEV
☐	GM+AI	G-STCH
☐	LG+01	G-CIJV
☐	NJ+C11	G-ATBG
☐	S4-A07	G-BWHP
☐	<<1	G-AWHE

Hong Kong

☐ HKG-5	G-BULL
☐ HKG-6	G-BPCL
☐ HKG-11	G-BYRY
☐ HKG-13	G-BXKW

India

☐ HT-291		G-CGYM

Ireland

☐ 169		G-ARGG
☐ 170		G-BDRJ

Italy

☐ MM52801	97-4	G-BBII

Kuwait

☐ K167-113	113 D	G-CFBK

Netherlands

☐ 174	K	G-BEPV
☐ 54-2441	R-151	G-BIYR
☐ BI005		G-BUVN
☐ E-15		G-BIYU
☐ N-294		G-KAXF
☐ N-321		G-BWGL
☐ R-156		G-ROVE
☐ R-167		G-LION

Oman

☐ 425		G-SOAF

Portugal

☐ 1350	G-CGAO
☐ 1365	G-DHPM
☐ 1367	G-UANO
☐ 1373	G-CBJG
☐ 1377	G-BARS
☐ 1747	G-BGPB
☐ 3303	G-CBGL

Russia

☐ 1		G-BZMY
☐ 01		G-YKSZ
☐	03	G-CEIB
☐ 07		G-BMJY
☐ 9		G-OYAK
☐ 09		G-BVMU
☐ 10		G-BTZB
☐ 11		G-YCII
☐ 20		G-YAAK
☐ 21		G-CDBJ
☐ 23		G-YKSO
☐ 26		G-BVXK
☐ 27		G-YAKX
☐ 28		G-BSSY
☐ 31		G-YAKV
☐ 33		G-YAKH
☐ 33		G-YAKZ
☐ 43		G-BWSV
☐ 49		G-YAKU
☐ 50		G-CBRW
☐ 52		G-BTZE
☐ 52		G-CCJK
☐ 55		G-BVOK
☐ 61		G-YAKM
☐ 66		G-YAKN
☐ 67		G-CBSL
☐ 100		G-CGXG
☐ No Marks		G-BTUB

Singapore

☐ 311		G-MXPH

South Arabia

☐ 104		G-PROV

Spain

☐ E3B-153	781-75	G-BPTS
☐ E3B-350	05-97	G-BHPL
☐ E3B-379	72-36	G-CDJU
☐ E3B-494	81-47	G-CDLC
☐ E3B-599	791-31	G-CGTX

Sri Lanka

☐ CT180		G-BXZB
☐ CT190		G-CGFS

Switzerland

☐ A-57		G-BECT
☐ A-806		G-BTLL
☐ C-552		G-DORN
☐ U-80	RV	G-BUKK
☐ U-95		G-BVGP
☐ U-99		G-AXMT
☐ U-110		G-PTWO
☐ V-54		G-BVSD

USA

☐ 14		G-ISDN
☐ 19		G-BTCC
☐ 27		G-AGYY
☐ 27	VS-932	G-BRVG
☐ 43	SC	G-AZSC
☐ 44		G-RJAH
☐ 001		G-BYPY
☐ 112		G-BSWC
☐ 118		G-BSDS
☐ 284	18P	G-CDWH
☐ 309		G-IIIG
☐ 379		G-ILLE
☐ 441		G-BTFG
☐ 624	39-D	G-BVMH
☐ 669		G-CCXA
☐ 699		G-CCXB
☐ 854		G-BTBH
☐ 897	E	G-BJEV
☐ 970	V	G-TXAN
☐ 1102	102	G-AZLE
☐ 1164	64	G-BKGL
☐ 3072	72	G-TEXN
☐ 3397	174	G-OBEE
☐ 3681		G-AXGP
☐ 4406	12	G-ONAF
☐ 6136	205	G-BRUJ
☐ 8084		G-KAMY
☐ 8178	FU-178	G-SABR
☐ 14863		G-BGOR
☐ 16011		G-OHGA
☐ 16037		G-BSFD
☐ 24550	GP	G-PDOG
☐ 24582		G-VDOG
☐ 28521	TA-521	G-TVIJ
☐ 31145	G-26	G-BBLH
☐ 31952		G-BRPR
☐ 36922	WD-Y	G-CMPC
☐ 43517	227	G-NZSS
☐ 80105	19	G-CCBN
☐ 85061	7F 061	G-CHIA
☐ 111836	JZ-6	G-TSIX
☐ 115042	TA-042	G-BGHU

☐	115227		G-BKRA	☐	433915		G-PBYA	☐	42-78044		G-BRXL
☐	115302	TP VMO-6	G-BJTP	☐	436021		G-BWEZ	☐	42-84555	EP-H	G-ELMH
☐	115373	A-373	G-AYPM	☐	454467	J-44	G-BILI	☐	43-583	D-44	G-FINT
☐	115684		G-BKVM	☐	454537	J-04	G-BFDL	☐	44-79609	S-44	G-BHXY
☐	121714	B-201	G-RUMM	☐	472035		G-SIJJ	☐	44-79649		G-AIIH
☐	124485	DF-A	G-BEDF	☐	472216	HO-M	G-BIXL	☐	44-79712		G-AHIP
☐	126922	H-503	G-RADR	☐	472218	WZ-I	G-MUZY	☐	44-79790		G-BJAY
☐	225068	WZ-D	G-CDVX	☐	474008	VF-R	G-PSIR	☐	44-83184		G-RGUS
☐	236657	D-72	G-BGSJ	☐	479744	M-49	G-BGPD	☐	51-11701A	AF258	G-BSZC
☐	238410	A-44	G-BHPK	☐	479766	D-63	G-BKHG	☐	51-15319		G-FUZZ
☐	314887		G-AJPI	☐	479897	JD	G-BOXJ	☐	51-15555		G-OSPS
☐	329405	A-23	G-BCOB	☐	480015	M-44	G-AKIB	☐	52-8543	66	G-BUKY
☐	329417		G-BDHK	☐	480133	B-44	G-BDCD	☐	54-2445		G-OTAN
☐	329471	F-44	G-BGXA	☐	480173	H-57	G-RRSR	☐	66-374	EO	G-BAGT
☐	329601	D-44	G-AXHR	☐	480321	H-44	G-FRAN	☐	72-21509	129	G-UHIH
☐	329707	S-44	G-BFBY	☐	480480	E-44	G-BECN	☐	108-1601	H	G-CFGE
☐	329854	R-44	G-BMKC	☐	480636	A-58	G-AXHP	☐	146-11083	5	G-BNAI
☐	329934	B-72	G-BCPH	☐	480723	E5-J	G-BFZB	☐	VN2S-5	671	G-CGPY
☐	330238	A-24	G-LIVH	☐	480752	E-39	G-BCXJ	☐		7	G-BMZX
☐	330244	C-46	G-CGIY	☐	493209	CALIF ANG	G-DDMV	☐		G-57	G-AKAZ
☐	330314		G-BAET	☐	542447		G-SCUB	☐		CY-G	G-TSIM
☐	330372		G-AISX	☐	2104590	44	G-KITT	☐		X1-7	G-CGZP
☐	379994	J-52	G-BPUR	☐	2106638	E9-R	G-CIFD				
☐	413521	5Q-B	G-MRLL	☐	3-1923		G-BRHP	**Yugoslavia**			
☐	413704	B7-H	G-BTCD	☐	5-624KT		G-BPKT				
☐	413926	E2-S	G-CGOI	☐	18-2001		G-BIZV	☐		146	G-BSXD
☐	414419	LH-F	G-MSTG	☐	33-0036	ZM-3	G-BLPA	☐	30149	149	G-SOKO
☐	414673	LH-I	G-BDWM	☐	41-33275	CE	G-BICE				

United Kingdom & Republic of Ireland Aviation Museums

The following is a list of aircraft on public display in museums located in the UK & Republic of Ireland.

Airworthy exhibits are included in other sections of this book and cockpits are not included.

Baldonnel Airfield, Dublin
Irish Air Corps Museum & Heritage Project
(www.militaryheritage.ie/research/milmuseums/ac/acorps.htm)
- [ ] C-7 — Avro 631 Cadet
- [ ] 141 — Avro Anson
- [ ] 164 — DHC-1 Chipmunk
- [ ] 168 — DHC-1 Chipmunk
- [ ] 172 — DHC-1 Chipmunk
- [ ] 183 — Percival Provost T51
- [ ] 191 — DH.115 Vampire T55
- [ ] 199 — DHC-1 Chipmunk
- [ ] 216 — Fouga CM.170
- [ ] 219 — Fouga CM.170
- [ ] 231 — SIAI SF.260WE

Bentwaters Airfield, Suffolk
Bentwaters Cold War Museum
(www.bcwm.org.uk)
- [ ] WH453 — Gloster Meteor D16
- [ ] XE707 — Hawker Hunter GA11
- [ ] XN629 — Hunting Jet Provost T3A
- [ ] XV401 — McD D Phantom FGR2
- [ ] XV497 — McD D Phantom FGR2
- [ ] XX741 — SEPECAT Jaguar GR1A
- [ ] ZD667 — BAe Harrier GR3
- [ ] ZF581 — BAC Lightning F53

Birmingham, West Midlands
Thinktank
(www.thinktank.ac)
- [ ] 'P3395' — Hawker Hurricane IV (KX829)
- [ ] ML427 — VS Spitfire IX

Bournemouth Airport, Dorset
Bournemouth Aviation Museum
(www.aviation-museum.co.uk)
- [ ] G-BKRL — CMC Leopard
- [ ] KF488 — North American Harvard IIB
- [ ] WS776 — Gloster Meteor NF14
- [ ] 'WW421' — Percival Provost T1 (WW450)
- [ ] XE856 — DH.115 Vampire T11
- [ ] XG160 — Hawker Hunter F6A
- [ ] XS463 — Westland Wasp HAS1
- [ ] XT257 — Westland Wessex HAS3
- [ ] XX763 — SEPECAT Jaguar GR1

Bovington, Dorset
The Tank Museum
(www.tankmuseum.org)
- [ ] TK718 — GAL Hamilcar I
- [ ] XM564 — Westland Skeeter AOP12

Brenzett, Kent
Romney Marsh Wartime Collection
(www.brenzettaero.co.uk)
- [ ] XK625 — DH.115 Vampire T11

Brooklands, Surrey
Brooklands Museum
(www.brooklandsmuseum.com)
Wellington Hangar
- [ ] NX71MY — Vickers Vimy
- [ ] 'B7270' — Sopwith Camel (G-BFCZ)
- [ ] N2980 — Vickers Wellington IA
- [ ] Z2389 — Hawker Hurricane II

Displayed outside
- [ ] G-AGRU — Vickers 657 Viking 1
- [ ] G-APEP — Vickers 953 Merchantman
- [ ] G-APIM — Vickers 806 Viscount
- [ ] G-ARVM — Vickers VC-10 Series 1101
- [ ] G-ASYD — BAC One-Eleven 475AM
- [ ] G-BBDG — BAC Concorde 100
- [ ] G-VTOL — BAe Harrier T52
- [ ] A4O-AB — Vickers VC-10 Series 1103
- [ ] WF372 — Vickers Varsity T1
- [ ] WK198 — Supermarine Swift F1
- [ ] 'XF314' — Hawker Hunter F51 (E-412)
- [ ] XP984 — Hawker P.1127
- [ ] XX499 — SA Jetstream T1
- [ ] E-421 — Hawker Hunter F51

Bruntingthorpe Aerodrome, Leicestershire
Cold War Jets Collection
(www.bruntingthorpeaviation.com/the-aircraft)
- [ ] 'G-ASDA' — Boeing 747-212B (SX-OAD)
- [ ] F-BTGV — Aero 377SGT Super Guppy
- [ ] WR974 — Avro Shackleton MR3/3
- [ ] WT333 — EE Canberra B6mod
- [ ] WT806 — Hawker Hunter GA11
- [ ] XJ494 — DH.110 Sea Vixen FAW2
- [ ] XL565 — Hawker Hunter T7
- [ ] XM365 — Hunting Jet Provost T3A
- [ ] XM715 — Handley Page Victor K2
- [ ] XN494 — Hunting Jet Provost T3A
- [ ] XN582 — Hunting Jet Provost T3A
- [ ] XN584 — Hunting Jet Provost T3A
- [ ] XP672 — Hunting Jet Provost T4
- [ ] XR728 — BAC Lightning F6
- [ ] XS235 — DH.106 Comet 4C
- [ ] XS904 — BAC Lightning F6
- [ ] XV226 — HS Nimrod MR2
- [ ] XW290 — Hunting Jet Provost T5A
- [ ] XW544 — Blackburn Buccaneer S2B
- [ ] XX145 — SEPECAT Jaguar T2A
- [ ] XX467 — Hawker Hunter T7
- [ ] XX494 — SA Jetstream T1
- [ ] XX889 — Blackburn Buccaneer S2B
- [ ] XX894 — Blackburn Buccaneer S2B
- [ ] XX900 — Blackburn Buccaneer S2B
- [ ] XZ382 — SEPECAT Jaguar GR1
- [ ] ZA326 — Panavia Tornado GR1
- [ ] ZD241 — Vickers VC-10 K4
- [ ] ZD610 — BAe Sea Harrier FA2
- [ ] 85 — Dassault Mystère IVA
- [ ] 22+35 — Lockheed F-104G
- [ ] 1018 — PZL TS-11 Iskra

Caernarfon Aerodrome, Gwynedd
Airworld Museum
(www.airworldmuseum.co.uk)
- [ ] G-MBEP — Aerolights Eagle 215B
- [ ] WM961 — Hawker Sea Hawk FB5
- [ ] WT694 — Hawker Hunter F1
- [ ] XA282 — Slingsby Cadet TX3
- [ ] XJ726 — Westland Whirlwind HAR10
- [ ] XK623 — DH.115 Vampire T11
- [ ] XL618 — Hawker Hunter T7
- [ ] XW269 — BAe Harrier T4

Carlisle Airport, Cumbria
Solway Aviation Museum
(www.solway-aviation-museum.co.uk)
- [ ] G-APLG — Auster J/5L
- [ ] WE188 — EE Canberra T4
- [ ] WP314 — Percival Sea Prince T1
- [ ] WS832 — Gloster Meteor NF14
- [ ] WV198 — Westland Whirlwind HAR21
- [ ] WZ515 — DH.115 Vampire T11
- [ ] 'XG190' — Hawker Hunter F51 (E-425)
- [ ] XJ823 — Avro 698 Vulcan B2
- [ ] XS209 — Hunting Jet Provost T4
- [ ] XV406 — McD D Phantom FGR2
- [ ] ZF583 — BAC Lightning F53

Charlwood, Surrey
Gatwick Aviation Museum
(www.gatwick-aviation-museum.co.uk)
- [ ] VZ638 — Gloster Meteor T7
- [ ] WH773 — EE Canberra PR7
- [ ] WP308 — Percival Sea Prince T1
- [ ] WR982 — Avro Shackleton MR3/3
- [ ] 'XE489' — Hawker Sea Hawk FB3 (G-JETH)
- [ ] XL591 — Hawker Hunter T7
- [ ] XN923 — Blackburn Buccaneer S1
- [ ] XP351 — Westland Whirlwind HAR10
- [ ] XP398 — Westland Whirlwind HAR10
- [ ] XS587 — DH.110 Sea Vixen FAW2
- [ ] XV751 — BAe Harrier GR3
- [ ] ZF579 — BAC Lightning F53
- [ ] E-430 — Hawker Hunter F51
- [ ] J-1605 — DH.112 Venom FB50

Chatham, Kent
The Historic Dockyard Chatham
(www.thedockyard.co.uk)
- [ ] WG751 — Westland Dragonfly HR1

Royal Engineers Museum
(www.re-museum.co.uk)
- [ ] XZ964 — BAe Harrier GR3

Coalville, Leicestershire
Snibston Discovery Museum
(www.leics.gov.uk/museums/snibston)
- [ ] G-AGOH — Auster J/1 Autocrat
- [ ] XP280 — Auster AOP9

RAF Cosford, Shropshire
Royal Air Force Museum
(www.rafmuseum.org.uk/cosford)
Hangar 1
- [ ] G-EBMB — Hawker Cygnet
- [ ] G-ACGL — Comper Swift
- [ ] G-AEEH — Mignet HM.14
- [ ] 'G-AFAP' — CASA 352L (T2B-272)

☐ 'G-AJOV' Westland Dragonfly HR3 (WP495)
☐ G-APAS DH.106 Comet 1XB
☐ 'FS628' Fairchild Argus (G-AIZE)
☐ TX214 Avro Anson C19
☐ VP952 DH.104 Devon C2
☐ WE600 Auster T.7 Antarctic
☐ WL679 Vickers Varsity T1
☐ WP912 DHC-1 Chipmunk T10
☐ WV562 Percival Provost T1
☐ WV746 Percival Pembroke C1
☐ XD674 Hunting Jet Provost T1
☐ XJ918 Bristol Sycamore HR14
☐ XL703 SA Pioneer CC1
☐ XP411 AW Argosy C1
☐ XR525 Westland Wessex HC2
☐ XR977 Folland Gnat T1
☐ XS639 HS Andover E3A
☐ XX654 SA Bulldog T1

Test Flight Hangar
☐ WG760 English Electric P1A
☐ WG768 Short SB.5
☐ WG777 Fairey Delta 2
☐ WK935 Gloster Meteor F8mod
☐ WZ744 Avro 707C
☐ XD145 Saro SR.53
☐ X'F926 Bristol 188
☐ XM351 Hunting Jet Provost T3
☐ XN714 Hunting H.126
☐ XR220 BAC TSR-2
☐ XS695 HS Kestrel FGA1
☐ XX765 SEPECAT Jaguar GR1mod
☐ ZF534 BAe EAP

Warplanes Hangar
☐ K9942 VS Spitfire I
☐ LF738 Hawker Hurricane II
☐ RF398 Avro Lincoln B2
☐ TA639 DH.98 Mosquito TT35
☐ XK724 Folland Gnat F1
☐ ZG477 BAe Harrier GR9
☐ A-515 FMA Pucara
☐ L-866 PBY-5A Catalina
☐ 191614 Messerschmitt Me 163B-1
☐ 420430 Messerschmitt Me 410
☐ 475081 Fieseler Fi 156C Storch
☐ 733682 Focke-Wulf Fw 190A-8
☐ 16336 Kawasaki Ki 100
☐ 5439 Mitsubishi Ki 46
☐ J-1704 DH.112 Venom FB4
☐ '413573' North American P-51D

National Cold War Exhibition
☐ KN645 Douglas C-47B Dakota
☐ TG511 Handley Page Hastings T5
☐ TS798 Avro York C1
☐ WS843 Gloster Meteor NF14
☐ XA564 Gloster Javelin FAW1
☐ XB812 Canadair Sabre 4
☐ XD818 Vickers Valiant BK1
☐ XG337 BAC Lightning F1
☐ XH171 EE Canberra PR9
☐ XH672 Handley Page Victor K2
☐ XL568 Hawker Hunter T7
☐ XL993 SA Twin Pioneer CC1
☐ XM598 Avro 698 Vulcan B2
☐ XR371 Short Belfast C1
☐ 503 MiG-21PF
☐ 1120 Lim-2
☐ 74-0177 GD F-111F
☐ 68-8284 Sikorsky MH-53M

Michael Beetham Conservation Centre
☐ P1344 Handley Page Hampden
☐ MF628 Vickers Wellington T10

☐ MN235 Hawker Typhoon Ib
☐ XX946 Panavia Tornado
☐ 7198/18 LVG C.VI
Displayed outside
☐ XG225 Hawker Hunter F6A
☐ 'XM497' Bristol Britannia 312 (G-AOVF)
☐ XS709 HS Dominie T1
☐ XV202 Lockheed Hercules C3
☐ XV249 HS Nimrod R1
☐ XX496 SA Jetstream T1
☐ 204 Lockheed SP-2H Neptune

Coventry Airport, Warwickshire
Midland Air Museum
(www.midlandairmuseum.co.uk)
☐ G-AEGV Mignet HM.14
☐ 'G-ALVD' DH.104 Dove 2 (G-ALCU)
☐ G-APJJ Fairey Ultralight
☐ G-APRL AW Argosy 101
☐ G-APWN Westland Whirlwind Srs 3
☐ G-ARYB HS.125 Srs 1
☐ G-BRNM CMC Leopard
☐ G-MJWH Vortex 120
☐ F-BGNR Vickers 708 Viscount
☐ EE531 Gloster Meteor F4
☐ VF301 DH.100 Vampire F1
☐ VS623 Percival Prentice T1
☐ VT935 Boulton Paul P.111A
☐ WF922 EE Canberra PR3
☐ WS838 Gloster Meteor NF14
☐ WV797 Hawker Sea Hawk FGA6
☐ XA508 Fairey Gannet T2
☐ XA699 Gloster Javelin FAW5
☐ XD626 DH.115 Vampire T11
☐ XE855 DH.115 Vampire T11
☐ XF382 Hawker Hunter F6A
☐ XK789 Slingsby Grasshopper TX1
☐ XL360 Avro 698 Vulcan B2
☐ XN685 DH.110 Sea Vixen FAW2
☐ XR771 BAC Lightning F6
☐ ZE694 BAe Sea Harrier FA2
☐ R-756 Lockheed F-104G
☐ 'GN-101' Folland Gnat F1 (XK741)
☐ 70 Dassault Mystère IVA
☐ 14419 Lockheed T-33A
☐ 17473 Lockheed T-33A
☐ 42174 North American F-100D
☐ 959 MiG-21SPS
☐ 408 PZL TS-11
☐ 55-713 BAC Lightning T55 (ZF598)
☐ 29640 SAAB J-29F
☐ 48-0242 North American F-86A Sabre
☐ 62-4535 Kaman HH-43B Huskie
☐ 63-7414 McD D F-4C Phantom
☐ 63-7699 McD D F-4C Phantom
☐ 56-0312 McD D F-101B Voodoo
☐ 58-2062 DHC-2 Beaver
☐ 06 Red Mil Mi-24D

Cranwell Airfield, Lincolnshire
Cranwell Aviation Heritage Centre
(www.heartoflincs.com)
☐ XP556 Hunting Jet Provost T4

Croydon, Greater London
Croydon Airport Visitor Centre
(www.croydonairport.org.uk)
☐ 'G-AOXL' DH.114 Heron 2D (G-ANUO)

Davidstow Moor, Cornwall
Cornwall At War Museum
(www.cornwallatwarmuseum.co.uk)
☐ XG831 Fairey Gannet ECM6

Doncaster, South Yorkshire
AeroVenture
(www.aeroventure.org.uk)
☐ G-ALYB Auster 5
☐ G-APMY Piper PA-23-160 Apache
☐ G-AVAA Cessna F150G
☐ G-DELB Robinson R22
☐ G-MJKP Hiway Skytrike
☐ G-MMDK Mainair Tri-Flyer
☐ G-MVNT Whittaker MW.5
☐ G-MYJX Whittaker MW.8
☐ EI-JWM Robinson R22
☐ N4565L Douglas DC-3
☐ FX322 North American Harvard II
☐ WA662 Gloster Meteor T7
☐ WB733 DHC-1 Chipmunk T10
☐ WB969 Slingsby Sedbergh TX1
☐ WF122 Percival Sea Prince T1
☐ WN499 Westland Dragonfly HR5
☐ XA460 Fairey Gannet AS4
☐ XA870 Westland Whirlwind HAR1
☐ XE317 Bristol Sycamore HR14
☐ XE935 DH.115 Vampire T11
☐ XJ398 Westland Whirlwind HAR5
☐ XM350 Hunting Jet Provost T3A
☐ XM561 Westland Skeeter AOP12
☐ XN386 Westland Whirlwind HAR9
☐ XP190 Westland Scout AH1
☐ XP345 Westland Whirlwind HAR10
☐ XP706 BAC Lightning F3
☐ XS481 Westland Wessex HU5
☐ XS887 Westland Wessex HAS1
☐ XT242 Westland Sioux AH1
☐ XV139 Westland Scout AH1
☐ XV677 Westland Sea King HAS6
☐ XX411 Westland Gazelle AH1
☐ E-424 Hawker Hunter F51

Dromod, County Leitrim
South East Aviation Enthusiasts Group
(www.cavanandleitrim.com)
☐ EI-BDM Piper PA-23-250D Aztec
☐ EI-100 SZD-12 Mucha
☐ EI-139 Slingsby T31B
☐ 173 DHC-1 Chipmunk T20
☐ 184 Percival Provost T51
☐ 192 DH.115 Vampire T55

Dublin
National Museum of Ireland
(www.museum.ie)
☐ 34 Miles M.14A Magister
☐ 198 DH.115 Vampire T11

Dumfries, Scotland
Dumfries and Galloway Aviation Museum
(www.dumfriesaviationmuseum.com)
☐ G-AHAT Auster J/1N Alpha
☐ G-AWZJ HS.121 Trident 3B
☐ WA576 Bristol Sycamore 3
☐ WL375 Gloster Meteor T7mod
☐ WT746 Hawker Hunter F4
☐ XD547 DH.115 Vampire T11

- [ ] XL497   Fairey Gannet AEW3
- [ ] XP557   Hunting Jet Provost T4
- [ ] XT486   Westland Wessex HU5
- [ ] ZF584   BAC Lightning F53
- [ ] FT-36   Lockheed T-33A
- [ ] 318   Dassault Mystère IV
- [ ] 42163   North American F-100D
- [ ] Q497   EE Canberra T4
- [ ] 35075   SAAB J35A Draken

Duxford Aerodrome, Cambridgeshire
Imperial War Museum
(www.iwm.org.uk)
AirSpace Hangar 1
- [ ] G-AFBS   Miles M.14A Hawk Trainer 3
- [ ] G-ALDG   Handley Page Hermes 4
- [ ] G-ALFU   DH.104 Dove 6
- [ ] G-ANTK   Avro 685 York
- [ ] G-APDB   DH.106 Comet 4
- [ ] G-AXDN   BAC Concorde 101
- [ ] D5649   Airco DH9
- [ ] F3556   RAF RE.8
- [ ] N4877   Avro 652A Anson I
- [ ] 'N6635'   DH.82A Tiger Moth
- [ ] V3388   Airspeed Oxford I
- [ ] 'V9673'   Westland Lysander IIIA
  (G-LIZY)
- [ ] KB889   Avro 683 Lancaster X
- [ ] ML796   Short Sunderland MR5
- [ ] NF370   Fairy Swordfish III
- [ ] TA719   DH.98 Mosquito TT35
- [ ] TG528   Handley Page Hastings C1A
- [ ] VN485   VS Spitfire F24
- [ ] WH725   EE Canberra B2
- [ ] XF708   Avro Shackleton MR3
- [ ] XH648   Handley Page Victor BK1A
- [ ] XJ824   Avro 698 Vulcan B2
- [ ] XK936   Westland Whirlwind HAS7
- [ ] XM135   BAC Lightning F1
- [ ] XR222   BAC TSR-2
- [ ] XS863   Westland Wessex HAS1
- [ ] XX108   SEPECAT Jaguar GR1A
- [ ] XZ133   BAe Harrier GR3
- [ ] ZA465   Panavia Tornado GR1B
- [ ] ZH590   Eurofighter Typhoon DA4
- [ ] 18393   Avro CF-100 Canuck
- [ ] 1133   BAC.167 Strikemaster 80
Air and Sea Hangar 3
- [ ] WM969   Hawker Sea Hawk FB5
- [ ] XG613   DH.112 Sea Venom FAW21
- [ ] XG797   Fairey Gannet ECM6
- [ ] XS567   Westland Wasp HAS1
- [ ] XS576   DH.110 Sea Vixen FAW2
- [ ] XV712   Westland Sea King HAS6
- [ ] XV865   Blackburn Buccaneer S2B
Battle of Britain Hangar 4
- [ ] E2581   Bristol F.2b Fighter
- [ ] 'Z2315'   Hawker Hurricane IIB
- [ ] HM580   Cierva C.30A
- [ ] LZ766   Percival Proctor III
- [ ] WK991   Gloster Meteor F8
- [ ] WZ590   DH.115 Vampire T11
- [ ] XE627   Hawker Hunter F6A
- [ ] XH897   Gloster Javelin FAW9
- [ ] XV474   McD D Phantom FGR2
- [ ] 1190   Messerschmitt Bf 109E
- [ ] 501   MiG-21PF
Conservation in Action Hangar 5
- [ ] G-ALZO   Airspeed Ambassador 2
- [ ] XG743   DH.115 Sea Vampire T22
- [ ] ZD461   BAe Harrier GR9

- [ ] A-549   FMA Pucara
- [ ] 96+21   Mil Mi-24D
- [ ] B2I-27   CASA 2.111B
Building 63
- [ ] XN239   Slingsby Cadet TX3
- [ ] XP281   Auster AOP9
- [ ] 252983   Schweizer TG-3A
American Air Museum
- [ ] 'S4513'   Spad XIII (G-BFYO)
- [ ] 14286   Lockheed T-33A
- [ ] 31171   North American B-25J Mitchell
- [ ] 42165   North American F-100D
- [ ] '46214'   Grumman TBM Avenger
  (CF-KCG)
- [ ] 60689   Boeing B-52D
- [ ] 66692   Lockheed U-2CT
- [ ] 155529   McD D F-4J Phantom
- [ ] '217786'   Boeing Stearman A75N1
- [ ] '226413'   Republic P-47D Thunderbolt
- [ ] '231993'   Boeing B-17G (F-BDRS)
- [ ] 315509   Douglas C-47A Dakota
- [ ] '450493'   Consolidated B-24M Liberator
- [ ] 461748   Boeing TB-29A
- [ ] 61-7962   Lockheed SR-71A
- [ ] 67-0120   GD F-111E
- [ ] 72-21605   Bell UH-1H
- [ ] 76-0020   McD F-15A Eagle
- [ ] 77-0259   Fairchild A-10A
Displayed outside
- [ ] G-ALWF   Vickers 701 Viscount
- [ ] G-AOVT   Bristol Britannia 312
- [ ] G-APWJ   HPR.7 Dart Herald 201
- [ ] G-ASGC   Vickers Super VC-10 1151
- [ ] G-AVFB   HS.121 Trident 2E
- [ ] G-AVMU   BAC One-Eleven 510ED

East Fortune Aerodrome, Scotland
National Museum of Flight Scotland
(www.nms.ac.uk)
Hangar 1
- [ ] G-ARCX   AW Meteor NF14
- [ ] TE462   VS Spitfire XVI
- [ ] WF259   Hawker Sea Hawk F2
- [ ] XN776   BAC Lightning F2A
- [ ] XT288   Blackburn Buccaneer S2B
- [ ] XV277   BAe Harrier GR1
- [ ] XZ119   SEPECAT Jaguar GR1A
- [ ] ZE934   Panavia Tornado F3
- [ ] 3677   MiG-15bis
- [ ] 191659   Messerschmitt Me 163B-1
- [ ] 155848   McD D F-4S Phantom
Hangar 2
- [ ] G-ACYK   Spartan Cruiser
- [ ] G-ANOV   DH.104 Dove
- [ ] G-ASUG   Beech E.18S
- [ ] G-BBVF   SA Twin Pioneer
- [ ] G-BELF   BN-2 Islander
- [ ] G-JSSD   BAe Jetstream 31
- [ ] N14234   HP.137 Jetstream
- [ ] VH-SNB   DH.84 Dragon
- [ ] VM360   Avro Anson C19
Hangar 3
- [ ] G-AGBN   GAL 42 Cygnet
- [ ] G-AHKY   Miles M.18
- [ ] G-AMOG   Vickers 701 Viscount
- [ ] G-AOEL   DH.82A Tiger Moth
- [ ] G-AVPC   Druine D.31 Turbulent
- [ ] G-AXEH   SA Bulldog
- [ ] G-BIRW   Morane MS.505 Criquet
- [ ] G-BVWK   Air & Space 18A
- [ ] G-SJEN   Ikarus C42 FB80

- [ ] VH-UQB   DH.80A Puss Moth
- [ ] RD220   Bristol Beaufighter TF10
- [ ] WV493   Percival Provost T1
- [ ] WW145   DH.112 Sea Venom FAW22
- [ ] XL762   Westland Skeeter AOP12
- [ ] 9940   Bristol Bolingbroke IVT
Hangar 4
- [ ] G-APFJ   Boeing 707-436
- [ ] G-BOAA   BAC Concorde
Fantastic Flight annexe
- [ ] G-ATOY   Piper PA-24-260
Displayed outside
- [ ] G-AVMO   BAC One-Eleven 510ED
- [ ] G-BDIX   DH.106 Comet 4C
- [ ] XM597   Avro 698 Vulcan B2

East Midlands Airport, Leicestershire
Aeropark
(www.eastmidlandsairport.com)
- [ ] G-BBED   MS.894A Rallye Minerva
- [ ] G-BEOZ   AW.650 Argosy 101
- [ ] G-FRJB   Britten SA-1 Sheriff
- [ ] WH740   EE Canberra T17
- [ ] WL626   Vickers Varsity T1
- [ ] WM224   Gloster Meteor TT20
- [ ] WV382   Hawker Hunter GA11
- [ ] XD447   DH.115 Vampire T11
- [ ] XG588   Westland Whirlwind HAR3
- [ ] XL569   Hawker Hunter T7
- [ ] XM575   Avro 698 Vulcan B2
- [ ] XP568   Hunting Jet Provost T4
- [ ] XS876   Westland Wessex HAS1
- [ ] XT604   Westland Wessex HC2
- [ ] XV350   Blackburn Buccaneer S2B
- [ ] XW664   HS Nimrod R1
- [ ] ZF588   BAC Lightning F53

Edinburgh, Scotland
National Museum of Scotland, Edinburgh
EH1
(www.nms.ac.uk)
- [ ] G-ACVA   Kay Gyroplane
- [ ] G-AXIG   SA Bulldog

Elvington, North Yorkshire
Yorkshire Air Museum
(www.yorkshireairmuseum.co.uk)
Main T2 Hangar
- [ ] G-MJRA   Mainair Tri-Flyer
- [ ] G-TFRB   Sport Elite Gyroplane
- [ ] G-YURO   Europa
- [ ] F943   RAF SE.5a (G-BKDT)
- [ ] FK338   Fairchild 24W-41A Argus II
  (G-AJOZ)
- [ ] HJ711   DH.98 Mosquito NFII
- [ ] KN353   Douglas C-47 (G-AMYJ)
- [ ] LV907   Handley Page Halifax II
  (HR792)
- [ ] RA854   Slingsby Cadet TX1
- [ ] VP967   DH.104 Devon C2 (G-KOOL)
- [ ] VW993   Beagle Terrier 2 (G-ASCD)
- [ ] WH991   Westland Dragonfly HR5
- [ ] WK864   Gloster Meteor F8 (WL168)
- [ ] XH278   DH.115 Vampire T11
- [ ] XL502   Fairey Gannet AEW3
  (G-BMYP)
- [ ] XL571   Hawker Hunter T7 (XL572)
- [ ] XM553   Westland Skeeter AOP12
  (G-AWSV)
- [ ] XP640   Hunting Jet Provost T4

☐ XX901 Blackburn Buccaneer S2B
☐ 538 Dassault Mirage IIIE
Aircraft Restoration Workshops
☐ VV901 Avro Anson T21
Displayed outside
☐ G-AVPN HPR.7 Herald 213
☐ WH846 EE Canberra T4
☐ WS788 Gloster Meteor NF14
☐ XH767 Gloster Javelin FAW9
☐ XL231 Handley Page Victor K2
☐ XN974 Blackburn Buccaneer S2A
☐ XS903 BAC Lightning F6
☐ XV168 Blackburn Buccaneer S2B
☐ XV250 HS Nimrod MR2
☐ XV748 BAe Harrier GR3
☐ XZ631 Panavia Tornado GR4
☐ ZA354 Panavia Tornado GR1
☐ 21417 CT-133 Shooting Star
☐ N-2 Hawker Hunter FGA78
(QA10)

Farnborough Airfield, Hampshire
Farnborough Air Sciences Trust
(www.airsciences.org.uk)
☐ G-ARRM Beagle B206-X
☐ WV383 Hawker Hunter T7
☐ XP516 Folland Gnat T1
☐ XS420 BAC Lightning T5
☐ XW241 Aérospatiale Puma
☐ XW566 SEPECAT Jaguar T2
☐ XW934 BAe Harrier T4

Flixton, Suffolk
Norfolk and Suffolk Aviation Museum
(www.aviationmuseum.net)
☐ G-ANLW Westland Widgeon 2
☐ G-ASRF Gowland Jenny Wren
☐ G-BABY Taylor JT.2 Titch
☐ G-BFIP Wallbro Monoplane
☐ G-MBUD Skycraft Scout 2
☐ G-MJSU MBA Tiger Cub 440
☐ G-MJVI Lightwing Rooster
☐ G-MMWL Goldwing
☐ G-MTFK Moult Trike Striker
☐ N16676 Fairchild 24
☐ 'TD248' VS Spitfire XVI
☐ VL349 Avro Anson C19
☐ VX588 Vickers Valetta C2
☐ WF128 Percival Sea Prince T1
☐ WF643 Gloster Meteor F8
☐ WH840 EE Canberra T4
☐ WV605 Percival Provost T1
☐ XA226 Slingsby Grasshopper TX1
☐ XG254 Hawker Hunter FGA9
☐ XG329 BAC Lightning F1
☐ XG518 Bristol Sycamore HR14
☐ XH892 Gloster Javelin FAW9R
☐ XJ482 DH.110 Sea Vixen FAW1
☐ XK624 DH.115 Vampire T11
☐ XN304 Westland Whirlwind HAS7
☐ XN500 Hunting Jet Provost T3A
☐ XR485 Westland Whirlwind HAR10
☐ ZA175 BAe Sea Harrier FA2
☐ A-528 FMA Pucara
☐ 3794 MiG-15bis
☐ 79 Dassault Mystère IVA
☐ 42196 North American F-100D
☐ 54433 Lockheed T-33A
☐ 146289 North American T-28C Trojan

Glasgow, Scotland
Kelvingrove Art Gallery and Museum, Glasgow G3
(www.glasgowlife.org.uk)
☐ LA198 VS Spitfire F21

Gloucestershire Airport, Gloucestershire
Jet Age Museum
(www.jetagemuseum.org)
☐ VW453 Gloster Meteor T7
☐ WF784 Gloster Meteor T7
☐ WH364 Gloster Meteor F8
☐ WK126 EE Canberra TT18
☐ WL349 Gloster Meteor T7
☐ WS807 Gloster Meteor NF14
☐ XH903 Gloster Javelin FAW9

Holywood, Northern Ireland
Ulster Folk and Transport Museum
(www.nmni.com/uftm)
☐ G-AKLW Short Sealand
☐ G-ATXX McCandless M-4
☐ XG905 Short SC.1

Inverness Airport, Scotland
Highland Aviation Museum
(www.highlandaviationmuseum.org.uk)
☐ WT660 Hawker Hunter F1
☐ XK532 Blackburn Buccaneer S1
☐ ZA362 Panavia Tornado GR1

London
FirePower, Woolwich SE18
(www.firepower.org.uk)
☐ XR271 Auster AOP9

Imperial War Museum, South Lambeth SE1
(www.iwm.org.uk)
☐ 2699 RAF BE.2c
☐ N6812 Sopwith 2F1 Camel
☐ R6915 VS Spitfire I
☐ 120235 Heinkel He 162A-1
☐ '472218' North American P-51D

Royal Air Force Museum, Hendon NW9
(www.rafmuseum.org.uk/london)
Historic Hangars
☐ 'G-RAFM' Robinson R22 (G-OTHL)
☐ F1010 Airco DH.9A
☐ 'K2227' Bristol Bulldog
☐ K4232 Cierva C.30A
☐ K4972 Hawker Hart IIA
☐ K6035 Westland Wallace II
☐ N5628 Gloster Gladiator II
☐ N9899 Supermarine Southampton I
☐ BL614 VS Spitfire VB
☐ 'DD931' Bristol Beaufort VIII
☐ FE905 North American Harvard IIB
☐ 'FX760' Curtiss P-40
☐ 'KL216' Republic P-47D Thunderbolt
☐ LB264 Auster I
☐ MT847 VS Spitfire XIV
☐ PK724 VS Spitfire F24
☐ 'PR536' Hawker Tempest II
☐ RD253 Bristol Beaufighter TF10
☐ VT812 DH.100 Vampire F3
☐ WE139 EE Canberra PR3

135

☐ WH301 Gloster Meteor F8
☐ WP962 DHC-1 Chipmunk T10
☐ WV783 Bristol Sycamore HR12
☐ WZ791 Slingsby Grasshopper TX1
☐ XA302 Slingsby Cadet TX3
☐ XG154 Hawker Hunter FGA9
☐ XG474 Bristol Belvedere HC1
☐ XM463 Hunting Jet Provost T3A
☐ XP299 Westland Whirlwind HAR10
☐ XS925 BAC Lightning F6
☐ XV424 McD D Phantom FGR2
☐ XV732 Westland Wessex HCC4
☐ XW323 Hunting Jet Provost T5A
☐ XW855 Westland Gazelle HCC4
☐ ZJ116 EH Industries EH-101
☐ A16-199 Lockheed Hudson IV
☐ 920 Supermarine Stranraer
Bomber Hall
☐ L5343 Fairey Battle I
☐ R5868 Avro Lancaster I
☐ W1048 Handley Page Halifax II
☐ 'W2068' Avro Anson I
☐ KN751 Consolidated B-24L Liberator
☐ MP425 Airspeed Oxford I
☐ VS618 Percival Prentice T1
☐ XL318 Avro 698 Vulcan B2
☐ XW547 Blackburn Buccaneer S2B
☐ ZA457 Panavia Tornado GR1
☐ 10639 Messerschmitt Bf 109G-2
☐ 120227 Heinkel He 162A-2
☐ 584219 Focke-Wulf Fw 190F
☐ '34037' North American TB-25N
☐ 44-83868 Boeing B-17G
Battle of Britain Hall
☐ K8042 Gloster Gladiator II
☐ 'L8756' Bristol Bolingbroke IVT
☐ P2617 Hawker Hurricane I
☐ P3175 Hawker Hurricane I
☐ R9125 Westland Lysander III
☐ T6296 DH.82A Tiger Moth
☐ X4590 VS Spitfire I
☐ ML824 Short Sunderland V
☐ A2-4 Supermarine Seagull V
☐ 4101 Messerschmitt Bf 109E
☐ 360043 Junkers Ju 88R-1
☐ 494083 Junkers Ju 87D-3
☐ 701152 Heinkel He 111H-23
☐ 730301 Messerschmitt Bf 110G
☐ MM5701 Fiat CR.42
☐ E3B-521 CASA 1.131
Grahame-White Factory
☐ '168' Sopwith Tabloid
☐ '2345' Vickers FB.5 Gunbus
☐ '3066' Caudron G.III
☐ 'A8226' Sopwith 1½ Strutter
☐ 'C4994' Bristol M.1C
☐ 'E449' Avro 504K
☐ F938 RAF SE.5a
☐ 'F8614' Vickers Vimy
☐ 'N5182' Sopwith Pup
☐ N5912 Sopwith Triplane
☐ HD-75 Hanriot HD.1
Milestones of Flight
☐ G-AAMX DH.60GM Moth
☐ F6314 Sopwith Camel
☐ 'J9941' Hawker Hart
☐ DG202 Gloster F9/40
☐ KK995 Sikorsky R-4B
☐ NV778 Hawker Tempest TT5
☐ TJ138 DH.98 Mosquito TT35
☐ XZ997 BAe Harrier GR3
☐ ZH588 Eurofighter Typhoon DA2

☐ 8417/18	Fokker D.VII
☐ 112372	Messerschmitt Me 262
☐ '413317'	North American P-51D

Displayed outside
| ☐ 853 | Hawker Hunter FR10 |

Science Museum, South Kensington SW7
(www.sciencemuseum.org.uk)
☐ G-EBIB	RAF SE.5a
☐ G-AAAH	DH.60G Gipsy Moth
☐ G-ASSM	HS.125 Series 1
☐ G-AZPH	Pitts S-1S Special
☐ N5171N	Lockheed 10A
☐ 304	Cody V Biplane
☐ D7560	Avro 504K
☐ J8067	Westland-Hill Pterodactyl
☐ L1592	Hawker Hurricane I
☐ P9444	VS Spitfire IA
☐ S1595	Supermarine S.6B
☐ W4041	Gloster E.28/39
☐ AP507	Cierva C.30A
☐ XG900	Short SC.1
☐ XJ314	Rolls-Royce Thrust Rig
☐ XN344	Westland Skeeter AOP12
☐ XP831	Hawker P.1127
☐ 210/16	Fokker E III
☐ 191316	Messerschmitt Me 163B-1

London Colney, Hertfordshire
The de Havilland Aircraft Heritage Centre
(www.dehavillandmuseum.co.uk)
☐ G-ABLM	Cierva C.24
☐ G-ADOT	DH.87B Hornet Moth
☐ G-ANRX	DH.82A Tiger Moth
☐ G-AOJT	DH.106 Comet 1XB
☐ G-AOTI	DH.114 Heron 2D
☐ G-AREA	DH.104 Dove 8
☐ G-ARYC	DH.125 Series 1
☐ G-AVFH	DH.121 Trident 2
☐ G-JEAO	BAe 146 Srs 100
☐ D-IFSB	DH.104 Dove 6
☐ J7326	DH.53 Humming Bird
☐ W4050	DH.98 Mosquito
☐ LF789	DH.82 Queen Bee
☐ TA122	DH.98 Mosquito FB6
☐ TA634	DH.98 Mosquito TT35
☐ WP790	DHC-1 Chipmunk T10
☐ XG730	DH.112 Sea Venom FAW22
☐ XJ565	DH.110 Sea Vixen FAW2
☐ XJ772	DH.115 Vampire T11
☐ J-1008	DH.100 Vampire FB6
☐ J-1790	DH.112 Venom FB54

Long Kesh, Northern Ireland
Ulster Aviation Society
(www.ulsteraviationsociety.org)
☐ G-AJSN	Fairchild 24W-41A Argus II
☐ G-BDBS	Short SD.330
☐ G-BTUC	Short Tucano
☐ G-RENT	Robinson R22
☐ G-14-1	Short SB.4 Sherpa
☐ EI-CNG	Air & Space 18A
☐ JV482	Grumman F4F Wildcat
☐ WN108	Hawker Sea Hawk FB5
☐ WZ549	DH.115 Vampire T11
☐ XH131	EE Canberra PR9
☐ XM414	Hunting Jet Provost T3A
☐ XR517	Westland Wessex HC2
☐ XV361	Blackburn Buccaneer S2B
☐ 202	SA316 Alouette III

Loughborough, Leicestershire
Charnwood Museum
(www.leics.gov.uk/museums/charnwoodmuseum)
| ☐ G-AJRH | Auster J/1N Alpha |

Lower Stondon, Bedfordshire
Stondon Motor Museum
(www.motor-museum.co.uk)
| ☐ G-AXOM | Penn-Smith Gyroplane |
| ☐ XN341 | Westland Skeeter AOP12 |

Manchester
Imperial War Museum North, Trafford Park M17
(www.iwm.org.uk/north)
| ☐ 159233 | BAe AV-8A Harrier |

Museum of Science and Industry, Castlefield M3
(www.mosi.org.uk)
☐ G-EBZM	Avro Avian IIIa
☐ G-ABAA	Avro 504K
☐ G-ADAH	DH.89 Dragon Rapide
☐ G-APUD	Bensen B.7M
☐ G-AYTA	MS.880B Rallye Club
☐ G-BYMT	Solar Wings Pegasus
☐ G-MJXE	Mainair Tri-Flyer
☐ WG763	English Electric P.1A
☐ WR960	Avro Shackleton AEW2
☐ WZ736	Avro 707A
☐ XG454	Bristol Belvedere HC1

Manchester Airport, Greater Manchester
Runway Visitor Park
(www.manchesterairport.co.uk)
☐ G-AWZK	HS.121 Trident 3B
☐ G-BOAC	BAC Concorde
☐ G-IRJX	Avro RJX 100
☐ XV231	HS Nimrod MR2

Manston Airport, Kent
RAF Manston History Museum
(www.rafmanston.co.uk)
☐ N36TH	Canadair T-33AN
☐ 'VM791'	Slingsby Cadet TX3 (XA312)
☐ 'WD615'	Gloster Meteor TT20 (WD646)
☐ WP772	DHC-1 Chipmunk T10
☐ XA231	Slingsby Grasshopper TX1
☐ XN380	Westland Whirlwind HAS7
☐ XS482	Westland Wessex HU5
☐ XZ106	SEPECAT Jaguar GR3A

Spitfire & Hurricane Memorial Museum
(www.spitfiremuseum.org.uk)
| ☐ 'BN230' | Hawker Hurricane II (LF751) |
| ☐ TB752 | VS Spitfire XVI |

Metheringham, Lincolnshire
Metheringham Airfield Visitor Centre
(www.metheringhamairfield.com)
| ☐ XS186 | Hunting Jet Provost T4 |

AAC Middle Wallop, Hampshire
Museum of Army Flying
(www.armyflying.com)
| ☐ G-AXKS | Westland-Bell 47G-4A |

☐ 'N5195'	Sopwith Pup (G-ABOX)
☐ 'T9707'	Miles Magister I
☐ TJ569	Auster 5
☐ TK777	GAL Hamilcar I
☐ WG432	DHC-1 Chipmunk T10
☐ WJ358	Auster AOP6
☐ WZ721	Auster AOP9
☐ XG502	Bristol Sycamore HR14
☐ XK776	ML Utility
☐ XL813	Westland Skeeter AOP12
☐ 'XM819'	Edgar Percival E.P.9
☐ XP821	DHC-2 Beaver AL1
☐ XP822	DHC-2 Beaver AL1
☐ XP847	Westland Scout AH1
☐ XP910	Westland Scout AH1
☐ XR232	SE3130 Alouette AH2
☐ XT108	Agusta-Bell 47G Sioux AH1
☐ XV127	Westland Scout AH1
☐ XX153	Westland Lynx AH1
☐ XZ675	Westland Lynx AH7
☐ ZA737	Westland Gazelle AH1
☐ AE-409	Bell UH-1H
☐ 111989	Cessna L-19A Bird Dog
☐ 70-15990	Bell AH-1F Cobra

Montrose, Scotland
Montrose Air Station Heritage Centre
(www.rafmontrose.org.uk)
☐ G-MMLM	MBA Tiger Cub 440
☐ WF825	Gloster Meteor T7
☐ XA109	DH.115 Sea Vampire T22

Newark Showground, Nottinghamshire
Newark Air Museum
(www.newarkairmuseum.org)
Hall 1
☐ G-APRT	Taylor Monoplane
☐ G-APVV	Mooney M.20A
☐ G-ASNY	Bensen B.8M
☐ G-BJAD	Clutton FRED
☐ G-CCLT	Powerchute Kestrel
☐ 'G-MAZY'	DH.82A Tiger Moth
☐ G-MBBZ	Volmer VJ-24
☐ G-MBUE	MBA Tiger Cub 440
☐ G-MBVE	Hiway Skytrike
☐ G-MJCF	Hill Hummer
☐ G-MJDW	Quicksilver MX
☐ VH-UTH	GAL Monospar ST-12
☐ VL348	Avro Anson C19
☐ VR249	Percival Prentice T1
☐ WM913	Hawker Sea Hawk FB3
☐ WT933	Bristol Sycamore 3
☐ WV606	Percival Provost T1
☐ WW217	DH.112 Sea Venom FAW21
☐ WX905	DH.113 Venom NF3
☐ XD593	DH.115 Vampire T11
☐ XK381	Auster AOP9
☐ XL764	Westland Skeeter AOP12
☐ XM685	Westland Whirlwind HAS7
☐ XT200	Westland Sioux AH1
☐ XW276	Aérospatiale Gazelle
☐ AR-107	SAAB Draken
☐ 56321	SAAB 91B Safir
Hall 2
☐ G-BKPG	Luscombe P3 Rattler
☐ G-MNRT	Sirocco 377GB
☐ VZ608	Gloster Meteor FR9
☐ WB624	DHC-1 Chipmunk T10
☐ WF369	Vickers Varsity T1

☐	WK277	Supermaine Swift FR5	☐	XK740	Folland Gnat F1		Ulverston, Cumbria
☐	WS692	Gloster Meteor NF12	☐	XL770	Westland Skeeter AOP12		*Lakeland Motor Museum*
☐	WT651	Hawker Hunter F1	☐	XN246	Slingsby Cadet TX3		*(www.lakelandmotormuseum.co.uk)*
☐	WV787	EE Canberra B2				☐ G-MBCG	Solar Wings Typhoon
☐	XH992	Gloster Javelin FAW8		**Stoke-on-Trent, Staffordshire**			
☐	XM383	Hunting Jet Provost T3A		*The Potteries Museum & Art Gallery*			**West Walton Highway, Norfolk**
☐	XP226	Fairey Gannet AEW3		*(www.stokemuseums.org.uk/pmag)*			*Fenland Aviation Museum*
☐	XR534	Folland Gnat T1	☐	RW388	VS Spitfire XVI		*(www.fawnaps.webs.com)*
☐	XV728	Westland Wessex HC2				☐ XM402	Hunting Jet Provost T3
☐	XX492	SA Jetstream T1		**Sunderland, Tyneside**		☐ XS459	BAC Lightning T5
☐	XX634	SA Bulldog T1		*North East Aircraft Museum*			
☐	ZA176	BAe Sea Harrier FA2		*(www.nelsam.org.uk)*			**Weston-super-Mare Aerodrome,**
Workshop			☐	G-APTW	Westland Widgeon		**Somerset**
☐	B-163	North American Harvard IIB	☐	G-ARAD	Luton LA-4 Major		*The Helicopter Museum*
Displayed outside			☐	G-ARHX	DH.104 Dove 8		*(www.helicoptermuseum.co.uk)*
☐	G-AHRI	DH.104 Dove 1	☐	G-ARPO	DH.121 Trident 1C	☐ G-ACWM	Cierva C.30A
☐	G-ANXB	DH.114 Heron 1	☐	G-ASOL	Bell 47D	☐ G-ALSX	Bristol Sycamore 3
☐	G-APNJ	Cessna 310	☐	G-AWRS	Avro Anson C19	☐ G-AODA	Westland Whirlwind Srs 3
☐	G-BFTZ	MS.880B Rallye Club	☐	G-BAGJ	Westland Gazelle	☐ G-AOZE	Westland Widgeon 2
☐	TG517	Handley Page Hastings T5	☐	G-OGIL	Short SD.330-100	☐ G-ASTP	Hiller UH-12C
☐	VZ634	Gloster Meteor T7	☐	5N-AAN	HS 125 Srs 3B/RA	☐ G-ATFG	Brantly B.2B
☐	'WH792'	EE Canberra PR7 (WH791)	☐	WA577	Bristol Sycamore 3	☐ G-AVNE	Westland Wessex 60
☐	WH904	EE Canberra T19	☐	WB685	DHC-1 Chipmunk T10	☐ G-AWRP	Servotec Grasshopper III
☐	WR977	Avro Shackleton MR3	☐	WG724	Westland Dragonfly HR5	☐ G-AZYB	Bell 47H-1
☐	WS739	Gloster Meteor NF14	☐	WJ639	EE Canberra TT18	☐ G-BAPS	Campbell Cougar
☐	XJ560	DH.110 Sea Vixen FAW2	☐	WL181	Gloster Meteor F8	☐ G-BGHF	Westland WG.30
☐	XM594	Avro 698 Vulcan B2	☐	WZ518	DH.115 Vampire T11	☐ G-BIGP	Bensen B.8M
☐	XN964	Blackburn Buccaneer S1	☐	XG680	DH.112 Sea Venom FAW22	☐ G-BVWL	Air & Space 18A
☐	XS417	BAC Lightning T5	☐	XL319	Avro 698 Vulcan B2	☐ G-EHIL	EH Industries EH-101
☐	XX829	SEPECAT Jaguar T2A	☐	XN258	Westland Whirlwind HAR9	☐ G-ELEC	Westland WG.30
☐	83	Dassault Mystère IVA	☐	XP627	Hunting Jet Provost T4	☐ G-HAUL	Westland WG.30
☐	19036	Lockheed T-33A	☐	XT148	Westland Sioux AH1	☐ G-LYNX	Westland Lynx
☐	42223	North American F-100D	☐	XZ335	Westland Gazelle AH1	☐ G-OAPR	Brantly B.2B
☐	458 red	MiG-23ML	☐	ZF594	BAC Lightning F53	☐ G-ORVB	McCulloch J-2
☐	71 red	MiG-27K	☐	A-522	FMA Pucara	☐ G-OTED	Robinson R22
☐	37918	SAAB Viggen	☐	E-419	Hawker Hunter F51	☐ D-HMQV	MBB Bo102
			☐	146	Dassault Mystère IVA	☐ DDR-SPY	Kamov Ka-26
Norwich Airport, Norfolk			☐	42157	North American F-100D	☐ F-OCMF	SA.321F Super Frelon
City of Norwich Aviation Museum			☐	54439	Lockheed T-33A	☐ F-WQAP	SA.365N Dauphin 2
(www.cnam.co.uk)			☐	6171	North American F-86D	☐ N114WG	Westland WG.30
☐	G-ASAT	MS.880B Rallye Club	☐	26541	Republic F-84F	☐ SP-SAY	Mil Mi-2
☐	G-ASKK	HPR.7 Dart Herald 211				☐ WG719	Westland Dragonfly HR5
☐	G-BHMY	Fokker F.27 Friendship 600		**Tangmere, West Sussex**		☐ XD163	Westland Whirlwind HAR10
☐	G-BTAZ	Evans VP-2		*Tangmere Military Aviation Museum*		☐ XE521	Fairey Rotordyne
☐	G-OVNE	Cessna 401A		*(www.tangmere-museum.org.uk)*		☐ XG452	Bristol Belvedere HC1
☐	WK654	Gloster Meteor F8		**Merston Hall**		☐ XK940	Westland Whirlwind HAS7
☐	XE683	Hawker Hunter F51	☐	EE549	Gloster Meteor F4	☐ XL811	Westland Skeeter AOP12
☐	XG168	Hawker Hunter F6A	☐	WB188	Hawker Hunter F3	☐ XL829	Bristol Sycamore HR14
☐	XM612	Avro 698 Vulcan B2	☐	WK281	Supermarine Swift FR5	☐ XM328	Westland Wessex HAS3
☐	XP355	Westland Whirlwind HAR10		**Meryl Hansed Hall**		☐ XM330	Westland Wessex HAS1
☐	XV255	HS Nimrod MR2	☐	WP190	Hawker Hunter F5	☐ XP165	Westland Scout AH1
☐	XW268	BAe Harrier T4N	☐	ZF578	BAC Lightning F53	☐ XR486	Westland Whirlwind HCC12
☐	XX109	SEPECAT Jaguar GR1		**Displayed outside**		☐ XT190	Westland Sioux AH1
☐	ZF592	BAC Lightning F53	☐	WA984	Gloster Meteor F8	☐ XT443	Westland Wasp HAS1
☐	121	Dassault Mystère IVA	☐	XH313	DH.115 Vampire T11	☐ XV733	Westland Wessex HCC4
☐	16718	Lockheed T-33A	☐	XJ580	DH.110 Sea Vixen FAW2	☐ XW839	Westland Lynx
			☐	XS511	Westland Wessex HU5	☐ XX910	Westland Lynx HAS2
Southampton, Hampshire			☐	XV408	McD D Phantom FGR2	☐ ZE477	Westland Lynx 3
Solent Sky Museum			☐	XV744	BAe Harrier GR3	☐ A-41	SE3130 Alouette II
(www.spitfireonline.co.uk)			☐	ZA195	BAe Sea Harrier FA2	☐ 622	Piasecki HUP-3
☐	G-ALZE	Britten-Norman BN-1F	☐	19252	Lockheed T-33A	☐ 09147	Mil Mi-4
☐	G-APOI	Westland Skeeter 8				☐ FR-108	Sud Djinn
☐	VH-BRC	Short Sandringham IV		**Tattershall Thorpe, Lincolnshire**		☐ 81+00	MBB Bo105M
☐	N248	Supermarine S.6A		*Thorpe Camp Visitor Centre*		☐ 96+26	Mil Mi-24D
☐	BB807	DH.82A Tiger Moth		*(www.thorpecamp.org.uk)*		☐ MM80927	Agusta Bell 206A
☐	PK683	VS Spitfire F24	☐	G-ANNN	DH.82A Tiger Moth	☐ MM81205	Agusta A109GdiF
☐	TG263	Saro SRA.1	☐	XM192	BAC Lightning F1A	☐ 1005	PZL SM-2
☐	WZ753	Slingsby Grasshopper TX1				☐ 2007	Mil Mi-1
☐	XD596	DH.115 Vampire T11				☐ 618	Mil Mi-8PS
☐	XJ571	DH.110 Sea Vixen FAW2				☐ 66-16579	Bell UH-1H

137

☐ 67-16506   Hughes OH-6A
Reserve Collection
☐ G-ANFH   Westland Whirlwind Srs 1
☐ G-ANJV   Westland Whirlwind Srs 3
☐ G-ARVN   Servotec Grasshopper
☐ G-ASCT   Bensen B.8M
☐ G-ASHD   Brantly B.2A
☐ G-ATBZ   Westland Wessex Srs 1
☐ G-AVKE   Thruxton Gadfly
☐ G-AXFM   Servotec Grasshopper III
☐ G-AZAU   Servotec Grasshopper III
☐ G-BODW   Bell 206B II
☐ G-PASA   MBB Bo105D
☐ G-PASB   MBB Bo105D
☐ G-TPTR   Agusta Bell 206B II
☐ N112WG   Westland WG.30
☐ N118WG   Westland WG.30
☐ N5820T   Westland WG.30
☐ N5840T   Westland WG.30
☐ VR-BEU   Westland Whirlwind Srs 3
☐ VZ962   Westland Dragonfly HR1
☐ XG596   Westland Whirlwind HAS7
☐ XL736   Westland Skeeter AOP12
☐ XM557   Westland Skeeter AOP12
☐ XN345   Westland Skeeter AOP12
☐ XP404   Westland Whirlwind HAR10
☐ XR526   Westland Wessex HC2
☐ XS149   Westland Wessex HAS3
☐ XS486   Westland Wessex HU5
☐ XT472   Westland Wessex HU5
☐ S-881   Sikorsky UH-19B
☐ S-886   Sikorsky UH-19B

Weybourne, Norfolk
The Muckleburgh Collection
(www.muckleburgh.co.uk)
☐ WD686   Gloster Meteor NF11
☐ XZ968   BAe Harrier GR3

Woodley, Berkshire
Museum of Berkshire Aviation
(www.museumofberkshireaviation.co.uk)
☐ G-APLK   Miles M.100 Student
☐ G-APWA   HPR.7 Herald 100
☐ TF-SHC   Miles Martinet TT1
☐ XG883   Fairey Gannet T5
☐ XJ389   Fairey Jet Gyrodyne
☐ XP895   Westland Scout AH1

Wroughton Airfield, Wiltshire
Science Museum
(www.sciencemuseum.org.uk/wroughton)
☐ G-AACN   HP.39 Gugnunc
☐ G-ACIT   DH.84 Dragon
☐ G-AEHM   Mignet HM.14
☐ G-ALXT   DH.89A Dragon Rapide
☐ G-APWY   Piaggio P.166
☐ G-APYD   DH.106 Comet 4B
☐ G-AVZB   LET Z.37 Cmelak
☐ G-AWZM   HS.121 Trident 3
☐ G-BGLB   Bede BD-5B
☐ G-BXXR   Lovegrove BGL Four-Runner
☐ G-IPSY   Rutan Vari-Eze
☐ G-MMCB   Huntair Pathfinder II
☐ EI-AYO   Douglas DC-3A
☐ N18E   Boeing 247D
☐ N7777G   Lockheed Constellation
☐ VP975   DH.104 Devon C2
☐ XP505   Folland Gnat T1

RNAS Yeovilton, Somerset
Fleet Air Arm Museum
(www.fleetairarm.com)
Hall 1
☐ 8359   Short 184
☐ L2301   Vickers Walrus I
☐ 'N6452'   Sopwith Pup (G-BIAU)
☐ XP142   Westland Wessex HAS3
☐ XZ499   BAe Sea Harrier FA2
☐ XZ574   Westland Sea King HAS6
☐ XZ720   Westland Lynx HAS3GMS
☐ ZE411   Agusta A109A
Hall 2
☐ L2940   Blackburn Skua II
☐ N1854   Fairey Fulmar II
☐ 'N4389'   Fairey Albacore
☐ 'P4139'   Fairey Swordfish II (HS618)
☐ Z2033   Fairey Firefly
☐ EX976   N American AT-6D Harvard IIA
☐ KD431   Grumman Corsair IV
☐ KE209   Grumman Hellcat II
☐ SX137   Supermarine Seafire F17
☐ WJ231   Hawker Sea Fury FB11
☐ WN493   Westland Dragonfly HR5
☐ XB446   Grumman Avenger ECM6
☐ XT769   Westland Wessex HU5
☐ 01420   MiG-15bis
Hall 3
☐ LZ551   DH.100 Sea Vampire I

☐ WA473   Supermarine Attacker F1
☐ WV856   Hawker Sea Hawk FGA6
☐ XD317   Supermarine Scimitar F1
☐ XL503   Fairey Gannet AEW3
☐ XN957   Blackburn Buccaneer S1
☐ XS590   DH.110 Sea Vixen FAW2
☐ XT482   Westland Wessex HU5
☐ XT596   McD D Phantom FG1
☐ XV333   Blackburn Buccaneer S2B
Hall 4
☐ G-BSST   BAC Concorde
☐ WG774   BAC 221
☐ XL580   Hawker Hunter T8M
☐ XP841   Handley Page 115
☐ XP980   Hawker P.1127
☐ XT765   Westland Wessex HU5
☐ XZ493   BAe Sea Harrier FRS1
Restoration Workshop
☐ 'N5518'   Gloster Sea Gladiator II
☐ AL246   Grumman Martlet I
Cobham Hall (Reserve Collection)
☐ 'G-ABUL'   DH.82A Tiger Moth
☐ G-AZAZ   Bensen B.8M
☐ VV106   Supermarine 510
☐ VX272   Hawker P.1052
☐ WP313   Percival Sea Prince T1
☐ WS103   Gloster Meteor T7
☐ WT121   Douglas Skyraider AEW1
☐ WV106   Douglas Skyraider AEW1
☐ WW138   DH.112 Sea Venom FAW22
☐ XA129   DH.115 Sea Vampire T22
☐ XA466   Fairey Gannet COD4
☐ XA864   Westland Whirlwind HAR1
☐ XB480   Hiller HT1
☐ XE340   Hawker Sea Hawk FGA6
☐ XG574   Westland Whirlwind HAR3
☐ XG594   Westland Whirlwind HAS7
☐ XJ481   DH.110 Sea Vixen FAW1
☐ XK488   Blackburn Buccaneer
☐ XL853   Westland Whirlwind HAS7
☐ XN332   Saro P.531
☐ XN334   Saro P.531
☐ XN462   Hunting Jet Provost T3A
☐ XS508   Westland Wessex HU5
☐ XS527   Westland Wasp HAS1
☐ XT176   Westland Sioux AH1
☐ XT427   Westland Wasp HAS1
☐ XT778   Westland Wasp HAS1
☐ XW864   Aérospatiale Gazelle HT2
☐ AE-422   Bell UH-1H
☐ 0729   Beech T-34C

Republic of Ireland Civil Register
updated to 23rd February 2015

Reg	Type
☐ EI-ABI	DH.84 Dragon
☐ EI-AED	Cessna 120
☐ EI-AEE	Auster V J/1 Autocrat
☐ EI-AEF	Cessna 120
☐ EI-AEH	Luscombe 8F Silvaire
☐ EI-AEI	Aeronca 65-TAC Defender
☐ EI-AEJ	Piper PA-16 Clipper
☐ EI-AEL	Piper PA-16 Clipper
☐ EI-AEM	Cessna 140
☐ EI-AFE	Piper J-3C-90 Cub
☐ EI-AGD	Taylorcraft Plus D
☐ EI-AGJ	Auster V J/1 Autocrat
☐ EI-AHI	DH.82A Tiger Moth
☐ EI-AII	Cessna 150F
☐ EI-AKM	Piper J-3C-65 Cub
☐ EI-ALP	Avro 643 Cadet
☐ EI-AMK	Auster V J/1 Autocrat
☐ EI-ANT	Champion 7ECA Citabria
☐ EI-ANY	Piper PA-18-95 Super Cub
☐ EI-AOB	Piper PA-28-140 Cherokee
☐ EI-APS	Schleicher ASK 14
☐ EI-ARW	Jodel DR.1050
☐ EI-ATJ	Beagle B.121 Pup
☐ EI-AUM	Auster V J/1 Autocrat
☐ EI-AUO	Reims/Cessna FA150K Aerobat
☐ EI-AVM	Reims/Cessna F150L
☐ EI-AWH	Cessna 210J Centurion
☐ EI-AWP	DH.82A Tiger Moth
☐ EI-AWR	Malmö MFI-9 Junior
☐ EI-AXT	Piper J-5A Cub Cruiser
☐ EI-AYB	Gardan GY-80 Horizon
☐ EI-AYI	MS.880B Rallye Club
☐ EI-AYN	BN-2A-8 Islander
☐ EI-AYR	Schleicher ASK 16
☐ EI-AYT	MS.894A Minerva 220
☐ EI-AYY	Evans VP-1
☐ EI-BAJ	SNCAN Stampe SV.4C
☐ EI-BAT	Reims/Cessna F150L
☐ EI-BAV	Piper PA-22-108 Colt
☐ EI-BBC	Piper PA-28-180 Cherokee
☐ EI-BBE	Champion 7FC Tri-Traveller
☐ EI-BBI	SOCATA Rallye 150GT
☐ EI-BBV	Piper J-3C-65 Cub
☐ EI-BCE	BN-2A-26 Islander
☐ EI-BCF	Bensen B.8M
☐ EI-BCJ	Aeromere F.8L Falco 3
☐ EI-BCK	Reims/Cessna F172N Skyhawk
☐ EI-BCM	Piper J-3C-65 Cub
☐ EI-BCN	Piper J-3C-65 Cub
☐ EI-BCP	Druine D.62B Condor
☐ EI-BDL	Evans VP-2
☐ EI-BDR	Piper PA-28-180 Cherokee
☐ EI-BEN	Piper J-3C-65 Cub
☐ EI-BHI	Bell 206B Jet Ranger
☐ EI-BHV	Champion 7EC Traveller
☐ EI-BIB	Reims/Cessna F152 II
☐ EI-BID	Piper PA-18-95 Super Cub
☐ EI-BIK	Piper PA-18-180 Super Cub
☐ EI-BIO	Piper J-3C-65 Cub
☐ EI-BIR	Reims/Cessna F172M Skyhawk
☐ EI-BIV	Bellanca 8KCAB Decathlon
☐ EI-BJB	Aeronca 7DC Champion
☐ EI-BJC	Aeronca 7AC Champion
☐ EI-BJK	SOCATA Rallye 110ST
☐ EI-BJM	Cessna A152 Aerobat
☐ EI-BJO	Cessna R172K Hawk XP
☐ EI-BKC	Aeronca 15AC Sedan
☐ EI-BKK	Taylor JT.1 Monoplane
☐ EI-BMI	SOCATA TB-9 Tampico
☐ EI-BMN	Reims/Cessna F152 II
☐ EI-BMU	Monnett Sonerai
☐ EI-BNL	Rand KR-2
☐ EI-BNU	MS.880B Rallye Club
☐ EI-BOE	SOCATA TB-10 Tobago
☐ EI-BOV	Rand KR-2
☐ EI-BPL	Reims/Cessna F172K Skyhawk
☐ EI-BPP	Eipper Quicksilver MX
☐ EI-BRS	Cessna P172D Skyhawk
☐ EI-BRU	Evans VP-1
☐ EI-BSB	Jodel D.112
☐ EI-BSC	Reims/Cessna F172N Skyhawk
☐ EI-BSG	Bensen B.8M
☐ EI-BSK	SOCATA TB-9 Tampico
☐ EI-BSL	Piper PA-34-220T Seneca
☐ EI-BSN	Cameron O-65
☐ EI-BSO	Piper PA-28-140 Cherokee
☐ EI-BSW	Solar Wings Pegasus XL-R
☐ EI-BUC	Jodel D.9 Bébé
☐ EI-BUF	Cessna 210N Centurion
☐ EI-BUG	Gardan ST-10 Diplomat
☐ EI-BUL	Aerotech MW-5
☐ EI-BUN	Beech 76 Duchess
☐ EI-BUT	MS.893A Rallye Commodore
☐ EI-BVJ	AMF Chevvron
☐ EI-BVK	Piper PA-38-112 Tomahawk
☐ EI-BVT	Evans VP-2
☐ EI-BVY	Zenair CH.200
☐ EI-BYG	SOCATA TB-9 Tampico
☐ EI-BYL	Zenith CH.250
☐ EI-BYX	Champion 7GCAA Citabria
☐ EI-BYY	Piper J-3C-85 Cub
☐ EI-CAC	Grob G115A
☐ EI-CAD	Grob G115A
☐ EI-CAE	Grob G115A
☐ EI-CAN	Aerotech MW-5
☐ EI-CAP	Cessna R182 Skylane RG
☐ EI-CAU	AMF Chevvron
☐ EI-CAX	Cessna P210N Centurion
☐ EI-CBK	ATR 42-300
☐ EI-CCF	Aeronca 11AC Chief
☐ EI-CCM	Cessna 152
☐ EI-CDP	Cessna 182L Skylane
☐ EI-CDV	Cessna 150G
☐ EI-CEG	SOCATA Rallye 180GT
☐ EI-CES	Taylorcraft BC-65
☐ EI-CFF	Piper PA-12 Super Cruiser
☐ EI-CFG	Piel CP.301B Emeraude
☐ EI-CFH	Piper PA-12 Super Cruiser
☐ EI-CFO	Piper J-3C-65 Cub
☐ EI-CFP	Cessna 172P Skyhawk
☐ EI-CFQ	Boeing 737-3Y0
☐ EI-CFY	Cessna 172N Skyhawk
☐ EI-CGD	Cessna 172M Skyhawk
☐ EI-CGF	Phoenix Luton LA-5 Major
☐ EI-CGH	Cessna 210N Centurion
☐ EI-CGP	Piper PA-28-140 Cherokee
☐ EI-CHR	CFM Shadow Series B-D
☐ EI-CIF	Piper PA-28-180 Cherokee
☐ EI-CIG	Piper PA-18A-150 Super Cub
☐ EI-CIM	Avid Mk.IV
☐ EI-CIN	Cessna 150K
☐ EI-CJJ	Slingsby T-31M Motor Tutor
☐ EI-CJR	SNCAN Stampe SV.4A
☐ EI-CJS	Jodel D.120A Paris-Nice
☐ EI-CJT	Slingsby T.31 Cadet III
☐ EI-CKH	Piper PA-18-95 Super Cub
☐ EI-CKI	Thruster TST
☐ EI-CKJ	Cameron N-77
☐ EI-CKZ	Jodel D.18
☐ EI-CLA	HOAC DV.20 Katana
☐ EI-CLQ	Reims/Cessna F172N Skyhawk
☐ EI-CMB	Piper PA-28-140 Cherokee
☐ EI-CMD	Boeing 767-324
☐ EI-CML	Cessna 150M
☐ EI-CMN	Piper PA-12 Super Cruiser
☐ EI-CMR	Rutan LongEz
☐ EI-CMT	Piper PA-34-200T Seneca
☐ EI-CMU	Mainair Mercury
☐ EI-CMW	Rotorway Exec 152
☐ EI-CNC	TEAM Mini-MAX
☐ EI-CNG	Air & Space 18A Gyro
☐ EI-CNU	Pegasus Quantum 15-912
☐ EI-COT	Reims/Cessna F172N Skyhawk
☐ EI-COY	Piper J-3C-65 Cub
☐ EI-CPE	Airbus A321-211
☐ EI-CPG	Airbus A321-211
☐ EI-CPH	Airbus A321-211
☐ EI-CPI	Rutan LongEz
☐ EI-CPP	Piper J-3C-65 Cub
☐ EI-CPX	III Sky Arrow 650T
☐ EI-CRB	Lindstrand LBL-90A
☐ EI-CRG	Robin DR.400/180 Régent
☐ EI-CRR	Aeronca 11AC Chief
☐ EI-CRV	Hoffman H.36 Dimona
☐ EI-CRX	SOCATA TB-9 Tampico
☐ EI-CSG	Boeing 737-8AS
☐ EI-CTL	Aerotech MW-5B
☐ EI-CUJ	Cessna 172N Skyhawk
☐ EI-CUS	Agusta Bell 206B-3 JetRanger 3
☐ EI-CUW	BN-2B-20 Islander
☐ EI-CVA	Airbus A320-214
☐ EI-CVB	Airbus A320-214
☐ EI-CVC	Airbus A320-214
☐ EI-CVL	Ercoupe 415CD
☐ EI-CVM	Schweizer 269C
☐ EI-CVW	Bensen B.8M
☐ EI-CXC	Raj Hamsa X'Air 502T
☐ EI-CXK	Boeing 737-4S3
☐ EI-CXN	Boeing 737-329
☐ EI-CXR	Boeing 737-329
☐ EI-CXV	Boeing 737-8CX
☐ EI-CXY	Evektor EV-97 Eurostar
☐ EI-CXZ	Boeing 767-216
☐ EI-CZA	ATEC Zephyr 2000
☐ EI-CZC	CFM Starstreak Shadow SA-11
☐ EI-CZD	Boeing 767-216
☐ EI-CZK	Boeing 737-4Y0
☐ EI-CZP	Schweizer 269C-1
☐ EI-DAA	Airbus A330-202
☐ EI-DAC	Boeing 737-8AS
☐ EI-DAD	Boeing 737-8AS
☐ EI-DAE	Boeing 737-8AS
☐ EI-DAF	Boeing 737-8AS
☐ EI-DAG	Boeing 737-8AS
☐ EI-DAH	Boeing 737-8AS
☐ EI-DAI	Boeing 737-8AS
☐ EI-DAJ	Boeing 737-8AS
☐ EI-DAK	Boeing 737-8AS
☐ EI-DAL	Boeing 737-8AS
☐ EI-DAM	Boeing 737-8AS
☐ EI-DAN	Boeing 737-8AS

Reg	Type
☐ EI-DAO	Boeing 737-8AS
☐ EI-DAP	Boeing 737-8AS
☐ EI-DAR	Boeing 737-8AS
☐ EI-DAS	Boeing 737-8AS
☐ EI-DBF	Boeing 767-3Q8
☐ EI-DBG	Boeing 767-3Q8
☐ EI-DBI	Raj Hamsa X'Air
☐ EI-DBJ	Solar Wings Pegasus XL/Huntwing
☐ EI-DBK	Boeing 777-243
☐ EI-DBL	Boeing 777-243
☐ EI-DBM	Boeing 777-243
☐ EI-DBO	Air Création 582/Kiss 400
☐ EI-DBP	Boeing 767-35H
☐ EI-DBU	Boeing 767-37E
☐ EI-DBV	Raj Hamsa X'Air
☐ EI-DBW	Boeing 767-201
☐ EI-DCA	Raj Hamsa X'Air Jabiru
☐ EI-DCF	Boeing 737-8AS
☐ EI-DCG	Boeing 737-8AS
☐ EI-DCH	Boeing 737-8AS
☐ EI-DCI	Boeing 737-8AS
☐ EI-DCJ	Boeing 737-8AS
☐ EI-DCK	Boeing 737-8AS
☐ EI-DCL	Boeing 737-8AS
☐ EI-DCM	Boeing 737-8AS
☐ EI-DCN	Boeing 737-8AS
☐ EI-DCO	Boeing 737-8AS
☐ EI-DCP	Boeing 737-8AS
☐ EI-DCR	Boeing 737-8AS
☐ EI-DCW	Boeing 737-8AS
☐ EI-DCX	Boeing 737-8AS
☐ EI-DCY	Boeing 737-8AS
☐ EI-DCZ	Boeing 737-8AS
☐ EI-DDC	Reims/Cessna F172M Skyhawk
☐ EI-DDD	Aeronca 7AC Champion
☐ EI-DDH	Boeing 777-243
☐ EI-DDI	Schweizer 269C-1
☐ EI-DDJ	Raj Hamsa X'Air 582
☐ EI-DDK	Boeing 737-4S3
☐ EI-DDP	Southdown Puma Sprint
☐ EI-DDR	Bensen B.8V
☐ EI-DDX	Cessna 172S Skyhawk SP
☐ EI-DDY	Boeing 737-4Y0
☐ EI-DEA	Airbus A320-214
☐ EI-DEB	Airbus A320-214
☐ EI-DEC	Airbus A320-214
☐ EI-DEE	Airbus A320-214
☐ EI-DEF	Airbus A320-214
☐ EI-DEG	Airbus A320-214
☐ EI-DEH	Airbus A320-214
☐ EI-DEI	Airbus A320-214
☐ EI-DEJ	Airbus A320-214
☐ EI-DEK	Airbus A320-214
☐ EI-DEL	Airbus A320-214
☐ EI-DEM	Airbus A320-214
☐ EI-DEN	Airbus A320-214
☐ EI-DEO	Airbus A320-214
☐ EI-DEP	Airbus A320-214
☐ EI-DER	Airbus A320-214
☐ EI-DES	Airbus A320-214
☐ EI-DFA	Airbus A319-112
☐ EI-DFM	Evektor EV-97 Eurostar
☐ EI-DFO	Airbus A320-211
☐ EI-DFS	Boeing 767-33A
☐ EI-DFX	Air Création 582/Kiss 400
☐ EI-DFY	Raj Hamsa X'Air
☐ EI-DGA	Urban Air UFM-11UK Lambada
☐ EI-DGG	Raj Hamsa X'Air 582
☐ EI-DGH	Raj Hamsa X'Air 582
☐ EI-DGJ	Raj Hamsa X'Air 582
☐ EI-DGK	Raj Hamsa X'Air
☐ EI-DGP	Urban Air UFM-11UK Lambada
☐ EI-DGT	Urban Air UFM-11UK Lambada
☐ EI-DGV	ATEC Zephyr 2000
☐ EI-DGW	Cameron Z-90
☐ EI-DGX	Cessna 152
☐ EI-DGY	Urban Air UFM-11UK Lambada
☐ EI-DHA	Boeing 737-8AS
☐ EI-DHB	Boeing 737-8AS
☐ EI-DHC	Boeing 737-8AS
☐ EI-DHD	Boeing 737-8AS
☐ EI-DHE	Boeing 737-8AS
☐ EI-DHF	Boeing 737-8AS
☐ EI-DHG	Boeing 737-8AS
☐ EI-DHH	Boeing 737-8AS
☐ EI-DHN	Boeing 737-8AS
☐ EI-DHO	Boeing 737-8AS
☐ EI-DHP	Boeing 737-8AS
☐ EI-DHR	Boeing 737-8AS
☐ EI-DHS	Boeing 737-8AS
☐ EI-DHT	Boeing 737-8AS
☐ EI-DHV	Boeing 737-8AS
☐ EI-DHW	Boeing 737-8AS
☐ EI-DHX	Boeing 737-8AS
☐ EI-DHY	Boeing 737-8AS
☐ EI-DHZ	Boeing 737-8AS
☐ EI-DIA	Solar Wings Pegasus XL-Q
☐ EI-DIF	Piper PA-31-350 Navajo Chieftain
☐ EI-DIP	Airbus A330-202
☐ EI-DIR	Airbus A330-202
☐ EI-DIY	Van's RV-4
☐ EI-DJM	Piper PA-28-161 Warrior II
☐ EI-DJY	Grob G115
☐ EI-DKE	Air Création 582/Kiss 400
☐ EI-DKI	Robinson R22 Beta
☐ EI-DKJ	Thruster T600N
☐ EI-DKK	Raj Hamsa X'Air Jabiru
☐ EI-DKN	ELA Aviacion ELA-07
☐ EI-DKT	Raj Hamsa X'Air 582
☐ EI-DKU	Air Création 582/Kiss 400
☐ EI-DKW	Evektor EV-97 Eurostar
☐ EI-DKY	Raj Hamsa X'Air 582
☐ EI-DKZ	Reality Escapade 912
☐ EI-DLB	Boeing 737-8AS
☐ EI-DLC	Boeing 737-8AS
☐ EI-DLD	Boeing 737-8AS
☐ EI-DLE	Boeing 737-8AS
☐ EI-DLF	Boeing 737-8AS
☐ EI-DLG	Boeing 737-8AS
☐ EI-DLH	Boeing 737-8AS
☐ EI-DLI	Boeing 737-8AS
☐ EI-DLJ	Boeing 737-8AS
☐ EI-DLK	Boeing 737-8AS
☐ EI-DLN	Boeing 737-8AS
☐ EI-DLO	Boeing 737-8AS
☐ EI-DLR	Boeing 737-8AS
☐ EI-DLV	Boeing 737-8AS
☐ EI-DLW	Boeing 737-8AS
☐ EI-DLX	Boeing 737-8AS
☐ EI-DLY	Boeing 737-8AS
☐ EI-DMA	MS.892E Rallye 150GT
☐ EI-DMB	Best Off SkyRanger 912S
☐ EI-DMC	Schweizer 269C-1
☐ EI-DMG	Cessna 441 Conquest
☐ EI-DMU	Whittaker MW6S
☐ EI-DNM	Boeing 737-4S3
☐ EI-DNN	Bede BD-5G
☐ EI-DNO	Bede BD-5A
☐ EI-DNR	Raj Hamsa X'Air 582
☐ EI-DNV	Urban Air UFM-11UK Lambada
☐ EI-DOB	Zenair CH.701
☐ EI-DOH	Boeing 737-31S
☐ EI-DOW	Mainair Blade 912
☐ EI-DOY	PZL-110 Koliber 150
☐ EI-DPB	Boeing 737-8AS
☐ EI-DPC	Boeing 737-8AS
☐ EI-DPD	Boeing 737-8AS
☐ EI-DPE	Boeing 737-8AS
☐ EI-DPF	Boeing 737-8AS
☐ EI-DPG	Boeing 737-8AS
☐ EI-DPH	Boeing 737-8AS
☐ EI-DPI	Boeing 737-8AS
☐ EI-DPJ	Boeing 737-8AS
☐ EI-DPK	Boeing 737-8AS
☐ EI-DPL	Boeing 737-8AS
☐ EI-DPM	Boeing 737-8AS
☐ EI-DPN	Boeing 737-8AS
☐ EI-DPO	Boeing 737-8AS
☐ EI-DPP	Boeing 737-8AS
☐ EI-DPR	Boeing 737-8AS
☐ EI-DPT	Boeing 737-8AS
☐ EI-DPV	Boeing 737-8AS
☐ EI-DPW	Boeing 737-8AS
☐ EI-DPX	Boeing 737-8AS
☐ EI-DPY	Boeing 737-8AS
☐ EI-DPZ	Boeing 737-8AS
☐ EI-DRA	Boeing 737-852
☐ EI-DRC	Boeing 737-852
☐ EI-DRD	Boeing 737-752
☐ EI-DRE	Boeing 737-752
☐ EI-DRH	Mainair Blade
☐ EI-DRL	Raj Hamsa X'Air Jabiru
☐ EI-DRM	Urban Air UFM-10 Samba
☐ EI-DRT	Air Création Tanarg 912S/iXess
☐ EI-DRU	Tecnam P.92 Echo
☐ EI-DRW	Evektor EV-97 Eurostar
☐ EI-DRX	Raj Hamsa X'Air 582
☐ EI-DSA	Airbus A320-216
☐ EI-DSB	Airbus A320-216
☐ EI-DSC	Airbus A320-216
☐ EI-DSD	Airbus A320-216
☐ EI-DSE	Airbus A320-216
☐ EI-DSF	Airbus A320-216
☐ EI-DSG	Airbus A320-216
☐ EI-DSH	Airbus A320-216
☐ EI-DSI	Airbus A320-216
☐ EI-DSJ	Airbus A320-216
☐ EI-DSK	Airbus A320-216
☐ EI-DSL	Airbus A320-216
☐ EI-DSM	Airbus A320-216
☐ EI-DSN	Airbus A320-216
☐ EI-DSO	Airbus A320-216
☐ EI-DSP	Airbus A320-216
☐ EI-DSR	Airbus A320-216
☐ EI-DSS	Airbus A320-216
☐ EI-DST	Airbus A320-216
☐ EI-DSU	Airbus A320-216
☐ EI-DSV	Airbus A320-216
☐ EI-DSW	Airbus A320-216
☐ EI-DSX	Airbus A320-216
☐ EI-DSY	Airbus A320-216
☐ EI-DSZ	Airbus A320-216
☐ EI-DTA	Airbus A320-216
☐ EI-DTB	Airbus A320-216
☐ EI-DTC	Airbus A320-216
☐ EI-DTD	Airbus A320-216
☐ EI-DTE	Airbus A320-216
☐ EI-DTF	Airbus A320-216
☐ EI-DTG	Airbus A320-216
☐ EI-DTH	Airbus A320-216
☐ EI-DTI	Airbus A320-216
☐ EI-DTJ	Airbus A320-216
☐ EI-DTK	Airbus A320-216
☐ EI-DTL	Airbus A320-216
☐ EI-DTM	Airbus A320-216

☐	EI-DTN	Airbus A320-216	☐	EI-DYK	Boeing 737-8AS	☐ EI-EDZ	Boeing 737-8K5
☐	EI-DTO	Airbus A320-216	☐	EI-DYL	Boeing 737-8AS	☐ EI-EEA	Boeing 737-8K5
☐	EI-DTR	Robinson R44 Raven	☐	EI-DYM	Boeing 737-8AS	☐ EI-EEH	BRM Land Africa
☐	EI-DTS	Piper PA-18-95 Super Cub	☐	EI-DYN	Boeing 737-8AS	☐ EI-EEO	Van's RV-7
☐	EI-DTT	ELA Aviacion ELA-07	☐	EI-DYO	Boeing 737-8AS	☐ EI-EES	ELA Aviacion ELA-07R
☐	EI-DTV	Boeing 737-5YO	☐	EI-DYP	Boeing 737-8AS	☐ EI-EEU	Osprey II
☐	EI-DTW	Boeing 737-5YO	☐	EI-DYR	Boeing 737-8AS	☐ EI-EEZ	CL-600-2B19 Challenger 850
☐	EI-DTX	Boeing 737-5Q8	☐	EI-DYS	Boeing 737-8AS	☐ EI-EFA	Boeing 737-8AS
☐	EI-DUA	Boeing 757-256	☐	EI-DYT	Boeing 737-8AS	☐ EI-EFB	Boeing 737-8AS
☐	EI-DUC	Boeing 757-256	☐	EI-DYV	Boeing 737-8AS	☐ EI-EFC	Boeing 737-8AS
☐	EI-DUD	Boeing 757-256	☐	EI-DYW	Boeing 737-8AS	☐ EI-EFD	Boeing 737-8AS
☐	EI-DUH	CP.1310-C3 Super Emeraude	☐	EI-DYX	Boeing 737-8AS	☐ EI-EFE	Boeing 737-8AS
☐	EI-DUJ	Evektor EV-97 Eurostar	☐	EI-DYY	Boeing 737-8AS	☐ EI-EFF	Boeing 737-8AS
☐	EI-DUL	Alpi Pioneer 300	☐	EI-DYZ	Boeing 737-8AS	☐ EI-EFG	Boeing 737-8AS
☐	EI-DUO	Airbus A330-203	☐	EI-DZA	Colt 21A	☐ EI-EFH	Boeing 737-8AS
☐	EI-DUV	Beech 95-B55 Baron	☐	EI-DZB	Colt 14A	☐ EI-EFI	Boeing 737-8AS
☐	EI-DUZ	Airbus A330-203	☐	EI-DZE	Urban Air UFM-10 Samba	☐ EI-EFJ	Boeing 737-8AS
☐	EI-DVA	Boeing 737-36E	☐	EI-DZF	Pipistrel Sinus 912	☐ EI-EFK	Boeing 737-8AS
☐	EI-DVC	Boeing 737-33A	☐	EI-DZH	Boeing 737-7Q8	☐ EI-EFL	Boeing 737-8AS
☐	EI-DVE	Airbus A320-214	☐	EI-DZK	Robinson R22 Beta II	☐ EI-EFM	Boeing 737-8AS
☐	EI-DVG	Airbus A320-214	☐	EI-DZL	Urban Air Samba XXL	☐ EI-EFN	Boeing 737-8AS
☐	EI-DVH	Airbus A320-214	☐	EI-DZM	Robinson R44 Raven II	☐ EI-EFO	Boeing 737-8AS
☐	EI-DVI	Airbus A320-214	☐	EI-DZN	Bell 222	☐ EI-EFP	Boeing 737-8AS
☐	EI-DVJ	Airbus A320-214	☐	EI-DZO	Rotor Flight Dominator	☐ EI-EFR	Boeing 737-8AS
☐	EI-DVK	Airbus A320-214	☐	EI-DZS	BRM Land Africa	☐ EI-EFS	Boeing 737-8AS
☐	EI-DVL	Airbus A320-214	☐	EI-EAJ	RAF 2000 GTX-SE	☐ EI-EFT	Boeing 737-8AS
☐	EI-DVM	Airbus A320-214	☐	EI-EAK	Airborne Edge X/XT	☐ EI-EFV	Boeing 737-8AS
☐	EI-DVN	Airbus A320-214	☐	EI-EAM	Cessna 172R Skyhawk	☐ EI-EFW	Boeing 737-8AS
☐	EI-DVO	Barnett J4B-2	☐	EI-EAP	Mainair Blade	☐ EI-EFX	Boeing 737-8AS
☐	EI-DVZ	Robinson R44 Raven II	☐	EI-EAR	Boeing 767-3Q8	☐ EI-EFY	Boeing 737-8AS
☐	EI-DWA	Boeing 737-8AS	☐	EI-EAV	Airbus A330-302	☐ EI-EFZ	Boeing 737-8AS
☐	EI-DWB	Boeing 737-8AS	☐	EI-EAY	Raj Hamsa X'Air 582	☐ EI-EGA	Boeing 737-8AS
☐	EI-DWC	Boeing 737-8AS	☐	EI-EAZ	Cessna 172R Skyhawk	☐ EI-EGB	Boeing 737-8AS
☐	EI-DWD	Boeing 737-8AS	☐	EI-EBA	Boeing 737-8AS	☐ EI-EGC	Boeing 737-8AS
☐	EI-DWE	Boeing 737-8AS	☐	EI-EBB	Boeing 737-8AS	☐ EI-EGD	Boeing 737-8AS
☐	EI-DWF	Boeing 737-8AS	☐	EI-EBC	Boeing 737-8AS	☐ EI-EHG	Robinson R22 Beta
☐	EI-DWG	Boeing 737-8AS	☐	EI-EBD	Boeing 737-8AS	☐ EI-EHH	ATR 42-300
☐	EI-DWH	Boeing 737-8AS	☐	EI-EBE	Boeing 737-8AS	☐ EI-EHK	Magni Gyro M-22 Voyager
☐	EI-DWI	Boeing 737-8AS	☐	EI-EBF	Boeing 737-8AS	☐ EI-EHL	Air Création Tanarg 912S/iXess
☐	EI-DWJ	Boeing 737-8AS	☐	EI-EBG	Boeing 737-8AS	☐ EI-EHM	Rand KR-2T
☐	EI-DWK	Boeing 737-8AS	☐	EI-EBH	Boeing 737-8AS	☐ EI-EHV	CZAW Sportcruiser
☐	EI-DWL	Boeing 737-8AS	☐	EI-EBI	Boeing 737-8AS	☐ EI-EHY	Urban Air Samba XXL
☐	EI-DWM	Boeing 737-8AS	☐	EI-EBK	Boeing 737-8AS	☐ EI-EIA	Airbus A320-216
☐	EI-DWO	Boeing 737-8AS	☐	EI-EBL	Boeing 737-8AS	☐ EI-EIB	Airbus A320-216
☐	EI-DWP	Boeing 737-8AS	☐	EI-EBM	Boeing 737-8AS	☐ EI-EIC	Airbus A320-216
☐	EI-DWR	Boeing 737-8AS	☐	EI-EBN	Boeing 737-8AS	☐ EI-EID	Airbus A320-216
☐	EI-DWS	Boeing 737-8AS	☐	EI-EBO	Boeing 737-8AS	☐ EI-EIE	Airbus A320-216
☐	EI-DWT	Boeing 737-8AS	☐	EI-EBP	Boeing 737-8AS	☐ EI-EJG	Airbus A330-202
☐	EI-DWV	Boeing 737-8AS	☐	EI-EBR	Boeing 737-8AS	☐ EI-EJH	Airbus A330-202
☐	EI-DWW	Boeing 737-8AS	☐	EI-EBS	Boeing 737-8AS	☐ EI-EJI	Airbus A330-202
☐	EI-DWX	Boeing 737-8AS	☐	EI-EBT	Boeing 737-8AS	☐ EI-EJJ	Airbus A330-202
☐	EI-DWY	Boeing 737-8AS	☐	EI-EBV	Boeing 737-8AS	☐ EI-EJK	Airbus A330-202
☐	EI-DWZ	Boeing 737-8AS	☐	EI-EBW	Boeing 737-8AS	☐ EI-EJL	Airbus A330-202
☐	EI-DXA	Comco Ikarus C42	☐	EI-EBX	Boeing 737-8AS	☐ EI-EJM	Airbus A330-202
☐	EI-DXL	CFM Shadow Series C-D	☐	EI-EBY	Boeing 737-8AS	☐ EI-EJN	Airbus A330-202
☐	EI-DXM	Raj Hamsa X'Air 582	☐	EI-EBZ	Boeing 737-8AS	☐ EI-EJO	Airbus A330-202
☐	EI-DXN	Zenair CH.601HD	☐	EI-ECB	Boeing 737-3Q8	☐ EI-EJP	Airbus A330-202
☐	EI-DXP	Cyclone AX3/503	☐	EI-ECC	Cameron Z-90	☐ EI-EKA	Boeing 737-8AS
☐	EI-DXS	CFM Shadow Series C	☐	EI-ECG	BRM Land Africa	☐ EI-EKB	Boeing 737-8AS
☐	EI-DXT	Urban Air UFM-10 Samba	☐	EI-ECK	Raj Hamsa X'Air Hawk	☐ EI-EKC	Boeing 737-8AS
☐	EI-DXV	Thruster T600T	☐	EI-ECP	Raj Hamsa X'Air Hawk	☐ EI-EKD	Boeing 737-8AS
☐	EI-DXX	Raj Hamsa X'Air 582	☐	EI-ECR	Cessna 525A CitationJet CJ2+	☐ EI-EKE	Boeing 737-8AS
☐	EI-DXZ	Urban Air UFM-10 Samba	☐	EI-ECZ	Raj Hamsa X'Air Hawk	☐ EI-EKF	Boeing 737-8AS
☐	EI-DYA	Boeing 737-8AS	☐	EI-EDA	Raj Hamsa X'Air Hawk	☐ EI-EKG	Boeing 737-8AS
☐	EI-DYB	Boeing 737-8AS	☐	EI-EDB	Cessna 152	☐ EI-EKH	Boeing 737-8AS
☐	EI-DYC	Boeing 737-8AS	☐	EI-EDC	Reims/Cessna FA152 Aerobat	☐ EI-EKI	Boeing 737-8AS
☐	EI-DYD	Boeing 737-8AS	☐	EI-EDI	Comco Ikarus C42 Cyclone	☐ EI-EKJ	Boeing 737-8AS
☐	EI-DYE	Boeing 737-8AS	☐	EI-EDJ	CZAW Sportcruiser	☐ EI-EKK	Boeing 737-8AS
☐	EI-DYF	Boeing 737-8AS	☐	EI-EDP	Airbus A320-214	☐ EI-EKL	Boeing 737-8AS
☐	EI-DYH	Boeing 737-8AS	☐	EI-EDR	Piper PA-28R-200	☐ EI-EKM	Boeing 737-8AS
☐	EI-DYI	Boeing 737-8AS	☐	EI-EDS	Airbus A320-214	☐ EI-EKN	Boeing 737-8AS
☐	EI-DYJ	Boeing 737-8AS	☐	EI-EDY	Airbus A330-302	☐ EI-EKO	Boeing 737-8AS

☐ EI-EKP	Boeing 737-8AS	☐ EI-EPF	Boeing 737-8AS	☐ EI-EVK	Boeing 737-8AS
☐ EI-EKR	Boeing 737-8AS	☐ EI-EPG	Boeing 737-8AS	☐ EI-EVL	Boeing 737-8AS
☐ EI-EKS	Boeing 737-8AS	☐ EI-EPH	Boeing 737-8AS	☐ EI-EVM	Boeing 737-8AS
☐ EI-EKT	Boeing 737-8AS	☐ EI-EPI	Medway Hybrid 44XLR	☐ EI-EVN	Boeing 737-8AS
☐ EI-EKV	Boeing 737-8AS	☐ EI-EPJ	Mainair Gemini Flash	☐ EI-EVO	Boeing 737-8AS
☐ EI-EKW	Boeing 737-8AS	☐ EI-EPK	Pegasus Quantum 15-912	☐ EI-EVP	Boeing 737-8AS
☐ EI-EKX	Boeing 737-8AS	☐ EI-EPN	Jodel DR.1050	☐ EI-EVR	Boeing 737-8AS
☐ EI-EKY	Boeing 737-8AS	☐ EI-EPP	Piper PA-22-160 Tri-Pacer	☐ EI-EVS	Boeing 737-8AS
☐ EI-EKZ	Boeing 737-8AS	☐ EI-EPR	Airbus A319-111	☐ EI-EVT	Boeing 737-8AS
☐ EI-ELA	Airbus A330-302	☐ EI-EPS	Airbus A319-111	☐ EI-EVV	Boeing 737-8AS
☐ EI-ELB	Raj Hamsa X'Air 582	☐ EI-EPT	Airbus A319-111	☐ EI-EVW	Boeing 737-8AS
☐ EI-ELC	Comco Ikarus C42B	☐ EI-EPU	Airbus A319-111	☐ EI-EVX	Boeing 737-8AS
☐ EI-ELL	Medway EclipseR	☐ EI-EPW	MXP-740 Savannah Jabiru	☐ EI-EVY	Boeing 737-8AS
☐ EI-ELM	Piper PA-18-95 Super Cub	☐ EI-EPY	Urban Air UFM-11UK Lambada	☐ EI-EVZ	Boeing 737-8AS
☐ EI-ELZ	Boeing 737-4Q8	☐ EI-EPZ	Jodel DR.1050M1	☐ EI-EWB	Comco Ikarus C42B
☐ EI-EMA	Boeing 737-8AS	☐ EI-ERE	Pegasus Quantum 15-912	☐ EI-EWC	Beech 76 Duchess
☐ EI-EMB	Boeing 737-8AS	☐ EI-ERF	Boeing 757-256	☐ EI-EWI	Boeing 717-2BL
☐ EI-EMC	Boeing 737-8AS	☐ EI-ERH	Airbus A320-232	☐ EI-EWJ	Boeing 717-2BL
☐ EI-EMD	Boeing 737-8AS	☐ EI-ERI	Air Création 582/Kiss 400	☐ EI-EWO	Airbus A320-232
☐ EI-EME	Boeing 737-8AS	☐ EI-ERJ	Southdown Raven X	☐ EI-EWR	Airbus A330-202
☐ EI-EMF	Boeing 737-8AS	☐ EI-ERL	Best Off SkyRanger 912	☐ EI-EWT	Boeing 757-28A
☐ EI-EMH	Boeing 737-8AS	☐ EI-ERM	Comco Ikarus C42B	☐ EI-EWV	Comco Ikarus C42 FB100 VLA
☐ EI-EMI	Boeing 737-8AS	☐ EI-ERO	Solar Wings Pegasus XL-R	☐ EI-EWX	Aeropro Eurofox
☐ EI-EMJ	Boeing 737-8AS	☐ EI-ERP	Boeing 737-3S3	☐ EI-EWY	Van's RV-6A
☐ EI-EMK	Boeing 737-8AS	☐ EI-ERZ	Flight Design CT2K	☐ EI-EWZ	MB2 Colibri
☐ EI-EML	Boeing 737-8AS	☐ EI-ESB	Urban Air Samba XXL	☐ EI-EXA	Boeing 717-2BL
☐ EI-EMM	Boeing 737-8AS	☐ EI-ESC	BRM Land Africa	☐ EI-EXB	Boeing 717-2BL
☐ EI-EMN	Boeing 737-8AS	☐ EI-ESD	Mainair Blade	☐ EI-EXD	Boeing 737-8AS
☐ EI-EMO	Boeing 737-8AS	☐ EI-ESE	Zenair CH.601XL	☐ EI-EXE	Boeing 737-8AS
☐ EI-EMP	Boeing 737-8AS	☐ EI-ESF	Piper PA-22-160 Tri-Pacer	☐ EI-EXF	Boeing 737-8AS
☐ EI-EMR	Boeing 737-8AS	☐ EI-ESL	Boeing 737-8AS	☐ EI-EXI	Boeing 717-2BL
☐ EI-EMT	Piper PA-16 Clipper	☐ EI-ESM	Boeing 737-8AS	☐ EI-EXJ	Boeing 717-2BL
☐ EI-EMU	Reims Cessna F152 II	☐ EI-ESN	Boeing 737-8AS	☐ EI-EXK	Airbus A320-232
☐ EI-EMV	CzAW Sportcruiser	☐ EI-ESO	Boeing 737-8AS	☐ EI-EXR	Airbus A300B4-622RF
☐ EI-ENA	Boeing 737-8AS	☐ EI-ESP	Boeing 737-8AS	☐ EI-EXY	Urban Air Samba XXL
☐ EI-ENB	Boeing 737-8AS	☐ EI-ESR	Boeing 737-8AS	☐ EI-EYI	Piper PA-28-181 Archer
☐ EI-ENC	Boeing 737-8AS	☐ EI-ESS	Boeing 737-8AS	☐ EI-EYJ	Reims/Cessna F172N Skyhawk
☐ EI-ENE	Boeing 737-8AS	☐ EI-EST	Boeing 737-8AS	☐ EI-EYK	Airbus A300B4-622R
☐ EI-ENF	Boeing 737-8AS	☐ EI-ESV	Boeing 737-8AS	☐ EI-EYL	Airbus A319-111
☐ EI-ENG	Boeing 737-8AS	☐ EI-ESW	Boeing 737-8AS	☐ EI-EYM	Airbus A319-111
☐ EI-ENH	Boeing 737-8AS	☐ EI-ESX	Boeing 737-8AS	☐ EI-EYN	Murphy Renegade Spirit
☐ EI-ENI	Boeing 737-8AS	☐ EI-ESY	Boeing 737-8AS	☐ EI-EYO	Airbus A330-243
☐ EI-ENJ	Boeing 737-8AS	☐ EI-ESZ	Boeing 737-8AS	☐ EI-EYR	Airbus A320-214
☐ EI-ENK	Boeing 737-8AS	☐ EI-ETB	Comco Ikarus C42B	☐ EI-EYS	Airbus A320-214
☐ EI-ENL	Boeing 737-8AS	☐ EI-ETD	Raj Hamsa X'Air Hawk	☐ EI-EYT	Comco Ikarus C42
☐ EI-ENM	Boeing 737-8AS	☐ EI-ETE	MS.880B Rallye Club	☐ EI-EYW	Thruster T600N
☐ EI-ENN	Boeing 737-8AS	☐ EI-ETF	Urban Air Samba XXL	☐ EI-EZA	Airbus A320-214
☐ EI-ENO	Boeing 737-8AS	☐ EI-ETH	Airbus A321-231	☐ EI-EZC	Airbus A319-112
☐ EI-ENP	Boeing 737-8AS	☐ EI-ETI	Airbus A330-322	☐ EI-EZD	Airbus A319-112
☐ EI-ENR	Boeing 737-8AS	☐ EI-ETJ	Airbus A321-231	☐ EI-EZL	Airbus A330-223
☐ EI-ENS	Boeing 737-8AS	☐ EI-ETK	Airbus A321-231	☐ EI-EZS	Airbus A320-214
☐ EI-ENT	Boeing 737-8AS	☐ EI-ETL	Airbus A321-231	☐ EI-EZT	Airbus A320-214
☐ EI-ENV	Boeing 737-8AS	☐ EI-ETN	Airbus A319-112	☐ EI-EZU	Reims/Cessna FR172K Hawk XP
☐ EI-ENW	Boeing 737-8AS	☐ EI-ETO	Airbus A319-112	☐ EI-EZV	Airbus A320-214
☐ EI-ENX	Boeing 737-8AS	☐ EI-ETP	Airbus A319-111	☐ EI-EZW	Airbus A320-214
☐ EI-ENY	Boeing 737-8AS	☐ EI-ETV	Raj Hamsa X'Air Hawk	☐ EI-EZX	Piper PA-22-108 Colt
☐ EI-ENZ	Boeing 737-8AS	☐ EI-ETX	Boeing 737-7Q8	☐ EI-EZY	Rotor Flight Dominator
☐ EI-EOA	Raj Hamsa X'Air Jabiru	☐ EI-EUA	Airbus A320-232	☐ EI-EZZ	Raj Hamsa X'Air 582
☐ EI-EOB	Cameron Z-69	☐ EI-EUW	Boeing 737-7Q8	☐ EI-FAB	Eurocopter EC120B Colibri
☐ EI-EOC	Van's RV-6	☐ EI-EUX	Boeing 737-7Q8	☐ EI-FAD	Van's RV-7A
☐ EI-EOF	Jabiru SP-430	☐ EI-EUY	Boeing 737-7Q8	☐ EI-FAJ	Airbus A320-214
☐ EI-EOH	BRM Land Africa	☐ EI-EUZ	Boeing 737-7Q8	☐ EI-FAM	Rans S-6-ES Coyote II
☐ EI-EOI	Take Off Merlin 1100	☐ EI-EVA	Boeing 737-8AS	☐ EI-FAS	ATR 72-212A
☐ EI-EOO	Comco Ikarus C42 Cyclone	☐ EI-EVB	Boeing 737-8AS	☐ EI-FAT	ATR 72-212A
☐ EI-EOU	Evektor EV-97 Eurostar SL	☐ EI-EVC	Boeing 737-8AS	☐ EI-FAU	ATR 72-212A
☐ EI-EOW	Flight Design CTSW	☐ EI-EVD	Boeing 737-8AS	☐ EI-FAV	ATR 72-212A
☐ EI-EOZ	Boeing 737-3Q8	☐ EI-EVE	Boeing 737-8AS	☐ EI-FAW	ATR 72-212A
☐ EI-EPA	Boeing 737-8AS	☐ EI-EVF	Boeing 737-8AS	☐ EI-FAX	ATR 72-212A
☐ EI-EPB	Boeing 737-8AS	☐ EI-EVG	Boeing 737-8AS	☐ EI-FAZ	Urban Air UFM-10 Samba
☐ EI-EPC	Boeing 737-8AS	☐ EI-EVH	Boeing 737-8AS	☐ EI-FBC	Cessna 172N Skyhawk
☐ EI-EPD	Boeing 737-8AS	☐ EI-EVI	Boeing 737-8AS	☐ EI-FBF	Airbus A321-231
☐ EI-EPE	Boeing 737-8AS	☐ EI-EVJ	Boeing 737-8AS	☐ EI-FBH	Airbus A321-231

	Reg	Type		Reg	Type		Reg	Type
☐	EI-FBJ	Boeing 717-2BL	☐	EI-FXI	ATR 72-202F	☐	EI-IMX	Airbus A319-111
☐	EI-FBK	Boeing 717-2BL	☐	EI-FXJ	ATR 72-202F	☐	EI-ING	Reims/Cessna F172P Skyhawk
☐	EI-FBL	Boeing 717-2BL	☐	EI-FXK	ATR 72-202F	☐	EI-ISA	Boeing 777-243
☐	EI-FBM	Boeing 717-2BL	☐	EI-GDJ	Piper J-4E Cub Coupe	☐	EI-ISB	Boeing 777-243
☐	EI-FBU	Airbus A330-322	☐	EI-GDL	Gulfstream 550	☐	EI-ISD	Boeing 777-243
☐	EI-FBV	Airbus A321-211	☐	EI-GER	Maule MX-7-180A Star Rocket	☐	EI-ISE	Boeing 777-243
☐	EI-FBW	BRM Land Africa	☐	EI-GJL	Aérospatiale SA.365N3 Dauphin 2	☐	EI-ISO	Boeing 777-243
☐	EI-FBX	BRM Land Africa	☐	EI-GLA	Schleicher ASK 21	☐	EI-IXB	Airbus A321-112
☐	EI-FBY	BRM Land Africa	☐	EI-GLB	Schleicher ASK 21	☐	EI-IXC	Airbus A321-112
☐	EI-FBZ	Thruster T600N	☐	EI-GLC	Centrair 101A Pégase	☐	EI-IXF	Airbus A321-112
☐	EI-FCA	Urban Air UFM-11UK Lambada	☐	EI-GLD	Schleicher ASK 13	☐	EI-IXH	Airbus A321-112
☐	EI-FCB	Boeing 717-2BL	☐	EI-GLF	Schleicher K 8B	☐	EI-IXJ	Airbus A321-112
☐	EI-FCH	Boeing 737-83N	☐	EI-GLG	Schleicher Ka 6CR	☐	EI-IXV	Airbus A321-112
☐	EI-FCI	Zenair CH.601HD	☐	EI-GLH	Sportine Aviacija LAK-17A	☐	EI-IXZ	Airbus A321-112
☐	EI-FCU	Boeing 717-2BL	☐	EI-GLL	Glaser-Dirks DG-200	☐	EI-JIM	Urban Air Samba XLA
☐	EI-FCV	Boeing 767-3X2	☐	EI-GLM	Schleicher Ka 6CR	☐	EI-JOR	Robinson R44 Raven II
☐	EI-FCY	ATR 72-212A	☐	EI-GLO	Scheibe Zugvogel IIIB	☐	EI-JPK	Tecnam P.2002JF Sierra
☐	EI-FCZ	ATR 72-212A	☐	EI-GLP	EoN AP.5 Olympia 2B	☐	EI-JSK	Gulfstream 650
☐	EI-FDC	PZL-110 Koliber 150	☐	EI-GLS	Glaser-Dirks LS7	☐	EI-KDH	Piper PA-28-181 Archer
☐	EI-FDD	Cameron Z-105	☐	EI-GLT	Schempp-Hirth Discus b	☐	EI-KEL	Eurocopter EC135 T2+
☐	EI-FDF	Urban Air Samba XXL	☐	EI-GLU	Schleicher Ka.6CR	☐	EI-KEV	Raj Hamsa X'Air
☐	EI-FDL	Airbus A320-232	☐	EI-GLV	Schleicher ASW 19B	☐	EI-LAD	Robinson R44 Raven II
☐	EI-FDM	Airbus A320-232	☐	EI-GMB	Schleicher ASW 27	☐	EI-LAX	Airbus A330-202
☐	EI-FDO	Jabiru UL-D	☐	EI-GMC	Schleicher ASK 18	☐	EI-LBR	Boeing 757-2Q8
☐	EI-FDR	BFC Challenger II	☐	EI-GMD	Bölkow Phoebus C	☐	EI-LBS	Boeing 757-2Q8
☐	EI-FDS	Boeing 737-86N	☐	EI-GMF	Schleicher ASK 13	☐	EI-LBT	Boeing 757-2Q8
☐	EI-FDY	Comco Ikarus C42	☐	EI-GMH	Wag-Aero CUBy Sport Trainer	☐	EI-LCM	SOCATA TBM-700N
☐	EI-FEE	Boeing 737-8AS	☐	EI-GML	Grob G103 Twin Astir	☐	EI-LEM	SOCATA TB-9 Tampico
☐	EI-FEF	Boeing 737-8AS	☐	EI-GMN	Glaser-Dirks DG-808C	☐	EI-LEO	Cessna 750 Citation X
☐	EI-FEG	Boeing 737-8AS	☐	EI-GPT	Robinson R22 Beta II	☐	EI-LFC	Tecnam P.2002-JF Sierra
☐	EI-FEH	Boeing 737-8AS	☐	EI-GSM	Cessna 182S Skylane	☐	EI-LIM	AgustaWestland AW139
☐	EI-FEI	Boeing 737-8AS	☐	EI-GVM	Robinson R22 Beta II	☐	EI-LNA	Boeing 787-8
☐	EI-FEJ	Pipistrel Virus 912	☐	EI-GWY	Cessna 172R Skyhawk	☐	EI-LNB	Boeing 787-8
☐	EI-FEO	ELA Aviacion ELA-07S	☐	EI-HCS	Grob G109B	☐	EI-LNC	Boeing 787-8
☐	EI-FEP	Aviatika MAI-890	☐	EI-HUM	Van's RV-7	☐	EI-LND	Boeing 787-8
☐	EI-FET	Raj Hamsa X'Air 502T	☐	EI-IAN	Pilatus PC-6/B2-H4 Turbo Porter	☐	EI-LNE	Boeing 787-8
☐	EI-FEV	Raj Hamsa X'Air 582	☐	EI-ICA	Sikorsky S-92A	☐	EI-LNF	Boeing 787-8
☐	EI-FEW	Van's RV-7	☐	EI-ICD	Sikorsky S-92A	☐	EI-LNG	Boeing 787-8
☐	EI-FFK	Boeing 737-81Q	☐	EI-ICG	Sikorsky S-92A	☐	EI-LOW	AS.355N Ecureuil 2
☐	EI-FFM	Boeing 737-73S	☐	EI-ICR	Sikorsky S-92A	☐	EI-LSA	Cub Crafters CC11-160
☐	EI-FFN	Raj Hamsa X'Air 582	☐	EI-ICU	Sikorsky S-92A	☐	EI-MCF	Cessna 172R Skyhawk
☐	EI-FFV	Grumman AA-5 Traveler	☐	EI-IGN	Boeing 737-84P	☐	EI-MCG	Cessna 172R Skyhawk
☐	EI-FFW	Boeing 737-85F	☐	EI-IGR	Boeing 737-36N	☐	EI-MIK	Eurocopter EC120B Colibri
☐	EI-FFZ	Magni Gyro M-16 Tandem Trainer	☐	EI-IGS	Boeing 737-36N	☐	EI-MIR	Roko Aero NG 4HD
☐	EI-FGE	Airbus A319-133	☐	EI-IGT	Boeing 737-73V	☐	EI-MPW	Robinson R44 Raven
☐	EI-FGF	Comco Ikarus C42	☐	EI-IGU	Boeing 737-73V	☐	EI-MRB	Denney Kitfox Model 2
☐	EI-FGG	Comco Ikarus C42	☐	EI-IKB	Airbus A320-214	☐	EI-MTZ	Urban Air Samba XXL
☐	EI-FGH	Boeing 717-2BL	☐	EI-IKF	Airbus A320-214	☐	EI-NFW	Cessna 172S Skyhawk SP
☐	EI-FGI	Boeing 717-2BL	☐	EI-IKG	Airbus A320-214	☐	EI-NJA	Robinson R44 Raven II
☐	EI-FGM	Airbus A320-214	☐	EI-IKL	Airbus A320-214	☐	EI-NVL	Jora Jora
☐	EI-FGN	Boeing 767-3BG	☐	EI-IKU	Airbus A320-214	☐	EI-ODD	Bell 206B-3 JetRanger III
☐	EI-FGO	Airbus A320-233	☐	EI-ILS	Eurocopter EC135 T2+	☐	EI-OFM	Reims/Cessna F172N Skyhawk
☐	EI-FGR	Airbus A319-131	☐	EI-IMB	Airbus A319-112	☐	EI-ONJ	Airbus A320-214
☐	EI-FGS	Boeing 737-8GJ	☐	EI-IMC	Airbus A319-112	☐	EI-ONL	Airbus A320-214
☐	EI-FHA	Boeing 737-8JP	☐	EI-IMD	Airbus A319-112	☐	EI-OOR	Cessna 172S Skyhawk SP
☐	EI-FHB	Boeing 737-8Q8	☐	EI-IME	Airbus A319-112	☐	EI-OZJ	Airbus A300B4-622RF
☐	EI-FHD	Boeing 737-8JP	☐	EI-IMF	Airbus A319-112	☐	EI-PMI	Agusta Bell 206B-3 JetRanger 3
☐	EI-FHF	Boeing 737-8FZ	☐	EI-IMG	Airbus A319-112	☐	EI-POP	Cameron Z-90
☐	EI-FHI	Boeing 737-8JP	☐	EI-IMH	Airbus A319-112	☐	EI-RDA	Embraer ERJ-170-200STD
☐	EI-FIA	Boeing 737-8AS	☐	EI-IMI	Airbus A319-112	☐	EI-RDB	Embraer ERJ-170-200STD
☐	EI-FIB	Boeing 737-8AS	☐	EI-IMJ	Airbus A319-112	☐	EI-RDC	Embraer ERJ-170-200STD
☐	EI-FIC	Boeing 737-8AS	☐	EI-IML	Airbus A319-112	☐	EI-RDD	Embraer ERJ-170-200STD
☐	EI-FII	Cessna 172RG Cutlass RG II	☐	EI-IMM	Airbus A319-111	☐	EI-RDE	Embraer ERJ-170-200STD
☐	EI-FLA	Rotor Flight Dominator	☐	EI-IMN	Airbus A319-111	☐	EI-RDF	Embraer ERJ-170-200STD
☐	EI-FTX	Rans S-6-ES Coyote II	☐	EI-IMO	Airbus A319-111	☐	EI-RDG	Embraer ERJ-170-200STD
☐	EI-FXA	ATR 42-300F	☐	EI-IMP	Airbus A319-111	☐	EI-RDH	Embraer ERJ-170-200STD
☐	EI-FXB	ATR 42-300F	☐	EI-IMR	Airbus A319-111	☐	EI-RDI	Embraer ERJ-170-200STD
☐	EI-FXC	ATR 42-300F	☐	EI-IMS	Airbus A319-111	☐	EI-RDJ	Embraer ERJ-170-200STD
☐	EI-FXD	ATR 42-300F	☐	EI-IMT	Airbus A319-111	☐	EI-RDK	Embraer ERJ-170-200STD
☐	EI-FXE	ATR 42-300F	☐	EI-IMU	Airbus A319-111	☐	EI-RDL	Embraer ERJ-170-200STD
☐	EI-FXG	ATR 72-202F	☐	EI-IMV	Airbus A319-111	☐	EI-RDM	Embraer ERJ-170-200STD
☐	EI-FXH	ATR 72-202F	☐	EI-IMW	Airbus A319-111	☐	EI-RDN	Embraer ERJ-170-200STD

☐	EI-RDO	Embraer ERJ-170-200STD	☐	EI-RUP	Boeing 737-808	☐ EI-UNK	Boeing 737-86J
☐	EI-REH	ATR 72-201	☐	EI-RUU	Boeing 767-36N	☐ EI-UNL	Boeing 777-312
☐	EI-REI	ATR 72-201	☐	EI-RUV	Boeing 767-36N	☐ EI-UNM	Boeing 777-312
☐	EI-REJ	ATR 72-201	☐	EI-RUW	Boeing 767-36N	☐ EI-UNN	Boeing 777-312
☐	EI-REL	ATR 72-212A	☐	EI-RUX	Boeing 767-36N	☐ EI-UNP	Boeing 777-312
☐	EI-REM	ATR 72-212A	☐	EI-RUY	Boeing 767-3Q8	☐ EI-UNR	Boeing 777-212
☐	EI-RHM	Bell 407	☐	EI-RUZ	Boeing 767-3Q8	☐ EI-UNS	Boeing 777-212
☐	EI-RJC	BAe Avro 146-RJ85	☐	EI-SAC	Cessna 172P Skyhawk	☐ EI-UNT	Boeing 777-212
☐	EI-RJD	BAe Avro 146-RJ85	☐	EI-SAI	Aérospatiale SA.330J Puma	☐ EI-UNU	Boeing 777-212
☐	EI-RJE	BAe Avro 146-RJ85	☐	EI-SAO	Aérospatiale AS.332C1 Super Puma	☐ EI-UNV	Boeing 777-222
☐	EI-RJF	BAe Avro 146-RJ85				☐ EI-UNW	Boeing 777-222
☐	EI-RJG	BAe Avro 146-RJ85	☐	EI-SEA	Searey Amphibian	☐ EI-UNX	Boeing 777-222
☐	EI-RJH	BAe Avro 146-RJ85	☐	EI-SKE	Robin DR.400-140B Earl	☐ EI-UNY	Boeing 777-222
☐	EI-RJI	BAe Avro 146-RJ85	☐	EI-SKS	Robin R.2160	☐ EI-UNZ	Boeing 777-222
☐	EI-RJN	BAe Avro 146-RJ85	☐	EI-SKV	Robin R.2160	☐ EI-VII	Van's RV-7
☐	EI-RJO	BAe Avro 146-RJ85	☐	EI-SKW	Piper PA-28-161 Warrior	☐ EI-VLN	Piper PA-18A-150 Super Cub
☐	EI-RJR	BAe Avro 146-RJ85	☐	EI-SLA	ATR 42-300F	☐ EI-WAC	Piper PA-23-250 Aztec E
☐	EI-RJT	BAe Avro 146-RJ85	☐	EI-SLF	ATR 72-201F	☐ EI-WAT	Tecnam P.2002-JF Sierra
☐	EI-RJU	BAe Avro 146-RJ85	☐	EI-SLG	ATR 72-202F	☐ EI-WFD	Tecnam P.2002-JF Sierra
☐	EI-RJW	BAe Avro 146-RJ85	☐	EI-SLH	ATR 72-202F	☐ EI-WFI	Bombardier CL-600-2B16
☐	EI-RJX	BAe Avro 146-RJ85	☐	EI-SLJ	ATR 72-201	☐ EI-WIG	Best Off Sky Ranger 912(2)
☐	EI-RJY	BAe Avro 146-RJ85	☐	EI-SLK	ATR 72-212F	☐ EI-WMN	Piper PA-23-250 Aztec E
☐	EI-RJZ	BAe Avro 146-RJ85	☐	EI-SMK	Zenair CH.701 STOL	☐ EI-WOT	Currie Wot
☐	EI-RNA	Embraer ERJ-190-100STD	☐	EI-SPB	Cessna T206H Stationair	☐ EI-WWI	Robinson R44 Raven
☐	EI-RNB	Embraer ERJ-190-100STD	☐	EI-SSF	Bombardier BD-700-1A10	☐ EI-WXA	BAe Avro 146-RJ85
☐	EI-RNC	Embraer ERJ-190-100STD	☐	EI-STA	Boeing 737-31S	☐ EI-WXP	Hawker 800XP
☐	EI-RND	Embraer ERJ-190-100STD	☐	EI-STB	Boeing 737-476SF	☐ EI-XLB	Boeing 747-446
☐	EI-RNE	Embraer ERJ-190-100STD	☐	EI-STC	Boeing 737-476SF	☐ EI-XLC	Boeing 747-446
☐	EI-ROB	Robin R.1180TD Aiglon	☐	EI-STH	Boeing 737-429SF	☐ EI-XLD	Boeing 747-446
☐	EI-ROK	Roko Aero NG 4UL	☐	EI-STT	Cessna 172M Skyhawk	☐ EI-XLE	Boeing 747-446
☐	EI-RUA	Boeing 737-86J	☐	EI-SYM	Van's RV-7	☐ EI-XLF	Boeing 747-446
☐	EI-RUB	Boeing 737-85P	☐	EI-TAT	Bombardier CL-600-2B16	☐ EI-XLG	Boeing 747-446
☐	EI-RUC	Boeing 737-86R	☐	EI-TIM	Piper J-5A Cub Cruiser	☐ EI-XLH	Boeing 747-446
☐	EI-RUD	Boeing 737-86R	☐	EI-TKI	Robinson R22 Beta	☐ EI-XLI	Boeing 747-446
☐	EI-RUE	Boeing 737-85P	☐	EI-TON	Raj Hamsa X'Air 582	☐ EI-XLJ	Boeing 747-446
☐	EI-RUF	Boeing 737-85P	☐	EI-UFO	Piper PA-22-150 Tri-Pacer	☐ EI-XLK	Boeing 747-412
☐	EI-RUG	Boeing 737-86N	☐	EI-UNA	Boeing 767-3P6	☐ EI-XLL	Boeing 747-412
☐	EI-RUH	Boeing 737-8K5	☐	EI-UNB	Boeing 767-3P6	☐ EI-XLM	Boeing 747-412
☐	EI-RUI	Boeing 737-85P	☐	EI-UNC	Boeing 767-319	☐ EI-XLN	Boeing 747-412
☐	EI-RUJ	Boeing 737-81Q	☐	EI-UND	Boeing 767-3P6	☐ EI-XLO	Boeing 747-412
☐	EI-RUK	Boeing 737-86N	☐	EI-UNE	Boeing 767-3Q8	☐ EI-XLP	Boeing 777-312
☐	EI-RUL	Boeing 737-7K9	☐	EI-UNF	Boeing 767-3P6	☐ EI-XLZ	Boeing 747-444
☐	EI-RUM	Boeing 737-7K9	☐	EI-UNG	Boeing 737-524	☐ EI-YLG	Robin HR.200/120B
☐	EI-RUN	Boeing 737-808	☐	EI-UNH	Boeing 737-524	☐ EI-ZMA	Dassault Falcon 900EX
☐	EI-RUO	Boeing 737-808	☐	EI-UNJ	Boeing 737-86J	☐ EI-ZZZ	Bell 222A

Republic of Ireland Aircraft Bases Guide including Tower Frequencies

The list includes only currently Irish registered aircraft and helicopters based on Irish licensed and unlicensed airfields and heliports

PLEASE NOTE
The inclusion of any airfield in this section should not be taken as an indication of public access rights. You should always seek permission before entering any airfield. This listing does not imply that any permission has been granted.

Abbeyleix, County Laois
EI-CAN	DMU	ETF	FBZ
FDR	FFN		

Abbeyshrule, County Longford
EI-AGD	ARW	AWP	AYB
AYT	BAT	BHI	BIV
BPP	BUF	BUG	BVK
BVY	CFO	CGH	CLQ
COT	COY	DGP	DGY
DNV	DRU	DUV	DZL
EEU	EHY	EOC	EOF
ESB	EXY	FAZ	FDF
LSA	MTZ	OOR	

Ballyboe, County Tipperary
EI-BHV

Ballyboughal, County Dublin
EI-BCM	GDJ	GER

Ballyboy, County Meath
EI-AEI	AYR	BBV	ELL
ESE	FCI		

Birr, County Offaly
EI-AYY	BKC	CJS	CMN
DGA	DKW	DXX	DZF
EAY	EHK	EHL	FEW
KEV	TON		

Blackwater, County Clare
EI-BJC

Brittas, County Limerick
EI-HUM

Celtic Heliport, Knocksedan, County Dublin
EI-ILS	ZZZ

Clane, County Kildare
EI-BJK	ESC

Clonbullogue, County Offaly
EI-AFE	BIR	CDP	DBJ
IAN			

Cloncarneel, County Meath
EI-AYI

Connemara, County Galway
EI-AYN	BCE	CUW

Coonagh, County Limerick
EI-AII	BYX	DDD	DRW
DZE	EDJ	JPK	LFC

Cork, County Cork TWR 119.300
EI-CAE	CES	CGP	CMT
CUJ	DDX	DJY	DVZ
EAM	EAZ	GWY	KEL

Drumavish, County Donegal
EI-DFY

Dublin, County Dublin TWR 118.600
EI-ABI	CBK	CPE	CPG
CPH	CVA	CVB	CVC
DAA	DAC	DAD	DAE
DAF	DAG	DAH	DAI
DAJ	DAK	DAL	DAM
DAN	DAO	DAP	DAR
DAS	DCF	DCG	DCH
DCI	DCJ	DCK	DCL
DCM	DCN	DCO	DCP
DCR	DCW	DCX	DCY
DCZ	DEA	DEB	DEC
DEE	DEF	DEG	DEH
DEJ	DEK	DEL	DEM
DEN	DEP	DER	DES
DHA	DHB	DHC	DHD
DHE	DHF	DHG	DHH
DHN	DHO	DHP	DHR
DHS	DHT	DHV	DHW
DHX	DHY	DHZ	DLB
DLC	DLD	DLE	DLF
DLG	DLH	DLI	DLJ
DLK	DLN	DLO	DLR
DLV	DLW	DLX	DLY
DPB	DPC	DPD	DPE
DPF	DPG	DPH	DPI
DPJ	DPK	DPL	DPM
DPN	DPO	DPP	DPR
DPT	DPV	DPW	DPX
DPY	DPZ	DUO	DUZ
DVE	DVG	DVH	DVI
DVJ	DVK	DVL	DVM
DVN	DWA	DWB	DWC
DWD	DWE	DWF	DWG
DWH	DWI	DWJ	DWK
DWL	DWM	DWO	DWP
DWR	DWS	DWT	DWV
DWW	DWX	DWY	DWZ
DYA	DYB	DYC	DYD
DYE	DYF	DYH	DYI
DYJ	DYK	DYL	DYM
DYN	DYO	DYP	DYR
DYS	DYT	DYV	DYW
DYX	DYY	DYZ	EAV
EBA	EBB	EBC	EBD
EBE	EBF	EBG	EBH
EBI	EBK	EBL	EBM
EBN	EBO	EBP	EBR
EBS	EBT	EBV	EBW
EBX	EBY	EBZ	EDP
EDS	EDY	EFA	EFB
EFC	EFD	EFE	EFF
EFG	EFH	EFI	EFJ
EFK	EFL	EFM	EFN
EFO	EFP	EFR	EFS
EFT	EFV	EFW	EFX

EFY	EFZ	EGA	EGB
EGC	EGD	EHH	EKA
EKB	EKC	EKD	EKE
EKF	EKG	EKH	EKI
EKJ	EKK	EKL	EKM
EKN	EKO	EKP	EKR
EKS	EKT	EKV	EKW
EKX	EKY	EKZ	ELA
EMA	EMB	EMC	EMD
EME	EMF	EMH	EMI
EMJ	EMK	EML	EMM
EMN	EMO	EMP	EMR
ENA	ENB	ENC	ENE
ENF	ENG	ENH	ENI
ENJ	ENK	ENL	ENM
ENN	ENO	ENP	ENR
ENS	ENT	ENV	ENW
ENX	ENY	ENZ	EPA
EPB	EPC	EPD	EPE
EPF	EPG	EPH	EPR
EPS	EPT	EPU	ESL
ESM	ESN	ESO	ESP
ESR	ESS	EST	ESV
ESW	ESX	ESY	ESZ
EVA	EVB	EVC	EVD
EVE	EVF	EVG	EVH
EVI	EVJ	EVK	EVL
EVM	EVN	EVO	EVP
EVR	EVS	EVT	EVV
EVW	EVX	EVY	EVZ
EXD	EXE	EXF	FAS
FAT	FAU	FAV	FAW
FAX	FCY	FCZ	FEE
FEF	FEG	FEH	FEI
FIA	FIB	FIC	FXA
FXB	FXC	FXD	FXE
FXG	FXH	FXI	FXJ
FXK	ICA	LAX	LBR
LBS	LBT	REH	REI
REJ	RJC	RJD	RJE
RJF	RJG	RJH	RJI
RJN	RJO	RJR	RJT
RJU	RJW	RJX	RJY
RJZ	SLF	SLG	SLH
SLJ	SLK	STA	STB
STC	STH	WXA	

Enfield, County Kildare
EI-DXV	EEH	ETV	FBX

Fermoy, County Cork
EI-DXL	EAP	EOA

Ferskill, County Longford
EI-DCA	DDJ	DGJ	DKY
DRX	EDI	EPW	ERM
EWB			

Galway, County Galway
EI-BJO	MCG	NFW

Gorey, County Wexford
EI-AMK	ANT	CJJ	FBW
HCS			

Gowran Grange, County Kildare
EI-BIK	GLA	GLB	GLC
GLD	GLF	GLG	GLH

GLL	GLM	GLO	GLS	**Monaquill, County Tipperary**				**Spanish Point, County Clare**			
GLT	GLU	GLV	GMB	EI-BCP				EI-AUO	FLA		
GMC	GMD	GMF	GML								
GMN				**Moyglare, County Meath**				**Taghmon, County Wexford**			
				EI-DMB	ETB			EI-AHI	CGF	CPP	ECG
Kilkenny, County Kilkenny								EPI	EPK	ERI	EWZ
EI-BBI	DZM	EZX	GLP	**Moyne, County Tipperary**							
LEM				EI-BJB	BUC	CFH	DUH	**Trevet, County Meath**			
								EI-AEH	CIF	CVL	DIY
Kilmoon, County Meath				**Navan, County Meath**				EEO	EYI	YLG	
EI-AKM				EI-DTS	DTT	JIM					
								Trim, County Meath			
Kilrush, County Kildare				**Newcastle, County Wicklow**				EI-CCF	CNC	DDC	EYJ
EI-AEF	AEM	ANY	BCF	EI-AVM	BBC	BOE	BSB	GMH	GSM	STT	TIM
BCJ	BCN	BDL	BMI	BYL	DGG	DMA	DOW	UFO			
BVJ	CAD	CCM	CFF	DXN	DZK	ETE	EWX				
CKH	CTL	CVW	CXY	FDO	MIR	NJA	ODD	**Waterford, County Waterford**			TWR 129.850
DBI	DDP	DKE	DKJ	ROK	SYM	VII		EI-AOB	ATJ	BDR	BKK
DKN	DOY	DRM	DXZ					BRS	BSO	CMB	CMR
EHM	EOW	EPP	FAD	**Powerscourt, County Wicklow**				CPI	CRG	CRV	DJM
FDC	FFV	FFZ	VLN	EI-AWR				DMG	DNN	EMV	FCA
								ICU	SKW	SPB	WAT
Letterkenny, County Donegal				**Rafter's Field, Ellistown, County Dublin**				WFD			
EI-AEJ	AEL	CXC	DGK	EI-AGJ	ALP	AUM					
ECP	ECZ	EDA	ELB					**Weston, County Kildare**			TWR 122.400
EMT	ERZ	ESF		**Rathcoole, County Cork**				EI-BAJ	BCK	BEN	BJM
				EI-AWH	CAU	CJT	CZC	BMN	BNU	BRU	BSC
Limetree, County Laois				DXS	DXT	EOF	EZU	BSK	BSL	BUN	BUT
EI-AED	AEE	BAV	BIO					BYG	CAC	CAP	CAX
CHR	CKI	CMU	CNU	**Shannon, County Clare**		TWR 118.700		CDV	CFP	CFY	CGD
DFX	DIA	DKT	DKU	EI-BPL	ECR	EEZ	ICD	CIG	CIM	CIN	CLA
DKZ	DNR	DRH	DRL	ICR	JSK	LEO	LIM	CML	CRX	CVM	CZP
DRT	DXM	DXP	DZO	SSF	WAC	WMN	WXP	DGX	DKI	DZN	EDB
EES	EHV	EOI	EOU	ZMA				EDC	EDR	EMU	EWC
ERJ	ERO	EYN	EYT					FBC	FII	ING	JOR
EYW	EZY	FBY	FET	**Sligo, County Sligo**		TWR 122.100		KDH	LCM	MCF	OFM
FEV	MRB	NVL	SMK	EI-BIB	BMU	ICG	SAC	RHM	ROB	SKE	SKS
WIG	WOT			SEA							

Republic of Ireland Military Serials – Active aircraft

☐	203	Reims/Cessna FR.172H	☐ 256	Eurocopter EC135 T1	☐ 271	Eurocopter EC135 P2
☐	205	Reims/Cessna FR.172H	☐ 258	LearJet 45	☐ 272	Eurocopter EC135 T2
☐	206	Reims/Cessna FR.172H	☐ 260	Pilatus PC-9M	☐ 274	Agusta-Westland AW139
☐	208	Reims/Cessna FR.172H	☐ 261	Pilatus PC-9M	☐ 275	Agusta-Westland AW139
☐	210	Reims/Cessna FR.172H	☐ 262	Pilatus PC-9M	☐ 276	Agusta-Westland AW139
☐	240	Beech 200 King Air	☐ 263	Pilatus PC-9M	☐ 277	Agusta-Westland AW139
☐	251	Gulfstream IV	☐ 264	Pilatus PC-9M	☐ 278	Agusta-Westland AW139
☐	252	CASA 235 MPA	☐ 266	Pilatus PC-9M	☐ 279	Agusta-Westland AW139
☐	253	CASA 235 MPA	☐ 267	Pilatus PC-9M		
☐	254	BN-2T Turbine Islander	☐ 270	Eurocopter EC135 P2		

Isle of Man Civil Register
updated to 18th February 2015

☐ M-AAAA	Bombardier CL-600-2B16	☐ M-ANTA	Bombardier CL-600-2B19	☐ M-DSCL	Embraer EMB-135BJ Legacy
☐ M-AAAL	Bombardier BD-700-1A10	☐ M-APLE	Embraer EMB-505 Phenom 300	☐ M-DSML	Hawker BAe 125 Series 800B
☐ M-AAEL	Bombardier CL-600-2B16	☐ M-AQUA	Bombardier BD-700-1A11	☐ M-DSUN	Bombardier BD-700-1A10
☐ M-AAES	Bombardier CL-600-2B16	☐ M-ARDI	Gulfstream G550	☐ M-DTBP	Dassault Falcon 7X
☐ M-AAKV	Embraer EMB-135BJ Legacy	☐ M-ARGO	Bombardier BD-700-1A10	☐ M-DWSF	Bell 430
☐ M-AAMM	Gulfstream G450	☐ M-ARIA	Cessna 680 Citation Sovereign	☐ M-DWWW	Bombardier CL-600-2B19
☐ M-ABCD	Dassault Falcon 2000	☐ M-ARKZ	Bombardier CL-600-2B16	☐ M-EAGL	Dassault Falcon 900EX
☐ M-ABCM	Bombardier BD-100-1A10	☐ M-ARRH	Bombardier BD-700-1A10	☐ M-EANS	Bombardier BD-100-1A10
☐ M-ABDL	Hawker 4000	☐ M-ARRJ	Bombardier BD-700-1A10	☐ M-EASY	Learjet 35A
☐ M-ABDP	Hawker 800XP	☐ M-ARSL	Embraer EMB-135BJ Legacy	☐ M-EBRB	Dassault Falcon 900
☐ M-ABDQ	Eurocopter EC135 P2+	☐ M-ARTY	Pilatus PC-12/47E	☐ M-ECJI	Dassault Falcon 10
☐ M-ABEC	Embraer EMB-135BJ Legacy	☐ M-ARVY	Dassault Falcon 7X	☐ M-EGGA	Beech B200 King Air
☐ M-ABEI	Bombardier CL-600-2B16	☐ M-ASHI	Bombardier CL-600-2B16	☐ M-EILA	Pilatus PC-12/47E
☐ M-ABEU	Bombardier Learjet 45	☐ M-ASIK	Gulfstream G280	☐ M-ELAS	Gulfstream G280
☐ M-ABEV	ATR 72-212A	☐ M-ASRI	Bombardier BD-700-1A10	☐ M-ELHI	Bombardier Learjet 60
☐ M-ABEW	ATR 72-212A	☐ M-ATAK	Bombardier BD-700-1A11	☐ M-ELON	Embraer EMB-505 Phenom 300
☐ M-ABFD	ATR 72-212A	☐ M-ATAR	Bombardier BD-700-1A10	☐ M-EMBC	Embraer ERJ-145LI
☐ M-ABFE	ATR 72-212A	☐ M-ATEX	Dassault Falcon 900LX	☐ M-EMLI	Agusta A109E Power
☐ M-ABFI	ATR 72-212A	☐ M-ATOS	Dassault Falcon 900EX	☐ M-ENTA	Dassault Falcon 200
☐ M-ABFO	Hawker 400A	☐ M-ATPS	Gulfstream G550	☐ M-ERCI	Bombardier CL-600-2B16
☐ M-ABFQ	Bombardier BD-700-1A10	☐ M-AVOS	Gulfstream G450	☐ M-ERIL	Pilatus PC-12/47E
☐ M-ABFR	Bombardier BD-700-1A10	☐ M-AXIM	Cessna T206H Stationair	☐ M-ERRY	Sikorsky S-76B
☐ M-ABFV	Boeing 737-83N	☐ M-AYBE	Gulfstream G280	☐ M-ESGR	Embraer EMB-135BJ Legacy
☐ M-ABFX	Dassault Falcon 7X	☐ M-AYRU	Bombardier CL-600-2B16	☐ M-EVAN	Bombardier BD-700-1A10
☐ M-ABGG	Bombardier CL-600-2B16	☐ M-AZAG	Hawker BAe 125 Series 800B	☐ M-EXPL	Eurocopter AS.355N Ecureuil 2
☐ M-ABGI	Bombardier Learjet 60	☐ M-AZIA	Cessna 525C CitationJet CJ4	☐ M-FALZ	Dassault Falcon 7X
☐ M-ABGM	Hawker 400A	☐ M-AZIZ	Boeing 737-505	☐ M-FAHD	Boeing 727-76
☐ M-ABGS	Bombardier CL-600-2B16	☐ M-BADU	Gulfstream G650	☐ M-FASH	Dassault Falcon 900B
☐ M-ABGV	Bombardier Learjet 45	☐ M-BAEP	Bombardier CL-600-2B16	☐ M-FINE	Bombardier BD-700-1A11
☐ M-ABGX	Boeing 737-8AS	☐ M-BASH	Bombardier CL-600-2B16	☐ M-FINK	Hawker BAe 125 Series 1000B
☐ M-ABGZ	Dassault Falcon 900LX	☐ M-BEAR	Embraer EMB-505 Phenom 300	☐ M-FIVE	Dassault Falcon 2000LX
☐ M-ABID	Boeing 737-86N	☐ M-BEST	Cessna 750 Citation X	☐ M-FLSN	AgustaWestland AW139
☐ M-ABIJ	Boeing 737-9GJER	☐ M-BETS	Rockwell 695A Turbo Commander	☐ M-FLYI	Cessna 525C CitationJet CJ4
☐ M-ABIK	Airbus A320-232	☐ M-BETY	Dornier 328-300	☐ M-FROG	Hawker Premier 1A
☐ M-ABIL	Airbus A320-232	☐ M-BIGG	Bombardier CL-600-2B16	☐ M-FRZN	Bombardier CL-600-2B16
☐ M-ABIM	Airbus A320-232	☐ M-BISA	Pilatus PC-12/47E	☐ M-FTHD	Dassault Falcon 2000EX
☐ M-ABIN	Airbus A320-232	☐ M-BJEP	Gulfstream G550	☐ M-FTOH	Boeing 727-269
☐ M-ABIO	Airbus A320-232	☐ M-BLUE	Bombardier BD-700-1A11	☐ M-FUAD	Gulfstream G550
☐ M-ACHO	Bombardier CL-600-2B16	☐ M-BONO	Cessna 172N Skyhawk II	☐ M-FZMH	Bombardier CL-600-2B19
☐ M-ACPT	Hawker BAe 125 Series 1000B	☐ M-BRRB	Bombardier BD-700-1A11	☐ M-GACB	Dassault Falcon 10
☐ M-ACRO	Eurocopter AS.350B3 Ecureuil	☐ M-BRVO	Cessna 550 Citation Bravo	☐ M-GASG	Gulfstream G150
☐ M-AFAJ	Dassault Falcon 900EX	☐ M-BTAR	Bombardier BD-700-1A10	☐ M-GCAP	Piaggio P180 Avanti
☐ M-AFMA	Bombardier BD-700-1A10	☐ M-BTLT	Bombardier BD-100-1A10	☐ M-GCCC	Beech B300 King Air 350i
☐ M-AGGY	Cessna 550 Citation II	☐ M-CARA	Cessna 525 Citation M2	☐ M-GDRS	Hawker Premier 1
☐ M-AGIK	Dassault Falcon 900LX	☐ M-CCCP	Bombardier BD-700-1A11	☐ M-GEAA	Boeing 737-7JW BBJ
☐ M-AGRI	Bombardier BD-700-1A11	☐ M-CCCV	Pilatus PC-12/47	☐ M-GLBL	Eurocopter EC135 T1
☐ M-AHAA	Bombardier BD-700-1A10	☐ M-CDFY	Beech B200 King Air	☐ M-GLEX	Bombardier BD-700-1A10
☐ M-AIZB	Bombardier CL-600-2B16	☐ M-CDZT	Beech B200 King Air	☐ M-GLFV	Gulfstream G550
☐ M-AJOR	Hawker 900XP	☐ M-CELT	Dassault Falcon 7X	☐ M-GLOB	Bombardier BD-700-1A10
☐ M-AJWA	Bombardier BD-700-1A11	☐ M-CFLY	Dassault Falcon 50EX	☐ M-GMKM	Dassault Falcon 7X
☐ M-AKAL	Cessna 560XLS+ Citation Excel	☐ M-CHEM	Dassault Falcon 2000EX	☐ M-GOLD	Eurocopter EC120B
☐ M-AKAR	Sikorsky S-76C	☐ M-CIMO	Dassault Falcon 2000EX	☐ M-GOLF	Reims/Cessna FR182 Skylane RG
☐ M-AKOL	Dassault Falcon 7X	☐ M-CIRU	Cirrus SR20	☐ M-GRAN	Bombardier BD-700-1A11
☐ M-ALAY	Gulfstream G550	☐ M-CLAB	Bombardier BD-100-1A10	☐ M-GSIR	Dassault Falcon 900DX
☐ M-ALCB	Pilatus PC-12/47E	☐ M-COOL	Cessna 510 Mustang	☐ M-GSIX	Gulfstream G650
☐ M-ALEN	Embraer EMB-135BJ Legacy	☐ M-CRAO	Beech B300 King Air 350	☐ M-GSKY	Bombardier BD-700-1A10
☐ M-ALFA	Eurocopter MBB BK-117C-2	☐ M-CRCR	Bombardier CL-600-2B16	☐ M-GVSP	Gulfstream G550
☐ M-ALMA	Dassault Falcon 7X	☐ M-CSTB	Hawker 850XP	☐ M-GYQM	Bombardier BD-700-1A10
☐ M-ALRV	Dassault Falcon 2000EX	☐ M-CSTD	Hawker 850XP	☐ M-HARP	Pilatus PC-12/47E
☐ M-ALTI	Bombardier CL-600-2B16	☐ M-CTEM	Hawker 800XP2	☐ M-HAWK	Bombardier BD-700-1A10
☐ M-ALUN	Hawker HS 125 Series 700A	☐ M-DADA	Bombardier BD-700-1A10	☐ M-HELI	Eurocopter EC.155B1 Dauphin
☐ M-AMAN	Pilatus PC-12/47E	☐ M-DADI	Dassault Falcon 900DX	☐ M-HHHH	Airbus A318-112
☐ M-AMND	Dassault Falcon 2000EX	☐ M-DANK	Bombardier BD-700-1A11	☐ M-HKND	Dassault Falcon 7X
☐ M-AMRT	Bombardier CL-600-2B16	☐ M-DBOY	Agusta A109C	☐ M-HLAN	Bombardier CL-600-2B19
☐ M-ANAP	Embraer EMB-505 Phenom 300	☐ M-DEJB	Dassault Falcon 200	☐ M-HOME	Bombardier BD-700-1A10
☐ M-ANGA	Embraer EMB-135BJ Legacy	☐ M-DKVL	Gulfstream G450	☐ M-HOTB	Gulfstream G550
☐ M-ANGO	Bombardier BD-700-1A11	☐ M-DRIL	Pilatus PC-12/47E	☐ M-HRPN	Bell 429

Registration	Type	Registration	Type	Registration	Type
M-HSKY	Aviat A-1C-200 Husky	M-LVIA	Eurocopter AS.365N3 Dauphin 2	M-PRIT	Pilatus PC-12/47E
M-HSNT	Bombardier BD-100-1A10	M-LVNA	Eurocopter EC.155B1 Dauphin	M-PRVT	Cessna 750 Citation X
M-HSXP	Hawker 800XP	M-LWSA	Bombardier BD-700-1A10	M-PZPZ	Gulfstream IV
M-IABU	Airbus A340-313	M-MACH	Embraer EMB-500 Phenom 100	M-RBUS	Airbus A319-115CJ
M-IAMI	Dassault Falcon 7X	M-MANX	Cessna 425 Conquest	M-RCCG	Embraer EMB-135BJ Legacy
M-IBAH	ATR 72-212A	M-MARI	Bombardier CL-600-2B16	M-RIDE	Bombardier BD-700-1A11
M-IBAI	ATR 72-212A	M-MDBD	Bombardier BD-700-1A10	M-RISE	Boeing 757-23N
M-IBAJ	ATR 72-212A	M-MDDE	Bombardier CL-600-2B16	M-RIZA	Bombardier BD-700-1A10
M-IBID	Bombardier BD-700-1A11	M-MDMH	Embraer EMB-505 Phenom 300	M-RKAY	Hawker Premier 1
M-ICKY	Pilatus PC-12/45	M-MHAC	Bombardier Learjet 60	M-RLIV	Bombardier CL-600-2B16
M-ICRO	Cessna 525A CitationJet CJ2	M-MHDH	Cessna 510 Mustang	M-ROMA	Bombardier Learjet 45
M-IDAS	Agusta A109E Power	M-MHFZ	Embraer EMB-135BJ Legacy	M-RONE	Dassault Falcon 2000EX
M-IFFY	Cessna 510 Mustang	M-MIDO	Hawker 800XP	M-ROWL	Dassault Falcon 900EX
M-IFLY	Pilatus PC-12/47E	M-MIKE	Cessna 525B CitationJet CJ3	M-RSKL	Bombardier BD-700-1A10
M-IGHT	Bombardier Learjet 60	M-MNAA	Bombardier BD-700-1A10	M-RURU	Dassault Falcon 900B
M-IGWT	Bombardier BD-700-1A10	M-MNBB	Dassault Falcon 7X	M-SAID	Bombardier BD-700-1A11
M-IKAT	Dassault Falcon 2000EX	M-MNCC	Dassault Falcon 7X	M-SAIL	Pilatus PC-12/47E
M-IKEY	Eurocopter AS.365N3 Dauphin 2	M-MNDD	Dassault Falcon 900DX	M-SAIR	Dassault Falcon 900B
M-ILTD	Gulfstream G200	M-MNDG	Gulfstream G450	M-SAJJ	Gulfstream G550
M-IMAK	Embraer EMB-135BJ Legacy	M-MNVN	Gulfstream G450	M-SAMA	Bombardier BD-700-1A10
M-INER	Dassault Falcon 7X	M-MOMO	Gulfstream G550	M-SAPL	Bombardier CL-600-2B16
M-INOR	Hawker 900XP	M-MOON	Cessna 750 Citation X	M-SASS	Gulfstream G200
M-INSK	Gulfstream G650	M-MRBB	Bombardier Learjet 45	M-SAWO	Gulfstream G550
M-INTS	Embraer EMB-135BJ Legacy	M-MSGG	Bombardier CL-600-2B16	M-SBAH	Embraer ERJ-190ECJ Lineage
M-IPHS	Gulfstream G550	M-MTOO	Bombardier BD-100-1A10	M-SCMG	Dassault Falcon 7X
M-IRNE	Hawker 850XP	M-MTPO	Bombardier CL-600-2A12	M-SCOT	Dassault Falcon 7X
M-IRON	Embraer EMB-135BJ Legacy	M-MYNA	Bombardier BD-700-1A10	M-SEAS	Bombardier BD-700-1A11
M-ISKY	Cessna 550 Citation Bravo	M-NALE	Bombardier BD-700-1A10	M-SEVN	Bombardier CL-600-2B16
M-ISLE	Cessna 680 Citation Sovereign	M-NELS	Gulfstream G450	M-SFAM	McDonnell-Douglas MD-87
M-ISRK	Dassault Falcon 7X	M-NGNG	Gulfstream G650	M-SFOZ	Hawker Premier 1A
M-IUNI	Bombardier BD-700-1A11	M-NGSN	Pilatus PC-12/47	M-SGCR	Cessna 550 Citation Bravo
M-IWPS	Cessna 525A CitationJet CJ2	M-NHOI	Bombardier CL-600-2B16	M-SHEP	SOCATA TBM-850
M-JACK	Beech B200GT King Air	M-NICE	Gulfstream G200	M-SIRI	Bombardier BD-700-1A10
M-JANP	Bombardier BD-700-1A10	M-NICK	Dassault Falcon 50	M-SKSM	Bombardier BD-700-1A11
M-JCBA	Sikorsky S-76C	M-NJSS	Embraer EMB-135BJ Legacy	M-SMKM	Cirrus SR20
M-JCBB	Gulfstream G650	M-NLYY	PA-42-1000 Cheyenne 400LS	M-SNER	Dassault Falcon 2000EX
M-JCBC	Sikorsky S-76C	M-OBIL	Cessna 525C CitationJet CJ4	M-SOBR	Gulfstream G450
M-JCCA	Embraer EMB-135BJ Legacy	M-OBLA	Hawker 800XP	M-SPBM	Bombardier CL-600-2B16
M-JETI	Hawker BAe 125 Series 800B	M-OCOM	Bombardier CL-600-2B16	M-SPEQ	Beech B300 King Air 350
M-JETT	Dassault Falcon 200	M-ODKZ	Dassault Falcon 900EX	M-SPEX	Beech B300 King Air 350
M-JETZ	Dassault Falcon 2000EX	M-OEPL	Dassault Falcon 900DX	M-SPOR	Beech B200 King Air
M-JGVJ	Bombardier BD-700-1A10	M-OGMC	Bombardier BD-700-1A10	M-SQAR	Gulfstream G550
M-JIGG	Gulfstream G550	M-OGUL	Agusta A109S Grand	M-SSSR	Bombardier BD-700-1A10
M-JJTL	Pilatus PC-12/47E	M-OIWA	Bombardier BD-100-1A10	M-SSYS	Cessna 525C CitationJet CJ4
M-JMIA	Bombardier CL-600-2B16	M-OLEG	Embraer EMB-135BJ Legacy	M-STAR	Boeing 727-2X8
M-JNJL	Bombardier BD-700-1A10	M-OLJM	AgustaWestland AW139	M-STCO	Dassault Falcon 2000EX
M-JOLY	Hawker 900XP	M-OLLE	Hawker 750	M-STEP	Gulfstream G150
M-JPLC	Dassault Falcon 900EX	M-OLLY	Cessna 525 CitationJet CJ1+	M-SVGN	Cessna 680 Citation Sovereign
M-JSMN	Bombardier BD-700-1A11	M-OLOT	Bombardier CL-600-2B16	M-SWAN	Gulfstream G450
M-JSTA	Bombardier CL-600-2B16	M-OLTT	Pilatus PC-12/47E	M-SYGB	Beech B200GT King Air
M-KARI	Bombardier CL-600-2B16	M-OMAN	Dassault Falcon 7X	M-TAKE	Bombardier CL-600-2B19
M-KATE	Airbus A319-115CJ	M-ONAV	Hawker 900XP	M-TEAM	Cessna 525 CitationJet CJ1+
M-KBBG	Gulfstream G450	M-ONDE	Eurocopter MBB BK-117C-2	M-TIME	Cessna 560XL Citation Excel
M-KELY	Embraer EMB-500 Phenom 100	M-ONEM	Gulfstream G550	M-TINK	Dassault Falcon 900LX
M-KENF	Hawker 4000	M-ONTY	Sikorsky S-76C+	M-TNTJ	Bombardier Learjet 55ER
M-KGTS	Embraer EMB-505 Phenom 300	M-OOSE	PA-46-500TP Malibu Meridian	M-TOMS	Pilatus PC-12/47E
M-KING	Beech C90A King Air	M-OPAL	Pilatus PC-12/47E	M-TOPI	Bombardier CL-600-2B16
M-KKCO	Gulfstream G450	M-OPED	PA-32-301XTC 6xt	M-TRBS	Bombardier CL-600-2B16
M-KPCO	Embraer EMB-135BJ Legacy	M-ORAD	Dassault Falcon 2000EX	M-TSKW	Dassault Falcon 900C
M-KSOI	Gulfstream G650	M-OTOR	Beech B200GT King Air	M-TSRI	Beech C90GTi King Air
M-LEFB	Cessna 550 Citation II	M-OUSE	Cessna 510 Mustang	M-TYRA	Bombardier BD-700-1A11
M-LEKT	Robin DR.400/180 Régent	M-OUTH	Diamond DA42	M-UGIC	Gulfstream G550
M-LENR	Beech B200GT King Air	M-OZZA	Bombardier BD-100-1A10	M-UKHA	Hawker 800XP
M-LEYS	Beech C90GT King Air	M-PACF	Eurocopter EC135 P2+	M-UNIS	Bombardier BD-700-1A10
M-LILJ	Bombardier CL-600-2B19	M-PBKI	Gulfstream IVSP	M-URAL	Bombardier Learjet 60
M-LILY	Bombardier CL-600-2B19	M-PCPC	Pilatus PC-12/45	M-URKA	Sikorsky S-76B
M-LION	Hawker 900XP	M-PDCS	Dassault Falcon 2000EX	M-URUS	Boeing 737-7GC BBJ
M-LJGI	Dassault Falcon 7X	M-PHML	American General AG-5B Tiger	M-USBA	Gulfstream GV
M-LOOK	Bombardier CL-600-2B16	M-PIRE	Piaggio P180 Avanti	M-USCA	SOCATA TBM-850
M-LRJT	Bombardier Learjet 40	M-POWR	Beech C90A King Air	M-USHY	Cessna 441 Conquest
M-LRLR	Bombardier CL-600-2B16	M-PPBA	Embraer EMB-135BJ Legacy	M-USIC	Gulfstream G550
M-LUNA	Eurocopter MBB BK-117C-2	M-PREI	Hawker Premier 1	M-USKI	Gulfstream G650

149

☐ M-USTG	Cessna 510 Mustang	☐ M-WONE	Gulfstream G450	☐ M-YNNS	Dassault Falcon 7X
☐ M-UTIN	Pilatus PC-12/45	☐ M-WOOD	Cessna 550 Citation Bravo	☐ M-YORK	Dassault Falcon 7X
☐ M-VANG	Bombardier BD-700-1A10	☐ M-XHEC	Eurocopter EC.155B Dauphin	☐ M-YRGL	ATR 72-212A
☐ M-VBPO	Hawker Premier 1	☐ M-YANG	Gulfstream G450	☐ M-YRGN	ATR 72-212A
☐ M-VGAL	Dassault Falcon 900EX	☐ M-YBBJ	Boeing 737-7HE BBJ	☐ M-YRGP	Embraer ERJ-170-200 LR
☐ M-VITA	Gulfstream G650	☐ M-YBLS	Pilatus PC-12/45	☐ M-YSAI	Bombardier BD-700-1A11
☐ M-VITO	Hawker 800XP	☐ M-YBST	Bombardier CL-600-2B16	☐ M-YSKY	Bombardier BD-700-1A10
☐ M-VQBI	Bombardier BD-700-1A10	☐ M-YBUS	Airbus A320-214ACJ	☐ M-YTAF	Beech B36TC Bonanza
☐ M-VRNY	Gulfstream G550	☐ M-YBZI	Bombardier CL-600-2B16	☐ M-YTOY	Embraer EMB-500 Phenom 100
☐ M-WATJ	Beech B200GT King Air	☐ M-YEDT	Gulfstream G100 Astra SPX	☐ M-YULI	Bombardier BD-700-1A10
☐ M-WBTA	Airbus A321-211	☐ M-YFLY	Bombardier BD-700-1A10	☐ M-YUMN	Dassault Falcon 2000
☐ M-WFAM	Bombardier CL-600-2B16	☐ M-YFTA	Bombardier BD-700-1A10	☐ M-YUNI	Bombardier CL-600-2B16
☐ M-WHAT	Eurocopter EC135 T2+	☐ M-YGIV	Gulfstream IV	☐ M-YVVF	Bombardier BD-700-1A10
☐ M-WIND	Gulfstream G650	☐ M-YGLK	Gulfstream G450	☐ M-YWAC	Boeing 737-46M
☐ M-WING	Dassault Falcon 900EX	☐ M-YJET	Dassault Falcon 7X	☐ M-YWAY	Gulfstream IVSP
☐ M-WINT	Pilatus PC-12/47E	☐ M-YLEO	Pilatus PC-12/47E	☐ M-ZELL	Cessna 208 Caravan
☐ M-WMWM	Cessna 525A CitationJet CJ2	☐ M-YMCM	Bell 429	☐ M-ZUMO	Pilatus PC-12/47

Guernsey Civil Register
updated to 18th February 2015

☐	2-ADEL	Commander 114B	☐	2-HIGH	Cirrus SR22T	☐ 2-RACE	Commander 114B
☐	2-AKOP	Commander 114B	☐	2-KOOL	Piper PA-28-181 Archer II	☐ 2-RICH	Navion Rangemaster
☐	2-BOYS	Commander 114B	☐	2-LIFT	Agusta A109A II	☐ 2-ROAM	Commander 114B
☐	2-BYDF	Sikorsky S-76A+	☐	2-LOVE	Beech A36 Bonanza	☐ 2-ROCK	Cirrus SR22
☐	2-CHEZ	Piper PA-28-161 Warrior II	☐	2-MIKE	Commander 114B	☐ 2-TRAV	Gulfstream IVSP
☐	2-COOL	Piper PA-46-500TP Malibu Meridian	☐	2-MTLD	Airbus A319-132	☐ 2-TSGC	Boeing 737-9GJER
			☐	2-OFUS	Cirrus SR22-GTS	☐ 2-TSGK	Boeing 737-8BK
☐	2-DITO	Piper PA-46-500TP Malibu Meridian	☐	2-PAEK	Airbus A320-214	☐ 2-TSGS	Boeing 737-8Q8
			☐	2-PAEL	Airbus A320-214	☐ 2-WGLP	Airbus A321-131
☐	2-DOLU	Beech 58 Baron	☐	2-PLAY	SOCATA TBM-700C1	☐ 2-YULL	Piper PA-28R-201 Arrow

United States Military Serials
– Active aircraft based in United Kingdom

☐	58-0034	Boeing KC-135R	☐	87-0023	Lockheed MC-130H	☐	91-26353	Sikorsky HH-60G
☐	58-0100	Boeing KC-135R	☐	87-0024	Lockheed MC-130H	☐	92-0364	McD D F-15E
☐	58-0118	Boeing KC-135R	☐	88-0195	Lockheed MC-130H	☐	96-0201	McD D F-15E
☐	59-1464	Boeing KC-135T	☐	88-1803	Lockheed MC-130H	☐	96-0202	McD D F-15E
☐	59-1492	Boeing KC-135R	☐	89-26205	Sikorsky HH-60G	☐	96-0204	McD D F-15E
☐	59-1513	Boeing KC-135T	☐	89-26206	Sikorsky HH-60G	☐	96-0205	McD D F-15E
☐	61-0299	Boeing KC-135R	☐	89-26208	Sikorsky HH-60G	☐	97-0217	McD D F-15E
☐	61-0321	Boeing KC-135R	☐	89-26212	Sikorsky HH-60G	☐	97-0218	McD D F-15E
☐	62-3551	Boeing KC-135R	☐	91-0300	McD D F-15E	☐	97-0219	McD D F-15E
☐	62-3565	Boeing KC-135R	☐	91-0301	McD D F-15E	☐	97-0220	McD D F-15E
☐	63-8021	Boeing KC-135R	☐	91-0302	McD D F-15E	☐	97-0221	McD D F-15E
☐	63-8027	Boeing KC-135R	☐	91-0303	McD D F-15E	☐	97-0222	McD D F-15E
☐	63-8871	Boeing KC-135R	☐	91-0306	McD D F-15E	☐	98-0131	McD D F-15E
☐	63-8884	Boeing KC-135R	☐	91-0307	McD D F-15E	☐	98-0132	McD D F-15E
☐	64-14837	Boeing KC-135R	☐	91-0308	McD D F-15E	☐	98-0133	McD D F-15E
☐	84-0001	McD D F-15C	☐	91-0309	McD D F-15E	☐	98-0134	McD D F-15E
☐	84-0010	McD D F-15C	☐	91-0310	McD D F-15E	☐	98-0135	McD D F-15E
☐	84-0014	McD D F-15C	☐	91-0311	McD D F-15E	☐	00-3000	McD D F-15E
☐	84-0015	McD D F-15C	☐	91-0312	McD D F-15E	☐	00-3001	McD D F-15E
☐	84-0019	McD D F-15C	☐	91-0313	McD D F-15E	☐	00-3002	McD D F-15E
☐	84-0027	McD D F-15C	☐	91-0314	McD D F-15E	☐	00-3003	McD D F-15E
☐	84-0044	McD D F-15D	☐	91-0315	McD D F-15E	☐	00-3004	McD D F-15E
☐	86-0147	McD D F-15C	☐	91-0316	McD D F-15E	☐	01-2000	McD D F-15E
☐	86-0154	McD D F-15C	☐	91-0317	McD D F-15E	☐	01-2001	McD D F-15E
☐	86-0156	McD D F-15C	☐	91-0318	McD D F-15E	☐	01-2002	McD D F-15E
☐	86-0159	McD D F-15C	☐	91-0320	McD D F-15E	☐	01-2003	McD D F-15E
☐	86-0160	McD D F-15C	☐	91-0321	McD D F-15E	☐	01-2004	McD D F-15E
☐	86-0163	McD D F-15C	☐	91-0324	McD D F-15E	☐	09-0046	Bell Boeing CV-22B
☐	86-0164	McD D F-15C	☐	91-0326	McD D F-15E	☐	10-5714	Lockheed MC-130J
☐	86-0165	McD D F-15C	☐	91-0329	McD D F-15E	☐	11-0057	Bell Boeing CV-22B
☐	86-0166	McD D F-15C	☐	91-0331	McD D F-15E	☐	11-0058	Bell Boeing CV-22B
☐	86-0167	McD D F-15C	☐	91-0332	McD D F-15E	☐	11-0059	Bell Boeing CV-22B
☐	86-0171	McD D F-15C	☐	91-0334	McD D F-15E	☐	11-0060	Bell Boeing CV-22B
☐	86-0172	McD D F-15C	☐	91-0335	McD D F-15E	☐	11-5731	Lockheed MC-130J
☐	86-0174	McD D F-15C	☐	91-0602	McD D F-15E	☐	11-5733	Lockheed MC-130J
☐	86-0175	McD D F-15C	☐	91-0603	McD D F-15E	☐	11-5737	Lockheed MC-130J
☐	86-0176	McD D F-15C	☐	91-0604	McD D F-15E	☐	12-5757	Lockheed MC-130J
☐	86-0178	McD D F-15C	☐	91-0605	McD D F-15E	☐	12-5760	Lockheed MC-130J

Overseas registered aircraft based in UK & Ireland
The information is correct to 24th February 2015

Qatar

☐ A7-HMD   Eurocopter EC.155B1

Canada

☐ C-FAYN   Canadair CL-215
☐ C-FAYU   Canadair CL-215
☐ C-FQIP   Lake LA-4-200 Buccaneer
☐ C-GIZA   DH.82A Tiger Moth
☐ C-GWJO   Boeing 737-2A3

Portugal

☐ CS-ARI   Robin HR.100/210 Safari
☐ CS-TGX   British Aerospace ATP
☐ CS-TGY   British Aerospace ATP

Germany

☐ D-AFAM   BD-700 Global Express
☐ D-ASDB   VFW-Fokker VFW-614
☐ D-EAAW   Bölkow Bö.209-160RV
☐ D-EAGP   Xtreme Air XA-42
☐ D-EAMB   Bölkow Bö.208C Junior
☐ D-EANS   Mooney M.20G
☐ D-EAPF   Robin DR.400/180 Regent
☐ D-EARY   Piaggio FWP.149D
☐ D-EAWW   Piper PA-28R-201 Arrow III
☐ D-EBBV   Robin HR.100/285 Tiara
☐ D-EBBW   PZL-104 Wilga 35A
☐ D-EBIE   Mooney M.20K
☐ D-EBLI   Bölkow Bö.207
☐ D-EBLO   Bölkow Bö.207
☐ D-ECFE   Oberlerchner JOB 15-150
☐ D-ECXA   Xtreme Air XA-42
☐ D-EDNA   Bölkow Bö.208C Junior
☐ D-EEAH   Bölkow Bö.208C Junior
☐ D-EEHW   Cessna P210N Centurion
☐ D-EEPI   Wassmer WA.54 Atlantic
☐ D-EESE   Reims/Cessna F172M
☐ D-EEVY   Cessna 170A
☐ D-EFJG   Bölkow Bö.209-160RV
☐ D-EFNO   Bölkow Bö.208C Junior
☐ D-EFQE   Bölkow Bö.207
☐ D-EFUC   Cessna 172S
☐ D-EFZC   SIAI-Marchetti S.208
☐ D-EGCC   CEA DR.253B Regent
☐ D-EGDC   Grumman AA-5B Tiger
☐ D-EGEU   Piper PA-22-108 Colt
☐ D-EGHW   Bölkow Bö.209-150FV
☐ D-EGXO   Bölkow Bö.208C Junior
☐ D-EHAY   CEA DR.253B Regent
☐ D-EHJL   Piaggio FWP.149D
☐ D-EHKY   Bölkow Bö 207
☐ D-EHOP   Bölkow Bö.207
☐ D-EHUQ   Bölkow Bö.207
☐ D-EIAR   CEA DR.250/160 Capitaine
☐ D-EIBR   Piper PA-38-112 Tomahawk
☐ D-EJLY   Cessna 182K Skylane
☐ D-EKEU   Piper PA46-310P Malibu
☐ D-EKHW   Piper PA-28RT-201T Arrow
☐ D-EKJD   Reims/Cessna FR172J Rocket
☐ D-EKNA   Mooney M.20F
☐ D-ELRN   Extra EA.400
☐ D-ELSR   Robin DR.400/180 Regent
☐ D-ENTO   American General AG-5B

☐ D-EOAJ   Piaggio FWP.149D
☐ D-EOSD   Mooney M.20J
☐ D-ETRE   Tecnam P2002-JF Sierra
☐ D-ETUR   Mudry CAP.10B
☐ D-EVFR   Cessna 150J
☐ D-EVXA   Xtreme Air XA-41
☐ D-EWAT   Commander 114B
☐ D-FBPS   Cessna 208B Caravan
☐ D-FLOH   Cessna 208B Caravan
☐ D-GDCO   Piper PA23-160 Apache
☐ D-GPEZ   Piper PA-30 Twin Comanche
☐ D-HALS   Robinson R44
☐ D-HCKV   Agusta A109A-II
☐ D-KAIB   Lange E1 Antares 18T
☐ D-KAIJ   Lange E1 Antares 18T
☐ D-KANH   Lange E1 Antares 18T
☐ D-KCMD   DG Flugzgbau DG-808C
☐ D-KDPF   Schempp-Hirth Ventus 2cxa
☐ D-KFVG   Schempp-Hirth Arcus M
☐ D-KIAH   Scheibe SF 25C Falke
☐ D-KIOJ   Schempp-Hirth Nimbus 4M
☐ D-KJMH   Schempp-Hirth Ventus 2cxa
☐ D-KMDP   Fournier RF-3
☐ D-KOOL   Schleicher ASH-25EB26
☐ D-MFSL   Comco Ikarus C42B
☐ D-MSGE   Comco Ikarus C42
☐ D-0606   Lange E1 Antares 18S
☐ D-0844   Bölkow fs-24 Phönix-T
☐ D-1155   Schleicher K.8b
☐ D-2782   Schempp-Hirth Cirrus VTC
☐ D-3443   Rolladen-Schneider LS4
☐ D-3561   Rolladen-Schneider LS4
☐ D-4818   Schempp-Hirth Mini-Nimbus HS7
☐ D-5410   Schempp-Hirth Ventus 2cxa
☐ D-6823   Grob G102 Standard Astir II
☐ D-7879   Rolladen-Schneider LS3-a

Spain

☐ EC-CFA   Boeing 727-256
☐ EC-DDX   Boeing 727-256
☐ EC-JCC   Cessna 421C
☐ EC-KTC   Dornier Do.28D-2 Skyservant

Estonia

☐ ES-YLK   Aero Vodochody L-29

France

☐ F-ANHO   Comper Swift
☐ F-BBSO   Taylorcraft Auster 5
☐ F-BJDC   Agusta-Bell 47G
☐ F-BMCY   Potez 840
☐ F-BMHM   Piper J-3C-65 Cub
☐ F-BRHN   Bölkow Bö.208C Junior
☐ F-BRTB   CEA DR315 Petit Prince
☐ F-BSPQ   Robin DR.300/120 Prince
☐ F-BXCP   MH.1521M Broussard
☐ F-BXIL   Cessna FTB.337GA
☐ F-GAIF   Wassmer WA.81 Piranha
☐ F-GAOE   Robin HR.200/100S Club
☐ F-GBVN   Robin DR400/180
☐ F-GCTU   Piper PA-38-112 Tomahawk
☐ F-GDKJ   Robin DR.400/120
☐ F-GDQL   SNCASE SE.313B Alouette II
☐ F-GFGH   SOCATA Rallye 235E

☐ F-GFOR   Robin ATL
☐ F-GGHH   Robin ATL
☐ F-GIRL   Aérospatiale AS355F
☐ F-GKGN   Grumman AA-5B
☐ F-GODZ   Pilatus PC-6/B2-H2 Porter
☐ F-GOXD   Robin DR.400/180RP
☐ F-GRLX   Jodel D.140B
☐ F-GXDB   Mudry CAP.232
☐ F-GXHD   Robin ATL
☐ F-HNDI   Robin DR400/140B
☐ F-JTYB   Pipistrel Virus 912
☐ F-PURU   Dyn'Aero MCR-01 Sportster
☐ F-PYOY   Heintz Zenith 100
☐ F-WREI   Gardan GY-80 Horizon 180
☐ F-WUTH   Progressor Pou Gyrocopter
☐ 44ADC   Aeroprakt A20 Vista
☐ 59DFA   Atec 212 Solo
☐ 86GU   BFC Challenger II
☐ 91AEH   Santos-Dumont Demoiselle

Hungary

☐ HA-ACO   Dornier Do.28D-2 Skyservant
☐ HA-ANG   Antonov An-2P
☐ HA-HIB   Dornier Do.28D-2 Skyservant
☐ HA-JAB   Yakovlev Yak-18T
☐ HA-LFH   Aérospatiale SA.341G
☐ HA-LFJ   Aérospatiale SA.341G
☐ HA-LFM   Aérospatiale SA.341G
☐ HA-LFQ   Aérospatiale SA.341G
☐ HA-MKE   Antonov An-2
☐ HA-MKF   Antonov An-2
☐ HA-NAH   Technoavia SMG-92 Finist
☐ HA-PJB   Aérospatiale SA.341G
☐ HA-PPC   Sud Aviation SE.3130
☐ HA-SEU   PZL-104 Wilga 35A
☐ HA-SHA   Boeing 737-505
☐ HA-SMD   Yakovlev Yak-18T
☐ HA-VOC   Dornier Do.28D-2 Skyservant
☐ HA-WKS   Sud SA318C Alouette II
☐ HA-WKY   Sud SA318C Alouette II
☐ HA-WKZ   Sud SA318C Alouette II
☐ HA-YAB   Yakovlev Yak-18T
☐ HA-YAC   Yakovlev Yak-18T
☐ HA-YAO   Sukhoi Su-29
☐ HA-YAR   Sukhoi Su-29
☐ HA-YAV   Yakovlev Yak-18T
☐ HA-YAZ   Yakovlev Yak-18T
☐ HA-YDF   Technoavia SMG-92 Finist

Switzerland

☐ HB-CIU   Reims Cessna FR172J Rocket

Saudi Arabia

☐ HZ-ARK   Gulfstream G550

Italy

☐ I-CLBA   Avro 146 RJ85
☐ I-DAVA   McDonnell Douglas DC-9-82
☐ I-EIXM   Piper PA-18-135 Super Cub
☐ I-ETPL   Piper PA-28R-201T
☐ I-IJMW   Mooney M.20J
☐ I-6570   Aeropro Eurofox
☐ I-6693   Pipistrel Sinus 912

- [ ] I-9266 Aeroprakt A22 Foxbat
- [ ] I-9753 ICP MXP-740 Savannah

Norway

- [ ] LN-GDA Brditschka HB-21

Argentina

- [ ] LV-AZF Boeing 747-267B
- [ ] LV-X430 Avro 504K Replica

Luxembourg

- [ ] LX-ARS AA-1B Trainer

Lithuania

- [ ] LY-AFO Antonov An-2
- [ ] LY-AWV PZL-104 Wilga 35A

USA

- [ ] N1CD Cessna T337D
- [ ] N1FD SOCATA TB-200 Tobago
- [ ] N1FY Cessna 421C Golden Eagle
- [ ] N2CL Piper PA-28RT-201T Arrow
- [ ] N2FU Learjet 31
- [ ] N2UH Sud SA319B Alouette III
- [ ] N3HK Cessna 340 II
- [ ] N4ML Mooney M.20J
- [ ] N5LL Piper PA-31 Navajo C
- [ ] N5ZY SOCATA TB-20 Trinidad
- [ ] N6F Beech F35 Bonanza
- [ ] N6NE Lockheed Jetstar 731
- [ ] N7AG Agusta A109A-II
- [ ] N7EY Piper PA-30 Twin Comanche
- [ ] N7NP Hughes 369HE
- [ ] N7S Piper PA-28R-201T
- [ ] N7UK Cirrus Design SR22
- [ ] N8MZ Piper PA-30 Twin Comanche
- [ ] N9AC Rockwell Commander 112TC-A
- [ ] N9AY Cessna 421C Golden Eagle
- [ ] N9FJ Aérospatiale AS.350B
- [ ] N10DK Piper PA-46-350P Malibu
- [ ] N10GY Cessna 340A II
- [ ] N10MC Cirrus Design SR22
- [ ] N11FV Cessna T303 Crusader
- [ ] N11N Pitts S-1T
- [ ] N12ZX Mooney M.20J
- [ ] N14HF Maule MT-7-235
- [ ] N14MT Cessna TR182 Skylane RG
- [ ] N15NH Cessna 172RG Cutlass
- [ ] N17UK Cirrus Design SR22
- [ ] N19CU Hawker Siddeley Dominie T.1
- [ ] N19CU Hawker Siddeley Dominie T.1
- [ ] N19EK Hawker Siddeley Dominie T.1
- [ ] N19ET Liberty Aerospace XL-2
- [ ] N19F Cessna 337A
- [ ] N19GL Brantly B.2B
- [ ] N19UG Hawker Siddeley Dominie T.1
- [ ] N19UK Hawker Siddeley Dominie T.1
- [ ] N19XY Hawker Siddeley Dominie T.1
- [ ] N20AG SOCATA TB-20 Trinidad
- [ ] N20UK Mooney M.20F Executive
- [ ] N21GB Cessna 310R-II
- [ ] N21UH Hiller UH-12C
- [ ] N21UK Cirrus Design SR22
- [ ] N22CG Cessna 441 Conquest II
- [ ] N22NN Cessna 182P Skylane
- [ ] N22ZW Bell 222
- [ ] N23KY Cessna P210N Centurion

- [ ] N25AG Lockheed Jetstar Srs 2
- [ ] N25KB Piper PA-24-250 Comanche
- [ ] N25PR Piper PA-30-160 Twin Comanche
- [ ] N25XL Cessna 310Q II
- [ ] N25XZ Cessna 182G
- [ ] N26RT Beech F33A Bonanza
- [ ] N27BG Cessna 340A
- [ ] N30MD Agusta A109A-II
- [ ] N30NW Piper PA-30-160 Twin Comanche
- [ ] N31GN Cessna 310R II
- [ ] N31RB Grumman-American AA-5B
- [ ] N32HF Piper PA-32RT-300 Lance II
- [ ] N32LE Piper PA-32R-301T Saratoga SP
- [ ] N33NW SOCATA TB-20 Trinidad
- [ ] N34FA SOCATA TB-20 Trinidad
- [ ] N35AL Diamond DA.42 Twin Star
- [ ] N35KN Cessna 401
- [ ] N35SN Beech 35-33 Debonair
- [ ] N37LW Piper PA-23-250 Aztec
- [ ] N37US Piper PA-34-200T Seneca II
- [ ] N37VB Cessna 421C Golden Eagle
- [ ] N39CR Piper PA-39 Twin Comanche C/R
- [ ] N39TA Beech B24R Sierra 200
- [ ] N40GD Cirrus Design SR22
- [ ] N40SR Cessna 180E
- [ ] N40XR Bombardier Learjet 40
- [ ] N41FT Piper PA-39 Twin Comanche C/R
- [ ] N43GG Piper PA-34-200T Seneca II
- [ ] N43YP Boeing Stearman E75
- [ ] N44NE Cessna 414
- [ ] N45BN Waco Classic YMF-5C
- [ ] N46BM Beech E90 King Air
- [ ] N46WK Piper PA-46-500TP Malibu
- [ ] N48NS Cessna 550 Citation Bravo
- [ ] N49BH Aviat A-1B Husky
- [ ] N50AY Commander 114
- [ ] N51AH Piper PA-32R-301 Saratoga SP
- [ ] N51VM Cessna TR182
- [ ] N51WF Rockwell 690C Turbo Commander
- [ ] N53LG Cirrus Design SR22T
- [ ] N53SB Reims FR172H Rocket
- [ ] N55BN Beech 95-B55 Baron
- [ ] N55EU Cessna P210N Centurion
- [ ] N55UK Beech E55 Baron
- [ ] N56AH Cirrus Design SR22
- [ ] N56EK Piper PA-28-181 Archer II
- [ ] N58YD Beech 58 Baron
- [ ] N59LW Cessna 510 Citation Mustang
- [ ] N59SD McD Douglas MD.369E
- [ ] N59VT Beech K35 Bonanza
- [ ] N60BM Rockwell 690A Turbo Commander
- [ ] N60FR Cessna 401B
- [ ] N60GM Cessna 421C Golden Eagle
- [ ] N60GZ Mooney M.20J
- [ ] N60UK Christen A-1C Husky
- [ ] N61FD SIAI-Marchetti SF.260C
- [ ] N61HB Piper PA-34-220T Seneca
- [ ] N61PS Pitts S-2B
- [ ] N63EN Cessna 340
- [ ] N64EA Agusta A109A II
- [ ] N64VB Beech 58 Baron
- [ ] N65JF Piper PA-28-181 Archer II
- [ ] N65MJ Beech 58P Baron
- [ ] N65PF Piper PA-30 Twin Comanche
- [ ] N66AY Robinson R66
- [ ] N66JN Robinson R66
- [ ] N66KX Robinson R66
- [ ] N66MS PA-28RT-201T Turbo Arrow IV
- [ ] N66SG Bombardier Learjet 45
- [ ] N66SW Cessna 340
- [ ] N66UK Robinson R66
- [ ] N67DP Cirrus Design SR22

- [ ] N67JK Cessna P210N
- [ ] N69LP Piper PA-61P-601P Aerostar
- [ ] N70AA Beech 70 Queen Air
- [ ] N70VB Ted Smith Aerostar 600A
- [ ] N71WZ Piper PA-46-350P Malibu
- [ ] N73BL Piper PA-32R-301T Saratoga
- [ ] N73GR Piper PA-28-181 Archer III
- [ ] N74DC Pitts S-2A Special
- [ ] N74PM Agusta A109C
- [ ] N75EA Eclipse EA500
- [ ] N75TQ Boeing Stearman B75N1
- [ ] N76T Beech G36 Bonanza
- [ ] N77YY Piper PA-32R-301T Saratoga II TC
- [ ] N78DU Beech G36 Bonanza
- [ ] N78GG Beech F33A Bonanza
- [ ] N78HB Aviat A-1B Husky
- [ ] N78XP Reims FR172K Hawk XP II
- [ ] N79EL Beech 400A Beechjet
- [ ] N79HR Lancair LC41-550FG
- [ ] N80JN Mitsubishi MU-2J
- [ ] N80N Cessna T337G
- [ ] N81AW Piper PA-34-220T Seneca III
- [ ] N83MW Cirrus Design SR22
- [ ] N84VK Piper PA-24-180 Comanche
- [ ] N85LB Cessna 340A II
- [ ] N85WS Pitts S-1T
- [ ] N86LF Hawker 4000
- [ ] N88NA Piper PA-32R-301T Saratoga
- [ ] N88SU Sukhoi Su-29
- [ ] N89GH Cirrus Design SR22
- [ ] N89NB Cirrus Design SR22
- [ ] N89SS Bell 206B-2 Jet Ranger II
- [ ] N90DJ Reims Cessna F182Q
- [ ] N90PV Cessna 310N
- [ ] N90YA Cessna 425 Corsair
- [ ] N91ME SOCATA TB-20 Trinidad
- [ ] N92RW Beech F33A Bonanza
- [ ] N94SA Champion 7ECA Citabria
- [ ] N95D Piper PA-34-220T Seneca
- [ ] N95FP Cessna 525C CitationJet CJ4
- [ ] N95GT Cirrus Design SR22
- [ ] N95TA Piper PA-31 Turbo Navajo
- [ ] N95VB Beech C90GTi King Air
- [ ] N96FL Cirrus Design SR22
- [ ] N96JL Cessna 421C Golden Eagle
- [ ] N97RN SOCATA TBM850
- [ ] N99ET SOCATA TB-10 Tobago
- [ ] N99XT Piper PA-32-301XTC 6xT
- [ ] N100LH Rotorway Exec 90
- [ ] N100MC Piper PA-23-260 Apache G
- [ ] N100RZ Cirrus Design SR22T
- [ ] N100VA Eclipse Aviation EA500
- [ ] N100YY Cirrus Design SR20
- [ ] N101DW Piper PA-32R-300 Cherokee Six
- [ ] N101UK Mooney M.20K
- [ ] N102CA Aviat A-1B Husky
- [ ] N104PF Cessna 172R
- [ ] N105SK Reims Cessna F150L
- [ ] N106AN Cessna 208B
- [ ] N107CB Cirrus Design SR22
- [ ] N109AN Agusta A109A-II
- [ ] N109TF Agusta A109A-II
- [ ] N109TK Agusta A109C
- [ ] N109WF Agusta A109A-II
- [ ] N111GW American Champion 8KCAB
- [ ] N111SC Beech N35 Bonanza
- [ ] N112JA Commander 112TC-A
- [ ] N112WM Piper PA-32-300 Cherokee Six
- [ ] N113AC SOCATA TB-20 Trinidad GT
- [ ] N113BP Piper PA-46-350P Malibu (DLX)
- [ ] N114AT Commander 114B
- [ ] N115MD Commander 114TC

☐ N116HS	Bell UH-1L	☐ N188S	Agusta A109A-II	☐ N263MX	MXR Technologies MX-2
☐ N116SB	Commander 114B	☐ N189SA	Piper PA-31-325 Navajo	☐ N266EA	Beech 58 Baron
☐ N116WG	Westland WG-30-100	☐ N190L	Beech G36 Bonanza	☐ N277CD	Cessna 210L Centurion
☐ N117EA	Eclipse Aviation EA500	☐ N192SR	Cirrus Design SR22	☐ N277SA	Piper PA-28-140 Cherokee
☐ N119JT	Agusta A119 Koala	☐ N195AM	Piper PA-46R-350T Matrix	☐ N278SA	Cessna 177RG
☐ N120HH	Bell 407	☐ N198JH	Cessna 525 CitationJet	☐ N280CH	Enstrom 280FX
☐ N121EL	Gates Learjet 25	☐ N199MW	Piper PA-32-300 Six	☐ N280SA	Maule MX-7-180
☐ N121GT	Beech C90A King Air	☐ N199PS	Piper PA-34-220T Seneca	☐ N292GL	Boeing 737-5L9
☐ N121JF	Beech F33A Bonanza	☐ N199ZZ	Cirrus Design SR22	☐ N297CJ	SE.313B Alouette II
☐ N121TG	Lockheed C-130A Hercules	☐ N200GK	Piper PA-28R-200 Arrow	☐ N301GA	Cessna 180K
☐ N122MG	Cirrus Design SR22	☐ N200RE	Beech E90 King Air	☐ N302MC	Cessna T310Q
☐ N122ZT	Cirrus Design SR22-GTS	☐ N200ZK	Cessna 172H	☐ N304CS	Lockheed L-1011-500 Tristar
☐ N123CA	Dornier Do.28A-1	☐ N201W	Bell 47D-1	☐ N305SE	Mooney M.20K
☐ N123SA	Piper PA-18-150 Super Cub	☐ N201YK	Mooney M.20J	☐ N309CS	Lockheed L-1011-500 Tristar
☐ N123UK	Mooney M.20J	☐ N202AA	Cessna 421C Golden Eagle	☐ N309LJ	Learjet 25
☐ N124CP	Cirrus Design SR22	☐ N203CD	Cirrus Design SR20	☐ N309TD	Boeing 747-269M
☐ N124PD	Hughes 369E	☐ N206HE	Bell 206B Jet Ranger	☐ N310AJ	Cessna 310R II
☐ N127BU	Cessna 551 Citation II/SP	☐ N208AF	Cessna 208B Caravan	☐ N310GG	Cessna 310R II
☐ N129SC	Piper PA-32-300 Cherokee Six	☐ N208AJ	Cessna 208B Caravan	☐ N310RX	Cessna T310R II
☐ N131CD	Piper PA-32 SR20	☐ N208AX	Cessna 208B Caravan	☐ N310UK	Cessna 310R II
☐ NX131LB	Bücker Bü.131 Jungmann	☐ N208AY	Cessna 208B Caravan	☐ N310WT	Cessna 310R II
☐ N131MP	Piper PA-31P	☐ N208ER	Bell 206B Jet Ranger	☐ N315P	Cessna 310Q
☐ N132LE	Piper PA-32-300 Cherokee Six	☐ N208UP	Cirrus Design SR22	☐ N320MR	Piper PA-30 Twin Comanche
☐ N134TT	Cessna 305C Bird Dog	☐ N209DW	Lancair LC41-550FG	☐ N321KL	Mooney M.20J Model 201
☐ N138CM	Piper PA-46R-350T Malibu Matrix	☐ N209SA	Piper PA-22-108 Colt	☐ N322RJ	Beech 60 Duke
☐ N140NT	Cessna 140A	☐ N210AD	Cessna 210G Centurion	☐ N324JC	Cessna 500 Citation I
☐ N141HT	Cirrus Design SR22	☐ N210BE	Cessna P210N Centurion	☐ N330DG	SIAI-Marchetti SF.260D
☐ N141KJ	Cirrus Design SR22T	☐ N210EU	Cessna T210L Centurion	☐ N330MG	Aérospatiale AS.350B
☐ N142TW	Beech 58 Baron	☐ N210NM	Cessna 210K Centurion	☐ N333DE	Mooney M.20K
☐ N145DR	Piper PA-34-220T Seneca	☐ N210SH	Cessna P210N Centurion	☐ N337UK	Reims Cessna F337G Skymaster
☐ N145T	Schleicher ASW 12	☐ N210UK	Cessna P210N Centurion	☐ N338CB	Bell UH-1H Iroquois
☐ N147DC	Douglas C-47A-75-DL	☐ N212W	Hiller UH-12A	☐ N340GJ	Cessna 340A
☐ N147GT	Cirrus Design SR22	☐ N214CL	Cirrus Design SR22	☐ N340SC	Cessna 340
☐ N147JT	Cessna 172S Skyhawk	☐ N214DA	Mooney M.20R	☐ N340SM	Aérospatiale SA.341G
☐ N147KB	Cirrus Design SR22	☐ N215DS	Diamond DA.40 Star	☐ N340YP	Cessna 340A II
☐ N147LD	Cirrus Design SR22	☐ N216GC	Piper PA-28R-200 Arrow B	☐ N345TB	SOCATA TB-20 Trinidad
☐ N147LK	Cirrus Design SR22	☐ N216HK	CGS Hawk IIA	☐ N346DW	Cessna 340A-II
☐ N147RJ	Cessna 310R-II	☐ N218CS	Cessna T240	☐ N346JV	Piper PA-46-500TP Malibu
☐ N147VC	Cirrus Design SR22	☐ N218SA	Piper PA-24-250 Comanche	☐ N350LC	Lancair LC42-550FG
☐ N150JC	Beech A35 Bonanza	☐ N218U	Cessna 310Q	☐ N350PB	Piper PA-31-350 Chieftain
☐ N150SF	Aérospatiale SA.341G	☐ N219DW	Cirrus Design SR22	☐ N351RH	Bell 206B Jet Ranger III
☐ N150ZZ	Cirrus Design SR22	☐ N219PM	Cirrus Design SR22	☐ N355GW	Cessna 172S
☐ N151CG	Cirrus Design SR22	☐ N220AD	Cirrus Design SR22	☐ N359DW	Piper PA-30 Twin Comanche
☐ N153H	Bell 222B	☐ N220RJ	Cirrus Design SR22	☐ N364NY	Cessna T310R II
☐ N160TR	Piper PA-31T Cheyenne II	☐ N222ED	Cirrus Design SR22	☐ N369AL	Cirrus Design SR20
☐ N161FF	Piper PA-28-161 Warrior II	☐ N222SW	Cirrus Design SR22	☐ N369AN	Cessna 182S
☐ N164SR	Cirrus Design SR20	☐ N222WX	Bell 222A	☐ N369E	Hughes 369E
☐ N167EL	Boeing 737-5Q8	☐ N224RC	Cirrus Design SR22	☐ N369ST	Piper PA-46-350P Malibu
☐ N167F	North American P-51D Mustang	☐ N225RB	Cirrus Design SR22T	☐ N370AJ	SOCATA Rallye 150ST
☐ N170AZ	Cessna 170A	☐ N225RL	Cirrus Design SR22	☐ N370SA	Piper PA-23-250 Aztec F
☐ N171JB	Piper PA-28R-180 Arrow	☐ N228US	Diamond DA.42 Twin Star	☐ N370WC	Piper PA-32-300 Cherokee Six
☐ N171WM	Piper PA-23-250 Aztec C	☐ N230MJ	Piper PA-30 Twin Comanche B	☐ N374SR	Cirrus Design SR22
☐ N172AM	Cessna 172M Skyhawk II	☐ N232KB	Cirrus Design SR22	☐ N380CR	Cessna 525B CitationJet CJ2+
☐ N176SG	Boeing 747-338	☐ N234RG	Pilatus PC-12/45	☐ N389DF	Boeing 737-3M8
☐ N177CK	Eclipse Aviation EA500	☐ N235PF	Piper PA-28-235 Pathfinder	☐ N394SE	Piper PA-46-350P Malibu
☐ N177SA	Reims F177RG Cardinal	☐ N239AX	Dassault Falcon 900B	☐ N395TC	Commander 114TC
☐ N180BB	Cessna 180K	☐ N239MY	Hughes OH-6A	☐ N397CM	Cessna 510 Mustang
☐ N180EL	Cessna 180K	☐ N240LG	Dassault Falcon 900EX	☐ N400HF	Lancair LC41-550FG
☐ N180FN	Cessna 180K	☐ N241WB	Beech G58 Baron	☐ N400UK	Lancair LC41-550FG
☐ N180HK	Cessna 180K	☐ N243SA	Piper PA-22-108 Colt	☐ N400YY	Extra EA400
☐ N180LK	Piper PA-28-180 Cherokee	☐ N247P	Cessna T182T Turbo Skylane	☐ N401JN	Cessna 401
☐ N180WJ	Cessna 180K	☐ N249SP	Cessna 210L Centurion	☐ N402BL	Beech F90 King Air
☐ N181WW	Beagle B.206 Srs.1	☐ N250AC	Piper PA-31 Navajo C	☐ N404RW	Robinson R66
☐ N182GC	Reims F182Q Skylane II	☐ N250CC	Piper PA-24-250 Comanche	☐ N405CS	Lockheed L-1011-500 Tristar
☐ N182K	Cessna 182Q Skylane	☐ N250DM	Bell UH-1H Iroquois	☐ N405FD	SIAI-Marchetti SF.260D
☐ N183BM	Cirrus Design SR22	☐ N250MD	Piper PA-31 Turbo Navajo	☐ N411BC	Piper PA-28-181 Archer III
☐ N183DH	Bell 206B-3 Jet Ranger III	☐ N250TB	Piper PA-23-250 Aztec D	☐ N414FZ	Cessna 414RAM
☐ N183NM	Cessna 182P Skylane	☐ N257SA	Piper PA-32-300 Cherokee Six	☐ N414MB	Pitts S-2A
☐ N184BK	Bombardier BD-100 Challenger 300	☐ N258RP	Beech 58 Baron	☐ N418WS	Beech G58 Baron
☐ N185RH	Cessna 185A Skywagon	☐ N259SA	Cessna F172G	☐ N421EA	Cessna 421C Golden Eagle
☐ N186CB	Piper PA-46-350P Malibu	☐ N260QB	Pitts S-2B	☐ N424XC	Piper PA-34-220T Seneca
☐ N187SA	Piper PA-28R-200 Arrow II	☐ N262DB	Cirrus Design SR22	☐ N425ST	Cessna 550 Citation II

Reg	Type
☐ N430PR	Bell 430
☐ N437TH	BAe Jetstream T3
☐ N437UH	BAe Jetstream T3
☐ N437ZZ	BAe Jetstream T3
☐ N440GC	Piper PA-44-180T Seminole
☐ N441GS	Robinson R44 Raven II
☐ N442BJ	Reims F177RG Cardinal
☐ N445KA	Robin R.2160
☐ N446SE	Piper PA-32R-301T Saratoga II
☐ N447FT	Conroy CL-44-0
☐ N447NA	Beech F33C Bonanza
☐ N449TA	Piper PA-31 Turbo Navajo
☐ N450AG	Hughes 369HM
☐ N450N	Cirrus Design SR22T
☐ N453BG	Reims Cessna F172K
☐ N454BS	Cessna 421C
☐ N456KF	Piper PA-46R-350T Malibu Matrix
☐ N456TL	Reims FT337GP
☐ N458BG	DHC-1 Chipmunk 22
☐ N463NH	Bell 206B JetRanger
☐ N463RD	SOCATA TBM-850
☐ N464LB	Piper PA-46-350P Malibu Mirage
☐ N464MA	Cessna 182S
☐ N469CC	Piper PA-46-310P Malibu
☐ N469WW	Diamond DA42
☐ N470AC	Boeing 737-3L9
☐ N473BJ	Cirrus Design SR22
☐ N473DC	Douglas C-47A Dakota III
☐ N475EL	Boeing 737-53A
☐ N477PM	Piper PA-31-310 Navajo
☐ N480BB	Enstrom 480
☐ N480JB	Enstrom 480B
☐ N480W	Enstrom 480B
☐ N482CD	Cirrus Design SR22
☐ N485ED	Piper PA-23-250 Aztec C
☐ N488NS	Hughes 369HS
☐ N497XP	Hawker 400XP
☐ N498YY	Cessna 525 CitationJet
☐ N499AG	Piper PA-30 Twin Comanche
☐ N499MS	Piper PA-28-181 Archer III
☐ N500	Piper PA-31T Cheyenne II
☐ N500AV	Piper PA-24-260 Comanche
☐ N500CS	Beech B200 Super King Air
☐ N500HL	Hughes 369HS
☐ N500RK	Hughes 369HS
☐ N500RW	SOCATA TBM850
☐ N500SY	MD Helicopters MD.369E
☐ N500TY	MD Helicopters MD.369E
☐ N500XV	Hughes 369D
☐ N503DW	Mudry CAP.10B
☐ N505WC	Piper PA-32R-301 Saratoga IIHP
☐ N507CS	Lockheed L-1011-500 Tristar
☐ N508XS	Bell 206B-2 JetRanger
☐ N510W	Bell 222B
☐ N511TE	Beech D55 Baron
☐ N515CL	Cessna 182G
☐ N518VS	Grumman AA-1B Trainer
☐ N518XL	Liberty Aerospace XL-2
☐ N519MC	Piper PA-28-140 Cruiser
☐ N520DS	Diamond DA.40 Star
☐ N521CD	Cirrus Design SR22
☐ N525DB	Reims F172H
☐ N525DT	Cessna 525A CitationJet CJ2
☐ N525PM	Cessna 525A CitationJet CJ2
☐ N531EA	Eclipse EA500
☐ N531RM	Aviat Pitts S-2C
☐ N533DL	Cessna 208 Caravan
☐ N535TK	Maule MXT-7-180
☐ N536K	Beech A36 Bonanza
☐ N540XS	MXR Technologies MXC
☐ N542CD	Cirrus Design SR22
☐ N550LD	Cessna 550 Citation Bravo
☐ N551TT	Piper PA-32R-301T Saratoga
☐ N554CF	Beech E90 King Air
☐ N556L	Cirrus Design SR22
☐ N556MA	Beagle B.121 Pup 1
☐ N559C	Piper PA-34-220T Seneca
☐ N565F	Aérospatiale SA.341G
☐ N569JM	Cessna 414A
☐ N573VE	Cirrus Design SR22
☐ N575DW	Luscombe 8E Silvaire
☐ N575GM	SOCATA TB-20 Trinidad
☐ N575NR	Cessna 560XLS
☐ N576XL	Liberty Aerospace XL-2
☐ N581AF	Beech 58 Baron
☐ N582C	SOCATA TBM-700
☐ N583CD	Cirrus Design SR22
☐ N585GC	SOCATA TBM850
☐ N590CD	Cirrus Design SR22
☐ N600LB	Cirrus Design SR22
☐ N600PE	Beech G58 Baron
☐ N601AR	Piper PA-61P-601P Aerostar
☐ N613F	Piper PA-39 Twin Comanche C/R
☐ N616SC	Boeing 737-5YO
☐ N623NP	Grumman G.1159A Gulfstream III
☐ N642P	Piper PA-31 Turbo Navajo
☐ N648AB	Cirrus Design SR22T
☐ N650DR	Cessna 650 Citation III
☐ N652P	Piper PA-18-150 Super Cub
☐ N656JM	Reims FR182 Skylane RG
☐ N661KK	Piper PA-28-181 Archer II
☐ N662KK	Piper PA-18-150 Super Cub
☐ N663CD	Cirrus Design SR22
☐ N663KK	Cirrus Design SR22
☐ N665CH	Cessna 525 CitationJet
☐ N666AW	Piper PA-31 Navajo C
☐ N666GA	Gulfstream AA-5B Tiger
☐ N667DL	Mooney M.20R
☐ N671B	Raytheon A36 Bonanza
☐ N673SA	Piper PA-24-250 Comanche
☐ N678J	Beech 58 Baron
☐ N681EW	Reims F182Q Skylane II
☐ N696DA	Diamond DA.20A-1 Katana
☐ N696MD	Cirrus Design SR22
☐ N696PG	Cirrus Design SR22
☐ N697RB	Pitts S-1T
☐ N700EL	SOCATA TBM-700
☐ N700KG	Bombardier Learjet 40
☐ N700S	SOCATA TBM-700
☐ N703CS	Lockheed L-1011-500 Tristar
☐ N705CS	Lockheed L-1011-500 Tristar
☐ N703JK	Beech 58 Baron
☐ N707TJ	Boeing-Stearman A75N1
☐ N707XJ	Cessna 177A Cardinal
☐ N708SP	Bombardier Learjet 45
☐ N709AM	SOCATA TB-21 Trinidad
☐ N709EL	Beech 400A Beechjet
☐ N710M	SOCATA TBM-700C2
☐ N711TL	Piper PA-60-700P Aerostar
☐ N715BC	Beech A36 Bonanza
☐ N717HL	Beech 58P Baron
☐ N719CD	Cirrus Design SR22
☐ N719EL	Hawker 400XP
☐ N720B	Bell 206L-1 LongRanger II
☐ N722DR	Cirrus Design SR22T
☐ N722P	Beech A36 Bonanza
☐ N727EL	Boeing 727-227F
☐ N727MB	Cessna 310Q
☐ N731	Boeing-Stearman A75N-1
☐ N731XB	Cessna P210N
☐ N735CX	Cessna 182Q Skylane II
☐ N737RM	Cessna T182T Skylane
☐ N745HA	Agusta A109A-II
☐ N747MM	Piper PA-28R-200 Arrow II
☐ N747WW	Piper PA-23-250 Aztec D
☐ N747YK	Cessna 310R
☐ N748D	Avro 748 Srs.2A
☐ N750GF	Cessna 750 Citation X
☐ N752DS	Diamond DA.40 Star
☐ N753TW	Cirrus Design SR22
☐ N761JU	Cessna T210M Centurion
☐ N766AM	Aérospatiale AS.355N
☐ N767CM	Beech A36 Bonanza
☐ N771SR	Cirrus Design SR22
☐ N775RG	Maule M5-210C
☐ N780AC	Piper PA-30 Twin Comanche
☐ N781CD	Cirrus Design SR20
☐ N784F	Bell 206B-3
☐ N787CE	Piper PA-28-181 Archer III
☐ N789MC	Cessna T310Q II
☐ N789MD	Cessna 340A II
☐ N790BH	Cirrus Design SR22
☐ N790SR	Cirrus Design SR22
☐ N799CD	Cirrus Design SR22
☐ N799JH	Piper PA-28RT-201T Arrow
☐ N800HL	Bell 222
☐ N800VM	Beech 76 Duchess
☐ N800WK	Agusta A109A-II
☐ N808CA	Piper PA-32R-301 Saratoga
☐ N808PC	de Havilland DHC-6-100
☐ N808VT	Piper PA-28R-201 Arrow II
☐ N818Y	Piper PA-30 Twin Comanche
☐ N820CD	Cirrus Design SR22
☐ N820DL	Beech B200 King Air
☐ N821CC	Cirrus Design SR22
☐ N824US	Diamond DA.40 Star
☐ N829AA	Learjet 25B
☐ N831M	Hiller UH-12B
☐ N834CD	Cirrus Design SR22
☐ N836TP	Beech A36TP Bonanza
☐ N840CD	Cirrus Design SR20
☐ N840PN	Rockwell 690C Turbo Commander
☐ N841WS	Gulfstream G450
☐ N843TE	Eclipse Aviation EA500
☐ N844MS	Cirrus Design SR22T
☐ N850KF	Cessna 310Q
☐ N850LH	SOCATA TBM-850
☐ N851WA	SOCATA TBM-850
☐ N852CD	Cirrus Design SR22
☐ N852FT	Boeing 747-122F
☐ N866C	Cirrus Design SR22
☐ N866LP	Piper PA-46-350P Malibu
☐ N877SW	Agusta A109A-II
☐ N882JH	Maule M7-235B
☐ N883DP	Cessna R182 Skylane RGII
☐ N888DM	Piper PA-30 Twin Comanche
☐ N888MY	Cessna 182T
☐ N889VF	Cessna T303
☐ N889Z	Maule M7-260C
☐ N899AE	Beech 99
☐ N899DZ	Beech 99
☐ N900PH	Piper PA-28R-180
☐ N900TB	Piper PA-31P Navajo
☐ N902SR	Cirrus Design SR22
☐ N911CS	Beech U-8F Seminole
☐ N911DN	Bell UH-1H Iroquois
☐ N915JM	Cessna 310Q
☐ N916CD	Cirrus Design SR22
☐ N916GS	Bell 206B JetRanger III
☐ N918Y	Piper PA-30 Twin Comanche
☐ N921GG	Piper PA-46-350P Malibu (DLX)
☐ N925CC	Cirrus Design SR22
☐ N926AD	Piper PA-46-350P Malibu
☐ N928HW	Commander 114B
☐ N930Z	Piper PA-46-350P Malibu
☐ N936CT	Cirrus Design SR22

☐ N936CT(2)	Cirrus Design SR22T	☐ N3596T	Aero Commander 500	☐ N7155N	Cessna 182S
☐ N937BP	Mooney M.20J	☐ N3600X	Cirrus Design SR22T	☐ N7180V	Mooney M.20E
☐ N938AC	Cirrus Design SR22	☐ N3777M	Bell 206L-3 Long Ranger	☐ N7205R	Beech A36TP Bonanza
☐ N937DR	Cessna 172R	☐ N3864	Ryan Navion B	☐ N7205T	Beech A36 Bonanza
☐ N949AC	Cirrus Design SR22T	☐ N3922B	Boeing-Stearman E75	☐ N7219L	Beech B55 Baron
☐ N950AL	Agusta A 109E	☐ N3957S	Cessna 172E	☐ N7223Y	Beech 58 Baron
☐ N955SH	Piper PA-46-350P Malibu	☐ N4037L	Hughes 369E	☐ N7238X	Piper PA-18-95 Super Cub
☐ N957T	Piper PA-32R-301 Saratoga	☐ N4117Y	Bellanca 7KCAB Citabria	☐ N7251Y	Beech A36 Bonanza
☐ N958MD	Cessna 340A	☐ N4168D	Piper PA-34-220T Seneca	☐ N7258	Cessna 172RG
☐ N967LV	Piper PA-32R-301T Saratoga II TC	☐ N4173T	Cessna 320D Skyknight	☐ N7263S	Cessna 150H
☐ N971RJ	Piper PA-39 Twin Comanche C/R	☐ N4178W	Piper PA-32R-301T Saratoga II TC	☐ N7348P	Piper PA-24-250 Comanche
☐ N980HB	Rockwell 695 Turbo Commander	☐ N4238C	Mudry CAP.10B	☐ N7374A	Cessna A150M
☐ N982CD	Cirrus Design SR22	☐ N4242C	Cessna 172C Skyhawk	☐ N7423V	Mooney M.20E Chaparral
☐ N982NW	Maule MXT-7-180A	☐ N4297A	Piper PA-39 Twin Comanche C/R	☐ N7456P	Piper PA-24-250 Comanche
☐ N988SR	Cirrus Design SR22	☐ N4337K	Cessna 150K	☐ N7600E	Bellanca Cruisemaster
☐ N989PS	Cirrus Design SR22	☐ N4381Y	Beech 99	☐ N7640F	Piper PA-32R-300 Lance
☐ N992C	Lancair Legacy	☐ N4422P	Piper PA-23-160 Geronimo	☐ N7832P	Piper PA-24-250 Comanche
☐ N994K	Hughes 269A (TH-55A)	☐ N4480W	Robinson R66	☐ N7976Y	Piper PA-30 Twin Comanche
☐ N999BE	Dassault Falcon 7X	☐ N4514X	Piper PA-28-181 Archer II	☐ N8004B	Lake LA-4-200
☐ N999F	Beech F33A Bonanza	☐ N4519U	Head AX8-118	☐ N8004E	Piper PA-28RT-201T Arrow
☐ N999MH	Cessna 195B	☐ N4531H	Piper PA-15 Vagabond	☐ N8105Z	Piper PA-28RT-201T Arrow
☐ N999PD	Waco YMF-F5C	☐ N4560	McDonnell Douglas MD600N	☐ NC8115	Travel Air D-4000
☐ N999RL	Robinson R44 Raven II	☐ N4575C	Grumman G.21A Goose	☐ N8153E	Piper PA-28RT-201T Arrow
☐ N1027G	Maule M7-235B	☐ N4596N	Boeing-Stearman E75	☐ N8205H	Fisher Celebrity
☐ N1033Y	Cessna 172S	☐ N4599W	Commander 112TC	☐ N8225Y	Cessna 177RG Cardinal
☐ N1052U	Maule MX-7-180C	☐ N4712V	Boeing-Stearman PT-13D Kaydet	☐ N8241Z	Piper PA-28-161 Warrior II
☐ N1196R	Raven S-40A	☐ N4779B	Cessna 152	☐ N8412B	Piper PA-28RT-201T Arrow
☐ N1320S	Cessna 182P Skylane II	☐ N4956C	Ryan Navion	☐ N8523Y	Piper PA-30 Twin Comanche
☐ N1325M	Boeing-Stearman E75	☐ N5025J	Hiller UH-12B	☐ N8702K	Cessna 340A
☐ NC1328	Fairchild F24R	☐ N5039Q	Alenia ATR42-300	☐ N8818Y	Piper PA-30 Twin Comanche
☐ N1344	Ryan PT-22-RY Recruit	☐ N5043X	Cessna 172C	☐ N8829P	Piper PA-24-260 Comanche
☐ N1350J	Commander 112B	☐ N5057V	Boeing-Stearman PT-13D Kaydet	☐ N8862V	Bellanca 17-31ATC
☐ N1407J	Commander 112A	☐ N5106Y	Hughes 369D	☐ N8911Y	Piper PA-39 Twin Comanche C/R
☐ N1424C	Cessna 182T Skylane	☐ N5190Y	GAF N22B Nomad	☐ N8968H	Ryan Navion
☐ N1502A	Piper PA-20 Pacer	☐ N5231G	Hughes 369E	☐ N8990F	Hughes 269C
☐ N1544M	Boeing-Stearman E75N1	☐ N5240H	Piper PA-16 Clipper	☐ N9057F	Hughes 369HS
☐ N1551D	Cessna 190	☐ N5257A	Cessna 182T	☐ N9089Z	North American TB-25N
☐ N1604K	Luscombe 8A Silvaire	☐ N5264Q	MD Helicopters MD.369E	☐ N9122N	Piper PA-46-310P Malibu
☐ N1731B	Boeing-Stearman A75N-1	☐ N5315V	Hiller UH-12C	☐ N9123X	Piper PA-32R-301T Saratoga SP
☐ N1757H	Cessna 310C	☐ N5317V	Hiller UH-12C	☐ N9141Z	Piper PA-32R-301 Saratoga
☐ N1778X	Cessna 210L Centurion	☐ N5347V	Piper PA46-500TP Malibu	☐ N9146N	Cessna 401B
☐ N1909G	Cessna 310R II	☐ N5428C	Cessna 170A	☐ N9305M	Mooney M.20E
☐ N2060K	Beech C90GTi King Air	☐ N5632R	Maule M5-235C Rocket	☐ N9325N	Piper PA-28R-200 Arrow
☐ N2061K	Beech 58P Baron	☐ N5647S	Maule M5-235C Rocket	☐ N9362	SA316B Alouette III
☐ N2086P	Piper PA-23 Apache	☐ N5730H	Piper PA-16 Clipper	☐ N9381P	Piper PA-24-260 Comanche
☐ N2106V	Cessna 120	☐ N5834N	Rockwell Commander 114	☐ N9405H	Beech D17S
☐ N2121T	Gulfstream AA-5B Tiger	☐ N5839P	Piper PA-24-180 Comanche	☐ N9422	Bell 206A JetRanger
☐ N2125K	Mooney M.20M	☐ N5880T	Westland WG-30-100	☐ N9425C	Cessna 180
☐ N2136E	Piper PA-28RT-201 Arrow I	☐ N5900H	Piper PA-16 Clipper	☐ N9432B	Cessna 175
☐ N2216X	Cessna 337 Skymaster	☐ N6010Y	Commander 114B	☐ N9576W	Piper PA-28-140 Cherokee
☐ N2231F	Cessna 182T Skylane	☐ N6039X	Commander 114B	☐ N9595B	Bell 47G-3B-1
☐ N2273Q	Piper PA-28-181 Archer II	☐ N6081F	Commander 114B	☐ N9680Q	Cessna172M Skyhawk
☐ N2299L	Beech F33A Bonanza	☐ N6088F	Commander 114B	☐ N9861M	Maule M4-210C
☐ N2366D	Cessna 170B	☐ N6088Z	Commander 114B	☐ N10053	Boeing-Stearman A75N1
☐ N2379C	Cessna R182 Skylane RG	☐ N6098E	Piper PA-46-350T Matrix	☐ N10522	Piper PA-46-350P Malibu
☐ N2401Z	Piper PA-23-250 Aztec	☐ N6130X	Maule M6-235C	☐ N13243	Cessna 172M Skyhawk
☐ N2445V	Cessna 182S	☐ N6182G	Cessna 172N Skyhawk II	☐ N13253	Cessna 172M Skyhawk
☐ NC2612	Stinson Junior	☐ N6302W	GAF N22B Nomad	☐ N14113	North American T-28B
☐ N2742Y	Hughes 369HS	☐ N6438C	Stinson L-5C Sentinel	☐ NC14986	Ryan STA
☐ N2923N	Piper PA-32-300 Six	☐ N6554B	Tiger Aircraft AG.5B	☐ N17343	Ryan STA
☐ N2929W	Piper PA-28-151 Warrior	☐ N6593W	Cessna P210N Centurion	☐ NC17615	Spartan 7W Executive
☐ N2943D	Piper PA-28RT-201 Arrow	☐ N6601Y	Piper PA-23-250 Aztec C	☐ NC17613	Spartan 7W Executive
☐ N2967N	Piper PA-32-300 Six	☐ N6602Y	Piper PA-28-140 Cherokee	☐ NC18028	Beech D17S
☐ N2989M	Piper PA-32-300 Six	☐ N6632R	Beech C23 Musketeer	☐ N19753	Cessna 172L Skyhawk
☐ N3050S	Bell 407	☐ N6830B	Piper PA-22-150 Tri-Pacer	☐ N20981	Cessna 172M Skyhawk
☐ N3064B	Cessna 195B	☐ N6881E	Cessna 175A Skylark	☐ N21381	Piper PA-34-200 Seneca
☐ N3084F	Reims F150L	☐ N6907E	Cessna 175A Skylark	☐ N21419	BAC-167 Strikemaster
☐ N3110J	Maule MX7-160	☐ N6920B	Piper PA-34-220T Seneca	☐ N23103	Cessna 150H
☐ N3119K	Cessna 337C	☐ N6954J	Piper PA-32R-300 Lance	☐ N23659	Beech B58 Baron
☐ N3544M	Piper PA-31-325 Navajo	☐ N7027E	Hawker Tempest V	☐ N24730	Piper PA-38-112 Tomahawk
☐ N3549	DH.82A Tiger Moth	☐ N7070A	Cessna S550 Citation II	☐ N26634	Piper PA-24-250 Comanche
☐ N3586D	Piper PA-31-325 Navajo	☐ N7148R	Beech B55 Baron	☐ N28141	Bellanca 17-30A

157

- [ ] N28236 Grumman AA-5B Tiger
- [ ] N29566 Piper PA-28RT-201 Arrow
- [ ] N30593 Cessna 210L Centurion
- [ ] N31008 Piper PA-32R-301 Saratoga II HP
- [ ] N31356 Douglas DC-4-1009
- [ ] N32625 Piper PA-34-220T Seneca
- [ ] N33514 Hiller UH-12B
- [ ] N33870 Fairchild M62A Cornell
- [ ] N36362 Cessna 180 Skywagon
- [ ] N36665 Beech A36 Bonanza
- [ ] N37379 Cessna 421C Golden Eagle
- [ ] N38273 Piper PA-28R-201 Arrow III
- [ ] N38763 Hiller UH-12B
- [ ] N38940 Boeing-Stearman A75N1
- [ ] N38945 Piper PA-32R-300 Lance
- [ ] N39605 Piper PA-34-200T Seneca II
- [ ] N41098 Cessna 421B Golden Eagle
- [ ] N41518 Piper PA-46-350P Malibu
- [ ] N41702 Supermarine Spitfire XVIII
- [ ] N44914 Douglas C-54D Skymaster
- [ ] N45458 Piper PA-18-150 Super Cub
- [ ] N45507 Piper PA-18-150 Super Cub
- [ ] N46779 Piper J-3C-65 Cub
- [ ] N47351 Cessna 152
- [ ] N47494 Piper PA-28R-201 Arrow III
- [ ] N49272 Fairchild M62 Cornell
- [ ] NC50238 Stinson V-77 Reliant
- [ ] N53103 Cessna 177RG Cardinal
- [ ] N53517 Piper PA-46-350P Malibu
- [ ] N54105 Cirrus Design SR22
- [ ] N54922 Boeing-Stearman A75N1
- [ ] N56200 Boeing-Stearman B75N1
- [ ] N56421 Ryan PT-22-RY Recruit
- [ ] N56462 Maule M6-235 Rocket
- [ ] N56643 Maule M5-180C
- [ ] N57912 Ryan ST-3KR
- [ ] N58566 Vultee BT-15-VN Valiant
- [ ] N60256 Beech C35 Bonanza
- [ ] N60320 Boeing-Stearman A75N1
- [ ] N60526 Beech E55 Baron
- [ ] N61787 Piper J-3C-65 Cub
- [ ] N61970 Piper PA-24-250 Comanche
- [ ] N62171 Hiller UH-12C
- [ ] N63590 Boeing-Stearman N2S-3
- [ ] N65200 Boeing-Stearman D75N1
- [ ] N68427 Boeing-Stearman A75N1
- [ ] N70154 Piper J3C-65 Cub
- [ ] N74189 Boeing-Stearman PT-17
- [ ] N75048 Piper PA-28-181 Archer II
- [ ] N75822 Cessna 172N Skyhawk
- [ ] N76402 Cessna 140
- [ ] N78097 Globe GC-1B Swift
- [ ] N80035 Pitts S-2A
- [ ] N80364 Cessna 500 Citation I
- [ ] N80533 Cessna 172M Skyhawk
- [ ] N81188 Piper PA-28-236 Dakota
- [ ] N90011 MD Helicopters MD.900
- [ ] N90724 Hiller UH-12C
- [ ] N91384 Rockwell 690A Turbo Commander
- [ ] N93938 Erco 415C Ercoupe
- [ ] N97121 Embraer EMB-110P1
- [ ] N97821 Mooney M.20J
- [ ] N99495 Ercoupe 415C

Austria

- [ ] OE-FSW Piper PA-34-220T Seneca
- [ ] OE-XBA Agusta Bell AB206B-3 Jet Ranger

Finland

- [ ] OH-SKA Mudry CAP.232

Czech Republic

- [ ] OK-JUA 03 Urban Air Samba XXL
- [ ] OK-KUA 16 Urban Air Samba XXL
- [ ] OK-LUA 36 Urban Air Samba XXL
- [ ] OK-NUA 18 Urban Air Samba XXL

Belgium

- [ ] OO-AJK Nord 1203 Norecrin
- [ ] OO-BAK Enstrom F.28A
- [ ] OO-GCO Grumman-American AA-5A
- [ ] OO-MHB Piper PA-28-236 Dakota
- [ ] OO-TAQ BAe 146QT Srs 200QT
- [ ] OO-WIO Reims FRA150L Aerobat

Denmark

- [ ] OY-ABL S.A.I. KZ VII U-4
- [ ] OY-AVW Piper PA-17 Vagabond
- [ ] OY-DFD Mooney M.20F
- [ ] OY-FAA Taylor J-2 Cub
- [ ] OY-HGB Hughes 369D
- [ ] OY-LGI BD-700 Global Express

Netherlands

- [ ] PH-BIT Reims/Cessna F172N
- [ ] PH-DUC Glasair IIRG-S
- [ ] PH-HEW Robinson R44 Astro
- [ ] PH-KAU Slingsby T.67M Firefly
- [ ] PH-NLK Piper PA-23-160 Apache
- [ ] PH-PIM Cessna R172K Hawk XP
- [ ] PH-RTS Jodel DR.1050M Ambassadeur
- [ ] PH-TMH Piper PA-38-112 Tomahawk
- [ ] PH-ZZY SOCATA MS893E Rallye

Russia

- [ ] RA-01274 Yakovlev Yak-55
- [ ] RA-01611 Aero Vodochody L-29
- [ ] FLARF01035 Yakovlev Yak-52

Sweden

- [ ] SE-BOG Boeing-Stearman B75
- [ ] SE-CWS Cessna 177
- [ ] SE-EAN Cessna 150B
- [ ] SE-FMX Cessna A185E
- [ ] SE-GVH Piper PA-38-112 Tomahawk
- [ ] SE-HXF Rotorway Scorpion
- [ ] SE-IED Cessna A185F
- [ ] SE-IIV Piper PA-24-260 Comanche
- [ ] SE-LGV British Aerospace ATP
- [ ] SE-LNX British Aerospace ATP
- [ ] SE-TXO Eiri PIK-20B

Poland

- [ ] SP-HXA Agusta A 109E
- [ ] SP-KWN BAe Jetstream 3201
- [ ] SP-MSO Maule M7-235C Super Rocket
- [ ] SP-NIT Piper PA-34-200T Seneca

Egypt

- [ ] SU-MWC Boeing 737-683

Greece

- [ ] SX-BFM Piper PA-31-350 Chieftain
- [ ] SX-BNL Embraer EMB-110P2

Turkey

- [ ] TC-ALM Boeing 727-230
- [ ] TC-MBE Fokker F27 Friendship 500
- [ ] TC-MBG Fokker F27 Friendship 600
- [ ] TC-NLB American General AG-5B
- [ ] TC-SAR Cirrus Design SR22

Benin

- [ ] TY-SAM Hawker Siddeley HS.125-700A

San Marino

- [ ] T7-NTF Cirrus Design SR22

Australia

- [ ] VH-AHL Hawker Siddeley HS.748
- [ ] VH-AMQ Hawker Siddeley HS.748
- [ ] VH-IXT Supermarine Spitfire IX

Vietnam

- [ ] VN-A190 Boeing 737-4H6

Bermuda

- [ ] VP-BAT Boeing 747SP-21
- [ ] VP-BBW Boeing 737-7BJ
- [ ] VP-BCL Canadair CL600-2C10
- [ ] VP-BGO CL605 Challenger
- [ ] VP-BGX Boeing 747-346
- [ ] VP-BGY Boeing 747-346
- [ ] VP-BHR Grumman G.1159A Gulfstream III
- [ ] VP-BIZ Boeing 737-7AU
- [ ] VP-BKK HS.125 Srs.400A/731
- [ ] VP-BLW Gulfstream G550
- [ ] VP-BMZ Rockwell 690D Turbo Commander
- [ ] VP-BOI Boeing 737-505
- [ ] VP-BPW Dassault Falcon 900EASy
- [ ] VP-BVU Boeing 737-5Q8
- [ ] VP-BWR Boeing 737-79T
- [ ] VP-BYV Boeing 737-5Q8
- [ ] VP-BZE Dassault Falcon 7X
- [ ] VQ-BGN Gulfstream G550
- [ ] VQ-BHO Piaggio P180 Avanti II
- [ ] VQ-BLA Gulfstream G550
- [ ] VQ-BSK Boeing 747-8ZV(BBJ)
- [ ] VR-BEB BAC One-Eleven 527FK
- [ ] VR-BEU Westland Whirlwind 3

Cayman Islands

- [ ] VP-CBX Gulfstream V
- [ ] VP-CFI HS.125-700B
- [ ] VP-CGN Gulfstream G550
- [ ] VP-CIC Canadair CL600-2B16
- [ ] VP-CJI Cessna 525 CitationJet
- [ ] VP-CJN Boeing 727-76
- [ ] VP-CMN Boeing 727-46
- [ ] VP-CMO Boeing 727-219RE
- [ ] VP-COK Canadair CL-600-2A12
- [ ] VP-COM Cessna 500 Citation I
- [ ] VP-CSF Gulfstream IV
- [ ] VP-CZY Boeing 727-2P1A

Mexico

- [ ] XB-RIY Boeing Stearman N2S-3 Kaydet

Latvia

- ☐ YL-LEU WSK-PZL Antonov An-2R
- ☐ YL-LEV WSK-PZL Antonov An-2R
- ☐ YL-LEW WSK-PZL Antonov An-2R
- ☐ YL-LEX WSK-PZL Antonov An-2R
- ☐ YL-LEY WSK-PZL Antonov An-2R
- ☐ YL-LEZ WSK-PZL Antonov An-2R
- ☐ YL-LFA WSK-PZL Antonov An-2R
- ☐ YL-LFB WSK-PZL Antonov An-2R
- ☐ YL-LFC WSK-PZL Antonov An-2R
- ☐ YL-LFD WSK-PZL Antonov An-2R
- ☐ YL-LHN Mil Mi-2
- ☐ YL-LHO Mil Mi-2
- ☐ YL-MIG Aviatika MAI-890
- ☐ YL-PAG Aero L-29A Delfin

Serbia

- ☐ YU-DLG UTVA 66
- ☐ YU-HES Aérospatiale SA.342J
- ☐ YU-HET Aérospatiale SA.342J
- ☐ YU-HEV Aérospatiale SA.342J
- ☐ YU-HEY Aérospatiale SA.341G
- ☐ YU-HHS Aérospatiale SA.341G
- ☐ YU-HMC Aérospatiale SA.341G
- ☐ YU-HPZ Aérospatiale SA.341J

New Zealand

- ☐ ZK-AGM DH.83 Fox Moth
- ☐ ZK-IGM Eurocopter EC.130B4
- ☐ ZK-KAY Pacific PAC 750XL
- ☐ ZK-KCE Pacific PAC 750XL
- ☐ ZK-KOZ Be 2e-1 Replica
- ☐ ZK-MOH Rockwell 690A Turbo Commander
- ☐ ZK-TFZ Be 2e-1 Replica

South Africa

- ☐ ZS-APD DH.87B Hornet Moth
- ☐ ZS-DJI Boeing 767-216ER
- ☐ ZS-GBK Jonker JS-1C Revelation
- ☐ ZS-GBL Jonker JS-1C Revelation
- ☐ ZS-GCD Jonker JS-1B Revelation
- ☐ ZS-GCE Jonker JS-1B Revelation
- ☐ ZS-GCJ Jonker JS-1B Revelation
- ☐ ZS-GDF Jonker JS-1B Revelation
- ☐ ZS-GEE Jonker JS-1C Revelation
- ☐ ZS-GEF Jonker JS-1C Revelation
- ☐ ZS-GEG Jonker JS-1C Revelation
- ☐ ZS-GEH Jonker JS-1C Revelation
- ☐ ZS-OSI Douglas DC-8-62CF
- ☐ ZS-ROY DH.87B Hornet Moth
- ☐ ZS-UKZ Bellanca 14-13-3 Cruisair
- ☐ ZU-DCX Chayair Sycamore Mk 1

Nigeria

- ☐ 5N-JMA Hawker 850XP
- ☐ 5N-MJA Boeing 737-322
- ☐ 5N-MJB Boeing 737-322

Ghana

- ☐ 9G-ABS Aermacchi AL.60B2
- ☐ 9G-AEL Westland Wessex HC.2
- ☐ 9G-MKH Douglas DC-8-62AF

Malta

- ☐ 9H-EAT Robinson R44-II
- ☐ 9H-MOS Beech C90GTx King Air

AIR-BRITAIN MEMBERSHIP
Join on-line at www.air-britain.co.uk

Air-Britain was founded in 1948 and today has over 3,000 current members including over 500 from outside the United Kingdom.

Air-Britain News (monthly – average 160 A5 pages) continuously updates this publication and all our annual airline, business jet and register publications. For January–December 2015 the cost of Membership plus News is £47 (UK), £66 (Europe), £71 (Rest of the World). If you join after April 10th renewals cannot be backdated to January due to increased postal costs and new subscription rates may apply. Two-year subscription rates may also be available.
Air-Britain News is also available in electronic form – see the website for further details.

Membership of 'Air-Britain' includes the following benefits:

- A quarterly house magazine, AIR-BRITAIN AVIATION WORLD, illustrated in colour and black & white, containing at least 54 pages of news, features and photographs.
- A choice of three additional magazines (NEWS, AEROMILITARIA, ARCHIVE) available on optional subscription in any combination. All rates <u>include</u> the basic membership cost and benefits, and also offer a substantial saving on the cover prices of the magazines.
- Discounts on all 'Air-Britain' Books. We publish 10–20 books per year.
- Access to ab-ix, the 'Air-Britain' e-mail Information Exchange Service.
- Access to an on-line database of UK airfield residents.
- Access to Local Branches and the Specialist Information Service.
- Access to Air-Britain Trips
- Access to black & white and colour photograph libraries
- An annual Fly-In

You can join Air-Britain direct from this advert on-line at **www.air-britain.co.uk**, where full details of the magazines and membership subscription rates are given. Membership normally runs January–December, but a number of alternative options are available to get new members started with a subscription.

Alternatively, you can contact us for a membership pack containing samples of our magazines, subscription rates, and a book list. Write to Air-Britain Membership Enquiries, 1 Rose Cottages, 179 Penn Road, Hazlemere, High Wycombe, Bucks, HP15 7NE, UK. Tel: +44 (0)1394 450767. E-mail: membenquiry@air-britain.co.uk